Das Deutschbuch

Berufliche Oberschule (FOS/BOS)

Bayern

Herausgegeben von
Sigrun English, Marie-Luise Kraus und Jürgen Plank

Erarbeitet von
Margarete Brand, Franziska Friedrich-Schernstein, Pamela Kolb, Martin Langenberg, Stephanie Linß, Eva Payer, Martina Reuel-Dietrich, Holger Schmidt, Carolin Werner

Unter Beratung von
Florian Fink und Gernot Helmreich

In Zusammenarbeit mit der Verlagsredaktion

Cornelsen

Vorwort

Liebe Schülerinnen und Schüler,

Sie besuchen eine Berufliche Oberschule (FOS/BOS), die Sie von einem mittleren Schulabschluss mit oder ohne abgeschlossene Berufsausbildung zur Fachhochschulreife, zur fachgebundenen oder allgemeinen Hochschulreife führt. Das Unterrichtsfach Deutsch spielt dabei eine wesentliche Rolle: In Schule, Studium und Beruf wird es immer wichtiger, auf Kompetenzen im Sprechen, Schreiben, Lesen sowie im Umgang mit Texten und Medien zurückgreifen zu können. Dieses Buch hilft Ihnen, diese Kompetenzen zu erwerben, zu festigen und auszubauen.

„Das Deutschbuch“ ist nach folgenden Bausteinen gegliedert:

Basisbaustein

Die Kapitel im Basisbaustein bilden das Fundament. Hier finden Sie - je nach Ihrem Leistungsstand - Grundlagenwissen zum Üben und Festigen. Der Basisbaustein greift auf erworbenes Vorwissen zurück und soll allen Schülerinnen und Schülern die gleichen Ausgangsqualifikationen für die 12. und 13. Jahrgangsstufe vermitteln.

Lernbaustein 1 und **Lernbaustein 2**

Die Kapitel in diesen Bausteinen bauen aufeinander auf und führen Sie gezielt zu den notwendigen Qualifikationen für die angestrebten Abschlüsse. An einige Kapitel schließen sich *Prüfungsvorbereitungen mit Checklisten* an. Hier finden Sie Aufgaben, mit denen Sie sich auf die Prüfungen am Ende der 12. bzw. 13. Jahrgangsstufe vorbereiten können.

Alle drei Bausteine sind nach farblich markierten Kompetenzbereichen gegliedert.

- Sprechen und Zuhören
- Sachtexte verstehen und nutzen
- Literarische Texte verstehen und nutzen
- Medien verstehen und nutzen
- Zusatzmaterial/Methoden

Die Kapitel aus dem Bereich Zusatzmaterial/Methoden sind flexibel zu den Schwerpunkten in den einzelnen Bausteinen einbaubar.

Je nach Aufgabenstellung arbeiten Sie allein, mit Partnern oder in Gruppen.

Zusatzaufgaben zur Differenzierung sind mit einem Stern ★ gekennzeichnet, fächerübergreifende Aufgaben sind mit einem ↶ versehen.

In diesem Buch wird in den Formulierungen auf geschlechtergerechte Sprache geachtet. Wenn nur eine grammatische Form verwendet wurde, dient dies der besseren Lesbarkeit.

Viel Freude im Unterricht und am Lernen sowie Erfolg auf Ihrem schulischen Ausbildungsweg wünschen Ihnen die Herausgeberinnen und der Herausgeber, das Autorenteam und die Verlagsredaktion.

Inhaltsübersicht

Basisbaustein

Sprechen und Zuhören · Sachtexte · Literarische Texte · Medien · Zusatzmaterial/Methoden

Inhaltsübersicht

Lernbaustein 1

Sprechen und Zuhören · Sachtexte · Literarische Texte · Medien · Zusatzmaterial/Methoden

Inhaltsübersicht

Lernbaustein 2

Sprechen und Zuhören · Sachtexte · Literarische Texte · Medien · Zusatzmaterial/Methoden

Inhaltsübersicht

Zusatzmaterial/Methoden

Sprechen und Zuhören | Sachtexte | Literarische Texte | Medien | Zusatzmaterial/Methoden

Wie Sie mit dem Deutschbuch arbeiten

11.1
Die Argumentation des Autors prüfen und bewerten

11.2
Eine Stellungnahme aufbauen

11.3
Eine Stellungnahme schreiben

11.4
Prüfungsvorbereitung

Der Pfeil auf jeder Kapitelauftaktseite informiert Sie über den Aufbau des Kapitels und gibt Ihnen eine erste Übersicht über dessen Inhalte.

Kompetenzen

- ✓ Kommunikationssituationen analysieren
- ✓ Wirkung sprachlicher Mittel analysieren
- ✓ Entwicklungen der deutschen Gegenwartssprache erkennen
- ✓ Bedeutung von Sprachvarietäten erkennen

Methoden und Arbeitstechniken

- ✓ Rollenspiel
- ✓ Mindmap

Auf jeder Kapitelauftaktseite erkennen Sie mithilfe der Übersicht „Kompetenzen/Methoden und Arbeitstechniken“, welche Kenntnisse Sie auf den folgenden Seiten erwerben, festigen und vertiefen.

BASISWISSEN **Klassisches bzw. aristotelisches Drama**

Das klassische Drama wurde stark vom griechischen Philosophen Aristoteles (384–322 v. Chr.) geprägt und wird deshalb auch aristotelisches Drama genannt. Aristoteles forderte vom Drama hauptsächlich die Einhaltung der drei Einheiten: Die **Handlung** ist auf den Ausgang hin komponiert, sie spielt nur an wenigen **Orten** und in kurzer **Zeit**, idealerweise an einem Tag. Daneben spielt das Einhalten der Ständeklausel (es treten in Tragödien nur adelige Personen auf) eine wichtige Rolle. Diese Auffassung hatte bis zu Lessings bürgerlichem Trauerspiel im 18. Jahrhundert Bestand.

Das „Basiswissen“ fasst in kurzer, prägnanter und übersichtlicher Form das für Sie wesentliche Grundwissen zusammen.

ARBEITSTECHNIK **Eine Argumentation bewerten**

Bei der Auseinandersetzung mit den Argumenten eines Autors sollten Sie die eigene Position begründen. Im Fall einer Zustimmung sollten Sie auch eigene Belege und Beispiele geben. Im Fall einer Ablehnung der vorliegenden Argumente sollten Sie Gegenargumente anführen. Es gibt unterschiedliche Arten, Argumente zu bewerten:

- Sie stimmen einem Argument zu.
- Sie stimmen einem Argument teilweise zu.
- Sie stimmen einem Argument zu und ergänzen es um neue Aspekte.
- Sie widersprechen einem Argument.

Die „Arbeitstechniken“ in den einzelnen Kapiteln sowie Kapitel 23 und Kapitel 24 geben Ihnen die Möglichkeit, in komprimierter Form Arbeitsschritte nachzuvollziehen.

FAZIT

9.1
Sprachliche Mittel erkennen und interpretieren
- sprachliche Bilder und Gestaltungsmittel untersuchen
- den Zusammenhang zwischen Inhalt, Adressat und Gestaltungsmitteln erkennen
- Manipulationsversuche erkennen
- zwischen objektiven Fakten

9.2
Eine Sprachanalyse verfassen
- den Inhalt eines Textes erfassen
- die Funktion eines Textes erkennen
- die Intention des Autors nachweisen
- die sprachliche Gestaltung von Texten analysieren und die Wirkung rhetorischer

9.3
Prüfungsvorbereitung

Das Fazit am Ende eines Kapitels fasst das Gelernte übersichtlich zusammen.

Kapitel 1

Kommunikation in Alltag und Beruf

1.1 Nonverbal kommunizieren

1.2 Sprachebenen analysieren

1.3 Angemessen kommunizieren

Sprechen und Zuhören sind wesentliche Bestandteile der Kommunikation, ohne die der Austausch von Informationen zwischen zwei oder mehreren Personen nicht funktioniert. Da Menschen, die sprachlich gewandt sind und sich auf unterschiedliche Kommunikationssituationen einlassen können, Vorteile haben, lernen Sie in diesem Kapitel die Rolle der körperlichen Signale, verschiedene Sprachvarietäten und rhetorische Strategien kennen.

Kompetenzen

- ✓ Körpersprache reflektieren und bewusst einsetzen
- ✓ Sprachvarietäten als Gestaltungsmittel sozialer Beziehungen erkennen
- ✓ Regeln und Kriterien für angemessene Kommunikation erkennen und anwenden
- ✓ Sich sprachlich angemessen ausdrücken
- ✓ Sprachbewusstsein vertiefen

Methoden und Arbeitstechniken

- ✓ Rollenspiel
- ✓ Szenisch Darstellen
- ✓ Brainstorming

Nonverbal kommunizieren
Die Sprache des Körpers

Kommunikation erfolgt nicht nur auf verbaler Ebene. Auch das gesamte nonverbale Verhalten und alle paralinguistischen (sprachbegleitenden) Merkmale des Sprechens (beispielsweise Intonation, Sprechtempo, Lautstärke) beeinflussen sie. In den beiden folgenden Vorstellungsgesprächen wird diese analoge Kommunikation aufgezeigt.

Vorstellungsgespräch 1

Personalchef *(sitzt zurückgelehnt im Stuhl, wippt leicht; die Hände liegen flach auf dem Tisch):* Frau Müller, Sie haben mir Ihren schulischen Werdegang geschildert. Worin sehen Sie Ihre Stärke?

Frau M.: Ich weiß nicht … so richtig meine Stärke …

P.: Was würden Sie denn Ihren bisher größten Erfolg nennen?

Frau M. *(spielt mit ihren Fingern und reibt sich den Ringfinger):* Erfolg … na ja …

P.: Arbeiten Sie lieber allein oder im Team?

Frau M.: Also … ich wäre schon lieber allein.

P.: Haben Sie einen Freund?

Frau M. *(verschränkt die Arme):* Muss ich das jetzt beantworten? Im Moment geht meine Arbeit vor.

P.: Was bedeutet für Sie Arbeit?

Frau M.: Das ist schon ein persönlicher Halt.

P.: Warum wechselten Sie denn dann nach Ihrer Ausbildung den Arbeitgeber?

Frau M. *(schweigt, ihr Blick schweift durch den Raum)*

P.: Lag es an Ihren Vorgesetzten oder Mitarbeitern?

Frau M. *(beißt sich leicht auf die Unterlippe):* Ich habe mich manchmal ungerecht behandelt gefühlt.

P.: Wie wirkt Kritik auf Sie?

Frau M.: Ich denke über kritische Bemerkungen viel nach und bin dann schnell verunsichert.

P.: Was ist Ihre größte Schwäche?

Frau M.: Hm, vielleicht, dass ich immer alles so persönlich nehme.

Vorstellungsgespräch 2

Personalchef *(sitzt mit verschränkten Fingern zurückgelehnt im Stuhl):* Frau Müller, Sie haben mir Ihren schulischen Werdegang geschildert. Worin sehen Sie Ihre Stärke?

Frau M. *(sitzt in entspannter asymmetrischer Haltung auf dem vorderen Rand des Stuhls und sucht Blickkontakt):* Wenn ich eine Aufgabe übernommen habe, dann führe ich sie auch zielstrebig zu einem erfolgreichen Abschluss. In meiner Vorgehensweise bin ich dabei aber flexibel.

P. *(spitzt kurz die Lippen):* Arbeiten Sie lieber allein oder im Team?

Frau M. *(bewegt ihre Hände – nach oben offen – hin und her):* Das hängt ganz von der Tätigkeit ab. Ich komme mit beidem zurecht, gebe aber zu, dass ich auch ab und zu gern für mich arbeite.

P.: Haben Sie einen Freund?

Frau M.: Aus Ihrer Stellenbeschreibung kann ich die Relevanz dieser Frage nicht erkennen.

P.: Was bedeutet für Sie Arbeit?

Frau M.: Meine Fähigkeiten nutzbar machen zu können.

P.: Warum wollen Sie nach der Ausbildung zu uns wechseln?

Frau M. *(berührt ihr Kinn mit der Hand und bewegt den Zeigefinger vor den Lippen hin und her):* Ich sehe in einem Wechsel zum einen die Möglichkeit, einen weiteren Betrieb kennenzulernen. Zudem sehe ich in Ihrem Betrieb eine größere Chance, mich weiterentwickeln zu können.

P.: Worin liegen Ihre Schwächen?

Frau M.: Man hat mir gesagt, ich sei manchmal etwas ungeduldig, auch gegenüber Kollegen. Mir ist dies aber bewusst, und ich arbeite daran, mich diesbezüglich zu bremsen.

Die Sprache des Körpers

1 Analysieren Sie die Vorstellungsgespräche 1 und 2.

a) Klären Sie, welchen Anlass die Gespräche haben und zu welchem Zweck sie geführt werden.

b) Informieren Sie sich im Basiswissen über die Körpersprache und analysieren Sie die beiden Vorstellungsgespräche im Hinblick auf das verbale und auf das nonverbale Kommunikationsverhalten der Beteiligten. Bewerten Sie die Gespräche bezüglich des Gesprächsverlaufs sowie des Verhältnisses der Gesprächspartner.

c) Erarbeiten Sie Kriterien für erfolgreiche nonverbale Kommunikation in Vorstellungsgesprächen. Üben Sie diese anschließend, indem Sie ein solches Gespräch in einem Rollenspiel simulieren.

2 Erläutern Sie die folgende Aussage des Sprachwissenschaftlers Hellmut Geißner zur Gesprächsfähigkeit:

„Gesprächsfähig ist, wer im situativ gesteuerten, personengebundenen, sprachbezogenen, formbestimmten, leibhaft vollzogenen Miteinandersprechen – als Sprecher wie als Hörer – Sinn so zu konstituieren vermag, dass damit das Ziel verwirklicht wird, etwas zur gemeinsamen Sache zu machen, der zugleich imstande ist, sich im Miteinandersprechen und die im Miteinandersprechen gemeinsam gemachte Sache zu verantworten."

BASISWISSEN Körpersprache

Die verbale Sprache ist nur ein Teil der Kommunikation. Unser Körper setzt zusätzlich auch das um, was in unserem Denken vorherrscht (Freude, Angst, Aufregung): Mehr als 50 Prozent der Inhalte jeder Kommunikation werden (weitgehend unbewusst) durch die Körpersprache (Haltung, Gang, Mimik und Gestik) ausgedrückt. Es ist daher wichtig, dass man sich seiner eigenen Körpersprache bewusst ist, denn nur dann kann man mit seinem gesamten Potenzial sprechen und die nonverbalen Signale des Gegenübers besser verstehen.

Hände: Nach oben geöffnete Hände können die Bereitschaft signalisieren, etwas (beispielsweise gute Leistung) zu geben. Die zu einem Dach geformten nach vorne gestreckten Finger zeigen die Konzentration des Gesprächspartners. Diese Geste kann abwehrend wirken und vom Gegenüber als negativ wahrgenommen werden. Im Stehen (bei einem Vortrag, einer Präsentation) sollten die Arme einfach locker neben dem Körper hängen. Der Zeigefinger ist im Gespräch zu vermeiden, weil dieser als Drohfinger aggressiv wirken kann.

Gesichtsausdruck: Kurze gespitzte Lippen können so wirken, als ob das Gegenüber das gerade Gesagte ganz genau prüft. Fährt sich ein Mensch mit der Zunge über beide Lippen, genießt er vielleicht eine Situation oder ist zufrieden.

Beispiele für Kanäle nonverbaler Kommunikation:

Mimik (Blickverhalten, Gesichtsausdruck): Lachen, Lippen pressen, Augen zusammenkneifen oder aufreißen

Gestik (Körperhaltung und -bewegung): aufrecht, gebeugt (nach vorne), zurückgelehnt, Beine überschlagen

Kopfhaltung: nach hinten, nach vorne, geneigt, vorgeschoben

Intonation (stimmliche Merkmale): Tonfall, Sprechgeschwindigkeit, Betonungen, Pausen

Hinzu kommen Faktoren wie Kleidung, Schmuck, Frisur, Make-up und Parfüm, die besonders auf der Selbstkundgabe- und der Beziehungsebene wirken.

Sprachebenen analysieren

Der folgende Textauszug aus „Spinner“ von Benedict Wells zeigt, dass Sprecher in unterschiedlichen Kommunikationssituationen verschiedene Sprachvarietäten benutzen.

Benedict Wells: Spinner (2009, Auszug)

Wir betraten mein Zimmer. […]

Gustav begann von seinen Urlaubsbekanntschaften zu erzählen. Wiedersehensgequassel. Schließlich hob er ein einzelnes Blatt vom Boden auf und sah es sich an. Es war Seite fünfhundertdreiundsiebzig. „Na, und wie geht's eigentlich so mit deinem Buch voran?“

[…] „Ja, ich bin fertig. Und ich hab es vor einigen Tagen Bornig gegeben.“

„Bornig? Diesem alten Sack, mit dem du immer Schach spielst?“

„Hey, hör auf, so über ihn zu reden. Er ist wie ein Vater für mich.“

„Er ist wie ein Vater für mich – o Mann.“ Gustav stöhnte auf. […]

„Sorry, ich hab nichts gesagt. Der heilige Bornig, schon verstanden. […]“

„Fick dich, okay?“

[…] „Schon okay. Es ist nur: Zurzeit läuft's nicht gerade gut. Und wenn ich in einer Woche wieder nach Hause fahre, dann ist … “

An dieser Stelle brach ich ab und sagte nichts mehr. Ja, was ist dann, dachte ich.

Lange war es still, bis Gustav in die Hände klatschte. „Besaufen!“, sagte er.

Ich blickte ihn ungläubig an.

„Ach komm, schau nicht so doof“, sagte er. „Ich hab recht. Wir gehen was trinken. Und dann brauchst du auch mal wieder eine Frau. Deswegen bist du so ätzend. Na los, Jesp, ich weiß, wo jetzt 'ne gute Party steigt.“

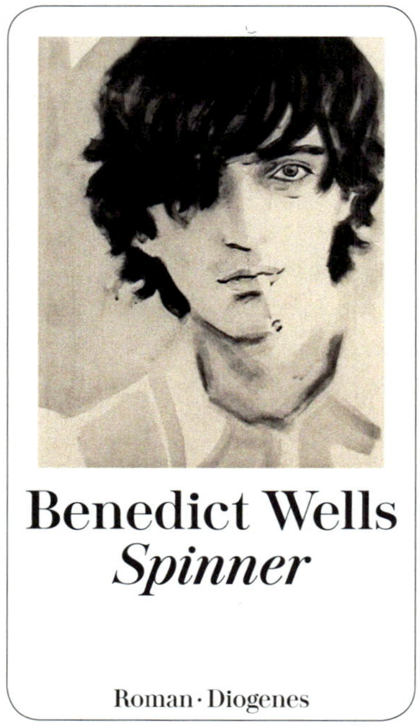

1 **Untersuchen Sie die Äußerungen von Jesp und Gustav im Hinblick auf die Kommunikationssituation.**

a) Bestimmen Sie mithilfe des Basiswissens, welcher Sprachvarietät die Äußerungen der Protagonisten zuzuordnen sind. Führen Sie entsprechende Beispiele aus dem Text an.

b) Beschreiben Sie die Situation und begründen Sie auf dieser Grundlage die Wahl der Sprachvarietät.

c) In einem Kommentar zu Wells' Roman heißt es: „Wells' Sprache ist roh und unfrisiert.“ Erörtern Sie, welche Zielgruppe Wells vor allem ansprechen will.

d) Formulieren Sie den Text so um, dass er sprachlich den Anforderungen der Standardsprache gerecht wird. Tragen Sie beide Texte mit verteilten Rollen vor. Erörtern Sie die Wirkung.

2 **Sammeln Sie Ausdrücke, die Sie verwenden, wenn Sie begeistert sind. Ordnen Sie diese den folgenden Situationen zu.**

- Sie erhalten eine Jobzusage von Ihrem zukünftigen Arbeitgeber.
- Sie schauen sich ein Fußballspiel mit Freunden an. Ihre Lieblingsmannschaft gewinnt.
- Sie besichtigen eine Wohnung mit dem Vermieter. Sie sind von der Wohnung begeistert.

Sprachebenen analysieren

In Deutschland gibt es rund 350 Ausbildungsberufe und mit ihnen eine breite Variation von Inhalten und Anforderungen. Bei aller Verschiedenheit und fachlicher Differenzierung setzen sie jedoch dieselben Basiskenntnisse voraus. Dies sind im Wesentlichen: grundlegende Beherrschung der deutschen Sprache [...], verschiedene Sprachebenen und -stile unterscheiden und korrekt anwenden (Fachsprache und gehobene Sprache; Alltags- und Umgangssprache; Jargon) [...].

www.ihk-nordwestfalen.de

3 **Erläutern Sie die aus der Textvorlage resultierenden Anforderungen an Ihre Sprachkompetenz.**

a) Nennen Sie Beispiele für Kommunikationssituationen, in denen die genannten Sprachvarietäten sinnvoll eingesetzt werden können.

b) Begründen Sie, warum es der IHK wichtig erscheint, von den Schulabgängern und Berufsanfängern Basiskenntnisse der dargestellten Art zu fordern.

BASISWISSEN Sprachebenen

Die deutsche Sprache ist nicht einheitlich. Deshalb spricht man nicht von DER deutschen Sprache, sondern beschreibt die unterschiedlichen, nebeneinander existierenden Erscheinungsformen der Sprache, die sogenannten Sprachebenen oder Sprachvarietäten.

Standardsprache (Hoch-, Schriftsprache)

Die Standardsprache ist in Grammatiken und Wörterbüchern (Aussprache, Rechtschreibung) festgelegt, wird in der Schule gelernt und in der offiziellen Kommunikation verwendet. Sie wird im gesamten deutschen Sprachraum gesprochen und verstanden, ist in ihrer reinsten Ausprägung jedoch nur in der Schriftsprache zu finden.

Alltagssprache (Umgangs-, Gebrauchssprache)

Die Alltagssprache findet in der alltäglichen mündlichen Kommunikation Verwendung und wird besonders durch soziale (Bildungsstand, soziale Umwelt des Sprechers) und regionale Gegebenheiten geprägt. Sie weicht oftmals grammatisch und lautlich von der Standardsprache ab.

Soziolekt (Gruppensprache)

Bei Soziolekten handelt es sich um Varietäten sozialer Gruppen, wie Jugendsprache und Fachsprache. Die sprachlichen Zeichen werden nur innerhalb der Gruppe richtig verstanden.

Dialekt

Der Dialekt wird in einem bestimmten geografisch abgegrenzten Raum gesprochen, findet vor allem in der mündlichen Kommunikation Verwendung und weicht insbesondere in Wortschatz und Aussprache von der Standardsprache ab, wobei es keine verbindlichen Regeln zu Rechtschreibung und Grammatik gibt.

Fachsprache

Ziel der Fachsprache ist die genauere und schnellere Bezeichnung bestimmter Gegenstände, Tätigkeiten oder Vorgänge durch spezielle Wörter und Wendungen für eine effektive Kommunikation.

Sondersprachen

Beispiele für Sondersprachen sind die Gaunersprache oder die Jugendsprache. Diese Sprachen sind nicht über fachliche Inhalte verknüpft, enthalten aber Elemente, die nur eine bestimmte Personengruppe versteht.

Sprachebenen analysieren

Standardsprache – Alltagssprache

In der alltäglichen Kommunikation weichen die meisten Sprecher von den Regeln der Standardsprache ab, wie der folgende Dialog zwischen den Chat-Teilnehmern „Karlos“ und „Ulli“ zeigt.

Dialog im Chat

Karlos: Hey, ich hab da mal so ’ne Frage. Wir lesen grad das Buch „Die Leiden des Jungen Werther“. Hab auch sogar schon mit dem Lesen angefangen. Aber kennt jemand vielleicht ’ne gute Website, wo so was wie ’ne Inhaltsangabe zu dem Text steht?

Ulli: Hätte ich eine solche Inhaltsangabe zur Hand, würde ich sie dir sehr gerne zukommen lassen. Dieses Werk Goethes gehört aber leider nicht zu meinen bevorzugten Lektüren. Auf keinen Fall empfehle ich dir, zu viel im Internet nach Inhaltsangaben zu recherchieren, denn die, die dort zu finden sind, sind meist nicht gut.

Karlos: Ich glaub ’s ja nicht. Jetzt hat sich da ’n Lehrer eingeschlichen und kontrolliert den Chat!

1 Analysieren Sie den Dialog hinsichtlich der verwendeten sprachlichen Mittel.

a) Ermitteln Sie die von „Karlos“ und „Ulli“ verwendeten Sprachebenen, indem Sie sich im Basiswissen zu Sprachebenen informieren und Beispiele für typische Wortwahl, Grammatik und Satzbau aus dem Text tabellarisch herausfiltern.

b) Begründen Sie, warum „Karlos“ vermutet, der Chat-Teilnehmer „Ulli“ könnte ein Lehrer sein.

Wortwahl, Grammatik, Satzbau	Beispiele
Ausruf	*Hey*

Sprache und Stil

Umgangssprachliche Wendungen sind in der offiziellen, wie beispielsweise der schriftlichen Kommunikation im Unterricht (Klassenarbeit), nicht angemessen. Achten Sie auf die Wortebene ebenso wie auf die Satzebene.

Wortebene: Sprachmittel Alltagssprache	Satzebene: Sprachmittel Alltagssprache
Ausrufe *(Mann! Mensch!);* Füllwörter *(mal so)*	Ellipsen/unvollständige Sätze *(Kenn ich);* Parataxe/Aneinanderreihung von Hauptsätzen *(Er hat angerufen. Er kommt später);* Anakoluth/nicht korrekte Fortführung eines begonnenen Satzes *(Je mehr man lernt, die Note wird besser)*

2 Formulieren Sie die folgenden Sätze aus Klassenarbeiten so um, dass sie den Anforderungen der Standardsprache entsprechen:

Beispiel: Die verbale Kommunikation vollzieht sich auf der Inhaltsebene.

- *Durch einen anhaltenden Euro-Höhenflug kann die deutsche Exportwirtschaft einen gewaltigen Knacks bekommen.*
- *Wer Kapital hat und es anlegen will, macht das da, wo er die meisten Zinsen kriegt.*
- *Sie rastet total aus, weil er zu spät heimkam.*

Angemessen kommunizieren

Bei digitalen Kommunikationsformen (E-Mail, Messenger-Dienste, SMS ...) vermischen sich Mündlichkeit und Schriftlichkeit, wodurch die Sprachebenen nicht immer klar getrennt werden. Wichtig ist, dass Sie den Adressaten im Blick haben und die eigene Sprachebene der Kommunikationssituation anpassen.

E-Mail eines Studenten an den Universitätsdozenten:	E-Mails von Schülern an den Praktikumsbetreuer:	
E-Mail 1	E-Mail 2	E-Mail 3
Hi! *Leider ist heut früh meine Karre verreckt, so dass ich leider nicht am Seminar teilnehmen kann.* *Sorry !* *VG* *Sven*	*anbei mein Handout. Bitte um Ausdruck für mein Referat am Montag.* *THX!* *Viele Grüße*	*Hallo Frau Meier,* *ich bräuchte für mo den Laptop da mein Vortrag via PowerPoint ist.* *LG Jo*

1 **Untersuchen Sie die Texte hinsichtlich Rechtschreibung, Zeichensetzung, Schreibstil, Satzbau sowie Ausdrucksweise und erläutern Sie Fehler in der Kommunikation.**

2 **Verbessern Sie die E-Mails.**

3 **Formulieren Sie eine E-Mail für die folgende Situation im Studium.**

Situation

Sie möchten wegen der Absprache Ihres Referatsthemas und der Gliederung der Inhalte die Sprechstunde der Dozentin Frau Dr. Müller besuchen, merken aber, dass Sie zu der von ihr angebotenen Sprechzeit (Dienstag 16:00–17:00 Uhr) selbst keine Zeit haben, weil Sie in einem Café arbeiten. Sie bitten sie deshalb um einen anderen Termin. Sie hängen der E-Mail auch eine Datei mit einem Gliederungsvorschlag für das Referat an.

ARBEITSTECHNIK – E-Mail-Etikette für formale Kommunikation

Zwar sind moderne Kommunikationsmittel allgegenwärtig, häufig werden jedoch Fehler bei der angemessenen Kommunikation mit gravierenden Folgen (abgelehnte Bewerbungen, verärgerte Kunden ...) gemacht.

Betreff: muss ausgefüllt und aussagekräftig sein

Erste Anrede: Jede erste Kontaktaufnahme via E-Mail muss mit einer Anrede beginnen (Sehr geehrte/r Herr/Frau, ..., Sehr geehrte Damen und Herren, ...).

Tabus: Hallo Prof! Moin Moin! Mahlzeit! Tach! Hey! Hallo, ...! Grüß Gott!

Anrede von Professoren: Ein Doktortitel muss, ein Professorentitel kann vor dem Namen eingefügt werden.

Inhalt: unmissverständlich, knapp, aussagekräftig, strukturiert, formal korrekt geschrieben

Abkürzungen: nur verwenden, wenn man sicher ist, dass der E-Mail-Partner diese eindeutig versteht

Stil: kann etwas lockerer sein, wenn man den E-Mail-Partner kennt

Grußformel: wie im Brief (Mit freundlichen Grüßen) mit Angabe des Vor- und Nachnamens

Anlagen: Auf diese muss in der E-Mail hingewiesen werden.

Angemessen kommunizieren

Messenger-Dienst-Nachrichten

Das war heut ein Super-Tag!

Schnauze!

Danke SCHÖÖÖÖÖÖN ... für das nette Kompliment *rotwerd*

4 Analysieren Sie die Nachrichten.

a) Inwiefern unterscheiden sich diese Nachrichten von einer E-Mail (stilistisch, semantisch, syntaktisch)?

b) Welche Aussagen und Aufgaben haben jeweils die Emoticons?

5 Diskutieren Sie, ob es sich bei der Kommunikation in sozialen Netzwerken um Mündlichkeit oder Schriftlichkeit handelt.

BASISWISSEN – Stilmittel in sozialen Netzwerken

In sozialen Netzwerken wird meist unter Zeitdruck geschrieben, Aktualität ist wichtiger als sprachlicher Ausdruck und Grammatik. Doch diese Kommunikation weist auch besondere Stilmittel auf:

Akronym: Abkürzung durch Verbindung der Anfangsbuchstaben der Wörter (HDL – Hab dich lieb)

Homophon: Abkürzung, bei der der Wortlaut wie ein ausgeschriebenes Wort klingt (cul8r – see you later)

Inflektiv: Weglassen der Infinitivendungen -n oder -en (*gähn*, *grummel*, seufz*, *knuddel*)

Reduktion: Schreiben in Umgangssprache (sehn – sehen, nich – nicht)

Emoticons (= Emotion + Icon): Zeichen, die die Stimmungslage der User deutlich machen und dadurch helfen, die Bedeutung oder auch die Ironie der Aussage zu verstehen

Emojis (japanisch für Bildschriftzeichen): Ideogramme, die nicht ausschließlich Emotionen vermitteln sollen, sondern sogar für allgemeine Begriffe eingesetzt werden

★ **6 Analysieren Sie Ihre eigene schriftliche Kommunikation. Welche sprachlichen Mittel setzen Sie in welchem Medium ein? Geben Sie mindestens zehn Beispiele.**

FAZIT

1.1
Nonverbal kommunizieren
- Die Sprache des Körpers
- Körpersprache analysieren

1.2
Sprachebenen analysieren
- Standardsprache
- Alltagssprache

1.3
Angemessen kommunizieren
- Situativen Kontext beachten
- Digitale Kommunikationsformen
- Höflich kommunizieren
- Sprachebenen bewusst wählen

Kapitel 2

Sachtextanalysen schreiben

2.1
Einen Sachtext kurz vorstellen

2.2
Den Inhalt und Aufbau eines Sachtextes wiedergeben

Täglich werden Sie mit Texten konfrontiert, die mit unterschiedlichen Absichten verfasst werden. Autoren wollen die Leserinnen und Leser informieren, zu ihrer Meinungsbildung beitragen oder sie unterhalten. In diesem Kapitel lernen Sie, den Inhalt pragmatischer Texte zusammenzufassen und so zu abstrahieren, dass Sie darüber informieren können. Dazu werden Sie mit den einzelnen Schritten einer Zusammenfassung vertraut gemacht, die Ihnen helfen, den Zusammenhang von inhaltlichen Kernaussagen und Textstruktur deutlich machen.

Kompetenzen

- ✓ Den Inhalt eines Textes erfassen
- ✓ Die Absicht des Verfassers eines Textes analysieren
- ✓ Einen Text kurz vorstellen
- ✓ Struktur und Inhalt abstrahierend wiedergeben

Methoden und Arbeitstechniken

- ✓ Think-Pair-Share
- ✓ 5-Schritt-Lesetechnik
- ✓ Exzerpieren
- ✓ Mindmap

Einen Sachtext kurz vorstellen

Eine Inhaltsangabe zu einem Text ist die Grundlage jeder Sachtextanalyse. Wesentlich bei der Arbeit mit Texten ist es, Begriffe zu klären, den Inhalt knapp mit eigenen Worten zusammenzufassen sowie Fragen und Ergänzungen zu notieren. Eine Methode dafür ist beispielsweise das Exzerpieren (↗ Kapitel 24).
In Prüfungen sollen Sie Ihre Kompetenz im Umgang mit Sachtexten zeigen, indem Sie die Textsorte kategorisieren und den Zusammenhang zwischen Kernaussagen, Textstruktur und Intentionen untersuchen. Das folgende Beispiel zeigt Ihnen, wie Sie einen Text kurz vorstellen können.

Algorithmen lieben lernen

Titel

Kein Schüler fragt mehr: Wozu machen wir das überhaupt? Deutschlands Schulen brauchen dringend ein Konzept für digitale Bildung

Untertitel

von Ulrich Trottenberg

Autor

Von dem, was man heute „digitale Revolution" nennt, macht sich die Öffentlichkeit nur ein diffuses Bild. Es fehlt an Aufklärung. Deutschland braucht daher dringend ein Konzept für digitale Bildung. Aber wie sollte das aussehen?

[...] Zur digitalen Aufklärung sollte gehören, dass der kompetente Nutzer lernt, die Größenordnungen (TeraFlops für die Rechengeschwindigkeit, Gigabits pro Sekunde für die Übertragungsgeschwindigkeit der Netze und Zettabyte für das globale Datenaufkommen) einzuschätzen und die praktische Bedeutung exponentiellen Wachstums zu verstehen. [...]

Algorithmen sagen den Rechnern, was sie tun sollen, sie regeln dynamisch, was wann wohin durch die Netze an Daten fließt, sie strukturieren die Speicher und sie analysieren die Daten. Ohne Algorithmen passiert gar nichts, sie sind das steuernde Element, sozusagen „das Gehirn" aller IT-Komponenten.

Den Algorithmen wird deshalb Macht angedichtet. [...] Algorithmen werden für unerwünschte Entwicklungen verantwortlich gemacht: Sie spionieren uns aus, kontrollieren uns, treffen lebenswichtige Entscheidungen, sie bringen die Finanzmärkte durcheinander, gefährden den Frieden – so heißt es. Tatsächlich sind Algorithmen Mathematik oder Informatik. [...]. Und sie sind – wie die Mathematik insgesamt – wertneutral. [...]

Hintergrund/ Kontext

Digitale Bildung kommt an Algorithmen nicht vorbei. Die digitale Aufklärung der Öffentlichkeit und die digitale Bildung der jungen Generation bleiben begrenzt und oberflächlich, wenn es nicht gelingt, wenigstens die Idee des Algorithmischen und eine elementare Kenntnis algorithmischer Prinzipien zu vermitteln [...] und [...] in den Schulunterricht einzubetten. [...] Die gesamte Bildungskette wird dabei abgedeckt, von der schriftlichen Multiplikation in der Grundschule, über den Euklidischen Algorithmus bis hin zur Verschlüsselung und zum Data Mining.

Thema

Im Vordergrund steht immer die tägliche Erfahrung: MP3, GPS, Scheckkarten-Verschlüsselung [...] sind Algorithmen, die Schüler begeistern. Kein Schüler stellt mehr die Frage: Wozu machen wir das überhaupt? Werde ich das im Leben jemals brauchen? Sie verstehen oder erahnen, was auf ihren Handys unsichtbar abläuft, und sie erkennen zudem, wozu Analysis, lineare Algebra, Stochastik gebraucht werden. Auch wenn Algorithmen noch nicht in den Kernlehrplänen stehen, im Mathematik-, Informatik- oder im Fachunterricht, in Sonderveranstaltungen und Projektwochen können Schüler Algorithmen verstehen und selbst entdecken. Sie können sich vorstellen, [...] warum Daten so wertvoll sind – und werden hoffent-

Einen Sachtext kurz vorstellen

lich vorsichtiger und verantwortungsvoller im Umgang mit ihren eigenen Daten. Auch schwächere Schüler gewinnen der Thematik Erstaunliches ab, weil sich manche der Algorithmen auch ohne Vorkenntnisse behandeln lassen. Und schließlich gewinnen die Lehrer durch ihr fundierteres Wissen ihre pädagogische Souveränität wieder. […]

Absicht

(Süddeutsche Zeitung, 30. 01. 2016)

1 Erschließen Sie den Text mithilfe der 5-Schritt-Lesetechnik (↗ Kapitel 24).

a) Schreiben Sie Ihnen unbekannte Begriffe heraus und klären Sie deren Bedeutung.

b) Exzerpieren Sie den Inhalt unter der Fragestellung: „Digitale Bildung kommt an Algorithmen nicht vorbei. Wozu machen wir das überhaupt?“.

c) Fassen Sie die wichtigsten Aussagen des Textes zur Bedeutung von Algorithmen und zum schulischen Umgang mit ihnen in eigenen Worten zusammen.

2 Stellen Sie mithilfe der Randbemerkungen zum Text und der folgenden Arbeitstechnik den Text „Algorithmen lieben lernen“ vor.

ARBEITSTECHNIK – Einen Text kurz vorstellen

Um einen Text kurz vorzustellen, müssen Sie ihm Informationen entnehmen. Folgende Angaben sind für eine kurze Vorstellung notwendig:

Titel	Hierzu gehört auch der Untertitel.
Name des Autors / der Autorin	Bei meinungsäußernden Texten wie Kommentaren wird in der Regel der Verfassername angegeben, häufig auch nur als Kürzel.
Quelle	z. B. Name der Zeitung/Zeitschrift, Datum der Veröffentlichung
Anlass	Oftmals wird der aktuelle bzw. konkrete Anlass zu Beginn des Textes genannt.
Thema	Den inhaltlichen Kern abstrahierend zusammenfassen.
Hintergrund/Kontext	In welchem gesellschaftlichen Umfeld muss man den Text lesen?
Kernaussagen	Wesentliche Inhalte kurz zusammenfassen.
Absicht	Welches Ziel verfolgt der Verfasser? Will er appellieren? Mit seinen Argumenten überzeugen? Übt er Kritik, wenn ja, an wem/woran?
Textsorte	z. B. Kommentar, Glosse, Reportage
Textart	z. B. informierend, appellierend, argumentierend

Zu den Textsorten und -arten ↗ Kapitel 5

Die Angaben zu Titel, Autor, Quelle, Thema, Textsorte und -art sowie die Hauptthematik (= neutrale Darstellung des Kernproblems) stehen in einem sogenannten **Basissatz**. Im **Hauptteil** folgt eine ausführlichere, neutrale Darstellung der Aussagen und Absichten. Anlass und Hintergrund können eine kurze Textvorstellung **ergänzen**.

Den Inhalt und Aufbau eines Sachtextes wiedergeben

„Können Sie mir bitte sagen, wie ich in die Fußgängerzone komme?“ Die Frage kennen Sie aus Ihrem Alltag, nur wie antworten Sie so verständlich, dass der Fragende schnell und sicher an sein Ziel kommt? Der Blick auf die unten abgedruckte Karte macht deutlich, dass Strukturen unseren Alltag bestimmen, ohne dass uns das immer bewusst wird. Hat man jedoch Strukturprinzipien erfasst, dann fällt die Orientierung leicht: Dies gilt selbstverständlich auch für Texte, die strukturiert aufgebaut sind.

1 Erläutern Sie, was Ihnen dabei hilft, sich schnell auf dieser Karte zu orientieren.

2 Übertragen Sie die Mindmap in Ihr Heft und erweitern Sie sie: Zeigen Sie, wo Ihnen im täglichen Leben Strukturen begegnen. Heben Sie die besonders hervor, die Ihnen die Orientierung erleichtern.

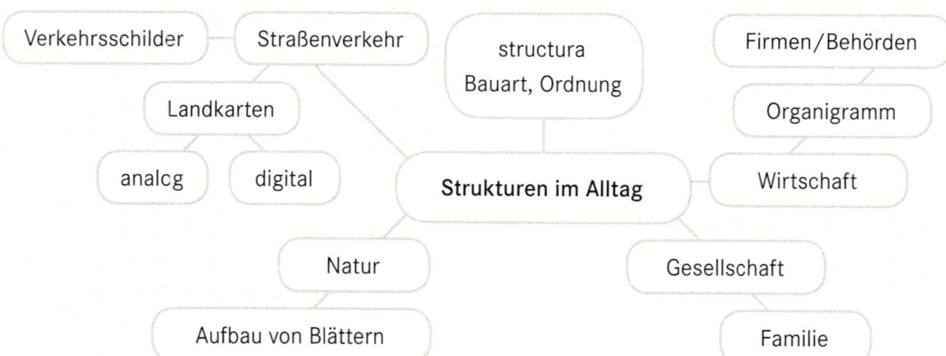

3 Überlegen Sie, inwiefern auch Texte Strukturen aufweisen. Arbeiten Sie dabei nach der Methode Think-Pair-Share (↗ Kapitel 24).

Die Analyse des Zusammenhangs von Kernaussage und Textstruktur

Wesentliches von weniger Wichtigem unterscheiden, die Struktur eines Textes sowie die Haltung des Autors zum Inhalt erkennen – das sind entscheidende Fähigkeiten, die es bei der Beschäftigung mit Sachtexten zu entwickeln gilt.

Ergebnis der Shell-Jugendstudie: Krawatte statt Krawall

Fleiß, Ehrgeiz, Ordnung – viele Jugendliche leben heute in Einklang mit der Leistungsgesellschaft und den Werten ihrer Eltern. […] Doch die Mentalität der Jungen lässt sich gut erklären.

Von Ulrike Nimz

Das Lamento über die Verderbt- und Verlorenheit der Jugend ist altbekannt. Mindestens so alt und bekannt wie Aristoteles. „Unerträglich, unverantwortlich und entsetzlich anzusehen", das waren Attribute, die dieser wählte, um die Adoleszenten im vierten Jahrhundert vor Christus zu beschreiben. Die Denker von heute gehen da glücklicherweise differenzierter zu Werke. Alle drei bis fünf Jahre fragt die Shell-Jugendstudie nach den Befindlichkeiten der Zwölf- bis Fünfundzwanzigjährigen, nach politischer Einstellung, Zukunftsperspektiven, Freizeitgestaltung.

Zur Empörung jedoch gibt diese Jugend keinen Anlass mehr. In der 17. Auflage der Untersuchung präsentiert sich der deutsche Nachwuchs pragmatisch, mit fest gefügtem Wertesystem. Tugenden wie Fleiß und Ehrgeiz sind den meisten jungen Menschen wichtiger, als „kreativ zu sein" oder „das Leben zu genießen". Eine Mehrheit hat Vertrauen in Institutionen wie die Polizei, die Gerichte und auch die Bundeswehr. 84 Prozent nehmen den Respekt vor Gesetz und Ordnung wichtig, 64 Prozent sogar besonders wichtig. […]

Noch 2006 präsentierte die Shell-Studie eine Generation, gezeichnet von Leistungsdruck und Abstiegsangst. Die immerhin hat abgenommen. Weil der wirtschaftliche Niedergang überwunden scheint. Die Mär vom unbegrenzten Wachstum aber auch.

Die Jugend von heute glaubt wieder daran, ihre Berufswünsche verwirklichen zu können – wenn sie sich entsprechend reinhängt. Und so streben die Jugendlichen nach höchstmöglichen Bildungsabschlüssen, scheuen weder Praktika noch Zeitverträge. Wenn von einer Ökonomisierung der Gesellschaft die Rede ist, dann lassen sich dafür auch im Bildungssystem Belege finden. Turboabitur und Bologna-Reform etwa. Mündigkeit und kritisches Denken, so beklagen es Pädagogen seit Jahren, sind weniger gefragt als Anpassung und Auswendiglernen. Darf es da verwundern, dass die Kids lieber Krawatte binden, statt Krawall zu machen?

Die Utopie einer freien, unbeschwerten Jugend ist als solche entlarvt. Und weil es so ganz ohne eben auch nicht geht, wird eine andere wiederbelebt: die Familie. Sie ist Konstante in einer krisengeschüttelten Welt. Eltern sind nicht länger nur Förderer, sondern auch Vertraute, manchmal sogar Freunde. Knapp drei Viertel der Befragten wollen sich den Erziehungsstil der eigenen Eltern zum Vorbild nehmen.

[…] Die Babyboomer, so nennt die Sozialwissenschaft die in den geburtenstarken Jahrgängen 1955 bis 1969 Geborenen, haben keinen Rohrstock im Schrank, kein faschistisches Regime gestützt. Sie haben hart gearbeitet und es zu (bescheidenem) Wohlstand gebracht. Längst reichen sie dem Nachwuchs die Hand, statt sie zu erheben. Junge Menschen sind heute von einer Gewissheit getragen: Selbst wenn alles schiefläuft, Mama und Papa sind da, um zu helfen – auch finanziell. […]

Gewinner und Verlierer gab es schon immer, aber selten war das Spiel so früh entschieden wie heute, auch das ist ein Ergebnis aus gut 60 Jahren Shell-Studie. Die Zahl der Schulabbrecher zu reduzieren, sei die Herausforderung der Zukunft, sagt Klaus Hurrelmann. Denn es sind diese Jugendlichen, die anfällig sind für radikale Denkmodelle, auch wenn sich die Mehrheit nicht von rechter Stimmungsmache beeinflussen lässt. Im Gegenteil: Zuwanderung halten die meisten Jugendlichen für „sinnvoll und moralisch geboten". […]

(Süddeutsche Zeitung, 14. 10. 2015)

Die Analyse des Zusammenhangs von Kernaussage und Textstruktur

1 Übertragen Sie die folgende Tabelle in Ihr Heft.

a) Benennen Sie die Absätze mit Zeilenangaben und nennen Sie zu jedem Absatz ein oder zwei Stichpunkte/Thesen.

b) Formulieren Sie zu jedem Absatz eine Zwischenüberschrift, indem Sie Ihre Stichpunkte und die Intention der Autorin mit strukturierenden Verben (↗ Sprache und Stil S. 25) verbinden.

Textstelle	Stichpunkte	Zwischenüberschrift
Absatz 1 / Zeile 1–11	Vorurteile gegen die Jugend	Vorurteile gegen die Jungend werden entkräftet
Absatz 2 / Zeile 12–21	...	...

BASISWISSEN Sachtexte: Intention und Kernaussage

Sachtexte werden mit bestimmten **Absichten (Intentionen)** verfasst. Ihre Autoren haben beispielsweise folgende Ziele: Sie möchten die Leser belehren, sie informieren, etwas dokumentieren, von etwas überzeugen, sie beeinflussen oder sie zu etwas auffordern. Oft gibt es mehrere Aussageabsichten in einem Text, meistens ist jedoch ein Schwerpunkt erkennbar. Die **Kernaussage** bewegt sich demzufolge zwischen den folgenden Hauptintentionen:

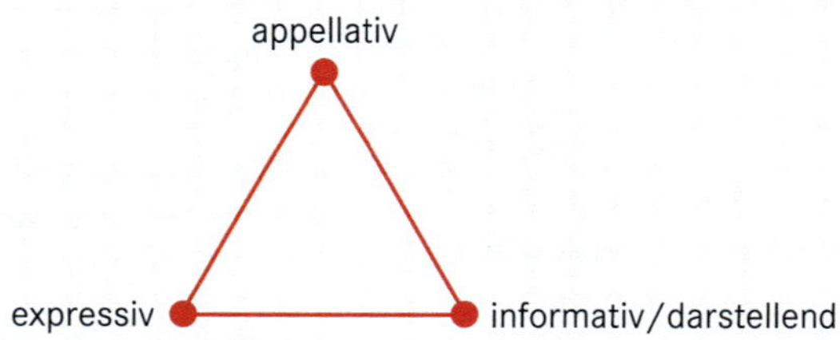

Um einen Sachtext zu analysieren und zusammenzufassen, ist es nötig, neben der Intention des Autors auch die Struktur des Textes zu erfassen.

2 Fassen Sie mithilfe der Arbeitstechnik unten den Aufbau und den Inhalt des Sachtextes „Ergebnis der Shell-Jugendstudie“ kurz zusammen. Beginnen Sie mit einem einleitenden Satz, der die formalen Angaben enthält und fahren Sie dann so fort:

Ulrike Nimz entkräftet mit den Ergebnissen der Shell-Jugendstudie Vorurteile gegenüber der Jugend: Die meisten Jugendlichen orientieren sich an traditionellen Werten. Die Mehrheit von ihnen fügt sich in die gesellschaftlichen Strukturen ein (vgl. Z. 1–22).
Die Autorin erläutert die Ergebnisse der Shell-Jugendstudie: ...

ARBEITSTECHNIK Eine Zusammenfassung schreiben I

1. Schritt: Überfliegen Sie den Text und verschaffen Sie sich einen Eindruck von Aufbau, Inhalt und Kernaussage.
2. Schritt: Notieren Sie sich zu jedem sichtbaren Absatz Stichpunkte.
3. Schritt: Prüfen Sie, ob mehrere Absätze inhaltlich zusammenhängen, also eine Sinneinheit ergeben.
4. Schritt: Formulieren Sie mithilfe strukturierender Verben eine Zwischenüberschrift pro Sinneinheit (↗ Sprache und Stil S. 25). Sie erkennen so die Gedankenführung des Autors und seine Einstellung zum Thema.
5. Schritt: Geben Sie Aufbau und Inhalt des Sachtextes **in einem fortlaufenden Text** wieder. Beginnen Sie mit formalen Angaben (Titel, Autor, Quelle, Textsorte, u. U. Anlass und Adressaten) und Nennung des Themas.

Die Analyse des Zusammenhangs von Kernaussage und Textstruktur

Der folgende Zeitungsartikel stammt von Helmut Martin-Jung, der bei der Süddeutschen Zeitung arbeitet. Seine Artikel beschäftigen sich oft mit technischen Themen, die den Alltag direkt beeinflussen.

Ideen statt Keule

von Helmut Martin-Jung

Noch zu Zeiten Paganinis war es mit dem Schutz von Urheberrechten nicht allzu weit her. Der Geigenvirtuose händigte daher die Noten an seine Orchestermusiker erst kurz vor der Aufführung aus und sammelte sie unmittelbar danach wieder ein, damit sie nur ja keiner abschreiben konnte. [...]

Aber jedes Recht stößt an Grenzen, wenn es andere, schwerer wiegende Rechte verletzt. Daher hat der Bundesgerichtshof (BGH) gut daran getan, das Sperren von Internetseiten wegen Urheberrechtsverletzungen an sehr restriktive Bedingungen zu knüpfen. Ein Anbieter von Internetzugängen kann nicht schon dann zum Sperren von Seiten verpflichtet werden, wenn etwa ein Plattenlabel eine einstweilige Verfügung mit dem Vermerk „Empfänger nicht auffindbar" zurückbekommt. Wer eine Sperrung einfordert, muss erheblich mehr Aufwand treiben, und das ist auch richtig so.

Denn jede Sperre ist ein Eingriff in die Freiheitsrechte, und die sind im Zweifel höher zu bewerten als der Schaden, der entsteht, wenn Musikdateien zum Herunterladen bereitgestellt werden. Aber, das war dem Gericht wichtig, das Internet ist auch kein rechtsfreier Raum. Wenn also nachweisbar zumutbare Anstrengungen unternommen wurden, können die Rechteinhaber als allerletzte Möglichkeit auch an die Zugangsanbieter herantreten und diese dazu auffordern, eine Sperre einzurichten. [...] Denn die Sperren erschweren allenfalls den Zugang zu Servern, völlig verhindern können sie ihn nicht. Und der Kampf um den Urheberschutz, beziehungsweise um das Geld, das mit den geschützten Werken zu verdienen ist, treibt auch seltsame Blüten. Sollen wirklich Kindergärten Abgaben zahlen, weil sie in der Gruppe „Happy Birthday" singen? Kann es richtig sein, wenn Plattenfirmen CDs mit virenähnlichen Computer-Programmen versehen, die das Kopieren am PC unterbinden sollen? Ist das wenige Sekunden lange Zitieren von Musikstücken anderer wirklich schon eine Urheberrechtsverletzung oder kann es nicht auch Kunst sein? Sollen Kinder und Jugendliche kriminalisiert werden, weil sie sich Musik oder einen Film aus dem Netz heruntergeladen haben? Und vor allem: Darf so etwas das Geschäft von Anwaltskanzleien sein, die mit Massenabmahnungen das schnelle Geld machen? All diese Fälle sind ja nicht erfunden. Natürlich konnte es nicht in Ordnung sein, wenn, wie in den wilden Jahren des Netzes, über die berühmt-berüchtigten Tauschbörsen als digitalisierte Musikdatei kostenlos zu haben war, wofür man noch kurze Zeit davor im Plattenladen eine Menge Geld hatte hinblättern müssen. Es funktionierte nun eben, also hat man es gemacht. Mittlerweile wurde das Problem entschärft. [...] Jungen Menschen ein gutes Angebot zu machen, anstatt sie zu kriminalisieren, ein Angebot, das auch funktioniert – das war das perfekte Rezept [...]. Inzwischen ist man schon wieder weiter: Musik laden viele erst gar nicht mehr herunter, sondern beziehen sie als Dienstleistung aus dem Netz. Eine ganze Reihe dieser Streaming-Dienste stehen miteinander im Wettbewerb. Und wieder muss sich die Musikindustrie – wie viele andere Wirtschaftszweige auch – auf Entwicklungen einstellen, die durch die Internettechnologie ausgelöst werden und die ganze Branchen durcheinanderwirbeln. Sie sollte sich dieser Herausforderung stellen, sollte überzeugende Angebote entwickeln, aber nicht ohne Not mit der juristischen Keule um sich schlagen.

(Süddeutsche Zeitung, 27. 11. 2015)

1 Überfliegen Sie den Text und verschaffen sich einen Eindruck von Aufbau, Inhalt und Kernaussage.

2 Notieren Sie sich zu jedem sichtbaren Absatz Stichpunkte.

Die Analyse des Zusammenhangs von Kernaussage und Textstruktur

3 Fassen Sie den Text „Ideen statt Keule“ zusammen und nutzen Sie dabei Ihre Ergebnisse aus den Aufgaben 1 und 2 sowie die Arbeitstechniken auf Seite 22 und 24.

4 Lesen Sie nun das Schülerbeispiel. Vergleichen Sie Ihre Zusammenfassung mit der des Schülerbeispiels.

Zum Text „Ideen statt Keule“ hat ein guter Schüler folgende Zusammenfassung geschrieben:

Achtung, Fehler!

Schülerbeispiel

Zu Beginn blickt der Verfasser auf den früheren Umgang mit dem Urheberrecht zurück. Er führt eine Anekdote des Geigers Paganini an, der nach Aufführungen alle Noten wieder eingesammelt habe, um illegale Kopien zu verhindern. Anschließend erläutert der Verfasser ein aktuelles Urteil des Bundesgerichtshofs zum Urheberrecht. Herr Martin-Jung begrüßt das Urteil, da es einen Ausgleich zwischen den Interessen von Urhebern und Musik-Konsumenten darstelle. Im konkreten Fall geht es um die von der Musikindustrie beantragte Sperrung von Internetseiten, auf denen Nutzer sich Musikdateien herunterladen können. Das Gericht hat in seinem Urteil diese Sperrung erschwert, was der Autor sehr befürwortet. Er stellt die Freiheitsrechte über das Urheberrecht. Martin-Jung stellt weiter die Frage, wie die Musikindustrie in Zukunft mit dem Urheberrecht und der Sperrung von Internetseiten umgehen solle. Er veranschaulicht anhand verschiedener Beispiele, dass weder Sperrungen noch restriktives Vorgehen, wie etwa anwaltliche Abmahnungen und damit einhergehend die Kriminalisierung von Jugendlichen, gegen Urheberrechtsverletzungen eine geeignete Lösung darstellen. Er räumt ein, dass man sich dessen bewusst sein muss, dass es Kunst, insbesondere Musik, nicht umsonst geben könne.

Martin-Jung verweist auf die neueste Entwicklung im digitalen Musikgeschäft, so sei das Downloaden als Geschäftsmodell zwar etabliert, es verliere aber zunehmend an Bedeutung. Der Autor prophezeit, dass sich der Trend zum Streaming unaufhaltsam verbreiten werde. Daher appelliert der Autor am Ende an die Musikbranche, neue Angebote für die Musikfans zu entwickeln und nicht mit rechtlichen Auseinandersetzungen zu drohen.

5 Notieren Sie aus dem Schülerbeispiel alle strukturierenden Verben. Ersetzen Sie diese durch alternative strukturierende Formulierungen.

ARBEITSTECHNIK – Eine Zusammenfassung schreiben II

Beim Schreiben einer Zusammenfassung müssen Sie auf folgende Punkte achten:

- Ihre Zusammenfassung sollte ungefähr 1/3 der Länge des Originaltextes haben.
- Benutzen Sie als Zeitform das Präsens.
- Verwenden Sie den Konjunktiv in der indirekten Rede (↗ BW Indirekte Rede).
- Achten Sie darauf, eigenständige Formulierungen zu verwenden, also zu paraphrasieren.
- Ihr Text darf keinen Aufzählungscharakter haben.
- Gliedern Sie Ihren Text nach Sinneinheiten.

Die Analyse des Zusammenhangs von Kernaussage und Textstruktur

Sprache und Stil

Strukturierende Verben verdeutlichen, welche Standpunkte die Verfasser von Texten einnehmen. Ihnen helfen strukturierende Verben sowohl bei der Analyse als auch bei der Zusammenfassung von Texten.

Strukturierende Verben ...	
... mit **informativem Charakter**	*aufzeigen, informieren, ausführen, darlegen, feststellen, analysieren/ untersuchen, ...*
... zur **Verdeutlichung zeitlicher Zusammenhänge**	*zurückblicken, einen Rückblick geben, früher und heute gegenüberstellen, vergleichen, prognostizieren, ...*
... zur **Beurteilung eines Sachverhalts**	*kritisieren, Kritik üben, negativ/positiv bewerten, verurteilen, gutheißen, als falsch/bedenklich/richtig/überzeugend einstufen, bezweifeln, befürworten, infrage stellen, (miss)billigen, ...*
... zur **Darstellung von Argumentationszusammenhängen**	*die Ansicht vertreten, argumentieren für/gegen, an Beispielen zeigen, veranschaulichen, begründen, Ursachen nennen, sich stützen auf, erörtern, verdeutlichen, ...*
... mit **einräumendem Charakter**	*einräumen, zugeben, zugestehen, das Zugeständnis machen, ...*
... mit **appellativem Charakter**	*appellieren, fordern, die Forderung erheben, verlangen, ...*
... mit **schlussfolgerndem Charakter**	*(schluss)folgern, die Schlussfolgerung/den Schluss ziehen, resümieren, ein Fazit ziehen, zu dem Ergebnis kommen, ...*

6 Überlegen Sie, welche Haltung des Sprechers in folgenden Aussagen zum Ausdruck kommt.

a) „Die FOS als Schultyp gefällt mir sehr. Der Wechsel zwischen Unterricht und Praktikum in der 11. Klasse sorgt für Abwechslung, außerdem finde ich die Möglichkeit gut, zwischen verschiedenen Ausbildungszweigen wählen zu können."

b) „Das Fernsehprogramm der öffentlich-rechtlichen Sender ist oft langweilig und es gibt viel zu viele Serien, die nur auf eine bestimmte Zielgruppe zugeschnitten sind. Auch gleichen sich ARD und ZDF immer mehr den Privatsendern an."

c) „Erklär mir doch die Matheaufgabe. Wenn du mir nicht hilfst, bin ich echt aufgeschmissen."

d) „Ich gebe ja zu, dass du mir häufiger hilfst als ich dir."

e) „Es ist echt das Letzte, wie du dich gegenüber deiner Nachbarin verhältst."

f) „Das Reihenhaus bezeichnet im Bauwesen eines von mindestens drei oder mehr aneinandergebauten Wohngebäuden."

g) „Der Vortrag von Frau Professor Maier findet in Raum 2.0.5 statt."

h) „Ist es nicht so, dass wir alle gerne weniger arbeiten würden?"

Die Analyse des Zusammenhangs von Kernaussage und Textstruktur

BASISWISSEN Indirekte Rede I

Gibt ein Sprecher die Aussagen eines Dritten wieder, so verwendet er die indirekte Rede. Dazu gebraucht er **Formen des Konjunktivs I.** Der Konjunktiv I wird gebildet mit dem Stamm des Verbs (Infinitivform ohne Endungen), dem Vokal e und einer Personalendung. **Beispiel:**

Direkte Rede: Bernhard Bueb vertritt die Auffassung: „Die Achillesferse der Privatschulen sind die Kosten."
Indirekte Rede: Bernhard Bueb vertritt die Auffassung, die Achillesferse der Privatschulen seien die Kosten.
Beim Wechsel von der direkten in die indirekte Rede ändert sich das Personal- bzw. Possessivpronomen.

Sind die Formen des Indikativs und des Konjunktivs I identisch, so stehen **Formen des Konjunktivs II.** Sie werden von den Formen des Indikativs Präteritum abgeleitet, wobei die Vokale a, o und u umgelautet werden zu ä, ö und ü und der Diphthong au zu äu. Beispiel:

Direkte Rede: Bernhard Bueb erklärt: „Privatschulen unterstehen der staatlichen Schulaufsicht."
Indirekte Rede: Bernhard Bueb erklärt, Privatschulen unterstehen der staatlichen Schulaufsicht.
Ersatzform: Bernhard Bueb erklärt, Privatschulen unterständen der staatlichen Schulaufsicht.

Ist die Form des Konjunktivs II identisch mit dem Indikativ Präteritum oder erscheint der Konjunktiv II ungebräuchlich oder veraltet, kann die indirekte Rede auch mit **würde** formuliert werden.
Beispiel: Bernhard Bueb erklärt, Privatschulen würden der staatlichen Schulaufsicht unterstehen.

7 Formen Sie mithilfe des Basiswissens die Sätze der Aufgabe 6 von direkter Rede in indirekte Rede um. Wählen Sie ein passendes strukturierendes Verb.

Jugend und Politik: Recherchieren Sie im Internet weitergehende Informationen zur aktuellen Shell-Jugendstudie. Vergleichen Sie verschiedene Darstellungsweisen und bewerten Sie diese im Hinblick auf ihre Intention.

FAZIT

2.1
Einen Sachtext kurz vorstellen

- Einem Sachtext Informationen entnehmen
- Einen Basissatz schreiben
- Kernaussagen zusammenfassen
- Absicht herausarbeiten

2.2
Den Inhalt und Aufbau eines Sachtextes wiedergeben

- Die Struktur erkennen
- Überschriften formulieren
- Stichpunkte formulieren
- Den Standpunkt des Autors erkennen
- Die Kernaussage zusammenfassen
- Strukturierende Verben verwenden
- Formen der indirekten Rede verwenden

Kapitel 3

Schaubildanalysen schreiben

3.1
Schaubilder und Diagramme analysieren

3.2
Eine Schaubild-analyse verfassen

Bilder sind oft eine effektive Möglichkeit, um komplexe Sachverhalte zu verdeutlichen. Eine Visualisierung durch Bilder und Grafiken stellt immer eine Interpretation von Informationen dar. Sie erfassen durch die Analyse von Grafiken deren Möglichkeiten und Grenzen und nutzen die darin visualisierten Informationen, um die dargestellten Sachverhalte zu bewerten.

Kompetenzen

- ✓ Verschiedene Diagramme kennen und analysieren
- ✓ Den Bezug zwischen der Wahl der grafischen Darstellungsform und dem Inhalt erkennen
- ✓ Grafische Darstellungsformen hinterfragen
- ✓ Eine Schaubildanalyse verfassen
- ✓ Informationen visualisieren
- ✓ Effizient mit anderen zusammenarbeiten

Methoden und Arbeitstechniken

- ✓ Think-Pair-Share
- ✓ Umfrage

Schaubilder und Diagramme analysieren

Das Zusammenspiel von Text und Schaubild

Schaubilder oder Diagramme werden häufig im Zusammenhang mit Sachtexten veröffentlicht.

Fast alle Schüler nehmen ihr Handy mit in die Schule

Berlin, 17. Februar 2015 – Mobiltelefone gehören für die große Mehrheit der Schüler ebenso in die Schultasche wie Bücher und Hefte. 9 von 10 Schülern (92 Prozent) geben an, ihr Handy oder Smartphone mit in die Schule zu nehmen. Das ist das Ergebnis einer repräsentativen Umfrage im Auftrag des Digitalverbands Bitkom. Am häufigsten werden die Geräte genutzt, um Musik zu hören (87 Prozent aller Schüler). Drei Viertel der Schüler (74 Prozent) fotografieren mit dem Mobiltelefon Tafelbilder und mehr als jeder Zweite (56 Prozent) sucht während des Unterrichts online nach Informationen zum Lehrinhalt. „Smartphones gehören zum Alltag von Schülern – und sind damit natürlich auch ein Teil der Schule. Umso wichtiger ist es, Schülern fächerübergreifend im Unterricht Medienkompetenz zu vermitteln, damit die Geräte auch im Unterricht sinnvoll genutzt werden“, sagt Bitkom-Vizepräsident Achim Berg. „Voraussetzung dafür ist, dass Lehrer entsprechend geschult werden und mit neuen Technologien umgehen können.“

Häufig nutzen die Schüler ihre Mobilgeräte auch, um mit anderen Schülern zu chatten (70 Prozent) und um neue Nachrichten in sozialen Netzwerken zu lesen (45 Prozent). Jeder Dritte (34 Prozent) schaut sich in der Schule Videos an, jeder Vierte (24 Prozent) spielt in den Pausen auf dem Gerät. Nur jeder Fünfte (20 Prozent) nutzt sein Mobiltelefon in der Schule zum Telefonieren. Jeder zehnte Schüler (10 Prozent) gibt zu, dass er mithilfe seines Handys oder Smartphones versucht, bei Klassenarbeiten zu schummeln. „Wichtig ist, dass die Schulen klare Regeln für die Nutzung von Handy und Smartphone aufstellen. Richtig eingesetzt können die Geräte den Unterricht bereichern“, so Berg. […]

(www.bitcom.org, 17. 02. 2015)

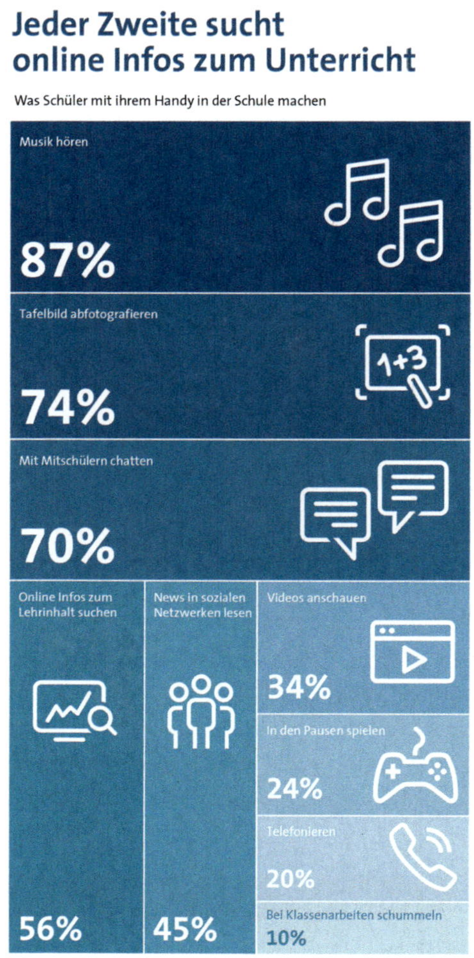

1 Bearbeiten Sie zunächst den Text. Arbeiten Sie nach der Methode Think-Pair-Share.

a) Welcher Sachverhalt wird thematisiert?

b) Nehmen Sie Stellung zu der Aussage, dass Handys und Smartphones richtig eingesetzt den Unterricht bereichern können (Z. 32 f.).

2 Dem Zeitungsartikel ist ein Schaubild beigefügt. Analysieren Sie dieses.

a) Was sagt es aus?

b) Wie wirkt die Darstellung auf Sie?

c) Welche Funktion hat das Schaubild im Hinblick auf den Text?

Diagramme – Möglichkeiten und Grenzen erkennen

Je nach Aussage- und Wirkungsabsicht lassen sich Inhalte vielfältig grafisch darstellen.

Würden Sie an einer Tortengrafik teilnehmen?

99,8 % aller Deutschen wurden schon einmal statistisch erfasst, 97,9 % davon sogar mehrmals. Das sind erschreckende Zahlen, die Amnesty International gerne verschweigt, aber in Deutschland sind Millionen das Opfer statistischer Erhebungen. Wer schon einmal in einem Koordinatenkreuz aufgewacht ist oder unter einem Säulendiagramm lag, weiß, was das heißt. Täglich sind im ganzen Land Hunderte von Statistikern (= 0,04 % der Bevölkerung) unterwegs und fragen ahnungslose Passanten, ob sie unverbindlich an einer Tortengrafik teilnehmen oder mal in einer Tabelle mitarbeiten möchten.

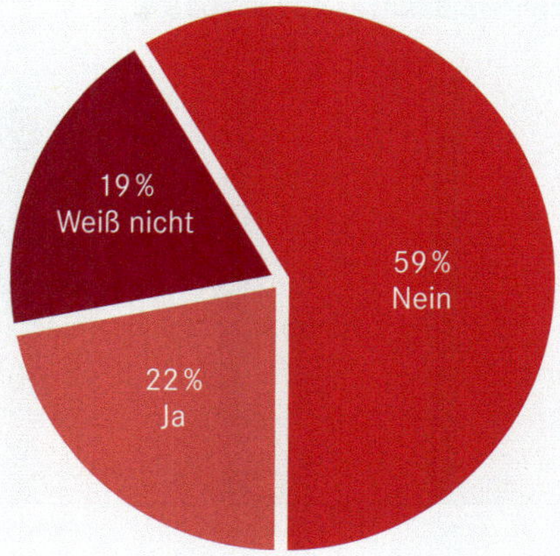

(Bäckerei Dingwerth)

(H. Zippert, „So funktioniert Deutschland")

1 Analysieren Sie den Text und das Diagramm.

a) Worauf macht Hans Zippert mit seinem Text und dem Diagramm aufmerksam?
b) Welche Funktion erfüllen der Titel und die Angabe (Bäckerei Dingwerth) unter dem Diagramm?
c) Mit welchen sprachlichen Mitteln verstärkt der Autor seine Aussageabsicht?

Balkendiagramm

2 Setzen Sie sich mit dem Balkendiagramm auseinander.

a) Geben Sie die wesentlichen Aussagen wieder.
b) Erörtern Sie, warum sich die Herausgeber wohl für die vorliegende Diagrammart entschieden haben.
c) Beurteilen Sie, ob Fragestellungen zu der dargestellten Thematik offenbleiben.

3 Machen Sie in Ihrer Klasse eine Umfrage zum Thema „Mediennutzung in der Freizeit".

a) Veranschaulichen Sie die Ergebnisse durch ein Balkendiagramm.
b) Vergleichen Sie die Ergebnisse Ihrer Klasse mit denen des Schaubildes der JIM-Studie.

Medienbeschäftigung in der Freizeit 2015

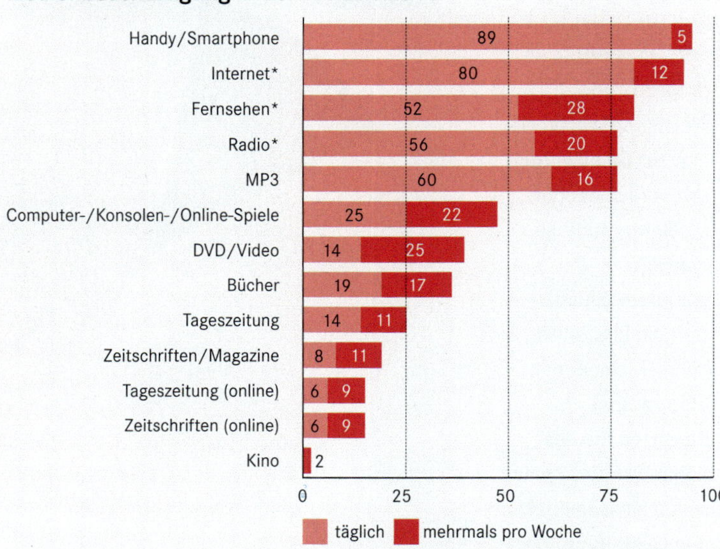

*Quelle: JIM-Studie 2015, Angaben in Prozent, *egal über welchen Verbreitungsweg, Basis aller Befragten, n = 1 200*

Diagramme – Möglichkeiten und Grenzen erkennen

Säulendiagramm

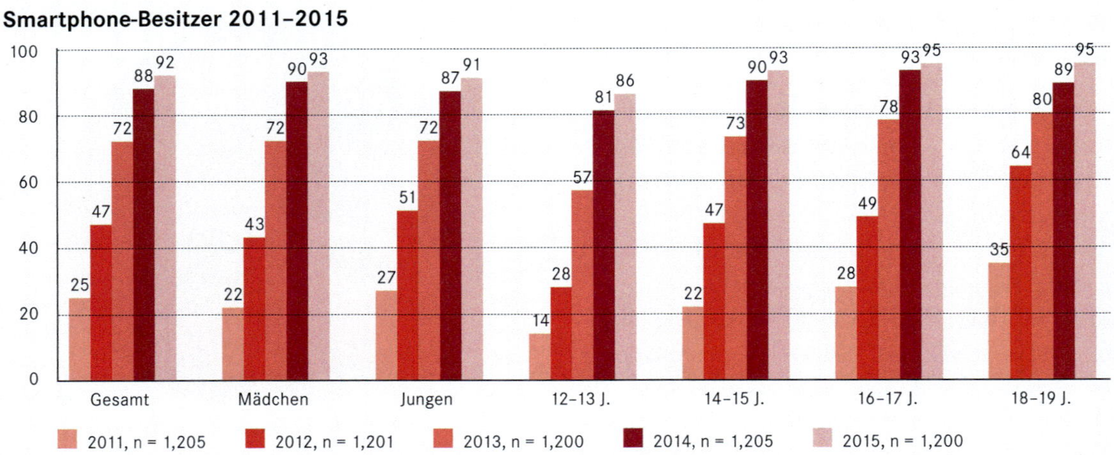

Quelle: JIM-Studie 2011–2015, Angaben in Prozent
Basis: alle Befragten, n bezeichnet den Umfang der Stichproben

4 Untersuchen Sie das Säulendiagramm.

a) Notieren Sie Fragen, die durch die Teile des Diagramms beantwortet werden.

b) Stellen Sie sich die Visualisierung in Kreisdiagrammen vor: Wägen Sie ab, welche Darstellungsart passender ist. Begründen Sie Ihre Meinung.

Kreisdiagramm

5 Untersuchen Sie die in dem Schaubild enthaltenen Kreisdiagramme.

a) Welche Aussagen werden zur Glaubwürdigkeit verschiedener Medienformate gemacht?

b) Wie unterscheiden sich die Ergebnisse in den verschiedenen Altersgruppen?

c) Bewerten Sie das Schaubild hinsichtlich seiner Aussagekraft und Gestaltung. Warum wurde diese Art der Darstellung gewählt?

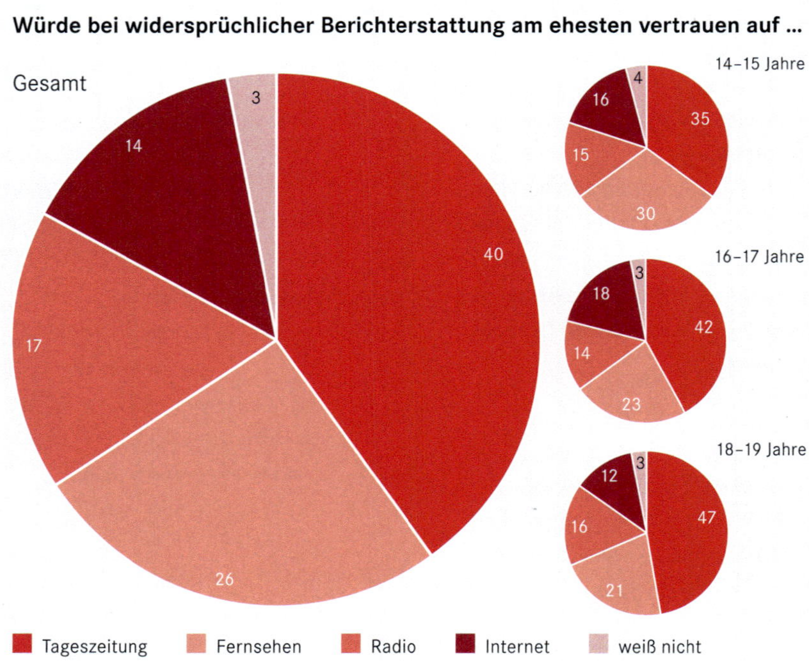

Quelle: JIM-Studie 2014, Angaben in Prozent; Basis: alle Befragten, n = 1 200

Diagramme – Möglichkeiten und Grenzen erkennen

Bei der Erläuterung eines Diagramms formulieren Sie die Zusammenhänge zwischen den statistischen Werten.

Lückentext

■ Menschen als in den letzten Jahren suchen bei den Verbraucherzentralen und der Polizei Rat, weil sie „abgezockt“ wurden. Ein unbedachter Mausklick – und der Rechner ist ■ infiziert. ■ der Befragten hat das schon einmal erlebt. Dies ergab eine Befragung, bei der Mehrfachnennungen möglich waren. ■ wurde beklagt, dass die Versuche, sich die Zugangsdaten zu Online-Diensten zu verschaffen, überhandgenommen haben. ■ ist die Zahl derer, in deren Namen unerwünschte Mails verschickt wurden.

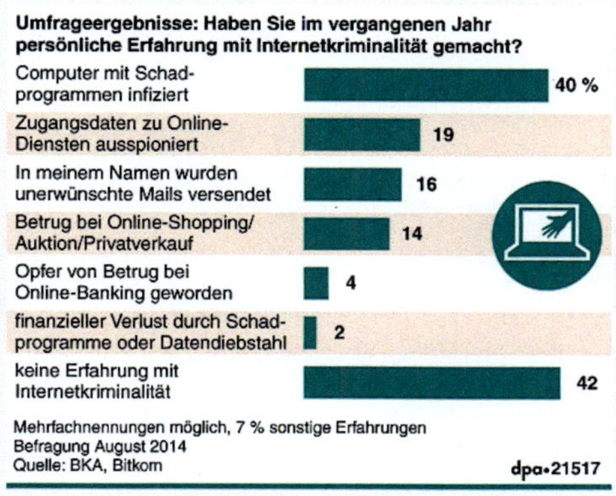

6 **Geben Sie die Aussagen des Diagramms schriftlich wieder.**

a) Ergänzen Sie dazu den Lückentext.

b) Finden Sie Synonyme für „abzocken“.

c) Ergänzen Sie den Text um Aussagen zu den anderen genannten Aspekten des Schaubildes.

Kurven-/Liniendiagramm

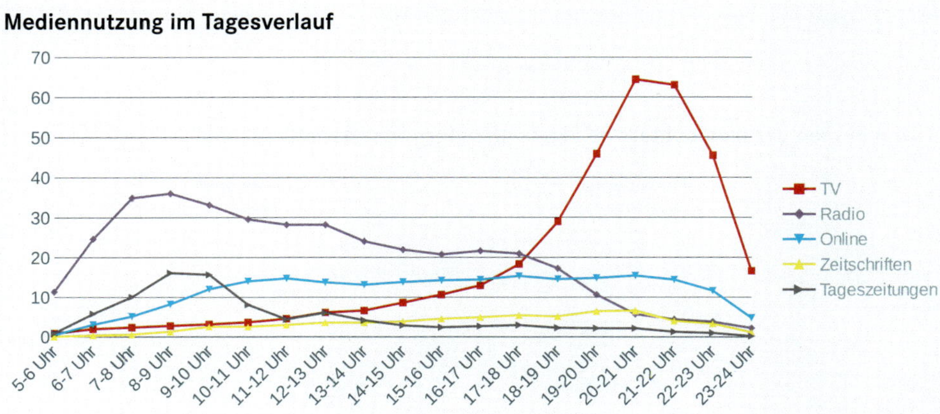

Zielgruppe: Basis (23.090 ungew. Fälle - 69,24 Mio) / Darstellung in % vertikal / Mo-So

Basis: Deutschsprachige Bevölkerung ab 14 Jahre (23.090 ungew. Fälle - 69,24 Mio)
Quelle: VuMA Touchpoints 2016 / Daten beruhen auf Stunden (Netto-Werte)

7 **Untersuchen Sie das vorliegende Diagramm hinsichtlich der wesentlichen Aussagen.**

★ **8** **Nennen Sie weitere Sachverhalte, für deren Darstellung sich ein Liniendiagramm gut eignet.**

Diagramme – Möglichkeiten und Grenzen erkennen

Organigramm

Das Organigramm ist eine grafische Darstellungsform, mit der sich beispielsweise die Struktur eines Unternehmens oder einer Kulturinstitution gut darstellen lässt.

9 Untersuchen Sie das Organigramm der Kulturinstitution.

a) Notieren Sie, welche Hauptaussagen getroffen werden.

b) Zeigen Sie auf, welcher Zweck mit dieser Art der Darstellung verfolgt wird.

★ **10 Gestalten Sie ein Organigramm, das die Struktur Ihrer Schule darstellt.**

Drei Firmen der Medienbranche vergleichen ihre Umsatzentwicklung:

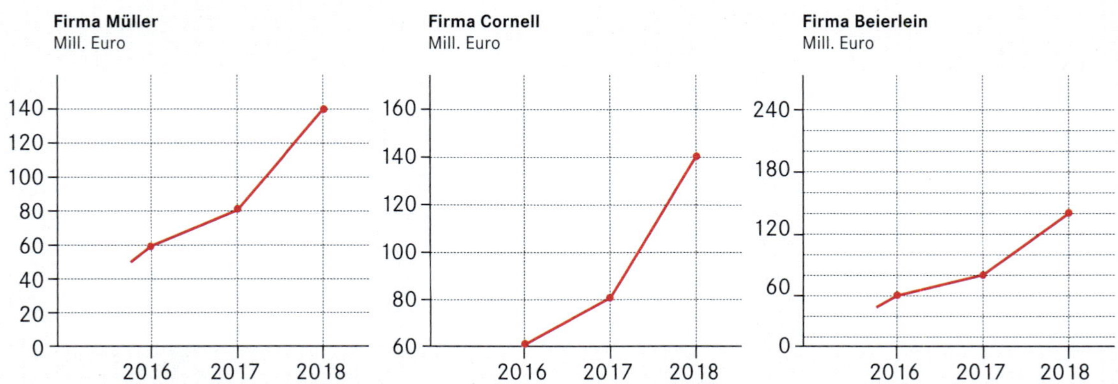

11 Untersuchen Sie die grafischen Darstellungen zur Umsatzentwicklung.

a) Vergleichen Sie: Welche Firma hat den höchsten Umsatz erzielt?

b) Welchen Eindruck können die verschiedenen grafischen Darstellungen erwecken?

c) Notieren Sie Ursachen für die unterschiedliche Wirkung.

Diagramme – Möglichkeiten und Grenzen erkennen

Die folgenden grafischen Darstellungen basieren auf denselben Informationen.

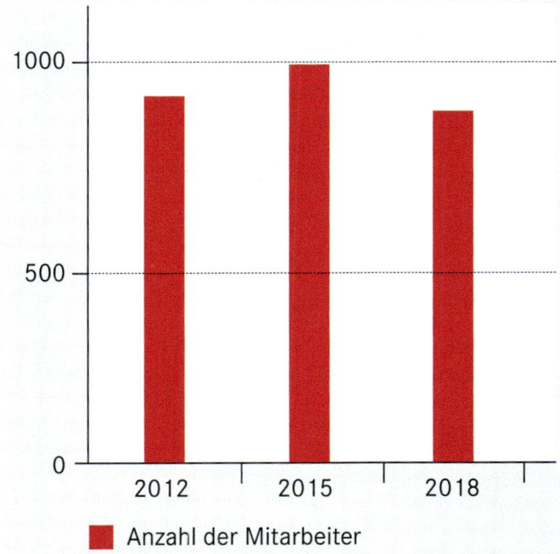

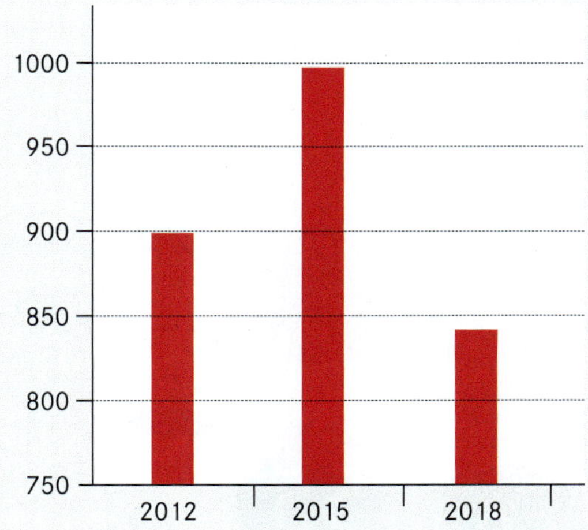

12 **Vergleichen Sie die beiden Säulendiagramme. Diskutieren Sie, wie der jeweils gewählte Maßstab – die Skalierung der Achsen – die Aussage beeinflusst.**

13 **Der frühere US-Präsident Franklin D. Roosevelt sah Statistiken kritisch, da laut Statistik ein Millionär und ein armer Kerl jeder eine halbe Million hätten.**

a) Nehmen Sie Stellung zu dieser Einschätzung.

b) Recherchieren Sie, welche weiteren Möglichkeiten es gibt, Statistiken manipulativ zu gestalten, und stellen Sie Ihre Recherche-Ergebnisse vor.

BASISWISSEN | Informationen in Form von Schaubildern und Diagrammen

Schaubilder sind grafisch gestaltete Informationen zu einem Sachverhalt. Sie können Bilder, Symbole, Diagramme und Textelemente enthalten, wobei die Wahl der Darstellung von der Aussageabsicht abhängig ist. Diagramme sind eine spezielle Form von Schaubildern:

- **Kreisdiagramm:** Es vermittelt Anteilsverhältnisse einer Gesamtheit; es wird unübersichtlich, wenn zu viele Aspekte visualisiert werden.
- **Säulen-/Balkendiagramm:** Es vermittelt einen Eindruck von Größenverhältnissen, die im Vergleich dargestellt werden. Im Balkendiagramm werden Daten durch waagerecht liegende, im Säulendiagramm durch senkrecht stehende Balken dargestellt.
- **Kurven-/Liniendiagramm:** Es zeigt Entwicklungsverläufe in einem zeitlichen Rahmen.
- **Organigramm:** Es stellt Strukturen dar; organisatorische Einheiten sowie deren Aufgabenverteilung und Kommunikationsbeziehungen werden ersichtlich.

Schaubilder/Diagramme sind immer auch kritisch zu betrachten. So können Zahlen und Größenunterschiede durch die Wahl der Maßeinheiten unterschiedlich wirken. Auch der gewählte Maßstab – die Skalierung der Achsen – ist zu beachten sowie die Aussagekraft der Daten: Handelt es sich um genaue oder geschätzte Zahlen?

Eine Schaubildanalyse verfassen

Ein Schaubild analysieren

Schaubilder enthalten oft mehrere, unterschiedlich dargestellte Aussagen und verschiedene grafische Elemente zu einem Thema.

1 Untersuchen Sie das vorliegende Schaubild.

a) Notieren Sie Stichworte bzw. Daten zu folgenden Punkten:
- Quelle des Schaubildes
- Herausgeber
- Titel, Untertitel
- Thema
- Art des Zahlenmaterials (absolute Zahlen / Prozentzahlen / Schätzungen)
- gewählte Diagrammform/-en
- Symbole
- Bilder (schwarz-weiß, farbig)
- Farbwahl
- Vordergrund
- Hintergrund

b) Welche Hauptaussagen werden gemacht?

2 Beschreiben Sie die Wirkung der grafischen Gestaltung.

Eine Schaubildanalyse untersuchen

In dem folgenden Text werden Aussagen zu dem Schaubild auf formuliert.

Achtung, Fehler!

Schülerbeispiel

Das Schaubild „Deutschland online“ basiert auf einer Online-Studie von ARD und ZDF. Es wurde als Globus-Schaubild 10600 veröffentlicht und veranschaulicht, wie viel Prozent der über 14-Jährigen das Internet nutzen und welche Internetangebote 2015 genutzt werden.

Die obere Hälfte des Schaubildes zeigt ein Liniendiagramm, das den Zeitraum von 1997 bis 2015 umfasst. Dabei werden die Prozentzahlen für alle zwei Jahre ab 1997 angezeigt. Sie ist 1997 mit 6,5 Prozent am niedrigsten und im Jahr 2015 mit 79,5 Prozent am höchsten.

Der Anstieg der Internetnutzer über 14 Jahre ist bis 2003 eklatant. Die höchsten Anstiege sind dabei von 1999 bis 2001 um 21,1 Prozent und von 2001 bis 2003 um 14,7 Prozent. Seit 2003 nutzt mehr als die Hälfte der befragten Gruppe über 14 Jahre das Internet. Das Ende des Untersuchungszeitraums (2015) zeigt noch einmal einen deutlichen Anstieg der Internetnutzung seit 2003 um 26 Prozent. Hier fällt der Anstieg von 2009 bis 2011 um 6,2 Prozent ins Auge.

Im unteren Teil des Schaubildes wird dargestellt, was die häufigsten Anwendungen der Internetnutzer sind. Die grafische Darstellung erfolgt hier über Kreise. Die häufigste Onlineanwendung stellt mit 55 Prozent der Gebrauch von Suchmaschinen dar, dicht gefolgt von „Senden und Empfangen von Mails“ mit 50 Prozent. 43 Prozent geben an, Instant-Messaging-Dienste in Anspruch zu nehmen. 36 Prozent der über 14-jährigen Onlinenutzer suchen im Internet nach Informationen, 31 Prozent lesen hier aktuelle Nachrichten. 29 Prozent der Befragten gaben an, Artikel und Berichte online zu lesen, und 22 Prozent gebrauchen im Internet Soziale Netzwerke.

Insgesamt wird durch das Schaubild deutlich, dass das Internet aus dem Leben der Deutschen nicht mehr wegzudenken ist. Weiter zeigt das Schaubild auch, welchem Gerät der rasante Anstieg der Internetnutzung seit 1997 und besonders seit 2009 zu verdanken ist: dem Smartphone. Damit sind im Grunde sämtliche der hier dargestellten Onlineanwendungen problemlos und vor allem ortsungebunden möglich.

Die Grafiken in dem Schaubild sind in Magenta gehalten, eine rosafarbene Hand hält mit ausgestrecktem Zeigefinger, der auf das Liniendiagramm deutet, ein Smartphone. Auf dessen Display sieht man das Balken-Symbol für den vollen drahtlosen Internetempfang in den Farben der deutschen Nationalflagge Schwarz, Rot und Gelb.

Die inhaltliche Darstellung ist gut gelungen und die Aussage des Schaubilds leicht verständlich. Die Kreise mit den Prozentzahlen der häufigsten Onlineanwendungen wirken im Vergleich zum Liniendiagramm aber markanter. Dies ist wohl auch eine Aussage des Schaubilds: mittlerweile erscheint der Zugang zum Internet für weite Teile der über 14-jährigen Bevölkerung eine Selbstverständlichkeit zu sein, wogegen die häufigsten Onlineanwendungen weiter gefächert sind. Interessant wäre es hierbei, zu erfahren, inwiefern sich diese Onlineanwendungen auf verschiedene Altersgruppen verteilen, wobei einzuräumen ist, dass diese Information in diesem Schaubild zu einer Überfrachtung führen würde.

1 Vergleichen Sie Ihre Stichworte mit den Aussagen des Schülerbeispiels und beurteilen Sie die Schaubildanalyse.

a) Werden die wichtigsten Aussagen des Schaubildes richtig wiedergegeben?

b) Wie ist die Schaubildanalyse aufgebaut?

c) Wie schätzen Sie den Schlussteil ein? Schreiben Sie fünf Stichpunkte auf.

Analyseergebnisse formulieren

Sprache und Stil

Beim Verfassen einer Schaubildanalyse kommt es – wie bei Sachtextanalysen auch – darauf an, aussagekräftig und verständlich zu formulieren und die Gliederung des Textes durch eine entsprechende sprachliche Gestaltung sichtbar zu machen.

1 Erläutern Sie, welche der folgenden Sätze sich eignen für:

a) die Angabe der Quelle oder des Herausgebers,
b) die Formulierung des Themas oder
c) die Schlussfolgerung.

das Schaubild gibt Auskunft über ...; als weiteres Beispiel wird angeführt ...; letztlich geht aus dem Schaubild hervor, dass ...; das Schaubild ist ... entnommen; die Symbole verdeutlichen ...; zusammenfassend lässt sich sagen, ...; die Zahlen legte ... vor

d) Notieren Sie Formulierungen, die in der Musteranalyse für die unter 1 a–c genannten Aspekte verwendet wurden, und ergänzen Sie weitere.

2 Erweitern Sie Ihre Ausdrucksmöglichkeiten, um Wiederholungen zu vermeiden.

a) Notieren Sie möglichst viele Verbindungen mit Verben, in denen die folgenden häufig auftretenden Nomen vorkommen. Halten Sie Ihre Ergebnisse tabellarisch fest.

In vielen Schaubildern werden Probleme benannt, Fragen aufgeworfen, Sachverhalte in Beziehung gesetzt, Zusammenhänge aufgezeigt, Schlussfolgerungen gezogen ...

b) Suchen Sie Synonyme für die Nomen. Arbeiten Sie auch mit dem Wörterbuch.

Nomen	Verb-Nomen-Verbindung	Synonyme
Problem	sich eines Problems bewusst sein/werden, sich mit einem Problem auseinandersetzen	Schwierigkeit, Streitfrage
Frage	...	...
...	...	...

c) Entscheiden Sie sich bewusst für die Verwendung des Aktivs oder Passivs in Ihrer Analyse.
Beispiel: *Das Schaubild zeigt ... In dem Schaubild wird dargestellt ...*

3 Formulieren Sie die folgenden Vergleiche grammatikalisch richtig. Schreiben Sie die Sätze ab und setzen Sie „als“ oder „wie“ richtig ein.

- 2015 nutzen 79,5 Prozent der über 14-Jährigen das Internet. Das sind 12,4 Prozent mehr ■ 2009.
- 55 Prozent nutzen Suchmaschinen im Internet. Damit werden Suchmaschinen viel häufiger benutzt ■ soziale Netzwerke.
- Das Lesen aktueller Nachrichten wird mit 31 Prozent in etwa genauso oft als Internetnutzung angegeben ■ das Lesen von Artikeln und Berichten mit 29 Prozent.
- Im Jahr 1997 wurde das Internet von über 14-Jährigen deutlich weniger genutzt ■ 2015.

Ein Schaubild beurteilen

Sie erhalten die Aufgabe, zu dem folgenden Schaubild eine Analyse zu schreiben. Die folgenden Schritte helfen Ihnen beim Verfassen der Analyse.

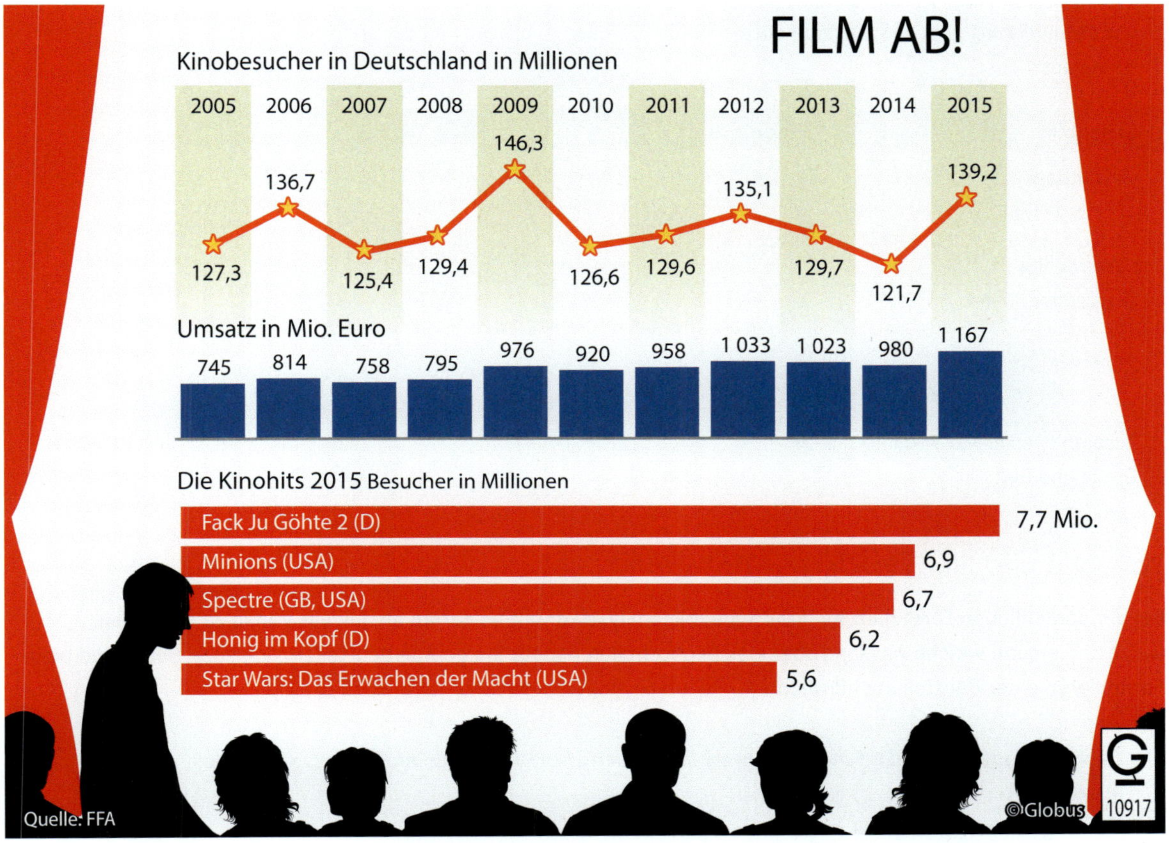

1 Betrachten Sie das Schaubild und analysieren Sie seine inhaltlichen Aspekte.

a) Was wird dargestellt? Werden Entwicklungen, Vergleiche, Strukturen oder Anteilsverhältnisse einer Gesamtheit aufgezeigt?

b) Welche Aussagen können zu den einzelnen Teilen formuliert werden?

c) Welcher inhaltliche Zusammenhang besteht zwischen den Teilaussagen?

2 Setzen Sie sich mit einem besonderen inhaltlichen Aspekt des Schaubildes auseinander.

a) Recherchieren Sie die Entwicklung der durchschnittlichen Eintrittspreise für einen Kinobesuch.

b) Diskutieren Sie, inwiefern die vorliegende Grafik „Film ab!“ durch das Fehlen dieser Information an Aussagekraft verliert.

c) Welche Schlussfolgerung lassen sich aus der Grafik mit und welche ohne die Information über die Entwicklung der Eintrittspreise ziehen?

d) Welche Schlussfolgerungen lassen sich insgesamt ziehen?

e) Überlegen Sie, ob Informationen fehlen, die die Aussagekraft des Schaubildes erhöhen könnten.

3 Untersuchen Sie den Titel des Schaubildes.

a) Welche Wirkung geht von ihm aus?

b) Überlegen Sie, welche anderen Titel mit welcher Wirkung denkbar wären.

Ein Schaubild beurteilen – eine Analyse schreiben

4 Beurteilen Sie die Gesamtwirkung des Schaubildes.

a) Notieren Sie Ihre positiven sowie negativen Eindrücke und begründen Sie Ihre Sichtweise. Übertragen Sie dazu die folgende Tabelle in Ihr Heft und ergänzen Sie diese entsprechend.

b) Welche Wirkung geht vom Zusammenspiel der inhaltlichen Aussagen und der grafischen Gestaltung aus?

Schaubild	Eindrücke	Begründung
Gestaltung	+ –	
ausgewählte Diagrammart/-en	+ –	
Aussagegehalt	+ –	
Zusammenspiel von Text, Grafik und Bild	+ –	

Sprache und Stil

Bei der sprachlichen Formulierung Ihrer Schaubildanalyse kommt es darauf an, jeweils genau zu benennen, welches Element, welche Aussage oder welchen formalen Aspekt Sie gerade beurteilen. Folgende Sätze sind beim Formulieren einer Beurteilung hilfreich:

- *Es lässt sich sagen, dass das Schaubild sowohl in gestalterischer Hinsicht als auch in Bezug auf seine inhaltliche Aussage (nicht ...) gelungen ist.*
- *Die Diagrammart ist treffend (ungünstig ...) gewählt, weil ...*
- *Die Aussagen des Diagramms werden durch ein Bild (Foto ...) grafisch ansprechend (schlecht, unzureichend, zufriedenstellend ...) unterstützt.*
- *Der Aussagegehalt des Schaubilds ist gut (ausreichend, unbefriedigend ...), weil ...*
- *Im Hinblick auf die Aussage zu ... wäre ... wünschenswert gewesen ...*

5 Fassen Sie die Ergebnisse Ihrer Beurteilung (Aufgabe 4) in Sätzen zusammen.

a) Achten Sie darauf, dass Sie jeweils genau formulieren, zu welchem Aspekt Sie sich gerade äußern.

b) Formulieren Sie Ihre Gesamteinschätzung zur Wirkung des Schaubildes in einem Satz.

ARBEITSTECHNIK – Ein Schaubild analysieren und beurteilen

Bei der Beurteilung eines Schaubildes sollten Sie vor allem auf folgende Aspekte eingehen:

- Gestaltung (Vordergrund, Hintergrund, Bilder, Symbole, Farben, Übersichtlichkeit)
- Zweckmäßigkeit der ausgewählten Diagrammart/-en in Bezug auf die Aussageabsicht
- Aussagegehalt der einzelnen Teile sowie des Zusammenspiels der Teile
- Zusammenspiel von Text, Grafik und Bild

Eine Analyse schreiben

Zu dem Schaubild wurden folgende Informationen veröffentlicht:

Film ab: Danke, Göthe!

Das Jahr 2015 lief für die deutschen Kinobetreiber positiv. Rund 139,2 Millionen Besucher wurden nach Angaben der Filmförderungsanstalt gezählt – das sind 17,5 Millionen mehr Kinobesucher als im Jahr 2014. Damit zeigt sich seit 2012 erstmals wieder eine Trendwende zu mehr Kinogängern ab. Mit dem Zugewinn an Besuchern geht auch ein Umsatzanstieg einher. Im Vergleich zum Vorjahr konnte der Umsatz von 980 Millionen Euro um 187 Millionen Euro auf 1,167 Milliarden Euro gesteigert werden, damit geht das Jahr 2015 als Rekordjahr für die Kinobranche in die Statistik ein. Erfreulich ist aus der Sicht der deutschen Filmemacher die Tatsache, dass unter den erfolgreichsten fünf Filmen zwei deutsche Streifen sind. Der größte Kinohit ist dabei die Fortsetzung der Schulkomödie „Fack Ju Göthe 2" mit 7,7 Millionen Zuschauern, aber auch die Auseinandersetzung mit ernsten Themen findet Zuspruch, wie der vierte Platz der Demenzgeschichte „Honig im Kopf" zeigt, der mit 6,2 Millionen Besuchern noch vor der Hollywood-Produktion „Star Wars: Das Erwachen der Macht" mit 5,6 Millionen Besuchern liegt.

6 Beurteilen Sie die Gesamtwirkung des Schaubildes.

a) Enthält der Text mehr oder weniger Informationen als das Schaubild?

b) Was leisten Text bzw. Schaubild in Bezug auf die Aussageabsicht?

7 Gliedern Sie nun Ihre Notizen zu dem Schaubild „Film ab!" und schreiben Sie eine vollständige Analyse.

ARBEITSTECHNIK | Eine Schaubildanalyse verfassen

Die **Analyse** eines Schaubildes besteht aus drei Teilen:

Die Einleitung sollte folgende Informationen enthalten, sofern sie gegeben sind: die Verfasserin/den Verfasser, den Erscheinungsort, den Titel des Schaubildes, das Erscheinungsdatum, die Benennung des Themas und die Art der grafischen Gestaltung.

Der **Hauptteil** enthält eine genaue Beschreibung des Schaubildes:

- Es ist sinnvoll, zunächst mit der optischen Darstellung zu beginnen: scharz-weiß/farbig – Farbwahl/ausgewählte Bilder und Symbole, Wahl der Diagrammart.
- Bei der anschließenden inhaltlichen Analyse werden die Hauptaussagen des Themas wiedergegeben. Achten Sie besonders auf das Zahlenmaterial: absolute Zahlen, Prozentzahlen, Schätzungen.
- Danach sollten Sie das Zusammenspiel von inhaltlichen Aussagen und grafischer Gestaltung beurteilen – welche Intention (Aussageabsicht) wird mit dem Schaubild verfolgt (informell, appellativ), wie wirkt das Schaubild auf Sie?

Der **Schluss** rundet die Analyse ab. Weiterführende Überlegungen können Fragestellungen nach Themenschwerpunkten sein, die eventuell im Schaubild nicht erwähnt wurden oder zu kurz kamen.

Eine Analyse schreiben

8 Verfassen Sie eine Analyse zu dem folgenden Schaubild. Orientieren Sie sich an dem Schülerbeispiel auf Seite 35 sowie den Arbeitstechniken im Kapitel und dem Fazit.

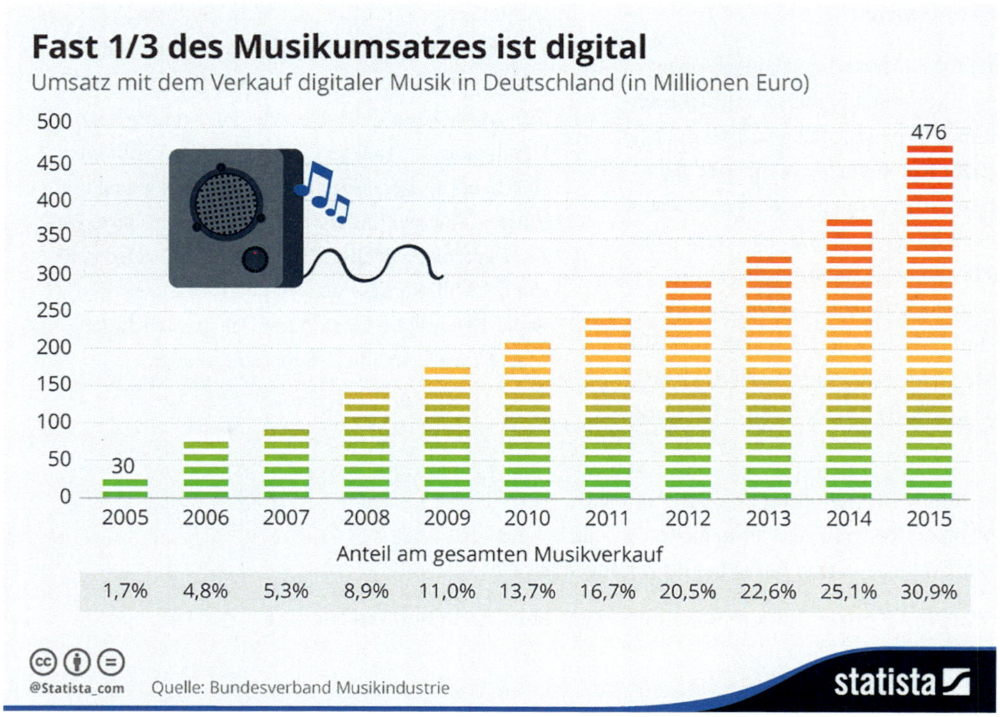

FAZIT

3.1
Schaubilder und Diagramme analysieren

- Hauptaussagen
- Die Zweckmäßigkeit der Darstellungsform: z. B.: Diagrammarten, Organigramm
- Das Zusammenspiel von Text und Schaubild
- Mögliche Manipulationen erkennen

3.2
Eine Schaubildanalyse verfassen

- Das Schaubild analysieren und beurteilen
  - Aussagegehalt
  - grafische Gestaltung
  - Aussageabsicht
  - Zusammenspiel von Text, Diagramm, Bild
- Die Analyse gliedern und schreiben
  - Einleitung: Verfasser, Quelle, Titel, Thema, Gestaltung
  - Hauptteil: genaue Beschreibung aller Teile, Beurteilung der Aussagen, Intention und Wirkung
  - Schluss: weiterführende Überlegungen, offene Fragen

Kapitel 4

Argumentierende Texte verfassen

4.1 Die Aufgabenstellung analysieren

4.2 Den Standpunkt des Autors erfassen

4.3 Eine Argumentation aufbauen

4.4 Einen Leserbrief analysieren

Im Alltag tauchen immer wieder Situationen auf, in denen Sie Ihre Mitmenschen von Ihrer Meinung oder einem bestimmten Sachverhalt überzeugen müssen. Dies gelingt am besten dann, wenn Sie schlüssige und stichhaltige Argumente verwenden.
Ziel des Kapitels ist, dass Sie lernen, wie Sie eine Argumentation in inhaltlicher und sprachlicher Hinsicht überzeugend gestalten können. Dafür untersuchen Sie zunächst verschiedene Aufgabenstellungen und sammeln anschließend anhand von Texten Informationen, mit deren Hilfe Sie abschließend eigene argumentierende Texte verfassen können.

Kompetenzen

- ✓ Inhalt und Aussagen eines Textes erfassen
- ✓ Informationen zu einem Text sammeln
- ✓ Fremde Argumentationen untersuchen
- ✓ Argumente entfalten
- ✓ Einen Leserbrief schreiben
- ✓ Aufgabenstellung untersuchen

Methoden und Arbeitstechniken

- ✓ Mindmap
- ✓ Exzerpieren
- ✓ Internetrecherche

Die Aufgabenstellung analysieren

Wenn Sie einen argumentierenden Text verfassen sollen, ist es zunächst wichtig, die Aufgabenstellung genau zu untersuchen. Sie müssen erkennen, ob Sie einen Sachverhalt näher untersuchen sollen, das heißt seine Ursachen, mögliche Folgen oder Gründe für eine bestimmte Entwicklung, oder ob Sie eine im Text geäußerte Meinung kritisch hinterfragen sollen. In diesem Fall müssen die jeweiligen kontroversen Standpunkte argumentativ dargestellt werden. Folgende Aufgabenstellungen können zum Verfassen argumentierender Texte auffordern:

Beispiel 1: Der Food-Report 2016 des Frankfurter Zukunftsinstitutes kam zu dem Schluss, dass die Art, wie wir uns ernähren, mehr über uns aussagt, als die Art und Weise, wie wir uns kleiden. Nehmen Sie kritisch Stellung zu dieser Ansicht.
Beispiel 2: „Sage mir, was du isst, und ich sage dir, wer du bist“, sagte einst der französische Schriftsteller Jean Anthelme Brillat-Savarin. Stimmen Sie mit dieser Aussage überein?
Beispiel 3: Zeigen Sie die Gefahren auf, die ein übertriebener Kult um das Essen mit sich bringen kann.
Beispiel 4: „Essen ist der neue Pop“ – Welche Vorteile bringt diese Entwicklung mit sich?
Beispiel 5: Immer mehr Menschen achten auf eine bewusste Ernährung. Womit lässt sich diese Tendenz erklären?
Beispiel 6: Sind Sie der Meinung, dass die Tendenz des Ernährungskults die Individualität des Einzelnen einschränkt?

1 Lesen Sie die vorliegenden Beispiele.
a) Notieren Sie mögliche Schlüsselbegriffe und finden Sie eigene Definitionen der Begriffe.
b) Erarbeiten Sie mithilfe der Arbeitstechnik, ob die jeweilige Aufgabenstellung eine lineare oder eine dialektische Bearbeitung erfordert.

2 Stellen Sie in einer Sechser-Gruppe Ihre Ergebnisse vor und begründen Sie Ihre Entscheidungen. Dabei sollte jedes Gruppenmitglied jeweils ein Beispiel vorstellen.

ARBEITSTECHNIK Die Aufgabe untersuchen

1. Zunächst sollten Sie untersuchen, ob die Aufgabenstellung eine **lineare (steigernde)** oder eine **dialektische (gegenüberstellende) Bearbeitung** erfordert. Werden Sie aufgefordert, Ursachen, Folgen oder Lösungsmöglichkeiten zu einem bestimmten Thema zu erläutern, oder wird Ihnen eine Sachfrage gestellt, dann wählen Sie die **lineare Form der Bearbeitung.** Wenn von Ihnen verlangt wird, sich zu einem strittigen Problem zu äußern, für das es Pro- und Kontra-Argumente gibt, oder wird Ihnen eine Entscheidungsfrage (also eine Frage, auf die Sie mit Ja oder Nein antworten können) gestellt, entscheiden Sie sich für die **dialektische Form der Bearbeitung.**
2. Des Weiteren sollten Sie darauf achten, ob die Aufgabenstellung bestimmte **Einschränkungen** enthält, die Sie in Ihren Ausführungen beeinflussen würden. So kann zum Beispiel die Aufgabenstellung auf einen bestimmten Bereich oder ein Land beschränkt sein. Dann müssen Sie darauf achten, dass Ihre Argumente dementsprechend nur darauf ausgerichtet sind.
3. Zudem sollten bestimmte **Schlüsselbegriffe** geklärt werden. Wenn also ein Begriff auftaucht, der verschieden gedeutet werden kann, sollten Sie sich auf eine Auslegung festlegen.

Den Standpunkt des Autors erfassen

Bevor Sie den Text unter einer bestimmten Aufgabenstellung untersuchen, ist es hilfreich, wenn Sie sich zunächst selbst einen Überblick über den Bedeutungsrahmen des Textgegenstandes verschaffen. Dies können Sie zum Beispiel in Form einer Mindmap machen.

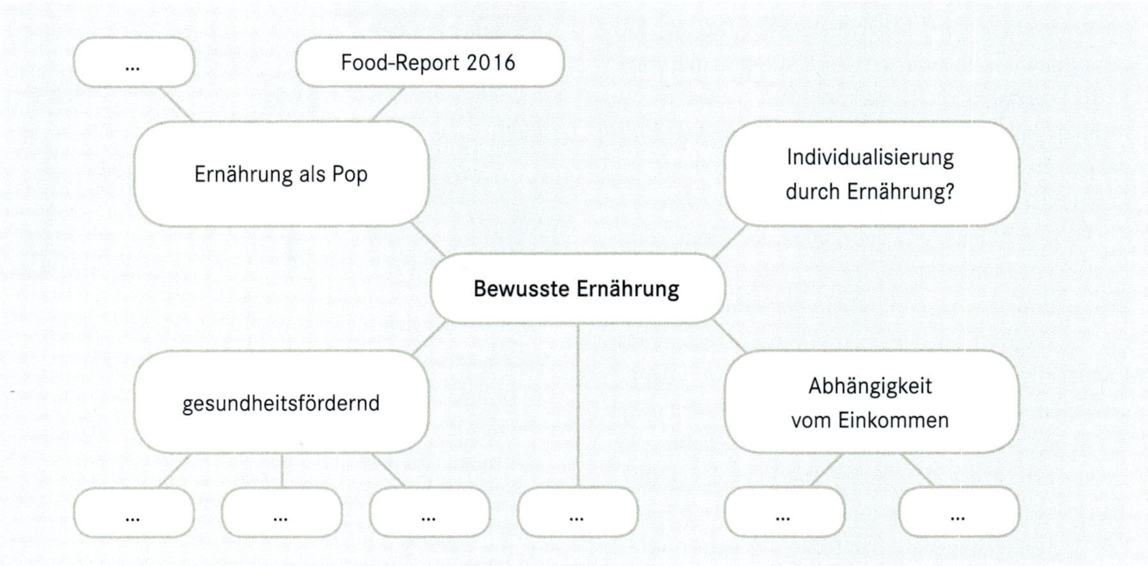

1 Zeichnen Sie die Mindmap in Ihr Heft ab.

2 Notieren Sie weitere Aspekte, die Ihnen für das Thema relevant erscheinen.

Um sich ein Urteil über eine im Text geäußerte Meinung bilden zu können, ist es notwendig, die Struktur des Textes und die Entfaltung des Arguments zu analysieren. Die vorliegenden Texte befassen sich mit dem Thema „Ernährung".

Ego, achtsam gekaut

Essen ist der neue Pop. Mit Sojasprossen aus dem Reformhaus begann es. Wie konnte das zum Großtrend werden?

von Lars Weisbrod

Viel wird in diesen Schicksalszeiten darüber gesprochen, dass die Werte und Traditionen der Deutschen bedroht seien. Welche Werte das sein sollen, wird gerne offengelassen. Würstchen und Kartoffelsalat hätte man ja mal erwähnen können, die gehören zum deutschen Wertekanon. Und sie sind tatsächlich bedroht! In den Provinzregionen kann sich die Tradition in der unteren Mittelschicht noch halten, im Westerwald etwa oder im Raum Osnabrück. Aber auch dort wird sie früher oder später verschwinden. Schuld ist eine neue Form der Popkultur, die ausgehend von den Großstädten vom ganzen Land Besitz ergriffen hat: Food. […]

„Über Jahrzehnte hat die Mode den Taktstock geschwungen, wenn es um Identität und Selbstinszenierung ging", heißt es im Food Report 2016 des Frankfurter Zukunftsinstituts. Inzwischen aber mache etwas anderes den Kern der Selbstdarstellung aus: „Food, also die Art, wie wir uns ernähren, was wir wann essen, wo wir was essen, mit wem wir uns wo treffen, sagt mehr über uns aus als die Kleider, die wir tragen. […] Es wird Ausdruck einer Ideenfindung über sich selbst."

Kurz: Essen wird der neue Pop.

Dass Ernährung längst Pop ist, zeigt sich daran, dass der Komplex sich nicht mehr auf einen einzelnen

Den Standpunkt des Autors erfassen

Trend reduzieren lässt. Vieles wuselt durcheinander, verstärkt sich gegenseitig, zieht von unterschiedlichen Ecken an unserem Tischtuch. Da ist, als größte Kraft, die Abwendung vom industriellen Essen: Das Handgemachte zählt, Technik darf noch als Mechanik einer Retro-Espressomaschine vorkommen. [...] Das ist mehr als jenes „Bio" [...] – es ist eine eigene Ästhetik, die sich zur Bio-Natur so verhält wie der gepflegte Bart des Großstädters zu dem des Schiffbrüchigen.

Das zweite Genre im Food-Pop ist der Traum vom Zaubermittel fürs ewige Leben. [...] Medizinische Belege für die besondere Kraft der Superfoods sind rar. Abgekoppelt von der Ernährungswissenschaft ist auch der moderne Verzicht auf einzelne Stoffe oder ganze Nahrungsmittelgruppen. Inzwischen steht nicht nur beim Großstadtbäcker um die Ecke die halbe Stadt Schlange, um glutenfreies Brot zu kaufen, selbst die Deutsche Bahn hält in ihrem Bordbistro ein langes Erklärungsheft bereit, das sämtliche Allergene und Zusatzstoffe der Bordspeisen auflistet. Durch solche Einschränkungen lässt sich die eigene empfindliche Individualität besonders wirksam kommunizieren – was allerdings im Zweifelsfall auch unterbleiben kann. Ganz spielerisch natürlich. Den Satz „Ich darf eigentlich kein Gluten essen ..." hört man sehr häufig in Kombination mit: „... aber heute mach ich mal 'ne Ausnahme".

Auch Food als Individualisierungsstrategie geht nur dann auf, wenn man sich mit anderen austauschen kann. Die Fokussierung aufs Essen ist also nicht der häufig beschworene Rückzug ins Private, sie funktioniert auch draußen, mit anderen. Das beweisen die allgegenwärtigen Street-Food-Markets – die noch vor Kurzem ein Berliner Phänomen waren. [...] Ein vergemeinschaftendes Ereignis, das das Popkonzert als Raum der Begegnung ablöst. Ist dort die Musik bloß Anlass und Hintergrund, mal wieder rauszukommen und Bekannte zu treffen, ist es beim Street Food das Essen.

Die Nachspeise heißt Sünde, und jedes Würstchen kommt ins Fleischtagebuch.

[...] In einer Umfrage des Magazins Neon von 2014 gaben etwa die Hälfte der 18- bis 35-Jährigen an, ihr

Geld am liebsten für Lebensmittel und Restaurantbesuche auszugeben, andere Kulturträger wie Kino, Konzert, Handy folgten auf den Plätzen danach, das Buch kam ganz am Ende. Fast ein Drittel der Befragten sagten, ein perfekter Abend sei für sie „Kochen mit Freunden" – Abendgestaltungen wie „Clubs und Bars" oder „Private Partys" folgten erst dahinter. Unter der Massenbewegung Food leiden mittlerweile sogar alteingesessene Institutionen, die bisher gut am zweckmäßigen Umgang mit dem Essen verdienten. Der Fastfood-Riese McDonald's muss seit Jahren Umsatzrückgänge hinnehmen, und für 2015 ergab eine Studie der Gesellschaft für Konsumforschung auch Umsatzeinbußen für Discounter wie Lidl und Aldi.

Bis vor einigen Jahren hatte der Trend zum bewussten Essen noch Gegner – jene, die von der Welle aus Bio-Gemüse und Matcha-Grüntee den Genuss bedroht sahen. Aber selbst diese Kritiker müssen verstummen vor der neuen Esskultur: Was mit Sojasprossen im Reformhaus begann, ist in eine neue Phase eingetreten. Die moralische Beschäftigung mit Essen, mit seiner Herkunft, seiner Qualität hat auch das Reich des Genusses erobert. Es gibt keinen Widerspruch mehr: [...] Großstadt-Restaurants verpacken die ungesunde Nachspeise jetzt als „Sünde", die aber gleich vergeben wird, weil die Schokolade aus der regionalen Manufaktur stammt.

Wie Food-Pop derart totalitär werden konnte, dass er unterschiedlichste Arten des Essens vereinen und keine Gegenposition mehr zulassen kann, wurde sehr klar, als kürzlich die Weltgesundheitsorganisation beschloss, Wurstwaren auf die Liste der krebserregenden

Den Standpunkt des Autors erfassen

Stoffe zu setzen. In einem Radio-Interview mit dem Deutschlandfunk erklärte Jan Spielhagen, Chefredakteur von BEEF, eben nicht, dass Genuss doch immer irgendwie mit Risiko verbunden sei und man sich nicht so anstellen solle. Vielmehr sprach er ebenfalls vom „Maßhalten“ und davon, dass er selbst auch schon ein „Fleischtagebuch“ geführt habe. In vielen Momenten nämlich esse man Fleisch und werde sich dessen nicht gewahr. Dort sieht er das Problem. Wer Fleisch isst – bitte ganz bewusst! Wenn es einen Überbau über Food gibt, dann diesen: Alles genießen, ja, aber bitte bewusst. Wissen, wo es herkommt, wissen, wie es verarbeitet wurde, wissen, was es mit einem macht. Hier schließt der Food-Pop nahtlos an den anderen Großtrend der Gegenwart an, die sogenannte Achtsamkeit. […]

Doch ist das bewusste Genießen nicht eine Falle? Verschwindet der Gegenstand des Genusses, wenn man ihn allzu nah ins Auge fasst, wie er verschwindet, wenn man sich an ihm übersättigt? „Als ob nicht das bloße Wort Genußfähigkeit genügte“, schrieb Adorno in seinen Minima Moralia, „diese, wenn es so etwas gibt, aufs empfindlichste herabzusetzen. Als ob nicht ein Glück, das sich der Spekulation auf Glück verdankt, das Gegenteil von Glück wäre“ – und, so Adorno, „ein weiterer Einbruch institutionell geplanter Verhaltensweisen“ in unsere Erfahrungswelt.

Wer bei allem, was den Magen beschwert, hemmungslos zugreift, ohne dabei, wie der Food-Pop es will, „bewusst zu sündigen“, der behält wenigstens eine Wahrheit: Die Sünde ist sowieso immer unbewusst, sie kommt nicht als dichte vegane Schokoladentarte aus der hauseigenen Manufaktur, sondern als Vorratspackung Erdnussflips aus dem Küchenschrank. Gesündigt wird nebenbei und müde und vollgekrümelt. „Erst in dem Überdruß am falschen Genuß, dem Widerwillen gegens Angebot, der Ahnung von der Unzulänglichkeit des Glücks würde der Gedanke von dem aufgehen, was man erfahren könnte.“ Noch so ein Satz von Adorno, der einem bei der unzeitgemäßen Völlerei einfallen kann, die man sich im Fastfood-Restaurant leistet.

(Die Zeit, 04. 02. 2016)

3 **Untersuchen Sie den Text.**

a) Arbeiten Sie heraus, welche Position der Autor zum Thema „Ernährung“ im Text „Ego, achtsam gekaut“ bezieht.

b) Ergänzen Sie die Mindmap in Ihrem Heft um die dem Text entnommenen Positionen.

ARBEITSTECHNIK – Textposition prüfen

Welches Resultat enthält der Text? Ist die Textposition a) einseitig, b) ausgewogen oder c) mündet sie in eine offene Frage?

Welche Aussagekraft vermittelt der Text? Werden Kernthesen oder Hauptaussagen a) mit überzeugenden Argumenten gestützt oder b) nicht überzeugend gestützt?

Wie erfasst der Text das Thema? Ist die Argumentation lückenlos, berücksichtigt sie Gegenargumente, enthält sie wichtige Teilaspekte?

Wie soll der Leser auf die Darstellungsweise reagieren? Lässt der Autor den Leser über seine offenen Fragen und Einräumungen nachdenken? Reizt seine Polemik zum Widerspruch?

Eine Argumentation aufbauen
Linearer Aufbau

Argumente müssen folgerichtig aufgebaut und schlüssig verknüpft werden, damit sie überzeugend wirken.

Nicht sehr raffiniert

von Guido Bohsem

Zucker ist süß und gefährlich. Jedenfalls dann, wenn der Mensch zu viel davon isst oder trinkt. Zu viel Zucker kann Fettleibigkeit verursachen, womöglich sogar Diabetes auslösen und zu einem frühzeitigen Tod führen. Aus diesen Gründen ist Zucker zum Gegenstand politischer Auseinandersetzung geworden. Zucker-Gegner wollen die Menge des süßen Giftes in Getränken, Joghurts und in vielen anderen Lebensmitteln kontrollieren. Um sie niedrig zu halten, fordern sie eine Steuer auf Zucker.

Guter Gedanke, könnte man meinen. Doch so einfach ist es leider nicht. So gesehen sind nämlich viele Grundnahrungsmittel gefährlich. Wenn man Zucker mit einer Strafsteuer belegt, warum dann nicht auch Salz, das Bluthochdruck auslösen kann. Oder Butter? Oder Käse? Fett insgesamt vielleicht, weil es ebenfalls für das Entstehen von Dickleibigkeit und Herz-Kreislaufkrankheiten verantwortlich gemacht werden kann. Oder Nudeln – wegen der vielen Kohlehydrate? In all diesen Fällen wird der Stoff erst schädlich für den Körper, wenn er übermäßig konsumiert wird. Wenn er wie Zucker gedankenlos zum Beispiel über Säfte und Limonaden getrunken wird. [...]

(Süddeutsche Zeitung, 31. 03. 2016)

1 Geben Sie die Entfaltung des Arguments in den vorliegenden Textauszügen mit eigenen Worten wieder. Formulieren Sie hierfür vollständige Sätze.

BASISWISSEN | **Bestandteile einer Argumentation**

These: Dies ist eine Behauptung oder Meinung. Sie darf nicht als Frage formuliert werden und sollte kurz und präzise die Meinung darlegen.
Beispiel: Übermäßiger Verzehr von Zucker ist gefährlich für die Gesundheit, ...

Argument: begründet die These.
Beispiel: ... weil er das Immunsystem schwächt.

Entfaltung des Arguments: Um die Wirkung der Argumente zu verstärken, werden Belege angeführt, welche aus verschiedenen Bereichen gewählt werden können. Diese sollten variieren.
Beispiel: Studien amerikanischer und deutscher Wissenschaftler belegen, dass ein übermäßiger Verzehr von Zucker zu Depressionen, Magen- und Darmproblemen sowie zu Blähungen führen kann. Hautkrankheiten und Nervosität sind ebenfalls mögliche Folgen.

Am Ende steht eine **Schlussfolgerung**, die die Argumentation abrundet und die These wieder aufgreift, wodurch ein Rahmen gebildet wird.
Beispiel: Dies zeigt, dass man auf einen bewussten Umgang mit Zucker setzen sollte, um so den eigenen Körper, aber auch den Geist zu schonen.

Linearer Aufbau

Um Argumente überzeugend zu gestalten, werden Belege angeführt, die die Gültigkeit untermauern sollen.

Achtung, Fehler!

Schülerbeispiel

(A) *Buchautor Hans-Ulrich Grimm bestätigt, dass die Lebensmittelindustrie Druck ausübt, um weiterhin Milliardengewinne mit dem „weißen Gold" einzufahren.*

(B) *Studien amerikanischer Forscher des Anderson Cancer Centers aus dem Jahre 2015 zeigen, dass Zucker ein Risikofaktor für die Entstehung von Brustkrebs und Lebermetastasen ist.*

(C) *Dass übermäßiger Alkoholkonsum in eine Abhängigkeit führen kann, ist jedem bekannt. Aber auch Zucker kann einen unstillbaren Drang nach Süßem hervorrufen, den der Mensch gewillt ist, stets aufs Neue zu stillen.*

(D) *Der Verzehr von Süßem macht glücklich und erleichtert das menschliche Zusammenleben in mancher Hinsicht, womit nicht nur die Zufriedenheit des Einzelnen, sondern der ganzen Gruppe gesteigert werden kann.*

(E) *Jeder hat schon einmal erlebt, dass der stark zuckerhaltige Schokoriegel zu einem Aufschwung des Denkvermögens führen kann.*

2 **Ordnen Sie die obigen Aussagen den verschiedenen Arten von Textbelegen im Basiswissen zu.**

3 **„Zucker ist nicht nur schädlich für den Körper, denn er kann auch Energiereserven freisetzen."**

a) Sammeln Sie in Partnerarbeit verschiedene Aspekte, die für dieses Argument als Belege angeführt werden könnten.

b) Formulieren Sie zu jeder Art von Belegen, die im Basiswissen enthalten sind, ein Beispiel aus.

4 **Schreiben Sie eine lineare Erörterung, in der Sie darlegen, weshalb ein Hype um „bewusste Ernährung" auch negative Seiten haben kann. Nutzen Sie zur Recherche das Internet.**

BASISWISSEN | Entfaltung des Arguments – verschiedene Arten von Belegen

Angabe von Zahlen, Statistiken, wissenschaftlichen Untersuchungen ...

Beispiel: Die Ergebnisse diverser Versuchsreihen haben gezeigt, dass ein Zusammenhang zwischen dem Umfeld und der Entwicklung eines Individuums hergestellt werden kann.

Verweise auf allgemein anerkannte Werte (Verfassung, Menschenrechte ...)

Beispiel: Das Grundgesetz der Bundesrepublik Deutschland schützt das Recht des Einzelnen auf Meinungsfreiheit.

Rückgriff auf Erfahrungen (allgemein nachvollziehbare Beispiele aus der eigenen Erfahrungswelt)

Beispiel: Jeder hat schon einmal die Erfahrung gemacht, dass Freunde den eigenen Lebensweg beeinflussen können.

Berufung auf Autoritäten (Zitate von Experten, Wissenschaftlern ...)

Beispiel: Schon Jean Anthelme Brillat-Savarin hat festgestellt, dass dem gemeinsamen Essen eine große Bedeutung zukommt.

Bildung von Analogien

Beispiel: Nachdem Großbritannien auf den zunehmenden Faktor des Übergewichtes mit einer Zusatzsteuer auf zuckerhaltige Getränke reagiert hat, ist die Debatte darüber nun auch in Deutschland ausgebrochen.

Dialektischer Aufbau

Im Gegensatz zum linearen Aufbau geht es bei einem dialektischen Aufbau darum, ein Thema von beiden Seiten zu beleuchten. In Großbritannien wird die Einführung einer Steuer auf zuckerhaltige Getränke kontrovers diskutiert. Verschiedene Positionen dazu sind nachfolgend aufgelistet:

Achtung, Fehler!

Schülerbeispiel

(A) *„Die Lebensmittelindustrie trägt eine gehörige Mitschuld am Anstieg von Diabetes Typ 2. Ein erster Schritt sollte daher die Einführung von zusätzlichen Steuern auf zuckerhaltige Getränke sein."*

(B) *„Übergewicht und Adipositas haben bekanntlich viele Ursachen und wir können diese Probleme nicht mit Gesetzen und Verboten lösen."*

(C) *„Gesunde, energiearme Nahrung sollte günstiger sein als ungesunde, energiereiche."*

(D) *„Die Einführung einer solchen Steuer ist eine wichtige Maßnahme, die um die Welt gehen wird."*

(E) *„Die Einführung der Steuer ist ein Stück politisches Theater, das mit Blick auf das Übergewicht nichts bewirken, aber Jobs kosten wird."*

(F) *„Im Kampf gegen Fettleibigkeit und Diabetes ist es sinnvoller, auf Aufklärung zu setzen als auf eine Strafsteuer."*

1 Ergänzen Sie die oben aufgeführten Positionen um weitere Meinungen.

2 Entscheiden Sie sich für eine Position und begründen Sie diese Entscheidung.

Die Umsetzung einer solchen Steuer auch in Deutschland wird im folgenden Text diskutiert.

Durch dick und dicker

Die britische Regierung will so den Konsum von Cola und Limo einschränken. Ein Modell auch für Deutschland? Ernährungsminister Schmidt ist skeptisch.

von Guido Bohsem

Mit Salz haben die Briten bereits ihre Erfahrungen gemacht. Seit 2003 haben Wissenschaftler, Lebensmittelindustrie und Politik durch einen Aktionsplan den Salzgehalt von im Supermarkt angebotenen Produkten um 20 bis 40 Prozent gesenkt. Der tägliche Salzkonsum der Briten nahm bis 2011 von 9,5 auf 8,1 Gramm ab. Die Consensus Action on Salt and Health (CASH) gilt daher als Erfolg. 2014 machte die Gesellschaft dann das nächste Ziel aus: den Zucker. Als einen Teil der Strategie kündigte Finanzminister George Osborne Mitte März eine Steuer auf zuckerhaltige Limonaden an, um den Konsum zu senken. Seitdem läuft die Diskussion über den Kampf gegen den Zucker. Für Deutschland lehnt Ernährungsminister Christian Schmidt (CSU) eine solche Steuer ab. Sinnvoller sei es, die Menschen von einem gesunden Lebensstil zu überzeugen. Sie müssten schon in der Schule eine Ernährungskompetenz aufbauen, meint er. […]

Ist Zucker wirklich so gefährlich?

Zu den lautesten Warnern gehört der amerikanische Endokrinologe Robert Lustig. In seinem […] international bekannt gewordenen Vortrag „Zucker: die bittere Wahrheit", sagt er den Satz: „Zucker ist Gift". […]. Klar erforscht ist, dass es einen Zusammenhang zwischen Übergewicht und einer Reihe von chronischen Erkrankungen gibt, wie Herzerkrankungen oder Diabetes Typ 2. Ein direkter Zusammenhang zwischen Zuckerkonsum und diesen Krankheiten ist hingegen schwer zu beweisen. Auffällig ist jedoch, dass mit der Zunahme des Zuckerkonsums über die letzten Jahrzehnte auch die Zahl der Dicken immer weiter gewachsen ist.

Wie viel Zucker darf man pro Tag essen?

Etwa 33 Kilogramm Zucker verzehrt jeder Deutsche

Dialektischer Aufbau

pro Jahr. Das macht rund 90 Gramm pro Tag. Der Konsum ist seit Jahrzehnten nahezu unverändert und steigt anders als oft berichtet nicht an. Zuviel Zucker ist das trotzdem: Den Empfehlungen der Weltgesundheitsorganisation zufolge sollten Erwachsene nicht mehr als 50 Gramm (15 Stück Würfelzucker) und Kinder lediglich 25 Gramm Zucker am Tag verzehren. In einer Tafel Schokolade befinden sich etwa 55 Gramm.

Macht Zucker süchtig?

Tatsächlich gibt es Untersuchungen, wonach sich die Geschmacksnerven des Menschen sowohl an Zucker als auch an Salz gewöhnen. Das heißt, dass die individuell gewünschte Menge des Stoffes tendenziell ansteigt. Kritiker der Lebensmittelindustrie führen an, dass Zucker in immer mehr Lebensmitteln vorkommt. […]

Von rund 600 000 Nahrungsmitteln auf dem US-Markt enthalten gut 80 Prozent Süßungsmittel. Der weltweite Zuckerverbrauch liegt bei 168 Millionen Tonnen pro Jahr. Innerhalb der vergangenen 50 Jahre hat er sich verdreifacht. […]

Warum eine Steuer auf Limonade?

Die Menge an Zucker in Limonaden und anderen Erfrischungsgetränken ist sehr hoch. In einem Liter Cola sind etwa 100 Gramm enthalten – das entspricht 30 Stück Würfelzucker. In einem Liter Eistee finden sich 80 Gramm. […] Als gefährlich gelten die Getränke deshalb, weil mit ihnen viele Kalorien aufgenommen werden, ohne ein Sättigungsgefühl zu erzeugen. […]

Es besteht der Verdacht, dass die Getränke auch das Risiko erhöhen, an Diabetes Typ 2 zu erkranken. Etwa 155 Liter Erfrischungsgetränke und Säfte trank jeder Deutsche 2011. Laut Robert-Koch-Institut trinken Männer mehr davon als Frauen. Menschen mit niedrigem Sozialstatus trinken mehr Süßes als Menschen mit einem mittleren oder hohen. Mit zunehmendem Alter konsumieren alle Gruppen immer weniger zuckerhaltige Getränke. Kinder hingegen nehmen etwa die Hälfte ihres Bedarfs an Flüssigkeiten über Erfrischungsgetränke und Säfte auf, obwohl sie eigentlich vor allem Wasser trinken sollten.

Wie hoch ist die Steuer?

In Großbritannien werden je nach Zuckergehalt umgerechnet 23 Cent oder 30 Cent pro Liter erhoben. Es wird mit Einnahmen von 660 Millionen Euro pro Jahr gerechnet. Auch in Frankreich, Finnland und Ungarn gibt es Abgaben auf Zucker. In Mexiko liegt die Steuer seit 2014 bei zehn Prozent des Preises. Nach der Einführung ist der Konsum um etwa sechs Prozent gesunken. Viele Mexikaner verzehren also trotz der Steuer weiterhin zuckerhaltige Getränke. Am meisten schränken sich offenbar ärmere Schichten ein. Die Steuer hat deshalb den Ruf, sozial unausgewogen zu sein.

Hilft Aufklärung?

Das hofft zumindest die große Koalition. Im vergangenen Jahr hat sie ein Präventionsgesetz auf den Weg gebracht, das den Weg dazu ebnen soll. Besonderes Augenmerk gilt dabei der Zahl der an Diabetes Typ 2 erkrankten Patienten. Nationales Gesundheitsziel ist es demnach, das Erkrankungsrisiko zu senken sowie die Kranken früh zu erkennen und zu behandeln. […]

(Süddeutsche Zeitung, 31. 03. 2016)

3 Erschließen Sie durch Ihre Auseinandersetzung mit dem Thema den Text „Durch dick und dicker“.

a) Arbeiten Sie relevante Aussagen aus dem Text heraus und halten Sie diese schriftlich fest.

b) Formulieren Sie zwei Argumente zu Ihrer Position aus. Stützen Sie diese Argumente mit geeigneten Belegen.

c) Versetzen Sie sich in die Gegenposition. Formulieren Sie zwei entsprechende Argumente aus und stützen Sie diese mit geeigneten Belegen.

Dialektischer Aufbau

Sprache und Stil

Bei einer Argumentation ist es wichtig, Einzelargumente sinnvoll miteinander zu verknüpfen, damit die Argumentation in sich geschlossen wirkt. Folgende Formulierungshilfen können Ihnen helfen:

- **Einleitungsmöglichkeiten für die Thesen:**
  Zunächst spricht ... / Ein Argument für/gegen ...
  Die Befürworter des ... argumentieren damit, dass ...
- **Belege lassen sich wie folgt anführen:**
  Dies sieht man beispielsweise an ...
  Belegen lässt sich ... an dem Beispiel ...
- **Gegenargumente können folgendermaßen eingeleitet werden:**
  Die Tatsache, dass ..., ist unbestreitbar, jedoch sollte man beachten, dass der Aspekt ... mehr ins Gewicht fällt.
  Dies trifft sicher in den meisten Fällen zu, allerdings sollte bedacht werden, dass ...
  Ein denkbarer Einwand ist ...
  Aus anderer Perspektive betrachtet, ...
  Umgekehrt lässt sich aber behaupten, dass ...
  Das kann sicher alles zutreffen, aber ...
- **Argumente können mithilfe folgender Wendungen abgewogen werden:**
  Zwar muss man einerseits zugeben, dass ... Andererseits muss man berücksichtigen, dass ...
  Zum einen ..., zum anderen ...

★ **4** Ergänzen Sie die Wendungen um weitere Beispiele.

BASISWISSEN | **Gliederungsschemata des Hauptteils**

Variante 1: Sanduhr-Prinzip

Die Pro- und Kontra-Argumente werden im Block präsentiert. Dabei führen Sie zuerst die Argumente, Beispiele etc. der Gegenposition auf, beginnend mit dem stärksten hin zum schwächsten Argument. Dann folgen Ihre Argumente und Beispiele, die die Gegenposition entkräften. Das aus Ihrer Sicht stärkste Argument sollte am Schluss Ihrer Argumentation stehen.

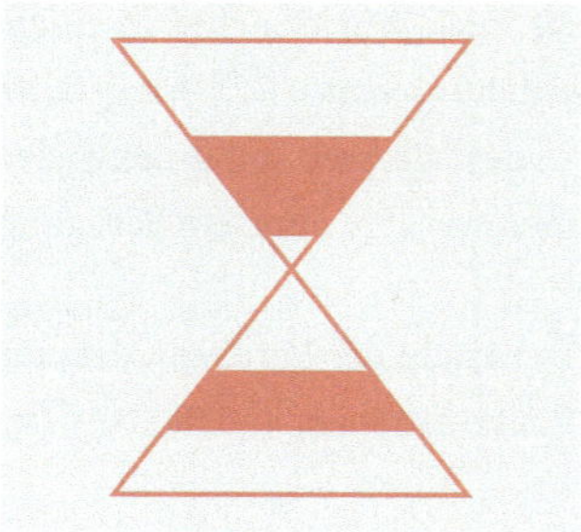

Variante 2: Reißverschluss-Prinzip

Hierbei werden zwei Argumentationslinien einander gegenübergestellt und im laufenden Wechsel präsentiert. Das Prinzip ähnelt der Alltagskommunikation mit Rede und Gegenrede. Das überzeugendste Argument, das Ihre Position stützt, sollten Sie an den Schluss Ihrer Argumentation stellen.

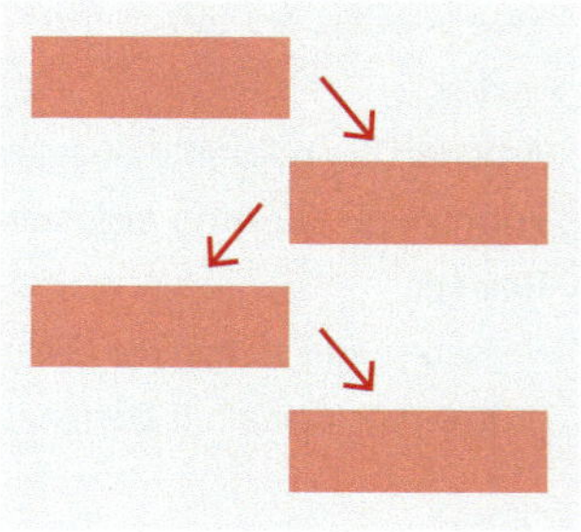

Einen Leserbrief analysieren

Als Reaktion auf den am 31. März 2016 in der Süddeutschen Zeitung erschienen Artikel „Durch dick und dicker" hat eine Leserin folgenden Leserbrief geschrieben:

Achtung, Fehler!

Schülerbeispiel

Sehr geehrte Redaktion,

mit Interesse habe ich Ihren Artikel vom 31. 03. 2016 zum Thema Zuckersteuer gelesen.

Dabei habe ich mich gefragt, ob in dieser ganzen Diskussion der Aspekt vergessen wird, dass Zucker auch nützlich sein kann? Denn durch die Aufnahme von Zucker werden im Körper Energiereserven freigesetzt. Zucker sowie alle isolierten Kohlenhydrate lösen bei ihrer Ankunft im Blut sofort die Produktion von großen Mengen von Insulin aus. Da das Insulin ein Hormon der Bauchspeicheldrüse ist und den Zucker aus dem Blut entfernen soll, versorgt es den Körper und seine Zellen fast umgehend mit Energie. Jeder von uns hat doch sicherlich schon einmal die Erfahrung gemacht, dass ein Stück Schokolade an einem langen Tag im Büro wahre Wunder bewirken kann. Es verleiht einem sofort neuen Aufschwung. Zudem muss ich feststellen, dass ich es sehr fragwürdig finde, dass durch so eine Steuer bestimmte Gruppen von Konsumenten regelrecht abgestraft werden. So trifft die geplante Zulage vor allem die Menschen, die gerne einmal zu einer Cola, einer Limonade etc. greifen. Da bleibt doch die Gleichberechtigung auf der Strecke, da Menschen, die konsequent nur Wasser trinken, nicht davon betroffen sind. Und diese ist bekanntlich in unserem Grundgesetz geregelt und sollte auch durch die Erhebung von Steuern unangetastet bleiben.

Mit freundlichen Grüßen
Manuela Schmitt, Nürnberg

1 Analysieren Sie den Leserbrief.

a) Vergleichen Sie die formalen Aspekte des abgedruckten Leserbriefes mit dem Basiswissen.

b) Arbeiten Sie die Argumentation heraus, die im Leserbrief vertreten wird, und halten Sie diese stichpunktartig fest.

BASISWISSEN — Der Aufbau eines Leserbriefes

Achten Sie beim Verfassen eines Leserbriefs auf folgende Formalia:

- Ein Leserbrief ist genau wie ein normaler Brief an bestimmte Personen gerichtet. In diesem Fall ist es eine Redaktion, die den Brief zunächst zu lesen bekommt; daher ist es wichtig, eine **Anrede** zu formulieren.
- Wie jeder andere Brief sollte auch ein Leserbrief mit einer Höflichkeitsbekundung, einem formalen **Grußwort** und einer persönlichen **Signatur** und **Ortsangabe** enden.
- Da die Redaktion mehrere Leserbriefe täglich bekommt, muss geklärt werden, auf welchen Artikel sich das Anliegen bezieht, es muss also im ersten Satz ein **Bezug** ausformuliert werden.

Neben den Formalia müssen Sie folgende inhaltliche Aspekte beachten:

- Der Leserbrief soll einen Leser ebenso wie eine Stellungnahme überzeugen - Sie müssen also auch hier mit einer argumentativen Struktur (These - Argument - Entfaltung des Arguments - Folgerung) arbeiten.
- Dabei können Sie dem Autor des Ausgangstextes entweder in Teilen zustimmen oder die Gegenposition einnehmen.
- Das wichtigste Argument formulieren Sie am Ende des Hauptteiles aus.

Einen Leserbrief analysieren

Zum selben Thema hat ein Schüler in einem Leserbrief das folgende Argument ausformuliert:

Achtung, Fehler!

Schülerbeispiel

Die aktuelle Diskussion um die Einführung einer Zusatzsteuer für zuckerhaltige Getränke, ausgelöst durch erste Überlegungen der Briten, finde ich gerechtfertigt. Für mich ist es schon lange an der Zeit, eine solche Steuer auch in Deutschland einzuführen, da ein erhöhter Konsum von Zucker eindeutig gefährlich ist. So steigt das Risiko, Diabetes Typ 2 zu bekommen oder übergewichtig zu werden, durch den übermäßigen Verzehr von zuckerhaltigen Produkten. Und das ist so und so ein Trend, der sich immer mehr fortsetzt. Alleine in meinem engen Kreis der Verwandten gibt es etliche Personen, die aufgrund ihrer früheren Lebensweise und ihres immensen Zuckerverbrauchs an Diabetes erkrankt sind und jetzt damit zu kämpfen haben, weil sie regelmäßig ihren Blutzuckerwert bestimmen müssen und sich gegebenenfalls Insulin spritzen müssen. Um dieser steigenden Zahl von Diabeteserkrankungen entgegenzuwirken, sollte also auf jeden Fall auch von staatlicher Seite etwas geschehen und eine Zusatzsteuer auf zuckerhaltige Getränke auch in Deutschland eingeführt werden.

2 Erläutern Sie den Aufbau des Arguments.

★ **3** Formulieren Sie ein eigenes Argument zu der Frage aus, ob eine Zusatzsteuer auf zuckerhaltige Getränke auch in Deutschland sinnvoll ist.

FAZIT

4.1
Die Aufgabenstellung analysieren

- Eine Aufgabe inhaltlich erfassen
- Die Art der Bearbeitung wählen

4.2
Den Standpunkt des Autors erfassen

- Assoziationen sammeln
- Informationsmaterial auswerten

4.3
Eine Argumentation aufbauen

- Abhängig von der Aufgabenstellung eine linear oder dialektisch angelegte Argumentation aufbauen
- Formulierungshilfen für die Argumentation anwenden

4.4
Einen Leserbrief analysieren

- Den Standpunkt eines Leserbriefes erfassen
- Den Aufbau eines Leserbriefes umsetzen
- Eine eigene Argumentation aufbauen
- Die Argumentation schriftlich ausformulieren

Kapitel 5

Literarische Texte unterscheiden und deuten

5.1
Sich mit epischen Texten auseinandersetzen

5.2
Sich mit lyrischen Texten auseinandersetzen

5.3
Einen literarischen Text fortschreiben

In diesem Kapitel lernen Sie, welche Arten von epischen und lyrischen Texten es gibt und worin ihre jeweiligen Besonderheiten bestehen. Bei der Auseinandersetzung mit den hier präsentierten Texten sollen Sie aufgrund der Analyse wesentlicher formaler und inhaltlicher Kriterien zu einem eigenen Textverständnis gelangen. Indem Sie diese Kriterien anwenden, können Sie Texte in Bezug zur dargestellten Wirklichkeit, aber auch in Bezug zu Ihrer eigenen Lebenswelt setzen und selbst fortschreiben.

Kompetenzen

- ✓ Die innere und äußere Handlung abstrahierend erfassen
- ✓ Fühlen, Denken, Handeln von Figuren erfassen
- ✓ Sich ein Urteil über sprachliche Qualität bilden
- ✓ Gedichte analysieren
- ✓ Den Bezug zur eigenen Lebenswelt reflektieren

Methoden und Arbeitstechniken

- ✓ Stichwortliste
- ✓ Internetrecherche

Sich mit epischen Texten auseinandersetzen

Besonderheiten fiktionaler Texte

Im Gegensatz zu pragmatischen Texten (Sachtexten), die nicht fiktional sind und Informationen oder Handlungsanweisungen für den Alltag enthalten, stellen fiktionale Texte eine erdachte Welt dar.

Quelle 1

Ilsebill salzte nach. Bevor gezeugt wurde, gab es Hammelschulter zu Bohnen und Birnen, weil Anfang Oktober. Beim Essen noch, mit vollem Mund, sagte sie: „Wollen wir nun gleich ins Bett oder willst du mir vorher erzählen, wie unsere Geschichte wann wo begann?“
Ich hatte die Hammelschulter mit halben Knoblauchzehen gespickt und gebettet. Auch wenn Ilsebill mit vollem Mund sagte, das könne prompt anschlagen oder klappen, weil sie, wie der Arzt ihr geraten habe, die Pillen ins Klo geschmissen hätte, hörte ich dennoch, dass das Bett zuerst recht haben sollte und die neolithische Köchin danach.*
** Neolithikum: Jungsteinzeit*

(Günter Grass, „Der Butt“)

Quelle 2

Lammkeule in der Metzgerei vom Knochen lösen lassen. Knoblauchzehen schälen und die Lammkeule damit spicken, in Olivenöl scharf anbraten und beiseitelegen.
Schalottenzwiebeln, Möhren, Lauch und Staudensellerie sowie geschälte Kartoffeln in kleine Stücke schneiden und in einem Schmortopf in Olivenöl andünsten. Frische Kräuter (Thymian, Rosmarin etc.) sowie eine Dose Kirschtomaten hinzugeben. Die angebratene Lammkeule leicht salzen und pfeffern und auf das Gemüsebett legen. Alles mit hochwertigem Rotwein aufgießen und im geschlossenen Schmortopf für etwa zwei Stunden bei 190 Grad in den Backofen schieben.

1 Vergleichen Sie die Wirkungsweise fiktionaler und pragmatischer Texte.

a) Halten Sie die Assoziationen, die Sie beim Lesen der beiden Texte haben, schriftlich fest.
b) Tauschen Sie sich mit Ihrem Banknachbarn über Ihre Stichworte aus und diskutieren Sie Gemeinsamkeiten und Unterschiede.
c) Erarbeiten Sie in der Klasse mögliche Gründe für die unterschiedliche Wirkung dieser Texte.

BASISWISSEN Literarische Gattungen

Die Literaturwissenschaft unterscheidet zwischen drei literarischen Gattungen:
Epik → Erzähltexte
Drama(tik) → Texte für die Bühne
Lyrik → Gedichte im weitesten Sinne
Innerhalb der jeweiligen Gattung unterscheidet man zwischen verschiedenen „Genres“ oder einfacher: „Textsorten“. Textsorten im Bereich der Epik sind beispielsweise Fabel, Parabel, Kurzgeschichte, Märchen, Erzählung, Novelle und Roman.

Die Fabel

Auf den folgenden Seiten erweitern Sie Ihr Wissen über epische Genres. Außerdem erarbeiten Sie Herangehensweisen, mit deren Hilfe Sie nach und nach zu einem vertieften Verständnis eines Textes gelangen.
So wie sich in der folgenden Fabel Fuchs und Rabe begegnen, könnten auch zwei Menschen aufeinandertreffen.

Vom Fuchs und Raben (nach Aesop, ca. 600 v. Chr.)

Ein Rabe hatte einen Käse gestohlen, flog damit auf einen Baum und wollte dort seine Beute in Ruhe verzehren. Da es aber der Raben Art ist, beim Essen nicht schweigen zu können, hörte ein vorbeikommender Fuchs den Raben über dem Käse krächzen. Er lief eilig hinzu und begann, den Raben zu loben: „O Rabe, was bist du für ein wunderbarer Vogel! Wenn dein Gesang ebenso schön ist wie dein Gefieder, dann sollte man dich zum König aller Vögel krönen!“
Dem Raben taten diese Schmeicheleien so wohl, dass er seinen Schnabel weit aufsperrte, um dem Fuchs etwas vorzusingen. Dabei entfiel ihm der Käse. Den nahm der Fuchs behände, fraß ihn und lachte über den törichten Raben.

1 Geben Sie den Inhalt der Fabel kurz wieder. Zeigen Sie, dass diese Fabel dem für die Textsorte typischen Aufbau entspricht.

2 Finden Sie Adjektive oder Nomen, mit denen Sie die Eigenschaften der beiden Tiere charakterisieren.

3 Formulieren Sie eine Lehre, die man als Mensch aus dieser Fabel ziehen kann.

BASISWISSEN | Fabel

Tiere, Pflanzen oder Gegenstände stehen im Mittelpunkt der Fabel. Sie verkörpern menschliche Eigenschaften und Verhaltensweisen. Durch die Kritik daran oder auch an gesellschaftlichen Zuständen sollen Fabeln meist eine Lehre vermitteln und den Leser zu Reflexion und Einsicht bewegen. Eine Fabel besteht im Normalfall aus drei Bestandteilen:

1. Ausgangssituation
2. Entwicklung des Konflikts (hier meist Aktion, der eine Reaktion folgt)
3. Ergebnis

Am Schluss der Fabel kann ein nachgestellter Lehrsatz („Epimythion“) formuliert sein. Fabeln werden in Prosa, aber auch in Versen geschrieben.

Die Parabel

In Kafkas „Kleiner Fabel" sind wie im vorhergehenden Text Tiere die Protagonisten. Trotzdem handelt es sich in diesem Fall nicht um eine Fabel, sondern um eine gleichnishafte Erzählung, eine Parabel. Bei Parabeln gilt es, den Sinn zu erschließen, der nicht unbedingt offensichtlich ist.

Franz Kafka: Kleine Fabel (1931)

„Ach", sagte die Maus, „die Welt wird enger mit jedem Tag. Zuerst war sie so breit, dass ich Angst hatte, ich lief weiter und war glücklich, dass ich endlich rechts und links in der Ferne Mauern sah, aber diese langen Mauern eilen so schnell aufeinander zu, dass ich schon im letzten Zimmer bin, und dort im Winkel steht die Falle, in die ich laufe." – „Du musst nur die Laufrichtung ändern", sagte die Katze und fraß sie.

1 Klären Sie, welche Bedeutung die „Mauern" für die Maus besitzen.

2 Beschreiben Sie, wie Sie die Aussage der Katze empfinden.

3 Suchen Sie aus dem nachfolgend aufgelisteten Wortmaterial die Begriffe der Bildebene (alle Wörter, die auch im Primärtext vorkommen) und kombinieren Sie sie mit möglichen Begriffen der Sachebene. Leiten Sie daraus einen Interpretationsansatz für diese Parabel ab.

eng • Maus • Sicherheit • frei • Mauern • Gefahr • bedrohlich • Falle • Katze • breit • Mensch • Tod

4 Beschreiben Sie Situationen, in denen Sie sich selbst in einer ähnlichen Lage wie die Maus befunden haben.

BASISWISSEN Parabel

Die Parabel ist eine kurze, gleichnishafte Erzählung, die den Leser durch sprachliche Verschlüsselungen zwingt, den Text von der Inhaltsebene (das Gesagte) auf die Ebene der Deutung (das Gemeinte) zu übertragen. Diese Übertragung von der **Bildebene** (= Inhaltsebene, also das Gesagte) auf die **Sachebene** (= Ebene der Deutung, also das Gemeinte) ist entscheidend. Erst dadurch gewinnt der Text seinen Sinn. Die Parabel thematisiert Probleme, die für den Menschen von existenzieller Bedeutung sind, und fordert ihn dazu auf, selbst Lösungsmöglichkeiten zu finden.

Ursprünglich gehörte die Parabel zu den Textsorten, die eine Lehre vermitteln wollen. Die Schriftsteller des 20. Jahrhunderts haben ihre Skepsis gegenüber der Belehrung des Lesers darin zum Ausdruck gebracht, dass sie in Form einer Parabel erzählen, den Leser aber mit paradoxen Inhalten konfrontieren, um ihn zu verwirren.

Die Kurzgeschichte

Der Literaturnobelpreisträger Heinrich Böll verfasste diese vom Lebensgefühl der Nachkriegszeit beeinflusste Kurzgeschichte.

Heinrich Böll: So ein Rummel (1948)

Die Frau ohne Unterleib[1] erwies sich als eines der charmantesten Frauenzimmer, das ich je gesehen hatte, sie trug einen entzückenden sombreroartigen Strohhut, denn als bescheidene Hausfrau hatte sie sich an die Sonnenseite jener kleinen Terrasse gesetzt, die neben ihrem Wohnwagen angebracht war. Ihre drei Kinder spielten unter der Terrasse ein sehr originelles Spiel, das nannten sie „Neandertaler". Die beiden jüngeren, Junge und Mädchen, mussten das Neandertalpaar abgeben, und der größere, acht Jahre alt, ein blonder Bengel, der während des Dienstes den Sohn der „dicken Susi" abgeben musste, dieser Bursche spielte den modernen Forscher, der die Neandertaler findet. Er wollte mit aller Gewalt seinen jüngeren Geschwistern die Kinnladen aushängen, um sie in sein Museum zu bringen.

Die Frau ohne Unterleib klopfte mehrmals mit ihren Holzsohlen auf den Boden der Terrasse, denn ein wildes Geschrei drohte unsere beginnende Unterhaltung zu ersticken. Der Kopf des Älteren erschien über der niedrigen Balustrade, die mit rotblühenden Geranien geschmückt war, und fragte mürrisch: „Ja?"

„Lass die Quälerei", sagte seine Mutter, wobei sie in ihren sanften grauen Augen eine Belustigung unterdrückte, „spielt doch Bunker oder Totalgeschädigt."

Der Junge murmelte missmutig etwas, das sich fast wie „Quatsch" anhörte, tauchte dann unter, schrie unten: „Es brennt, das ganze Haus brennt". Leider konnte ich nicht verfolgen, wie das Spiel „Totalgeschädigt" weiterging, denn die Frau ohne Unterleib fixierte mich jetzt etwas schärfer, im Schatten ihres breitrandigen Hutes, durch den warm und rot die Sonne leuchtete, sah sie viel zu jung aus, um Mutter dreier Kinder zu sein und täglich bei fünf Vorstellungen die harten Aufgaben der Frau ohne Unterleib zu erfüllen.

„Sie sind …" sagte sie.

„Nichts", sagte ich, „absolut nichts. Sehen Sie mich als einen Vertreter des Nichts an …"

„Sie sind", fuhr sie ruhig fort, „vermutlich Schwarzhändler gewesen."

„Jawohl", sagte ich.

Sie zuckte die Schultern. „Es wird nicht viel zu machen sein. Auf jeden Fall, wo wir Sie auch gebrauchen können, müssen Sie arbeiten, arbeiten, verstehen Sie?"

„Meine Dame", entgegnete ich, „vielleicht stellen Sie sich das Leben eines Schwarzhändlers allzu rosig vor. Ich, ich war sozusagen an der Front."

„Wie?" Sie klopfte wieder mit dem Holzabsatz auf den Boden der Terrasse, denn die Kinder hatten nun ein ziemlich langanhaltendes wildes Geheul angestimmt. Wieder erschien der Kopf des Jungen über der Balustrade.

„Nun?" fragte er kurz.

Die Kurzgeschichte

„Spielt jetzt Flüchtling", sagte die Frau ruhig, „ihr müsst jetzt abhauen aus der brennenden Stadt, verstehst du?"

Wieder verschwand der Kopf des Jungen, und die Frau fragte mich: „Wie?"

Oh, sie hatte den Faden durchaus nicht verloren.

„Ganz vorne", sagte ich, „ich war ganz vorne. Glauben Sie, das war ein leichtes Brot?"

„An der Ecke?"

„Sozusagen am Bahnhof, wissen Sie?"

„Gut. Und nun?"

„Möchte ich irgendeine Beschäftigung haben. Ich bin nicht faul, durchaus nicht faul, meine Dame."

„Sie verzeihen", sagte sie. Sie wandte mir jetzt ihr zartes Profil zu und rief in den Wagen hinein: „Carlino, kocht das Wasser noch nicht?"

„Moment", rief eine gleichgültige Stimme, „ich bin schon beim Aufschütten."

„Trinkst du mit?"

„Nein."

„Dann bring zwei Tassen, bitte. Sie trinken doch eine Tasse mit?"

Ich nickte. „Und ich lade Sie zu einer Zigarette ein."

Das Geschrei unter der Terrasse wurde nun so wild, dass wir kein Wort mehr hätten verstehen können. Die Frau ohne Unterleib beugte sich über den Geranienkasten und rief: „Jetzt müsst ihr fliehen, schnell, schnell … die Russen stehen schon vor dem Dorf …"

„Mein Mann", sagte sie, sich zurückwendend, „ist nicht da, aber in Personalfragen kann ich …"

Wir wurden unterbrochen von Carlino, einem schmalen, stillen, dunklen Burschen mit einem Haarnetz über dem Kopf, der Tassen und Kaffeekanne brachte. Er blickte mich misstrauisch an.

„Warum willst du nichts trinken?" fragte ihn die Frau, da er sich ganz kurz wieder abwandte.

„Keine Lust", murmelte er, im Wagen verschwindend.

„In Personalfragen kann ich ziemlich selbständig entscheiden, allerdings etwas müssen Sie schon können. Nichts ist nichts."

„Meine Dame", sagte ich demütig, „vielleicht kann ich die Räder schmieren oder die Zelte abbrechen, Traktor fahren oder dem Mann mit den Riesenkräften als Prügelknabe dienen …"

„Traktor fahren", sagte sie, „ist nicht nichts, und die Räder schmieren ist eine kleine Kunst."

„Oder bremsen", sagte ich. „Schiffsschaukel bremsen …"

Sie zog hochmütig die Brauen hoch, und zum ersten Male blickte sie mich ein wenig verächtlich an. „Bremsen", sagte sie kalt, „ist eine Wissenschaft, ich vermute, Sie würden allen Leuten die Hälse brechen. Carlino ist Bremser."

„Oder …", wollte ich zaghaft wieder vorschlagen, aber ein kleines dunkelhaariges Mädchen mit einer Narbe über der Stirn kam jetzt eifrig jene kleine Treppe herauf, die mich so lebhaft an ein Fallreep[2] erinnerte. Sie stürzte sich in den Schoß der Mutter und schluchzte empört: „Ich soll sterben …"

„Wie?" fragte die Frau ohne Unterleib entsetzt.

„Ich soll das Flüchtlingskind sein, das erfriert, und Fredi will meine Schuhe und alles verscheuern …"

„Ja", sagte die Mutter, „wenn ihr Flüchtling spielt."

„Aber ich", sagte das Kind, „ich soll immer sterben. Immer bin ich es, die sterben soll. Wenn wir Bomben spielen, Krieg oder Seiltänzer, immer muss ich sterben."

„Sag Fredi, er soll sterben, ich hätte gesagt, er sei jetzt an der Reihe mit Sterben."

Die Kurzgeschichte

Das Mädchen entlief.

„Oder?“ fragte mich die Frau ohne Unterleib. Oh, sie verlor den Faden nicht so leicht.

„Oder Nägel gerade klopfen, Kartoffeln schälen, Suppe verteilen, was weiß ich“, rief ich verzweifelt, „geben Sie mir eine Chance ...“

Sie drückte die Zigarette aus, goss uns beiden noch einmal ein und blickte mich an, lange und lächelnd, dann sagte sie: „Ich werde Ihnen eine Chance geben. Sie können rechnen, nicht wahr, es gehört sozusagen zu Ihrem bisherigen Beruf und“ – sie druckste ein bisschen – „ich werde Ihnen die Kasse geben.“

Ich konnte nichts sagen, ich war wirklich sprachlos, ich stand nur auf und küsste ihre kleine Hand. Dann schwiegen wir, es war sehr still, und es war nichts zu hören als ein sanftes Singen von Carlino aus dem Wagen, jenes Singen, dem ich entnehmen konnte, dass er sich rasierte ...

1 Die „Frau ohne Unterleib“ war eine Attraktion auf Jahrmärkten, bei der den Zuschauern mittels optischer Täuschung vorgegaukelt wurde, dass sie beinlos auf einem Tisch sitzt.

2 Als Fallreep wird eine Treppe bezeichnet, die man an der Bordwand eines Schiffes herablassen kann.

1 Fassen Sie den Inhalt der Kurzgeschichte zusammen.

2 Charakterisieren Sie die „Frau ohne Unterleib“ (siehe auch ↗ AT Eine Figurencharakteristik schreiben). Gehen Sie besonders auf folgende Aspekte ein:
- ihr Verhalten gegenüber den Kindern,
- ihr Verhalten gegenüber dem Ich-Erzähler.

3 Interpretieren Sie das Verhalten des Ich-Erzählers am Ende der Geschichte (Z. 91–93).

4 Klären Sie, inwiefern der Zweite Weltkrieg die Geschichte inhaltlich beeinflusst. Berücksichtigen Sie dabei auch die traditionelle Rolle der Frau bzw. des Mannes.

BASISWISSEN – Kurzgeschichte

Der Begriff „Kurzgeschichte“ stellt eine Lehnübersetzung dar: Ursprünglich im Amerika des 19. Jahrhunderts beheimatet, fand die „short story“ ihren Weg nach Deutschland, wo sie nach 1945 eine erste Blütezeit erlebte („Trümmerliteratur“). Anspruchsvolle Wettbewerbe, wie beispielsweise der MDR-Literaturwettbewerb um die beste deutschsprachige Kurzgeschichte, bestätigen die Präsenz dieses Genres im literarischen Leben der Gegenwart.

Ihre Kürze sorgt für eine prägnante und authentische Darstellung der Gefühlswelt des Protagonisten. Sie beginnt ebenso unvermittelt, wie sie endet, und umfasst nur einen sehr kurzen Zeitraum.

BASISWISSEN – Fachbegriffe: innere und äußere Handlung

Um den Inhalt eines literarischen Textes abstrahierend zusammenfassen zu können (und ihn nicht nachzuerzählen), hilft es, zunächst den Aufbau / die Struktur nachzuvollziehen. Dabei orientiert man sich an den von außen sichtbaren Handlungen der Figuren (= äußere Handlung) und dem, was sich in den Gedanken oder im Bewusstsein der Figuren abspielt (= innere Handlung).

Die Kurzgeschichte

Kurzgeschichten sind oft in ihrer Entstehungszeit zu sehen. Die folgende Kurzgeschichte zeigt, wie sich die thematischen Schwerpunkte im Lauf der Jahrzehnte verschieben können.

Wolf Wondratschek: Mittagspause (1969)

Sie sitzt im Straßencafé. Sie schlägt sofort die Beine übereinander. Sie hat wenig Zeit. Sie blättert in einem Modejournal. Die Eltern wissen, dass sie schön ist. Sie sehen es nicht gern.

Zum Beispiel: Sie hat Freunde. Trotzdem sagt sie nicht, das ist mein bester Freund, wenn sie zu Hause einen Freund vorstellt.

Zum Beispiel: Die Männer lachen und schauen herüber und stellen sich ihr Gesicht ohne Sonnenbrille vor.

Das Straßencafé ist überfüllt. Sie weiß genau, was sie will. Auch am Nebentisch sitzt ein Mädchen mit Beinen.

Sie hasst Lippenstift. Sie bestellt einen Kaffee. Manchmal denkt sie an Filme und denkt an Liebesfilme. Alles muss schnell gehen.

Freitags reicht die Zeit, um einen Cognac zum Kaffee zu bestellen. Aber freitags regnet es oft.

Mit einer Sonnenbrille ist es leichter, nicht rot zu werden. Mit Zigaretten wäre es noch einfacher. Sie bedauert, dass sie keine Lungenzüge kann. Die Mittagspause ist ein Spielzeug.

Wenn sie nicht angesprochen wird, stellt sie sich vor, wie es wäre, wenn sie ein Mann ansprechen würde. Sie würde lachen. Sie würde eine ausweichende Antwort geben. Vielleicht würde sie sagen, dass der Stuhl neben ihr besetzt sei. Gestern wurde sie angesprochen. Gestern war der Stuhl frei. Gestern war sie froh, dass in der Mittagspause alles sehr schnell geht.

Beim Abendessen sprechen die Eltern davon, dass sie auch einmal jung waren. Vater sagt, er meine es nur gut. Mutter sagt sogar, sie habe eigentlich Angst. Sie antworte, die Mittagspause sei ungefährlich.

Sie hat mittlerweile gelernt, sich nicht zu entscheiden. Sie ist ein Mädchen wie andere Mädchen. Sie beantwortet eine Frage mit einer Frage.

Obwohl sie regelmäßig im Straßencafé sitzt, ist die Mittagspause anstrengender als Briefeschreiben. Sie wird von allen Seiten beobachtet. Sie spürt sofort, dass sie Hände hat.

Der Rock ist nicht zu übersehen. Hauptsache, sie ist pünktlich.

Im Straßencafé gibt es keine Betrunkenen. Sie spielt mit der Handtasche. Sie kauft jetzt keine Zeitung. Es ist schön, dass in jeder Mittagspause eine Katastrophe passieren könnte. Sie könnte sich sehr verspäten. Sie könnte sich sehr verlieben. Wenn keine Bedienung kommt, geht sie hinein und bezahlt den Kaffee an der Theke. An der Schreibmaschine hat sie viel Zeit, an Katastrophen zu denken. Katastrophe ist ihr Lieblingswort. Ohne das Lieblingswort wäre die Mittagspause langweilig.

1 Stellen Sie die Kurzgeschichte kurz vor (formale Angaben – Thematik – Kerninhalt).

2 Ein wesentliches Merkmal der Kurzgeschichte besteht darin, dass sich der Protagonist in einer Konfliktsituation befindet. Belegen Sie dies anhand verschiedener Textstellen.

3 Untersuchen Sie sprachliche Auffälligkeiten und deren Wirkung.

4 Erläutern Sie, warum „Katastrophe“ das „Lieblingswort“ (Z. 28–29) der jungen Frau ist.

5 Vertauschen Sie die Geschlechter und schreiben Sie die Kurzgeschichte um. Beschreiben Sie die Wirkung, die dadurch erzielt wird.

Die Novelle

Die Novelle „Die Entdeckung der Currywurst" nimmt Bezug auf das Ende des Zweiten Weltkriegs in Hamburg. In Erinnerung an seine Kindheit macht sich der Erzähler auf die Suche nach der ehemaligen Besitzerin einer Imbissbude am Hamburger Großneumarkt. Er findet die hochbetagte Lena Brücker in einem Altersheim in Harburg, einem Stadtteil von Hamburg, und erfährt die Geschichte ihrer „schönsten Jahre" und wie es zur Entdeckung der Currywurst kam. Der Bogen spannt sich weit zurück in die letzten Apriltage des Jahres 1945 ...

Aus der Graphic-Novel zu „Die Entdeckung der Currywurst" (Illustratorin: Isabel Kreitz)

Uwe Timm: Die Entdeckung der Currywurst (1993, Auszug)

Siebenmal fuhr ich nach Harburg. [...] Das Vorderteil eines Pullovers für ihren Urenkel entstand vor meinen Augen, ein kleines Strickkunstwerk, eine Wollandschaft, und hätte mir jemand erzählt, das sei das Werk einer Blinden, ich hätte es nicht geglaubt. Zuweilen hatte ich den Verdacht, sie sei gar nicht blind, aber dann tastete sie sich wieder an die Stricknadeln im Pullover heran und erzählte weiter, zuweilen unterbrochen, wenn sie nachdenklich die Maschen zählte, den Rand befühlte, nach dem Faden tastete – sie mußte ja mit zwei, manchmal sogar mit mehr Fäden arbeiten –, die Nadel langsam, aber zielgenau in die Maschen einführte, um sodann ohne jede Hast, aber auch ohne zu stocken die Strickarbeit wiederaufzunehmen, erzählte von notwendigen und zufälligen Ereignissen, wer und was alles eine Rolle gespielt hatte bei der Entdeckung der Currywurst: ein Bootsmann der Marine, ein silbernes Reiterabzeichen, zweihundert Fehfelle, zwölf Festmeter Holz, eine whiskytrinkende Wurstfabrikantin, ein englischer Intendanturrat und eine englische rotblonde Schönheit, drei Ketchupflaschen, Chloroform, mein Vater, ein Lachtraum und vieles mehr. Das alles erzählte sie stückchenweise, das Ende hinausschiebend, in kühnen Vor- und Rückgriffen, so daß ich hier auswählen, begradigen, verknüpfen und kürzen muß. Ich lasse die Geschichte am 29. April 1945, an einem Sonntag beginnen. Das Wetter in Hamburg: überwiegend stark bewölkt, trocken. Temperatur zwischen 1,9 und 8,9 Grad.

2.00: Hitlers Trauung mit Eva Braun. Trauzeugen sind Bormann und Goebbels.

3.30: Hitler diktiert sein politisches Testament. Großadmiral Dönitz soll seine Nachfolge als Staatsoberhaupt und Oberbefehlshaber antreten.

5.30: Die Engländer gehen bei Artlenburg über die Elbe.

Hamburg soll als Festung bis zum letzten Mann verteidigt werden. Barrikaden werden gebaut, der Volkssturm wird aufgerufen, der Heldenklau geht durch die Krankenhäuser, das letzte, das allerletzte, das allerallerletzte Aufgebot wird an die Front geworfen, so auch der Bootsmann Bremer, der in Oslo im Stab des Admirals die Seekartenkammer geleitet hatte. Dort war er seit Frühjahr 44 so gut wie unabkömmlich gewesen, bis er Heimaturlaub bekam und auch gefahren war, nach Braunschweig. Er hatte seine Frau besucht und seinen knapp einjährigen Sohn zum ersten Mal gesehen und sich überzeugen können, daß er zahnte und Papa sagen konnte. Dann hatte er sich wieder auf die Rückreise zu dem Seekartenmagazin gemacht, war in einem überfüllten Personenzug bis Hamburg gekommen, von dort mit einem Militärlaster nach Plön gefahren, am nächsten Tag von einem Pferdefuhrwerk nach Kiel mitgenommen worden, von wo aus er sich nach Oslo einzuschiffen gedachte. In Kiel war er aber zu einer Panzerjagd-Einheit abkommandiert worden und nach einer dreitägigen Ausbildung an der Panzerfaust nach Hamburg befohlen worden, wo er sich bei seiner neuen Einheit melden mußte, die im Endkampf in der Lüneburger Heide eingesetzt werden sollte.

Gegen Mittag war er in Hamburg angekommen, hatte etwas von seiner Marschverpflegung, zwei Scheiben Kommißbrot und eine kleine Dose Leberwurst, gegessen und war durch die Stadt gegangen. Er kannte Hamburg von früheren Besuchen, konnte die Straßen aber nicht wiedererkennen. Einige Fassaden waren stehengeblieben, dahinter die borstig ausgebrannte Turmruine der Katharinenkirche. Kalt war es. Eine von Nordwesten herantreibende Wolke schob sich der Sonne entgegen. Bremer sah auf der Straße den Schatten auf sich zuwandern, und er erschien ihm wie ein dunkles Vorzeichen. Am Straßenrand zerschlagene Ziegel, verkohlte Balken, Bruchstücke von Sandsteinquadern, die einmal das Portal eines Hauseingangs gewesen waren, noch stand ein Teil der Treppe, aber sie führte ins Nichts. Wenige Menschen waren auf der Straße, zwei Frauen zogen eine kleine Handkarre, ein, zwei Wehrmachtslaster mit Holzvergasern fuhren vorbei, ein von einem Pferd gezogenes Dreiradauto. Bremer erkundigte sich nach einem Kino. Man schickte ihn zu *Knopfs Lichtspielhalle* auf der Reeperbahn. Er ging zum Millerntor, dann zur Reeperbahn. Nutten standen, grau und abgehärmt, in den Hauseingängen, zeigten ihre mageren Beine. *Wunschkonzert* wurde in der Abendvorstellung gezeigt. Vor der Kasse stand eine lange Schlange. Man konnte sich ja sonst für sein Geld nichts mehr kaufen.

Tschuldigung, sagte er, weil er die Frau, die sich hinter ihm angestellt hatte, mit seinem Marschgepäck weggedrückt hatte.

Macht nichts, sagte Lena Brücker. Sie war gleich nach Feierabend aus der Lebensmittelbehörde nach Hause gegangen, hatte sich umgezogen und, da die Sonne hin und wieder zwischen den Wolken leuchtete, ihr Kostüm angezogen. Den Rock hatte sie für dieses Frühjahr etwas gekürzt. Ihre Beine konnten sich sehen lassen, noch, wie sie dachte, denn in drei, vier Jahren wäre sie für einen derart kurzen Rock schon zu alt. Sie hatte sich die Beine mit der hellbraunen Strumpffarbe eingerieben, die Stellen, die etwas zu dunkel geraten waren, verstrichen und sich dann vor dem Spiegel einen feinen schwarzen Strich über die Waden gezogen. Mindestens drei Schritte mußte sie vom Spiegel weggehen, dann aber sah es aus, als trüge sie Seidenstrümpfe. Auf dem Großneumarkt roch es nach Brand und nassem Mörtel. Am Millerntor war in der Nacht zuvor ein Haus von einer Brandbombe getroffen worden. Noch immer schwelte der Schuttberg. Die Büsche im Vorgarten waren von der jähen Hitze ergrünt, die zu nah an der Brandruine stehenden verdorrt, einige Ästchen sogar verkohlt. Sie ging an dem Café Heinze vorbei, von dem nur noch die Fassade stand. Neben dem Eingang war noch auf einem Schild zu lesen: Swing tanzen verboten! Reichskulturkammer. Längst wurde der Schutt auf dem Bürgersteig nicht mehr weggeräumt. Die Bars waren

Die Novelle

geschlossen, kein Tanz, kein Striptease. Sie kam zu *Knopfs Lichtspielhalle,* außer Atem, sah die Schlange, dachte, hoffentlich komm ich noch rein, stellte sich hinter einem Marinesoldaten an, einem jungen Bootsmann.

So waren Hermann Bremer und Lena Brücker Schritt um Schritt hierher und hintereinander zu stehen gekommen, und er hatte sie mit seinem Gepäck, einem Seesack mit einer daraufgebundenen, eingerollten graugrün gesprenkelten Feldplane, gestreift. Macht nichts. Erst ein Zufall ließ sie ins Gespräch kommen. Sie kramte in ihrer Handtasche nach der Geldbörse, da rutschte ihr der Haustürschlüssel raus. Er bückte sich, sie bückte sich, sie stießen mit den Köpfen zusammen, nicht stark, nicht schmerzhaft, er spürte kurz nur ihr Haar im Gesicht, sanft, weichblond. Er hielt ihr den Schlüssel hin. Was war ihr zuerst aufgefallen? Die Augen? Nee, die Sommersprossen, er hatte Sommersprossen auf der Nase, mittelblondes Haar. Hätte glatt mein Sohn sein können. Sah aber noch jünger aus, als er war, damals 24 Jahre. Dachte im ersten Moment, der ist neunzehn, vielleicht zwanzig. Nett sah er aus, so dünn und hungrig. War so zögernd und etwas unsicher, aber mit offenen Augen. Sonst hab ich mir nix dabei gedacht. Nicht in dem Augenblick. Ich hab ihm von dem Film erzählt, den ich in der letzten Woche gesehen hatte: *Es war eine rauschende Ballnacht.* Filmegucken war das einzige Vergnügen, wenn nicht mal wieder das Licht ausfiel. [...]

1 Charakterisieren Sie Hermann Bremer und Lena Brücker. Achten Sie darauf, Fühlen, Denken und Handeln der Figuren interpretatorisch zu deuten (↗ AT Eine Figurencharakteristik schreiben).

2 Analysieren Sie die erzähltechnischen Besonderheiten ab Zeile 75 (↗ BW Innerer Monolog und weitere Formen der Figurenrede, Kapitel 12).

3 Beschreiben Sie den Aufbau des Textes. Wenden Sie dabei Begriffe aus dem Basiswissen Novelle und Roman an (Rahmen- und Binnenhandlung, innere und äußere Handlung).

BASISWISSEN Novelle und Roman

Eine für die Novelle typische Besonderheit ist die Aufteilung in Rahmen- und Binnenhandlung, es wird also eine Geschichte innerhalb (Binnenhandlung) einer Geschichte (Rahmenhandlung) erzählt. Im Mittelpunkt steht meist eine „unerhörte Begebenheit", wie es J. W. Goethe formulierte. Novellen sind kürzer als Romane, haben oft keine Nebenhandlungen und nur wenige Protagonisten.

Der Roman ist eine literarische Gattung innerhalb der Epik. Er ist die Langform unter den erzählenden Texten und komplexer angelegt als die Novelle. Die Unterschiede innerhalb der Gattung Roman sind sehr groß und man kann verschiedene Romanarten oder Genres unterscheiden (Abenteuerroman, Bildungsroman, Science-Fiction-Roman ...). Der Roman gestaltet erzählerisch einen Ausschnitt aus dem Leben und dem gesellschaftlichen Umfeld eines oder mehrerer Protagonisten. Das Geschehen wird in Haupt- und Nebenhandlungen, an mehreren Orten, zu verschiedenen Zeiten, aus unterschiedlichen Perspektiven dargestellt.

Sich mit lyrischen Texten auseinandersetzen

Das lyrische Ich

Auf den folgenden Seiten können Sie sich grundlegendes Wissen für den Umgang mit Lyrik erarbeiten. Sie lernen die formale Gestaltung eines Gedichts, die Verflechtung von Form und Inhalt und die Bedeutung der Form für die Interpretation kennen.

Bertolt Brecht: Der Radwechsel (1954)

Ich sitze am Straßenhang.
Der Fahrer wechselt das Rad.
Ich bin nicht gern, wo ich herkomme.
Ich bin nicht gern, wo ich hinfahre.
Warum sehe ich den Radwechsel
Mit Ungeduld?

1 Beschreiben Sie, wie in diesem Gedicht die Empfindung des lyrischen Ichs zum Ausdruck kommt.

2 Geben Sie die Gedanken/Empfindungen des „Fahrers" wieder.

3 Überlegen Sie, wie sich diese Szene aus der Sicht eines zufällig vorbeikommenden Passanten darstellt.

Ulla Hahn: Mit Haut und Haar (1981)

Ich zog dich aus der Senke deiner Jahre
und tauchte dich in meinen Sommer ein
ich leckte dir die Hand und Haut und Haare
und schwor dir ewig mein und dein zu sein.

Du wendetest mich um. Du branntest mir dein Zeichen
mit sanftem Feuer in das dünne Fell.
Da ließ ich von mir ab. Und schnell
begann ich vor mir selbst zurückzuweichen
und meinem Schwur. Anfangs blieb noch Erinnern
ein schöner Überrest der nach mir rief.
Da aber war ich schon in deinem Innern
vor mir verborgen. Du verbargst mich tief.

Bis ich ganz in dir aufgegangen war:
da spucktest du mich aus mit Haut und Haar.

4 Benennen Sie das Thema und fassen Sie den Inhalt des Gedichts zusammen.

5 Beschreiben Sie die Gefühlslage des lyrischen Ichs.

6 Erklären Sie den Veränderungsprozess, den das lyrische Ich durchläuft.

7 Spricht Sie das Gedicht an oder eher nicht? Begründen Sie Ihre Aussage.

Das lyrische Ich

Johann Wolfgang Goethe: Gefunden (1815)

Ich ging im Walde
So für mich hin
Und nichts zu suchen,
Das war mein Sinn.

Im Schatten sah ich
Ein Blümchen stehn,
Wie Sterne leuchtend,
Wie Äuglein schön.

Ich wollt' es brechen;
Da sagt' es fein:
„Soll ich zum Welken
Gebrochen sein?"

Ich grub's mit allen
Den Würzlein aus,
Zum Garten trug ich's
Am hübschen Haus.

Und pflanzt' es wieder
Am stillen Ort;
Nun zweigt es immer
Und blüht so fort.

8 Fassen Sie das Erlebnis des lyrischen Ichs zusammen.

9 Beschreiben Sie die Empfindungen des lyrischen Ichs. Vergleichen Sie diese mit den Gefühlen des Sprechers in den Gedichten von Bertolt Brecht und Ulla Hahn.

10 Versuchen Sie die Aussage/Absicht des Gedichts zu erschließen.

11 Überlegen Sie, ob man Parallelen zum Gedicht Hahns ziehen kann. Begründen Sie Ihre Meinung mit passenden Textstellen.

BASISWISSEN Das lyrische Ich

Im Mittelpunkt eines Gedichts steht das lyrische Ich, das nicht mit dem Dichter identisch ist. In dieser besonderen Form kann es einen **inneren, seelischen Vorgang** oder einen **äußeren Zustand** beschreiben. Dabei muss das lyrische Ich die Vorgänge nicht immer direkt mitteilen (vgl. Erzählperspektive bei epischen Texten), sondern kann auch eine distanzierte Position einnehmen. Es kann seine Gefühle, seine Stimmung und seine Weltsicht im Gedicht direkt ausdrücken (vgl. Innensicht der Ich-Erzählperspektive in epischen Texten) oder aber es gibt sich nicht zu erkennen und tritt hinter den dargestellten Vorgang zurück (vgl. auktoriale Erzählperspektive in Prosatexten).

Mögliche **Ausdrucksformen** des lyrischen Ichs sind:

gefühlsbetont – reflektierend/analytisch
teilnehmend/engagiert/kritisch – distanziert/Bericht erstattend
heiter/fröhlich – melancholisch
pathetisch – ironisch/sarkastisch
bildstark – begrifflich
erlebnishaft – sachlich
offen – verschlüsselt
aufbegehrend – duldsam/hinnehmend
jenseitsorientiert/metaphysisch/spirituell/religiös – diesseitsbezogen / auf das Weltliche ausgerichtet / sachbezogen
situationsbezogen – überzeitlich

Reim und Metrum kennen

Bis ins 20. Jahrhundert galt das Vorhandensein eines Reimschemas und eines Metrums als verbindlich für lyrische Texte. Seitdem wurde diese Vorgabe mehr und mehr gelockert, sodass in der modernen Lyrik auch freie Verse und freie Rhythmen Verwendung finden.

Kurt Bartsch: Chausseestraße 125[1] (1968)

Brecht sitzt wie eh und je
im schaukelstuhl und schnee
fällt auf die gräber hin
Brecht schaukelt her und hin
und lutscht an der zigarr
die nie erkaltet war
rauch steigt schwarz auf dem dach
der winter ist schon schwach
die mütze hängt am nagel
es fallen stein und hagel
bald gibt es blattsalat
(bis man genug von hat)
Brecht schaukelt noch ein stück
er hat noch einmal glück
dann ist es abends acht
kein licht ist angemacht
da seh ich einmal her
der schaukelstuhl ist leer

1 Dies war die Berliner Adresse Brechts.

1 Erarbeiten Sie mithilfe des Basiswissens die formalen Merkmale des Gedichts.

2 Geben Sie den Inhalt des Gedichts wieder und berücksichtigen Sie dabei besonders die vorherrschende Stimmung.

3 Vergleichen Sie diese Stimmung mit der im Gedicht „Der Radwechsel".

BASISWISSEN Merkmale von Gedichten

Folgende **Bestimmungsfaktoren** für Gedichte sind von Bedeutung:
- die äußere Form/Optik,
- das Vorhandensein von Strophen und Versen und
- der Reim, der auf dem Gleichklang von Wörtern beruht.

Der **Reim** trägt zur Geschlossenheit und Harmonie der Formgebung bei, kann aber auch zur Sprachmonotonie führen. Folgende Formen des Reims können unterschieden werden:
- Alliteration/Stabreim (gleichlautender Anlaut betonter Stammsilben): Wind und Wetter
- Binnenreim (Reim innerhalb eines Verses): Er hielt ein Band in seiner Hand
- Schlagreim (Reim zweier in einem Vers aufeinanderfolgender Wörter): Ihm war, als ob es tausend Stäbe gäbe
- Unreiner Reim (die Versenden reimen sich nicht genau): Liebe – trübe, melden – gelten

Reim und Metrum kennen

Die Endreime unterscheidet man nach:

- Paarreim: aa bb cc
- Kreuzreim: ab ab
- verschränkter Reim: abc abc
- umarmender Reim: abba
- Schweifreim: aa bccb

Zur Klangfarbe eines Gedichts tragen auch die Versendungen, die sogenannten **Kadenzen**, bei; sie sind entweder:

- weiblich – klingend, das heißt, die letzte Silbe ist unbetont: *nieder – wieder,*

  oder

- männlich – stumpf, das heißt, das Reimwort endet auf einer betonten Silbe: *Ast – Hast.*

Wenn der Satz- und Sinnzusammenhang über das Vers- oder Strophenende auf den nächsten Vers übergreift, spricht man von einem **Enjambement**. Es trägt zur klanglichen Formung und zum Sprachfluss des Gedichts bei:

Auf steigt der Strahl und fallend gießt / Er voll der Marmorschale Rund.

Auch das **Versmaß** (Metrum), das Verhältnis von betonten und unbetonten Silben, das einem Vers zugrunde liegt, strukturiert den Sprechtakt und wirkt auf seinen Klangcharakter ein. Die Anzahl der betonten Silben bestimmt in der Regel das Versmaß. Dazu kennzeichnet man jede Silbe des Verses mit einem x, wobei man die betonten Silben noch zusätzlich mit einem Akzent (x́) versieht, beispielsweise:

- Jambus (unbetont, betont: xx́)
- Trochäus (betont, unbetont: x́x)
- Daktylus (betont, unbetont, unbetont: x́xx)
- Anapäst (unbetont, unbetont, betont: xxx́)

Zusätzlich zum Versmaß wird die Anzahl der betonten Silben angegeben.

Am grauen Strand, am grauen Meer

x x́ x x́ x x́ x x́ vierhebiger Jambus

Rhythmus/Sprachmelodie: Das Versmaß wird durch den Rhythmus gestaltet, das heißt, Rhythmus und Metrum sind nicht identisch, denn die Sprachmelodie wird durch den Aussagegehalt bestimmt, also durch

- die Akzentuierung von wichtigen Wörtern,
- das Setzen von Pausen,
- die Interpunktion,
- das unterschiedliche Sprechtempo,
- mögliche gedankliche Zäsuren und
- das Enjambement als Sprecheinheit.

Das bedeutet: Gedichte, die im Versmaß gleich sind, müssen unter Umständen unterschiedlich vorgetragen werden.

Ein Gedicht kann auch auf metrische Bindungen gänzlich verzichten. Man spricht dann von freien Rhythmen. Oft kennen solche Gedichte auch keine Strophengliederung oder/und auch kein Reimschema. Dies trifft insbesondere auf die moderne Lyrik zu. Dadurch kann der lyrische Gehalt an Ausdrucksstärke und Dynamik gewinnen.

Gedichtformen und Gedichtarten kennen

Hugo von Hofmannsthal:
Ballade des äußeren Lebens (1896)

Und Kinder wachsen auf mit tiefen Augen,
Die von nichts wissen, wachsen auf und sterben,
Und alle Menschen gehen ihre Wege.

Und süße Früchte werden aus den herben
Und fallen nachts wie tote Vögel nieder
Und liegen wenig Tage und verderben.

Und immer weht der Wind und immer wieder
Vernehmen wir und reden viele Worte
Und spüren Lust und Müdigkeit der Glieder.

Und Straßen laufen durch das Gras und Orte
Sind da und dort, voll Fackeln, Bäumen, Teichen,
Und drohende und totenhaft verdorrte …

Wozu sind diese aufgebaut? und gleichen
Einander nie? und sind unzählig viele?
Was wechselt Lachen, Weinen und Erbleichen?

Was frommt das alles uns und diese Spiele,
Die wir doch groß und ewig einsam sind
und wandernd nimmer suchen irgend Ziele?

Was frommt's, dergleichen viel gesehen haben?
Und dennoch sagt der viel, der „Abend" sagt,
Ein Wort, daraus Tiefsinn und Trauer rinnt

Wie schwerer Honig aus den hohlen Waben.

1 Geben Sie den Inhalt der einzelnen Strophen des Gedichts wieder.

2 Erläutern Sie die Bedeutung des Titels des Gedichts, indem Sie auch den Begriff „Ballade" recherchieren und deren Kennzeichen miteinbeziehen.

3 Ordnen Sie das Gedicht mithilfe des Basiswissens einer Gedichtform und -art zu. Begründen Sie Ihre Zuordnung.

4 Zeigen Sie, dass der Inhalt des Gedichts noch aktuell ist.

5 Untersuchen Sie das Reimschema und das Metrum und überlegen Sie, welche Bedeutung sie für den Inhalt der Ballade haben.

★ 6 Suchen Sie aus dem Text auffällige rhetorische Mittel heraus und deuten Sie sie. Ziehen Sie das BW Sprachliche Mittel und ihre Wirkung (↗ S. 115) hinzu.

Gedichtformen und Gedichtarten kennen

Ein Schüler hat zu diesem Gedicht die folgende Analyse geschrieben:

Achtung, Fehler!

Schülerbeispiel

Das achtstrophige Gedicht „Ballade des äußeren Lebens“ von Hugo von Hofmannsthal weist bereits bei flüchtiger Betrachtung eine Besonderheit auf: die letzte Strophe, die nur aus einem Vers besteht und sich damit von der durchgängig dreiversigen Strophenbildung abhebt. Allerdings betrifft diese Auffälligkeit weder das Versmaß, den fünfhebigen Jambus, der die Sprachmelodie prägt, noch den fast durchgehend weiblichen Ausklang der Reime, wobei das Reimschema, wenngleich Abweichungen aufweisend, sich als grundsätzlich umschließend zeigt. Stellt dieser umfassende Reim bereits generell eine Verklammerung dar, so wird dieses Prinzip hier nochmals intensiviert, da es nicht nur innerhalb der Strophen auftritt, sondern die Strophen auch überspringt: Denn der jeweils zweite Vers der Strophenendungen ist noch zusätzlich auf den ersten Vers der kommenden Strophe reimlich bezogen. Allerdings ist auch hier wieder bemerkenswert, dass diese reimüberspringende Umklammerung – bezogen auf die siebte Strophe – ihr System verändert. Hier nämlich reimt sich der erste Vers mit dem ersten (und einzigen) Vers der achten Strophe und bindet ihn eng an deren Aussagegehalt.

7 Untersuchen Sie den Aufbau dieses Analyseausschnittes.

★ **8** Ergänzen Sie diese die Form des Gedichts beschreibenden Ausführungen, indem Sie auf den Inhalt und die Sprache des Gedichts eingehen.

Friedrich Hölderlin: Menschenbeifall (1798)

Ist nicht heilig mein Herz, schöneren Lebens voll,
Seit ich liebe? Warum achtetet ihr mich mehr,
Da ich stolzer und wilder,
Wortereicher und leerer war?

Ach! Der Menge gefällt, was auf dem Marktplatz taugt,
Und es ehret der Knecht nur den Gewaltsamen;
An das Göttliche glauben
Die allein, die es selber sind.

1 Erläutern Sie, warum „Menschenbeifall“ trotz des Fehlens von Reim und Metrum ein Gedicht ist.

2 Beschreiben Sie die zum Ausdruck kommende Stimmung. Arbeiten Sie zu zweit.

3 Arbeiten Sie die Auffassung von Dichtung und Dichter heraus, die deutlich wird.

4 Ordnen Sie dieses Gedicht mithilfe des Basiswissens auf der folgenden Seite einer Gedichtform zu.

5 Zeigen Sie anhand geeigneter Beispiele, dass das Thema des Gedichts immer noch aktuell ist.

Gedichtformen und Gedichtarten kennen

Rainer Maria Rilke: Der Panther (1903)

Im Jardin des Plantes, Paris

Sein Blick ist vom Vorübergehn der Stäbe
so müd geworden, dass er nichts mehr hält.
Ihm ist, als ob es tausend Stäbe gäbe
und hinter tausend Stäben keine Welt.

Der weiche Gang geschmeidig starker Schritte,
der sich im allerkleinsten Kreise dreht,
ist wie ein Tanz von Kraft um eine Mitte,
in der betäubt ein großer Wille steht.

Nur manchmal schiebt der Vorhang der Pupille
sich lautlos auf –. Dann geht ein Bild hinein,
geht durch der Glieder angespannte Stille –
und hört im Herzen auf zu sein.

1 Fassen Sie den Inhalt des Gedichts zusammen.

2 Erläutern Sie Ihren Eindruck vom Panther.

3 Dieses Gedicht ist von einer großen Formstrenge geprägt, was das Reimschema und die Kadenzen betrifft. Erklären Sie, warum der letzte Vers aus der metrischen Vorgabe ausbricht.

4 Erklären Sie mithilfe des Basiswissens auf S. 71, warum es sich um ein Dinggedicht handelt.

5 Beschäftigen Sie sich mit dem lyrischen Ich.
a) Überlegen Sie, wo sich das lyrische Ich befindet.
b) Versetzen Sie sich in die Lage des lyrischen Ichs und verfassen Sie einen Tagebucheintrag über Ihre Eindrücke.

BASISWISSEN | Lyrik

Das Wort Lyrik stammt von dem griechischen Wort „lyra" ab und bedeutet Leier (Musikinstrument, mit dem dichterische Vorträge im antiken Griechenland und Rom begleitet wurden). Traditionelle Lyrik ist in gebundener Sprache (Poesie) geschrieben und durch Reim, Vers und Strophe gekennzeichnet. Moderne Formen halten sich oft nicht mehr an formale Zwänge.

- **Gedicht:** Im Mittelpunkt eines Gedichts stehen oft die subjektiven Erfahrungen eines lyrischen Ichs. Häufig werden Grenzerfahrungen thematisiert, beispielsweise Liebe, Exil, Krankheit und Tod. Der Leser begegnet in Gedichten einer großen Vielfalt sprachlicher und formaler Gestaltungsmittel.
  Beispiel: Paul Celan: Die Todesfuge
- **Ballade:** Balladen weisen eine klare Handlungsstruktur auf, die in lyrischer Form (Reim, Rhythmus) präsentiert wird. Goethe bezeichnet die Ballade als „Ur-Ei" der Dichtung, da sie eine Mischform aller drei Gattungen ist.

Gedichtformen und Gedichtarten kennen

Neben den lyrischen Elementen finden sich auch epische (handlungsreiche Geschichte / oft abgeschlossene Handlung mit einzelnen Handlungsschritten) und dramatische (spannungsgeladener Aufbau / Zuspitzung auf einen Konflikt) Merkmale in Balladen. Diese Kennzeichnung Goethes verweist auch darauf, dass Balladen menschliche Empfindungen und Stimmungen wiedergeben können.
Beispiel: Hugo von Hofmannsthal: Ballade des äußeren Lebens

In der Dichtung wurden die strengen Regeln der Gattungen häufig durchbrochen, Mischformen entstanden. So kennt man beispielsweise dramatische Gedichte und das epische Theater, bei dem epische Elemente in den dramatischen Verlauf eingebaut werden. Es können ebenso lyrische Elemente (Lieder und Gedichte in gesamter Länge oder auch nur in Ausschnitten) in andere Gattungen, z. B. Romane, Eingang finden.

Die typischen formalen Merkmale von Gedichten werden oft variiert. So gibt es moderne Gedichte, die weder Reim noch Metrum aufweisen, oder Texte, die nicht zeilenhaft, sondern grafisch angeordnet sind (konkrete Poesie).

BASISWISSEN | Gedichtformen und Gedichtarten

Folgende **Gedichtformen** lassen sich unterscheiden:

- das **Sonett** (insbesondere für die Barockdichtung typisch, ↗ Kapitel 20): 14 Verse, unterteilt in zwei Quartette und zwei Terzette. Die gedankliche Anlage ist oft dialektisch, beispielsweise Glück - Unglück, Krieg - Frieden, Vergänglichkeit - Ewigkeit, Welt - Gott, Lebenszugewandtheit - Vergänglichkeit, und spiegelt damit die Ambivalenz des Lebensgefühls im Barock wider.
- das **Lied:** oft vertontes Gedicht, einfache regelmäßige Strophen (Sonderform: der Song)
- die **Ballade:** Die Handlung/Erzählung steht im Mittelpunkt. In ihr finden sich sowohl epische (Handlung) als auch dramatische (spannend, mit Dialogen) und lyrische (Gedichtform) Elemente.
- die **Ode:** feierliches, meist reimloses Gedicht mit fester metrischer Form (oft Anrede eines Adressaten)
- die **Hymne:** In Form und Metrik freier gestaltet als die Ode, ungewöhnliche Wortwahl und außergewöhnlicher Satzbau sind für sie kennzeichnend.

Betrachtet man die Motive und Themen von Gedichten, so kann man folgende **Gedichtarten** unterscheiden, wobei die Übergänge häufig fließend sind:

- **Erlebnislyrik:** Liebesgedicht, Naturgedicht
  Beispiel: Joseph von Eichendorff: Der Morgen
- **Gedankenlyrik:** Gedichte, die in erster Linie gedankliche Erlebnisse gestalten
  Beispiel: Bertolt Brecht: Der Radwechsel
- **politisches Gedicht**
  Beispiel: Hans Magnus Enzensberger: ins lesebuch für die oberstufe
- **Dinggedicht:** Beschreibung eines Gegenstands oder Lebewesens mit dem Ziel, das innere Wesen zu erfassen
  Beispiel: Rainer Maria Rilke: Der Panther
- **symbolisches Gedicht**
  Beispiel: Stefan George: Die Spange

Einen literarischen Text fortschreiben

Eine besondere Art, sich mit Texten auseinanderzusetzen, ist das gestaltende Interpretieren als freiere und kreativere Schreibform. Dabei kann man Texte aus der Vergangenheit in die Gegenwart „übersetzen" oder aus Sicht eines Protagonisten einen Brief oder inneren Monolog verfassen. Hier üben Sie eine weitere Möglichkeit des gestaltendenden Interpretierens, nämlich einen Text mit einem veränderten Schluss zu versehen oder ihn fortzusetzen.
In ihrer Kurzgeschichtensammlung *Zehn* befasst sich die Autorin Franka Potente mit dem japanischen Kulturkreis.

Franka Potente: Kitamakura oder 49 Tage (2010, Auszug)

Zum Glück saß sie am Fenster. Die Businessclass war fast ausgebucht. Von Los Angeles nach Narita Airport, Tokio, flog man etwa vierzehn elendig lange Stunden. Ein Flug zurück in eine Welt, die sie vor acht Monaten sehr gerne verlassen hatte. Acht Monate in Amerika. Naski war ganz und gar eingetaucht in diese neue, fremde Welt. Sie war siebzehn, und nachdem sie ihren Vater zwei Jahre lang angebettelt hatte, durfte sie endlich zum Schüleraustausch nach Los Angeles. Fast hatte sie nicht mehr daran geglaubt. Die Mutter hatte ihren Kimono und die Zôri[1] eingepackt und jede Menge grünen Tee und Mochi[2]. Im Gegensatz zum Vater war sie noch nie außerhalb von Japan gewesen. Nachdem eine Austauschorganisation gefunden war, gab es bald eine Gastfamilie. Der Vater hatte Wert daraufgelegt, dass die Gasteltern wohlhabend waren und Naski eine Privatschule besuchen konnte.

Irgendwann hatte sie sich mit einer tiefen Verbeugung von den Eltern verabschiedet und einen kleinen Luftsprung gemacht, sobald sie außer Sichtweite war. Die große Freiheit. Bereits im Flieger fiel Japan von ihr ab. Sie trank ein Glas Rotwein und schlief entspannt ein. Naski liebte Los Angeles, noch bevor sie überhaupt einen Fuß auf den Boden des für sie so fremden Landes gesetzt hatte. Alles dort war golden. Das kalifornische Licht verzauberte alles. Palmen, Meer, Strand, Moviestars, Hollywood, Surfer und gebräunte Beine unter kurzen Röcken.

So, wie es ihr Vater gewollt hatte, kam es auch. Naski besuchte eine private Highschool in Brentwood, Los Angeles, lebte bei den Shaws, ihrer Gastfamilie, und hätte ein Jahr bleiben sollen. Jim, ihr Gastvater, war Inhaber einer Werbefirma, er fuhr einen 60er-Jahre-Sportwagen in Metallicblau und ging jedes Wochenende mit Derek, dem zwölfjährigen Sohn, surfen. Wenn er lachte, blitzten seine Zähne weiß. Anfangs hatte sie hinter vorgehaltener Hand gekichert, später lachte sie lauthals mit.

Jamie, seine Frau, hatte langes blondes Haar, trug fast nur Jeans, weite Hippieblusen und Flip-Flops. Oft nahm Jamie sie lachend in den Arm, und sie genoss Jamies warmen Geruch von Muffins, Vanille und Strand. Naski hatte sich nie zuvor in ihrem Leben so leicht gefühlt und war so abenteuerlustig gewesen. Amerika. Manchmal konnte Naski ihr Glück nicht fassen. Sie liebte die zwanglose Welt dort, die nur aus Vornamen bestand, in der man spontan aß, was man wollte und wann man wollte, Wendy's, Jack in the Box und Frozen yogurt von Pinkberrys. Sie liebte die individuelle Mode, die die Mädchen ihres Alters dort trugen, die offenen Gespräche über Jungs, Musik und das kommende Wochenende. Sie hatte sich an Umarmungen und Wangenküsse gewöhnt, an mädchenhaftes, schrilles Begrüßen und „shit", „fuck" und „awesome".

Die Highschool war einfach. In den meisten Fächern war Naski ihren Klassenkameraden voraus. Sie hatte schnell Freundinnen gefunden. Und dann gab es noch Teddy, ihren ersten richtigen Freund. Blonde Locken, blaue, freche Augen. Sie hatte ihn beim Lunch kennengelernt. Er hatte sich einfach an ihren Tisch gesetzt. „Hi! Are you new here? I'm Teddy." Von da an saß er jeden Tag neben ihr. Nach der Schule fuhr er sie in seinem Pick-up-Truck nach Hause. Er brachte sie zum

Einen literarischen Text fortschreiben

Lachen. Seine Hände waren gebräunt. Er trug ausgelatschte Turnschuhe und Shorts. Irgendwann gingen sie zusammen ins Kino. Bevor Teddy sie zum ersten Mal küsste, hatte sie seine Wärme neben sich so sehr gespürt, dass sie vor lauter Aufregung dem Film nicht folgen konnte. Seit dem Tag waren sie ein Paar. Naski und Teddy. Dann war alles so weit weg. Weit weg waren japanische Tradition, die tägliche Stille beim Essen, der Kimono am Wochenende, Tempelbesuche, die strengen Blicke des Vaters, das Gefühl, jeden Tag die Beste sein zu müssen, um auf eine Eliteuni gehen zu können.

Naski weinte, als sie die E-Mail aus Tokio bekam. Der Großvater war gestorben, ihr Vater hatte ihr sofort ein Rückflugticket gebucht. Sie weinte um den Großvater. Er war immer gut zu ihr gewesen, und als Kind hatte er mit ihr gemalt oder ihr vorgelesen. Aber die meisten Tränen vergoss sie, weil sie nicht zurückwollte nach Japan. Der Vater hatte in seiner E-Mail erklärt, ihre Heimkehr sei auf unbestimmte Zeit.

Schon am nächsten Abend ging der Flieger. Tom Bradley International Terminal. Dort hatte Teddy gewartet. Auch beim Check-in hatte er ihre Hand nicht losgelassen. Er hatte sie geküsst und zärtlich in ihr Haar gegriffen. „You'll be back soon", hatte er geflüstert.

Naski trug das schlichte graue Kostüm. In genau diesem Kostüm war sie vor acht Monaten in Los Angeles angekommen. Jetzt passte es ihr fast nicht mehr. Die Boeing hob schwerfällig ab. Naski blickte auf die Stadt hinunter. Die Stewardessen brachten Getränke und Kopfhörer. Sie fühlte sich leer. Sie musste sich vorbereiten. Vorbereiten auf Japan. Auf die Rituale, Pflichten und die Stille. Wie ein Gebirge türmte sich der Gedanke vor ihr auf. Sie dachte daran, dass der Großvater gestorben war, und schämte sich plötzlich. Sein Tod war bis jetzt nur der Grund für ihre Abreise gewesen. Sie stellte sich vor, wie es der Familie gehen musste. Der Großvater war an einem Herzinfarkt gestorben. Mit seinen zweiundsiebzig Jahren war er sehr beliebt und als Bankdirektor sehr umtriebig gewesen. Es würde eine große Beerdigung werden. Der Großvater war schon jetzt im Haus aufgebahrt. Gewaschen, mit dem Kopf nach Norden, an seinem Kopfende Kerzen, eine Schale Reis mit zwei Essstäbchen, ein Glas Wasser und weiße Blumen. Sein Gesicht würde mit einem weißen Tuch bedeckt sein. Sie würden Weihrauchstäbchen verbrennen und ihm ein Messer auf den Kopf legen, zum Schutz vor bösen Geistern.

Es war still im Flieger. Sie schlief tief und traumlos. Naski erwachte erst bei der Landung. Es schien ihr, als wären zehn Jahre vergangen, seit sie in Los Angeles abgeflogen war. Viel zu früh erwartete Japan sie da draußen. Viel zu früh. Der Weg zum Gepäckband war viel zu kurz. Japanische Werbung, Gesprächsfetzen, schwarzes, glänzendes Haar überall. Ihr Blick war leer, der Magen schmerzte. Es war, als hätte etwas das Leben aus ihr gesaugt.

Sie sah ihre Mutter sofort. Trotz Hunderter wartender Menschen blickte sie ihr in der Ankunftshalle gleich direkt in die Augen. Sogar der Vater war gekommen. Man verbeugte sich tief. Die Eltern sahen alt aus. Fast hätte sie die Mutter umarmt. Stattdessen verbeugte sie sich. Sie sprachen kaum auf der Fahrt in die Stadt. Ihr Zimmer war unberührt. Sie musste sich umziehen und frisch machen. Ihre Mutter trat leise ins Zimmer. Ihr Haar war zurückgebunden und zu einem Knoten gesteckt.

Naski nickte ihr zu. Die Mutter half ihr, den Kimono zu binden. „Hattest du eine schöne Zeit?" Sie sah Naski nicht an. „Ja. Sehr." Sie deutete eine Verbeugung an. Sie überlegte kurz. Aber der Moment war bereits wieder vorbei. Nur ein kleines Gefühl von wehmütigem Glück blieb. Sie war froh, dass ihre Mutter gefragt hatte.

Einen literarischen Text fortschreiben

Nach den Gebeten aßen sie Suppe und Gyôza[3], die die Tanten mitgebracht hatten. Dann fuhren die engsten Familienangehörigen mit ins Krematorium. Während der Leichnam ihres Großvaters eingeäschert wurde, standen alle im Warteraum. Man versuchte, über andere Dinge zu sprechen. Naski verhielt sich still. Ihre Seele war noch nicht angekommen. Ihr iPhone vibrierte unter ihrem Kimono. Eilig entschuldigte sie sich auf die Toilette. „Sweetie, I hope you get this? I miss you like crazy! Come back soon. Xo Teddy." Sie weinte vor Glück. Am liebsten hätte sie ihn gleich von der Toilette des Krematoriums angerufen.

Nachdem man ihrem Vater die Urne überreicht hatte, fuhren sie wieder nach Hause. Nach Hause, dachte sie. Zu Hause, das war das mondäne Haus mit Wänden aus Reispapier, in dem man im Eingangsbereich die Schuhe gegen Pantoffeln tauschte. Naskis Augen brannten. Sie machte sich einen Tee und schloss den Laptop an. Jamie hatte bereits gemailt. In acht Tagen hatte Derek Geburtstag. Sie solle schnell zurückkommen. Jamie wollte mit ihr zusammen süße Mochi machen. Naski lächelte. Es klopfte sanft. Ihr Vater trat ein. „Wahrscheinlich willst du gerne bald zurückfliegen." Er sprach leise. Ihr wurde heiß. Ja! Jaa! Morgen! Übermorgen?, schrie ihr Innerstes. Ihr Vater setzte sich und fuhr fort: „Ich möchte dich bitten, die Kitamakura einzuhalten. Dann kannst du zurückfliegen." Er räusperte sich. Dann ging er. Kitamakura. Daran hatte sie nicht gedacht. Das bedeutete neunundvierzig Tage trauern. Der Verstorbene erwacht neunundvierzig Tage nach seinem Tod in einem neuen Leben, in neuer Gestalt. Sie weinte. Neunundvierzig Tage. Das waren sieben Wochen. Sie würde Teddy eine halbe Ewigkeit nicht sehen, Dereks Geburtstag und den Unterricht verpassen. Japan würde wieder Besitz von ihr ergreifen. Auf ein Blatt Papier malte sie neunundvierzig Kästchen. Morgen würde sie eines davon durchstreichen.

1 Zôri: traditionelle japanische Sandalen
2 Mochi: japanischer Reiskuchen
3 Gyôza: japanische Teigtaschen

1 Geben Sie den Inhalt der Kurzgeschichte mit eigenen Worten wieder.

2 Charakterisieren Sie die Hauptfiguren in Stichworten.

ARBEITSTECHNIK — Eine Figurencharakteristik schreiben

Literarische Figuren sind die Handlungsträger in einem Text. Eine Figur charakterisieren Sie, indem Sie ihr Wesen beschreiben. Hinweise dazu entnehmen Sie den Stellen im Text, an denen typische Eigenschaften und kennzeichnende Verhaltensweisen der Figur dargestellt werden.

Einen ersten Eindruck erhalten Sie oft durch die Beschreibung des **Äußeren** (Gestalt, Gang, Frisur, Kleidung und so weiter), das **verbale und nonverbale Verhalten** sowie die **Lebensumstände** einer Figur. Innere Monologe und erlebte Rede können Hinweise auf **Handlungsabsichten** und **Gefühle** liefern. Durch das kommunikative Verhalten werden außerdem **Beziehungen zu anderen Figuren** deutlich. Oft ist auch die Benennung (der **Name**) einer Figur schon ein wichtiger Hinweis für ihre Charakterisierung. Der Name kann zum Beispiel typisierend oder individualisierend sein.

3 Schreiben Sie eine Fortsetzung des Textes anhand des folgenden Themas:
Naski kehrt nach Abschluss der Kitamakura in die USA zurück. Allerdings tritt dort eine gewisse Desillusionierung ein und Naskis bisher uneingeschränkt positive Sichtweise verändert sich.

Einen literarischen Text fortschreiben

4 **Lesen Sie sich das folgende Schülerbeispiel durch und notieren Sie stichpunktartig, wie die Desillusionierung Naskis motiviert und dargestellt wird.**

Achtung, Fehler!

Schülerbeispiel

... und dann hatte sie endlich alle durchgestrichen und saß wieder im Flugzeug Richtung Kalifornien. Noch war nicht alles von ihr abgefallen, die Trauer über den Tod des Großvaters, das Gefühl des Eingesperrtseins in der kühlen Atmosphäre, aber sie war bereit, wieder in die leichte, einfache Welt ihrer amerikanischen Familie einzutauchen, und freute sich natürlich unbändig auf Teddy.
Jamie, die Gastmutter, holte sie ab, umarmte sie nach der „awesome" langen Abwesenheit. Als Naski allerdings von zu Hause erzählen wollte, winkte Jamie ab; sie müssten unbedingt noch einkaufen für die Willkommensparty. Auch Jim und Derek interessierten sich nicht sonderlich für Naskis Aufenthalt in Japan, sondern mehr für das tolle Surfbrett, Dereks Geburtstagsgeschenk.
Das Wiedersehen mit Teddy immerhin war genauso zärtlich, wie Naski es sich vorgestellt hatte. Trotzdem, irgendetwas hatte sich verändert: Naski war trauriger über den Tod des Großvaters, als sie sich das vorgestellt hatte. Die Vorstellung, ihn niemals wiederzusehen, machte sie einsilbig und nachdenklich. Manchmal nervte sie sogar das Gekicher der Freundinnen, und deren glänzende Pupillen und hysterisches Benehmen bei den Partys machten sie misstrauisch. Alle, auch Teddy, nahmen irgendwelche Sachen ein, sie wusste aber, dass sie das ihrem Vater gegenüber niemals vertreten könnte. Teddy murmelte zwar nach wie vor, wie „sweet" sie sei, aber über Japan und den Großvater wollte auch er nichts wissen und sie hatte ihn nun schon ein paar Mal mit der neuen Austauschschülerin aus der Schweiz, einer kleinen Blonden mit drolligem Akzent, herumalbern sehen, was ihr jedes Mal einen richtigen Stich gab, obwohl sie natürlich Haltung bewahrte.
Auch bei den Shaws war nicht mehr alles so, wie es sein sollte. Jims Sportwagen war plötzlich verschwunden und es stand ein alter Pick-up an seiner Stelle in der Garage. Naski wurde Zeuge eines Streits zwischen Jim und Jamie, es ging um finanzielle Engpässe und irgendeine Krise, Naski verstand nur so viel, dass plötzlich das Geld knapp sei und Jim dafür verantwortlich. Auch die Hausangestellte Consuela, eine Mexikanerin, sollte entlassen werden. Naski fand sie weinend in der Küche, aber nicht wegen der Entlassung, sondern weil sie in eine Kontrolle gekommen war und nun fürchtete, abgeschoben zu werden. Das tat Naski schrecklich leid, sie hatte gedacht, in Amerika sei das Leben für alle leicht und frei und schön, und nun fiel ihr plötzlich auf, dass die Gasteltern, aber auch Teddy komische Umwege fuhren und dadurch für manche Strecken sehr lange brauchten. Auf ihre Nachfrage kam ziemlich einsilbig, dass man um manche No-go-Areas eben einfach besser einen Bogen machen solle. Als das Jahr zu Ende war – sie hatte mitbekommen, dass Teddy im Winter das schweizerische Mädchen in Europa besuchen wolle –, fiel ihr die endgültige Heimkehr weitaus leichter als gedacht.

5 **Lesen Sie sich die folgenden Anfänge von Schüleraufsätzen durch. Bei beiden lässt sich ein entscheidender Fehler, den Sie vermeiden sollten, feststellen.**

Achtung, Fehler!

Schülerbeispiel

Und so flog unsere Naski nach den 49 Tagen wieder zurück in die USA, voller Vorfreude und im naiven Glauben, im Leben ließe sich einfach so ungebrochen anschließen an Vergangenes. Der Leser ahnt es schon, es kam ganz anders, die Reise verlief nicht so, wie sich Naski das vorgestellt hatte, und am Ende des Jahres hatte sie es eilig, wieder nach Hause zu fahren, um einige Erfahrungen reicher und nicht mehr ganz so kindlich.

Einen literarischen Text fortschreiben

Schülerbeispiel

Achtung, Fehler!

Endlich konnte ich wieder in die USA zurückfliegen, nach langer, langer Zeit. Jamie holte mich am Flughafen ab, wie immer lustig, lieb, überschäumend. Sie überfiel mich gleich mit dem Vorschlag, mir ein tolles neues Kleid zu kaufen, für die Willkommensparty heute Abend. Komischerweise hätte ich lieber mit ihr Kaffee getrunken.

BASISWISSEN | Einen literarischen Text fortschreiben

Trotz eines grundsätzlich kreativen Ansatzes bedeutet gestaltendes Interpretieren kein völlig willkürliches Erfinden. Die Vorgaben des Ausgangstextes sind entscheidend. Es handelt sich nach wie vor um eine Interpretationsleistung, wenn auch Einfallsreichtum, Flexibilität und sprachliche Einfühlung gefordert sind. Im Idealfall ergänzt der neue Text den Ursprungstext so überzeugend (oder fügt sich in diesen so ein), dass man sich vorstellen könnte, er gehöre dazu. Ähnlich wie der Ursprungstext soll auch der neue Text anregen, unterhalten und Interesse wecken.

- Greifen Sie die inhaltlichen, formalen und sprachlichen Vorgaben des Textes auf.
- Der Ursprungstext ist der „Ideengeber".
- Entwickeln Sie eigene Gedanken, die sich aber immer auf den Text beziehen lassen müssen.
- Denken Sie daran, bei einer Fortsetzung auch die Sprache der jeweiligen Zeit zu imitieren.
- Behalten Sie die einmal gewählte Stilebene bei.
- Vermeiden Sie übertriebene und unpassende Ausdrücke.
- Entwerfen Sie bei einer Fortsetzung ein wahrscheinliches, glaubhaftes und überzeugendes Szenario.
- Wahren Sie die innere Logik der Handlung.
- Beachten Sie die Einhaltung der eingenommenen oder vorgeschriebenen Erzählperspektive.

FAZIT

5.1
Sich mit epischen Texten auseinandersetzen

- Epische Textgattungen unterscheiden
- Wirkung nichtfiktionaler und fiktionaler Texte erkennen
- Handlungen zusammenfassen
- Figuren charakterisieren

5.2
Sich mit lyrischen Texten auseinandersetzen

- Das lyrische Ich erfassen
- Reim und Metrum benennen
- Gedichtformen und -arten unterscheiden

5.3
Einen literarischen Text fortschreiben

- Eine Handlung in eigenen Worten wiedergeben
- Figuren charakterisieren
- Eine Erzähl- und Zeitperspektive einnehmen
- Szenarien entwerfen

Kapitel 6

Mediennutzung heute

Die Medienlandschaft befindet sich im Wandel. Zwar ist noch wie vor zwei Jahrzehnten das Fernsehen das beliebteste Medium für Jugendliche, doch die Bedeutung des Internets steigt immer weiter, auch durch Angebote wie Smartphone und Tablet. Im folgenden Kapitel sollen Sie die eigene Mediennutzung kritisch reflektieren. Sie erhalten ferner einen Einblick in die Bedeutung der Digitalisierung für traditionelle Medien wie die Tageszeitung. Abschließend geht es um Möglichkeiten, sich die modernen Medien in der Schule sinnvoll zunutze zu machen.

Kompetenzen

- ✓ Kernaussagen und Intentionen eines Textes erkennen
- ✓ Mediennutzung kritisch reflektieren
- ✓ Medienvielfalt sinnvoll nutzen
- ✓ Einfluss der Medien auf die Gesellschaft erkennen
- ✓ Glaubwürdigkeit von Internetquellen einschätzen

Methoden und Arbeitstechniken

- ✓ Texte zusammenfassen
- ✓ Diagramme analysieren
- ✓ Internetrecherche

Medienvielfalt sinnvoll nutzen

Jugendliche haben heute Zugang zu einem vielfältigen Medienangebot. Doch was sind überhaupt Medien und wie werden sie genutzt?

1 Verfassen Sie auf der Basis einer Internetrecherche einen Lexikonartikel zum Begriff „Medien". Achten Sie darauf, glaubwürdige Quellen zu verwenden.

Quelle 1

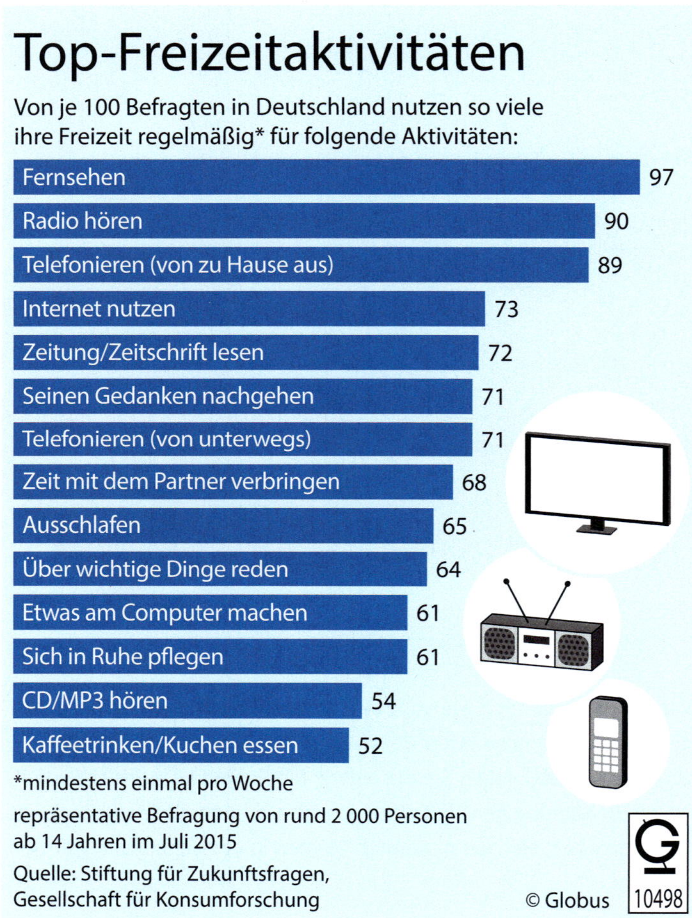

2 Analysieren Sie das Schaubild. Inwiefern entspricht es Ihren eigenen Erfahrungen?

3 Begründen Sie, warum es sinnvoll ist, die Ergebnisse der Umfrage in Form eines Balkendiagramms darzustellen.

4 Anders als die herkömmlichen Medien ermöglichen Internet und Smartphone im Social-Media-Zeitalter eine aktive Nutzung. Jeder kann nicht nur Empfänger sein, sondern auch Sender und sich im Netz selbst darstellen.

a) Überlegen Sie, was man dabei beachten sollte.

b) Erstellen Sie eine Liste mit Empfehlungen zum Umgang mit den sozialen Netzwerken.

Die Zukunft der Zeitungen

Quelle 2

Hier druckt der Drucker nicht mehr. „The Independent“ nur noch im Internet

Die britische Tageszeitung „The Independent“ erscheint nicht mehr auf Papier, sondern nur noch digital. Die Webseite ist profitabel.

Die britische Tageszeitung „The Independent“ hat nach 30 Jahren ihre gedruckte Ausgabe eingestellt. Am Samstag erschien das Blatt letztmals auf Papier. „Stop Press“ stand in roten Buchstaben auf der weißen Titelseite, darunter der Hinweis auf die Erscheinungsjahre 1986 bis 2016. Dahinter kam die eigentliche Seite 1 zum Vorschein, die sich den Ermittlungen zu den Brüsseler Anschlägen widmet sowie einem Mordkomplott gegen den früheren saudiarabischen König Abdallah, in den ein in Großbritannien lebender Dissident verwickelt sein soll.

„Die Druckmaschinen wurden angehalten, die Tinte ist trocken und bald wird die Zeitung nicht mehr knittern“, hieß es im Leitartikel der letzten Printausgabe. Der Geist der Zeitung werde aber fortbestehen. Die Mitarbeiter hatten bereits am Vorabend Fotos von ihrer Abschiedsfeier in den sozialen Netzwerken veröffentlicht. […]

Das Mutterhaus ESI Media will sich künftig auf die „Independent“-Website konzentrieren und eine mobile Anwendung herausbringen. Wie viele andere Zeitungen litt das Blatt in der letzten Zeit unter einem Auflagenschwund. Zuletzt hatte es eine verkaufte Auflage von rund 40 000 Exemplaren und war damit die am wenigsten gelesene überregionale Tageszeitung in Großbritannien.

Für Besitzer Evgeny Lebedev ist die Sache klar. „Wir hatten eine Wahl: den kontinuierlichen Niedergang der Druck-Ausgabe zu verwalten oder die digitale Grundlage, die wir gebaut haben, in einen nachhaltige, profitable Zukunft umzuformen.“ Die Tageszeitung und die Sonntagsausgabe gehen daher online, den Ableger „i“ verkauft er. „Die Leser haben die Entscheidung für uns getroffen“, sagte Christian Broughton, Chefredakteur des Online-„Independent“, im Podcast „Mediafocus“. Nur noch ein Prozent der Leserschaft sei von der Druckausgabe gekommen, seit drei Jahren sei die Website profitabel. *(www.tagesspiegel.de, 28. 03. 2016)*

1 Fassen Sie den Inhalt des Textes kurz zusammen.

2 Erläutern Sie, welche Gründe die dargestellte Entwicklung hat.

BASISWISSEN **Bewertung von Quellen**

Wenn man Quellentexte für Schule und Studium verwenden möchte, stellt sich die Frage, wie glaubwürdig diese sind bzw. wie seriös. Die folgenden Kriterien können helfen, eine Quelle richtig einzuschätzen:

- **Autor/Herausgeber:** Ist der Autor/Herausgeber für bestimmte Positionen/die Vertretung bestimmter Interessen bekannt? Was macht er hauptberuflich, für wen arbeitet er und ergibt sich daraus ein bestimmtes Interesse an dem jeweiligen Thema?
- **Transparenz:** Nennt der Text die verwendeten Quellen? Sind diese Angaben nachvollziehbar?
- **Aktualität:** Von wann stammt die Quelle? Ist die Information noch aktuell oder hat es seit der Veröffentlichung wesentliche neue Entwicklungen gegeben?
- **Aussagen anderer Quellen:** Geben andere Quellen dieselbe Information oder wird ein Sachverhalt dort anders dargestellt?

Die Zukunft der Zeitungen

3 Erörtern Sie Vor- und Nachteile des Online-Journalismus.

a) Informieren Sie sich, welche diesbezügliche Strategie deutsche Tageszeitungen verfolgen.

b) Recherchieren Sie, welche unterschiedlichen Bezahlmodelle deutsche Tageszeitungen entwickelt haben, um die Qualität des Journalismus im Internet-Zeitalter zu sichern.

4 Führen Sie eine Umfrage unter Ihren Mitschülern durch. Stellen Sie die Ergebnisse in geeigneten Grafiken dar.

a) Gehen Sie dabei auf die Häufigkeit der Nutzung einer Zeitung ein.

b) Erkundigen Sie sich nach der genauen Art des verwendeten Mediums (gedruckte Form, Internet, Smartphone/Tablet).

c) Fragen Sie nach den Gründen dieser Art der Nutzung.

5 Verfassen Sie wahlweise eine Glosse oder einen Kommentar zu der Schlagzeile „Ab nächstem Jahr Tageszeitungen nur noch online".

BASISWISSEN Journalistische Textsorten

- **Meldung:** Die Meldung gibt in knapper Form Antworten auf die W-Fragen (Wer? Was? Wann? Wo?) zu einem aktuellen Ereignis. Die zentralen Informationen können teilweise sogar in einem einzigen Satz übermittelt werden. Wird die Meldung um Informationen zu den näheren Umständen des Geschehens erweitert, spricht man von einer Nachricht. Auch die Push-Nachrichten der Apps der meisten Zeitungen und Zeitschriften, die direkt auf das Smartphone geschickt werden, sind meist Meldungen nach diesem Muster.
- **Bericht:** Im Bericht werden der Nachricht weitere Hintergrundinformationen, Einzelheiten, Aussagen von Beteiligten und Erklärungen hinzugefügt. Während die Meldung die Kurzform der Nachricht ist, ist der Bericht die Langform.
- **Reportage:** Die Reportage hat ebenfalls informierenden Charakter, vermittelt aber Tatsachen und Beobachtungen aus einer subjektiven Perspektive. Das Geschehen soll anschaulicher dargestellt werden, indem persönliche Eindrücke geschildert werden. Man soll das Gefühl haben, unmittelbar am Geschehen teilzuhaben.
- **Kommentar:** Der Kommentar stellt einen Sachverhalt zwar kurz dar, das Hauptgewicht liegt aber auf der Problematisierung und Bewertung. Der Kommentar argumentiert und endet meist mit Lösungsvorschlägen für ein Problem oder mit Handlungsaufforderungen an die zuständigen Stellen.
- **Leitartikel:** Der Leitartikel geht auf ein tagesaktuelles Thema ausführlich ein. Dabei argumentiert der Autor, er kritisiert, macht Vorschläge oder stellt Forderungen an die zuständigen Stellen. Wie der Kommentar ist auch der Leitartikel also meinungsbetont.
- **Kolumne:** Als Kolumne wird ein meist kürzerer Meinungsbeitrag eines Journalisten bezeichnet. Das Thema muss dabei nicht immer tagesaktuell sein, es können auch andere gesellschaftlich relevante Themen aufgegriffen werden. Die Kolumne erscheint meist an einer festen Stelle der Zeitung und wird entweder stets von demselben Autor oder von wenigen verschiedenen Autoren, die sich regelmäßig abwechseln, verfasst. Eine klare Abgrenzung der Kolumne von Kommentar und Glosse ist oft schwer.
- **Glosse:** Auch die Glosse spiegelt eine persönliche Meinung wider. Sie ist aber geprägt durch einen ironischen und satirischen Stil. Oft weist die Glosse eine Pointe auf.

6 Analysieren Sie eine Printausgabe sowie die dazugehörige Online-Ausgabe einer Ihnen bekannten Tageszeitung in Bezug auf die darin enthaltenen journalistischen Textsorten.

Medienkompetenzen stärken

Tablets im Unterricht nutzen

Quelle 3

Tablet-Computer hilft im Unterricht

An der Singoldschule macht das iPad schon in neun von zwölf Klassen den Lehrstoff anschaulich. Wie die Geräte den Schulalltag verändern.

von Anja Fischer

Um an ihrer Schule dieser Forderung nachzukommen, hat sich die findige Rektorin deshalb etwas einfallen lassen. Bereits im Schuljahr 2013/14 wurden aus eigenen Mitteln drei Klassen mit einem Medienwagen ausgerüstet. Dieser enthält einen Tablet-Computer, Beamer, Tablet-Stativ, Lautsprecher und einen WLAN-Router. Die Kosten belaufen sich pro Wagen auf rund 1.500 Euro. […]

Klassenleiterin Lisa Unger ist von dem Medienwagen richtig angetan. „Dadurch, dass ich ihn immer im Klassenzimmer habe, nutze ich die Geräte auch", sagt sie und gibt zu. „Wenn ich jedes Mal erst im Medienraum nachfragen müsste, ob ich das iPad haben kann, würde ich es viel weniger hernehmen." So ist das Tablet mindestens einmal täglich Bestandteil des Unterrichts. Auch wenn das Gerät nur dazu dient, mit seiner Kamera ein Blatt Papier oder ein Heft zu erfassen und vom Beamer groß an der Wand darzustellen. Die Elterngeneration hatte Ähnliches erlebt, allerdings mit aufwendig vorbereiteten Folien und schwerem Projektor. Doch die neuen Medienwagen haben noch weit mehr Potenzial durch Zugriff auf Lehrinhalte via Internet. […]

Rektorin Gabriele Glockner findet es wichtig, den Schülern auch aufzeigen zu können, dass mit dem Tablet nicht nur gespielt, sondern auch gearbeitet werden kann. Sie betont trotzdem: „Das ist nur eine Unterrichtsmethode – Bücher und Hefte bleiben uns trotzdem erhalten." Doch die neuen Unterrichtsmittel sind teuer. Da nach dem Testjahr die Resonanz bei Schülern und Lehrern so positiv war und die Lösung sogar im Junglehrermagazin des Bayerischen Lehrer- und Lehrerinnenverbands BLLV als besonders beispielhaft dargestellt wurde, wurden drei weitere Medienwägen angeschafft.

„Aus den regulären Mitteln können wir aber nicht alle Klassen mit den neuen Medien ausstatten", sagt Glockner. „Deshalb haben wir versucht, möglichst viele Partner mit ins Boot zu holen." Das sind die Stadt Bobingen, der Förderkreis der Grundschule und örtliche Firmen. Diese wurden nach den Faschingsferien angeschrieben und um Unterstützung gebeten. „Wir möchten jetzt konsequenterweise den letzten Schritt gehen und unsere Ausrüstung vervollständigen", erklärt Gabriele Glockner. „In jeder Klasse soll ein Medienwagen zur Verfügung stehen." Unter dem Slogan „Mach 3 – dreimal schneller ans Ziel", weil die Kosten für ausgewählte Anschaffungen auf drei Schultern verteilt werden, und mit einem kleinen selbst gebastelten Flieger zur Unterstützung wurde der Sachverhalt erklärt. Dank einiger Spender konnten bereits drei weitere digitale Ausrüstungen beschafft werden. Nun warten nur noch die letzten drei der insgesamt zwölf Klassen auf ihr iPad. „Es wäre toll, wenn wir zum neuen Schulstart im September alle Klassen mit einem Medienwagen ausgerüstet hätten", hofft Gabriele Glockner. Dann können alle Klassen von der neuen Technik an der Singoldschule profitieren.

Lehrerin Lisa Unger zieht ein positives Fazit: „Das Tablet vereinfacht die Vorbereitungen für den Unterricht", zählt sie auf. „Die Kinder sind als Mediendienst stolz darauf, die Technik aufbauen zu dürfen. Wir brauchen weniger Material an Papier oder Kopien, das spart Zeit und Geld und schont die Umwelt." Und man könne spontaner reagieren in einem modernen Unterricht an einer modernen Schule.

(www.augsburger-allgemeine.de, 04. 04. 2016)

1 Fassen Sie den Text kurz zusammen.

2 Erstellen Sie eine Tabelle mit Vor- und Nachteilen des Einsatzes von Tablets im Unterricht.

Tablets im Unterricht nutzen

3 Sortieren Sie wesentliche Begriffe aus der Wortwolke in eine Tabelle und listen Sie auf, welche Medien genannt werden und welche Folgen ihr Einsatz im Unterricht hat.

★ **4** Erstellen Sie einen Unterrichtsentwurf für ein Fach Ihrer Wahl, in dem Tablets eingesetzt werden.

a) Stellen Sie den Ablauf einer Schulstunde übersichtlich in Stichpunkten dar.

b) Begründen Sie, warum der Tablet-Einsatz sinnvoll ist. Nehmen Sie dazu auch die Tabelle aus Aufgabe 2 zur Hilfe.

5 Begründen Sie, ob mehr Medien im Unterricht genutzt werden sollten. Gehen Sie dabei auf die Nutzung verschiedener in diesem Kapitel genannter Medien ein und erläutern Sie deren jeweilige Vor- und Nachteile für die schulische Nutzung.

FAZIT

6.1
Medienvielfalt sinnvoll nutzen

- Schaubilder analysieren
- Mediennutzung reflektieren
- Texte zusammenfassen
- Journalistische Textsorten unterscheiden

6.2
Medienkompetenzen stärken

- Konzepte zum Medieneinsatz entwerfen
- Vor- und Nachteile der Mediennutzung im Unterricht erörtern

Kapitel 7

Sprache – Sprechen – Zuhören

In diesem Kapitel lernen Sie die Besonderheiten verschiedener Sprachebenen kennen, um in unterschiedlichen Situationen angemessen und erfolgreich kommunizieren, agieren und überzeugen zu können. Sie setzen sich darüber hinaus mit aktuellen Entwicklungen der Gegenwartssprache auseinander und reflektieren diese kritisch.

Kompetenzen

- ✓ Kommunikationssituationen analysieren
- ✓ Wirkung sprachlicher Mittel analysieren
- ✓ Entwicklungen der deutschen Gegenwartssprache erkennen
- ✓ Bedeutung von Sprachvarietäten erkennen

Methoden und Arbeitstechniken

- ✓ Rollenspiel
- ✓ Mindmap

Kommunikationssituationen analysieren
Kommunikationsmodell von Schulz von Thun

Der Kommunikationswissenschaftler Friedemann Schulz von Thun hat die bei einer Kommunikation stattfindenden Prozesse erforscht und ein Modell zur Analyse und Klärung von Kommunikationsstörungen entwickelt.

Die Anatomie einer Nachricht (oder: Wenn einer etwas von sich gibt ...)

Der Grundvorgang der zwischenmenschlichen Kommunikation ist schnell beschrieben. Da ist ein *Sender,* der etwas mitteilen möchte. Er verschlüsselt sein Anliegen in erkennbare Zeichen – wir nennen das, was er von sich gibt, seine *Nachricht.* Dem *Empfänger* obliegt es, dieses wahrnehmbare Gebilde zu entschlüsseln. In der Regel stimmen gesendete und empfangene Nachricht überein, sodass eine Verständigung stattgefunden hat. Häufig machen Sender und Empfänger von der Möglichkeit Gebrauch, die Güte der Verständigung zu überprüfen: Dadurch, dass der Empfänger zurückmeldet, wie er die Nachricht entschlüsselt hat, wie sie bei ihm angekommen ist und was sie bei ihm angerichtet hat, kann der Sender halbwegs überprüfen, ob seine Sende-Absicht mit dem Empfangsresultat übereinstimmt. Eine solche *Rückmeldung* heißt auch *Feedback.*

Schauen wir uns die „Nachricht" genauer an. Für mich selbst war es eine faszinierende „Entdeckung", die ich in ihrer Tragweite erst nach und nach erkannt habe, *dass ein und dieselbe Nachricht stets viele Botschaften gleichzeitig enthält.* Dies ist eine Grundtatsache des Lebens, um die wir als Sender und Empfänger nicht herumkommen. Dass jede Nachricht ein ganzes Paket mit vielen Botschaften ist, macht den Vorgang der zwischenmenschlichen Kommunikation so kompliziert und störanfällig, aber auch so aufregend und spannend.

Um die Vielfalt der Botschaften, die in einer Nachricht stecken, ordnen zu können, möchte ich vier seelisch bedeutsame Seiten an ihr unterscheiden. Ein Alltagsbeispiel [...]:

Der Mann (= Sender) sagt zu seiner am Steuer sitzenden Frau (= Empfänger): „Du, da vorne ist grün!" – Was steckt alles drin in dieser Nachricht, was hat der Sender (bewusst oder unbewusst) hineingesteckt, und was kann der Empfänger ihr entnehmen?

1. Sachinhalt (oder: Worüber ich informiere)

Zunächst enthält die Nachricht eine Sachinformation. Im Beispiel erfahren wir etwas über den Zustand der Ampel – sie steht auf grün. [...]

2. Selbstoffenbarung (oder: Was ich von mir selbst kundgebe)

In jeder Nachricht stecken nicht nur Informationen über die mitgeteilten Sachinhalte, sondern auch Informationen über die Person des Senders. Dem Beispiel können wir entnehmen, dass der Sender offenbar deutschsprachig und vermutlich farbtüchtig ist, überhaupt, dass er wach und innerlich dabei ist. Ferner: dass er es vielleicht eilig hat usw. Allgemein gesagt: In jeder Nachricht steckt ein Stück Selbstoffenbarung des Senders. [...]

3. Beziehung (oder: Was ich von dir halte und wie wir zueinander stehen)

Aus der Nachricht geht ferner hervor, wie der Sender zum Empfänger steht, was er von ihm hält. [...] In unserem Beispiel gibt der Mann durch seinen Hinweis zu erkennen, dass er seiner Frau nicht recht zutraut, ohne seine Hilfe den Wagen optimal zu fahren. [...]

Allgemein gesprochen: Eine Nachricht senden heißt auch immer, zu dem Angesprochenen eine bestimmte Art von Beziehung auszudrücken. [...]

4. Appell (oder: Wozu ich dich veranlassen möchte)

Kaum etwas wird „nur so" gesagt – fast alle Nachrichten haben die Funktion, auf den Empfänger *Einfluss zu nehmen.* In unserem Beispiel lautet der Appell vielleicht: „Gib ein bisschen Gas, dann schaffen wir es noch bei grün!" Die Nachricht dient also (auch) dazu, den Empfänger zu veranlassen, bestimmte Dinge zu tun oder zu unterlassen, zu denken oder zu fühlen. Dieser Versuch, Einfluss zu nehmen, kann mehr oder minder offen oder versteckt sein – im letzteren Falle sprechen wir von Manipulation.

(Friedemann Schulz von Thun, „Miteinander reden")

Kommunikationsmodell von Schulz von Thun

1 Erschließen Sie den Text mithilfe folgender Fragestellungen.

a) Erläutern Sie die Abbildung „Kommunikationsquadrat“ im Basiswissen mittels der im Text enthaltenen Informationen.

b) Erklären Sie mithilfe des Modells an selbst gewählten Beispielen, wie Konflikte und Kommunikationsstörungen entstehen können und wie sie zu vermeiden sind.

c) Überlegen Sie sich Kommunikationssituationen, in denen der Sachinhalt eindeutig im Vordergrund steht.

BASISWISSEN | Die vier Seiten einer Nachricht

Jede Nachricht enthält vier Botschaften. Eine Botschaft dominiert und stellt das eigentliche Ziel der Sprechabsicht dar. Für den Empfänger der Mitteilung ist es allerdings oft schwierig, diese Seite zu erkennen, sodass es häufig zu Fehlinterpretationen kommen kann.

Kommunikationsquadrat

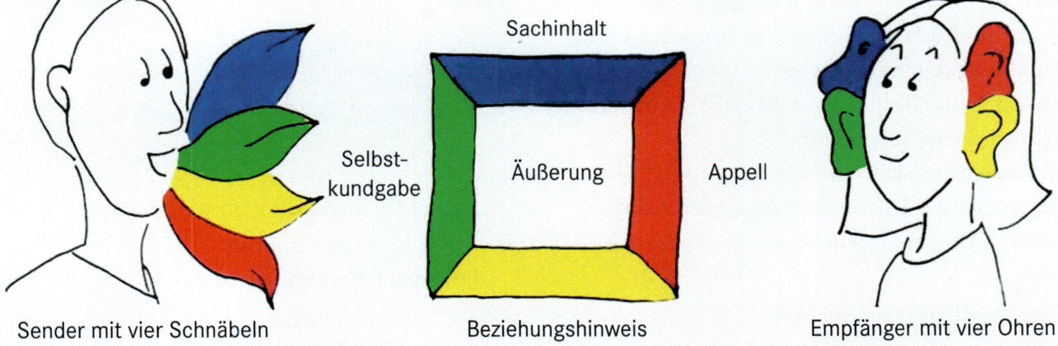

Die **Sachebene**
Welche sachlichen Inhalte werden übermittelt?

Die **Selbstkundgabe**
Was teile ich über mich selbst mit?

Die **Beziehungsebene**
Was halte ich von meinem Kommunikationspartner und wie stehe ich zu ihm?

Die **Appellebene**
Wozu möchte ich meinen Gesprächspartner veranlassen?

2 Analysieren Sie mit einem Lernpartner die folgenden Beispiele aus dem beruflichen Bereich mithilfe des Vier-Seiten-Modells, indem Sie jeweils ein Kommunikationsquadrat mit auf das jeweilige Beispiel bezogenen Erläuterungen gestalten.

a) Der Chef sagt zu einem Mitarbeiter: „Wenn ich Ihnen eine Anweisung gebe, dann haben Sie diese gefälligst zu befolgen!“

b) Die Sekretärin sagt zu ihrer Kollegin, die für den Kopierer zuständig ist: „Das darf doch nicht wahr sein. Der Kopierer ist schon wieder kaputt!“

c) Die Kollegin sagt: „Einfach toll, wie Sie das jetzt hingekriegt haben!“

Private Gespräche analysieren

Menschen kommunizieren verbal, das heißt, sie tauschen mithilfe der Sprache Informationen, Meinungen, Wertungen, Urteile und so weiter aus. In Gesprächen entstehen allerdings oft Verständnisprobleme, weil der Empfänger die Absicht des Senders nicht oder nicht richtig einordnen kann. Um Konflikte und Auseinandersetzungen in der Kommunikation zu vermeiden oder zu lösen, ist es daher wichtig, die Absicht des Kommunikationspartners zu erkennen.

Martin Suter: Eigenbild, Fremdbild (2009, Auszug)

„Schläfst du schon?"
„Natürlich nicht, es ist ja erst halb zwei."
„Tut mir leid. Ich dachte, du könntest mir bei etwas helfen."
„Kann das eventuell auch morgen sein?"
„Klar." Leimgruber legt den Fragebogen, den er mit ins Bett gebracht hat, auf den Nachttisch und löscht das Licht. Er tut das mit einem so enttäuschten Gesichtsausdruck, dass Barbara ihr Leselicht einschaltet und sagt: „Dann gib halt her."
Er reicht ihr das Blatt. Es trägt den Titel „Selbsteinschätzung/Fremdeinschätzung".
„Und was soll ich jetzt tun?"
„Die Spalte ausfüllen. Unter ‚Fremdeinschätzung'. Einfach Kreuze machen unter den Zahlen eins bis fünf."
„Und was bedeuten die Zahlen?"
„Eins heißt: trifft außerordentlich zu. Zwei sehr, drei ziemlich, vier weniger. Und fünf heißt: trifft nicht zu."
„Und wozu soll das gut sein?"
„Für die Standortanalyse. Wie sehe ich mich, wie sehen mich andere. Das braucht man für das Bewerbungsmanagement. Nachher vergleichen wir."
Barbara macht sich an die Arbeit. Schon beim ersten Stichwort überlegt sie lange. „Und es ist egal, wenn es nicht mit deiner Bewertung übereinstimmt?"
„Klar."
Barbara macht ihr erstes Kreuz.
Sofort beugt sich Leimgruber zu ihr herüber. „Vier?", fragt er. „Bei ‚Planer'? Das heißt ‚trifft weniger zu'."
„Ich weiß. Du hast gesagt, es sei egal, wenn es nicht mit deiner Bewertung übereinstimmt."
„Gewisse Abweichungen, habe ich gemeint. Aber nicht so krass. Ich habe dort eine Eins. Du könntest wenigstens eine Drei geben, für ‚trifft ziemlich zu'."
„Finde ich aber nicht."
„Ach ja? Du findest also, ich sei planerisch schwach?"
„Ich finde, du bist ein Chaot."
„Interessant. Und wie belegst du das, wenn ich fragen darf?"
„Zum Beispiel dadurch, dass du nachts um halb zwei Fragebogen ausfüllst."
„Warum gibst du mir dann für ‚Planung' nicht gleich eine Fünf?"
„Stimmt. Warum eigentlich nicht?" Sie radiert das Kreuz unter der Vier aus und setzt eines unter die Fünf.
„Herzlichen Dank!", zischt Leimgruber.
„Dann füll's doch selber aus, und lass mich schlafen."
„Okay, okay. Nächstes Stichwort."
Barbara überlegt. „Darf ich fragen, was du dort hast?"
Er schaut auf seinen Bogen. „Wenn ich bei ‚Planer' eine Eins habe, kann ich bei Organisator wohl schlecht davon abweichen."
„Eben", sagt Barbara und macht ein Kreuz unter die Fünf.
„Vergiss es, es hat keinen Sinn. In dieser Stimmung kannst du keine objektiven Resultate liefern."

Private Gespräche analysieren

„Und wie! Oder soll ich einen, der um halb zwei seine Frau weckt, damit sie ihm einen idiotischen Fragebogen ausfüllt, als Organisationsgenie bezeichnen?"
„Weißt du, warum ich das in der Nacht machen muss? Weil ich den ganzen Abend durch mein Scheißfamilienleben von der Arbeit abgehalten werde!"
„Ach ja? Vor dem Scheißfernseher hocken und Scheißfußballspiele schauen bezeichnest du also als deinen Beitrag zum Scheißfamilienleben? Willst du einmal die Scheißfremdeinschätzung davon hören?"
Damit endet fürs Erste die gemeinsame Arbeit an der Eigen-/Fremdbildanalyse in der Familie Leimgruber.

1 Definieren Sie den Begriff „Kommunikation".

a) Legen Sie eine Mindmap an.
b) Formulieren Sie auf der Basis der Mindmap eine eigene Definition.
c) Vergleichen Sie Ihre Definition mit den Definitionen Ihrer Mitschüler.
d) Ziehen Sie ein Lexikon heran und ergänzen Sie gegebenenfalls Ihre Definition.
e) Verfassen Sie abschließend eine gemeinsame Begriffsdefinition.

2 Analysieren Sie die Gesprächssituation im Text „Eigenbild, Fremdbild" von Martin Suter.

a) Klären Sie, welchen Anlass das Gespräch hat und zu welchem Zweck es geführt wird.
b) Beschreiben Sie das Gesprächsverhalten der Partner.
c) Analysieren Sie mithilfe des Vier-Seiten-Modells von Schulz von Thun die Kommunikation zwischen den Partnern und untersuchen Sie, woran die Kommunikation scheitert.
d) Entwickeln Sie ein Rollenspiel, das eine gelungene Kommunikation zwischen den Partnern zeigt.

3 Begründen Sie, ob es sich bei dem Gespräch um symmetrische oder komplementäre Kommunikation handelt.

BASISWISSEN – Symmetrische und komplementäre Kommunikation

Eine **symmetrische Kommunikation** liegt vor, wenn beide Gesprächspartner in gleichem Maße lenken und sich als ebenbürtige Gesprächspartner wahrnehmen. Die Partner sind gleichrangig und ebenbürtig. Das Machtverhältnis ist ausgewogen (beispielsweise unter Arbeitskollegen). Konflikte entstehen hier, wenn ein Partner die gleichrangige Position verlässt und in einem Bereich einen Vorsprung erlangen oder demonstrieren will. Der andere Partner wird versuchen, diesen Vorsprung aufzuholen.

Komplementär ist eine Kommunikation, wenn die Partner nicht gleichrangig sind, sondern ein Partner eine primäre Position besetzt, während der andere die sekundäre übernimmt, wodurch eine Hierarchie entsteht. Es handelt sich dabei um meist vorgegebene Beziehungsstrukturen. Zu Konflikten kommt es, wenn ein Partner die übergeordnete Position seines Gegenübers infrage stellt. Der andere wird versuchen, seine Position zu behaupten.

Beispiele für komplementäre Kommunikationssituationen:

- Eltern und Kinder
- Lehrer und Schüler
- Ärzte und Patienten
- Vorgesetzte und Auszubildende

Entwicklungen der Gegenwartssprache reflektieren

Fachsprache

Der verbale Ausdruck zwischen Menschen verläuft prinzipiell nicht immer reibungslos, weil die Kommunikationspartner nicht über die identische Menge an sprachlichen Zeichen verfügen und somit bestimmte Begriffe inhaltlich nicht verstanden werden können. Die Verwendung von Fachsprache – vor allem in dafür nicht geeigneten Situationen – kann deshalb die kommunikative Verständigung zusätzlich erschweren.

Schluss mit dem Fachchinesisch: Vertrauen braucht Klarheit

Manche geschäftliche Präsentation kommt so unverständlich daher, dass der Redner genauso gut Chinesisch sprechen könnte. Mit Fachbegriffen um sich zu werfen, soll Kompetenz suggerieren. Der Schuss geht nach hinten los: Wen wir nicht verstehen, dem vertrauen wir nicht.

von René Borbonus

[…] „Business-to-Business-to-Consumer-Wirtschaft" oder „Nicht-Leben-Rückversicherungsgeschäft". In der Autobranche ist gerade das „Autonomobil" in. Schon fast ein Klassiker: „Das Infrastrukturplanungsbeschleunigungsgesetz". Auch schön: „Hippopotamomonstrosesquipedaliophobie". Letzteres ist zwar kein Business-Begriff, bezeichnet aber die Angst vor langen Wörtern. […]

In Hauptversammlungen überrascht das Fachchinesisch längst niemanden mehr. Viele Vorstandsvorsitzende scheinen nicht darauf abzuzielen verstanden zu werden, sondern darauf, den Duden-Wortschatz zu erweitern.

Leider ist das aber keine Macke, die auf einen elitären Kreis begrenzt wäre. Im Management, auch weit unterhalb der Vorstandsebene, ist das eine regelrechte Sportart. Aus einem ganz banalen Grund: Fachbegriffe und Kettenwörter gelten als Glaubwürdigkeitsanzeiger. Viele Reden und Präsentationen im Business sind deshalb nur so mit Fachchinesisch gespickt. Die Botschaft des Redenden: Ich bin ein Insider. Ich weiß, wovon ich rede. Also zweifelt ja nicht an meinen Worten.

Nachvollziehbar? Vielleicht. Nur geht diese Rechnung aus wissenschaftlicher Sicht ganz und gar nicht auf. Tatsächlich erreichen die Kompetenzschwafler mit ihrer angestrengten Suche nach dem kompliziertesten Ausdruck genau das Gegenteil. Der britische Psychologe Richard Wiseman hat herausgefunden: Wer Fachbegriffe und Endloswörter inflationär verwendet, büßt Glaubwürdigkeit ein. Denn Menschen, die wir nicht verstehen, vertrauen wir nicht. Vertrauen braucht Klarheit.

Aus rhetorischer Sicht möchte ich hinzufügen: Was Menschen nicht verstehen, das kann sie auch nicht begeistern. Doch genau darum geht es bei der freien Rede. Auch vor Fachkollegen steht dir das Kauderwelsch letztlich nur dabei im Weg, klare Botschaften auszusenden. Eine maximal wirksame Rede ist vor allem verständlich, emotional und unterhaltsam. Fachbegriffe sind bei keinem dieser Kriterien hilfreich. Wenn du etwas zu sagen hast, versteck dich nicht hinter Kompetenzgetöse. Bring den Mut auf, verstanden werden zu wollen.

www.business-punk.com

1 Begründen Sie, warum die im Text als Beispiele angeführten Begriffe sehr schwer verständlich sind.

2 Recherchieren Sie, was die Begriffe bedeuten. Begründen Sie, ob es sich hierbei um Fachsprache handelt.

3 Nehmen Sie Stellung zu folgendem Zitat aus dem Text:
„Fachbegriffe und Kettenwörter gelten als Glaubwürdigkeitsanzeiger. […] Die Botschaft des Redenden: Ich bin ein Insider. Ich weiß, wovon ich rede. Also zweifelt ja nicht an meinen Worten." (Z. 17–23)

Fachsprache

BASISWISSEN Sprachvarietät Fachsprache

Fachsprachen sind sprachliche Varietäten, die für eine präzise, effiziente und differenzierte Kommunikation unter Fachleuten über (meist berufsspezifische) Sachbereiche und Tätigkeitsfelder bestimmt sind. Für Nicht-Fachleute sind sie schwer zu verstehen und bauen eine Sprachbarriere auf. Jedes Fach bringt seine eigene Fachsprache hervor. Fachsprachen haben zwar gemeinsame Merkmale, jedoch alle ihr eigenständiges System aus Fachbegriffen, Fremdwörtern und Satzbau. Sie zeichnen sich allgemein durch einen Fachwortschatz und häufig verwendete Passivkonstruktionen aus. Auch das Wort „man" wird oft verwendet, da die Handlung wichtiger ist als die Personen.

Beispiele für Fachsprachen: Weinbau, Mathematik, Sprachwissenschaft, Medizin, Wirtschaft.

Fachsprache und Gemeinsprache überlappen sich, da ein Fachtext nicht ausschließlich aus Fachwörtern besteht, sondern auch zahlreiche Elemente aus der Gemeinsprache enthält.

4 Diskutieren Sie, ob generell auf Fachsprache verzichtet werden sollte.

5 Diskutieren und argumentieren Sie, in welchen Bereichen Fachsprache verwendet und in welchen generell darauf verzichtet werden sollte.

6 Diskutieren Sie, ob es sich bei der Jugendsprache um Fachsprache handelt (↗ BW Jugendsprache).

Sprache und Stil

Das Passiv übernimmt eine wichtige Funktion in der Fachsprache: Es wird beispielsweise verwendet, wenn der Ablauf einer Handlung oder des Geschehens wichtiger ist als der Urheber der Handlung. Man unterscheidet zwischen Vorgangspassiv (mit *werden*) und Zustandspassiv (mit *sein*).

7 Übernehmen Sie die Tabelle in Ihr Heft und füllen Sie sie aus.

	Aktiv	Vorgangspassiv	Zustandspassiv
Präsens	Ich kläre den Sachverhalt.	Der Sachverhalt wird geklärt.	Der Sachverhalt ist geklärt.
	Er analysiert die Daten.	Die Daten werden analysiert.	Die Daten sind analysiert.
Präteritum			
Perfekt			
Futur I			

Bayerische Dialekte

Der folgende Vortrag des Kabarettisten Bruno Jonas verdeutlicht die sprachlichen Besonderheiten eines niederbayerischen Sprechers.

Bruno Jonas: Irrealis (1996, Auszug)

Jonas steht mit Goaßgschau auf der Bühne.

[…]
Wenn man als Niederbayer in die Welt geworfen wird, hat man schon seine Vorteile. Einerseits. Andererseits lebt man unter verschärften Bedingungen, weil der Niederbayer lebt im Irrealis und durch den Irrealis. Der Realis interessiert ihn nur peripher sozusagen, einerseits. Andererseits gebraucht er ihn auch, aber nur wenn's net anders geht. Und meistens geht's aa anders.
Wenn beispielsweise ein Niederbayer einen Termin hat … schon falsch.
Ein Niederbayer hat keine Termine. Ein Niederbayer macht sich was aus, mit einem anderen Niederbayern. Zwei Niederbayern machen sich was aus.
„Sog amoi, was dat'st iatzt du song, wenn i die frogn dat, ob du morgn Zeit hätt'st auf an Schmaatzs?"
„Kannt ma drüba redn."
„Dann dat i sogn, morgn um zwoa im ‚Grauen Hosn'."
„Kannt hihaun."
Auf diese Weise verabredet sich der Niederbayer.
So. Jetzt ist es zwei Uhr, und der oane Niederbayer ist bereits do und erwartet den anderen Niederbayern.
Jetzt kommt der andere und sagt zu dem, der wartet:
„I waar iatzt do."
Darauf sagt der andere:
„Zeit waar's."
Das ist der Irrealis. Wenn der Niederbayer kommt, sagt er net, dass er „do is", sondern dass er „do waar". Heißt nichts anderes als: „Kannt sei, dass i do bin" […].

1 Beschäftigen Sie sich unter folgenden Gesichtspunkten mit dem Text von Bruno Jonas.
a) Übertragen Sie den Text in Standarddeutsch.
b) Üben Sie einen mundartgerechten Vortrag ein.
c) Fassen Sie zusammen, welche Aussagen Bruno Jonas über die Besonderheiten des Niederbairischen trifft, und stellen Sie die Unterschiede zur Standardsprache (Wortschatz, Grammatik, Aussprache) tabellarisch gegenüber.

★ **2** Erarbeiten Sie, welche Besonderheiten der Dialekt Ihrer Region aufweist, und notieren Sie diese. Vergleichen Sie Ihre Ergebnisse mit der Standardsprache.

Bayerische Dialekte

In Bayern werden im Wesentlichen drei Dialekte gesprochen: Bairisch in Ober- und Niederbayern sowie in der Oberpfalz, Fränkisch in den drei fränkischen Bezirken Unter-, Ober- und Mittelfranken sowie Schwäbisch im Südwesten Bayerns. In der Karte ist die unterschiedliche Aussprache des Imperativs von „sein" rot eingetragen, die des Partizips II blau.

Bayerische Dialekte

Lexikon Dialekt

Beim Dialekt handelt es sich um eine sprachliche Varietät nach geografischer Verbreitung, die sich durch eine bestimmte Aussprache und einen bestimmten Wortschatz auszeichnet. Die regionale Differenzierung kann dann beliebig weit gehen. Auf Provinzebene spricht man von Dialekten, auf Dorfebene von Mundarten.
Das **Verhältnis von Dialekt und Standardsprache** ist komplex. Eine Standardsprache bildet sich immer auf Basis bestehender dialektaler Variation heraus. Meist ist die Standardsprache einer der Dialekte, der aus politischen Gründen zur Hochsprache gemacht wurde. Manchmal wird die Standardsprache auch durch Normierung unter Berücksichtigung mehrerer Dialekte geschaffen.
Der Fall des Standarddeutschen (Hochdeutsch) ist ebenfalls kompliziert. Es entwickelte sich erst in der frühen Neuzeit als *lingua franca* in Deutschland auf der Basis von Kanzleisprachen, die vor allem in Thüringen genutzt wurden. Hochdeutsch ist also ein Kunstprodukt, das bis ins 20. Jahrhundert hinein niemandes Muttersprache war und auch heute nur von wenigen gesprochen wird.

Dialekt-Standard-Kontinuum
Mit diesem Begriff bezeichnet man die Fähigkeit eines Sprechers, fließend zwischen verschiedenen Sprachvarietäten zu wechseln und sich dadurch flexibel sprachlich an eine Situation und die Gesprächspartner anzupassen. Am einen Ende der Skala steht dabei der Dialekt, am anderen Ende die Hochsprache.
Ein starkes Dialekt-Standard-Kontinuum besteht zurzeit in Bayern. Sprecher können dort problemlos von der regionalen Mundart in fast unmerklich kleinen Schritten, über den fränkischen bzw. bairischen Regiolekt zum Hochdeutsch mit fränkischem oder bairischem Akzent und weiter zum akzentfreien Standarddeutsch wechseln. Die in einem Sprachgebiet existierende Umgangssprache liegt oft zwischen dem Hochdeutsch und den echten Regionaldialekten.

1 Stellen Sie fest, wie „sei!“ bzw. „gwesen“ im Dialekt Ihrer Region ausgesprochen wird. Erkennen Sie Unterschiede zur Karte?

2 Erarbeiten Sie, welche Besonderheiten der Dialekt in Ihrer Region aufweist (Aussprache und Wortschatz), und notieren Sie diese. Vergleichen Sie Ihre Ergebnisse mit der Standardsprache.

3 In welchen Situationen sprechen Sie in einem Dialekt-Standard-Kontinuum?

4 Diskutieren Sie mögliche Antworten auf die folgende Frage aus einem Schülerchat und formulieren Sie eine Antwort.

Auszug aus einem Schülerchat

Achtung, Fehler!

Thema: Dialekt im Vorstellungsgespräch

07.01.2016 Hallo, heute kam die lang ersehnte Einladung zu einem Vorstellungsgespräch. Ich hab mich total darüber gefreut, denn ich bin schon lange dabei, mich zu bewerben. Natürlich bin ich jetzt schon ziemlich aufgeregt und auf einmal auch unsicher, denn ich spreche kein Hochdeutsch, sondern Dialekt. Der neue Arbeitsplatz wäre in einem anderen Bundesland und ich weiß nicht, wie ich da mit meiner Aussprache ankomme. Natürlich werde ich mir sehr viel Mühe geben, aber es wird deutlich zu hören sein, denn ich bin ja mit dem Dialekt so aufgewachsen. Meint ihr, das könnte mir die Chance vermiesen?

Kurzdeutsch

Die deutsche Sprache wandelt sich kontinuierlich. Sprachwissenschaftler untersuchen diese Veränderungen anhand von Befragungen und versuchen, Sprachmuster zu identifizieren. Bei Kurzdeutsch handelt es sich um eine solche Entwicklung der deutschen Sprache.

„Kommst du Auto?“ – Kurzdeutsch breitet sich weiter aus

Berlin (dpa) – „Kommst du eigentlich nachher mit Kino?“ Der Satz, so erzählt es Diana Marossek, brachte das Fass zum Überlaufen. Als jemand der Berliner Sprachwissenschaftlerin diese Frage stellte, fiel ihr auf, wie oft in ihrem Bekanntenkreis eine Sprache verwendet wird, die sie Kurzdeutsch nennt. […]

In der Praxis heißt das: Der Artikel oder die Kombination aus Präposition und Artikel wird weggelassen. Heraus kommen Sätze wie „Ich bin noch Büro“ oder „Er hat Tor geschossen“. Die Forscherin […] versuchte daher zu ergründen, warum inzwischen so viele in breitestem [Kiezdeutsch] reden. Denn: Den vermeintlichen Fehler machen demnach inzwischen längst nicht mehr nur Migranten, sondern Deutsche aus allen sozialen Schichten. Die Frage ist nur: warum?

„Das liegt auch daran, dass solche Ausdrücke zitiert werden, wenn sich jemand jugendlich geben will“, erklärt der Direktor vom Institut für Deutsche Sprache, Ludwig Eichinger. […]

Ein weiterer Faktor seien soziale Medien. „Wenn es stark auf Kürze ankommt, ist die Wahrscheinlichkeit groß, dass solche Strukturen eine Rolle spielen“, erklärt er. „Da sind Geschwindigkeit und Zeichenzahl wichtig. Da lässt man weg, was nicht unbedingt nötig ist.“

Das hat auch Sprachforscherin Marossek festgestellt. „Es gibt immer eine formelle und eine informelle Sprache“, sagt sie. In einem Chat wie bei Facebook und WhatsApp gebe es keine Vorgaben. „Man chattet mit seiner Mutter wie mit seinem Kumpel.“ Das habe auch dazu beigetragen, dass in bestimmten Situationen selbst Akademiker in einer Art „Ghettoslang“ kommunizierten.

Marossek beobachtete inkognito an Berliner Schulen aller Formen die Sprache von Schülern und Lehrern. Sogar im Lehrerzimmer hörte sie Folgendes: „Welches Kino geht ihr denn?“ – „Wir gehen Titanium.“

Marossek: „Je verbreiteter diese vereinfachte Art zu sprechen unter Jugendlichen ist, desto mehr Einfluss übt sie nach und nach auf Erwachsene […] aus, die beruflich oder anderweitig viel mit ihnen zu tun haben“, erklärt sie. […]

Aber wie kam das Phänomen überhaupt auf? „Als Entstehungsfaktor für das Weglassen von Artikeln und Präpositionen sehen sprachwissenschaftliche Studien den Einfluss des Türkischen“, erklärt Melanie Kunkel aus der Dudenredaktion. Dort gebe es nämlich keine Artikel oder Präpositionen. Zugleich komme Kurzdeutsch hierzulande auch in regionalen Dialekten vor. „Ich bin auf Arbeit“ sei in Berlin beispielsweise schon lange gebräuchlich. Auch „Ich bin in Urlaub“ dürften manche kennen.

Mit Blick auf die Verbreitung hält Forscherin Marossek verschiedene Szenarien für möglich: Das Kurzdeutsch verschwindet wieder, es bleibt ein Phänomen einer Generation – oder zumindest Teile davon nisten sich dauerhaft in der Umgangssprache ein. Vor allem letzteres hält die Berlinern durchaus für wahrscheinlich.

Sorge, dass Lehrer den Kindern die falsche Grammatik beibringen, muss aber niemand haben. […] „Die meisten Menschen, die [Kurzdeutsch] verwenden, sind durchaus in der Lage, situationsabhängig in die Standardsprache zu wechseln.“

(www.sueddeutsche.de, 12.02.2016)

1 Stellen Sie die Merkmale des Kurzdeutschen zusammen.

2 Erläutern Sie, warum Kurzdeutsch von Sprechern aller sozialen Schichten verwendet wird.

3 Analysieren Sie die im Text als Beispiele angeführten Sätze im Hinblick auf die jeweiligen Merkmale des Kurzdeutschen und übertragen Sie die Sätze in die Standardsprache.

Kurzdeutsch und Jugendsprache

4 Analysieren Sie Ihr eigenes Sprachverhalten und erstellen Sie eine Liste mit den von Ihnen auf Kurzdeutsch formulierten Aussagen.

5 Diskutieren Sie, welcher Sprachvarietät Kurzdeutsch zuzuordnen ist (Dialekt, Umgangssprache, Jugendsprache, Soziolekt).

BASISWISSEN Sprachvarietät Jugendsprache

Jugendsprache ist die sprachliche Varietät der Jugend, die deren sämtliche spezifischen Sprech- und Schreibweisen bezeichnet. Sie ist kein festes und einheitliches Sprachsystem, sondern sehr schnelllebig und hebt sich durch jugendspezifische Besonderheiten (sprachlich, grammatikalisch, lautlich und wortbildungsspezifisch) von der Standardsprache ab. Es existieren immer viele Jugendsprachenvarietäten nebeneinander, weil es die Jugend als homogene Gruppe nicht gibt. Aufgrund der Schnelllebigkeit können folgende Beispiele auch heute schon veraltet sein:

Bedeutungsveränderungen *geil* = außerordentlich gut, *Alter* = Mann

Bedeutungserweiterungen *fett* = super, sehr, gut/schön, voll in Ordnung

Bedeutungsverengungen *Loser* = Verlierer, Versager, erfolglose Person

Neologismen (Wortneuschöpfungen) *abblitzen lassen* = jemanden nicht beachten, jemanden versetzen

Vereinfachungen *aso* = ach so, *schlafn* = schlafen, *auf keinsten* = auf keinen Fall

Superlativierungen Steigerung von Begriffen, indem man „super“, „mega“, „hammer“, „extra“ davorsetzt: *ein megatolles Konzert*

Fremdsprachliche Anleihen *chillen* = sich entspannen

6 Diskutieren Sie, inwiefern sich die Jugendsprache von der Umgangssprache unterscheidet.

7 Diskutieren Sie, in welchen Situationen es Ihnen schwerfällt, zwischen Jugend- und Standardsprache zu unterscheiden, und finden Sie Strategien zur Lösung des Problems.

FAZIT

7.1
Kommunikationssituationen analysieren

- Vier Seiten einer Nachricht (Schulz von Thun)
- Symmetrische und komplementäre Kommunikation
- Private Gespräche

7.2
Entwicklungen der Gegenwartssprache reflektieren

- Fachsprache
- Bayerische Dialekte
- Kurzdeutsch
- Jugendsprache

Kapitel 8

Argumentieren – Diskutieren – Debattieren

8.1
Sich auf eine Diskussion oder Debatte vorbereiten

8.2
Eine Diskussion oder Debatte durchführen und bewerten

Die Fähigkeit, in unterschiedlichen Gesprächsformen rhetorisch überzeugen zu können, ist ein wichtiger Faktor für den persönlichen Erfolg. In diesem Kapitel lernen Sie die Regeln der Diskussion sowie der Debatte kennen, die zwei wichtige und weitverbreitete normierte Gesprächsformen darstellen. Zudem üben Sie, Argumente angemessen darzulegen und Argumentationsstrategien zielführend einzusetzen.

Kompetenzen

- ✓ Argumentationstechniken kennen und anwenden
- ✓ Kommunikationsstrategien reflektiert anwenden
- ✓ Sich zu anspruchsvollen Themen angemessen äußern
- ✓ Diskussionsbeiträge überzeugend formulieren
- ✓ An Diskussionen passiv und aktiv teilnehmen
- ✓ An Debatten passiv und aktiv teilnehmen

Methoden und Arbeitstechniken

- ✓ Brainstorming
- ✓ Mindmap
- ✓ Podiumsdiskussion
- ✓ Fünfsatz
- ✓ Verlaufsprotokoll
- ✓ Internetrecherche

Sich auf eine Diskussion oder Debatte vorbereiten

Überzeugend zu argumentieren ist sowohl schriftlich als auch mündlich von großer Bedeutung. In Interviews, Diskussionen und Debatten ist derjenige im Vorteil, der mit guten Argumenten ausgerüstet ist und seine Strategie geplant hat.

1 Setzen Sie sich mit der Frage auseinander, wie man andere von der eigenen Meinung überzeugen kann. Führen Sie gemeinsam ein Brainstorming durch.

2 Sammeln Sie Diskussionsthemen
a) zu aktuellen gesellschaftlichen Themen,
b) zu schulpolitischen Themen.

3 Erstellen Sie in Form einer Mindmap eine Zusammenfassung wichtiger Verhaltensregeln für die Diskussionsleitung und die Diskussionsteilnehmer.

4 Wählen Sie eines der gesammelten Themen aus Aufgabe 2. Sammeln Sie gemeinsam Pro- und Kontra-Argumente.

BASISWISSEN Diskussion und Debatte

Die **Diskussion** ist eine Sonderform des Gesprächs zwischen zwei oder mehreren Diskutanten, in dem in geordneter Form verschiedene Auffassungen zu einem oder mehreren Themen erörtert werden. Die Teilnehmer vertreten ihre Standpunkte, üben Kritik und versuchen, andere für sich zu gewinnen oder zu überzeugen.

Bei der **Plenumsdiskussion** (beispielsweise Unterrichtsdiskussion) haben alle Anwesenden Rederecht, ein Moderator lenkt die Diskussion. Bei einer **Podiumsdiskussion** diskutiert nur eine bestimmte Personengruppe. In einem von einem Moderator geleiteten Gespräch werden gegensätzliche Standpunkte deutlich gemacht und Möglichkeiten der Annäherung gesucht. Die Zuhörer erhalten im Verlauf der Diskussion Gelegenheit, sich mit ihren Fragen und Widersprüchen in das Gespräch einzubringen.

Die **Fishbowl-Diskussion** ist eine alternative Methode der Diskussionsführung, bei der eine kleinere Gruppe von Diskutanten in einem Innenkreis diskutiert, während die in einem Außenkreis Sitzenden die Diskussion beobachten und bewerten. Ein Diskussionsteilnehmer kann als Moderator fungieren, nachfragen und sicherstellen, dass alle Diskutanten die Möglichkeit bekommen, ihre Meinung zu äußern.

Eine **Debatte** (lat. battuere = schlagen) ist eine sehr stark geregelte Gesprächsform. Hierbei werden die Für- und Wider-Argumente zu einer genau festgelegten Streitfrage einem Plenum vorgetragen. Ziel der Debattenredner ist es, die Zuhörer von den eigenen Argumenten zu überzeugen und damit einen gegebenen Zustand beizubehalten beziehungsweise ihn zu verändern. Debatten kennt man vor allem aus den Parlamenten. Sie dienen der Entscheidungsfindung für Gesetze und unterliegen strengen Regularien, etwa der Geschäftsordnung.

Diskussion

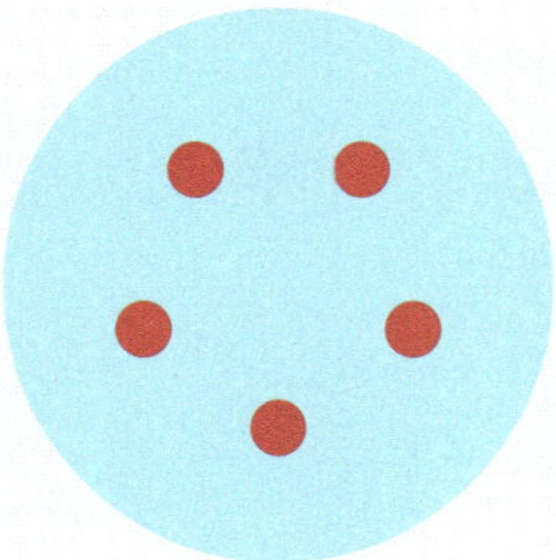

Fishbowl-Diskussion

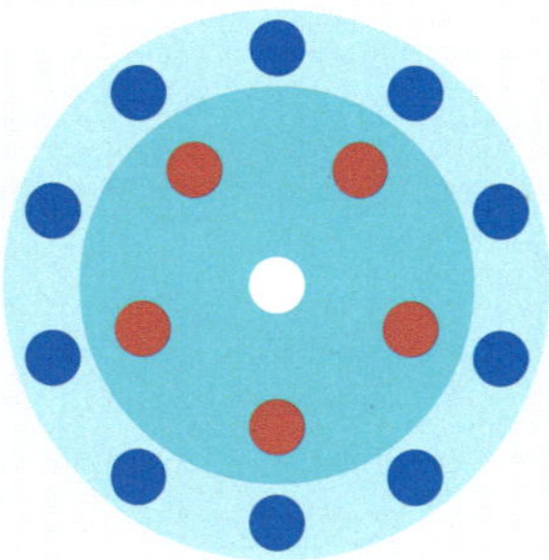

Debatte

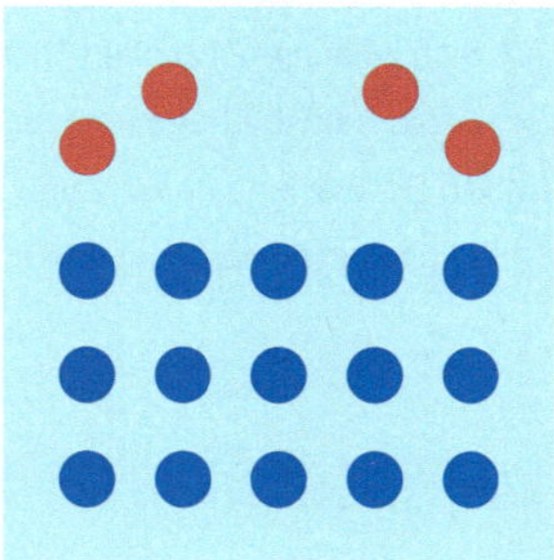

In einem Interview argumentieren

Ein Interview ist eine Befragung mit dem Ziel, vom Interviewpartner Informationen und seinen Standpunkt zu einem bestimmten Thema (oder zu einer bestimmten Person) zu erfragen. Auch in Interviews ist es wichtig, in Fragen und Antworten Sachinformationen klar darzulegen und gut zu argumentieren.
Das folgende Interview zum Thema Ausbildung führte die Passauer Neue Presse mit Johanna Wanka.

Johanna Wanka: „Wir brauchen mehr Mobilität von Auszubildenden"

Johanna Wanka (CDU), Bundesministerin für Bildung und Forschung, äußert sich im Interview zur Ausbildungslage in Deutschland, den regionalen Unterschieden am Ausbildungsmarkt und dem Lehrlingsmangel.

Das Interview führte Rasmus Buchsteiner.

Frau Wanka, der Start des Ausbildungsjahres rückt näher. Wie ist die Lage auf dem Lehrstellenmarkt in diesem Jahr?

WANKA: Aus Sicht der jungen Leute ist die Situation so gut wie nie zuvor. Wer einen Ausbildungsplatz sucht, bekommt in der Regel auch einen. Anders als früher haben wir mehr freie Lehrstellen als junge Leute, die einen suchen. Aus volkswirtschaftlicher Sicht ist es nicht gut, wenn viele Plätze unbesetzt bleiben. Betriebe, die dreimal hintereinander ohne Erfolg versucht haben, einen Lehrling zu bekommen, ziehen sich zurück und bieten oft keine Stellen mehr an. Die regionalen Unterschiede in Deutschland sind erheblich: In Nordrhein-Westfalen gibt es mehr Jugendliche, die nach einer Lehrstelle suchen, als Betriebe, die welche anbieten. In Ostdeutschland oder in Oberbayern ist es in weiten Teilen umgekehrt.
Wir brauchen mehr Mobilität von Auszubildenden. Sie sollten dahin gehen, wo es freie Stellen gibt. Daran arbeitet mein Ministerium. Bei den Hochschulen hatten wir schon Erfolg damit. [...] Das müssen wir bei der Ausbildung auch schaffen. Es geht darum, Mobilität zu fördern oder auch Wohnheimplätze zu schaffen und ein Stück mehr Werbung für die betriebliche Ausbildung zu machen.

Wäre es nicht an den Firmen, die Lehre mit höheren Vergütungen attraktiver zu machen?

WANKA: Einige Betriebe zahlen vergleichsweise wenig, andere dagegen viel mehr. Der Durchschnitt liegt bei über 800 Euro im Monat. Bei manchen gibt es nicht mehr als 300 Euro. Branchen mit zunehmendem Lehrlingsbedarf haben die Vergütungen inzwischen deutlich heraufgesetzt. Und es gibt auch darüber hinaus materielle Anreize: Da zahlt der Betrieb den Führerschein, das Smartphone oder die Mitgliedschaft im Fitnessstudio. [...]

In welchen Branchen droht wegen Lehrlingsmangels akuter Fachkräftemangel?

WANKA: In manchen Branchen ist er bereits Realität. Wir haben jedes Jahr nahezu die gleichen beliebtesten Ausbildungsberufe. Tierpfleger oder etwas mit Medien wollen alle machen, ohne auf die Beschäftigungschancen später zu schauen. In vielen Handwerksberufen, aber auch in der Gastronomie und im Tourismus benötigen wir deutlich mehr Auszubildende. Wir versuchen auch, mehr junge Frauen in typische Männerberufe zu bringen. Nicht alle können Kosmetikerinnen oder Friseurinnen werden. Wir brauchen mehr Kfz-Mechanikerinnen oder Handwerkerinnen.

Mit jedes Jahr rund 20 000 jungen Menschen, die trotz Lehrlingsmangels keine Stelle finden und unversorgt bleiben, kann man sich zufrieden geben, oder?

WANKA: Auf gar keinen Fall! Und wir haben ja noch das Übergangssystem. Da geht es um junge Menschen, die nicht sofort eine Lehrstelle bekommen – sei es, weil ihnen dringend benötigte Qualifikationen fehlen, sie einen Schulabschluss nachholen oder ein Pflichtpraktikum machen. Wir wollen zunehmend auch Studienabbrecher für die betriebliche Ausbildung gewinnen. Bei den Industrie- und Handelskammern freut man sich über jeden mit Abitur, der vielleicht schon drei, vier Semester eines Studiums der Elektrotechnik hinter sich hat.

In einem Interview argumentieren

Die Wirtschaft klagt über Defizite bei der Ausbildungsreife vieler Jugendlicher, über Probleme mit der deutschen Sprache und in Mathematik, über fehlende Leistungsbereitschaft, Disziplin und Pünktlichkeit. Werden die Schulen hier ihrer Verantwortung nicht gerecht?

WANKA: Bereitschaft zu Leistung, Ordnung und Disziplin zu fördern, ist nicht allein Sache der Schulen. Das gilt auch für die Berufsorientierung und Beratung. Was die rein fachlichen Probleme betrifft, lohnt sich ein Blick auf Pisa. Deutschlands Schüler haben aufgeholt. Der Anteil derer, die in Mathe oder Deutsch nicht über die niedrigste Kompetenzstufe hinauskommen, geht zurück. [...]

Immer mehr junge Menschen wollen an die Uni, immer weniger ins Duale System der Ausbildung – ein gefährlicher Trend?

WANKA: Nein. Ich freue mich über jeden, der mit guten Erfolgsaussichten ein Studium beginnt. Wir haben jedes Jahr rund 500 000 Studienanfänger. Ebenfalls rund 500 000 junge Menschen starten mit einer Lehre, 200 000 mit einer vollschulischen Ausbildung. Wir müssen stärker für die berufliche Ausbildung werben. Die Aufstiegschancen haben sich enorm verbessert. Man kann heute mit einer dreijährigen Ausbildung nach drei Jahren im Beruf studieren, ohne das Abitur nachholen zu müssen. [...]

(Passauer Neue Presse, 23. 06. 2016)

1 Untersuchen Sie das Interview.

a) An welchen Stellen im Text werden Sachinformationen gegeben? Führen Sie die Liste fort:
- Bundesweit gibt es mehr Lehrstellen als Bewerber. (Z. 6 ff.)
- In NRW gibt es mehr suchende Jugendliche als freie Lehrstellen. (Z. 16 ff.)
- ...

b) Suchen Sie folgende Aussagen im Text, an denen für mehr Mobilität der Auszubildenden argumentiert wird:
„Wir brauchen mehr Mobilität von Auszubildenden. Sie sollten dahin gehen, wo es freie Stellen gibt."
„Die regionalen Unterschiede in Deutschland sind erheblich."
„In Nordrhein-Westfalen gibt es mehr Jugendliche, die nach einer Lehrstelle suchen, als Betriebe, die welche anbieten. In Ostdeutschland oder in Oberbayern ist es in weiten Teilen umgekehrt."
„Es geht darum, Mobilität zu fördern oder auch Wohnheimplätze zu schaffen und ein Stück mehr Werbung für die betriebliche Ausbildung zu machen."

c) Formulieren Sie auf der Grundlage dieser Aussagen ein vollständiges Argument mit These – Argument/Begründung – Entfaltung des Arguments (mit Beispiel) – Folgerung.

2 Recherchieren Sie im Internet zu folgenden Schlagworten und bereiten Sie gemeinsam ein Kurzreferat vor.

a) Beliebte Ausbildungsberufe
b) Ausbildungsvergütung
c) Ausbildungsinitiativen

Einen Diskussionsbeitrag formulieren

Redebeiträge müssen den jeweiligen Diskussionssituationen entsprechend gestaltet sein. Ein Beitrag zu einer privaten Diskussionsrunde unter Schülern ist anders formuliert als der zu einer offiziellen Konferenz oder öffentlichen Podiumsdiskussion.

Die Wirtschaft klagt über Defizite bei der Ausbildungsreife vieler Jugendlicher, über Probleme mit der deutschen Sprache und in Mathematik, über fehlende Leistungsbereitschaft, Disziplin und Pünktlichkeit. Werden die Schulen hier ihrer Verantwortung nicht gerecht?

WANKA: Bereitschaft zu Leistung, Ordnung und Disziplin zu fördern, ist nicht allein Sache der Schulen. Das gilt auch für die Berufsorientierung und Beratung. Was die rein fachlichen Probleme betrifft, lohnt sich ein Blick auf Pisa. Deutschlands Schüler haben aufgeholt. Der Anteil derer, die in Mathe oder Deutsch nicht über die niedrigste Kompetenzstufe hinauskommen, geht zurück. [...]

(Passauer Neue Presse, 23. 06. 2016)

Die SMV der Fachoberschule wurde zu einer Diskussionsrunde eingeladen, die sich mit dem Thema der mangelnden Ausbildungsreife der Jugendlichen befasst und an der auch Lehrer sowie Vertreter aus Wirtschaft und Politik teilnehmen. Die Schülersprecher wollen die Jugendlichen verteidigen und sich für eine Relativierung des negativen Bildes einsetzen.
Die weiteren Diskussionsmitglieder fordern, dass die Jugendlichen in der Schule mehr Leistungen erbringen müssen.

Bei einer Vorabbesprechung der Schülersprecher findet folgende Diskussion statt:

KATJA: Mich nervt, dass immer auf den Jugendlichen herumgehackt wird. Klar gibt's bestimmt einige, die eben nicht so gut in Mathe oder Deutsch sind, aber deshalb gleich alle Auszubildenden schlechtzumachen, das ist doch Quatsch. Es gibt auch viele andere, die sich wirklich bemühen, und die Ausbildungsbetriebe haben da vielleicht einfach übertriebene Vorstellungen.

PETER: Da hast du recht. Ich finde auch, dass nicht alle Auszubildenden disziplinlos und nicht belastbar sind. Solche aus der Luft gegriffenen Anschuldigungen demotivieren uns doch nur.

Während der Diskussionsrunde äußert sich Katja jedoch folgendermaßen:

Ich bin als Schülersprecherin über die neuen Umfrageergebnisse genauso besorgt wie Sie. Mir liegt aber viel daran, dieses Ergebnis nicht zu stark zu verallgemeinern und hochzuspielen, da dieses Verhalten ja keinesfalls für alle Schüler zutreffend ist. Gerade die Schüler der Fachoberschulen lernen schnell und gut. Ohne Disziplin würden auch viele ihren Abschluss nicht schaffen. Und dass sie belastbar sind, geht schon allein daraus hervor, dass die Schülerinnen und Schüler der Beruflichen Oberschule in kurzer Zeit eine Menge Lehrstoff bewältigen müssen und einige von ihnen zudem bereits Familie haben. Mit einer hysterischen Debatte trifft man gerade aber auch die vernünftigen Schüler. Ich denke, wir sollten daher vor allem darüber reden, wie den 20 % der Jugendlichen, die nicht ausbildungsreif sind, geholfen werden kann.

Einen Diskussionsbeitrag formulieren

Sowohl bei einer Diskussion als auch bei einer Debatte müssen Sie Ihre Wortbeiträge sorgfältig planen, um sie wirkungsvoll einzusetzen.

ARBEITSTECHNIK — Fünfsatz: Redebeiträge strukturieren

Bei einer Diskussion geht es darum, sich mit einer Sache, einem Thema auseinanderzusetzen, wobei verschiedene Zielsetzungen möglich sind, beispielsweise der bloße Meinungsaustausch, eine Lösung des Problems oder eine Entscheidungsfindung. Dabei ist es wichtig, anderen Diskussionsteilnehmern seinen eigenen Standpunkt überzeugend mitzuteilen, aber auch von anderen zu lernen und die Bereitschaft aufzuweisen, sich überzeugen zu lassen.

Mit dem sogenannten Fünfsatz können Diskussionsbeiträge zielgerichtet gegliedert und einprägsam gestaltet werden. Man spricht vom Fünfsatz, weil es in fünf aufeinanderfolgenden Denkschritten (fünf Sätzen) möglich wird, kurz, logisch und gegliedert zu argumentieren. Es gibt verschiedene Arten von Fünfsätzen, die sich jedoch immer wie folgt zusammensetzen:

1. Schritt: Die Aufmerksamkeit der Gesprächspartner wird auf den Diskussionsbeitrag gelenkt oder eine Verknüpfung mit anderen Meinungen/Vorrednern wird hergestellt.

2.–4. Schritt: Eigentliche Beweisführung, beispielsweise durch die Gegenüberstellung der Vor- und Nachteile bzw. der Pro- und Kontra-Argumente, welche die Grundlage für das eigene Urteil bilden.

5. Schritt: Der Kerngedanke wird in einem Ziel- oder Zwecksatz zugespitzt und einprägsam zusammengefasst.

Für einen Redebeitrag in einer Diskussion kann der Fünfsatz folgendermaßen aussehen:

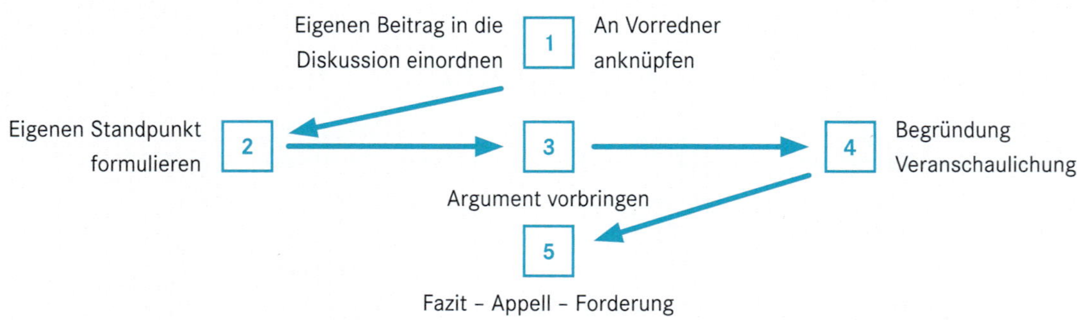

1 Analysieren Sie Katjas Diskussionsbeitrag (beachten Sie dabei ↗ Kapitel 4).

a) Arbeiten Sie mithilfe des Basiswissens „Diskussion und Debatte" die Unterschiede zwischen den beiden Diskussionsbeiträgen heraus.

b) Klären Sie, welche Argumente jeweils vorgetragen werden.

c) Bestimmen Sie die verwendeten Argumentationstechniken.

d) Formulieren Sie die genannten Argumente schriftlich aus.

2 Formulieren Sie weitere Diskussionsbeiträge.

a) Sammeln Sie Argumente für und gegen die Themenfrage: „Sind Jugendliche schlecht auf eine Ausbildung vorbereitet?"

b) Tragen Sie Ihre Argumente mündlich nach der Fünfsatz-Methode vor und setzen Sie dabei auch rhetorische Mittel (↗ Kapitel 9) und Argumentationsstrategien (↗ Kapitel 10) ein.

c) Führen Sie eine Podiumsdiskussion zum Thema mit vier Personen durch. Machen Sie sich als Zuhörer Notizen zu den verwendeten rhetorischen Mitteln und Argumentationsstrategien.

d) Werten Sie Ihre Beobachtungen aus und geben Sie den Diskutierenden Feedback.

Argumentationstechniken und -strategien kennen

In Auseinandersetzungen, Diskussionen oder Verhandlungen geht es primär um das Überzeugen in der Sache, sodass beide Seiten das Ergebnis des Gesprächs verstehen und akzeptieren können, und nicht um den persönlichen Sieg und das unbedingte Durchsetzen der eigenen Position auf Kosten des Gesprächspartners. Wesentliches Mittel dazu ist das aktive Zuhören, das mit Empathie und großer Aufmerksamkeit dazu beiträgt, dass man die Ansichten des Gegenübers wirklich zutreffend versteht.

ARBEITSTECHNIK – Argumentationstechniken und -strategien

Als Reaktion auf Diskussionsbeiträge stehen verschiedene Techniken zur Verfügung:

Bumerangtechnik	Das Argument eines Diskussionspartners wird an diesen zurückgegeben und dabei gleichzeitig infrage gestellt. **Beispiel:** „Sind Sie wirklich davon überzeugt, dass ...?“
Entwaffnungstechnik	Dem Diskussionspartner wird durch Zugeständnisse der Wind aus den Segeln genommen. **Beispiel:** „Ich nehme Ihren Einwand ernst.“ „Vielen Dank für diesen Hinweis.“
Ja-aber-Technik	Dem Diskussionspartner wird zunächst zugestimmt. Nach einem Wendewort („aber“, „jedoch“, „allerdings“) wird die eigene abweichende Auffassung dargelegt. **Beispiel:** „Was Sie da vorbringen, mag zwar richtig sein, aber ...“ „Ich kann Sie sehr gut verstehen, allerdings ...“
Relativierungstechnik	Der Einwand des Diskussionspartners wird eingeschränkt oder zergliedert. **Beispiel:** „Es kommt immer auf die jeweiligen Umstände an ...“ „Das ist von Fall zu Fall unterschiedlich.“
Verallgemeinerungstechnik	Das eigene Argument ist eingängig (plausibel), da es auf Verallgemeinerungen oder Selbstverständlichkeiten beruht. **Beispiel:** „Jeder mit gesundem Menschenverstand ...“
Vorwegnahmetechnik	Der mögliche Einwand oder die Beweisführung des Diskussionspartners wird aufgegriffen und im Voraus entkräftet. **Beispiel:** „Sie werden sicherlich einwenden, dass ...“ „Oftmals wird behauptet, dass ...“
Wendetechnik	Eine Aussage des Diskussionspartners wird umgedreht und für die eigene Argumentation genutzt. **Beispiel:** „Es stimmt, dass die Kosten steigen. Gerade deshalb ist es wichtig, mit Maßnahmen nicht länger zu warten.“
Wissenschaftstechnik	Man beruft sich auf bekannte Experten oder wissenschaftliche Untersuchungen. **Beispiel:** „Nach einer Untersuchung des ...“ „Meine Argumentation stützt sich auf ...“
Autoritäts-/Zitatentechnik	Zitate bekannter Persönlichkeiten werden zur Untermauerung eigener Argumente angeführt. **Beispiel:** „Schon Goethe hat gesagt ...“

Auf Diskussionsbeiträge reagieren

Zur Frage „Sind Jugendliche schlecht auf eine Ausbildung vorbereitet?“ fand eine Diskussionsrunde mit Schülersprechern, Lehrern, Politikern und Ausbildern statt. Hier ein Mitschnitt der Diskussion in Auszügen:

AUSBILDER: Das größte Problem bei der Besetzung von Lehrstellen ist die in immer geringerem Maße vorhandene Ausbildungsreife der Schulabgänger. Besonders im mündlichen und schriftlichen Ausdrucksvermögen bestehen große Defizite, aber auch bei den elementaren Rechenfertigkeiten und der Leistungsbereitschaft gibt es Mängel.

AUSBILDUNGSBERATER DER HANDWERKSKAMMER: Also meiner Meinung nach hat sich nicht großartig etwas geändert, denn die Aussage, die Auszubildenden würden immer schlechter und verhielten sich den Erwachsenen gegenüber nicht so, wie sie sollen, die ist 3 000 Jahre alt. Das ist eigentlich nichts Neues. Meiner Meinung nach müssen sich die Betriebe viel mehr darum kümmern, diese Defizite aufzuarbeiten, denn diese müssen über Motivation ihre Mitarbeiter und Azubis dazu bringen, dass sie die Arbeit gerne machen. Je höher die Motivation, desto höher ist auch das Engagement.

AUSBILDER: Ich denke doch, dass Ihnen, um das beurteilen zu können, das Fachwissen und die Erfahrung fehlen.

ELTERNSPRECHER: Ich kann dem aber durchaus zustimmen. Ich habe eine Tochter, mittlerer Bildungsabschluss, die sich zurzeit sehr intensiv bewirbt, aber dennoch keinen Ausbildungsplatz findet. Eine Haupt- oder Realschülerin hat einfach keine Chance auf dem Ausbildungsmarkt.

AUSBILDER: Es ist natürlich schon so, dass wir als „Kunden“ immer stärkere Anforderungen an unsere Unternehmen stellen. Es gibt also einen großen Druck auf die Unternehmen und somit auch auf die Mitarbeiter. Und daher ist es selbstverständlich, dass die Unternehmen sich nach Auszubildenden umsehen, die möglichst gut sind und möglichst großem Druck standhalten – getrieben von den Kunden. Das können aber nicht alleine die Betriebe kompensieren.

SCHÜLERSPRECHER: Ein wichtiger Punkt ist doch, dass den Jugendlichen oftmals dieses Verhalten von Erwachsenen vorgelebt wird. Viele Eltern geben ihre Kinder in der Schule ab und kümmern sich aber nicht mehr um das Lernen nach der Schule.

1 Analysieren Sie den Diskussionsmitschnitt.

a) Informieren Sie sich mithilfe der Arbeitstechnik auf der folgenden Seite über Methoden des unfairen Kommunizierens und erklären Sie den Begriff.

b) Untersuchen Sie den Text auf Methoden des unfairen Kommunizierens.

c) Bewerten Sie die jeweiligen Aussagen und erläutern Sie, welche Ziele die Diskussionsteilnehmer mit diesen Phrasen verfolgen:
„Das ist doch allgemein bekannt.“ – „Trau keiner Statistik, die du nicht selbst gefälscht hast.“

2 Versetzen Sie sich in die folgenden Situationen und reagieren Sie jeweils auf die unfaire Kommunikationsmethode seriös und sachlich.

a) Im Praktikum: Sie haben einen Vorschlag zur Verbesserung des Arbeitsablaufs. Dieser wird von Ihrem Vorgesetzten mit folgender Aussage abgetan: „Da sieht man Ihre fehlende Lebenserfahrung. Das klingt in der Theorie ja ganz schön, in der täglichen Praxis ist das aber nicht durchführbar.“

b) In der Familie: Es kommt zu einem Streit über die Zuständigkeiten im Haushalt. Dabei wird Ihnen gegenüber folgender Vorwurf gemacht: „Nie erledigst du deine Aufgaben. Immer versuchst du dich aus der Verantwortung zu ziehen. Alles bleibt immer an mir hängen.“

Auf Diskussionsbeiträge reagieren

Neben seriösen, fairen Argumentationsstrategien gibt es auch unseriöse und unfaire Strategien. Sie haben die Aushebelung sachlich guter Argumente zum Ziel und verfolgen den Zweck, sich einem Argument zu entziehen. Sie tragen somit nicht konstruktiv zur Diskussion bei. Diese Methoden „unfairen Kommunizierens“ sollte man vermeiden. Man begegnet ihnen am besten, indem man den inhaltsleeren Charakter der Phrase entlarvt, um eine Eskalation zu vermeiden. Wichtig ist, dass man selbst sachlich und höflich bleibt.

ARBEITSTECHNIK **Methoden unfairen Kommunizierens**

Unfaire Strategien	Reaktionen auf unfaire Strategien
Verunsicherung durch andauerndes Gegenfragen	Zeigen, dass man die Methode durchschaut hat. „Ich sehe, Sie stellen gerade alles, was ich sage, infrage. So kommen wir nicht weiter.“
Unterbrechungen sind zermürbend und lästig.	Pause machen und abwarten. Die Unterbrechung ansprechen: „Darf ich fortfahren?“ An Spielregeln und an Fairness appellieren.
Nebensächlichkeiten werden hochgespielt, sodass der Zuhörer die Hauptsache nicht mehr erkennt.	Zum Thema zurückkommen: „Diese Nebensächlichkeiten sind recht interessant, es geht aber um ...“
Flutung mit Fremdworten, um das eigene Fachwissen zu beweisen oder um zu verwirren	Nach der Bedeutung fragen: „Können Sie das Wort ins Deutsche übersetzen?“ „Für den Zuhörer wäre es interessant zu erfahren, was das alles heißt.“
Praxisuntauglichkeit wird behauptet: „Ihr Vorschlag gilt für die Theorie, aber in der Praxis ist er nicht durchführbar.“	Nachfragen: „Wo wurden damit schlechte Resultate erzielt?“ „Wäre es nicht einen Versuch wert, die Theorie zu prüfen?
Kompetenz infrage stellen: Jungen Menschen fehle es an Lebenserfahrung, alte Menschen dächten nicht mehr zeitgemäß.	Klarmachen, dass es jetzt nicht ums Alter geht, sondern um Argumente.
Pauschalisieren und Verallgemeinern von Einzelfällen	Typische konkrete Beispiele verlangen: „Können Sie dies verdeutlichen?“
Gesprächspartner werden angegriffen, nicht die Sache.	Persönliche Angriffe mit aller Entschiedenheit zurückweisen.
Themenwechsel zu neuem Thema, das für die Zuhörer besonders interessant ist	Zum Thema zurückkehren: „Gestatten Sie, dass wir wieder auf das Thema zurückkommen?“
Mit kurzen offenen Fragen den Redefluss hemmen	Gegenfragen formulieren: „Wie kommen Sie auf diese Frage?“

Eine Diskussion oder Debatte durchführen und bewerten

Es gibt verschiedene Regeln, nach denen eine Debatte ablaufen kann. Im Folgenden werden die Regeln von „Jugend debattiert“ vorgestellt. „Jugend debattiert“ ist ein bundesweiter Schulwettbewerb mit dem Ziel, das Debattieren zu lernen und zu üben.

ARBEITSTECHNIK Eine Debatte durchführen

Was wird debattiert?

Debattiert werden aktuelle politische Streitfragen, die nur mit Ja (Pro-Position) oder Nein (Kontra-Position) beantwortet werden können.

Wer debattiert?

Es debattieren jeweils vier Personen. Zwei sprechen sich für (zwei Pro-Positionen), zwei gegen das Gefragte aus (zwei Kontra-Positionen). Einen Gesprächsleiter gibt es nicht.

Wie wird debattiert?

Die Debatte besteht aus drei Teilen:

1. In der Eröffnungsrunde beantwortet jeder Teilnehmer in zwei Minuten die Streitfrage aus seiner Sicht.
2. Die Freie Aussprache dauert zwölf Minuten. Hier werden weitere Argumente in einem freien Austausch vorgebracht und miteinander abgeglichen.
3. In der Schlussrunde hat jeder Teilnehmer noch einmal eine Minute Zeit, die Streitfrage ein zweites Mal zu beantworten: diesmal im Lichte all der Argumente, die er gehört hat.

Wer achtet auf die Zeit?

Auf die Einhaltung der Redezeiten achtet ein Zeitwächter. Fünfzehn Sekunden vor Ablauf der Redezeit wird ihr nahes Ende durch einmaliges Klingelzeichen angezeigt. Das Überschreiten der Redezeit wird durch zweimaliges Klingelzeichen angezeigt und anschließend die Rede durch dauerndes Klingelzeichen unterbunden.

Eine Diskussion oder Debatte durchführen und bewerten

1 **Recherchieren Sie auf der Internetseite von „Jugend debattiert".**

a) Schauen Sie sich die dort zur Verfügung gestellten Videos mit Beispieldebatten an.

b) Informieren Sie sich über gut geeignete Themen für eine Debatte und wählen Sie ein Thema aus, zu dem Sie eine Debatte führen möchten (Abstimmung in der Gruppe).

c) Sammeln Sie in der Gruppe Argumente zum Thema für die Pro- und Kontra-Position sowie mögliche Argumentationsstrategien und -linien.

d) Tragen Sie mit einem Partner abwechselnd Argumente vor. Einer vertritt die Pro-Position, ein anderer die Kontra-Position. Die Pro-Position beginnt, der Partner reagiert auf das Argument, das heißt, er greift es auf und führt ein Gegenargument aus. Verwenden Sie hierbei die unten genannten Formulierungshilfen.

e) Losen Sie die Pro- und Kontra-Position aus und führen Sie die Debatte zu viert durch.

Sprache und Stil

Folgende Formulierungen helfen Ihnen, in Diskussionen oder Debatten auf Ihr Gegenüber zu reagieren:

Untermauerung

Ich möchte dieses Argument aufnehmen und dazu ein Beispiel geben: …
Ich habe das beste Beispiel hierfür: …
Es ist zum Beispiel so, dass …
Ich möchte noch einmal Bezug nehmen auf Ihre vorige Aussage.

Widerspruch

Da muss ich aber energisch widersprechen.
Ich bin völlig anderer Meinung.
Meine Sicht der Dinge ist da eine andere.
Ich kann Ihren Argumenten inhaltlich nicht folgen.

Zahlen und Daten

Untersuchungen zeigen, dass die Hälfte (ein Drittel/jeder Zehnte/der Großteil …) aller Jugendlichen …
Statistisch gesehen muss man bedenken, dass …
Wir sollten hier einen Blick auf die Fakten werfen: 50 Prozent aller Auszubildenden leben …
Je weniger Lehrstellen angeboten werden, desto höher ist die Jugendarbeitslosigkeit.

Klare Strukturierung

Folgende drei Aspekte möchte ich näher erläutern:
Ich möchte erstens darauf hinweisen, dass …
Die zweite Voraussetzung dafür ist, …
Das dritte Element, das es zu beachten gilt, …
Diese Frage ist einerseits mit Ja, andererseits aber auch mit Nein zu beantworten.

Eine Diskussion oder Debatte durchführen und bewerten

2 **Veranstalten Sie in der Klasse eine Podiumsdiskussion zum Thema „Soll es, nach dem Vorbild Frankreichs, eine staatliche Einrichtung geben, die die Verwendung der deutschen Sprache verbindlich regelt (die beispielsweise festlegt, ob und welche Wörter aus anderen Sprachen übernommen werden dürfen)?".**

a) Bilden Sie Kleingruppen und sammeln Sie Argumente.

b) Bringen Sie Ihre Argumente in eine sinnvolle Reihenfolge und notieren Sie sich stichpunktartig, wie Sie die Argumente in die Diskussion einbringen wollen.

c) Sammeln Sie Kriterien für eine gelungene Diskussion. Entwerfen Sie nach folgendem Muster eine Tabelle und ergänzen Sie sie um weitere Punkte.

Sprecher:	😃	🙂	😐	☹️
Sachliche Kompetenz				
Schlüssige Argumentation				
...				
Sprachlich-rhetorische Kompetenz				
Treffende Wortwahl ...				
...				
Sozial-kommunikative Kompetenz				
Eingehen auf Vorredner				
...				

d) Losen Sie in Ihrer Klasse sechs „Experten" aus sowie eine Person, die die Diskussion vor der Klasse führt (Moderator).

e) Aufgabe für die Zuhörenden: Machen Sie sich zu Ihren Beobachtungen Notizen und beurteilen Sie mithilfe des Bewertungsbogens die Diskutierenden.

FAZIT

8.1
Sich auf eine Diskussion oder Debatte vorbereiten

- Fünfsatz anwenden
- Argumentationstechniken und -strategien kennen und anwenden
- Methoden unfairen Kommunizierens entlarven
- An die Argumentation der Gesprächspartner anknüpfen
- Diskussionsbeiträge formulieren

8.2
Eine Diskussion oder Debatte durchführen und bewerten

- Argumente sammeln und gewichten
- Argumentationsstrategien entwickeln
- Einen Standpunkt vertreten
- Logisch und sachlich argumentieren
- Kriterien für eine gelungene Diskussion kennen und anwenden

Kapitel 9

Die Wirkung von Sprache analysieren

9.1
Sprachliche Mittel erkennen und interpretieren

9.2
Eine Sprachanalyse verfassen

9.3
Prüfungsvorbereitung

Sowohl als Sprecher, etwa in der (alltäglichen) mündlichen Kommunikation, als auch als Verfasser eines Textes verfolgen Sie im Regelfall ein Ziel. Um es zu erreichen, setzen Sie bestimmte sprachliche Mittel ein. In diesem Kapitel lernen Sie, diese Mittel zu erkennen, ihre Wirkung auf Empfänger beziehungsweise Leser zu ermitteln und die dahinterliegende Absicht, das heißt das jeweilige Ziel, zu interpretieren.

Kompetenzen

- ✓ Die Intention des Autors ermitteln
- ✓ Die eigene Position erfassen
- ✓ Die sprachlichen Besonderheiten und ihre Wirkung untersuchen
- ✓ Diagramme analysieren
- ✓ Informationen visualisieren
- ✓ Kreative Medienprodukte erstellen

Methoden und Arbeitstechniken

- ✓ Brainstorming
- ✓ Internetrecherche
- ✓ Kurzreferat

Sprachliche Mittel erkennen und interpretieren

Die Ratten verlassen
das sinkende Schiff.

Begib dich nicht
in die Höhle des Löwen.

Ein gebranntes Kind
scheut das Feuer.

Das fünfte Rad
am Wagen sein

1 **Erläutern Sie den Sinn der bildhaften Sprichwörter und Redewendungen. Versuchen Sie dabei, so einfach wie möglich zu erklären und nicht Ihrerseits in bildhafte Sprache zu verfallen.**

Die Schwierigkeit der Sprachanalyse liegt darin, die verwendeten Stilmittel schlüssig zu interpretieren. Dabei ist es notwendig, dass Sie beispielsweise bei im Text belegbaren Bildern, Metaphern oder Vergleichen kreativ vorgehen und die Stilmittel im Zusammenhang mit der Absicht des Sprechers/Schreibers interpretieren.

Die Sprache der Werbung

Gerade in der Werbung spielt die bildhafte Sprache eine wichtige Rolle, da der Hersteller eines Produkts die Absicht hat, den Kunden davon zu überzeugen, sein Produkt zu kaufen bzw. der Aufforderung der Werbung nachzukommen. Werbestrategen setzen daher in ihren Anzeigen die sogenannte AIDA-Formel um. Zunächst soll die Aufmerksamkeit (Attention) des Kunden geweckt und auf das Beworbene gelenkt werden. Dadurch entsteht beim potenziellen Käufer ein Interesse (Interest) am Dargestellten, was wiederum zu dem Wunsch (Desire) führt, das Produkt zu besitzen. Als letzter Schritt folgt die Kaufhandlung (Action) durch den Kunden.
Bei der Analyse einer Werbeanzeige können die folgenden Aspekte hilfreich sein.

BASISWISSEN	Fachbegriffe zur Analyse von Werbung
• Headline	Schlagzeile, dient als Anreiz zum Weiterlesen
• Slogan	Kürzeste Form der Werbung, soll im Gedächtnis hängen bleiben
• Logo	Markenzeichen mit hohem Wiedererkennungswert
• Eyecatcher	Blickfang, auffallendes Element einer Anzeige
• Bildmotiv	Leitgedanke, Idee einer bildlichen Darstellung
• Layout	Zusammenspiel von Text- und Bildgestaltung
• Zielgruppe	Personenkreis, auf den die Werbung abzielt
• Werbebotschaft	Zentrale Aussage einer Werbeanzeige
• Werbeträger	Medium (Zeitung, Fernsehen), über das die Werbung verbreitet wird

Sprachliche Mittel erkennen und interpretieren

Eine Besonderheit der Werbung liegt darin begründet, dass sie nicht allein mit sprachlichen Elementen arbeitet, sondern auch und vor allem mit Bildern. Weiterhin finden sich in der Werbung besonders verdichtet Elemente der Adressatenbeeinflussung – weit mehr als in jedem anderen Text. Daher soll die Werbeanalyse hier als Einstieg zur Sprachanalyse von Texten dienen.

2 **Informieren Sie sich im Internet über die Besonderheiten der Werbesprache und stellen Sie die Ergebnisse Ihrer Recherche in einem Kurzreferat vor.**

3 **Analysieren Sie die Werbeanzeige mithilfe des Basiswissens.**

a) Erläutern Sie ihren optischen Aufbau. Beachten Sie dabei auch die Farbgebung und das Verhältnis von Bild und Schrift.

b) Suchen Sie in der Anzeige nach sprachlichen Auffälligkeiten und erklären Sie, was sie beim Betrachter bewirken.

c) Überlegen Sie, welche Zielgruppe durch die Werbung erreicht werden soll.

4 **Bewerten Sie die Anzeige. Begründen Sie, welche Ideen Sie besonders ansprechen und welche eher nicht.**

5 **Beurteilen Sie, ob beziehungsweise inwiefern die vorliegende Werbeanzeige manipulativ ist.**

6 **Recherchieren Sie im Internet oder in Zeitschriften nach aktuellen Werbeslogans und analysieren Sie sie. Gehen Sie dabei insbesondere auf die sprachliche Gestaltung ein.**

7 **Machen Sie ein Brainstorming zu der Fragestellung, welche Mittel der Manipulation Werbung nutzt.**

a) Prüfen Sie, welche davon in den Werbungen der Aufgaben 3 und 6 tatsächlich eingesetzt werden.

b) Diskutieren Sie in Kleingruppen darüber.

8 **Entwerfen Sie in Kleingruppen den Plan für einen eigenen kurzen Werbespot.**

a) Wählen Sie dazu ein beliebiges Produkt oder Thema, das Sie bewerben möchten.

b) Verfassen Sie eine Storyline, die Abfolge des Geschehens, zum Werbespot und legen Sie dabei einen besonderen Schwerpunkt auf die sprachliche Gestaltung Ihrer Werbung.

c) Präsentieren Sie das Ergebnis in der Klasse.

Eine Sprachanalyse verfassen

Im Folgenden geht es um journalistische Texte, die sich häufig besonderer rhetorischer Tricks und sprachlicher Mittel bedienen, um die gewünschte Wirkung beim Leser zu erzielen, oftmals auch auf subtile Weise. Gerade Letzteres gilt es zu durchschauen, um die Intention des Verfassers zu entschlüsseln.

Grüne Märchen

Es kann nicht so weitergehen wie bisher: Mit der Lüge vom nachhaltigen Wachstum hält die Green Economy alle bei Laune, die sich nicht einschränken wollen – also uns.

von Kathrin Hartmann

[…] Die Meeres-Jeans ist mehr als ein Marketing-Gag oder einfaches Greenwashing, dem ethische Konsumenten aufsitzen, die mit dem Kauf grüner Produkte oder einer Ökogebühr als Ablasszahlung für den Fernflug die Welt retten wollen. Sie ist ein Paradebeispiel für die Ideologie der Green Economy. Hinter dem Schlagwort verbirgt sich die Idee, Wachstum und Naturzerstörung mithilfe neuer Technologien voneinander zu entkoppeln. Ganz so, als wären die guten und die schlechten Effekte des Kapitalismus wie Lokomotive und Waggon, die man mit den richtigen Handgriffen einfach voneinander trennen könnte. Gerade weil in den vergangenen Jahren sämtliche Strategien zu einer nachhaltigen Entwicklung in den reichen Ländern gescheitert sind, klammern sich Politik und Gesellschaft an diese Illusion.

Glaubt man grünen Technik-Aposteln, dauert es nicht mehr lange, bis man guten Gewissens zum Wochenend-Shopping nach New York fliegen kann. Denn das Flugzeug fliegt mit Treibstoff aus Algen und die Sitzbezüge werden essbar sein. Man kann sie eines Tages vielleicht sogar mit Vitaminen anreichern und den Armen servieren – samt gentechnisch verändertem Beilagensalat, der einen Impfstoff gegen Tropenkrankheiten enthält. Der Armut entronnen, werden sie mit Elektro-Autos aus ihren Hüttendörfern hinausbrummen, die bloß Plantagen für nachwachsende Rohstoffe den Platz wegnehmen, hinein in die Wohnanlage aus Passivhäusern mit Solarstrom und Dachgewächshaus.

Diese Öko-Science-Fiction stammt nicht aus „Daniel Düsentriebs Geheimnotizen". Es sind die

Visionen von Ingenieuren, Konzernen, Politikern, reichen Weltrettern wie Bill Gates oder Pharrell Williams, und dem Verfahrenstechniker Michael Braungart. Der hat das „Cradle-to-Cradle"-Prinzip erfunden, demzufolge alle Produkte wieder vollständig in den Stoffkreislauf zurückkehren können. Wir müssen also nicht weniger produzieren, sondern eher mehr – aber in technischen und biologischen Kreisläufen. Der Mensch soll sich nicht mehr als Schädling verstehen, sondern als Nützling, der mit seinem Konsumverhalten etwas Sinnvolles tut.

Braungart ist ein beliebter Interviewpartner, verbreitet er doch die von westlichen Mittelschichten gern vernommene Botschaft, dass wirtschaftliches Wachstum und Hyperkonsum nicht nur völlig unproblematisch sind, sondern sogar gut für die Welt – solange sie nur intelligent gemacht sind. Während Umweltschützer mit ihrem immer gleichen Schrei nach Verzicht vor allem schlechtes Gewissen erzeugen, lautet Braungarts Devise: kein Verzicht, keine Einschränkungen, Schluss mit den Schuldgefühlen. Das klingt so viel besser! Braungart hat auch die essbaren Flugzeugsitzbezüge entwickelt, die sich bezeichnenderweise in der First Class des Langstreckenflugzeugs Airbus A380 befinden. Eine so spektakuläre Erfindung kaschiert die Tatsache, dass Fliegen die klimaschädlichste Art der Fortbewegung überhaupt ist.

[…] Wachstum ist aber immer verbunden mit Rohstoff- und Energieverbrauch, ganz egal, wie inno-

Eine Sprachanalyse verfassen

vativ es gemacht ist. Beides ist nicht ohne Naturzerstörung zu haben. Wäre eine Entkopplung wirklich möglich, wäre dies ein echtes grünes Wunder. […]

Dabei wissen wir doch eigentlich ganz genau, dass es nicht weitergehen kann wie bisher. Warum glauben wir, dass wir drängende Probleme aussitzen können, bis uns die grünen Daniel Düsentriebe retten? Sind wir wirklich so naiv? Oder sind wir so zynisch geworden, dass wir uns mit dem Weltelend abgefunden haben?

[…] Arbeitslosigkeit, Armut, Finanzkrise, Hunger, Erosion der biologischen Vielfalt, Klimawandel, Rohstoffknappheit und so weiter haben so drastische und überwältigende Dimensionen angenommen, dass sie lähmend und überfordernd wirken. Scheinbar machtlos unsichtbaren Kräften ausgeliefert, verharren wir im Dämmerzustand zwischen Angst vor der Apokalypse und Hoffnung auf Erlösung. […]

Doch daraus zu folgern, dass es nichts mehr bringt, sich in die großen Fragen der Politik einzumischen und stattdessen lieber Ökoflugmeilen zur Weltenrettung zu sammeln, wäre fataler Unsinn.

Gesellschaftliche Veränderungen sind immer erkämpft worden – nie erkauft. Dafür braucht es keine essbaren Flugzeugsitzbezüge, sondern Mut, Solidarität, Entschlossenheit, ein freies Denken und den unbedingten Glauben daran, dass wir es sind, die die Veränderungen bewirken können, die wir uns wünschen. Ja, wer denn auch sonst?

(Süddeutsche Zeitung, 29.08.2015)

1 Begründen Sie, um welche Textsorte (↗ Kapitel 7) es sich bei dem Text „Grüne Märchen“ handelt.

2 Unterteilen Sie den Text in Sinnabschnitte und identifizieren Sie die Intentionen der Verfasserin in den einzelnen Abschnitten.

3 Untersuchen Sie die sprachliche Gestaltung des Textes, indem Sie sich an der in der Arbeitstechnik beschriebenen Vorgehensweise orientieren. Gehen Sie dabei auch auf die Überschrift ein.

4 Diskutieren Sie in der Klasse, inwiefern der Text explizit versucht, seine Leser zu beeinflussen oder zu manipulieren. Identifizieren Sie dazu objektiv informierende und eher manipulierende Elemente im Text.

ARBEITSTECHNIK – Einen Text sprachlich analysieren

Die Analyse der Sprache ermöglicht es Ihnen, Absicht und Wirkung eines Textes zu erkennen. Grundlegend für die Untersuchung der Sprache sowohl in literarischen als auch in nichtfiktionalen Texten ist die **Analyse der sprachlichen Mittel**. Folgende Vorgehensweise hat sich bewährt:

- **Benennen** (Name des jeweiligen rhetorischen Mittels) **und Belegen** des sprachlichen Mittels (mit Fundstelle im Text wahlweise in Form eines direkten oder indirekten Zitates)
- **Interpretieren** des sprachlichen Mittels: Welche Eindrücke verbindet man beim Lesen damit? Ruft es positive oder negative Assoziationen hervor? Wie ist der Zusammenhang zum jeweiligen Kontext? Inwiefern lässt es sich eingebettet in den Kontext erklären? Wie lässt es sich in Bezug auf die Absicht (= Intention) des Verfassers interpretieren? Inwiefern stützt bzw. betont es die Absicht des Verfassers?

Eine Sprachanalyse verfassen

Sascha Lobos Kolumne läuft unter dem Titel „Die Mensch-Maschine“ und erscheint regelmäßig auf Spiegel Online.

Hilferuf an die mindestens durchschnittlich Begabten

von Sascha Lobo

[...] Es gibt Leute, die erklären, die Welt sei insgesamt so gut dran wie nie zuvor. Mag sein. Aber dank sozialer Medien bekommt man zu allem, was geschieht, eine Dreingabe, nämlich die Reaktion des Publikums darauf. Eigentlich etwas Wunderbares, eine wirklich neue Dimension des Internets – den Kommentierenden beim Verfertigen der Gedanken in den Kopf schauen zu können. In einzeln aufblitzenden Momenten in sozialen Netzwerken ergeben sich großartige Diskussionen.

Meistens aber nicht. Besonders jetzt nicht. Denn intensiv diskutierte Ereignisse sind für viele Millionen Menschen in diesem Land eine fantastische Gelegenheit zum Schnauzehalten, die sie sämtlich verpassen. Es ist ein Segen, dass sich alle öffentlich äußern können, und eine Ernüchterung, auf welche Weise dieses Recht wahrgenommen wird. Der Medienkritiker Hans Hoff gibt diesem Umstand eine massenmediale Dimension: „Es ist nicht schlimm, dass sich heutzutage jeder Depp öffentlich äußern kann. Das ist gut für eine Demokratie. Es ist indes schlimm, dass heutzutage jeder Depp ernst genommen wird, dass so getan wird, als wäre noch die abstruseste Theorie eine Meldung wert.“

Und meine Güte, was für ausgedehnte Ödsümpfe der Stumpfheit, die in der Kommentarlandschaft sichtbar werden. Könnte man Unfug in Energie verwandeln, mit einem deutschen Tagwerk auf Facebook ließe sich Grönland eisfrei fönen. Schon 2012 schrieb Frank Schirrmacher die Einsicht: „Nicht die Anonymität, sondern der ansteigende Grad der NICHT-anonymen Hass-Kommentare und -Mails [...] ist beunruhigend.“ Diese Offenheit scheint inzwischen nicht die Konsequenz eines verqueren Muts, sondern eine Folge der völligen Gedankenlosigkeit zu sein. [...] An [den Kommentatoren] perlt sogar die Frage „Warum?“ ab. Und nicht nur an ihnen, sondern an nervenzerreißend vielen in der Netzöffentlichkeit. Eine der simpelsten gedanklichen Verknüpfungen, die Kausalität, misslingt regelmäßig. „Es regnet, weil die Straße nass ist“, in den digitalen Fußgängerzonen fände man Aberhunderttausende, die diesen Satz nicht nur unterschreiben, sondern gleich zur Bundestagspetition ausformulieren würden, inklusive der Forderung, Regen zu verbieten und die Straße abzuschieben. Wie soll man mit Leuten, die mit dem Wörtchen „weil“ unzusammenhängenden Quark zur Pauschalbehauptung verbinden, über komplexere Themen diskutieren? Die Antwort macht mich fertig, denn sie lautet: gar nicht. Es geht nicht. [...] Wer solche absurden Fantastereien ohne jeden ernsthaften Beleg rausknötert, katapultiert sich selbst aus der Sphäre, in der [...] Diskussionen stattfinden. Hinein in das [...] Universum, in dem ein dumpf bauchgefühlter Halbsatz mehr gilt als 3000 Jahre Zivilisationsaufbau. Was, wenn der (auch von mir) vielbeschriebene „Hass im Netz“ eigentlich kein tief empfundener Hass wäre, sondern nur die dümmstmögliche Reaktion? Wenn also gar nicht die ablehnende Emotionalität das eigentliche Problem wäre, sondern die nicht vorhandene Reflexionsfähigkeit? Und der Hass nur die grausige Folge davon? [...]

Und leider betrifft die Abwesenheit jeder Argumentation nicht nur die rechtspopulistischen Horden im Netz [...]. Leute, von denen man es nie gedacht hätte, sind plötzlich in der Lage, Chemtrails nahtlos in ihr Weltbild einzufügen. Also die Überzeugung, dass Kondensstreifen von Flugzeugen in Wahrheit gefährliche, bewusstseinsverändernde Chemikalien enthalten. Groteskstmögliche Gerüchte und Verschwörungstheorien fallen auf einen überraschend weitverbreiteten Nährboden der Dämlichkeit. Besonders absonderlich ist dabei die fragmentierte Partialdumpfheit, bei der jemand zu Kultur oder Unterhaltung Kluges oder wenigstens Unterhaltsames äußert, nur um anschließend maximal hanebüchene Gedanken zum Weltgeschehen herauszututen. [...]

Es gibt diesen uraltklugen, schwer erträglichen, lateinischen Spruch: „Wenn du geschwiegen hättest, wä-

Eine Sprachanalyse verfassen

rest du Philosoph geblieben." Mit den sozialen Medien ist dabei eine nationale Größenordnung erreicht: Hättet ihr geschwiegen, wäret ihr weiter für potenziell zurechnungsfähig gehalten worden. Vielen Leuten bekommt das Internet einfach nicht.

Man könnte mein Gefluche für einen Ausbruch halten, weil ich es nicht mehr ertrage, und das stimmt. Aber dahinter steckt auch eine Sorge, weil ich die breite Bevölkerung dieses Landes bisher für kognitiv geschmeidiger halten wollte. Die Hoffnung, dass diejenigen, die in demokratischer Weise über die Politik bestimmen, doch einigermaßen gewitzt seien. Aber so, wie sie sich Millionen in den sozialen Medien äußern, verdünnt sich meine Hoffnung ins Homöopathische. Um so bitterer, weil man im Hintergrund bereits hämisch antidemokratische Elitisten lachen hört, die noch nie Vertrauen in die Zurechnungsfähigkeit der Vielen haben wollten.

Und genau in dieser Situation kommt eine Zahl daher, die zunächst bestürzend scheint – aber sich dann in einen Hoffnungsschimmer verwandelt. Vielleicht den einzigen. Die OECD hat herausgefunden, dass in allen Ländern die Social-Media-Nutzer gebildeter sind als der Bevölkerungsdurchschnitt. Außer in Deutschland. Ausgerechnet hier ist es andersherum: je dümmer, desto Social Media. [...] Das erklärt nicht nur einiges, es gibt auch Anlass zu hoffen. Und zu bitten. Nämlich die zurechnungsfähigen Teile der Bevölkerung dort draußen, die es ja offenbar gibt: Bitte, mindestens durchschnittlich Begabte, kommt zu uns ins Netz! Diskutiert mit, redet mit, zeigt euch! Lasst uns nicht allein mit den stumpfen Horden. Kommt! Wir halten nicht mehr lange durch im digitalen Stalingrad der Vollidiotie.

(www.spiegel.de, 20. 01. 2016)

1 Klären Sie mithilfe eines Lexikons oder des Internets unbekannte Begriffe des Textes „Hilferuf an die mindestens durchschnittlich Begabten".

2 Geben Sie Inhalt und Aufbau des Textes wieder.

Ein Schüler hat zum Anfangsteil dieses Textes eine Sprachanalyse erstellt, die hier in Auszügen vorliegt.

Achtung, Fehler!

Schülerbeispiel 1

Sascha Lobo kritisiert in seiner Kolumne Idioten, die in sozialen Netzwerken ihre Meinung veröffentlichen, obwohl sie eigentlich keine Ahnung von der Thematik haben. Hierfür setzt er viele rhetorische Mittel ein, um sein Anliegen zu unterstreichen. So findet sich etwa in Zeile 6 ff. Ironie: „den Kommentierenden beim Verfertigen der Gedanken in den Kopf schauen zu können". Ironisch ist die Darstellung deshalb, weil das ja schwerlich wirklich geht. Die eher umgangssprachliche und vulgäre Ausdrucksweise, dass das „für viele Millionen Menschen in diesem Land eine fantastische Gelegenheit zum Schnauzehalten [ist], die sie sämtlich verpassen" (Z. 11 ff.), zeigt, wie wenig Lobo davon hält. Diese Intention wird auch mithilfe eines Zitats noch einmal verdeutlicht. Mittels zweier Metaphern in den Zeilen 23 ff. verfolgt er dasselbe Ziel. Die „digitalen Fußgängerzonen" von Zeile 38 f. sollen ebenfalls nachdrücklich wirken. ...

Die Analyse einer Schülerin zum gleichen Textabschnitt sieht wie folgt aus:

Achtung, Fehler!

Schülerbeispiel 2

Sascha Lobo kritisiert in seiner Kolumne die Tatsache, dass immer mehr Menschen – häufig auch weniger gebildete – politische oder sonstige aktuelle Ereignisse in sozialen Netzwerken verhältnismäßig unreflektiert und ungefiltert kommentieren, was häufig dazu führt, dass statt einer tiefgründigen Diskussion zum jeweiligen Thema nur oberflächliche Beschimp-

Eine Sprachanalyse verfassen

fungen das Ergebnis sind. Auf diese Art und Weise kann leider kein wirklicher Diskurs zustande kommen, weswegen Lobo vor allem an die Bildungselite appelliert, doch tiefgründigere Kommentare beizutragen, um das Niveau im Netz wieder zu heben. Um diese Absicht zu unterstützen, greift Lobo zu zahlreichen sprachlichen Tricks und rhetorischen Figuren, die teils auch sehr drastisch ausfallen, um die Dramatik seines Anliegens zu unterstreichen. So beginnt er damit, dass es eigentlich etwas Positives sei, wenn dank neuer Medien alles öffentlich kommentiert werden kann und man „den Kommentierenden beim Verfertigen der Gedanken in den Kopf schauen" (Z. 6 ff.) kann. Natürlich kann man nicht wirklich in den Kopf eines Users schauen und seine Gedanken lesen, doch metaphorisch gesehen erlaubt die Tatsache, dass viele User alle spontanen Gedanken öffentlich posten, genau das: dass man als Unbeteiligter mitverfolgen kann, was gerade im Kopf des Users vorgeht. Lobo stellt dieser theoretisch positiven Entwicklung jedoch gleich ihre negative Seite gegenüber, indem er nämlich feststellt, dass dies seltener zu „großartige[n] Diskussionen" (Z. 9) führt, sondern mehr zu sinnfreien Meinungsbeiträgen, denn gerade die weniger gebildeten Menschen „verpassen" (Z. 14) „eine fantastische Gelegenheit zum Schnauzehalten" (Z. 12 f.). Hiermit stellt Lobo auf fast schon vulgäre Weise fest, dass es für weite Teile der Kommentatoren besser gewesen wäre, einfach nichts zu sagen anstatt ihre oberflächlichen und oft auch dummen Kommentare ins Netz zu stellen und für alle öffentlich zugänglich zu machen. Auch die folgende Antithese von „Segen" (Z. 15) und „Ernüchterung" (Z. 16) verdeutlicht in diesem Zusammenhang noch einmal, wie viel Potenzial die öffentliche Auseinandersetzung theoretisch mit sich bringen würde, wenn sie nicht vor allem von Leuten genutzt würde, die zu einer sinnvollen Auseinandersetzung nicht fähig sind. Auch die metaphorischen „Ödsümpfe der Stumpfheit" (Z. 25) spielen auf nicht vorhandene geistige Fähigkeiten an, da man bei einem Ödsumpf automatisch an triste Landschaften denkt, wo nichts wächst und gedeiht, somit auch hier im übertragenen Sinne keine intellektuellen Gedanken. Dasselbe Ziel verfolgt auch der bildhafte Vergleich, dass sich mit dem an einem Tag produzierten „Unfug" (Z. 27) auf Facebook „Grönland eisfrei fönen" (Z. 29) ließe. Würde der Unfug nämlich Energie produzieren, reichte er aus, um komplette Gletscher zu schmelzen, weil einfach so viel davon tagtäglich in sozialen Netzwerken veröffentlicht wird. ...

3 **Vergleichen Sie die beiden Schülerlösungen.**

a) Prüfen Sie mithilfe der Arbeitstechnik, ob die Arbeitsschritte jeweils eingehalten worden sind.
b) Ergänzen Sie gegebenenfalls Fehlendes oder verbessern Sie Falsches.
c) Bewerten Sie abschließend im direkten Vergleich die beiden Beispiele.

4 **Führen Sie die Sprachanalyse zum Rest des Textes fort, indem Sie weitere sprachliche Auffälligkeiten benennen, belegen und interpretieren.**

Sprache und Stil

Folgende Formulierungen können Ihnen beim Schreiben Ihrer Analyse helfen:

*Die Kolumne ist Spiegel Online entnommen ... Der Text thematisiert ... Der Verfasser verfolgt darin die Absicht, ... Der vorliegende Text lässt sich in die folgenden Abschnitte gliedern ... Die Teilintention wird durch verschiedene sprachliche Auffälligkeiten gestützt, wie ... Der Verfasser arbeitet mit diversen sprachlichen Tricks, um seine Absicht zu verdeutlichen ... Im Folgenden soll ein besonderes Augenmerk auf die sprachliche Gestaltung des Textes gelegt werden ... Nachfolgend geht es darum, den Zusammenhang von sprachlicher Gestaltung und Wirkabsicht zu veranschaulichen ... Die Metapher in Zeile XY steht für ... Die Antithese verdeutlicht in diesem Zusammenhang noch einmal ...
Der Parallelismus bestärkt erneut die Aussageabsicht des Verfassers, dass nämlich ... Der Appell am Ende spricht den Leser direkt an und soll ein letztes Mal eindringlich vermitteln, dass ...*

Eine Sprachanalyse verfassen

BASISWISSEN | Sprachliche Mittel und ihre Wirkung

Wenn Sie einen Text in Bezug auf seine sprachliche Gestaltung untersuchen, dann achten Sie auf sprachliche Besonderheiten/Auffälligkeiten. Das können sein:

- **Sprachebenen:** beispielsweise Umgangssprache, Fachsprache, Jugendsprache, Dialekt
- **Wortwahl:** besondere Häufung von Adjektiven (auch Superlativen), Nomen (Nominalstil), Verben (auch in Form von Imperativen oder Konjunktiven); seltene Wörter, Zusammensetzungen, Wortspiele, Aufzählungen, Wiederholungen, Redensarten; sprachliche Bilder, wie zum Beispiel Metaphern, Vergleiche, Personifikationen (siehe unten: rhetorische Figuren); laut- bzw. klangmalerische Wörter/Wortgruppen zur Veranschaulichung von Geräuschen, z. B. *knattern, quieken; Kuckuck, Matsch*
- **Satzbau:** Häufung kurzer, langer oder unvollständiger Sätze

Als **rhetorische Figuren** bezeichnet man Stilmittel, bei denen bestimmte Satzformen, Wiederholungen, Aufzählungen, Gegensätze, Verkürzungen usw. meist schon seit der Antike definiert sind und die eine besondere Wirkung hervorrufen sollen. Solche Wirkungen können etwa sein: mehr Anschaulichkeit, Eindringlichkeit, Betonung, Aufforderung, Einbeziehung des Adressaten, Spannung, Distanz. Rhetorische Figuren werden besonders in meinungsbildenden Texten wie Kommentaren und Glossen, in der Lyrik, in öffentlichen Reden und in der Werbung eingesetzt.

Wenn Sie die für einen Text charakteristischen sprachlichen Auffälligkeiten herausgefunden haben, deuten Sie deren Wirkung in Verbindung mit den inhaltlichen Aussagen; oft werden auch literarische Figuren durch den Gebrauch einer bestimmten Sprachebene oder sprachlicher Besonderheiten charakterisiert.

Im Folgenden erhalten Sie eine Übersicht über die wichtigsten rhetorischen Figuren:

Rhetorische Figur	Definition	Beispiel
Alliteration	Mehrere Wörter beginnen mit dem gleichen Laut.	*Man muss Marmelade mögen.*
Anapher	Mehrere Sätze oder Satzteile beginnen mit dem gleichen Wort.	*Milch ist ein Nahrungsmittel. Milch ist ein Genussmittel. Milch ist Leben.*
Chiasmus	Überkreuzstellung von syntaktisch (Satzbau) oder semantisch (Bedeutung) entsprechenden Satzteilen	*Ich bin groß, klein bist du.* *Max kehrt zurück, zurück kehrt auch Anna.*
Chiffre	Wörter, die als verrätselte Symbole meist komplexe Bedeutungen haben	*schwarze Milch der Frühe*
Ellipse	Satzfragment (unvollständiger Satz: Auslassung eines Satzteils/Wortes)	*Der Rest – Schweigen.*
Euphemismus	beschönigende Umschreibung	*entschlafen (statt sterben)*
Hyperbel	(starke) Übertreibung	*Er isst wie ein Mähdrescher.*
Inversion	Umstellung von Satzgliedern oder gewöhnlichen Wortfolgen, um sie hervorzuheben	*Ekel ist das Gefühl, das mich ergreift.* *Röslein rot (statt rotes Röslein)*
Ironie	Das Gesagte hat die entgegengesetzte Bedeutung des Gemeinten.	*Wenn man Freunde wie dich hat, braucht man keine Feinde.*
Klimax	Steigerung	*Er schimpfte, er fluchte, er tobte.*

Eine Sprachanalyse verfassen

Rhetorische Figur	Definition	Beispiel
Litotes	Ein negativer Begriff wird durch einen positiven mit Negation ersetzt.	*Du bist nicht gerade die Schnellste (statt: du bist langsam).*
Metapher	Übertragung eines Bedeutungsbereichs auf einen anderen aufgrund einer wahrgenommenen Gemeinsamkeit ohne das Vergleichswort „wie“	*Sumpf der Aggressionen; es regnet Bindfäden*
Oxymoron	direkte Verbindung von zwei Wörtern, deren Bedeutung gegensätzlich ist	*dunkle Helligkeit, bittersüß*
Parallelismus	Wiederholung gleicher syntaktischer Fügungen	*Das Schiffchen fliegt, der Webstuhl kracht.*
Parenthese	Einschub eines Wortes, Satzes, einer Wortgruppe in einen Satz zur Unterbrechung des Gedankenablaufs	*Wir werden ganz sicher – aber erst muss ich nachdenken – das Rätsel lösen.*
Personifikation	Einem Gegenstand werden menschliche Eigenschaften zugeordnet.	*Ein Auto, das mitdenkt! Vater Staat*
Rhetorische Frage	Scheinfrage, auf die keine Antwort erwartet wird	*Glauben Sie etwa, ich hätte nichts zu tun?*
Trias	Dreierfigur	*Sonne, Strand und gute Laune*
Vergleich	Verknüpfung zweier Bedeutungsbereiche durch Hervorhebung des Gemeinsamen	*Sie hat Geld wie Heu. Er ist stark wie ein Bär.*

FAZIT

9.1
Sprachliche Mittel erkennen und interpretieren
- Sprachliche Bilder und Gestaltungsmittel untersuchen
- Den Zusammenhang zwischen Inhalt, Adressat und Gestaltungsmitteln erkennen
- Manipulationsversuche erkennen
- Zwischen objektiven Fakten und persuasiven Elementen differenzieren

9.2
Eine Sprachanalyse verfassen
- Den Inhalt eines Textes erfassen
- Die Funktion eines Textes erkennen
- Die Intention des Autors nachweisen
- Die sprachliche Gestaltung von Texten analysieren und die Wirkung rhetorischer Mittel untersuchen
- Eine schriftliche Sprachanalyse in Arbeitsschritten verfassen

9.3
Prüfungsvorbereitung

Prüfungsvorbereitung

Der abschließende Teil des Kapitels soll dazu dienen, Sie auf mögliche Aufgabenstellungen in Prüfungen vorzubereiten.

Darf's ein bisschen mehr sein?

von Werner Bartens

Gesund oder krank – das wird zunehmend als Frage von Moral, Schuld und Verantwortung gesehen. Genug verzichtet, genug entspannt, richtig ernährt? Die vielen Regeln für ein perfektes Leben kann niemand mehr einhalten.

Anna denkt, dass ihr Arzt sie für ziemlich faul hält. Die 42-Jährige versucht immer wieder abzunehmen, aber es gelingt ihr einfach nicht. [...] Peter ist 73 und es fällt ihm schwer, auf das zu verzichten, was er als „Seelennahrung" bezeichnet. Damit meint er Schokolade. Für seine Stimmung und seinen Gefühlshaushalt wäre das so wichtig. [...]

Die Menschen, von denen hier die Rede ist, müssen auf ihre Ernährung achten, sie sind Diabetiker. Essen sie zu viel, zur unrechten Zeit oder schlicht das Falsche, entgleist womöglich ihr Blutzuckerspiegel. [...] Viele Diabetiker haben ihr Leben jedoch gut im Griff und können einen nahezu normalen Alltag führen. „Uns hat daher verblüfft, mit welcher Wucht Zuckerkranke vor allem ein Thema beschäftigt: Verzicht", sagt Wolfgang Himmel, Leiter der Abteilung für Allgemeinmedizin am Universitätsklinikum Göttingen. „Ihr Denken, ihr Tun, ihre Wahrnehmung – alles kreist um eine moralische Prüfung: Beweisen zu müssen, dass man sich immer maßvoll, immer diszipliniert, immer gesund verhält."[...] Gelingt dies nicht, halten sich die Patienten für Versager, die ihr Leben nicht im Griff haben und die daran scheitern, genügend für ihre Gesundheit zu tun. Sie unterwerfen sich der Diktatur einer Gesinnungspolizei: Nicht nur im Sprechzimmer des Arztes, sondern auch in der Familie und im Freundeskreis sehen sich die Kranken permanenter Kontrolle ausgesetzt. Medizinische Befunde wie der Blutzuckerspiegel [oder] das Gewicht [...] werden zu moralischen Prüfmarken für ein ausreichend abstinentes Leben.

Der Imperativ, ein gesundes Leben zu führen, hat allerdings nicht nur Kranke erfasst. Immer mehr Menschen wollen nicht nur gut leben, sondern im Bestreben nach Gesundheit und Wohlbefinden auch alles richtig machen. Immer nach Plan: Ausgewogene Ernährung, ausreichend Bewegung, die passende Balance zwischen Arbeit und Erholung sind Klassiker dieser Optimierungsversuche. Zufrieden sind die wenigsten, denn schließlich gibt es immer etwas zu verbessern – mehr Sport, mehr Gemüse, mehr Entspannung. „Etliche Gesunde haben latent ein schlechtes Gewissen, weil sie meinen, falsch oder ungesund zu leben", sagt der Sozialpsychologe Dieter Frey [...]. „Essen, Sport und Gesundheit sind zur Ersatzreligion geworden." [...] Schon vor Jahren hat der New Yorker Ernährungswissenschaftler Paul Marantz ein anschauliches Bild für den grassierenden Gesundheitswahn gewählt: „Wenn sich jemand einen Cheeseburger an die Lippen hält, ist das ja mittlerweile moralisch gleichbedeutend damit, sich eine Pistole an die Schläfe zu setzen."

Gesunde fühlen sich bereits stark unter Zwang, die selbst gesetzten Vorgaben zu erfüllen. Noch stärker ist dieser Druck bei Kranken. [...] Bei vielen Menschen hat die Erwartungshaltung zugenommen, Herr über ihr Leben und damit auch über etwaige Leiden zu werden: Vernünftig essen, vernünftig trinken, sich vernünftig bewegen – und bei Bedarf vernünftig sein und die Anweisungen des Arztes befolgen. Dann klappt schon alles. Was für eine Anmaßung! [...]

Wenn es um Gesundheit geht, kommt schnell die Frage nach Selbst- oder Fremdzuschreibung der Verantwortung auf: An wem liegt es, wenn ich krank werde – und wer ist dafür zuständig, damit ich wieder gesund werde? Medizinethiker beklagen schon länger die Abschaffung des Schicksals in der Medizin. Es ist ja kaum noch vermittelbar, dass eine Krankheit oder Behinderung nur als Laune der Natur oder schlicht aus Zufall auftritt – und nicht Folge eines falsch gelebten Lebens ist. [...] Mit dem Erstarken [der] [...] medizinischen Selbstkontrolle [...] drängen sich technische Helferlein auf, spielerisch in sich hineinzuhorchen. Lifelogging-Armbänder, Pulsuhren, Blutdruckmesser und andere Insignien [...] sind [...] Angebote, um den gegenwärtigen Status ständig zu überprüfen

Prüfungsvorbereitung

und weiter an der Selbstoptimierung zu feilen. Mit der technischen Aufrüstung ist die Selbstüberwachung näher an den Körper gerückt – eine in Software übersetzte innere Stimme, die das schlechte Gewissen zum Dauerzustand macht. […] Als Folge dieser Entwicklung wird ein zwischenzeitliches Gefühl des Wohlbefindens als höchst fragil empfunden. […] Schließlich ist die Bedrohung […] ständig im Bewusstsein. Dadurch verstärkt sich die Gefahr, sich schon bei kleinen Abweichungen für vermeintliches Fehlverhalten zu verurteilen. […] Und das ist alles andere als gesund. […]

(Süddeutsche Zeitung, 27./28. 02. 2016)

1 Untersuchen Sie, um welche Textsorte es sich hier handelt.

2 Geben Sie Inhalt und Aufbau des Textes kurz wieder.

3 Erläutern Sie, welche Intentionen der Verfasser mit seinem Text verfolgt, und analysieren Sie, wie er diese sprachlich umsetzt.

4 Zeigen Sie mögliche Lösungsvorschläge für die im Text beschriebene Problematik auf.

CHECKLISTE Die Wirkung von Sprache analysieren

Einleitung

- ☑ Haben Sie die Textsorte bestimmt?
- ☑ Haben Sie eine Inhaltsangabe verfasst, die Hauptgedanken und Argumentationsstruktur wiedergibt?
- ☑ Haben Sie die Gesamtintention des Textes deutlich benannt?

Hauptteil

- ☑ Haben Sie den Text in seine Sinnabschnitte unterteilt und jeweils deren Teilintentionen bestimmt?
- ☑ Haben Sie sprachliche Mittel und rhetorische Figuren benannt, belegt und im Sinne der jeweiligen Intention und des jeweiligen Kontextes interpretiert?
- ☑ Haben Sie insbesondere sprachliche Bilder (Metaphern, Vergleiche, Sprichwörter …) in eigene Worte „übersetzt" und im Sinne der Aussageabsicht erklärt?
- ☑ Lassen Sie ausreichend Kontext in Ihre Darstellung mit einfließen, sodass ein roter Faden ersichtlich ist?

Schluss

- ☑ Haben Sie den Adressatenkreis des Textes bestimmt?
- ☑ Sind Sie (falls vorhanden) auf den Appell des Textes eingegangen?

Textüberarbeitung

- ☑ Ist der Text insgesamt nachvollziehbar strukturiert bzw. gegliedert?
- ☑ Findet eine klare Unterteilung in Einleitung, Hauptteil und Schluss statt?
- ☑ Wird zwischen den einzelnen Teilen elegant übergeleitet?
- ☑ Ist der sprachliche Ausdruck angemessen und sind Rechtschreibung, Zeichensetzung und Grammatik fehlerfrei?

Kapitel 10

Reden analysieren

10.1
Eine Rede untersuchen

10.2
Eine Redeanalyse schreiben

10.3
Prüfungsvorbereitung

Reden haben ein Ziel und sollen eine Zielgruppe erreichen: Sie wollen das Publikum für eine bestimmte Position gewinnen und mitunter eine konkrete Verhaltensweise auslösen. Aber wie genau wird das erreicht? Dieses Kapitel soll Ihnen helfen, Reden zu analysieren. Sie werden erkennen, welche Mittel Redner nutzen können, um ihre Ziele zu erreichen. Außerdem lernen Sie die Elemente einer Redeanalyse kennen, Sie erfahren, wie man eine Redeanalyse schreibt und was deren Qualität ausmacht.

Kompetenzen

- ✓ Den Inhalt einer Rede zusammenfassen
- ✓ Die in einer Rede enthaltenen Argumentationsstrukturen analysieren
- ✓ Die Funktion einer Rede bestimmen und deren mögliche Wirkungsabsichten beurteilen
- ✓ Das rhetorische Vorgehen des Redners und sprachliche Auffälligkeiten erkennen
- ✓ Die Beziehung zwischen einer Rede und ihrer Entstehungszeit ermitteln und diese für die Analyse der Rede nutzen
- ✓ Eine Rede beurteilen und interpretieren

Methoden und Arbeitstechniken

- ✓ Brainstorming
- ✓ Gruppenpuzzle
- ✓ Internetrecherche
- ✓ Schreibkonferenz

Eine Rede untersuchen

Sich mit einer Rede auseinandersetzen

Bereits 1930 karikierte Kurt Tucholsky in seinen „Ratschlägen für einen schlechten Redner“ das Negativbeispiel der Rede.

Kurt Tucholsky: Ratschläge für einen schlechten Redner (1930)

Fange nie mit dem Anfang an, sondern immer drei Meilen v o r dem Anfang! Etwa so: „Meine Damen und Herren! Bevor ich zum Thema des heutigen Abends komme, lassen Sie mich Ihnen kurz aufzeigen … „ Hier hast Du schon ziemlich alles, was einen schönen Anfang ausmacht: eine steife Anrede; der Anfang vor dem Anfang, die Ankündigung, dass und was Du zu sprechen beabsichtigst und das Wörtchen kurz. So gewinnst Du im Nu die Herzen und die Ohren der Zuhörer. […] Denn das hat der Zuhörer gern: dass er Deine Rede wie ein schweres Schulpensum aufbekommt; dass Du mit dem drohst, was Du sagen wirst, sagst und schon gesagt hast. Immer schön umständlich.

Sprich nicht frei, das macht einen so unruhigen Eindruck. Am besten ist: Du liest Deine Rede ab. Das ist sicher, zuverlässig, auch freut es jedermann, wenn der lesende Redner nach jedem viertel Satz misstrauisch hoch blickt, ob noch alle da sind. […] Nimm Dir doch ein Beispiel an unseren professionellen Rednern, an den Reichstagsabgeordneten - hast Du die schon mal frei sprechen hören? Die schreiben sich sicherlich zuhause auf, wann Sie „Hört! hört!“ rufen … […]

Sprich wie Du schreibst. […] Sprich mit langen, langen Sätzen – solchen, bei denen Du, der Du dich zu Hause, wo Du ja die Ruhe, deren Du so sehr benötigst, Deiner Kinder ungeachtet, hast, vorbereitest, genau weißt wie das Ende ist, die Nebensätze schön ineinandergeschachtelt, so dass der Hörer, ungeduldig auf seinem Sitz hin und her träumend, sich in einem Kolleg wähnend, in dem er früher so gerne geschlummert hat, auf das Ende solcher Periode wartet …, nun, ich habe Dir eben ein Beispiel gegeben. So musst Du sprechen.

Fang immer mit den alten Römern an und gib stets, wovon Du auch sprichst, die geschichtlichen Hintergründe der Sache. Das ist nicht nur deutsch – das tun alle Brillenmenschen. […] So musst Du das auch machen. […] Man versteht es ja sonst nicht […], ohne die geschichtlichen Hintergründe … sehr richtig! Die Leute sind doch nicht in Deinen Vortrag gekommen, um lebendiges Leben zu hören, sondern das, was sie auch in den Büchern nachschlagen können.

[…] Kümmere Dich nicht darum, ob die Wellen, die von Dir ins Publikum laufen, auch zurückkommen. […] Sprich unbekümmert um die Wirkung, um die Leute, um die Luft im Saale; immer sprich, […] Gott wird es Dir lohnen.

Du musst alles in die Nebensätze legen. Sag nie: „Die Steuern sind zu hoch“. Das ist zu einfach. Sag: „Ich möchte zu dem, was ich soeben gesagt habe, noch kurz bemerken, dass mir die Steuern bei weitem …“ so heißt das. […]

Wenn Du einen Witz machst, lach vorher, damit man weiß wo die Pointe ist. […]

[Ich] möchte […] noch kurz bemerken, dass viel Statistik eine Rede immer sehr hebt. Das beruhigt ungemein, und da jeder imstande ist, zehn verschiedene Zahlen mühelos zu behalten, so macht das viel Spaß.

Kündige den Schluss Deiner Rede lange vorher an, damit die Hörer vor Freude nicht einen Schlaganfall bekommen. […] Kündige den Schluss an, und dann beginne Deine Rede von vorne und rede noch eine halbe Stunde. Dies kann man mehrere Male wiederholen. Sprich nie unter anderthalb Stunden, sonst lohnt es gar nicht erst anzufangen. Wenn einer spricht, müssen die anderen zuhören – das ist Deine Gelegenheit! Missbrauche sie.

1 **Erstellen Sie eine Liste mit den negativen Aspekten einer Rede, die Tucholsky hier ironisch aufgreift. Notieren Sie Beispiele von Reden, die Sie gehört haben, in denen genau diese Aspekte umgesetzt wurden.**

2 **Führen Sie ein Brainstorming zum Thema „Ratschläge für eine gute Rede“ durch.**

a) Erstellen Sie in Kleingruppen ausgehend von diesem Brainstorming eine Liste mit Ratschlägen für eine gute Rede, die Ihrer Meinung nach befolgt werden sollten.

b) Vergleichen Sie Ihre Ergebnisse (z. B. mittels eines Gruppenpuzzles).

Sich mit einer Rede auseinandersetzen

Der folgende Text ist ein Auszug einer Rede, die Erich Kästner am 10. Mai 1958 auf der PEN-Tagung in Hamburg hielt. Der PEN-Club, dessen Präsident Kästner zwischen 1952 und 1962 war, ist eine internationale Schriftstellervereinigung, die sich zum Ziel gesetzt hat, zur weltweiten Verbreitung der Literatur und zur Verständigung der Völker beizutragen.

Erich Kästner: Über das Verbrennen von Büchern (1958)

Meine Damen und Herren,
[...] Seit Bücher geschrieben werden, werden Bücher verbrannt. Dieser abscheuliche Satz hat die Gültigkeit und Unzerreißbarkeit eines Axioms[1].
Er galt zur Zeit der römischen Soldatenkaiser und unter Kublai Khan, bei Cromwell und für die Konquistadoren, für Savonarola, Calvin und Jacob Stuart, für die Jesuiten, die Dominikaner und die Puritaner, für China und Rom, für Frankreich, Spanien, England, Irland und Deutschland, für Petersburg, Boston und Oklahoma City. Immer wieder hatten die Flammen ihren züngelnden Wolfshunger, und immer wieder war ihnen das Beste gerade gut genug. Sie fraßen die Werke von Ovid und Properz, von Dante, Boccaccio, Marlowe, Erasmus, Luther, Pascal, Defoe, Swift, Voltaire und Rousseau. [...]
Und Heinrich Heines Verse aus dem „Almansor“: „Dort, wo man die Bücher verbrennt, verbrennt man auch am Ende Menschen“, galten zwar den spanischen Autodafés[2] und wurden dennoch zur Prophezeiung.
Das blutige Rot der Scheiterhaufen ist immergrün. Einen dieser Scheiterhaufen haben wir mit bloßem Auge brennen sehen. Das war auf den Tag genau vor einem Vierteljahrhundert, und deswegen haben wir uns heute versammelt. Es gibt Andachtsübungen, und wie es Andachtsübungen gibt, sollte es, nicht weniger ernsthaft und folgenschwer, Gedächtnisübungen geben. Meine Damen und Herren, wir sind zu einer Gedächtnisübung zusammengekommen.
[...] Meine Damen und Herren, eine Gedenkstunde soll eine Gedächtnisübung sein, und noch etwas mehr. Was hülfe es, wenn sie nur der Erinnerung an arge Zeiten diente, nicht aber der Erinnerung an unser eigenes Verhalten? Das heißt, hier und jetzt, für mich nicht mehr und nicht weniger: an mein Verhalten. Ich bin nur ein Beispiel neben anderen Beispielen. Doch da ich mich etwas besser als andere kenne, muss in meiner Rede nun ein wenig von mir die Rede sein.
Ich habe mich, damals schon und seitdem manches Mal gefragt: „Warum hast du am 10. Mai 1933 auf dem Opernplatz in Berlin nicht widersprochen? Hättest du, als der abgefeimte Kerl eure und auch deinen Namen in die Mikrofone brüllte, nicht zurückschreien sollen?“
Dass ich dann heute nicht hier stünde, darum geht es jetzt nicht. Nicht einmal, dass es zwecklos gewesen wäre, steht zur Debatte. Helden und Märtyrer stellen solche Fragen nicht.
Als wir Carl von Ossietzky[3] baten, bei Nacht und Nebel über die Grenze zu gehen – es war alles vorbereitet –, sagte er nach kurzem Nachdenken: „Es ist für sie unbequemer, wenn ich bleibe“, und er blieb. Als man den Schauspieler Hans Otto, meinen Klassenkameraden, in der Prinz-Albrecht-Straße schon halb totgeschlagen hatte, sagte er, bevor ihn die Mörder aus dem Fenster in den Hof warfen, blutüberströmten Gesichts: „Das ist meine schönste Rolle.“ Er war, nicht nur auf der Bühne am Gendarmenmarkt, der jugendliche Held. Gedenken wir dieser beiden Männer in Ehrfurcht! Und fragen wir uns, ob wir es ihnen gleichgetan hätten!
[...] Ich hatte angesichts des Scheiterhaufens nicht aufgeschrien. Ich hatte nicht mit der Faust gedroht. Ich hatte sie nur in der Tasche geballt. Warum erzähle ich das? Warum mische ich mich unter die Bekenner? Weil, immer wenn von der Vergangenheit gesprochen wird, auch von der Zukunft die Rede ist. Weil keiner unter uns und überhaupt niemand die Mutfrage beantworten

Sich mit einer Rede auseinandersetzen

kann, bevor die Zumutung an ihn herantritt. Keiner weiß, ob er aus dem Stoffe gemacht ist, aus dem der entscheidende Augenblick Helden formt. Kein Volk und keine Elite darf die Hände in den Schoß legen und darauf hoffen, dass im Ernstfall, im ernstesten Falle, genügend Helden zur Stelle sein werden.

Und auch wenn sie sich zu Worte und zur Tat meldeten, die Einzelhelden zu Tausenden – sie kämen zu spät. Im modernen undemokratischen Staat wird der Held zum Anachronismus[4].

Der Held ohne Mikrofone und ohne Zeitungsecho wird zum tragischen Hanswurst. Seine menschliche Größe, so unbezweifelbar sie sein mag, hat keine politischen Folgen. Er wird zum Märtyrer. Er stirbt offiziell an Lungenentzündung. Er wird zur namenlosen Todesanzeige. Die Ereignisse von 1933 bis 1945 hätten spätestens 1928 bekämpft werden müssen. Später war es zu spät. Man darf nicht warten, bis der Freiheitskampf Landesverrat genannt wird. Man darf nicht warten, bis aus dem Schneeball eine Lawine geworden ist. Man muss den rollenden Schneeball zertreten. Die Lawine hält keiner mehr auf. Sie ruht erst, wenn sie alles unter sich begraben hat.

Das ist die Lehre, das ist das Fazit dessen, was uns 1933 widerfuhr. Das ist der Schluss, den wir aus unseren Erfahrungen ziehen müssen, und es ist der Schluss meiner Rede. Drohende Diktaturen lassen sich nur bekämpfen, ehe sie die Macht übernommen haben. Es ist eine Angelegenheit des Terminkalenders, nicht des Heroismus.

Als Ovid sein „Principiis obsta!" niederschrieb, als er ausrief: „Bekämpfe den Beginn!", dachte er an freundlichere Gegenstände. Und auch, als er fortfuhr: „Sero medicina paratur!", also etwa „Später helfen keine Salben!", dachte er nicht an Politik und Diktatur. Trotzdem gilt seine Mahnung in jedem und auch in unserem Falle. Trotzdem gilt sie immer und überall.

Meine Damen und Herren, ich danke Ihnen für Ihre Aufmerksamkeit.

(Erich Kästner, „Splitter und Balken")

1 Axiom: unbeweisbarer, in sich einsichtiger und unbestreitbarer Grundsatz
2 Autodafé: Bekanntgabe und Vollstreckung von Ketzergerichtsurteilen; hier: öffentliche Verbrennung missliebiger Schriften
3 Carl von Ossietzky: deutscher Publizist (1889–1938); überzeugter Pazifist, warnte vor Militarismus und Nationalismus; erhielt 1936 den Friedensnobelpreis, den er nicht annehmen durfte
4 Anachronismus: veraltete Einrichtung oder Verhaltensweise

1 **Geben Sie den Inhalt des Redeauszugs kurz wieder.**

2 **Recherchieren Sie in Kleingruppen über die in Z. 13–24 genannten Epochen, Personen und Werke und stellen Sie Ihre Ergebnisse der Klasse vor.**

3 **Informieren Sie sich über die historischen Hintergründe, die der Rede Kästners zugrunde liegen.**

4 **Bestimmen Sie die kommunikative Funktion des Redeauszugs.**

a) Nennen Sie Textbeispiele für die Funktionen „informativ" (= darstellend), „expressiv" (= ausdrücklich, nachdrücklich), und „appellativ" (= auffordernd).

b) Stellen Sie fest, welche Textfunktion dominiert, und begründen Sie Ihre Feststellung. Erläutern Sie, welche Wirkung damit erzielt werden soll.

5 **Kästner hielt die Rede 1958. Erörtern Sie, inwiefern sein Schlussappell noch gültig ist.**

Sprachliche Mittel untersuchen

BASISWISSEN Die Rede

Die Rede ist eine **besondere Form der Kommunikation**. Der Sender (Redner) dominiert den verbalen Teil der Kommunikation, der Empfänger (Adressat der Rede) kann lediglich - sofern er anwesend ist - nonverbal oder mit Zwischenrufen reagieren. Die Rede hat demnach einen monologischen Charakter, Sender und Empfänger sind nicht gleichberechtigt.

Die Rede ist ein expositorischer (zweckgerichteter) Text und verfolgt häufig eine Beeinflussung der Einstellung oder des Verhaltens, ist also appellativ ausgerichtet. Sie hat aber auch informative und expressive Funktionen.

Der Redner muss die Adressaten seiner Rede mit Argumenten überzeugen. Das gelingt durch die Anwendung von rhetorischen Strategien und den Einsatz rhetorischer Figuren (↗ Kapitel 9).

1 Untersuchen Sie die sprachlichen Mittel, die Erich Kästner in seiner Rede verwendet.

a) Kästner verwendet die rhetorischen Mittel Anapher, Klimax, Parallelismus und Parenthese. Weisen Sie diese im Text nach und erklären Sie die Wirkung, die von ihnen ausgeht.

b) Notieren Sie sprachliche Auffälligkeiten, von denen eine besondere Wirkung ausgeht. Beschreiben Sie diese.

2 Notieren Sie zentrale Begriffe der Rede und bilden Sie Wortfelder. Erläutern Sie die Wirkung, die mit diesen Begriffen erzielt werden soll.

3 Untersuchen Sie den Satzbau des Redeauszugs und bestimmen Sie die beabsichtigte Wirkung.

4 Untersuchen Sie, ob Kästner Standard-, Umgangs- oder Fachsprache (↗ Kapitel 7) verwendet, und belegen Sie Ihren Befund am Text. Beschreiben Sie die Wirkung, die damit erzielt werden soll.

★ **5 Mit dem gezielten Einsatz sprachlicher Mittel kann ein Redner verschiedene Strategien der Beeinflussung seiner Adressaten verfolgen. Informieren Sie sich im BW Rhetorische Strategien über die Möglichkeiten der Beeinflussung und untersuchen Sie die Rede Kästners daraufhin.**

ARBEITSTECHNIK Sprachliche Mittel und ihre Wirkung untersuchen

Achten Sie bei der Analyse der sprachlichen Mittel besonders auf folgende sprachliche Möglichkeiten:

- **Sprachebenen:** Wird Standardsprache, Umgangssprache, Fachsprache, Dialekt und so weiter verwendet?
- **Satzbau:** Sind die Sätze überwiegend lang oder kurz? Gibt es unvollständige Sätze?
- **Wortwahl:** Gibt es Wortfelder aus Bereichen wie Handwerk, Krieg, Politik, Wirtschaft, Moral und so weiter? Treten auffällig viele Nomen (Nominalstil), Verben (auch in Form von Konjunktiven und Imperativen), Adjektive (Superlative) auf? Gibt es Fremdwörter, Wortneuschöpfungen ...?
- Werden **rhetorische Figuren,** wie beispielsweise Metapher, Vergleich, Anapher, verwendet?

Bei der Analyse einer politischen Rede ist es wichtig, die Funktion bzw. die beabsichtigte Wirkung der eingesetzten sprachlichen Mittel in Zusammenhang mit den inhaltlichen Aussagen zu erarbeiten.

Rhetorische Strategien untersuchen

BASISWISSEN Rhetorische Strategien

Der Redner nutzt bestimmte Strategien, um die Adressaten von seiner Position zu überzeugen und sie gegebenenfalls zu einem bestimmten Handeln zu veranlassen. Solche Strategien der Beeinflussung nennt man rhetorische Strategien. Wichtige Strategien sind:

Aufwertung der eigenen Position:

- Eine Wir-Gruppe bilden, um ein Zusammengehörigkeitsgefühl zu erzeugen *(Wir schaffen das gemeinsam.)*
- Der Wir-Gruppe positive Werte zuschreiben, um sie aufzuwerten *(Wir halten unser Versprechen.)*
- Eigennützige Interessen als Interessen aller darstellen, um Zustimmung zu erlangen *(Wir alle wollen ...)*
- Angebote machen und Verantwortung übernehmen, um guten Willen zu zeigen *(Ich schlage vor, ...)*
- Rationale Begründungen/Faktenargumente anführen, um zu überzeugen *(Die Arbeitslosenquote sinkt ...)*
- Autoritätsargumente einsetzen, um einen „neutralen" Befürworter zu nennen *(Schon ... hat gesagt, ...)*
- Ziele offenlegen, um zu motivieren *(Das Ziel ist doch, dass alle ...)*
- Aufwertende Begriffe oder bildhafte Ausdrücke aus positiv besetzten Bereichen verwenden, um positive Assoziationen zu erzeugen *(Frieden, Mut, Menschlichkeit ...)*
- Nur günstige Aspekte der Thematik darstellen, um Positives hervorzuheben *(Die Vorteile sind ...)*

Abwertung anderer/gegnerischer Positionen:

- Dem Gegner die Schuld zuweisen, um selbst besser dazustehen *(Ihnen haben wir es zu verdanken, dass ...)*
- Abwertende Begriffe oder bildhafte Ausdrücke aus negativ besetzten Bereichen verwenden, um negative Assoziationen zu erzeugen *(Kampf, Terror, Unmenschlichkeit, Gewalt, Skandal, Irrweg, Verbrechen ...)*
- Streit in der gegnerischen Gruppe und fehlende Ziele unterstellen, um den Gegner handlungs- und entscheidungsunfähig wirken zu lassen *(Sie sind sich doch selbst nicht einig ...)*
- Gegnerische Aussagen verzerren/verkürzen, um sie in ein schlechtes Licht rücken zu können

Dramatisierung:

- Angst verbreiten, um sich Aufmerksamkeit zu sichern *(Niemand wird mehr verhindern können, dass ...)*
- Übertreibungen einsetzen, um sich Aufmerksamkeit zu sichern *(Das wird unser Untergang sein ...)*

Beschwichtigung und Ablenkung vom Thema:

- Vom Thema ablenken, um heiklen Fragen zu entgehen *(Konzentrieren wir uns auf einen anderen Punkt ...)*
- Kritische Themen nicht ansprechen/als unabwendbar kaschieren, um heiklen Fragen zu entgehen *(An diesem Problem können wir nun mal nichts ändern.)*
- Abwägende, einschränkende Formulierungen nutzen, um zu relativieren *(zwar – aber, sowohl – als auch)*
- Kritische Sachverhalte beschönigen, um sie zu verharmlosen *(Diese Maßnahme ist kostenintensiv.)*

Je nach rhetorischer Strategie wählt der Redner seine rhetorischen Figuren. So werden beispielsweise Euphemismen eingesetzt, um kritische Sachverhalte zu beschönigen, Hyperbeln, um zu dramatisieren, oder abwertende Metaphern, um Gegner zu kennzeichnen.

Reden miteinander vergleichen

Je nach historischem Kontext kann eine Rede sprachlich unterschiedlich gestaltet sein, wie die folgenden zwei Beispiele für Abiturreden aus verschiedenen Jahrhunderten zeigen.

Rede der Abiturientin Rahel Goitein (1899)

Mir ist die Ehre zuteil geworden, [...] von hier aus einige Worte des Abschieds sprechen zu dürfen. Ein bedeutungsvoller Moment ist dies; nicht nur für meine Colleginnen und für mich, die wir die Schule verlassen, nein, [...] er ist auch bedeutungsvoll für diese ganze Anstalt, für viel weitere Kreise noch, bedeutungsvoll für ganz Deutschland. Ist es doch das erste Mal, daß Schülerinnen eines regelrechten Gymnasiums in unserem Vaterland das Abiturium machen durften, daß Abiturientinnen hinauszogen aus der Schule, um zu weiterem Studium auf die Hochschule zu gehen. [...] Und im Hinblick darauf habe ich auch diesen meinen Abschiedsworten ein Wort zu Grunde gelegt, das wohl auf den ersten Blick manchem sonderbar erscheinen mag. Ich habe das Wort gewählt, das einst Lessing seinem Nathan vorausgeschickt, als er ihn in die Öffentlichkeit sandte. Seinen Nathan, in dem er einen neuen herrlichen Gedanken predigte, den Gedanken der Duldsamkeit, der allgemeinen Menschenliebe. Ja, dieser Gedanke war neu, nur wenige edle Menschen hatten ihn in sich getragen, wenige Auserlesene hatten ihn verstanden, die große Mehrzahl aber hatte ihn noch nie begriffen. Und Lessing wußte, sie hat ihn nicht nur nicht begriffen, sie wird ihn auch nicht begreifen wollen. Sie werden, weil sie es nicht verstehen, Gefahr darin wittern und diesen hohen Gedanken schmähen. Darum schrieb Lessing an die Spitze dieses Werkes: Introite nam et hic dii sunt – tretet ein, auch hier sind Götter. [...] R

(Rahel Goitein, „Abiturrede von 1899")

Rede eines Abiturienten der heutigen Zeit (2015)

„Auch aus Steinen, die einem in den Weg gelegt werden, kann man Schönes bauen." So sprach Goethe und es scheint wahr zu sein, denn: „Abitur – wir haben Abitur." Und das ist dann auch schon der Anfang vom Ende, das ich mit dieser Rede an Sie alle, die Sie hier sind, weil Sie nichts anderes vorhatten, einleiten möchte. Wir werden demnächst voller Traurigkeit „Adieu!" sagen – zumindest die unter uns, die sich nicht vorzeitig von Französisch getrennt haben. Die anderen sagen leise „Servus". Dennoch nehmen wir uns ernsthaft vor, uns nicht komplett aus den Augen zu verlieren. [...] Wir haben in unserer langen Schulzeit [...] vor allem Kompetenzen erworben – der eine mehr, der andere weniger. Doch eines haben wir alle entwickelt: soziale Intelligenz. Dank endloser Gruppenarbeiten, Diskussionen, Gruppenpuzzles und Schreibkonferenzen verfügen wir über eine Unmenge an „Soft Skills", die uns in der Auseinandersetzung mit dem vielmals angedrohten „Ernst des Lebens", der nun angeblich beginnt, für das Leben „da draußen" gestählt haben. Auf diese „Soft Skills" kommt es meiner Meinung nach am meisten an: Klar, Wissen und Fachkompetenz sind ein gutes Fundament, auf das wir in Ausbildung und Studium nun bauen werden, doch durch den Einsatz von Teamfähigkeit, Kritikfähigkeit und Empathie werden wir so manche Klippe umschiffen können und sowohl unser Berufs- als auch unser Privatleben erfolgreich gestalten. [...]

Reden miteinander vergleichen

1 Bearbeiten Sie die Redeauszüge mithilfe folgender Fragestellungen:

a) Untersuchen Sie, worin sich die beiden Reden in Bezug auf Inhalt und sprachliche Mittel unterscheiden.

b) An welchen Stellen wird deutlich, dass die beiden Reden aus unterschiedlichen Jahrhunderten stammen? Erläutern Sie die Unterschiede im Hinblick auf die Wahl der sprachlichen Mittel und den Stil der Reden.

c) Verfassen Sie eine Analyse zu beiden Redeauszügen. Gehen Sie dabei besonders auf die Frage ein, wie der Stellenwert des Abiturs im jeweiligen historischen Kontext sprachlich und stilistisch gewürdigt wird.

★ **2 Führen Sie eine Internetrecherche über Rahel Goitein und die damaligen Bildungschancen von Frauen (Abitur, Studium) durch. Präsentieren Sie anschließend Ihre Ergebnisse.**

BASISWISSEN | Zusammenhang zwischen Zielgruppe und Sprache einer Rede

Folgende Aspekte in der Rede können Aufschluss über die Zielgruppe geben:

- **Anrede,** zum Beispiel
  Sehr geehrte Mitarbeiterinnen und Mitarbeiter → Zielgruppe ist die Belegschaft, zum Beispiel einer Firma.
- **Thema/Anlass,** zum Beispiel
  Wahlen eines Schülersprechers → Zielgruppe sind die Schüler und Lehrer einer Schule.
- **Ort,** zum Beispiel
  Cafeteria einer Firma → Zielgruppe ist die Belegschaft einer Firma.
  Aula einer Schule → Zielgruppe sind die Schüler und Lehrer einer Schule.
- **Sprache:**

Sprachvarietäten, z. B.	Verwendung eines Dialekts → Zielgruppe sind Bewohner eines bestimmten Gebietes. Verwendung von Umgangssprache → Zielgruppe sind zum Beispiel Jugendliche.
Satzbau, z. B.	Einsatz von verschachtelten Sätzen → Zielgruppe sind zum Beispiel Experten/Fachleute. Einsatz von einfachen Sätzen → Zielgruppe sind eventuell Kinder.
Wortwahl, z. B.	Gebrauch vieler Begriffe aus dem Bereich Politik → Zielgruppe sind Politiker/Wähler.

Wichtig ist auch, ob die Rede im Fernsehen auf den populären Sendern gezeigt oder in den Nachrichten thematisiert wurde. Denn in diesen Fällen sind nicht nur die unmittelbaren Zuhörer die Zielgruppe der Rede, sondern auch diejenigen, die später Informationen über die Rede erhalten.

★ **3 Erläutern Sie den Unterschied zwischen Zuhörern und Zielgruppe einer Rede.**

4 Setzen Sie sich damit auseinander, welche Bedeutung die Bestimmung der Zielgruppe für die Analyse einer Rede hat.

BASISWISSEN | Die Redeanalyse

Bei der Analyse einer Rede beschäftigen Sie sich mit folgenden Fragen: **Was** steht in (einem Auszug) der Rede (Inhalt), **an wen** richtet sich der Redner mit seiner Rede (Zielgruppe), **wie** hat der Redner wichtige Teile der Rede sprachlich gestaltet (Form) und **welche Wirkung** will er mit der inhaltlichen und formalen Gestaltung erzielen?

Eine Redeanalyse schreiben

Ein Schüler hat zu dem Auszug aus der Rede Erich Kästners die folgende Redeanalyse verfasst:

Achtung, Fehler!

Schülerbeispiel

Anlass

Die vorliegende Rede, die Erich Kästner 1958 anlässlich des 25. Jahrestags der Bücherverbrennung gehalten hat, lässt seine große Erschütterung darüber erkennen, dass er sich nicht laut gegen diesen Akt des Terrors im Jahr 1933 aufgelehnt hat.

Überleitung

sprachliche Analyse

Die Bestürzung über sein passives Verhalten bei der Verbrennung auch seiner Bücher schlägt sich auch in seiner Sprachgestaltung nieder: Noch immer fragt er sich – und reiht hier rhetorische Fragen aneinander –, warum er damals und dann auch später nicht aufbegehrt habe (vgl. Z. 38ff.). Immer noch erscheint es für ihn unfassbar, dass er angesichts des Unrechts schwieg. Und er weicht dabei nie in das unverbindliche „man" aus, sondern es geht ihm stets um seine Verantwortung und um sein Versagen. Daher wählt er auch immer das persönliche „Ich": „Ich hatte nicht aufgeschrieen. Ich hatte nicht mit der Faust gedroht" (Z. 59f.) Diese Bestürzung darüber, seiner Abscheu nicht offen Ausdruck gegeben zu haben, kommt auch in der Wiederholung des Wortes „Ich" und im Parallelismus der Satzkonstruktion zum Ausdruck, was nochmals die große Eindringlichkeit zeigt.

Lehren/ Fazit

Aber es geht Kästner auch um die Lehren für die Zukunft, die man aus diesen Erfahrungen ziehen muss. Nicht in der mutigen Tat eines Einzelnen sieht er die Lösung, auch fordert er nicht Heldentum ein. Denn es wisse „keiner" – und das betont Kästner durch mehrmaliges Wiederholen dieses Wortes (vgl. Z. 86) –, ob er zum Helden tauge, ob er genügend Mut habe, wenn „die Zumutung an ihn herantritt" (Z. 66). Mit dieser Metapher, die zudem das Wortspiel Zumutung/Mut anklingen lässt, macht Kästner nochmals klar, dass Mut eines Einzelnen nicht ausreicht, um sich gegen eine Diktatur zu wehren. Angemessener und effizienter sei es, so früh wie möglich gegen das Unrecht zu kämpfen. Wie wichtig ihm diese Erkenntnis ist, sieht man daran, dass er sie in unterschiedlicher Form wiederholt, indem er zunächst die zu späte Auseinandersetzung mit dem NS-Regime beklagt: „Spätestens" im Jahre 1928 hätte man diesem Ungeist Einhalt gebieten müssen. „Später war es zu spät" (Z. 81f.). Auch die verwendeten Metaphern dienen diesem Zweck: Bevor nämlich „aus dem Schneeball eine Lawine geworden ist", die „alles unter sich begraben hat", müsse man ihn, „den Schneeball", „zertreten" (Z. 84ff.). Wie bewusst und nachdrücklich die Reaktion auf Unterdrückung zu erfolgen hat, wird auch durch die Anapher herausgestellt: Das zweimalige „Man darf nicht warten" (Z. 82ff.) betont die Notwendigkeit, schnell zu handeln, und das nachfolgende „Man muss" (Z. 85) – gemeint ist handeln – appelliert an den Zuhörer, sich gegen Machtmissbrauch unverzüglich aufzulehnen.

Appell an die Adressaten

1 Bearbeiten Sie die Redeanalyse. Machen Sie sich auf einer Kopie Randnotizen beziehungsweise legen Sie eine Folie über den Text.

a) Erarbeiten Sie Inhalt und Aufbau der Redeanalyse.

b) Kennzeichnen Sie, welche sprachlichen Mittel in der Schülerarbeit untersucht wurden.

2 Erläutern Sie, wie Inhalt, sprachliche Mittel und Sprechabsicht verknüpft sind.

3 Untersuchen Sie, wie Zitate eingebaut wurden.

4 Beurteilen Sie die Redeanalyse und überarbeiten Sie sie gegebenenfalls.

a) Überprüfen Sie mithilfe des Basiswissens, ob alle Bestandteile einer Redeanalyse berücksichtigt worden sind.

b) Überlegen Sie, welche weiteren sprachlichen Mittel noch hätten untersucht werden können.

Eine Redeanalyse schreiben

Am 12. Juli 2013 hielt Malala Yousafzai anlässlich einer Jugendtagung die folgende Rede vor den Vereinten Nationen in New York. Dieser Tag, zugleich ihr 16. Geburtstag, wurde ihr zu Ehren als Malala-Tag ausgerufen. In ihrer Heimat Pakistan hatte Malala sich dafür eingesetzt, dass Mädchen in die Schule gehen dürfen. Es war ihre erste Rede, nachdem die Taliban ihr in den Kopf geschossen und sie schwer verletzt hatten. Im selben Jahr wurde ihr der Friedensnobelpreis verliehen.

Malala Yousafzai: Ein Kind, ein Lehrer, ein Buch, ein Stift können die Welt verändern (2013)

Es ist eine Ehre für mich, nach langer Zeit wieder sprechen zu können. Es ist ein großer Augenblick in meinem Leben, hier unter so vielen ehrenwerten Menschen zu sein […]. Wo soll ich mit meiner Rede beginnen? Ich weiß nicht, was die Menschen von mir erwarten, aber vor allem möchte ich meinen Dank richten an Gott, für den wir alle gleich sind, und an alle Menschen, die für mein Leben gebetet haben und dass ich schnell wieder gesund werde. Ich kann gar nicht glauben, wie viel Liebe mir die Menschen gezeigt haben. Ich habe tausende Karten mit guten Wünschen bekommen und Geschenke von überall auf der Welt. Vielen Dank an sie alle. Danke an die Kinder, deren unschuldige Worte mich ermutigt haben. Danke an meine Ältesten, deren Gebete mich gestärkt haben. Ich möchte den Krankenschwestern, den Ärzten und dem Personal der Krankenhäuser in Pakistan und Großbritannien danken und der Regierung der Vereinigten Arabischen Emirate, die geholfen haben, dass es mir besser geht und ich meine Stärke zurückgewinne. […]

Liebe Brüder und Schwestern, denkt immer an eines: Der Malala-Tag ist nicht mein Tag, heute ist der Tag jeder Frau, jedes Jungen und jedes Mädchens, die ihre Stimme für ihre Rechte erhoben haben. Es gibt Hunderte Menschenrechtsaktivisten und Sozialarbeiter, die nicht nur über ihre Rechte sprechen, sondern dafür kämpfen, ihr Ziel von Frieden, Bildung und Gleichheit zu erreichen. Tausende Menschen wurden von den Terroristen getötet und Millionen wurden verwundet. Ich bin nur eine unter ihnen. Und so stehe ich hier – und so stehe ich hier, ein Mädchen unter vielen. Ich spreche nicht nur für mich selbst, sondern ich spreche, damit die, die keine Stimme haben, auch gehört werden. Die, die für ihre Rechte gekämpft haben. Ihr Recht, in Frieden zu leben, ihr Recht, in Würde behandelt zu werden, ihr Recht auf Chancengleichheit, ihr Recht auf Bildung.

Liebe Freunde, am 9. Oktober 2012 haben die Taliban auf mich geschossen und meine linke Stirn getroffen. Auch auf meine Freunde haben sie geschossen. Sie haben gedacht, dass die Kugeln uns zum Schweigen bringen würden, aber sie sind gescheitert. Denn aus der Stille kamen tausende Stimmen. Die Terroristen dachten, sie könnten meine Ziele verändern und meinen Ehrgeiz stoppen. Aber in meinem Leben hat sich nichts verändert mit einer Ausnahme: Schwäche, Angst und Hoffnungslosigkeit sind verschwunden, Stärke, Kraft und Mut sind geboren. Ich bin dieselbe Malala. Meine Absichten sind dieselben. Meine Hoffnungen sind dieselben. Und meine Träume sind dieselben. […] Meine Seele sagt mir: „Sei friedfertig und liebe alle."

Liebe Schwestern und Brüder, wir erkennen die Bedeutung von Licht, wenn wir Dunkelheit sehen. Wir erkennen die Bedeutung unserer Stimme, wenn wir zum Schweigen gebracht werden. Und genau so haben wir in Swad in Nordpakistan die Bedeutung von Stiften und Büchern erkannt, als wir die Waffen sahen. Die Stimme, die sprach: „Der Stift ist mächtiger als das Schwert". Es ist wahr. Die Extremisten hatten und haben Angst vor Büchern und Stiften. Die Macht der Bildung erschreckt sie. Sie haben Angst vor Frauen. Die Macht der Stimme von Frauen erschreckt sie. Und darum haben sie vor kurzem in Quetta 14 unschuldige Studentinnen attackiert. […] Und darum zerstören sie täglich Schulen, weil sie Angst haben vor dem Wandel und vor der Gleichberechtigung, die wir unserer Gesellschaft bringen wollen. […] In vielen Teilen der Welt, gerade auch in Pakistan und Afghanistan, können Kinder wegen Terrorismus, Krieg und Auseinandersetzungen nicht zur Schule gehen. Wir sind dieser Kriege wirklich müde. Frauen und Kinder leiden auf vielerlei Weise in vielen Teilen der Erde. In Indien sind unschuldige und arme Kinder Opfer von Kinderarbeit. In Nigeria wurden

Eine Redeanalyse schreiben

viele Schulen zerstört. Die Menschen in Afghanistan sind seit Jahrzehnten von härtestem Extremismus betroffen. Junge Mädchen müssen zu Hause arbeiten und werden gezwungen sehr jung zu heiraten. Armut, Unwissenheit, Ungerechtigkeit, Rassismus und der Entzug von Grundrechten sind die wichtigsten Probleme von Männern und Frauen gleichermaßen.
Liebe Gefährten, heute konzentriere ich mich auf Frauenrechte und das Recht auf Bildung für Mädchen, weil sie am meisten leiden. Es gab eine Zeit, in der gesellschaftliche Aktivistinnen Männer gebeten haben, für ihre Rechte einzutreten, aber diesmal werden wir das selbst tun. Damit will ich nicht sagen, dass Männer sich nicht weiterhin für Frauenrechte einsetzen sollen, vielmehr möchte ich hervorheben, dass Frauen unabhängig sein und für sich selbst kämpfen sollen. Also, liebe Schwestern und Brüder, es ist an der Zeit, eure Meinung zu sagen. Wir rufen heute die Führer der Welt auf, ihre strategischen Grundsätze zugunsten von Frieden und Wohlstand zu ändern. Wir rufen die führenden Politiker der Welt auf, dass alle Abkommen die Rechte von Frauen und Kindern schützen müssen. Ein Abkommen, das gegen die Rechte von Frauen geht, ist unannehmbar. Wir rufen alle Regierungen auf, Schulpflicht auf der ganzen Welt für alle Kinder zu gewährleisten. Wir rufen alle Regierungen auf, gegen Terrorismus und Gewalt zu kämpfen. Um Kinder vor Brutalität und Schaden zu bewahren. Wir fordern die Industriestaaten auf, den Ausbau der Bildungsmöglichkeiten für Mädchen in den Entwicklungsländern zu unterstützen. Wir rufen alle Gemeinden auf, tolerant zu sein und Vorurteile in Bezug auf Kaste, Glaube, Sekte, Hautfarbe, Religion oder Geschlecht abzulehnen und Freiheit und Gleichheit für Frauen sicherzustellen, damit sie erblühen kann. Wir alle können nicht erfolgreich sein, wenn die Hälfte von uns zurückgehalten wird. Wir rufen unsere Schwestern auf der ganzen Welt auf, tapfer zu sein, die eigene Stärke anzunehmen und ihre Möglichkeiten voll auszuschöpfen.
Liebe Brüder und Schwestern, wir wollen Schulen und Bildung für eine glänzende Zukunft aller Kinder. Wir werden unsere Reise mit dem Ziel Frieden und Ausbildung fortsetzen. Niemand kann uns aufhalten. Wir werden für unsere Rechte sprechen und unsere Stimme wird sich verändern. Wir glauben an die Kraft und die Stärke unserer Worte. Unsere Worte können die Welt verändern, weil wir uns zusammenschließen für die Sache der Bildung. Und wenn wir unser Ziel erreichen wollen, dann lasst uns uns selbst ermächtigen mit der Waffe des Wissens und lasst uns uns selbst schützen mit Geschlossenheit und Zusammengehörigkeit.
Liebe Brüder und Schwestern, wir dürfen nicht vergessen, dass Millionen von Menschen unter Armut, Ungerechtigkeit und Mangel an Bildung leiden. Wir dürfen nicht vergessen, dass Millionen von Kindern keine Schule haben. Wir dürfen nicht vergessen, dass unsere Schwestern und Brüder auf eine glänzende, friedliche Zukunft warten. Also lasst uns einen weltweiten Kampf wagen, gegen Analphabetismus, Armut und Terrorismus, lasst uns unsere Bücher und Stifte holen, sie sind unsere stärksten Waffen. Ein Kind, ein Lehrer, ein Buch und ein Stift können die Welt verändern. Bildung ist die einzige Lösung. Bildung zuerst. Vielen Dank!

www.kindernetz.de

1 Analysieren Sie die Rede Malala Yousafzais (in Stichpunkten).

a) Informieren Sie sich zuerst über die Rednerin Malala und ihre biografischen Hintergründe. Sammeln Sie dabei auch Informationen zum Thema Frauenrechte und Chancengleichheit für Frauen und Mädchen in Pakistan.

b) Bestimmen Sie Redesituation (Rednerin, Ort, Zeit, Anlass, Zielgruppe) und Thema der Rede.

2 Ermitteln Sie mithilfe des nachfolgenden Schülerbeispiels

a) die Argumentationsstruktur,

b) die eingesetzten Strategien der Beeinflussung und

c) die sprachlichen Mittel vor dem Hintergrund der Zielgruppe. Bestimmen Sie dabei besonders die Wirkung der rhetorischen Mittel.

Eine Redeanalyse schreiben

Ein Schüler hat den Anfang der Rede Malalas mit folgenden Randnotizen bearbeitet, die Sie für Ihre Analyse verwenden können:

Redetext	Schülerbeispiel
Es ist eine Ehre für mich, nach langer Zeit wieder sprechen zu können. Es ist ein großer Augenblick in meinem Leben, hier unter so vielen ehrenwerten Menschen zu sein […]. Wo soll ich mit meiner Rede beginnen? Ich weiß nicht, was die Menschen von mir erwarten, aber vor allem möchte ich meinen Dank richten an Gott, für den wir alle gleich sind, und an alle Menschen, die für mein Leben gebetet haben und dass ich schnell wieder gesund werde. Ich kann gar nicht glauben, wie viel Liebe mir die Menschen gezeigt haben. Ich habe tausende Karten mit guten Wünschen bekommen und Geschenke von überall auf der Welt. Vielen Dank an sie alle. Danke an die Kinder, deren unschuldige Worte mich ermutigt haben. Danke an meine Ältesten, deren Gebete mich gestärkt haben. Ich möchte den Krankenschwestern, den Ärzten und dem Personal der Krankenhäuser in Pakistan und Großbritannien danken und der Regierung der Vereinigten Arabischen Emirate, die geholfen haben, dass es mir besser geht und ich meine Stärke zurückgewinne. […]	*Danksagungen*
Liebe Brüder und Schwestern, denkt immer an eines: Der Malala-Tag ist nicht mein Tag, heute ist der Tag jeder Frau, jedes Jungen und jedes Mädchens, die ihre Stimme für ihre Rechte erhoben haben. Es gibt Hunderte Menschenrechtsaktivisten und Sozialarbeiter, die nicht nur über ihre Rechte sprechen, sondern dafür kämpfen, ihr Ziel von Frieden, Bildung und Gleichheit zu erreichen. Tausende Menschen wurden von den Terroristen getötet und Millionen wurden verwundet. Ich bin nur eine unter ihnen. Und so stehe ich hier – und so stehe ich hier, ein Mädchen unter vielen.	*Anrede, Wir-Gruppe, These Beispiel* *Wiederholung*
Ich spreche nicht nur für mich selbst, sondern ich spreche, damit die, die keine Stimme haben, auch gehört werden. Die, die für ihre Rechte gekämpft haben. Ihr Recht in Frieden zu leben, ihr Recht, in Würde behandelt zu werden, ihr Recht auf Chancengleichheit, ihr Recht auf Bildung.	*Anapher, Reihung*

3 **Übernehmen Sie die Randnotizen (mit Zeilenangaben) der Rede Malalas in Ihr Heft. Setzen Sie diese nach dem im Schülerbeispiel begonnenen Muster fort.**

BASISWISSEN – Sachurteile – Werturteile

Zum Abschluss einer Redeanalyse wird die Qualität der Rede beurteilt. Berücksichtigen Sie bei der Bewertung der Gestaltung die Zielgruppe. Ihre Bewertung kann sich auf zwei Ebenen bewegen.

Zum einen können Sie **Sachurteile** abgeben. Hierbei fällen Sie auf der Basis objektiver Kriterien ein sachliches Urteil über den Text. Sie bewerten, ob das Thema zum Anlass passt, der Redner gute Argumente vorbringt, der Redner seine Meinung überzeugend vertreten kann, die Rede verständlich gestaltet ist, rhetorische Figuren und Strategien der Beeinflussung passen und für die Zielgruppe angemessen gewählt sind.

Zum anderen können Sie **Werturteile** abgeben. Hierbei fließen in Ihre Bewertung Ihre persönlichen Überzeugungen ein.

Eine Redeanalyse schreiben

4 **Verfassen Sie eine Bewertung zu der Rede von Malala Yousafzai. Orientieren Sie sich dabei am Basiswissen. Versuchen Sie, sowohl ein Sachurteil als auch ein Werturteil abzugeben. Beachten Sie dabei die Zielgruppe.**

5 **Schreiben Sie eine vollständige Redeanalyse zu der Rede von Malala Yousafzai. Orientieren Sie sich an der folgenden Arbeitstechnik und an den Formulierungshilfen.**

a) Formulieren Sie eine Einleitung.
b) Formulieren Sie im Hauptteil die Ergebnisse Ihrer Analysen.
c) Bewerten Sie die Qualität der Rede mithilfe des Basiswissens.
d) Überarbeiten Sie Ihren Aufsatz im Rahmen einer Schreibkonferenz.

ARBEITSTECHNIK **Eine Redeanalyse schreiben**

Folgende Elemente sollten Sie bei der Analyse einer Rede berücksichtigen:

Einleitung:
- die Rede hinsichtlich Redesituation (Redner, Ort und Zeit, Anlass, Zielgruppe) und Thema einordnen
- die Hauptgedanken (kurze Inhaltsangabe) und grob die Argumentationsstruktur des Textes darlegen

Hauptteil:
- sprachliche Mittel und Strategien der Beeinflussung benennen und in ihrer Funktion bestimmen
- die vom Redner verfolgte Aussageabsicht erkennen und seine Ziele erläutern
- die Textfunktionen bestimmen und nachweisen
- Inhalt, Form und Wirkung abschnittsweise erläutern

Schluss:
- eine begründete Beurteilung und Wertung der Rede vornehmen hinsichtlich der Position des Redners und der Gestaltung sowie Wirkung der Rede unter Berücksichtigung der Zielgruppe

FAZIT

10.1
Eine Rede untersuchen
- Den Inhalt einer Rede zusammenfassen und ihre Argumentationsstruktur analysieren
- Die Funktion einer Rede bestimmen und deren mögliche Wirkabsichten beurteilen
- Das rhetorische Vorgehen des Redners und sprachliche Auffälligkeiten erkennen

10.2
Eine Redeanalyse schreiben
- Eine Rede interpretieren
- Eine Rede beurteilen

10.3
Prüfungsvorbereitung

Prüfungsvorbereitung

In der Prüfung kann Ihnen ein Text wie der folgende vorgelegt werden. Barack Obama, von 2009 bis 2017 Präsident der USA, erhielt 2009 den Friedensnobelpreis. Am 10. Dezember 2009 nahm er den Preis entgegen und hielt die hier gekürzt vorliegende Rede:

Barack Obama: Rede zur Verleihung des Friedensnobelpreises

Majestäten, königliche Hoheiten, verehrte Mitglieder des norwegischen Nobelpreiskomitees, Bürger der Vereinigten Staaten, Bürger der Welt, ich nehme diese Ehrung mit tiefer Dankbarkeit und großer Demut entgegen. Es ist eine Auszeichnung, die unserer höchsten Erwartung gilt – dass wir trotz aller Grausamkeit und allen Elends unserer Welt nicht bloß Gefangene des Schicksals sind. [...]

Doch ich wäre nachlässig, würde ich nicht einräumen, dass Ihre großzügige Entscheidung zu einer beträchtlichen Kontroverse geführt hat. Teils liegt das daran, dass ich erst am Anfang und nicht am Ende meiner Arbeit auf der Weltbühne stehe. Verglichen mit manchen Giganten der Geschichte, die diesen Preis vor mir erhalten haben – Schweitzer und King, Marshall und Mandela –, sind meine Leistungen gering. Und dann sind da jene Männer und Frauen auf der Welt, die für ihr Gerechtigkeitsstreben inhaftiert und misshandelt worden sind; jene, die sich in Menschenrechtsorganisationen mühen, um Leid zu lindern; jene Millionen Unerkannte, deren stille Akte des Muts und des Mitleids noch die härtesten Zyniker begeistern. Ich kann nicht rechten mit denen, die meinen, diese Männer und Frauen – manche berühmt, andere nur den Menschen bekannt, denen sie helfen – verdienten diese Ehre weit mehr als ich.

Doch vielleicht ist das schwerwiegendste Problem, da ich diesen Preis annehme, die Tatsache, dass ich der Oberkommandierende einer Nation bin, die mitten in zwei Kriegen steckt. Einer dieser Kriege ist dabei abzukühlen. Der andere ist ein Konflikt, den Amerika nicht gesucht hat; einer, in dem 43 andere Nationen – darunter Norwegen – uns beistehen, auf dass wir uns selbst und alle Nationen vor weiteren Angriffen schützen.

Dennoch stehen wir im Krieg, und ich bin dafür verantwortlich, dass Tausende junger Amerikaner in einem fernen Land in die Schlacht ziehen. Manche von ihnen werden töten. Manche werden getötet werden. Und so komme ich mit einem gesteigerten Bewusstsein für den Preis eines bewaffneten Konflikts hierher – voller schwieriger Fragen zum Verhältnis von Krieg und Frieden und unserem Bemühen, den einen durch den anderen zu ersetzen.

Diese Fragen sind nicht neu. Der Krieg kam, in der einen oder anderen Gestalt, mit dem ersten Menschen in die Welt. [...] [E]r war eine bloße Tatsache, wie Dürre oder Krankheit – so eben strebten erst Stämme, dann Zivilisationen nach Macht, so trugen sie ihre Konflikte aus.

Mit der Zeit [...] bemühten sich Philosophen, Kleriker und Staatsmänner, die zerstörerische Kraft des Krieges zu steuern. Die Idee eines „gerechten Krieges“ kam auf, der zufolge ein Krieg nur unter bestimmten Bedingungen gerechtfertigt ist: wenn er ein letztes Mittel zur Selbstverteidigung ist; wenn die angewendete Gewalt verhältnismäßig ist und wenn, wann immer möglich, Zivilisten geschont werden.

In der Geschichte wurde diese Idee des gerechten Kriegs zumeist nur selten befolgt. Die Fähigkeit menschlicher Wesen, immer neue Wege zu ersinnen, einander umzubringen, erwies sich als unerschöpflich, und nicht anders unsere Fähigkeit, keine Gnade zu kennen bei jenen, die anders aussehen oder einen anderen Gott verehren. Kriege zwischen Armeen

Prüfungsvorbereitung

machten Kriegen zwischen Nationen Platz – totalen Kriegen, in denen der Unterschied von Kombattant und Zivilist verwischte. Binnen dreißig Jahren versank dieser Kontinent zweimal in einem solchen Blutbad. Und obwohl eine gerechtere Sache als die Niederlage des „Dritten Reichs" und der Achsenmächte nur schwer vorstellbar ist, war der Zweite Weltkrieg ein Konflikt, in dem die Zahl der zivilen Opfer die Zahl der gefallenen Soldaten überstieg.

Unter dem Eindruck solcher Zerstörung und mit dem Beginn des Nuklearzeitalters wurde Siegern wie Besiegten klar, dass die Welt Institutionen brauchte, um einen weiteren Weltkrieg zu verhindern. Und so führte Amerika – ein Vierteljahrhundert, nachdem die Vereinigten Staaten den Völkerbund abgelehnt hatten – die Welt zu einer Architektur, die den Frieden wahren sollte: zum Marshall-Plan und den Vereinten Nationen, zu Mechanismen, die Kriegsführung zu regeln, zu Verträgen, die Menschrechte zu wahren, Völkermord zu verhindern und die gefährlichsten Waffen zu begrenzen.

In vielerlei Hinsicht waren diese Bemühungen erfolgreich. Ja, es hat furchtbare Kriege gegeben. Aber es gab keinen dritten Weltkrieg. Der Kalte Krieg endete mit jubelnden Massen, die die Mauer einrissen. Handel hat große Teile der Welt verbunden. Milliarden Menschen wurden von der Armut befreit. Die Ideale von Freiheit, Selbstbestimmung, Gleichheit und von Recht und Gesetz haben sich unaufhaltsam ausgebreitet. Wir sind die Erben der Stärke und der Weitsicht vergangener Generationen, und das ist ein Vermächtnis, auf das mein Land zu Recht stolz ist. Ein Jahrzehnt im neuen Jahrhundert gibt die alte Ordnung aber unter dem Gewicht neuer Gefahren nach. Die Welt mag nicht mehr erschaudern vor der Gefahr eines Krieges zwischen den nuklearen Supermächten, aber Weiterverbreitung könnte das Risiko einer Katastrophe vergrößern. Der Terrorismus war lange nur eine Taktik, aber moderne Technik erlaubt wenigen unbedeutsamen Männern mit übergroßer Wut, Unschuldige in einem furchtbaren Ausmaß zu ermorden.

Zudem wurden Kriege zwischen Nationen zunehmend abgelöst durch Kriege innerhalb von Nationen. Das Wiederaufkommen von ethnischen oder sektiererischen Konflikten, die Zunahme von Abspaltungsbewegungen, Aufständen und gescheiterten Staaten haben dazu geführt, dass immer mehr Zivilisten in nicht enden wollendem Chaos gefangen sind. In den Kriegen von heute werden weit mehr Zivilisten getötet als Soldaten; die Samen zu weiteren Konflikten werden gelegt, die Wirtschaft wird zerstört, Zivilgesellschaften in Brand gesteckt, Flüchtlingsströme ausgelöst und Kinder für ihr Leben gezeichnet.

[...]

Die Welt wird kleiner und man könnte denken, dass es für die Menschen leichter würde zu erkennen, wie ähnlich wir uns sind, dass wir alle auf eine Chance hoffen, unser Leben mit einem Maß an Glück und Erfüllung für uns und unsere Familien zu leben.

Und dennoch: Wegen der verwirrenden Geschwindigkeit der Globalisierung sollte es niemanden überraschen, dass die Menschen fürchten, Dinge, die ihnen wichtig sind, oder ihre besonderen Identitäten zu verlieren, ihre Ethnie, ihren Stamm und vor allem ihre Religion. An manchen Orten hat diese Angst zu Konflikten geführt. [...] Wir sehen es im Nahen Osten, wo der Konflikt zwischen Arabern und Juden sich zu verhärten scheint. Wir sehen es bei Nationen, die entlang von Stammesgrenzen zerrissen werden.

Am gefährlichsten ist es dort, wo Religion benutzt wird, um den Mord an Unschuldigen zu rechtfertigen – bei denen, die die große Religion des Islam verzerrt und besudelt und mein Land von Afghanistan aus angegriffen haben. Solch ein verzerrtes Bild der Religion ist nicht nur unvereinbar mit der Idee des Friedens, sondern auch mit dem Zweck des Glaubens. Denn die eine Regel, die im Zentrum jeder bedeutenden Religion steht, ist, dass wir anderen gegenüber so handeln, wie wir möchten, dass andere uns gegenüber handeln.

Dieses Gesetz der Liebe stand immer im Mittelpunkt des menschlichen Strebens. Wir sind fehlbar. [...] Selbst denen unter uns, die von den besten Absichten erfüllt sind, wird es manchmal nicht gelingen, das Unrecht vor unseren Augen zu beheben. Aber es ist nicht notwendig, die menschliche Natur für perfekt zu halten, um trotz allem zu glauben, dass die Lage

Prüfungsvorbereitung

der Menschheit perfektioniert werden könnte. Die Gewaltlosigkeit, wie sie Gandhi oder King lehrten, mag nicht unter allen Umständen angemessen oder möglich gewesen sein. Aber die Liebe, die sie gepredigt haben, ihr Glaube an den menschlichen Fortschritt sollten immer unser Leitstern sein. Denn wenn wir diesen Glauben verlieren, ihn als dumm oder naiv abtun, dann verlieren wir das Beste der Menschheit: Wir verlieren unseren Möglichkeitssinn. Wir verlieren unseren moralischen Kompass.

So lasst uns nach der Welt streben, die sein sollte – nach dem göttlichen Funken, der sich immer noch in unserer Seele regt. Irgendwo heute, im Hier und Jetzt, sieht ein Soldat sich einer Übermacht gegenüber und steht dennoch fest, um den Frieden zu verteidigen. Irgendwo steht heute, in dieser Welt, eine junge Demonstrantin und erwartet die Brutalität ihrer Regierung und hat dennoch den Mut weiterzumarschieren. Irgendwo sieht sich heute eine Mutter furchtbarer Armut gegenüber – und nimmt sich dennoch die Zeit, ihr Kind zu erziehen, das daran glaubt, dass es in einer grausamen Welt noch immer Platz für seine Träume gibt.

Lasst uns ihrem Beispiel folgen. Wir können zugeben, dass es immer Unterdrückung geben wird, und dennoch um Gerechtigkeit kämpfen. Wir können die Unauflösbarkeit von Armut eingestehen und uns dennoch um Würde bemühen. Wir können verstehen, dass es Krieg geben wird, und uns dennoch für Frieden einsetzen. Wir können das tun, weil es die Geschichte des menschlichen Fortschritts ist, weil es die Hoffnung der ganzen Welt ist. Und in diesem Moment der Herausforderung muss das unsere Arbeit hier auf der Erde sein.

(www.welt.de, 10. 12. 2009)

1 **Verfassen Sie mithilfe der Arbeitstechnik eine vollständige Redeanalyse.**

a) Geben Sie Inhalt und Argumentationsstruktur der Rede in eigenen Worten wieder.

b) Untersuchen Sie die Aussageabsicht des Redners und gehen Sie darauf ein, wie diese sprachlich umgesetzt wird. Achten Sie dabei auch auf Strategien der Beeinflussung.

c) Bewerten Sie die Rede im Hinblick auf die Zielgruppe.

★ d) Beurteilen Sie abschließend die Aktualität von Obamas Rede, indem Sie aktuelle politische Entwicklungen berücksichtigen.

CHECKLISTE – Eine Redeanalyse schreiben

Einleitung

☑ Haben Sie die Rede hinsichtlich Redesituation und Thema eingeordnet?

☑ Haben Sie eine Inhaltsangabe, die Hauptgedanken und Argumentationsstruktur wiedergibt, verfasst?

Hauptteil

☑ Haben Sie sprachliche Mittel und rhetorische Figuren analysiert und ihre Funktion bestimmt?

☑ Haben Sie rhetorische Strategien benannt und in ihrer Funktion bestimmt?

☑ Haben Sie appellative, informierende und expressive Elemente nachgewiesen?

☑ Haben Sie die Aussageabsicht erkannt und die Ziele des Redners erläutert?

☑ Haben Sie Inhalt, Form und Wirkung abschnittsweise erläutert?

Schluss

☑ Haben Sie die Rede in Form eines Sachurteils oder eines Werturteils bewertet?

Kapitel 11

Stellungnahmen schreiben

11.1
Die Argumentation des Autors prüfen und bewerten

11.2
Eine Stellungnahme aufbauen

11.3
Eine Stellungnahme schreiben

11.4
Prüfungsvorbereitung

In unserem Alltag begegnen uns viele Sachtexte, denen wir Fakten und Meinungen entnehmen können. Dies geschieht aber meist unsystematisch.
In diesem Kapitel lernen Sie, sich systematisch mit einem Text und dessen Argumentationsstruktur auseinanderzusetzen. Sie legen in einer Stellungnahme Ihren eigenen Standpunkt zu bestimmten Sachverhalten und Positionen des Autors dar. Sie unterstützen dabei die Thesen der Textvorlage oder grenzen sich von diesen ab. Letztendlich lernen Sie, wie Sie den Leser Ihrer Stellungnahme von Ihrer Meinung überzeugen können.

Kompetenzen

- ✓ Die Argumentation herausarbeiten
- ✓ Eine Argumentation bewerten
- ✓ Eine Stellungnahme aufbauen
- ✓ Eine Stellungnahme verfassen

Methoden und Arbeitstechniken

- ✓ Cluster
- ✓ Mindmap

Die Argumentation des Autors prüfen und bewerten

Nachdem Sie den Inhalt und Aufbau eines Sachtextes zusammengefasst haben (↗ Kapitel 2), setzen Sie sich bei der Stellungnahme in einem weiteren Schritt ausführlich und kritisch mit den zentralen Positionen eines Autors auseinander. Der folgende Text stammt aus der Wochenzeitung „Die Zeit".

Ein Lehrer für mich alleine

Das Lernen wird sich dramatisch verändern. Maßgeschneiderte Computerprogramme ersetzen den herkömmlichen Unterricht. Großartig, oder?

von Fritz Breithaupt

Wie wäre es mit Mathe? Ich sehe an deinem Blick und an deinem Blutdruck, dass du gerade sehr fokussiert bist.

Die letzte Aufgabe war aber so hart!

Trotzdem geben wir nicht auf. Ich zeige dir ein Video dazu. Die meisten User mit ähnlichen Lerneigenschaften wie du konnten es danach lösen.

Okay, was bekomme ich, wenn ich es löse?

Wenn du das Problem in 17 Minuten meisterst, steigst du eine Kategorie auf.

Das ist nicht Science-Fiction. Das ist Deutschland 2036. In spätestens zwanzig Jahren wird Bildung so ablaufen – der Einzelne im Gespräch mit seinem virtuellen Lehrer. Der ist eine App, die Zugriff auf gewaltige Datenmengen hat. [...] Der virtuelle Lehrer straft nicht, wenn ein Schüler nicht genügend lernt. Er regt an. [...] 2036 werden Eltern schon für ihre fünf Jahre alten Kinder einen virtuellen Lehrer abonnieren. Die Stimme des Computers wird uns durchs Leben begleiten. [...] Das Computerprogramm erkennt, was sein Schüler schon kann, wo er Nachholbedarf hat, wie er zum Lernen gekitzelt wird. Wir werden uns als der lernende Mensch neu erfinden. [...]

Ein diabolischer maschinengesteuerter Lernterror, der uns keine ruhige Sekunde gönnt, werden die einen sagen. Die Erlösung von der alten Gleichmacherei, die anderen. Wer hat recht?

Ich glaube: Die Individualerziehung wird den größten Fortschritt in der Bildung seit 250 Jahren bringen – ironischerweise aber auch gleichzeitig einen Rückschritt bedeuten. Warum, dazu später mehr. [...]

Die Individualerziehung dagegen wird alles verändern – die Komponenten dieser technisierten Lernrevolution existieren bereits. Computer verstehen mittels Spracherkennung bereits nach wenigen Minuten verschiedene Sprecher, in den meisten großen Technologiefirmen haben die Mitarbeiter schon persönliche Assistenten mit künstlicher Intelligenz. [...] Was fehlt, ist, dass diese Komponenten für die Bildung zusammengebracht werden. [...]

Die Revolution liegt in der Mischung aus Algorithmen und computerisierter Spracherkennung. Die meisten von uns kennen dies unter dem Namen Siri (Speech Interpretation and Recognition Interface), also die Computerstimme, die sich etwa auf dem iPhone an den Nutzer wendet. Um diese Stimme als intelligenten persönlichen Assistenten für die Bildung anzuwenden, fehlt nur noch der große Freilandversuch, in dem das System sich selbst verbessern kann.

Dazu muss es große Datenmengen sammeln und seine Strategien durch Algorithmen verfeinern. Das Computersystem kann jede Frage-Antwort-Situation und jede Wenn-dann-Konstellation speichern und zugleich bewerten, wie schnell und unter welchen Umständen sie zu den gewünschten Lernerfolgen führt. Dabei vergibt der Computer nicht einfach Noten wie ein Schulmeister des 20. Jahrhunderts, sondern erkennt individuelle Lern- und Motivationsmuster [...]. Paradoxerweise ermöglicht die Masse der Daten die stärkste Form der Individualisierung. Jeder wird seinen eigenen Lehrer haben, mit dem er im fortschreitenden Dialog lernt.

Es wird in diesem System keine klassischen Kurse geben, die einfach abgespielt werden. Zu jeder Zeit kann der Dialog auch Wissen aus anderen Gebieten aufnehmen, das aktive Vokabular des Lernenden erhöhen oder Gedächtnisübungen machen, während zugleich etwa eine mathematische Aufgabe Thema ist. Wer gerade keine Lust hat, Vokabeln zu lernen, wessen Gehirn aber signalisiert, Spaß an Gruppenarbeit zu haben, für den hat das Programm die richtige Lösung. Die Lerner müssen ihrem Lehrer nicht vormachen, sie interessierten sich für etwas. Sie können es nicht mal. Große Offenheit kehrt ins Bildungssystem ein. [...]

Die Argumentation des Autors prüfen und bewerten

Jonathan Plucker von der Johns Hopkins University, weltweit einer der führenden Experten zu Kreativität und Bildung, definiert das Grundprinzip der Individualerziehung als das Schaffen „einer Situation, in der jeder Student gemäß seinen Fähigkeiten, seinen bisherigen Leistungen und – zu einem gewissen Maße – seinen Interessen angemessen herausgefordert wird.“ Selbst der beste Klassenlehrer, Sprachtutor oder Coach, gesegnet mit Empathie, pädagogischem Eros und Interesse an seinem Schüler, wird nicht so individuell fördern können wie der Computer.

Wie anders ist das im Vergleich zu Bildung und Weiterbildung heute! Statt am Einzelnen orientieren sich unsere Schulen mit ihrem Großgruppenunterricht in der Regel am untersten und mittleren Drittel. Was kann ein Lehrer auch mit den in seinem Fach besonders begabten Kindern machen? Je mehr Zeit er mit den schnell Lernenden verbringt, desto größer wird die Kluft nach unten. Also heißt es: warten und auf der Stelle treten. […]

Und so lautet die zentrale Assoziation, die viele Kinder mit der Schule verbinden: Langweile.

[…] Man wird sich 2036 mit Kopfschütteln an die jetzigen Zustände zurückerinnern.

Natürlich: Es gibt auch einiges am Kollektivklassenzimmer, was es zu verteidigen gilt. Dazu gehört, dass wir dort mit Menschen unterschiedlichster Herkunft zusammenkommen und eine Gemeinschaft werden. Jonathan Plucker sieht darin einen zentralen Zusammenhang von Erziehung und Demokratie. Mitmenschen und Mitlernende sind ein guter Ansporn zum Lernen, sei es, dass wir Freude am Mitteilen unserer Einsichten haben, sei es, dass wir in produktiver Konkurrenz stehen, oder sei es, dass wir Erwartungsdruck von Mitmenschen brauchen. Bei einem Computer durchzufallen ist etwas anderes, als unsere Mitschüler zu enttäuschen. Doch diese Gründe genügen nicht, um eine fehlerhafte Unterrichtsform zu legitimieren. […] Die Frage wird sein, wie man im Zeitalter der individuellen Lehrer weiterhin die unterschiedlichsten Menschen in produktiver Gruppenarbeit zusammenbringen kann.

Das könnte in Zukunft die Aufgabe der menschlichen Lehrer sein. Sie koordinieren Gruppen, fördern die emotionale Entwicklung, besprechen die Erfolge mit dem Lernenden. Aus dem klassischen Lehrer wird ein Partner im Lerngeschäft, wie der Coach in der Supervision.

Anders als die Lehrer in der jetzigen Schule wird man seine Computerstimme nicht mit dem Abitur oder Bachelor hinter sich lassen. Lernen ist nicht mehr Sache eines Lebensabschnitts. […] Im Arbeitsmarkt rückt man in Positionen auf, sobald man bestimmte Fähigkeiten erworben hat, egal wie alt man ist. Kurz: Die Revolution der lebenslangen Bildung sind wir selbst. Der Homo discens, der fortwährend lernende Mensch, wird Wirklichkeit. […]

Vielen werden sich die Nackenhaare sträuben: Mein persönlicher Lehrer und vielleicht primärer Gesprächspartner ein Computer? Wird diese Stimme des Computers unser neues Über-Ich?

Natürlich besteht die Gefahr, dass die computergesteuerte Erziehung eine asoziale Einkapselung bewirkt, sofern kein Ausgleich geschaffen wird. Schon jetzt gibt es Anzeichen, dass die derzeitige Jugend in den USA weniger Empathie entwickelt als vorangegangene Generationen, dass sie narzisstischer veranlagt ist und der Umgang mit den neuen Medien eine Rolle in dieser Entwicklung spielt.

Die Psychologin Sara Konrath hat zahlreiche Persönlichkeitstests der letzten Jahrzehnte ausgewertet und eine 40-prozentige Verminderung von Empathie bei den derzeitigen Studenten im Vergleich zu denen von 1980 bis 1990 registriert. Dieser Trend könnte durch die computerisierte individualisierte Erziehung verstärkt werden.

Eine zweite Sorge: der Datenschutz. Netzwerke, die immer mehr Daten über jeden Einzelnen ansammeln, werden nicht nur europäischen Datenschützern Kopfweh bereiten. Denn hier geht es nicht nur um die Frage, was mit den angesammelten Daten gemacht wird. Sondern auch darum, wie uns die Computer steuern und von welchen Erziehungszielen sie geleitet werden. Dies sind politisch brisante Fragen für jede Demokratie. […] Die radikale Individualerziehung wird sich in dem Moment durchgesetzt haben, wenn die Lernenden selbst ihre Ziele vorgeben. […]

(Die Zeit, 28.01.2016)

Die Argumentation des Autors prüfen und bewerten

1 **Bearbeiten Sie den Text.**

a) Arbeiten Sie die zentralen Thesen von Breithaupt in Form eines Clusters heraus.

b) Legen Sie die Argumente dar, mit denen er seine Thesen stützt.

ARBEITSTECHNIK **Die Argumentation herausarbeiten**

Folgende Fragestellungen können Ihnen helfen, die Argumentation eines Autors zu überprüfen:

- Ist die Argumentation folgerichtig aufgebaut?
- Weist die Argumentation Lücken auf?
- Wo ist sie fehlerhaft/unlogisch?
- Werden auch gegensätzliche Positionen berücksichtigt?

Bevor Sie die Stellungnahme verfassen, müssen Sie die im Text geäußerten Thesen prüfen und bewerten.

Die Stelle: „Selbst der beste Klassenlehrer, Sprachtutor oder Coach, gesegnet mit Empathie, pädagogischem Eros und Interesse an seinem Schüler, wird nicht so individuell fördern können wie der Computer“ (Z. 80 ff.), aus dem Text „Ein Lehrer für mich alleine“ wurde von drei Schülern bewertet:

Achtung, Fehler!

(A) *Ich halte die Aussage von Breithaupt für sehr gewagt, weil er hier sehr pauschalisierend vorgeht. Er unterstellt jedem Pädagogen, Tutor, Coach etc., einem Computer unterlegen zu sein, dabei vergisst er, dass all diese Menschen eine pädagogische Ausbildung haben und wie wichtig und prägend auch der persönliche Kontakt zwischen Schüler und Lehrer sein kann.*

(B) *Ich stimme Herrn Breithaupt in diesem Punkt völlig zu, da ich aus meiner eigenen Erfahrung berichten kann, dass man in einem Klassenverband immer ein Stück weit untergeht und nie so individuell wahrgenommen werden kann wie von einem Computer.*

(C) *Breithaupt vergisst bei dieser Ausführung eine Vielzahl von Komponenten. Geht man von einem Klassenverband von 30 Schülern aus, so mag er recht haben, dass die individuelle Förderung ein Stück weit untergeht. Man darf aber auf der anderen Seite nicht vergessen, dass es bildungspolitische Überlegungen in diese Richtungen gibt und es auch Klassenverbände von nur zehn Personen gibt.*

2 **Begründen Sie, welche Bewertungen Ihrer Meinung nach überzeugend wirken.**

3 **Bewerten Sie Breithaupts Argumentation mithilfe der hier folgenden Arbeitstechnik.**

ARBEITSTECHNIK **Eine Argumentation bewerten**

Bei der Auseinandersetzung mit den Argumenten eines Autors sollten Sie die eigene Position begründen. Im Fall einer Zustimmung sollten Sie auch eigene Belege und Beispiele geben. Im Fall einer Ablehnung der vorliegenden Argumente sollten Sie Gegenargumente anführen. Es gibt unterschiedliche Arten, Argumente zu bewerten:

- Sie stimmen einem Argument zu.
- Sie stimmen einem Argument teilweise zu.
- Sie stimmen einem Argument zu und ergänzen es um neue Aspekte.
- Sie widersprechen einem Argument.

Eine Stellungnahme aufbauen

Das Ziel einer Stellungnahme im Anschluss an einen Text ist es, einen eigenen Standpunkt zu entwickeln und diesen sachlich und differenziert zu vertreten. Dazu stellen Sie die einzelnen Argumente in einen Argumentationszusammenhang und veranschaulichen Ihre Position. Ihre Argumente ordnen Sie dabei nach Wichtigkeit und stützen sie durch Belege und Beispiele.
Im Folgenden gibt ein Schüler eine Stellungnahme zu dem Text „Ein Lehrer für mich alleine" von Fritz Breithaupt ab.

Achtung, Fehler!

Schülerbeispiel

Fritz Breithaupt trägt in seinem Text „Ein Lehrer für mich alleine" eine Zukunftsversion vor, in der die Bildung fast durchgängig von computergestützten Programmen übernommen werden soll. Dabei ist es wichtig, immense Datenmengen über die Schüler zu sammeln, damit diese so individuell wie möglich gefördert und unterrichtet werden können. Der Datenschutz, der bei dieser Entwicklung gefährdet ist, ist für den Autor zweitrangig.
Breithaupts These, dass dies eine unumgängliche Entwicklung der Zukunft ist, ist angesichts steigender Verkaufszahlen von Apple, Microsoft etc., die schon jetzt mit digitalen Programmen zur Optimierung des persönlichen Managements ausgestattet sind, sicher nicht zu bestreiten. Schon heute sammeln Programme wie SIRI Daten über den Nutzer, um ihm das Leben zu erleichtern. Es ist also nicht unwahrscheinlich, dass sich diese Entwicklung auch auf den Bildungsbereich ausweiten wird. Denn wer ist heutzutage schon nicht davon begeistert, dass man sein Handy ganz leicht nach Lieblingsrestaurants etc. fragen kann. Diese Vorteile auch für die schulische Bildung zu nutzen, ist also die logische Konsequenz.
Auch die Meinung des Autors, dass eine solche Nutzung des Computers eine individuelle Erziehung und Bildung unterstützt, ist durchaus richtig. Ein Lehrer als Einzelperson wird wohl nie das leisten können, was ein Computer zu leisten im Stande ist, der durch die Datensammlung ganz auf den Nutzer ausgerichtet ist und diesen mit anderen Nutzern, die ähnliche Interessen oder Stärken haben, weltweit vernetzen kann. So ist es durch Studien bewiesen, dass Lehrkräfte, die vor einer Klasse stehen, die im Schnitt 30 Schüler zählt, nicht in der Lage sind, jeden gleich individuell zu fördern. Computergestütztes Lernen würde diesem Zustand entgegenwirken.
Allerdings ist es vermessen, wenn der Autor pauschalisierend allen Lehrern die Kompetenz abspricht, individuell auf die Bedürfnisse der Schüler einzugehen, und sie damit als durch Computer ersetzbar darstellt. Ein zwischenmenschlicher Kontakt kann nie durch Technik ersetzt werden. Es ist nicht nur die Aufgabe einer Lehrkraft, fachliche Inhalte zu vermitteln, sondern auch pädagogisch auf Probleme und Anliegen der Schüler einzugehen. Dabei kann es auch darum gehen, einen Schüler bei persönlichen Problemen in den Arm zu nehmen und ihn zu trösten – ein Aspekt, dem ein Computer nie nachgehen könnte. Und genau an dieser Stelle hat die Argumentation Breithaupts Grenzen. Er vergisst, dass es nicht nur um eine Vermittlung von Fachinhalten geht.
Der Autor erwähnt auch nur in einem Nebensatz die Probleme mit dem Datenschutz und vernachlässigt damit ein großes Feld dieser Entwicklung. Wir befinden uns sowieso schon in einer Zeit, in der wir zum „gläsernen Bürger" werden. Dies würde durch das Offenlegen riesiger Datenmengen, die dazu notwendig sind, die individuelle Computerbildung zu ermöglichen, weiter unterstützt. Wir müssten alle Gewohnheiten, Reaktionsmuster et cetera darlegen, damit das Programm dementsprechend reagieren kann. Weswegen die fast kritiklose Darlegung des computergestützten Lernens durch Breithaupt durchaus fragwürdig erscheint.

Eine Stellungnahme aufbauen

1 Arbeiten Sie Abschnitte heraus, in denen der Schüler die Textargumente prüft, bewertet und seine eigene Position darlegt.

2 Beurteilen Sie die Überzeugungskraft der Argumente.

ARBEITSTECHNIK | Eine Stellungnahme aufbauen

Die Stellungnahme im Anschluss an einen Text ist eine dialektische Auseinandersetzung mit den Aussager eines Autors. Die Textvorlage kann dabei drei Möglichkeiten enthalten:

- Der Text enthält nur Argumente für eine bestimmte Position.
- Der Text enthält nur Argumente gegen eine bestimmte Position.
- Der Text enthält Argumente für beide Positionen.

Nachdem Sie im ersten Schritt die Argumente aus dem Text herausgearbeitet und bewertet haben, müssen Sie diese in einem zweiten Schritt um eigene Gesichtspunkte ergänzen und sich für Ihre eigene Position entscheiden.

Sie beginnen dann zunächst mit den Argumenten, die **nicht** Ihrer eigenen Position entsprechen, und führen diese vom stärksten zum schwächsten Argument aus.

Anschließend folgen die Argumente Ihrer eigenen Position, welche vom schwächsten zum stärksten Argument ausgeführt werden. Damit bleibt Ihr stärkstes Argument dem Leser am besten in Erinnerung.

Sprache und Stil

Folgende Formulierungen können Ihnen helfen, Ihre eigenen Argumente plausibel darzulegen:

- *Erfahrungsgemäß ist zu sagen, dass …*
- *Aus meiner Sicht …*
- *Sicherlich ist es nicht vorteilhaft, …*
- *Aber man sollte auch bedenken, dass …*
- *Schließlich …*
- *Zusammenfassend …*
- *Abschließend …*
- *Zwar ist der Autor der Auffassung, dass …, aber …*
- *In der Argumentation bleibt unklar, …*
- *Der Standpunkt des Autors leuchtet ein, aber …*
- *Sicherlich mag es stimmen, dass …, aber …*
- *Das Argument, …, ist nicht überzeugend, weil …*

3 Sammeln Sie mithilfe des Internets weitere Formulierungen und halten Sie diese in einer Mindmap fest.

4 Untersuchen Sie, welche Formulierungen der Schüler in seiner Lösung genutzt hat, um seine Argumente plausibel darzulegen.

Eine Stellungnahme aufbauen

ARBEITSTECHNIK Eine Synthese verfassen

Am Schluss einer Stellungnahme folgt die Synthese. Der ursprünglichen Bedeutung des Wortes folgend geht es darum, nach der Auseinandersetzung mit der Problematik zu einem begründeten Urteil zu gelangen. Die Synthese erfolgt in drei Schritten:

1. **Aufzeigen beider Positionen**
   Hier wird bereits Ausgeführtes noch einmal aufgegriffen und kurz dargestellt. Die beiden wesentlichen Positionen der Stellungnahme werden gegenübergestellt und kontrastiert.
2. **Untermauerung der eigenen Position**
   Dies dient dazu, die Entscheidung für die eigene Position noch einmal deutlich herauszustellen. Dabei ist es wichtig, nicht auf inhaltlich neue Aspekte zurückzugreifen, sondern sich lediglich auf bereits Geschriebenes zu stützen, dies aber noch einmal in besonderem Maße deutlich zu machen.
3. **Kompromiss- oder Lösungsvorschlag**
   An dieser Stelle findet sich ein neuer Gedankengang, der über das, was bereits gesagt wurde, hinausgeht. Er sollte einen Mittelweg zwischen beiden Positionen oder gar eine mögliche Lösung für ein Problem aufzeigen. Wichtig ist, dass auch der Kompromiss- oder Lösungsvorschlag begründet wird.

5 **Ordnen Sie die folgenden Textabschnitte. Orientieren Sie sich dabei am korrekten Aufbau einer Synthese. Notieren Sie die richtige Reihenfolge der Abschnitte in Ihrem Heft.**

ABSCHNITT A
Es geht nicht darum, computergestütztes Arbeiten grundsätzlich abzulehnen – das ist in unserer heutigen Zeit sicherlich auch nicht mehr möglich. Aber man sollte sich nicht ganz auf die Technik verlassen. Solche Programme sollten sinnvoll in den Unterricht mit eingebunden werden, sollten als Zusatzangebot zur Verfügung stehen oder von den Lernenden zu Hause genutzt werden können, aber es muss immer noch eine Ansprechperson geben, mit der man von Angesicht zu Angesicht reden kann.

ABSCHNITT B
Die Auseinandersetzung mit dem Thema hat gezeigt, dass es Vor- und Nachteile einer computergestützten Bildung gibt. Sicherlich ist es richtig, dass ein Programm, welches unvorstellbar viele Daten sammelt und sich optimal mit einem Lernenden auseinandersetzt, diesem entsprechende Lernfelder bieten kann. Allerdings sollte nicht vergessen werden, dass die Person des Lehrenden nicht nur für die fachliche Vermittlung zuständig ist.

ABSCHNITT C
Und genau dieser Aspekt ist der, der überwiegt. Die Lehrkraft, der Tutor oder auch ein Coach sind weit mehr als jemand, der nur Fachwissen weitergibt, sie sind da, um in persönlichen Belangen zur Seite zu stehen, zu beraten und auch ein Stück weit als Vertrauensperson aufzutreten. All das wird ein Computer nie leisten können.

Eine Stellungnahme schreiben

In seinem Kommentar erörtert Johan Schloemann den Wert von Freundschaften.

Vom Wert der Freundschaft

Aus ökonomischer Sicht ist das Bündnis ein Tauschgeschäft. So einfach ist es freilich nicht.

von Johan Schloemann

Ist die Freundschaft in Gefahr? So muss es erscheinen, wenn heute zunehmend über die Ökonomisierung von Beziehungen geklagt wird. An erster Stelle geht es dabei immer um Facebook und andere soziale Netzwerke. Wenn ich angeblich 762 Freunde habe, bin ich dann nicht nur noch verstrickt in Geschäftsinteressen? Also in ein System von Datensammeln, Selbstbild-Management, strategischem Networking? In ein Netz von gegenseitiger Aufmerksamkeit, Gefälligkeit und Abhängigkeit?
Es mag in der Tat sein, dass manche im Internet einen fragwürdigen Begriff von Freundschaft vermittelt bekommen. [...] Studien von Soziologen und Psychologen belegen jedenfalls, dass die Anzahl von Freunden, die diese Bezeichnung in vollem Umfang verdienen, bei den meisten Leuten ziemlich konstant bleibt: nämlich etwa zwischen fünf und zehn. Weitere Millionen von Likes, Partyfotos und Kennenlern-Apps werden daran wahrscheinlich wenig ändern.

Auch das Prinzip „Eine Hand wäscht die andere" braucht Nähe und Vertrauen

Außerdem ist die wirtschaftliche Bedeutung der Freundschaft nicht erst im Silicon Valley erfunden worden. Immer schon steht sie in einer Spannung zwischen Nützlichkeit und Liebe. Aus ökonomischer Sicht ist die Freundschaft auch ein Tauschgeschäft: [...] Man gibt sich gegenseitig Rat, Freude und Hilfe.
Der amerikanische Soziologe Robert Putnam hat in seinem berühmtesten Buch mit dem Titel „Bowling Alone" gezeigt, dass „soziales Kapital" schwindet, wenn man nicht genug Aufwand für Nahbeziehungen betreibt. Bis man dann eben alleine kegeln geht. [...]
Wie sehr Macht, Geld und das Verständnis von Freundschaft oft zusammenhängen, weiß man aus den formalisierten Klientel-Netzwerken in vormodernen Gesellschaften ebenso wie aus heutigen Elitezirkeln, die eher informell operieren. [...] Man spricht in solchen Zusammenhängen oft lieber von Cronyism, von Nepotismus, Korruption und Klüngel, als von Freundschaft – das ändert aber nichts daran, dass das Prinzip „Eine Hand wäscht die andere" Nähe und Vertrauen braucht.
Allerdings haben Philosophen seit der Antike darauf beharrt, dass sich wahre Freundschaft nicht auf Kosten- und Nutzenrechnungen reduzieren lässt. Der Grieche Aristoteles und der Römer Cicero stimmten beide mit den Ergebnissen der heutigen Glücksforschung überein, wonach vor allem erfüllte, wertvolle – in der damaligen Sprache: tugendhafte – Beziehungen Zufriedenheit im Leben bringen. [...] [Cicero] betonte auch, dass die Fähigkeit, gute Freundschaften zu schließen, häufig gerade nicht aus Schwäche und Vorteilsbedürftigkeit entsteht – sondern im Gegenteil aus Selbstbewusstsein, aus innerer Stärke.
Immanuel Kant, der sich gegen den Utilitarismus aussprach, also gegen eine Ethik des maximalen Nutzens, lehnte es ebenfalls ab, dass die Freundschaft „auf wechselseitigen Vorteil abgezweckt" werde. Die gegenseitige Hilfeleistung könne kein „Bestimmungsgrund" der Freundschaft sein, höchstens deren Ausdruck.
Aus derartigen Vorstellungen erwuchs besonders im 18. und 19. Jahrhundert eine Idee von Seelenverwandtschaft, ein regelrechter Freundschaftskult, wie man ihn heute vielleicht aus Roadmovies oder von Teenager-Cliquen kennt. Und auch wenn sich ein solch hoher, romantischer Anspruch im Berufsalltag vieler Erwachsener nur noch schwer verwirklichen lässt, so lässt sich daraus doch das entscheidende Kriterium ablesen, das eine wertvolle Freundschaft auch heute ausmacht: Es ist die Aufwendung von sehr viel Zeit. [...]
Dauerhafte Freundschaften sind nämlich solche, in die einmal eine schier unendliche Zeit des gemeinsamen Herumhängens und Redens eingegangen ist – und zwar von Angesicht zu Angesicht, nicht digital [...]. Dies sind oft auch die raren Freundschaften, die über einen längeren zeitlichen und räumlichen Abstand nicht an Vertrautheit verlieren. Freundschaft sei „sedimentierte Zeit", schreibt denn auch der US-Philosoph

Eine Stellungnahme schreiben

Todd May in seinem Buch „Friendship in an Age of Economics“ (2012). Das ist ökonomisch gesehen das Paradoxe: Man soll und muss Zeit investieren, in dem Moment aber, in dem man die gemeinsame Zeit bewusst als Investment versteht, hat man den Wert der Freundschaft schon wieder herabgesetzt. […]
Mit reinlehrigen ökonomischen Modellen, die eine rationale Wahl von Optionen voraussetzen, kommt man also der Freundschaft nicht bei. Und trotzdem ist sie auch ein wirtschaftliches Geschehen: Wenn der Wohlstand wächst, aber der Niedriglohnsektor auch, erweisen sich Freunde seltener einen Gefallen, weil sie auf billige Dienstleistungen zurückgreifen können. Umgekehrt gilt: Wenn immer mehr Menschen keine Kinder oder Geschwister haben, werden sie im Alter mehr Beistand von Freunden brauchen. Was wiederum nicht heißt, dass man Freundschaft aus demografischen Gründen schließen sollte.

(Süddeutsche Zeitung, 09./10. 04. 2016)

Eine Schülerin hat zu diesem Text eine Zusammenfassung geschrieben:

Achtung, Fehler!

Schülerbeispiel

Johan Schloemann veranschaulicht in seinen Ausführungen die aktuelle Entwicklung vom Verlust des Wertes der Freundschaft. Dabei kritisiert er zunächst die steigenden Zahlen virtueller Freunde, die seiner Meinung nach diese Bezeichnung kaum verdient haben. Er appelliert hier an den gesunden Menschenverstand, zwischen wahren und Online-Freunden zu unterscheiden. Der Autor zeigt anhand einer Aussage des amerikanischen Soziologen Robert Putman, dass es notwendig ist, Zeit und Mühe in Freunde zu investieren. Er weist darauf hin, dass sich Freundschaften nicht alleine auf das Prinzip „Eine Hand wäscht die andere“ reduzieren lassen, auch wenn man das in unserer heutigen Gesellschaft denken könnte. Mithilfe der Aussagen von Philosophen wie Cicero, Aristoteles und Kant mahnt er an, Freundschaft nicht nur auf wechselseitige Vorteile zu beschränken. Er macht deutlich, dass Freundschaften nur dann funktionieren, wenn man sich regelmäßig sieht und Zeit investiert – und dies nicht nur digital. Denn jeder von uns braucht seiner Meinung nach früher oder später einen guten Freund, um glücklich zu sein.

1 **Schreiben Sie für die vorliegende Zusammenfassung eine Überblicksinformation.**

Seine Analyse sprachlicher und inhaltlicher Mittel beginnt ein Schüler folgendermaßen:

Achtung, Fehler!

Schülerbeispiel

Um seine Bedenken bezüglich des Verfalls des Wertes der Freundschaft auszudrücken, verwendet der Autor eine Vielzahl von sprachlichen Mitteln.
Zunächst geht es Schloemann darum, Kritik an der wachsenden Zahl von digitalen Freunden zu äußern und aufzuzeigen, dass dies wahre Freundschaften gefährden kann. Dafür benutzt er eine Reihung von Fragen: „Ist die Freundschaft in Gefahr? […] Wenn ich angeblich 762 Freunde habe, bin ich dann nicht nur noch verstrickt in Geschäftsinteressen? Also in ein System von Datensammeln, Selbstbild-Management, strategischem Networking? In ein Netz von gegenseitiger Aufmerksamkeit, Gefälligkeit und Abhängigkeit?“ (Z. 1 ff.). Mit diesen Fragen zeigt er, dass es unsinnig ist, 762 Freunde zu haben, denn in den meisten Fällen kennt man gar nicht alle Personen, mit denen man beispielweise auf Facebook befreundet ist. Das sind dann meistens Bekannte von Bekannten oder jemand, der einmal im selben Land Urlaub gemacht hat. Solche Personen haben in den wenigsten Fällen die Bezeichnung „Freund“ verdient. Er zeigt mit dieser Reihung der Fragen aber auch, dass man sich durch eine solche hohe Anzahl von Online-Freunden in eine gewisse Abhängigkeit begibt, denn man

Eine Stellungnahme schreiben

ist ständig damit beschäftigt, sich selbst darzustellen, das beste Urlaubsfoto zu posten, das Essen von gestern Abend zu zeigen oder Ähnliches, um einen guten Eindruck zu hinterlassen oder aufzufallen, wobei einem selber nicht auffällt, dass man gerade etliche Daten von sich preisgibt und Zeit investiert, die man auch in reale Freunde investieren könnte. Folgend unterstreicht Schloemann den Wert wahrer Freundschaften, indem er Studien heranzieht, die belegen, dass man maximal fünf bis zehn Menschen wirklich einen Freund nennen kann (Z. 11 ff.). Dieses Umschwenken auf empirische Forschungen und die damit belegte geringe Anzahl an Personen, die man wirklich einen Freund nennt, unterstreicht die Lächerlichkeit der 762 virtuellen Freunde. Untermauert wird diese Intention weiterhin durch die Verwendung von Ironie: „Weitere Millionen von Likes, Partyfotos und Kennenlern-Apps werden daran wahrscheinlich wenig ändern." (Z. 17 ff.) Hier bringt Schloemann erneut beide Phänomene zusammen und macht deutlich, dass egal, wie vielen Online-Plattformen man noch beitritt – und das Angebot im Internet steigt rasant –, sich die Zahl derjenigen, auf die man im Endeffekt zählen kann und die da sind, wenn es darauf ankommt, nicht erhöhen wird.

2 Untersuchen Sie den Text „Vom Wert der Freundschaft" auf weitere sprachliche Mittel.

a) Notieren Sie sich diese stichpunktartig in Ihrem Heft.

b) Schreiben Sie die vorliegende Analyse anhand von drei sprachlichen Mitteln weiter.

Zu einer Position des Autors hat ein Schüler folgendermaßen Stellung genommen:

Schülerbeispiel

Achtung, Fehler!

Die Kritik des Autors, dass der Wert von Freundschaften aufgrund von Online-Netzwerken sinkt, ist nicht unbedingt nachvollziehbar.	*Antithese*
Online-Portale wie Facebook, Twitter und Co. können durchaus dazu beitragen, dass Freundschaften aufrechterhalten werden können.	*Basisargument*
Denn heutzutage leben wir in einer Welt, die vor allem von jungen Menschen immer mehr entdeckt wird und in der ein Lebensmittelpunkt nicht unbedingt beibehalten wird.	*Entfaltung*
War es früher noch an der Tagesordnung, die Heimatstädte beziehungsweise das Heimatland nur in Ausnahmen zu verlassen, so ist es heute durchaus normal, dass junge Menschen nach der Schule ein Jahr ins Ausland gehen oder gar auswandern. Kaum auszudenken, was aus all den Freundschaften werden würde, wenn es die Online-Netzwerke nicht geben würde. Menschen könnten über viele tausend Kilometer hinweg kaum Kontakt halten. So ist es aber möglich, seine Freunde an seinen Aktivitäten teilhaben zu lassen. Das kann ein Stück weit der Entfremdung entgegenwirken.	*Vertiefung*
Belegen lässt sich dies auch mit Studien, die zeigen, dass es jungen Menschen viel leichter fällt, mit ehemaligen Klassenkameraden, Kommilitonen et cetera in Verbindung zu bleiben. Viele schwören dabei auch auf Chatfunktionen, die von solchen Anbietern angeboten werden – das sei ja schließlich auch eine Möglichkeit, in Realzeit und mithilfe des Videochats von Angesicht zu Angesicht miteinander zu kommunizieren.	*Beleg*
Man sieht also, dass Facebook und Co. nicht unbedingt wahre Freundschaften gefährden müssen, sondern ihnen auch durchaus zuträglich sein können.	*Folge*

Eine Stellungnahme schreiben

3 Untersuchen Sie die Stellungnahme.

a) Fassen Sie zunächst den Inhalt des Gegenarguments zusammen.

b) Verfassen Sie ein weiteres mögliches Gegenargument zur Position des Autors, der zufolge der Wert von Freundschaften gefährdet sei.

4 Verfassen Sie eine mögliche Synthese als Abschluss der Stellungnahme.

ARBEITSTECHNIK — Eine Stellungnahme verfassen

Arbeitsschritte	Ziele	Vorgehensweise
1. Text analysieren	Hauptthesen erkennen, Inhalt und Reichweite der Hauptthese erfassen	• Schlüsselbegriffe heraussuchen und klären • Strukturierende Verben zuordnen • Argumentationsstruktur darstellen
2. Stoff sammeln	Gedanken und Argumente als Antworten auf die Themenfrage sammeln	• Mindmap anlegen
3. Stoff ordnen und Erörterungsansätze finden	Eigene und kritische Argumentation entwickeln	• Sprachliche Auffälligkeiten analysieren • Haltung zur Themafrage überprüfen
4. Stellungnahme verfassen	Den Aufsatz sprachlich-stilistisch gestalten	• Lesergerecht formulieren • Textverknüpfungen herstellen

Sprache und Stil

Die folgenden Formulierungshilfen könnten Ihnen helfen, die Folgerichtigkeit Ihrer Argumentation zu prüfen und unübersichtliche Reihungen von Argumenten zu vermeiden. Verwenden Sie deshalb beim Verfassen der Erörterung:

- *Sprachliche Hinweise auf den Textaufbau,*
- *Signalwörter und Schlüsselbegriffe,*
- *strukturierende und wertende Verben,*
- *kommentierende Einschübe,*
- *Verknüpfungswörter.*

Wichtig sind deutliche Textverknüpfungen an den Naht- bzw. Übergangsstellen. Sie bringen den Zusammenhang zwischen den verschiedenen Gedankengängen zum Ausdruck. In der Tabelle auf der folgenden Seite finden Sie Funktionen im Textzusammenhang und entsprechende Formulierungshilfen.

Eine Stellungnahme schreiben

Funktion im Textzusammenhang	Formulierungshilfen
Verknüpfung von Gedanken	*Ein weiterer Aspekt ist ...*
	Hinzu kommt, dass ...
	Eine Rolle spielt außerdem noch ...
Antithese	*Auf der anderen Seite ...*
	Gegner sagen, dass ...
Hervorhebung	*Nicht übersehen werden darf ...*
	Besonders wichtig dabei ist ...
	Die folgenden Gesichtspunkte haben besonderes Gewicht ...
	Besondere Aufmerksamkeit verdient ...
	Im Besonderen ...
	Weitaus wichtiger aber ist noch ...
Einräumung	*Wenn man berücksichtigt, dass ...*
	An dieser Stelle ließe sich einwenden, dass ...
	Allerdings muss man auch sehen, dass ...
	Dies kann aber nur unter der Bedingung gesagt werden, dass ...
	Einschränkend dazu muss aber betont werden, dass ...
Schluss	*Nach genauer Prüfung aller vorgetragenen Gesichtspunkte ...*
	Abschließend betrachtet ...

★ **5** Notieren Sie für jede Funktion zwei weitere sprachliche Wendungen.

FAZIT

11.1
Die Argumentation des Autors prüfen und bewerten
- Die Argumentation herausarbeiten
- Die Textvorlage kommentieren
- Der Argumentation widersprechen, teilweise zustimmen oder zustimmen

11.2
Eine Stellungnahme aufbauen
- Argumente für oder gegen eine Position anführen

11.3
Eine Stellungnahme schreiben
- Eine Argumentationsstruktur bilden
- Eine Synthese formulieren

11.4
Prüfungsvorbereitung

Prüfungsvorbereitung

Ein Text wie der folgende kann Ihnen in der Prüfung vorgelegt werden. Der Autor, Roland Preuß, ist als Redakteur bei der Süddeutschen Zeitung zuständig für Seite 2, das Thema des Tages.

Abschied und Willkommen

Zwischen 2005 und 2009 verließen fast eine viertel Million Deutsche das Land. Auch heute noch wandern jährlich 150 000 Bürger aus. Doch: Die meisten von ihnen kehren nach einigen Jahren wieder zurück. Denn das Leben im Ausland hat einen hohen Preis.

von Roland Preuß

München – Es ist nicht so lange her, da hagelte es Alarmmeldungen beim Thema Auswanderer: Mehr als 100 000 Deutsche verließen jedes Jahr das Land, Ärzte, Spitzenforscher, aber auch Hoffnungslose, hieß es vor zehn Jahren. Es waren die Jahre der schmerzhaften Hartz-Reformen, die Zahl der Arbeitslosen erreichte Rekordwerte, Besserung war nicht in Sicht, Deutschland galt als kranker Mann Europas. Da passte es ins Bild, dass zwischen 2005 und 2009 etwa 250 000 Deutsche das Land verließen – die Rückkehrer sind da schon abgezogen. Die Aufregung ist mittlerweile verebbt, Forscher haben sich des Themas angenommen – und rücken das Bild vom Auszug der Hoffnungslosen zurecht: Nach wie vor ziehen zwar jedes Jahr etwa 150 000 Einheimische fort, doch die meisten kommen zurück – bereichert um Erfahrungen und Perspektiven.

Dies ist das Ergebnis einer Studie zu Auswanderern und Rückkehrern, die Forscher des Sachverständigenrates für Integration und Migration (SVR) zusammen mit dem Bundesinstitut für Bevölkerungsforschung (BiB) und der Uni Duisburg-Essen am Dienstag in Berlin vorgestellt haben. Die Wissenschaftler haben 800 Auswanderer und 900 Rückkehrer befragt. Warum sind sie weggegangen? Mit welchen Erwartungen? Wie war das neue Leben im Ausland? Und warum kommen sie nach Deutschland zurück – oder eben nicht? Die Antworten, sagen die Forscher, sind zwar nicht repräsentativ für alle Aus- und Rückwanderer; doch die Studie bietet den bisher besten Einblick, wer da geht und kommt – und warum.

Die Hoffnungslosen oder Verarmten gehören nicht zu den typischen Auswanderern

Der typische Auswanderer ist demnach nicht der Hoffnungslose oder Verarmte, und auch nicht der Provinz-Wirt aus dem Privatfernsehen, der sich seinen Traum vom Strandrestaurant erfüllen will. Vielmehr handelt es sich in der großen Mehrheit um junge, top ausgebildete Leute, die neue Erfahrungen, fremde Kulturen oder ein attraktiver Job ins Ausland locken. Immerhin 41,4 Prozent der Befragten nannten jedoch auch eine Unzufriedenheit mit dem Leben in Deutschland als Motiv. Tatsächlich erfüllt sich für die meisten der Wunsch nach einem höheren Einkommen, allerdings hat das seinen Preis. So sagten 43,5 Prozent der Befragten, dass sich die Auswanderung negativ auf ihren Freundes- und Bekanntenkreis ausgewirkt habe. [...] BiB-Direktor Norbert Schneider spricht von ambivalenten Folgen für die Wandernden: „Sie erzielen oft ein höheres Einkommen und haben einen höheren Berufsstatus", erführen aber vielfach „auch eine Art sozialer Desintegration durch den Verlust von Freunden und Bekannten". Man kann es auch auf die Formel bringen: Geld oder Freunde.

Die Sehnsucht nach Freunden und Familie spielt denn auch eine wichtige Rolle bei der Entscheidung zurückzukommen. Fast die Hälfte gibt die Familienangehörigen als wichtiges Motiv an, fast ein Viertel Freunde. Von den Auslandsdeutschen wollen insgesamt 41 Prozent wieder in die alte Heimat, gut ein Drittel will dagegen fortbleiben, gut ein Viertel ist unentschlossen. Es bleiben also bei Weitem nicht alle weg, die einmal ausgewandert sind, unter dem Strich hat das Land seit 2009 pro Jahr lediglich 25 000 Bundesbürger verloren. Die Forscher sprechen daher eher von einer „Brain Circulation", also einem Kreislauf, als einem „Brain Drain". „Abwanderung sollte nicht einseitig als Verlust, sondern auch als Chance wahrgenommen werden", sagt Cornelia Schu, die Direktorin des SVR-Forschungsbereichs. Die Auswanderer kehrten oft mit neuen Fähigkeiten und Kontakten zurück.

Diese positive Sichtweise hängt allerdings auch mit der günstigen Entwicklung der Bundesrepublik zusam-

Prüfungsvorbereitung

men: Anders als vor zehn Jahren geht es Deutschland im Vergleich zu den meisten Industrieländern wirtschaftlich gut, es gibt Jobs und Möglichkeiten. Hinzu kommen Rückkehrerprogramme, die bereits Hunderte Wissenschaftler an deutsche Unis und Forschungsinstitute vermittelt haben. Sie könnten noch ausgeweitet werden auf andere Bereiche, sagen die Autoren der Studie, auch um den Mangel an Fachkräften zu lindern.

Als Spaniens Wirtschaft boomte, suchten Tausende ihr Glück in der Sonne – bis die Krise kam

Für viele Auslandsdeutsche ist die Rückkehr auch finanziell attraktiv. Mitarbeiter mit Auslandserfahrung sind gefragt und oft gut bezahlt. Allerdings trifft das laut der Studie nur auf Hochqualifizierte zu. Andere Rückkehrer sehen zwar Freunde und Familie wieder, müssen aber mit einem geringeren Einkommen rechnen. Die Motive der Rückkehrer gleichen denen der Auswanderer: beide nennen häufig eine interessantere Arbeit oder bessere Arbeitsbedingungen, manche haben im Lauf der Jahre offenbar auch die Qualitäten der Bundesrepublik schätzen gelernt. Jedenfalls beschleicht gut 40 Prozent eine Art von Unzufriedenheit im Ausland, viele bevorzugen das „Lebensgefühl" in Deutschland, andere schätzen eine bessere medizinische Versorgung (19,3 Prozent) oder weniger Kriminalität (15 Prozent).

Es ist freilich nicht so, dass sich Auswanderer dies immer aussuchen könnten. Als Spaniens Wirtschaft vor zehn Jahren boomte, suchten Tausende Deutsche ihre Zukunft unter der südlichen Sonne, unter ihnen viele Akademiker. Dann kam 2008 die Wirtschaftskrise. Viele Auswanderer verloren ihren Job – und kehrten gezwungenermaßen zurück.

(Süddeutsche Zeitung, 11. 03. 2015)

1 Geben Sie den Inhalt strukturiert wieder.

2 Zeigen Sie auf, wie der Autor seine Intentionen sprachlich umsetzt.

3 Diskutieren Sie Vor- und Nachteile einer Auswanderung.

CHECKLISTE – Eine Stellungnahme schreiben

Analyse der Aufgabenstellung

- ☑ Haben Sie die Aufgabenstellung auf Schlüsselbegriffe untersucht?
- ☑ Haben Sie untersucht, ob eine lineare oder dialektische Bearbeitung gefordert ist?

Analyse der Textvorlage

- ☑ Haben Sie die Intentionen des Autors herausgestellt?
- ☑ Haben Sie weitere Aspekte gesammelt, die für oder gegen die Themafrage sprechen?
- ☑ Haben Sie die sprachliche Umsetzung des Verfassers untersucht?

Verfassen der Stellungnahme

- ☑ Haben Sie alle wichtigen Informationen im Text berücksichtigt?
- ☑ Haben Sie den Zusammenhang zwischen der Intention des Autors und ihrer sprachlichen Umsetzung nachvollziehbar wiedergegeben?
- ☑ Haben Sie in Ihrer Stellungnahme ausschließlich Argumente verwendet, die stimmig, überzeugend und angebracht sind?
- ☑ Sind die angeführten Gesichtspunkte nach einem sinnvollen Prinzip angeordnet und miteinander verknüpft?
- ☑ Wird das wichtigste Argument als Letztes angeführt?
- ☑ Haben Sie eine sinnvolle Synthese verfasst?

Kapitel 12

Moderne epische Texte erschließen und deuten

12.1 Texte erfassen und interpretieren

12.2 Einen Brief schreiben

12.3 Einen inneren Monolog verfassen

12.4 Prüfungsvorbereitung

Bevor man zu einer fundierten Interpretation eines literarischen Textes gelangen kann, ist es nötig, Grundlegendes zu erfassen. Dazu gehören selbstverständlich der Inhalt, die charakterlichen Besonderheiten der Figuren sowie die Rolle des Erzählers.
Das folgende Kapitel soll Sie auf dem Weg zu einem vertieften Verständnis moderner literarischer Texte begleiten. Sie werden in diesem Kapitel als weitere Form gestaltenden Interpretierens das Schreiben eines persönlichen Briefes kennenlernen. Im Mittelpunkt steht die Einfühlung in die literarische Figur, aus deren Perspektive Sie schreiben, wobei Sie auch die Merkmale der Textsorte beachten müssen.

Kompetenzen

- ✓ Moderne epische Texte erschließen und deuten
- ✓ Darstellung von Handlung, Figuren, Raum, Zeit und Sprache erfassen
- ✓ Politisch-soziale Bedingungen von Texten beurteilen
- ✓ Anhand von Literatur neue Perspektiven auf die eigene Lebenswelt gewinnen
- ✓ Eigene literarische Texte erstellen
- ✓ Inhaltsangabe zu einem literarischen Text verfassen
- ✓ Charakteristik einer literarischen Figur erstellen

Methoden und Arbeitstechniken

- ✓ Mindmap
- ✓ Internetrecherche

Texte erfassen und interpretieren

Rein wissenschaftlich betrachtet hat die „literarische Moderne“ ihren Ursprung im ausgehenden 19. Jahrhundert. Rein pragmatisch betrachtet sind alle zeitgenössischen Texte „modern“.

1 Erstellen Sie gemeinsam eine Mindmap über Themen oder Themenbereiche, die in moderne literarische Texte Eingang finden könnten oder müssten.

Der folgende Auszug stammt aus der titelgebenden Erzählung des Bandes „Wir fliegen“ des Schweizer Autors Peter Stamm.

Peter Stamm: Wir fliegen (2008, Auszug)

Um sechs hatte sich Angelika noch keine Sorgen gemacht. Sie holte die Autogarage wieder hervor, aber Dominic wollte nicht mehr spielen. Er setzte sich schweigend auf ihren Schoß und lehnte den Kopf an ihre Brust. Die letzten beiden Male, als es geklingelt hatte, war er zur Tür gerannt und mit hängenden Schultern zurückgekommen, weil der Vater oder die Mutter eines der anderen Kinder draußen gestanden hatten. Alle Eltern kannten Dominic, weil er meistens schon da war, wenn sie am Morgen ihre Kinder brachten, und immer noch, wenn sie sie abends abholten. Sie grüßten ihn und bedankten sich, dass er ihnen die Tür aufgemacht hatte. Sie fragten ihn beiläufig, ob er schön gespielt habe. Sobald sie ihre eigenen Kinder sahen, strahlten ihre Gesichter und sie ließen Dominic stehen. Wollen wir ein Bilderbuch anschauen? Dominic schüttelte nur den Kopf. Als Angelika aufstand und ihn auf den Boden stellte, klammerte er sich an ihr Bein. Sie sagte, sie werde bei ihm zu Hause anrufen. Lass los, sagte sie. Er ließ ihr Bein nicht los. Sie war verärgert, nicht über ihn, über seine Eltern, und sie schämte sich, weil sie ihren Ärger an ihm ausließ. Sie war müde, wollte nach Hause. Um halb acht kam Benno, und sie wollte vorher duschen und sich ein bisschen ausruhen. Sie schaute auf die Uhr. Es war zwanzig nach sechs.

Sie hatte sich von Dominic losgemacht, hatte sich losgerissen. Jetzt lag er in einer Ecke auf dem Boden und schrie, und sie versuchte, seine Eltern zu erreichen. Sie probierte alle Nummern durch, die sie im Verzeichnis fand, Privatnummer, Büronummern und beide Handys, aber niemand nahm ab. Sie hinterließ Nachrichten auf den Mailboxen beider Mobiltelefone. Sie gab sich keine Mühe, ihren Ärger zu verbergen. Danach hatte sie sich etwas beruhigt. Sie ging zu Dominic, beugte sich zu ihm hinunter und berührte ihn an der Schulter. Es kommt bestimmt gleich jemand.

Dominic fragte, ob seine Mama oder sein Papa ihn abhole. Angelika sagte, sie wisse es nicht, aber einer der beiden komme bestimmt bald. Dominic fragte, ob jetzt bald sei. Nein, sagte Angelika. Wann bald sei? Jetzt? Nein. Bald sei bald. Jetzt? Noch nicht. Sie werde es ihm sagen. Sie hob ihn vom Boden hoch und trug ihn zum Sofa. Er klammerte sich wieder an ihr fest. Ist jetzt bald? Sie gab keine Antwort. Sie beschäftigte sich, räumte die letzten Spielsachen weg und öffnete die Fenster, um frische Luft hereinzulassen. Um sieben rief sie Benno an und sagte, es werde etwas später. Sie verabredeten sich um halb neun. Dominic saß wie erstarrt auf dem roten Sofa und beobachtete sie.

Meistens brachte die Mutter den Jungen in die Krippe, und der Vater holte ihn ab. Er kam immer in letzter Minute, manchmal auch mit etwas Verspätung, aber jetzt war er schon mehr als eine Stunde zu spät. Angelikas Ärger hatte nachgelassen. Sie machte sich Sorgen. Sie hatte ein ungutes Gefühl, sie fühlte sich bedroht, sie wusste nicht, wovon. In fünf Minuten gehe ich, dachte sie, und nach fünf Minuten wieder, in fünf Minuten. Sie rief ihre Chefin an, aber auch dort erreichte sie niemanden. Sie zögerte, dachte daran, die Polizei anzurufen und sich zu erkundigen, ob ein Unfall geschehen war, aber dann tat sie es nicht. Sie schrieb einen Zettel für Dominics Eltern. Sie habe den Jungen mit zu sich

Texte erfassen und interpretieren

nach Hause genommen. Unter die Mitteilung schrieb sie ihre Handynummer. Sie schloss die Fenster und zog Dominic Jacke und Wollmütze und Schuhe an und nahm ihn bei der Hand. Als sie die Tür schon abgeschlossen hatte, fiel ihr der Zettel ein, und sie musste noch einmal zurück, um ihn zu holen und an die Tür zu heften.

Sie war oft mit den Kindern in der Stadt unterwegs, sie gingen in den Zoo oder an den See oder auf einen Spielplatz in der Nähe der Krippe. Aber das hier war etwas anderes. Es kam ihr vor, als sei sie mit ihrem eigenen Kind unterwegs, und sie fühlte sich seltsam stolz, als sei es eine Leistung, ein Kind an der Hand zu führen. Dominic war schweigsam, wer weiß, woran er dachte. […]

Angelika wohnte in einer Siedlung am Stadtrand, einer Ansammlung fünfstöckiger Mietshäuser aus den achtziger Jahren. Als sie in die Stadt gezogen war, hatte sie in der Eile nichts Besseres gefunden, und nach einiger Zeit hatte sie sich daran gewöhnt, der Fluglärm störte sie nicht mehr, und der Wald war nah, wo sie im Sommer joggen ging. Es wohnten viele Familien mit Kindern hier. Irgendwann würde auch Angelika Kinder haben. Sie hatte noch nie mit Benno darüber gesprochen, hatte keine Ahnung, was er von der Idee hielt. Sicher war, dass er nicht hier draußen wohnen wollte. Das sagte er jedes Mal, wenn er zu ihr kam. Meistens trafen sie sich in seiner Wohnung. Nur wenn Angelika Spätdienst hatte, übernachtete er manchmal bei ihr.

Sie war erstaunt, wie selbstverständlich Dominic ihr das Treppenhaus hinauf folgte. Im zweiten Stock überholte er sie sogar und lief voraus. Als sie vor ihrer Wohnungstür stehen blieb, war er schon ein halbes Stockwerk höher, und sie rief ihn zurück. Dann wollte er plötzlich nicht mehr allein die Treppe herunterkommen und sie musste zu ihm hochsteigen und ihn bei der Hand nehmen.

Im Flur der Wohnung blieb er stehen und wartete geduldig, bis sie ihm die nassen Schuhe und die Jacke ausgezogen hatte. Sie fragte, ob er Hunger habe. Er nickte und sie ging in die Küche und schaute nach, was im Kühlschrank war. Sie kochte Nudeln und eine Fertigsauce. Während des Essens blätterte sie in der Gratiszeitung, die sie in der Straßenbahn eingesteckt hatte. Dominic aß gierig, er stopfte sich die Nudeln mit den Händen in den Mund. Als sie ihn bat, mit der Gabel zu essen, sagte er, es gehe nicht. In der Krippe kannst du es doch auch, sagte sie. Er tat, als versuche er es. Als sie ihn noch einmal ermahnte, fing er an zu quengeln. Tu nicht so blöd, sagte Angelika. Dominic schob den Teller ruckartig von sich und stieß dabei sein Glas um. Wasser lief über den Tisch und die Zeitung. Pass doch auf, sagte Angelika wütend und stand auf, um einen Lappen zu holen.

Ihre Wohnung kam ihr plötzlich hässlich vor und unwirtlich. Kein Wunder, dass Benno sich hier nicht wohl fühlte. […]

Kurz vor neun rief Dominics Mutter an. Angelika erschrak, wie immer, wenn ihr Handy klingelte. Die Stimme der Mutter klang halb ärgerlich, halb verlegen. Sie entschuldigte sich. Ihr Mann habe eine Tagung gehabt und habe ihr nichts davon gesagt. Angelika hörte im Hintergrund, wie der Vater protestierte. Jedenfalls haben wir beide gemeint, der andere holt ihn ab. Sie stünden vor der Krippe und würden jetzt gleich kommen. Umständlich erklärte ihr Angelika den Weg. Dann bis gleich, sagte die Mutter. Es geht Dominic gut, sagte Angelika. Ja, natürlich, sagte die Mutter mit einem trockenen Lachen, daran habe ich nicht gezweifelt. In zwanzig Minuten bin ich bei Ihnen. In einer halben Stunde.

Sie ist Anwältin, sagte Angelika.

Sieht sie gut aus?, fragte Benno. Reich?

Geld hätten Dominics Eltern bestimmt genug, sagte Angelika. Der Vater sei Paartherapeut.

Wie sieht sie aus?, fragte Benno.

Normal, sagte Angelika.

Texte erfassen und interpretieren

Eine halbe Stunde später klingelte es. Schon seit zehn Minuten hatte Dominic in Schuhen und Jacke auf dem Sofa gesessen. Tschüss, Kleiner, sagte Benno, komm mal wieder. Kommst du mal wieder? Dominic gab keine Antwort. Angelika nahm ihn bei der Hand.

Als Dominic seine Mutter durch die Glastür sah, machte er sich los und rannte die letzten paar Stufen hinunter. Die beiden standen sich gegenüber, nur durch die Scheibe getrennt. Die Mutter hatte sich hinuntergekauert und machte dem Jungen Zeichen. Er drückte Hände und Gesicht gegen das kalte Glas, das von seinem Atem beschlug. Angelika schloss die Tür auf. Die Mutter stand auf. Angelika sah, dass sie ein Päckchen in der Hand hielt. Ist das für mich?, fragte Dominic. Das ist für die liebe Angelika, sagte die Mutter. Zum Dank, dass du sie besuchen durftest. Sie reichte Angelika das Geschenk und sagte noch einmal, es tue ihr schrecklich leid, dass das geschehen sei, es sei ihr furchtbar peinlich. Ein Missverständnis. Angelika hatte sich zurechtgelegt, was sie sagen wollte, aber dann sagte sie nur, das könne passieren und bedankte sich für das Geschenk. Ich hoffe, Sie können so was brauchen, sagte die Mutter und dann zu Dominic, so, jetzt gehen wir schnell nach Hause und ins Bett. Sag auf Wiedersehen. Angelika schaute den beiden nach, wie sie auf einen Jeep zugingen, der quer auf den Parkplätzen stand. Sie sah nur die Silhouette des Vaters am Steuer. Die Mutter beugte sich zu Dominic hinunter, sie schien ihm etwas zu erzählen. Angelika winkte, aber die beiden schauten nicht zurück. Als die Tür hinter ihr zugefallen war, drehte sie sich noch einmal um. Der Wagen war verschwunden. Auf der Glasscheibe sah sie die Spuren, die Dominics Hände hinterlassen hatten. Sie wischte sie weg mit einem Papiertaschentuch.

Benno war im Bad, Angelika hörte die Dusche. Sie setzte sich ins Wohnzimmer und öffnete das Päckchen. Es war ein Parfüm. Sie roch daran und tupfte sich etwas davon hinter die Ohren und in den Ausschnitt. Benno kam aus der Dusche. Er war nackt, nur um die Hüften hatte er sich ein Handtuch geschlungen. Sie sah, dass er eine Erektion hatte. Er setzte sich zu ihr und umarmte sie. Sie machte sich los und sagte, sie werde auch schnell duschen. Sie schloss das Bad ab, aber sie zog sich nicht aus. Als Benno an die Tür klopfte, saß sie noch immer auf der Toilette, das Gesicht in den Händen verborgen.

2 Geben Sie den Inhalt in knapper Form wieder. Achten Sie dabei auf innere und äußere Handlung.

3 Charakterisieren Sie die folgenden Beziehungen unter Berücksichtigung der jeweiligen Gesprächssituation:

a) Angelika und Benno
b) Angelika und Dominic
c) Dominics Eltern

4 Interpretieren Sie den letzten Satz der Erzählung.

5 Arbeiten Sie heraus, welche gesellschaftlichen Frage- bzw. Problemstellungen in der Erzählung angerissen werden, und belegen Sie dies anhand geeigneter Textstellen.

★ **6** Recherchieren Sie im Internet auf seriösen Feuilletonseiten, welche Rezensionen zum Erzählband „Wir fliegen“ bzw. zur gleichnamigen Erzählung zu finden sind.

a) Wählen Sie daraus einige markante Aussagen und beurteilen Sie diese.
b) Formulieren Sie selbst eine solche Aussage über die Erzählung.

Einen Roman interpretieren

„Ein Roman ohne Hauptfigur! Verstehst du? Die Komposition, die Verbindungen, der Bogen, aber kein Protagonist, kein durchgehender Held." „Interessant", sagte Elisabeth müde. *(Daniel Kehlmann: „Ruhm", S. 25)*

1 In seinem „Roman in neun Geschichten" lässt Daniel Kehlmann eine Figur namens Leo Richter auftreten. Interpretieren Sie die Reaktion seiner Gesprächspartnerin Elisabeth, als der Autor Richter ihr von der Idee für seinen neuen Roman erzählt.

2 Erläutern Sie nach einer Internetrecherche die Struktur des Romans „Ruhm" und klären Sie, wie der Autor mit literarischen Genres (↗ Kapitel 5) spielt.

In der ersten Geschichte eröffnet ein Zufall neue Möglichkeiten der Kommunikation.

Daniel Kehlmann: Stimmen (2009, Auszug)

Noch bevor Ebling zu Hause war, läutete sein Mobiltelefon. Jahrelang hatte er sich geweigert, eines zu kaufen, denn er war Techniker und vertraute der Sache nicht. Wieso fand niemand etwas dabei, sich eine Quelle aggressiver Strahlung an den Kopf zu halten? Aber Ebling hatte eine Frau, zwei Kinder und eine Handvoll Arbeitskollegen, und ständig hatte sich jemand über seine Unerreichbarkeit beschwert. So hatte er endlich nachgegeben, ein Gerät erworben und gleich vom Verkäufer aktivieren lassen. Wider Willen war er beeindruckt: schlechthin perfekt war es, wohlgeformt, glatt und elegant. Und jetzt, unversehens, läutete es.

Zögernd hob er ab.

Eine Frau verlangte einen gewissen Raff, Ralf oder Rauff, er verstand den Namen nicht.

Ein Irrtum, sagte er, verwählt. Sie entschuldigte sich und legte auf.

Am Abend dann der nächste Anruf. „Ralf!" rief ein heiserer Mann. „Was ist, wie läuft es, du blöde Sau?"

„Verwählt!" Ebling saß aufrecht im Bett. Es war schon zehn Uhr vorbei, und seine Frau betrachtete ihn vorwurfsvoll.

Der Mann entschuldigte sich, und Ebling schaltete das Gerät aus

Am nächsten Morgen warteten drei Nachrichten. Er hörte sie in der S-Bahn auf dem Weg zur Arbeit. Eine Frau bat kichernd um Rückruf. Ein Mann brüllte, daß er sofort herüberkommen solle, man werde nicht mehr lange auf ihn warten; im Hintergrund hörte man Gläserklirren und Musik. Und dann wieder die Frau: „Ralf, wo bist du denn?"

Ebling seufzte und rief den Kundendienst an.

Seltsam, sagte eine Frau mit gelangweilter Stimme. So etwas könne überhaupt nicht passieren. Niemand kriege eine Nummer, die schon ein anderer habe. Da gebe es jede Menge Sicherungen.

„Es ist aber passiert!"

Nein, sagte die Frau. Das sei gar nicht möglich.

„Und was tun Sie jetzt?"

Wisse sie auch nicht, sagte sie. So etwas sei nämlich gar nicht möglich.

Ebling öffnete den Mund und schloß ihn wieder. Er wußte, daß jemand anderer sich nun sehr erregt hätte – aber so etwas lag ihm nicht, er war nicht begabt darin. Er drückte die Auflegetaste. Sekunden später läutete es wieder. „Ralf?" fragte ein Mann.

„Nein."

„Was?"

„Diese Nummer ist … Sie wurde aus Versehen … Sie haben sich verwählt."

Einen Roman interpretieren

„Das ist Ralfs Nummer!"
Ebling legte auf und steckte das Telefon in die Jackentasche.
Die S-Bahn war wieder überfüllt, auch heute mußte er stehen. Von der einen Seite preßte sich eine fette Frau an ihn, von der anderen starrte ein schnurrbärtiger Mann ihn an wie einen verschworenen Feind. Es gab viel, das Ebling an seinem Leben nicht mochte. Es störte ihn, daß seine Frau so geistesabwesend war, daß sie so dumme Bücher las und daß sie so erbärmlich schlecht kochte. Es störte ihn, daß er keinen intelligenten Sohn hatte und daß seine Tochter ihm so fremd vorkam. Es störte ihn, daß er durch die zu dünnen Wände immer den Nachbarn Schnarchen hörte. Besonders aber störten ihn die Bahnfahrten zur Stoßzeit. [...]
Seine Arbeit aber mochte er. Er und Dutzende Kollegen saßen unter sehr hellen Lampen und untersuchten defekte Computer, die von Händlern aus dem ganzen Land eingeschickt wurden. Er wußte, wie fragil die kleinen denkenden Scheibchen waren, wie kompliziert und rätselhaft. [...] R

3 Fassen Sie den Inhalt kurz zusammen.

4 Bestimmen Sie mithilfe des Basiswissens die Erzählform und -situation.

BASISWISSEN | **Autor versus Erzähler**

Der Autor und der Erzähler eines literarischen Textes sind nicht identisch. Der „echte" Autor kreiert im Rahmen seiner dichterischen Freiheit eine Figur, die die Geschichte erzählt. Hierfür stehen dem Autor mehrere Möglichkeiten offen. Er wählt zwischen den **Erzählformen** *Ich-Erzähler* oder *Er-/Sie-Erzähler*. Außerdem legt er die **Erzählsituation** (= Erzählverhalten) fest und damit die Perspektive, aus der erzählt wird:

- **auktoriale** Erzählsituation: Der allwissende Erzähler steht völlig über dem Geschehen, kommentiert und bewertet es und kennt alle Zusammenhänge. Er kann Vergangenes und Zukünftiges wiedergeben.
- **personale** Erzählsituation: Die Handlung wird aus der Sicht einer am Geschehen beteiligten Figur erzählt. Der Leser erfährt somit nur von Gefühlen/Gedanken dieser sogenannten „Reflektorfigur".
- **neutrale** Erzählsituation: Der Erzähler steht außerhalb der Handlung und berichtet eher sachlich.

In der dritten von neun Geschichten, in die der Roman „Ruhm" gegliedert ist, wird mit der Einführung einer weiteren Figur (Rosalie) der fiktionale Charakter des Romans besonders deutlich, da er auch ausdrücklich thematisiert wird (= Metafiktion).

Daniel Kehlmann: Rosalie geht sterben (2009, Auszug)

Von all meinen Figuren ist sie die klügste. Vor beinahe siebzig Jahren war Rosalie jung und gut in der Schule, dann hat sie die Lehrerinnenakademie absolviert und vier Jahrzehnte unterrichtet. Sie war zweimal verheiratet und hat drei längst schon erwachsene Töchter, jetzt ist sie Witwe, ihre Pension ist ausreichend, und über manche Dinge hat sie sich nie Illusionen gemacht; darum ist sie auch nicht erstaunt gewesen, als ihr der Arzt vorige Woche gesagt hat, daß Bauchspeicheldrüsenkrebs nicht heilbar ist und daß es nun sehr schnell zu Ende gehen wird.

Einen Roman interpretieren

„Sie wollen doch sicher die Wahrheit", hat er gesagt, mit einer Miene, als wäre sie ein Kind und könnte stolz sein, von einem Erwachsenen ins Vertrauen gezogen zu werden. „Die gute Nachricht: Der starke Schmerz kommt erst ganz am Schluß."

Es ist ihr fast leichtgefallen, die Situation zu akzeptieren. Die berühmten sieben Stadien hat sie nicht durchlebt: keine Empörung, keine Leugnung, keinen langsamen Kampf bis hin zum Begreifen – bloß eine kurze Phase des Unglaubens, dann eine Nacht tiefster Traurigkeit und am nächsten Morgen schon die Suche im Internet nach jenem Schweizer Verein, von dem sie gehört hat, er helfe einem, die Dinge abzukürzen.

Wahrscheinlich wissen Sie, daß es den wirklich gibt; ich habe ihn nicht erfunden, in einem Vorort von Zürich hat er seinen Sitz, den Namen sollte ich, so rät mir ein Anwalt, hier besser nicht nennen. Mehrere Schweizer Organisationen bieten Sterbehilfe an, dieser Verein ist der bekannteste. Falls Sie von ihm noch nicht gehört haben, passen Sie auf; aus einer Geschichte kann man ja durchaus auch etwas lernen. Man muß dem Verein beitreten, muß einen gar nicht so kleinen Betrag bezahlen und ärztliche Berichte schicken, die ein Mediziner dann durchsieht, um zu bestätigen, daß wirklich keinerlei Hoffnung besteht. Danach reist man an, begibt sich in des Vereins einzige Immobilie, die sogenannte Sterbewohnung: ein Zimmer mit Sofa, Bett und einem Tisch, auf dem einem ein ehrenamtlicher Mitarbeiter ein Glas Natrium-Pentobarbital vorsetzt. Das trinkt man. Aus eigener Kraft und freiem Willen.

Wenn es ums Sterben geht, ist Rosalie schwer zu überraschen. Ein Cousin ihres ersten Mannes hat sich in den Kopf geschossen, ohne zu wissen, wie schwierig das eigentlich ist und wie häufig es Leute überleben. Der Winkel war nicht richtig, und noch Wochen ist er ohne Unterkiefer vor sich hin vegetiert. Die Schwester ihrer Freundin Lore hat es viermal mit Schlaftabletten versucht. Jedesmal eine höhere Dosis, jedesmal ist sie doch wieder in Kot und Erbrochenem zu sich gekommen; unser Körper ist stark, seine Lebenskraft größer, als es unsere dunklen Stunden vermuten lassen. Und Rosalies Neffe Frank, der Bruder von Lara Gaspard, hat sich vor elf Jahren aufgehängt. Sein Hals war schwarz von den Würgemalen, und an der Zimmerdecke gab es tiefe Kratzspuren. Es schadet nicht, wenn einem Experten helfen. Nach kurzem Widerstreben also greift Rosalie zum Telefon.

Es meldet sich ein Herr Freytag. Er ist höflich, leise und taktvoll, er hat offensichtlich Erfahrung mit dieser Art von Gesprächen.

Ich sollte wohl erwähnen, daß ich Herrn Freytag erfunden habe. Ich habe nicht bei dem Verein angerufen, ich weiß nicht, wer da abhebt und was gesagt wird. Ich wollte es herausfinden, aber immer hat mich ein unbestimmtes Grauen innehalten lassen, und mir war es, als wäre ich kurz davor, etwas Unanständiges zu tun, als wollte ich Geister zu meinem Vergnügen beschwören. Dazu kommt, daß ich eigentlich nicht die Art von Schriftsteller bin, bei dem die Fakten stimmen. Andere freuen sich, wenn sie die kleinen Details akribisch recherchiert haben und irgendein Geschäft, an dem eine Figur achtlos vorbeischlendert, im Buch den richtigen Namen trägt. Aber mir ist so etwas egal.

„Alles sehr einfach", sagt Herr Freytag. Dies sei die Adresse, dies die Faxnummer, sie möge nur die ärztlichen Berichte schicken, dann werde sogleich ein Psychiater ein Gespräch mit ihr führen, um ihre Zurechnungsfähigkeit zu prüfen. Danach werde man ihr die Beitrittsunterlagen faxen, und sobald sie die zurückgeschickt habe, könne ein Termin vereinbart werden. Ob denn … Er zögert zum ersten Mal. Ob denn Eile geboten sei?

Einen Roman interpretieren

Der Arzt, sagt Rosalie, habe von wenigen Wochen gesprochen.
In diesem Fall werde man die Dinge beschleunigt erledigen.
Herrn Freytags Stimme bleibt ganz ruhig und dennoch voll Anteilnahme. Er macht das wirklich gut. Warum auch nicht, denkt Rosalie, er könnte sicher woanders mehr verdienen, wahrscheinlich ist es eine echte Berufung. Sie schafft es, sogar ein Gefühl von Dankbarkeit zu empfinden.
In der Nacht träumt sie wie seit Jahren nicht mehr. Da ist ein hitziges Pochen des Bluts, eine fiebrig sinnliche Erregung, an die sie sich nach dem Erwachen fast schockiert zurückerinnert: viele Menschen und Lärm und überhitzte Umarmungen. Auch sind da plötzlich Leute, an die sie seit fünfzig Jahren nicht gedacht hat, scheinbar ewig schon verschwunden im Vergessen, vielleicht lebt kein anderer mehr, der sich noch an sie erinnert. Wie lange alles her ist. Es wird wohl wirklich Zeit für sie.
Und trotzdem kann sie sich nicht ganz in ihr Schicksal ergeben. Deshalb, zur frühen Morgenstunde, wendet sie sich an mich und bittet um Gnade.
Rosalie, das liegt nicht in meiner Macht. Das kann ich nicht.
Natürlich kannst du! Das ist deine Geschichte.
Aber sie handelt von deinem letzten Weg. Täte sie es nicht, hätte ich nichts über dich zu erzählen.
Die Geschichte –
Könnte eine andere Wendung nehmen!
Ich weiß nichts anderes. Nicht für dich.
Daraufhin dreht sie sich zur Seite und kann nicht mehr einschlafen, bis es hell wird. Das ist nichts Außergewöhnliches, das letzte Mal wirklich gut geschlafen hat sie vor mehr als fünfundzwanzig Jahren.
Die nächsten Tage vergehen, als wäre alles wie immer und als hätte sie noch Zeit. […] R

5 Benennen Sie unter Einbeziehung Ihres Vorwissens über den Roman „Ruhm“ den Erzähler der Geschichte „Rosalie geht sterben“.

6 Analysieren Sie die erzähltechnischen Besonderheiten dieser Geschichte mit Bezugnahme auf Zeitgestaltung und Figurenrede.

BASISWISSEN Zeitgestaltung

Die **Zeitgestaltung** in der Literatur gehört zu den **Erzähltechniken** und ist in mehrfacher Hinsicht wichtig.

Erzählzeit nennt man die Zeitdauer, in der eine Geschichte gelesen bzw. erzählt wird. **Erzählte Zeit** ist der Zeitraum, über den sich das Dargestellte erstreckt. Man unterscheidet dabei drei Möglichkeiten:

Zeitdeckung: Erzählzeit und erzählte Zeit decken sich ungefähr, so zum Beispiel bei Verwendung der direkten Rede.

Zeitraffung: Die erzählte Zeit ist kürzer als die Erzählzeit, es werden bestimmte Zeitspannen übersprungen oder zusammengefasst.

Zeitdehnung: Die erzählte Zeit ist länger als die Erzählzeit, so zum Beispiel bei inneren Monologen.

7 Verfassen Sie einen Dialog zwischen Rosalie und ihrem Schöpfer, in dem der Ausgang der Geschichte – wie Sie ihn sich vorstellen – deutlich wird.

Einen Brief schreiben

Eine Form des gestaltenden Interpretierens mit kreativer Textproduktion ist es, einen Brief zu schreiben. Um aus der Perspektive einer literarischen Figur einen Brief zu verfassen, sind genaue Textkenntnisse und Einfühlung in den jeweiligen Charakter notwendig. In der folgenden Erzählung von Erich Kästner steht ein junger Metallarbeiter im Mittelpunkt.

Erich Kästner: Inferno im Hotel (1927)

Drei Tiroler Luxushotels und eine illustrierte Zeitschrift veranstalteten – aus Gründen propagandistischer Konvention – ein gemeinsames Preisausschreiben. Die Zeitschrift stellte den Lesern eine allgemein gehaltene Frage und wünschte besondere Antworten, wählte die drei gelungensten Einsendungen und lieferte deren Urhebern die zur Nutznießung der Prämien notwendigen Schnellzugsfahrten (zweiter Klasse). Die drei Tiroler Hotels erklärten sich ihrerseits bereit, je einen der Gewinner vierzehn Tage kostenlos aufzunehmen. Den ersten Preis erhielt ein Dr. Gotthold Lehmann, den zweiten ein gewisser Herr Peter Sturz und den dritten die Gattin eines Bankdirektors. Dieser Dame kamen zwei luxuriöse Wochen in Tirol nicht ungelegen; es war ihre dritte Reise im laufenden Jahr, und außerdem fand sie das Hochgebirge himmlisch. Auch Dr. Gotthold Lehmann schätzte sich glücklich; er war Gymnasiallehrer; Gehalt und Familie hätten ihm Erholung höchstens innerhalb der ersten Eisenbahnzone erlaubt.

Aber für Herrn Peter Sturz (wie die Zeitschrift ihn höflicherweise nannte) sollte die Reise zu einer schmerzlichen Fahrt in würdelose Abenteuer werden. Sturz war Metallarbeiter; damit ist der zureichende Grund seiner Erniedrigung eindeutig bezeichnet, und auch ihre Chronik ist schnell notiert:

Peter Sturz, 28 Jahre alt und seit vierzehn Monaten verheiratet, hatte die Preisfrage beantwortet, ohne an irgendeine Chance auch nur zu denken. Als er dann unter den Namen der Prämierten den eigenen las, erschrak er sehr und schrieb, man möge ihm, einem armen Teufel, statt der Reise, bitte, eine Geldsumme zuwenden. Doch die Redaktion der Zeitschrift lehnte sein Gesuch ab … Frau Sturz, belustigt über ihres Mannes Unruhe, kaufte im Konsumverein den kunstseidenen Schlips, den er erst zum Geburtstag hätte bekommen sollen; sie stärkte und plättete drei Vorhemdchen und etliche Paar Manschetten; sie bürstete den blauen Sonntagsanzug mit Benzin und packte einen Karton. Sturz nahm den ihm zustehenden Urlaub von zehn Tagen und erhielt einige, freilich unbezahlte, Tage mehr hinzubewilligt. Dreißig Mark holte er von der Sparkasse, für alle Fälle und obwohl sie als Anzahlung auf eine Nähmaschine gedacht gewesen waren. Die Zeitschrift schickte das für die Hin- und Rückreise gültige Billettheft – und Sturz fuhr nach Tirol.

Die Fahrt im Coupe zweiter Klasse gefiel ihm. Er rauchte Zehnpfennigzigarren, kaute 30 Wurststullen, blinzelte vergnügt durchs Fenster, wippte auf den Polstern und pfiff. Später schlief er mehrere Stunden. In München stieg er um, schlief wieder ein, erwachte hinter Rosenheim und sah gerührt die ersten Berge. In Kufstein regnete es. Trotzdem ging er vor seinem Abteil des Zürich-Wien-Express', der ihn weiterbringen würde, stolz auf und ab, kletterte im letzten Augenblick in den Wagen und bedauerte, eine Stunde danach, dass er schon in K. angekommen war.

Den Karton unterm Arm und den Hut zwischen den Fingern betrat er das Hotel. Der Portier nahm sich nicht die Mühe, seinen Schreck zu verbergen, als er hörte, wer dieser lächerlich grobe und schüchterne Mensch sei. Eilig ließ er ihn nach einem Zimmer des obersten Stockwerkes abschleppen und machte dem Direktor erschüttert Mitteilung. – Sturz kniff die Augen zusammen, während ihn der Boy durch die Halle führte. Herumsitzende Gäste musterten ihn, als sei er die

Einen Brief schreiben

Dame ohne Unterleib ... Im Lift fuhren sie hoch. Und nachdem sich der Junge zurückgezogen hatte, stand Sturz lange noch dicht an der Tür des Zimmers und wagte nicht, den Karton abzulegen.

Eine Viertelstunde nach dem dritten Gongschlage klopfte es, und der Boy rief: man esse längst! Etwas später stand Sturz in einem großen, herrlich erleuchteten Saal. Die Herren trugen schwarze Anzüge und weißbrüstige Hemden; die Damen glichen nacktarmigen Fürstinnen. Sturz erhielt einen kleinen einsamen Tisch angewiesen; und bevor er sich setzte, verbeugte er sich dreimal linkisch ins Leere. Seine Verwirrung stieg, als man ihm das Vorgericht servierte. Er wusste mit den merkwürdig bunten Speisen nichts anzufangen und schlang sie hinunter, als fräße er Gift. Messer und Gabel klirrten in den schweren Fäusten. Der Oberkellner studierte ihn süffisanten Blicks, und als Sturz das Messer aufs Parkett fiel, als er es aufhob und damit weiterspeiste, starrten ihn alle Gäste, unheimlich fremd und voll sachlicher Neugier, an. Mit gesenktem, rotem Kopfe saß er da und kaute. Ihm war todelend zumute, und verzweifelt schluckte er, was man ihm hinstellte. Als er schließlich aufzublicken wagte, war er allein. Das heißt, drüben am Büfett lehnten zwei Tischkellner und lachten.

In der Halle trank man Sekt und Wein. Wie ein Matrose schwankte Sturz an den Menschen vorüber. Die Treppen rannte er hinauf, riegelte die Tür ab und warf sich wie ein Paket aufs Bett. Dann stand er wieder auf, zog sich aus, hing den Anzug sorgfältig über einen Bügel, löschte das Licht und ging schlafen. Von weit her drang Tanzmusik. Und er hätte – wäre er's nur gewöhnt gewesen – gern geweint.

Die Angestellten waren grausamer als die Gäste. Es schien, sie hätten sich auch an ihm zu rächen, da sie gezwungen waren, einen Kerl zu bedienen, den sie verachteten. Sie quälten ihn voll böser Lust; sie ertrugen es nicht, sein Herz auch nur eine Stunde unverletzt zu lassen; sie verbreiteten alle seine Irrtümer, damit man ihn verlache. Vom Zimmermädchen erfuhren alle, die es wissen wollten (und andere auch), Sturz halte die Tür zu seinem Badezimmer für eine nachbarlich verschlossene Tür und habe noch nicht gebadet. Der Oberkellner erzählte den Herrschaften, Sturz wage es nicht, Pasteten, Krebse, Geflügel und andere Gerichte zu essen, weil er nicht wisse, wie er sie anständig verzehren solle. Der Portier teilte den Interessenten mit, „Herr“ Sturz habe mehrfach versucht, mit den Hausdienern und Kutschern, wenn sie abends im Hofe saßen und Karten spielten, Gespräche anzuknüpfen. Sogar beim Holzhacken habe er helfen wollen. Na, man habe ihm gründlich heimgeleuchtet!

Seit seiner Ankunft hatte Sturz kaum ein Dutzend Worte gewechselt. Immer war er allein. Immer war er auf der Flucht vor dem Gelächter. Abzureisen freilich schämte er sich noch mehr ... So hastete er verlassen und verfolgt durch den lärm- und musikerfüllten Palast; und nur unterwegs, auf stillen Bergwegen und Gletschern gegenüber, fand er ein wenig Frieden. – Am zehnten Tage empfing er einen Brief von seiner Frau und sah am Datum, dass der Portier ihn mehrere Tage absichtlich zurückgehalten haben musste. Doch schwieg er, ging auf sein Zimmer und las, was sie ihm schrieb. An diesem Abend – die Hauskapelle spielte Tafelmusik – weinte Sturz an seinem leeren, kleinen Tisch. Der Oberkellner kolportierte es schleunig und fügte anschaulich hinzu: die Tränen seien aufs Kalbsfrikassee getropft. Nervenkrisen eines Metallarbeiters wurden an etlichen Tischen für originell erklärt.

Am späten Abend, als Sturz sein Zimmer betrat, konnte er an der Tür zum Badezimmer lesen: „Einmal richtig baden, könnte dir nichts schaden“. – Erst jetzt merkte er die Bedeutung des

Einen Brief schreiben

Nebenraums, betrat ihn und blickte auf die eingelassene Wanne, als sähe er in ein Grab … Seit er geweint hatte, vollzog sich eine Wandlung in ihm. Seine Schüchternheit wich und machte einem schlimmen Trotze Platz. Man hatte ihn in die Enge getrieben. Jetzt stellte er sich zur Verteidigung. Es verlangte ihn danach, zu beleidigen und zu bestrafen. Aber niemand verletzte ihn mehr. Es hatten wohl alle instinktiv begriffen, dass er sich geändert hatte. So fraß er den Zorn in sich hinein. Man sah ihn gar nicht. Er war nicht mehr interessant und außerdem gefährlich. Man tat, als sei er nicht vorhanden.

Sturz fand diesen Zustand nicht weniger unerträglich als den vorigen und teilte dem Portier mit, er reise ein paar Tage vor dem Ablauf des Termins. Auf der Bank des Ortes wechselte er fünfundzwanzig Mark in Schillinge um und bot – nachdem er seinen Karton gepackt hatte – dem Zimmermädchen ein Trinkgeld. Sie drehte ihm den Rücken … Er suchte den Hausdiener; dieser lachte ihm ins Gesicht und meinte, von so einem nehme er nichts … Sturz lief zum Oberkellner und drückte ihm einige Scheine in die Hand. Der Oberkellner ließ das Geld fallen und wandte sich zum Gehen. Da hielt der Arbeiter es nicht mehr aus und schlug den Menschen nieder. – Kellner und Gäste liefen herbei und knieten sich zu dem Blutenden.

Sturz drehte sich um. Man trat zurück und ließ ihn ungehindert passieren. An der Tür spieh er aus und warf den Rest des Geldes in den Saal. Dann ging er zum Bahnhof und fuhr heim.

Wenige Wochen später starben der Arbeiter Sturz und seine Frau an Leuchtgasvergiftung. Es liegt nahe, zwischen jener Reise und diesem Selbstmord einen Zusammenhang zu konstatieren.

1 Kurz bevor Peter Sturz den Brief seiner Frau erhält, schreibt er seinerseits an sie. Verfassen Sie diesen Brief, in welchem er Auskunft über die Situation und seine Gefühle gibt.

2 Lesen Sie sich die folgenden Briefstellen (Auszüge aus gelungenen und weniger gelungenen Schülerarbeiten) durch und beurteilen Sie diese ähnlich wie bei den Beispielen (A) und (B). Mögliche Kriterien: Aufnahme inhaltlich zutreffender Elemente, Einhaltung der Perspektive, Reflexion, sinnvolle Weiterentwicklung der Situation etc.

Achtung, Fehler!

(A) *Meine Liebe, wie geht es dir? So lange haben wir uns nicht gesehen. Ist alles in Ordnung? Ich vermisse dich sehr. Du hast alles so sorgfältig und schön vorbereitet, damit ich mich auf der Reise wohlfühlen kann und gut ausgestattet bin.*
Beispiel: *Beurteilung positiv; Orientierung am Adressaten bei dieser Textsorte wichtig; er hat länger nichts von seiner Frau erfahren; Textauswertung in Hinsicht auf Figurencharakter (er hat ein liebevolles Verhältnis zu seiner Frau und vermisst sie) und Inhalt (vgl. Z. 20ff.) ist vorhanden.*

(B) *Du hast ja meine Ängste nicht richtig verstanden, aber ich passe wirklich nicht hierher. Stell dir vor, sie verspotten mich hier alle und haben mir sogar ein gemeines Schild geschrieben. Was ich hier erlebe, ist blankes Mobbing.*
Beispiel: *Beurteilung negativ; Nichteinhaltung der Stilebene, „Mobbing" ist nicht der Wortschatz aus dieser Zeit.*

Einen Brief schreiben

(C) *Der Portier war schon von Anfang an komisch, und stell dir vor, er hat sogar dem Direktor erzählt, was ich für ein plumper und grober Gast bin, der nicht hierhergehört.*

(D) *Keiner redet freundlich mit mir. Ich glaube, sie lachen über mich. Ich bin so schrecklich allein.*

(E) *Die verbreiten hier sogar, dass ich stinke und mich nicht wasche und mich mit den Dienstboten unterhalte.*

(F) *Eine ganz komische Sache in diesem Luxushotel ist, dass in meinem Zimmer kein Waschbecken ist, das verstehe ich gar nicht, ich wasche mich jetzt im Waschbecken auf dem Klo.*

(G) *Die Zugfahrt und die Natur hier, das ist alles sehr schön. Mit dir wäre es noch viel schöner, aber wir können ja eine so teure Zugfahrt für beide nicht bezahlen, selbst wenn wir hier nur ein einfaches Zimmer nehmen würden.*

(H) *Es ist alles so einschüchternd. Muss man sich eigentlich vor dem Hinsetzen verbeugen?*

ARBEITSTECHNIK | Einen Brief aus der Perspektive einer literarischen Figur schreiben

Um einen Brief aus der Sicht einer literarischen Figur zu schreiben, müssen Sie sich über deren persönliche Situation, ihre Beziehungen, ihr Verhalten und ihre Empfindungen klarwerden. Auch die Zeitumstände sollten Sie einbeziehen. Wünschenswert wäre es, sich der Sprache der Figur anzunähern.

Folgende Arbeitsschritte können Ihnen helfen:

- Werten Sie den Text aus und achten Sie dabei auch auf Details wie Aufbau und Sprache.
- Beachten Sie wichtige formale Vorschriften für einen Brief (Anrede, Datum, Absätze, Schlussformel mit Unterschrift).
- Halten Sie eine sinnvolle gedankliche Struktur ein (Beispiel: Schreibanlass, klare Argumentation, Eingehen auf wichtige Aspekte, Einschätzungen und Deutungen).
- Halten Sie unbedingt die Perspektive ein, so kann beispielsweise die schreibende Person nicht alles, was im Text steht, unbedingt wissen.
- Behalten Sie den Empfänger im Blick, das heißt, beachten Sie die Adressatenorientierung.
- Legen Sie die Stilebene stimmig an (Zeit, Milieu, Charakter, Situation). Vermeiden Sie beispielsweise Anachronismen und Stilbrüche.
- Reflektieren Sie die Situation und bauen Sie sie im Rahmen des Vorgegebenen aus (keine wilden Erfindungen, inhaltliche Stimmigkeit herstellen).

3 Auch der Portier hat seiner Frau über den „unmöglichen Gast" und darüber, wie man ihn behandelt hat, einen Brief geschrieben. Verfassen Sie einen Antwortbrief der Frau, in welchem sie ihrem Mann Vorwürfe wegen dieser Vorkommnisse macht.

Einen inneren Monolog verfassen

Romane haben oft komplexe Figurenkonstellationen. Eine Art der Interpretation ist es, einen inneren Monolog eines Romanprotagonisten zu verfassen. Ähnlich wie beim Brief müssen Sie sich beim inneren Monolog in eine literarische Figur hineinversetzen und ihre Gedanken und Gefühle formulieren.

BASISWISSEN Innerer Monolog und weitere Formen der Figurenrede

Zu den **Erzähltechniken** gehört es, dass Figuren in epischen Texten denken und sprechen. Diese **Figurenrede** kann auf unterschiedliche Art und Weise dargestellt werden.

Gedanken und Gefühle werden im inneren Monolog, dem Bewusstseinsstrom oder der erlebten Rede wiedergegeben.

Situation: Eine Person steht vor dem Kino. Es geht um die Frage, ob sie nach Hause gehen muss.

a) Ob ich wohl nach Hause gehen muss? Soll ich nicht lieber vielleicht noch etwas warten? → **Innerer Monolog** („ich" = 1. Person; muss = Präsens)

b) Wenn ich doch ...! Nach Hause? Nein!! – Vielleicht doch? ... Ja! → **Bewusstseinsstrom**, „stream of consciousness" (vom klassischen Satzbau losgelöste Wiedergabe von Gedanken, Assoziationen, Empfindungen etc.)

c) Sie stand vor dem Kino. Musste sie wohl nach Hause gehen? → **Erlebte Rede** („sie" = 3. Person; „musste" = Präteritum)

Gesprochene Worte werden in direkter oder indirekter Rede wiedergegeben.

a) Sie stand vor dem Kino und fragte: „Muss ich wohl nach Hause gehen?" → **Direkte Rede** (Diese Form müssen Sie anwenden, wenn Sie beim gestaltenden Interpretieren etwa aufgefordert werden, einen Dialog zu entwerfen.)

b) Sie stand vor dem Kino und fragte sich, ob sie wohl nach Hause gehen müsse. → **Indirekte Rede** („müsse" = Konjunktiv; bei der Inhaltswiedergabe angezeigte Form für die Wiedergabe wörtlicher Rede)

„Die Interessanten", im gleichnamigen Roman von Meg Wolitzer, sind eine Gruppe junger Leute, deren Freundschaften, Erfolge und Enttäuschungen über längere Zeit geschildert werden. Im vorliegenden Auszug geht es um Ethan Figman und Ash Wolf, die eine Beziehung haben. Ethan Figman ist ein junger, genialer Comiczeichner. Er sitzt bei Gil, dem wohlhabenden Vater seiner Freundin Ash und ihres Bruders Goodman, im Büro. Goodman ist wegen eines Vergewaltigungsvorwurfs untergetaucht. Seine Eltern wissen nicht, wo er ist.

Meg Wolitzer: Die Interessanten (2014, Auszug)

„Warte, noch etwas Letztes", sagte Gil. Sein Gesichtsausdruck veränderte sich plötzlich und bekam etwas Verlegenes. „Ich habe mich gefragt, ob du dir vielleicht etwas ansehen könntest."

„Sicher."

Gil schloss die Tür zu seinem Büro, ging zum Schrank und holte eine dicke ziegelfarbene Mappe daraus hervor. Während er das Band, mit dem sie sorgfältig verschlossen war, löste, sagte er: „Das ist mein Geheimnis, Ethan. Ich habe das nie jemandem gezeigt, nicht mal Betsy."

Oh Scheiße, Pornos, dachte Ethan und ihm wurde eng hinter dem Kragen. Irgendeine Art Fetisch-Porno. Mit Bildern von Kindern, die in Häusern mit geschwärzten Fenstern fotografiert worden waren. Gil wollte Ethan in diese Welt einführen. Nein, nein, was für ein blöder Gedanke! Hör schon auf, du schwatzt innerlich schon wieder vor dich hin, sagte sich Ethan. Er sah zu, wie Ashs Vater einen Stapel Zeichnungen auf dickem Papier aus der Mappe zog. „Sag mir, was du denkst", sagte Gil.

Einen inneren Monolog verfassen

Ethan nahm die Blätter und betrachtete das obere. Es war die Kohlezeichnung einer Frau, die an einem Fenster saß und hinaus auf die Straße sah. Die Zeichnung war mehrfach korrigiert worden, das war klar zu erkennen. Im wolkigen Grau der Kohle sah man, wo radiert, neu angesetzt und noch einmal neu angesetzt worden war. Der Kopf der Frau war in solch einem Winkel zur Seite gedreht, dass das Genick wie gebrochen aussah, aber sie saß aufrecht. Es war eine sehr schlechte Zeichnung, das sah Ethan gleich. Aber er begriff, Gott sei Dank begriff er es gleich, dass das hier kein Witz war und er nicht lachen durfte. Gott sei Dank, würde er über die Jahre noch oft denken, hatte er nicht einmal gelächelt.

„Interessant", murmelte Ethan.

„Ich wollte ein Dreiviertel-Profil", sagte Gil, der Ethan über die Schulter sah.

„Das sehe ich." Und dann, mit sehr leiser Stimme, womöglich so leiser Stimme, dass Ashs Vater es gar nicht hörte und Ethan es hätte sagen können, ohne es tatsächlich zu sagen, fügte er hinzu: „Es gefällt mir."

„Danke", sagte Gil. Ethan schob die Zeichnung unter den Stapel und sah sich die nächste an. Es war eine Seelandschaft mit Möwen, Felsen und Wolken mit scharfen Umrissen statt der ätherischen, amöbischen Natur wirklicher Wolken. Die Zeichnung war nicht ganz so schlecht, aber immer noch ziemlich dürftig. Gil Wolf wünschte sich eine Hand, die einen Bleistift halten und alles mit ihm zu tun vermochte – oder besser noch: gleich zwei fähige Hände, wie Ethan sie hatte, der mit rechts wie mit links gleichermaßen gut zeichnete. Das Problem war nur, dass sich Talent nicht durch bloßen Willen erzwingen ließ. Ethan murmelte etwas Passendes zu jeder Zeichnung. Es war wie ein extrem stressiges Fernsehquiz mit dem Titel *Sag bloß das Richtige, du Idiot.*

„Wie also lautet das Verdikt?", fragte Gil, die Stimme heiser vor Verletzlichkeit. „Soll ich mich weiter daran versuchen?"

Der Augenblick dehnte sich ins Unendliche. Wenn der Sinn des Zeichnens darin bestand, seine Arbeiten der Welt zu präsentieren, damit die Leute sie sehen und spüren konnten, was man ausdrücken wollte, dann nein, dann sollte Gil sich nicht weiter daran versuchen. Nie wieder sollte er dann einen Stift in die Hand nehmen. Dann sollte es ihm gesetzlich untersagt werden, Kohlestifte auch nur zu besitzen. Aber wenn es um etwas anderes ging, um Ausdruck und Entspannung, um eine Möglichkeit, dem Verlust seines Sohnes eine private Bedeutung zu geben, dem Verlust seines Kindes, seines *Jungen,* dann ja, dann sollte er zeichnen und zeichnen und zeichnen.

„Natürlich", sagte Ethan.

Auf der letzten Zeichnung des Stapels waren zwei Gestalten zu erkennen, ein Junge und ein Mädchen, die mit einem Hund spielten. Das Durcheinander der Körper war so schrecklich, sie sahen so verdreht aus, dass es auf den ersten Blick wie eine Folterszene wirkte. Da tat einer einem anderen etwas an! Aber nein, sah Ethan, die Kinder *lachten,* und auch ihr Hund, der eher wie eine Robbe aussah, lachte, das zeigten die nach oben gerichteten Lippen.

„Das habe ich nach einem alten Foto gezeichnet", sagte Gil. Seine Stimme klang angespannt, und Ethan wollte den Blick nicht heben und zu ihm hinübersehen, denn er hatte Angst vor dem, was er da entdecken mochte. Eben noch hatte Ethan gefürchtet, lachen zu müssen, jetzt wusste er, dass Gil womöglich Tränen über die Wangen liefen. Und dann würde Ethan natürlich auch zu heulen beginnen, dabei müsste er Gil schützen, eine liebevolle Geste in seine Richtung machen und ihm sagen, er sei froh, dass Gil ihm seine Arbeiten gezeigt habe. Auf der Zeichnung spielten Ash und Goodman mit Noodge, der noch ein Welpe war. Gil hatte sein Bestes gegeben, um diesen

Einen inneren Monolog verfassen

Moment einzufangen. Es war eine schwerfällige Szene mit Ethan Figmans Freundin als kleinem Mädchen geworden, das vage so aussah, wie Ethan sie von den vielen Fotos an den Wänden der Wolfschen Wohnung kannte. In der Darstellung ihres Vaters waren Ash und Goodman glücklich, und der Hund war ebenfalls glücklich und lebte noch. Die Zeit war angehalten, und es gab keinen Hinweis darauf, was die Zukunft diesen Kindern bringen würde, obwohl die Hälse der drei, des Bruders, der Schwester und des Hundes, verstörenderweise gebrochen schienen.

1 **Charakterisieren Sie die Figuren Gil und Ethan.**

2 **Von den folgenden drei Schülerarbeiten wurde die Aufgabe „Verfassen Sie einen inneren Monolog Ethans, der nach dem Treffen über die Situation reflektiert“ bearbeitet.**

a) Wählen Sie eine Lösung, die Sie schlüssig finden.
b) Begründen Sie Ihre Wahl.
c) Nennen Sie die Gründe für die Zurückweisung der anderen Lösungen.

Achtung, Fehler!

(A) *Das war wirklich krass, ich muss jetzt eine rauchen. Also mit so etwas habe ich nicht gerechnet. Und so furchtbar schlechte Zeichnungen, ohne Klasse, ohne Technik, ohne Aussage, der arme arme Kerl. Er war ja so aufgeregt und Gott sei Dank hab ich's gemerkt. Wie furchtbar, wenn ich irgendwie ironisch über naive Kunst oder Hobbymaler geredet hätte, eine Katastrophe. Er tut mir so leid, aber warum will er denn überhaupt malen und hat den Anspruch, dass es gut sein soll!? Er kann doch malen, was er will (bei seinem Einkommen sowieso), warum muss das auch noch Kunst sein? Nicht zu fassen!! Das kann ich auch Ash nicht erzählen. Oh Gott, hoffentlich sagt er nicht zu ihr, ich hätte ihn gelobt, Ash kapiert doch sofort, wenn sie so eine Zeichnung sieht, was los ist. Überhaupt, ich hab ja eigentlich gelogen! Extrem! Sie gefallen mir, hab ich gesagt, leise, aber ich hab's gesagt!!! Nein!!!! Aber hätte es denn eine andere Lösung gegeben? Sicher nicht. Man kann seinem künftigen Schwiegervater nicht ins Gesicht sagen, dass seine Zeichnungen schlecht sind, das geht einfach nicht. Und es wäre auch grausam gewesen, und das hat Gil nicht verdient. Bei dem Kummer mit Goodman, das genügt wirklich. Und es scheint ihm wirklich etwas daran zu liegen, sonst hätte er sich doch nicht vor mir so klein gemacht. Unerträglich! Besser eine barmherzige Notlüge als grausame Aufrichtigkeit. Schadet niemandem, wirklich nicht. Aber hoffentlich muss ich jetzt nicht bei jedem Treffen neue Zeichnungen kommentieren. Das kann ich nicht!*

(B) *Also nein, ich lach mich kaputt, so ein alter Spinner, bildet sich ein, er könnte zeichnen und will dafür auch noch gelobt werden, nicht zu fassen, so was von Selbstüberschätzung. Am liebsten hätte ich ihm ja die Wahrheit gesagt: stümperhaft, erbärmlich, schauderhaft! Jeder, der nur die geringste Ahnung vom Zeichnen hat, würde ihm das sagen. Aber ich bin ja nun der Schwiegersohn (zumindest bald) und ich werd den Teufel tun. Dem hab ich schön was vorgespielt, mit leiser Stimme, als wär ich ergriffen, fast hätte der geheult, so sentimental, so etwas Eingebildetes, kann man ja wirklich nicht ernst nehmen. Aber das hab ich gut gemacht, hab mich aus der Affäre gezogen, auch wenn's natürlich mit meinem Selbstverständnis als Künstler nicht so zu vereinbaren ist. Aber Familie geht vor!*

(C) *Also das war was heute: Total unbegabter Vater meiner zukünftigen Frau will von mir für seine unsäglichen Zeichnungen gelobt werden. Und ich tu's auch noch, aber ich hatte ja keine andere Chance. Ich weiß ja, wie sehr Ash auf ihn aus ist, Dad hier, Dad da und Dad versteht ja so viel von Kunst und ist überhaupt der Tollste. Und zwischen mir und Ash kriselt es ja sowieso schon eine Weile und da kann ich es mir einfach nicht leisten, ihren Superdaddy zu kri-*

Einen inneren Monolog verfassen

tisieren. Dieser Jack, mit dem sie die ganze Zeit herumzieht, versteht sich ja auch so gut mit Gil, na ja, ein Banker wäre ihm bestimmt willkommener als ich unzuverlässiger Künstler. Von dem lass ich mich bei Gil und Ash nicht ausstechen, sollen sie Golf miteinander spielen, aber ich bin der Künstlerschwiegersohn, der auch noch Verständnis für die (fehlgeleiteten haha) Künstlerambitionen seines Schwiegervaters hat.

3 Verfassen Sie einen inneren Monolog Gils nach dem Treffen mit Ethan. Gehen Sie dabei besonders auf den Aspekt der Erleichterung ein, die Gil empfindet, nachdem sich Ethan positiv über seine Zeichnungen geäußert hat.

ARBEITSTECHNIK – Einen inneren Monolog schreiben

Der innere Monolog ist eine Form der Figurenrede. Der Leser erfährt ohne einen dazwischengeschalteten Erzähler direkt die Gedanken der Figuren, erlebt ihre Zerrissenheit, ihre Erinnerungen, Überlegungen und Assoziationen.

- Nutzen Sie die Informationen aus dem Text.
- Geben Sie die Gedanken, Gefühle und Wahrnehmungen der Person, die den inneren Monolog „spricht“, wieder.
- Achten Sie unbedingt darauf, dass diese Darstellung mit der Gesamtaussage des Textes übereinstimmt.
- Schreiben Sie ohne Anführungszeichen.
- Verwenden Sie die 1. Person Indikativ Präsens (auch die Du-Form bei einem Selbstgespräch).
- Sie haben Freiheit im Setzen von Ausrufezeichen, Fragezeichen, Auslassungszeichen.
- Sie können sich an die mündliche Ausdrucksweise anlehnen, dürfen also Wiederholungen, auch elliptisches Sprechen bis hin zu Satzfetzen oder Einzelwörtern, Dialekt etc. einsetzen.
- Achten Sie jedoch immer auf die Verständlichkeit Ihres Textes.

FAZIT

12.1
Texte erfassen und interpretieren
- Die Erzählform erfassen
- Erzählsituationen unterscheiden
- Figuren charakterisieren
- Sich mit der Gattung Roman auseinandersetzen

12.2
Einen Brief schreiben
- Formalien beachten
- Vorgaben der Vorlage einhalten
- Perspektive beachten
- Stilebene treffen

12.3
Einen inneren Monolog verfassen
- Gedanken und Gefühle unmittelbar wiedergeben
- Auf Verständlichkeit achten

12.4
Prüfungsvorbereitung

Prüfungsvorbereitung

In der Prüfung können Ihnen Auszüge aus aktuellen Romanen mit klassischen Aufgabenstellungen einer Interpretation (Zusammenfassung des Textausschnitts, einen inneren Monolog verfassen, eine Analyse) vorgelegt werden. In Antonia Baums Roman lebt der Arzt, Künstler und Autoverkäufer Theodor mit seinen drei Kindern Jonny, Clint und Romy (die Ich-Erzählerin) zusammen. Die Mutter der Kinder starb bei einem Unfall. Dem folgenden Auszug ist ein Vorfall in der Schule vorausgegangen, bei dem sich die drei sehr massiv gegen die Hänseleien von Mitschülern gewehrt haben.

Antonia Baum: Ich wuchs auf einem Schrottplatz auf, wo ich lernte, mich von Radkappen und Stoßstangen zu ernähren (2015, Auszug)

[…] Wenig später wurden wir abgeführt und saßen im Büro der Schuldirektorin, die ihren seriösen Lockenkopf schüttelte und schwer atmend Theo anrief. Eine halbe Stunde später kam Theodor mit seinem Motorrad auf den Schulhof gefahren und parkte exakt vor dem Haupteingang, wie wir vom Fenster aus beobachten konnten. Er trug einen Helm, und sein Bart regnete, weil es inzwischen in Strömen goss, die Lederjacke machte ihn noch breiter, als er sowieso war. […]

„Grüß Gott, gnädige Frau." Theodor ging langsam auf die Direktorin zu und hielt ihr seine Hand entgegen. Er verbeugte sich leicht. Die Direktorin kannte Theodor schon. Mit einer Mischung aus Mitleid, Unglaube und Respekt lächelte sie ihn tapfer an und räusperte sich. „Bitte setzen Sie sich doch."

„Freut mich, Sie wiederzusehen", sagte Theodor und betrachtete extrem entspannt das Büro-Interieur der Direktorin, die sich eine Auswahl beruhigender Landschaften mit Seerosen und im Wind wogendem Getreide an die Wände gehängt hatte. Ich wurde ungeduldig und wollte, dass Theodor endlich seinen Helm abnahm und sich setzte, wie sich die Direktorin das gewünscht hatte.

„Theodor, der Helm", flüsterte ich. Er kniete sich vor Clint, Jonny und mich, küsste uns und zog sich schließlich zeitlupenmäßig seinen Helm vom Kopf. Unter seiner Lederjacke trug er seinen Arztkittel, den er sich in die verbeulte Hose gesteckt hatte, an seinem Hals baumelte ein Stethoskop, und ich sah, dass er sich eine Krawatte umgebunden hatte. Und dann endlich setzte er sich.

Die Direktorin informierte ihn über „den Zwischenfall", er legte einen Finger an die Nase, lauschte andächtig, nickte, unterbrach sie kein einziges Mal, sagte hin und wieder „Ja, ist völlig klar" und rückte sich die verbogene Brille gerade, […] während die Direktorin redete und redete. […] Wenn sie am Ende eines wichtigen Satzes angekommen war, faltete sie ihre Hände, und man sah ihre ruhenden, aufgeräumten Direktorinnenhände auf ihrem Schreibtisch liegen, und dann richtete sie ihren Oberkörper auf. Sie lächelte und redete weiter von den Glaubenssätzen ihres pädagogischen Wirkens, dass an dieser Schule Gewalt nicht geduldet würde, „Herr Doktor", und dass sie sich ja unserer besonderen Situation durchaus bewusst wäre, dass eine angemessene Entschuldigung bei den Opfern allerdings dringend nötig sei und dass sie es weiter für dringendst angezeigt halte, dass wir an dem Anti-Aggressions-Training teilnehmen, wirklich, „Herr Doktor", weil derartige „Zwischenfälle" leider schon zu oft passiert seien, eine gewisse Schwelle sei hiermit überschritten, Alarmglocken läuteten bei ihr, und ob man sich nicht doch besser „Unterstützung" holen sollte, das sei überhaupt nichts Schlimmes und so weiter, und dann war sie fertig und wartete auf die Stellungnahme Theodors.

Theodor räusperte sich und sah an die Decke. Die Beine übereinandergeschlagen (Hose absurd verdreht in Stiefel gestopft) und die Hände im Schoß gefaltet (Fingernägel mit schwarzen Rändern), saß er da und machte erst mal gar nichts. […] [D]ie Direktorin lächelte angestrengt […] [und dann] fing er an: Er gebrauchte viele Fremdwörter, weswegen ich nur die Hälfte verstand. Er senkte seine Stimme und redete vom Tod unserer Mutter, der uns immer noch sehr zu schaffen mache, und dass er

Prüfungsvorbereitung

längst auf der Suche sei nach einer geeigneten Therapie für uns, vom Jugendamt würde er jedoch gerne bis auf weiteres keinen Gebrauch machen.

„Was – Therapie?", fragte Jonny entgeistert und richtete zum ersten Mal seinen Blick nach oben, weg von seinen Händen. Clint und ich guckten ebenfalls erschrocken zu Theodor, der die Augenbrauen bescheuert zusammenzog, so, wie er das wahrscheinlich in Vorabendserien bei diesen unangenehm fürsorglichen Ärzten gesehen hatte. „Ja, das wird nötig sein." Die Direktorin strahlte und begann in ihren Schubladen nach Broschüren und Telefonnummern zu suchen.

Später saßen wir bei McDonald's, was eine Ausnahme war. Aber irgendwie hatten wir Theodor überreden können, der nach dem Gespräch mit der Direktorin bester Laune war. […]

„So eine Schnepfe, das sehe ich sofort!", sagte Theodor. Er klaute sich von Clint eine Pommes, weil er aus Kostengründen nichts für sich selber bestellt hatte.

Jonny fragte mit vollem Mund: „Was siehst du sofort?" „Du sollst nicht mit vollem Mund reden! Dass die eine Schnepfe ist, sehe ich sofort. […] Ich bin im Grunde meines Herzens ja auch zutiefst bürgerlich, das wisst ihr alle. Ich bin aber in einem ganz anderen Sinne bürgerlich, das heißt: Ich bin für eine umfassende Bildung im humanistischen Sinne, und ich bin für Klarheit. […] Sie ist eine bürgerliche Schnepfe, weil ihr Kopf zugestellt ist durch einen Schilderwald voller Vorschriften. Schilder sind schlecht, merkt euch das. Deswegen liebe ich das Anarchische und mag die Kirche nicht. Vereine sind auch scheiße."

[…] „Da habt ihr den Jungs aus eurer Stufe also richtig eins auf die Mütze gegeben, ja?", unterbrach Theodor die Stille. Wir nickten. „Wir müssen doch nicht wirklich zur Therapie, oder?", fragte Clint mit vollem Mund. Theodor schlug mit der Faust auf den Tisch, und wir zuckten zusammen. Die Leute am Nebentisch […] sahen von ihrem Essen auf zu uns herüber. Ich lächelte sie entschuldigend an.

„Und? Müssen wir jetzt zur Therapie oder nicht?", fragte ich nochmal.

„Quatsch, papperlapapp. Ich bin euer Therapeut!", sagte Theodor. „Wir haben doch Spaß zusammen. Aber wir müssen uns ein bisschen vorsehen, sonst hetzt die uns wirklich noch das Jugendamt auf den Hals."

1 Fassen Sie den Inhalt des Textes kurz zusammen.

2 Charakterisieren Sie Theodor, den Vater.

3 Verfassen Sie einen inneren Monolog der Direktorin nach dem Gespräch.

4 Beurteilen Sie Theodors Verhalten in diesem Textausschnitt.

CHECKLISTE – Eine Interpretation zu einem Romanauszug schreiben

- ☑ Haben Sie Ihre Interpretation mit einem Basissatz begonnen?
- ☑ Haben Sie Ihren Hauptteil sorgfältig aufgebaut und die Beantwortung der einzelnen Fragen gut miteinander verbunden?
- ☑ Haben Sie bei der Figurencharakteristik den äußeren Eindruck, Kommunikationsverhalten, Beschreibung der Gefühle beachtet?
- ☑ Haben Sie sich beim Verfassen des inneren Monologs die Arbeitstechnik (↗ S. 164) vergegenwärtigt?
- ☑ Haben Sie bei der abschließenden Analyse von Theodors Verhalten an Belege aus dem Text gedacht und richtig zitiert?

Kapitel 13

Dramatische Texte erschließen und deuten

13.1
Vom klassischen Drama zum modernen Theater

13.2
Prüfungs-vorbereitung

Was ein Drama ist und was es leisten soll, wurde im Laufe der Jahrhunderte immer wieder diskutiert. Im folgenden Kapitel setzen Sie sich mit der Entwicklung des Dramas von Aristoteles bis Brecht auseinander und lernen, wie Dramenausschnitte analysiert werden.

Kompetenzen

- ✓ Gemeinsamkeiten und Unterschiede herausarbeiten
- ✓ Sich mit eigenen Vorstellungen auseinandersetzen
- ✓ Gesprächsverlauf analysieren
- ✓ Figuren charakterisieren
- ✓ Kreative Textprodukte verfassen
- ✓ Stellung nehmen

Methoden und Arbeitstechniken

- ✓ Mindmap erstellen
- ✓ Partnerarbeit
- ✓ Exzerpieren
- ✓ Recherchieren

Vom klassischen Drama zum modernen Theater

Die Vorstellung von Theater im Wandel

Was ein Drama ist und was es leisten soll, darüber gab es im Lauf der Jahrhunderte immer wieder Diskussionen. Die folgenden Theorietexte beschäftigen sich mit den unterschiedlichen Dramenformen. Schiller, Brecht und Dürrenmatt sind nur drei von vielen Schriftstellern, die reflektierend über ihren Beruf und die Aufgaben der Literatur geschrieben haben. Theorietexte zeigen nicht nur, welchen Sinn Schriftsteller in ihrem Schaffen sehen, sondern auch, wie sie auf die gesellschaftlichen und politischen Verhältnisse ihrer Zeit Bezug nehmen.

Friedrich Schiller:
Die Schaubühne als eine moralische Anstalt betrachtet (1784, Auszug)

Die Schaubühne ist die Stiftung, wo sich Vergnügen mit Unterricht, Ruhe mit Anstrengung, Kurzweil mit Bildung gattet, wo keine Kraft der Seele zum Nachteil des andern gespannt, kein Vergnügen auf Unkosten des Ganzen genossen wird. Wenn Gram an dem Herzen nagt, wenn trübe Laune unsre einsamen Stunden vergiftet, wenn uns Welt und Geschäfte anekeln, wenn tausend Lasten unsre Seelen drücken und unsre Reizbarkeit unter Arbeiten des Berufs zu ersticken droht, so empfängt uns die Bühne – in dieser künstlichen Welt räumen wir die wirkliche hinweg, wir werden uns selbst wiedergegeben, unsre Empfindung erwacht, heilsame Leidenschaften erschüttern unsre schlummernde Natur und treiben das Blut in frischere Wallungen. Der Unglückliche weint hier mit fremdem Kummer seinen eigenen aus – der Glückliche wird nüchtern und der Sichere besorgt. Der empfindsame Weichling härtet sich zum Manne, der rohe Unmensch fängt hier zum ersten Mal zu empfinden an. Und dann endlich – welch ein Triumph für dich, Natur – so oft zu Boden getretene, so oft wiederauferstehende Natur –, wenn Menschen aus allen Kreisen und Zonen und Ständen, abgeworfen jede Fessel der Künstelei und der Mode, herausgerissen aus jedem Drange des Schicksals, durch eine allwebende Sympathie verbrüdert, in ein Geschlecht wieder aufgelöst, ihrer selbst und der Welt vergessen und ihrem himmlischen Ursprung sich nähern. Jeder Einzelne genießt die Entzückungen aller, die verstärkt und verschönert aus hundert Augen auf ihn zurückfallen, und seine Brust gibt jetzt nur einer Empfindung Raum – es ist diese: ein Mensch zu sein.

Bertolt Brecht:
Was ist mit dem epischen Theater gewonnen? (um 1936, Auszug)

Damit ist gewonnen, daß der Zuschauer die Menschen auf der Bühne nicht mehr als ganz unveränderbare, unbeeinflußbare, ihrem Schicksal hilflos ausgelieferte dargestellt sieht. Er sieht: dieser Mensch ist so und so, weil die Verhältnisse so und so sind. Und die Verhältnisse sind so und so,

Die Vorstellung von Theater im Wandel

weil der Mensch so und so ist. Er ist aber nicht nur so vorstellbar, wie er ist, sondern auch anders, so wie er sein könnte, und auch die Verhältnisse sind anders vorstellbar, als sie sind. Damit ist gewonnen, daß der Zuschauer im Theater eine neue Haltung bekommt. Er bekommt den Abbildern der Menschenwelt auf der Bühne gegenüber jetzt dieselbe Haltung, die er als Mensch dieses Jahrhunderts der Natur gegenüber hat. Er wird auch im Theater empfangen als der große Änderer, der in die Naturprozesse und die gesellschaftlichen Prozesse einzugreifen vermag, der die Welt nicht mehr nur hinnimmt, sondern sie meistert. Das Theater versucht nicht mehr, ihn besoffen zu machen, ihn mit Illusionen auszustatten, ihn die Welt vergessen zu machen, ihn mit seinem Schicksal auszusöhnen. Das Theater legt ihm nunmehr die Welt vor zum Zugriff. R

Friedrich Dürrenmatt: Uns kommt nur noch die Komödie bei (1954, Auszug)

Die Tragödie setzt Schuld, Not, Maß, Übersicht, Verantwortung voraus. In der Wurstelei unseres Jahrhunderts, in diesem Kehraus der weißen Rasse, gibt es keine Schuldigen und auch keine Verantwortlichen mehr. Alle können nichts dafür und haben es nicht gewollt. Es geht wirklich ohne jeden. Alles wird mitgerissen und bleibt in irgendeinem Rechen hängen. Wir sind zu kollektiv schuldig, zu kollektiv gebettet in die Sünden unserer Väter und Vorväter. Wir sind nur noch Kindeskinder. Das ist unser Pech, nicht unsere Schuld: Schuld gibt es nur noch als persönliche Leistung, als religiöse Tat. Uns kommt nur noch die Komödie bei. Unsere Welt hat ebenso zur Groteske geführt wie zur Atombombe […].

Doch ist das Tragische immer noch möglich, auch wenn die reine Tragödie nicht mehr möglich ist. Wir können das Tragische aus der Komödie heraus erzielen, hervorbringen als einen schrecklichen Moment, als einen sich öffnenden Abgrund, so sind ja schon viele Tragödien Shakespeares Komödien, aus denen heraus das Tragische aufsteigt. Nun liegt der Schluß nahe, die Komödie sei der Ausdruck der Verzweiflung, doch ist dieser Schluß nicht zwingend. Gewiß, wer das Sinnlose, das Hoffnungslose dieser Welt sieht, kann verzweifeln, doch ist diese Verzweiflung nicht eine Folge dieser Welt, sondern eine Antwort, die er auf diese Welt gibt, und eine andere Antwort wäre sein Nichtverzweifeln, sein Entschluß etwa, die Welt zu bestehen, in der wir oft leben wie Gulliver unter den Riesen. Auch der nimmt Distanz, auch der tritt einen Schritt zurück, der seinen Gegner einschätzen will, der sich bereit macht, mit ihm zu kämpfen oder ihm zu entgehen. Es ist immer noch möglich, den mutigen Menschen zu zeigen. Dies ist denn auch eines meiner Hauptanliegen. Der Blinde, Romulus, Übelohe, Akki[1] sind mutige Menschen. Die verlorene Weltordnung wird in ihrer Brust wieder hergestellt, das Allgemeine entgeht meinem Zugriff. Ich lehne es ab, das Allgemeine in einer Doktrin[2] zu finden, ich nehme es als Chaos hin. Die Welt (die Bühne somit, die diese Welt bedeutet) steht für mich als ein Ungeheures da, als ein Rätsel an Unheil, das hingenommen werden muß, vor dem es jedoch kein Kapitulieren geben darf. Die Welt ist größer denn der Mensch, zwangsläufig nimmt sie so bedrohliche Züge an, die von einem Punkt außerhalb nicht bedrohlich wären, doch habe ich kein Recht und keine Fähigkeit, mich außerhalb zu stellen. Trost in der Dichtung ist oft nur allzu billig, ehrlicher ist es wohl, den menschlichen Blickwinkel beizubehalten. Die Brechtsche These, die er in seiner Straßenszene entwickelt, die Welt als Unfall hinzu-

Die Vorstellung von Theater im Wandel

stellen und nun zu zeigen, wie es zu diesem Unfall gekommen sei, mag großartiges Theater geben, was ja Brecht bewiesen hat, doch muß das meiste bei der Beweisführung unterschlagen werden: Brecht denkt unerbittlich, weil er an vieles unerbittlich nicht denkt. Endlich: Durch den Einfall, durch die Komödie wird das anonyme Publikum als Publikum erst möglich, eine Wirklichkeit, mit der zu rechnen, aber die auch zu berechnen ist. Der Einfall verwandelt die Menge der Theaterbesucher besonders leicht in eine Masse, die nun angegriffen, verführt, überlistet werden kann, sich Dinge anzuhören, die sie sich sonst nicht so leicht anhören würde. Die Komödie ist eine Mausefalle, in die das Publikum immer wieder gerät und immer noch geraten wird. R

1 Der Blinde, Romulus, Übelohe, Akki: Figuren in Dürrenmatts Dramen 2 Doktrin: Lehrmeinung

BASISWISSEN Klassisches bzw. aristotelisches Drama

Das klassische Drama wurde stark vom griechischen Philosophen Aristoteles (384–322 v. Chr.) geprägt und wird deshalb auch aristotelisches Drama genannt. Aristoteles forderte vom Drama hauptsächlich die Einhaltung der drei Einheiten: Die **Handlung** ist auf den Ausgang hin komponiert, sie spielt nur an wenigen **Orten** und in kurzer **Zeit**, idealerweise an einem Tag. Daneben spielt das Einhalten der Ständeklausel (es treten in Tragödien nur adelige Personen auf) eine wichtige Rolle. Diese Auffassung hatte bis zu Lessings bürgerlichem Trauerspiel im 18. Jahrhundert Bestand.

1 Lesen Sie das BW Klassisches bzw. aristotelisches Drama.

a) Stellen Sie Vermutungen an, warum das aristotelische Drama im 18. Jahrhundert abgelöst wurde.

b) Legen Sie dar, ob die Auffassung Aristoteles' heute noch zeitgemäß wäre, um ein Drama zu verfassen.

BASISWISSEN Komödie vs. Tragödie

Bereits Artistoteles hat zwei Grundformen des Dramas unterschieden: die Komödie und die Tragödie.

Die Komödie zeigt Figuren mit menschlichen Schwächen und Lastern. Die herrschenden Verhältnisse werden in der Komödie auf den Kopf gestellt, die Figuren dabei der Lächerlichkeit preisgegeben, das gesamte Geschehen führt dennoch zu einem guten Ausgang. Hier können auch einfache Personen auftreten.
In der Tragödie gerät ein guter Mensch in einen Konflikt und scheitert am Ende der Handlung – nicht selten an den herrschenden Verhältnissen. Diese Tragik soll beim Zuschauer Mitleid erwecken.

2 Fassen Sie in eigenen Worten die wichtigsten Aussagen der theoretischen Texte zusammen.

3 Listen Sie Gemeinsamkeiten und Unterschiede der Vorstellungen von Theater auf.

4 Setzen Sie sich nun mit Ihrer eigenen Vorstellung von Theater auseinander.

a) Sammeln Sie in einer Mindmap Begriffe, die Sie mit dem Theater in Verbindung bringen.

b) Tauschen Sie sich über Ihre Ergebnisse mit einem Mitschüler aus.

c) Vergleichen Sie nun mit Ihrem Partner, wo sich Ihre Ergebnisse mit den Vorstellungen der Dramentheoretiker überschneiden.

Das klassische Drama

Zwei Frauen kämpfen um die Macht und um die Gunst der Männer:

Elisabeth I. (rechts), Tochter Heinrichs VIII. und seiner zweiten Ehefrau, Anna Boleyn, wurde 1558 Königin von England und war protestantischen Glaubens. Nach Ansicht der Katholiken war Heinrichs zweite Ehe nicht gültig – die Scheidung von seiner ersten Ehefrau hat zum Bruch mit dem Papst in Rom geführt und zur Gründung der anglikanischen Kirche und somit habe Elisabeth keinen Anspruch auf den englischen Thron.
Maria (links), Tochter des schottischen Königs Jakob V. und seiner französischen Ehefrau Maria von Guise, heiratete den französischen Kronprinzen und wurde 1559 als 15-Jährige französische Königin. Nach dem frühen Tod ihres Mannes kehrte Maria nach Schottland zurück und heiratete ein zweites Mal: Lord Darnley. Schottische Adlige verdächtigten Maria, dass sie an der Ermordung ihres Ehemanns beteiligt gewesen sei. Die dritte Ehe Marias – 1567 heiratete sie Lord Bothwell – führte zu einer Revolte schottischer Adliger. Vergeblich versuchte Maria, das Blatt zu ihren Gunsten zu wenden, flüchtete schließlich nach England zu Elisabeth, ihrer Tante zweiten Grades, um bei ihr Schutz zu suchen. Diese aber ließ die katholische Maria gefangen nehmen.

Friedrich Schiller: Maria Stuart

Dritter Aufzug. Vierter Auftritt

Maria, Kennedy, Paulet, Shrewsbury, Elisabeth. Graf Leicester. Gefolge.

ELISABETH *zu Leicester* Wie heißt der Landsitz?
[…]
LEICESTER — Du bist zu Fotheringhay, Königin.
ELISABETH *stellt sich überrascht und erstaunt, einen finstern Blick auf Leicester richtend*
Wer hat mir das getan? Lord Leicester!
LEICESTER Es ist geschehen, Königin — Und nun
Der Himmel deinen Schritt hierhergelenkt,
So lass die Großmut und das Mitleid siegen.
SHREWSBURY Lass dich erbitten, königliche Frau,
Dein Aug' auf die Unglückliche zu richten,
Die hier vergeht vor deinem Anblick.
Maria rafft sich zusammen und will auf die Elisabeth zugehen, steht aber auf halbem Weg schaudernd still, ihre Gebärden drücken den heftigsten Kampf aus.
ELISABETH Wie, Mylords?
Wer war es denn, der eine Tiefgebeugte
Mir angekündigt? Eine Stolze find ich,
Vom Unglück keineswegs geschmeidigt.

Elisabeth:
Königin von England

Maria Stuart:
Königin von Schottland und Gefangene in England

Hanna Kennedy:
Marias Amme

Amias Paulet:
Ritter, Marias Hüter

Georg Tablot:
Graf von Shrewsbury

Robert Dudley:
Graf von Leicester

Das klassische Drama

MARIA Sei's!
Ich will mich auch noch diesem unterwerfen.
Fahr hin, ohnmächt'ger Stolz der edeln Seele!
Ich will vergessen, wer ich bin und was
Ich litt; ich will vor ihr mich niederwerfen,
Die mich in diese Schmach herunterstieß.
Sie wendet sich gegen die Königin.
Der Himmel hat für Euch entschieden, Schwester!
Gekrönt vom Sieg ist Euer glücklich Haupt,
Die Gottheit bet ich an, die Euch erhöhte!
Sie fällt vor ihr nieder.
Doch seid auch Ihr nun edelmütig, Schwester!
Lasst mich nicht schmachvoll liegen, Eure Hand
Streckt aus, reicht mir die königliche Rechte,
Mich zu erheben von dem tiefen Fall.

ELISABETH *zurücktretend*
Ihr seid an Eurem Platz, Lady Maria!
Und dankend preis ich meines Gottes Gnade,
Der nicht gewollt, dass ich zu Euren Füßen
So liegen sollte wie Ihr jetzt zu meinen.

MARIA *mit steigendem Affekt*
Denkt an den Wechsel alles Menschlichen!
Es leben Götter, die den Hochmut rächen!
Verehret, fürchtet sie, die schrecklichen,
Die mich zu Euren Füßen niederstürzen —
[...]
Steht nicht da, schroff und unzugänglich wie
Die Felsenklippe, die der Strandende
Vergeblich ringend zu erfassen strebt.
Mein Alles hängt, mein Leben, mein Geschick,
An meiner Worte, meiner Tränen Kraft:
Löst mir das Herz, dass ich das Eure rühre!
Wenn Ihr mich anschaut mit dem Eisesblick,
Schließt sich das Herz mir schaudernd zu, der Strom
Der Tränen stockt, und kaltes Grausen fesselt
Die Flehensworte mir im Busen an.

ELISABETH *kalt und streng*
Was habt Ihr mir zu sagen, Lady Stuart?
Ihr habt mich sprechen wollen. Ich vergesse
Die Königin, die schwer beleidigte,
Die fromme Pflicht der Schwester zu erfüllen,
Und meines Anblicks Trost gewähr ich Euch.
Dem Trieb der Großmut folg ich, setze mich

Das klassische Drama

Gerechtem Tadel aus, dass ich so weit
Heruntersteige — denn Ihr wisst,
Dass Ihr mich habt ermorden lassen wollen.
MARIA Womit soll ich den Anfang machen, wie
Die Worte klüglich stellen, dass sie Euch
Das Herz ergreifen, aber nicht verletzen!
O Gott, gib meiner Rede Kraft und nimm
Ihr jeden Stachel, der verwunden könnte!
Kann ich doch für mich selbst nicht sprechen, ohne Euch
Schwer zu verklagen, und das will ich nicht.
— Ihr habt an mir gehandelt, wie nicht recht ist,
Denn ich bin eine Königin wie Ihr,
Und Ihr habt als Gefangne mich gehalten;
Ich kam zu Euch als eine Bittende,
Und Ihr, des Gastrechts heilige Gesetze,
Der Völker heilig Recht in mir verhöhnend,
Schlosst mich in Kerkermauern ein, die Freunde,
Die Diener werden grausam mir entrissen,
Unwürd'gem Mangel werd ich preisgegeben,
Man stellt mich vor ein schimpfliches Gericht -
Nichts mehr davon! Ein ewiges Vergessen
Bedecke, was ich Grausames erlitt.
— Seht! Ich will alles eine Schickung nennen:
Ihr seid nicht schuldig, ich bin auch nicht schuldig,
Ein böser Geist stieg aus dem Abgrund auf,
Den Hass in unsern Herzen zu entzünden,
Der unsre zarte Jugend schon entzweit.
Er wuchs mit uns, und böse Menschen fachten
Der unglücksel'gen Flamme Atem zu.
[…]
— Jetzt ist kein fremder Mund mehr zwischen uns,
nähert sich ihr zutraulich und mit schmeichelndem Ton
Wir stehn einander selbst nun gegenüber.
Jetzt, Schwester, redet! Nennt mir meine Schuld,
Ich will Euch völliges Genügen leisten.
Ach, dass Ihr damals mir Gehör geschenkt,
Als ich so dringend Euer Auge suchte!
Es wäre nie so weit gekommen, nicht
An diesem traur'gen Ort geschähe jetzt
Die unglückselig traurige Begegnung.
ELISABETH Mein guter Stern bewahrte mich davor,
Die Natter an den Busen mir zu legen.
— Nicht die Geschicke, Euer schwarzes Herz

Das klassische Drama

Klagt an, die wilde Ehrsucht Eures Hauses.
Nichts Feindliches war zwischen uns geschehn,
Da kündigte mir Euer Ohm[1], der stolze,
Herrschwüt'ge Priester, der die freche Hand
Nach allen Kronen streckt, die Fehde an,
Betörte Euch, mein Wappen anzunehmen,
Euch meine Königstitel zuzueignen,
Auf Tod und Leben in den Kampf mit mir
Zu gehn — Wen rief er gegen mich nicht auf?
[...]

MARIA Ich steh in Gottes Hand. Ihr werdet Euch
So blutig Eurer Macht nicht überheben —

ELISABETH Wer soll mich hindern? Euer Oheim gab
Das Beispiel allen Königen der Welt,
Wie man mit seinen Feinden Frieden macht:
Die Sankt Barthelemi[2] sei meine Schule!
Was ist mir Blutsverwandtschaft, Völkerrecht?
Die Kirche trennet aller Pflichten Band,
Den Treubruch heiligt sie, den Königsmord,
Ich übe nur, was Eure Priester lehren.
Sagt! Welches Pfand gewährte mir für Euch,
Wenn ich großmütig Eure Bande löste?
Mit welchem Schloss verwahr ich Eure Treue,
Das nicht Sankt Peters[3] Schlüssel öffnen kann?
Gewalt nur ist die einz'ge Sicherheit,
Kein Bündnis ist mit dem Gezücht der Schlangen.

MARIA Oh, das ist Euer traurig finstrer Argwohn!
Ihr habt mich stets als eine Feindin nur
Und Fremdlingin betrachtet. Hättet Ihr
Zu Eurer Erbin mich erklärt, wie mir
Gebührt, so hätten Dankbarkeit und Liebe
Euch eine treue Freundin und Verwandte
In mir erhalten.

ELISABETH [...] — Euch, zur Erbin
Erklären! Der verräterische Fallstrick!
Dass Ihr bei meinem Leben noch mein Volk
Verführtet, eine listige Armida[4],
Die edle Jugend meines Königreichs
In Eurem Buhlernetze schlau verstricktet —
Dass alles sich der neu aufgehnden Sonne
Zuwendete, und ich —

MARIA Regiert in Frieden!
Jedwedem Anspruch auf dies Reich entsag ich.

Das klassische Drama

Ach, meines Geistes Schwingen sind gelähmt,
Nicht Größe lockt mich mehr — Ihr habt's erreicht,
Ich bin nur noch der Schatten der Maria.
Gebrochen ist in langer Kerkerschmach
Der edle Mut — Ihr habt das Äußerste an mir
Getan, habt mich zerstört in meiner Blüte!
— Jetzt macht ein Ende, Schwester. Sprecht es aus
Das Wort, um dessentwillen Ihr gekommen,
Denn nimmer will ich glauben, dass Ihr kamt,
Um Euer Opfer grausam zu verhöhnen.
Sprecht dieses Wort aus. Sagt mir: „Ihr seid frei,
Maria! Meine Macht habt Ihr gefühlt,
Jetzt lernet meinen Edelmut verehren."
Sagt's, und ich will mein Leben, meine Freiheit
Als ein Geschenk aus Eurer Hand empfangen.
— Ein Wort macht alles ungeschehn. Ich warte
Darauf. O lasst mich's nicht zu lang erharren!
Weh Euch, wenn Ihr mit diesem Wort nicht endet!
Denn wenn Ihr jetzt nicht Segen bringend, herrlich,
Wie eine Gottheit von mir scheidet — Schwester!
Nicht um dies ganze reiche Eiland, nicht
Um alle Länder, die das Meer umfasst,
Möcht' ich vor Euch so stehn, wie Ihr vor mir!

ELISABETH Bekennt Ihr endlich Euch für überwunden?
Ist's aus mit Euren Ränken? Ist kein Mörder
Mehr unterwegs? Will kein Abenteurer
Für Euch die traur'ge Ritterschaft mehr wagen?
— Ja, es ist aus, Lady Maria. Ihr verführt
Mir keinen mehr. Die Welt hat andre Sorgen.
Es lüstet keinen, Euer — vierter Mann
Zu werden, denn Ihr tötet Eure Freier
Wie Eure Männer!

MARIA *auffahrend* Schwester! Schwester!
O Gott! Gott! Gib mir Mäßigung!

ELISABETH *sieht sie lange mit einem Blick stolzer Verachtung an*
Das also sind die Reizungen, Lord Leicester,
Die ungestraft kein Mann erblickt, daneben
Kein andres Weib sich wagen darf zu stellen!
[...]

MARIA Das ist zu viel!

ELISABETH *höhnisch lachend* Jetzt zeigt Ihr Euer wahres
Gesicht, bis jetzt war's nur die Larve.

MARIA *von Zorn glühend, doch mit einer edeln Würde*

Das klassische Drama

Ich habe menschlich, jugendlich gefehlt,
Die Macht verführte mich, ich hab es nicht
Verheimlicht und verborgen, falschen Schein
Hab ich verschmäht mit königlichem Freimut.
Das Ärgste weiß die Welt von mir, und ich
Kann sagen, ich bin besser als mein Ruf.
Weh Euch, wenn sie von Euren Taten einst
Den Ehrenmantel zieht, womit Ihr gleißend
Die wilde Glut verstohlner Lüste deckt.
Nicht Ehrbarkeit habt Ihr von Eurer Mutter
Geerbt, man weiß, um welcher Tugend willen
Anna von Boleyn das Schafott bestiegen.

SHREWSBURY *tritt zwischen beide Königinnen*
O Gott des Himmels! Muss es dahin kommen!
Ist das die Mäßigung, die Unterwerfung,
Lady Maria?

MARIA Mäßigung! Ich habe
Ertragen, was ein Mensch ertragen kann.
Fahr hin, lammherzige Gelassenheit,
Zum Himmel fliehe, leidende Geduld,
Spreng endlich deine Bande, tritt hervor
Aus deiner Höhle, lang verhaltner Groll —
Und du, der dem gereizten Basilisk[5]
Den Mordblick gab, leg auf die Zunge mir
Den gift'gen Pfeil —

SHREWSBURY O sie ist außer sich!
Verzeih der Rasenden, der schwer Gereizten!
Elisabeth, für Zorn sprachlos, schießt wütende Blicke auf Marien.

LEICESTER *in der heftigsten Unruhe, sucht die Elisabeth hinwegzuführen* Höre
Die Wütende nicht an! Hinweg, hinweg
Von diesem unglücksel'gen Ort!

MARIA Der Thron von England ist durch einen Bastard
Entweiht, der Briten edelherzig Volk
Durch eine list'ge Gauklerin betrogen.
— Regierte Recht, so läget Ihr vor mir
Im Staube jetzt, denn ich bin Euer König.
Elisabeth geht schnell ab, die Lords folgen ihr in der höchsten Bestürzung.

1 Ohm/Oheim: Onkel; Karl von Lothringen-Guise, Kardinal und Diplomat
2 St. Barthelemi: In der Bartholomäusnacht (23./24. August 1572) wurden Tausende Hugenotten in Paris wegen ihres Glaubens niedergemetzelt.
3 St. Peter: Petersdom in Rom, gemeint ist der Papst
4 Armida: eine Zauberin
5 Basilisk: Fabelwesen, dessen Blick tötet

Das klassische Drama

1 **Fassen Sie den Dramenauszug mit eigenen Worten zusammen.**

2 **Stellen Sie mithilfe des Textauszuges und des Vorspanns die moralischen und politischen Vorwürfe gegen Maria heraus.**

3 **Arbeiten Sie mithilfe geeigneter Textstellen die Begriffe „Schuld“ und „Schicksal“ heraus.**

4 **Zeigen Sie auf, welche Interessensgegensätze zwischen Maria und Elisabeth deutlich werden.**

5 **Untersuchen Sie die Gesprächsführung.**

a) Gliedern Sie den Dialog dazu in verschiedene Phasen.
b) Arbeiten Sie die verwendeten sprachlichen Mittel heraus und beschreiben Sie deren Wirkung.
c) Stellen Sie fest, an welcher Stelle eine Wendung erkennbar ist.

6 **Charakterisieren Sie die beiden weiblichen Hauptfiguren.**

BASISWISSEN – Das klassische Drama

Das Drama stellt ein Geschehen dar, in dessen Verlauf durch **Dialog und Monolog** der agierenden Personen ein Konflikt entfaltet wird. Zur Gattung „Drama“ zählen unter anderem die **Tragödie** und die **Komödie.** Da im Drama die Entwicklung eines Konflikts dargestellt wird, bei dem die Spannung bis zu einem Höhepunkt steigt und danach abfällt, entscheidet die Art des Konflikts, ob es sich um ein **tragisches, komisches** oder auch **absurdes** Stück handelt. Die **klassische** beziehungsweise **aristotelische** Dramenform, zu der auch die Tragödie „Maria Stuart“ von Friedrich Schiller zählt, weist in Anlehnung an die Poetik des griechischen Philosophen Aristoteles folgende Merkmale auf:

- **Einheit** von **Ort, Zeit** und **Handlung** ist eine maßgebliche Voraussetzung.
- Konzentration auf die eine **einzige lineare Haupthandlung** ohne Nebenhandlungen.
- Anordnung der Szenen in fünf, manchmal in drei **Akte.**

Der erste Akt ist die **Exposition,** in welcher über Ort, Zeit, Personen und Atmosphäre informiert wird. Durch ein **erregendes Moment** wird die Handlung entfaltet und mit der **steigenden Handlung** verschärft sich der Konflikt, bis der dramatische Höhepunkt, zugleich Wendepunkt, erreicht ist **(Peripetie).** Durch eine Verzögerung, das sogenannte **retardierende Moment,** kann die Spannung noch gehalten werden, beispielsweise wird plötzlich doch eine Lösung in Aussicht gestellt. Aber dann setzt die Phase der **fallenden Handlung** ein, die in der **Katastrophe** (in der Tragödie im Untergang des Helden, der unverdient erscheint und somit moralisch aufgewertet wird) oder in der Konfliktlösung (in der Komödie bietet ein erheiterndes Ende eine oft nur scheinbare Lösung) endet.

Beim aristotelischen Drama wird das Mitempfinden des Zuschauers mit dem Helden angestrebt. Ziel ist dabei die **Katharsis,** die seelische Reinigung des Zuschauers durch das Nachempfinden von furcht- und mitleiderregenden Handlungen auf der Bühne.

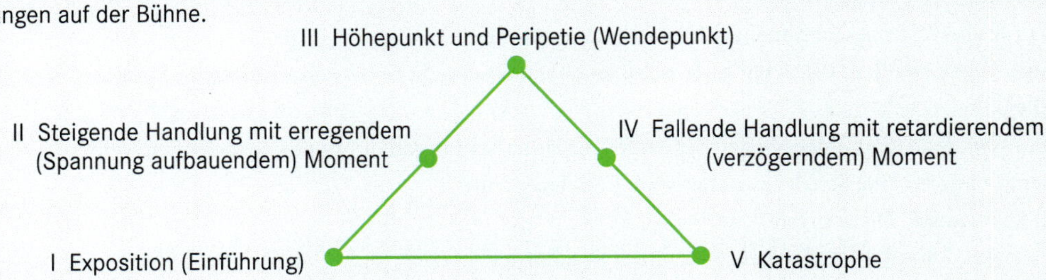

Das epische Theater

Bertolt Brecht äußert sich folgendermaßen zum epischen Theater:

Bertolt Brecht: Über eine nichtaristotelische Dramatik (1940, Auszug)

Der Zuschauer des dramatischen Theaters sagt: Ja, das habe ich auch schon gefühlt. – So bin ich. – Das ist nur natürlich. – Das wird immer so sein. – Das Leid dieses Menschen erschüttert mich, weil es keinen Ausweg für ihn gibt. – Das ist große Kunst: da ist alles selbstverständlich. – Ich weine mit den Weinenden, ich lache mit den Lachenden.

Der Zuschauer des epischen Theaters sagt: Das hätte ich nicht gedacht. – So darf man es nicht machen. – Das ist höchst auffällig, fast nicht zu glauben. – Das muß aufhören. – Das Leid dieses Menschen erschüttert mich, weil es doch einen Ausweg für ihn gäbe. – Das ist große Kunst: da ist nichts selbstverständlich. – Ich lache über den Weinenden, ich weine über die Lachenden. R

1 Arbeiten Sie aus Bertolt Brechts Äußerung den zentralen Unterschied zwischen epischem und klassischem Drama heraus.

Bertolt Brecht: Leben des Galilei (1939, Auszug)

1. Bild

Galileo Galilei, Lehrer der Mathematik zu Padua, will das neue kopernikanische Weltsystem beweisen.

In dem Jahr sechzehnhundertundneun
Schien das Licht des Wissens hell
Zu Padua aus einem kleinen Haus.
Galileo Galilei rechnete aus:
Die Sonn steht still, die Erd kommt von der Stell.

Das ärmliche Studierzimmer des Galilei in Padua. Es ist morgens. Ein Knabe, Andrea, der Sohn der Haushälterin, bringt ein Glas Milch und einen Wecken.

GALILEI *sich den Oberkörper waschend, prustend und fröhlich:* Stell die Milch auf den Tisch, aber klapp kein Buch zu.

ANDREA Mutter sagt, wir müssen den Milchmann bezahlen. Sonst macht er bald einen Kreis um unser Haus, Herr Galilei.

GALILEI Es heißt: Er beschreibt einen Kreis, Andrea.

ANDREA Wie Sie wollen. Wenn wir nicht bezahlen, dann beschreibt er einen Kreis um uns, Herr Galilei.

GALILEI Während der Gerichtsvollzieher, Herr Cambione, schnurgerade auf uns zukommt, indem er was für eine Strecke zwischen zwei Punkten wählt?

ANDREA *grinsend:* Die kürzeste.

GALILEI Gut. Ich habe was für dich. Sieh hinter den Sterntafeln nach.

Das epische Theater

Andrea fischt hinter den Sterntafeln ein großes hölzernes Modell des Ptolemäischen Systems hervor.

ANDREA Was ist das?

GALILEI Das ist ein Astrolab: das Ding zeigt, wie sich die Gestirne um die Erde bewegen, nach Ansicht der Alten.

ANDREA Wie?

GALILEI Untersuchen wir es. Zuerst das erste: Beschreibung.

ANDREA In der Mitte ist ein kleiner Stein.

GALILEI Das ist die Erde.

ANDREA Drum herum sind, immer übereinander, Schalen.

GALILEI Wie viele?

ANDREA Acht.

GALILEI Das sind die kristallnen Sphären.

ANDREA Auf den Schalen sind Kugeln angebracht …

GALILEI Die Gestirne.

ANDREA Da sind Bänder, auf die sind Wörter gemalt.

GALILEI Was für Wörter?

ANDREA Sternnamen.

GALILEI Als wie?

ANDREA Die unterste Kugel ist der Mond, steht drauf. Und darüber ist die Sonne.

GALILEI Und jetzt lass die Sonne laufen.

ANDREA *bewegt die Schalen:* Das ist schön. Aber wir sind so eingekapselt.

GALILEI *sich abtrocknend:* Ja, das fühlte ich auch, als ich das Ding zum ersten Mal sah. Einige fühlen das. *Er wirft Andrea das Handtuch zu, daß er ihm den Rücken abreibe.* Mauern und Schalen und Unbeweglichkeit! Durch zweitausend Jahre glaubte die Menschheit, daß die Sonne und alle Gestirne des Himmels sie um sich drehten. Der Papst, die Kardinäle, die Fürsten, die Gelehrten, Kapitäne, Kaufleute, Fischweiber und Schulkinder glaubten, unbeweglich in dieser kristallenen Kugel zu sitzen. Aber jetzt fahren wir heraus, Andrea, in großer Fahrt. Denn die alte Zeit ist herum, und es ist eine neue Zeit. Seit hundert Jahren ist es, als erwartete die Menschheit etwas.

Die Städte sind eng, und so sind die Köpfe. Aberglauben und Pest. Aber jetzt heißt es: da es so ist, bleibt es nicht so. Denn alles bewegt sich, mein Freund.

Ich denke gerne, daß es mit den Schiffen anfing. Seit Menschengedenken waren sie nur an den Küsten entlang gekrochen, aber plötzlich verließen sie die Küsten und liefen aus über alle Meere.

Auf unserm alten Kontinent ist ein Gerücht entstanden: es gibt neue Kontinente. Und seit unsere Schiffe zu ihnen fahren, spricht es sich auf den lachenden Kontinenten herum: das große gefürchtete Meer ist ein kleines Wasser. Und es ist eine große Lust aufgekommen, die Ursachen aller Dinge zu erforschen: warum der Stein fällt, den man losläßt, und wie er steigt, wenn man ihn hochwirft. Jeden Tag wird etwas gefunden. Selbst die Hundertjährigen lassen sich noch von den Jungen ins Ohr schreien, was Neues entdeckt wurde.

Da ist schon viel gefunden, aber da ist mehr, was noch gefunden werden kann. Und so gibt es wieder zu tun für neue Geschlechter. Ich sage voraus, daß noch zu unseren Lebzeiten auf den Märkten von Astronomie gesprochen werden wird. Selbst die Söhne der Fischweiber werden in

Das epische Theater

die Schulen laufen. […] Es hat immer geheißen, die Gestirne sind ein einem kristallenen Gewölbe angeheftet, daß sie nicht herunterfallen können. Jetzt haben wir Mut gefaßt, gleich unseren Schiffen, ohne Halt und in großer Fahrt.
Und die Erde rollt fröhlich um die Sonne, und die Fischweiber, Kaufleute, Fürsten und die Kardinäle und sogar der Papst rollen mit ihr. R

2 Untersuchen Sie die vorliegende Eröffnungsszene.

a) Arbeiten Sie heraus, wie Galilei dargestellt wird.
b) Erklären Sie den Standpunkt, den Galilei einnimmt.
c) Bestimmen Sie die Wirkung des Szenentitels, des vorangestellten Prologs sowie der Regieanweisungen.
d) Stellen Sie fest, worin sich Ihre Ergebnisse von den Merkmalen eines klassischen Dramas unterscheiden.

BASISWISSEN Episches Theater

Unter **epischem Theater** versteht man die von Bertolt Brecht vorgestellte Alternative zum klassischen (aristotelischen) Drama. Epische Elemente werden in den dramatischen Ablauf eingeflochten. Das Geschehen läuft nicht automatisch auf den Höhepunkt mit anschließender Katastrophe oder Lösung zu, sondern wird immer wieder durch **Mittel der Verfremdung,** sogenannte **V-Effekte** (beispielsweise illusionsstörende Mittel wie Zusammenfassungen, Vorausblicke, Kommentare oder Aus-der-Rolle-Treten der Schauspieler und Hinwendung zum Publikum), unterbrochen. Ziel ist es, den Zuschauer zu kritischer Distanz zu bewegen. Er soll sich nicht mit der Handlung identifizieren und sich kritiklos mitreißen lassen, sondern einen analytischen Blick auf das Bühnengeschehen werfen.

3 Tauschen Sie sich über Ihre Vermutungen bezüglich des Fortgangs der Handlung aus.

4 Recherchieren Sie im Internet den weiteren Verlauf der Handlung und vergleichen Sie ihn mit Ihren Vermutungen.

ARBEITSTECHNIK Dialoganalyse

In Theaterstücken wird die **Handlung** mittels **Dialogen** und **Monologen** präsentiert. Diese gilt es genau zu analysieren, um die Beziehung der handelnden Personen zueinander zu klären und im Kontext des Handlungsablaufs zu verstehen. Bei einer Dialoganalyse beachten Sie die folgenden Punkte:

1. **Klären** Sie den **Kontext**, in dem die zu analysierende Szene steht.
2. Stellen Sie durch mehrmaliges Lesen (oder szenisches Spiel) sicher, dass Sie den **Dialoginhalt verstehen**.
3. **Analysieren** Sie nun genauer: Wovon sprechen die Personen? Welches Verhältnis haben sie zueinander? Welche Ziele verfolgen sie? Ist ein Konflikt vorhanden, gibt es Verständnisprobleme?
4. Klären Sie nun, welche Bedeutung der Dialog für das gesamte Stück hat.

5 Analysieren Sie die sprachliche Gestaltung der Szene mithilfe des BW Dialoganalyse. Achten Sie dabei auch auf die Gestaltung hinsichtlich Satzbau sowie rhetorischer Mittel.

Das moderne Theater

Friedrich Dürrenmatt schrieb „Die Physiker“, laut Untertitel eine Komödie, Anfang der 1960er Jahre.
In dem Theaterstück stehen drei in einem Irrenhaus lebende Physiker im Mittelpunkt. Einer von ihnen, Johann Wilhelm Möbius, hat die Weltformel entdeckt, die zur Vernichtung der ganzen Welt führen könnte. Er gibt vor, geisteskrank zu sein, um sich selbst unglaubwürdig zu machen und damit den Missbrauch seiner Formel zu verhindern.
Die anderen Physiker, Newton und Einstein, sind Spione, die Möbius' Entdeckung für ihre Zwecke missbrauchen wollen. Jeder der drei Physiker ermordet eine Krankenschwester, um sein jeweiliges Geheimnis zu bewahren.
Der folgende Textauszug ist der Beginn des Dramas.

Friedrich Dürrenmatt: Die Physiker (1962, Auszug)

Salon einer bequemen, wenn auch etwas verlotterten Villa des privaten Sanatoriums „Les Cerisiers“.
INSPEKTOR Man darf doch rauchen?
OBERSCHWESTER Es ist nicht üblich.
INSPEKTOR Pardon. *Er steckt die Zigarre zurück.*
OBERSCHWESTER Eine Tasse Tee?
INSPEKTOR Lieber Schnaps.
OBERSCHWESTER Sie befinden sich in einer Heilanstalt.
INSPEKTOR Dann nichts. Blocher, du kannst photographieren.
BLOCHER Jawohl, Herr Inspektor.
Man photographiert. Blitzlichter.
INSPEKTOR Wie hieß die Schwester?
OBERSCHWESTER Irene Straub.
INSPEKTOR Alter?
OBERSCHWESTER Zweiundzwanzig. Aus Kohlwang.
INSPEKTOR Angehörige?
OBERSCHWESTER Ein Bruder in der Ostschweiz.
INSPEKTOR Benachrichtigt?
OBERSCHWESTER Telephonisch.
INSPEKTOR Der Mörder?
OBERSCHWESTER Bitte, Herr Inspektor – der arme Mensch ist doch krank.
INSPEKTOR Also gut: Der Täter?
OBERSCHWESTER Ernst Heinrich Ernesti. Wir nennen ihn Einstein.
INSPEKTOR Warum?
OBERSCHWESTER Weil er sich für Einstein hält.

Das moderne Theater

Inspektor Ach so! *Er wendet sich zum stenographierenden Polizisten.* Haben Sie die Aussagen der Oberschwester, Guhl?

Guhl Jawohl, Herr Inspektor.

Inspektor Auch erdrosselt, Doktor?

Gerichtsmediziner Eindeutig. Mit der Schnur der Stehlampe. Diese Irren entwickeln oft gigantische Kräfte. Es hat etwas Großartiges.

Inspektor So. Finden Sie. Dann finde ich es unverantwortlich, diese Irren von Schwestern pflegen zu lassen. Das ist nun schon der zweite Mord –

Oberschwester Bitte, Herr Inspektor.

Inspektor – der zweite Unglücksfall innert drei Monaten in der Anstalt „Les Cerisiers". *Er zieht ein Notizbuch hervor.* Am zwölften August erdrosselte ein Herbert Georg Beutler, der sich für den großen Physiker Newton hält, die Krankenschwester Dorothea Moser. *Er steckt das Notizbuch wieder ein.* Auch in diesem Salon. Mit Pflegern wäre das nie vorgekommen.

Oberschwester Glauben Sie? Schwester Dorothea Moser war Mitglied des Damenringvereins und Schwester Irene Straub Landesmeisterin des nationalen Judoverbandes.

Inspektor Und Sie?

Oberschwester Ich stemme.

Inspektor Kann ich nun den Mörder –

Oberschwester Bitte, Herr Inspektor.

Inspektor – den Täter sehen?

Oberschwester Er geigt.

Inspektor Was heißt: er geigt?

Oberschwester Sie hören es ja.

Inspektor Dann soll er bitte aufhören. *Da die Oberschwester nicht reagiert* Ich habe ihn zu vernehmen.

Oberschwester Geht nicht.

Inspektor Warum geht es nicht?

Oberschwester Das können wir ärztlich nicht zulassen. Herr Ernesti muß jetzt geigen.

Inspektor Der Kerl hat schließlich eine Krankenschwester erdrosselt!

Oberschwester Herr Inspektor. Es handelt sich nicht um einen Kerl, sondern um einen kranken Menschen, der sich beruhigen muß. Und weil er sich für Einstein hält, beruhigt er sich nur, wenn er geigt.

Inspektor Bin ich eigentlich verrückt?

Oberschwester Nein.

Inspektor Man kommt ganz durcheinander. Er wischt sich den Schweiß ab. Heiß hier.

Oberschwester Durchaus nicht.

Inspektor Oberschwester Maria. Holen Sie bitte die Chefärztin.

Oberschwester Geht auch nicht. Fräulein Doktor begleitet Einstein auf dem Klavier. Einstein beruhigt sich nur, wenn Fräulein Doktor ihn begleitet.

Inspektor Und vor drei Monaten mußte Fräulein Doktor mit Newton Schach spielen, damit der sich beruhigen konnte. Darauf gehe ich nicht mehr ein, Oberschwester Maria. Ich muß die Chefärztin einfach sprechen.

Oberschwester Bitte. Dann warten Sie eben.

Das moderne Theater

INSPEKTOR Wie lange dauert das Gegeige noch?

OBERSCHWESTER Eine Viertelstunde, eine Stunde. Je nachdem.

INSPEKTOR *beherrscht sich* Schön. Ich warte. *Er brüllt.* Ich warte!

BLOCHER Wir wären fertig, Herr Inspektor.

INSPEKTOR *dumpf* Und mich macht man fertig.

Stille. Der Inspektor wischt sich den Schweiß ab.

INSPEKTOR Ihr könnt die Leiche hinausschaffen.

BLOCHER Jawohl, Herr Inspektor.

[...] Der Inspektor nimmt den Hut ab, setzt sich erschöpft auf den Sessel links vom Sofa. Immer noch Geigenspiel.

Klavierbegleitung. Da kommt aus Zimmer Nummer 3 Herbert Georg Beutler in einem Kostüm des beginnenden achtzehnten Jahrhunderts mit Perücke.

NEWTON Sir Isaac Newton.

INSPEKTOR Kriminalinspektor Richard Voß. *Er bleibt sitzen.*

NEWTON Erfreut. Sehr erfreut. Wirklich. Ich hörte Gepolter, Stöhnen, Röcheln, dann Menschen kommen und gehen. Darf ich fragen, was sich hier abspielt?

INSPEKTOR Schwester Irene Straub wurde erdrosselt.

NEWTON Die Landesmeisterin des nationalen Judoverbandes?

INSPEKTOR Die Landesmeisterin.

NEWTON Schrecklich.

INSPEKTOR Von Ernst Heinrich Ernesti.

NEWTON Aber der geigt doch.

INSPEKTOR Er muß sich beruhigen.

NEWTON Der Kampf wird ihn wohl angestrengt haben. Er ist ja eher schmächtig. Womit hat er –?

INSPEKTOR Mit der Schnur der Stehlampe.

NEWTON Mit der Schnur der Stehlampe. Auch eine Möglichkeit. Dieser Ernesti. Er tut mir leid. Außerordentlich. Und auch die Judomeisterin tut mir leid. Sie gestatten. Ich muß etwas aufräumen. [...] *Newton stellt den Tisch, dann die Stühle auf.* Ich ertrage Unordnung nicht. Ich bin eigentlich nur Physiker aus Ordnungsliebe geworden. *Er stellt die Stehlampe auf.* Um die scheinbare Unordnung in der Natur auf eine höhere Ordnung zurückzuführen. *Er zündet sich eine Zigarette an.* Stört es Sie, wenn ich rauche?

INSPEKTOR *freudig* Im Gegenteil, ich – *Er will sich eine Zigarre aus dem Etui nehmen.*

NEWTON Entschuldigen Sie, doch weil wir gerade von Ordnung gesprochen haben: Hier dürfen nur die Patienten rauchen und nicht die Besucher. Sonst wäre gleich der ganze Salon verpestet.

INSPEKTOR Verstehe. *Er steckt sein Etui wieder ein.*

NEWTON Stört es Sie, wenn ich ein Gläschen Kognak – ?

INSPEKTOR Durchaus nicht.

NEWTON *holt hinter dem Kamingitter eine Kognakflasche und ein Glas hervor.* Dieser Ernesti. Ich bin ganz durcheinander. Wie kann ein Mensch nur eine Krankenschwester erdrosseln! *Er setzt sich aufs Sofa, schenkt sich Kognak ein.*

INSPEKTOR Dabei haben Sie ja auch eine Krankenschwester erdrosselt.

NEWTON Ich?

Das moderne Theater

INSPEKTOR Schwester Dorothea Moser.

NEWTON Die Ringerin?

INSPEKTOR Am zwölften August. Mit der Vorhangkordel.

NEWTON Aber das ist doch etwas ganz anderes, Herr Inspektor. Ich bin schließlich nicht verrückt. Auf Ihr Wohl.

INSPEKTOR Auf das Ihre. *Newton trinkt.*

NEWTON Schwester Dorothea Moser. Wenn ich so zurückdenke. Strohblond. Ungemein kräftig. Biegsam trotz ihrer Körperfülle. Sie liebte mich, und ich liebte sie. Das Dilemma war nur durch eine Vorhangkordel zu lösen.

INSPEKTOR Dilemma?

NEWTON Meine Aufgabe besteht darin, über die Gravitation nachzudenken, nicht ein Weib zu lieben.

INSPEKTOR Begreife.

NEWTON Dazu kam noch der enorme Altersunterschied.

INSPEKTOR Sicher. Sie müssen ja weit über zweihundert Jahre alt sein.

NEWTON *starrt ihn verwundert an* Wieso?

INSPEKTOR Nun, als Newton –

NEWTON Sind Sie nun vertrottelt, Herr Inspektor, oder tun Sie nur so?

INSPEKTOR Hören Sie –

NEWTON Sie glauben wirklich, ich sei Newton?

INSPEKTOR Sie glauben es ja. *Newton schaut sich mißtrauisch um.*

NEWTON Darf ich Ihnen ein Geheimnis anvertrauen, Herr Inspektor?

INSPEKTOR Selbstverständlich.

NEWTON Ich bin nicht Sir Isaac. Ich gebe mich nur als Newton aus.

INSPEKTOR Und weshalb?

NEWTON Um Ernesti nicht zu verwirren.

INSPEKTOR Kapiere ich nicht.

NEWTON Im Gegensatz zu mir ist Ernesti doch wirklich krank. Er bildet sich ein, Albert Einstein zu sein.

INSPEKTOR Was hat das mit Ihnen zu tun?

NEWTON Wenn Ernesti nun erführe, daß ich in Wirklichkeit Albert Einstein bin, wäre der Teufel los.

INSPEKTOR Sie wollen damit sagen –

NEWTON Jawohl. Der berühmte Physiker und Begründer der Relativitätstheorie bin ich. Geboren am 14. März 1879 in Ulm.

Der Inspektor erhebt sich etwas verwirrt.

INSPEKTOR Sehr erfreut.

Newton erhebt sich ebenfalls.

NEWTON Nennen Sie mich einfach Albert.

INSPEKTOR Und Sie mich Richard.

Sie schütteln sich die Hände.

NEWTON Ich darf Ihnen versichern, daß ich die „Kreutzersonate" bei weitem schwungvoller hinunterfiedeln würde als Ernst Heinrich Ernesti eben. Das Andante spielt er doch einfach barbarisch.

Das moderne Theater

INSPEKTOR Ich verstehe nichts von Musik.

NEWTON Setzen wir uns.

Er zieht ihn aufs Sofa. Newton legt den Arm um die Schulter des Inspektors.

Richard.

INSPEKTOR Albert?

NEWTON Nicht wahr, Sie ärgern sich, mich nicht verhaften zu dürfen?

INSPEKTOR Aber Albert.

NEWTON Möchten Sie mich verhaften, weil ich die Krankenschwester erdrosselt oder weil ich die Atombombe ermöglicht habe?

INSPEKTOR Aber Albert.

NEWTON Wenn Sie da neben der Türe den Schalter drehen, was geschieht, Richard?

INSPEKTOR Das Licht geht an. R

1 Fassen Sie den Inhalt des Textauszugs mit eigenen Worten zusammen.

2 Charakterisieren Sie den Kriminalinspektor Richard Voß.

3 Erläutern Sie, welche Position Dürrenmatt mit seinem Stück „Die Physiker" hinsichtlich der Frage nach der Verantwortung des Wissenschaftlers gegenüber der Gesellschaft einnimmt.

★ **4** Stellen Sie fest, ob die theoretischen Ausführungen Dürrenmatts (↗ Seite 169) sich im Dramenauszug wiederfinden.

↶ *Wie fühlt man sich als Erfinder von Vernichtungswaffen:* Nach der Befragung im Sanatorium sinniert Inspektor Voß über diese Frage. Verfassen Sie einen inneren Monolog.

FAZIT

13.1
Vom klassischen Drama zum modernen Theater

- Theaterkonzeptionen vergleichen
- Sich mit eigenen Vorstellungen von Theater auseinandersetzen
- Begriffe mithilfe von Texten erarbeiten
- Gesprächsführung untersuchen
- Figuren charakterisieren
- Wirkung sprachlicher Mittel herausarbeiten

13.2
Prüfungsvorbereitung

Prüfungsvorbereitung

Die Interpretation eines Dramenauszugs folgt im Wesentlichen dem gleichen Muster wie die Interpretation eines Romanausschnitts. Die Analyse der erzähltechnischen Gestaltung wird durch die Untersuchung der dramentechnischen Gestaltung ersetzt. Hierfür müssen die sprachlichen Besonderheiten hinsichtlich Satzbau, Wortschatz und rhetorischer Mittel sowie die Gesprächsmerkmale untersucht werden. Für Letztere müssen die Strategie der Gesprächspartner, die Redeanteile sowie die Gesprächsentwicklung analysiert werden.

George Tabori: Mein Kampf (Auszug)

Ort der Handlung ist ein Männerwohnheim in Wien zur Zeit, als Hitler dort ankommt, um sich an der Kunstakademie zu bewerben. Im Wohnheim sind Schlomo Herzl, ein Jude, der sich mit nächtlichen Bücherverkäufen durchschlägt, und Lobkowitz, ein entlassener Koscherkoch, der sich gerne mit „Gott" ansprechen lässt. Schlomo Herzl begegnet Hitler mit erzieherischen Maßnahmen, mit Hilfsbereitschaft und Gastfreundschaft. Hitler wird aber auch durch Witz und Ironie immer wieder die eigene Unzulänglichkeit vor Augen geführt. Diesen Prozess beobachtet Lobkowitz mit gesunder Skepsis und warnt Herzl mehrfach. Die Situation spitzt sich zu, nachdem Hitler die Aufnahmeprüfung nicht bestanden hat, Herzl ihm vorschlägt, in die Politik zu wechseln, aber auf einem bestimmten Freiraum seinerseits besteht.
Schlomo Herzl und Lobkowitz unterhalten sich über das Buch, das Herzl zu schreiben beabsichtigt. Hitler, der eben angekommen ist, steht unbemerkt an der Tür und hört zu.

LOBKOWITZ *fröhlich* Du? Fragst? Mich? Als? Lobkowitz? Ich, als Lobkowitz, soll dir sagen, was du tun sollst? Halleluja! Das will ich dir jetzt sagen, als Lobkowitz. Wenn du nicht über den Anfang hinauskommst, musst du vor dem Anfang anfangen. Wie ist der Titel, wie nennst du dein Buch?

HERZL „Mein Leben" soll es heißen.

LOBKOWITZ *schüttelt den Kopf* „Mein Leben"? Das soll ein Titel sein für einen potenziellen Bestseller? Das soll ein Titel sein für einen bedeutenden Kommentar? Schlomo, ich bin entsetzt. Fang noch einmal an.

HERZL Wie wär's mit „Meine Memoiren"?

LOBKOWITZ *wie auch Hitler, schüttelt den Kopf* Entsetzlich! „Meine Memoiren"! Frag dich selbst, Schlomo, würde deine Mutter ein Buch kaufen, das „Meine Memoiren" heißt?

HERZL Nein!

LOBKOWITZ Versuch es noch einmal!

HERZL Wie wär's mit „Schlomo und die Detektive"? „Schlomo ohne Eigenschaften"? „Schlomo und Julia"? „Schlomo und Isolde"? „Warten auf Schlomo"? „Schlomo auf der Suche nach den verlorenen Schlomos"? „Schlomo und Frieden"? „Die letzten Tage der Schlomos"? „Ecce Schlomo?" Wie wär's mit „Mein Kampf"?

LOBKOWITZ Das ist es!

HITLER Jetzt haben Sie's.

HERZL Wer hat Sie gefragt?

Endlich nehmen sie Hitler wahr. Die Stille wird allmählich unerträglich.

LOBKOWITZ Nu?

HITLER Ist dies Frau Merschmeyers Männerheim unter ihrer Metzgerei?

LOBKOWITZ Ja.

HERZL Hat Ihre Mutter Ihnen keine Manieren beigebracht?

Prüfungsvorbereitung

Hitler Doch, hat sie. Erst kürzlich nach einem harten Leben verstorben, sie ruhe in Frieden, guter Geist unseres armen, aber ehrlichen Hauses, eine gesegnete Hausfrau, hat sie nie versäumt, mich zu ermahnen, meine Ellbogen nicht auf den Esstisch zu stützen, in der Straßenbahn älteren und gebrechlichen Personen meinen Sitzplatz zu überlassen, meine Hände vor und nach dem Wasserabschlagen zu waschen. Ermahnungen, die ich getreulich erfüllte, trotz meiner tief verwurzelten Abneigung Autoritäten gegenüber, was sich schlussendlich in dem unverrückbaren Entschluss kristallisierte, nicht in die Fußstapfen meines seligen Vaters als Beamter zu treten, auch er wurde von des Schicksals Axt in ein vorzeitiges Grab gestreckt, sondern mein Glück als Künstler in der Stadt des Walzers zu suchen, eine Bestimmung, die mir durch mein beträchtliches zeichnerisches Talent vorgegeben ist. *Alle holen tief Luft.* Dennoch muss ich zuerst einmal meinem äußersten Erstaunen, nein, nein, nein, meinem Widerwillen Ausdruck verleihen, dass Sie das Andenken meiner gesegneten Mutter in eine x-beliebige Unterhaltung gezogen haben, deren Motivation mir, ehrlich gesagt, verborgen geblieben ist, statt mir armseligem Jungen vom Lande einen Willkommensgruß zu entbieten, der die Beschwerlichkeiten einer Nachtfahrt in einem überfüllten Dritte-Klasse-Abteil den ganzen Weg von Braunau am Inn nach Wien an der Donau erleiden, danach den ganzen Morgen durch die schneeverwehten Boulevards auf der Suche nach Frau Merschmeyers Heim für die Heimatlosen durchwandern musste und der, wie tief beeindruckt auch immer durch die herrlichen Beispiele kaiserlicher Architektur, bis tief ins Mark durchfroren ist und sich nach dem wohlverdienten Zufluchtsort eines warmen Bettes in dieser hässlichen Höhle sehnt, denn mehr kann ich mir in meinem mittellosen Zustand nicht leisten, bis die Dame mit dem Füllhorn mein noch unerkanntes Genie mit Glanz und Ruhm belohnen wird.

Herzl Ich habe Ihnen eine einfache Frage gestellt, ich erwarte eine einfache Antwort, nicht das Nibelungenlied.

Hitler Wenn Sie meine erschöpfende Art des Sprechens nicht zu schätzen vermögen, die mein geliebter Geschichtslehrer in Linz, Dr. Leopold Pörtsch –

Lobkowitz Pötsch!

Hitler – als Ausdruck einer natürlichen rhetorischen Begabung erkannt hat – wieso Pötsch?

Lobkowitz Klingt besser!

Hitler Ist das Ihre Angelegenheit? Aber was ich widerwärtig, nein, nein, nein, ekelerregend finde von einem Ausländer, ist Ihr Versuch, meine sprachliche Könnerschaft auf ein lächerliches Ja-und-Nein-Spiel im Sinne der Inquisition zu reduzieren.

Herzl Ausländer? Habe ich recht gehört, Ausländer? Hier sind Sie Ausländer, Junge. Außerdem, selbst wenn Sie einer von einer Milliarde Chinesen wären, bedenken Sie, dass die Mehrheit der Menschen, Chinesen inbegriffen, aus jedem erdenklichen Blickwinkel Ausländer sind. Also beginnen wir von vorn, hat Ihre Mutter Ihnen keine Manieren beigebracht?

Hitler Gerne würde ich Ihre Herausforderung zu einer Auseinandersetzung über Rassenfragen annehmen, aber zu einem anderen Zeitpunkt, wenn ich weniger verstopft bin, eine Familienanfälligkeit, die sich durch die Nachtreise schmerzhaft verschlimmert hat. Inzwischen gestatten Sie, dass ich als Einziger beurteile, was ich für ausländisch halte, Ihre Nase zum Beispiel, ganz zu schweigen von Ihrer verqueren Ausdrucksweise, die in eine Frage verwandelt, was Sie offensichtlich als Bemerkung gemeint haben; denn ich vermute, dass Sie, statt den Wunsch zu verspüren, mich zu fragen, ob meine Mutter mir Manieren beigebracht hat, eigentlich sagen wol-

Prüfungsvorbereitung

len, dass sie das, Ihrer Einschätzung nach, nicht getan hat, was mich erstaunt, denn mir ist nicht bewusst, irgendwelche Regeln des zivilisierten Umgangs miteinander verletzt zu haben.

1 Fassen Sie den Inhalt zusammen.

2 Charakterisieren Sie die Figur des „Hitler“ und berücksichtigen Sie dabei auch die Gesprächsführung.

3 Untersuchen Sie die sprachliche Gestaltung hinsichtlich Satzbau, Wortschatz und rhetorischer Mittel.

4 Erarbeiten Sie, wie Schlomo Herzl mit dem neuen Mitbewohner umgeht.

★ 5 Erläutern Sie, ob es Ihrer Meinung nach richtig ist, wie sich George Tabori in seinem Stück „Mein Kampf“ mit Adolf Hitler und dem Nationalsozialismus auseinandersetzt.

CHECKLISTE Eine Interpretation zu einem Dramenauszug schreiben

Vorbereitung des Aufsatzes

☑ Enthält die Aufgabenstellung neben der allgemeinen Aufforderung zur Textinterpretation noch besonders zu beachtende Aspekte?

☑ Haben Sie sich beim Lesen des Textes die zentralen Aussagen markiert und in Stichpunkten Auffälligkeiten in Sprache und dramentechnischen Mitteln festgehalten?

Einleitung

☑ Haben Sie Autor, Titel und Erscheinungsjahr (eventuell den Erscheinungsort) genannt?

☑ Wurde der Inhalt des Dramas (worum es geht) in einem Satz zusammengefasst?

Hauptteil

☑ Haben Sie die Szene knapp wiedergegeben?

☑ Haben Sie alle Ergebnisse der einzelnen Teile der Sprachanalyse (Wortschatz, Satzbau, rhetorische Mittel) gedeutet und mit geeigneten Textstellen belegt?

☑ Sind die Ergebnisse der Untersuchung der Gesprächsführung schlüssig miteinander verbunden und mit Zitaten belegt?

☑ Haben Sie die einzelnen Aufgaben mit einer kurzen Zusammenfassung beendet?

☑ Haben Sie in die Erörterung Elemente des Textes einbezogen?

☑ Werden die Thesen stichhaltig begründet?

☑ Wurde eine Synthese formuliert?

Textüberarbeitung

☑ Haben Sie Ihren Aufsatz im Hinblick auf seine Gliederung, auf sprachlichen Ausdruck, auf Rechtschreibung, Grammatik und Zeichensetzung kontrolliert und korrigiert?

Kapitel 14

Medienangebote analysieren

Soziale Netzwerke sind nicht nur bei Jugendlichen äußerst beliebt. In diesem Kapitel setzen Sie sich mit den Chancen und Gefahren der verschiedenen Netzwerke kritisch auseinander.
Im Rahmen eines Schulprojektes bekommen Sie den Auftrag, auf der Basis mehrerer aktueller Materialien einen Flyer zu erstellen, der die verschiedenen Arten von sozialen Netzwerken, deren Nutzung sowie die Risiken und Chancen beinhaltet. Dieser Flyer soll Nichtnutzer über soziale Netzwerke informieren. Die notwendigen Fertigkeiten sowie die Vorgehensweise, um einen Flyer zu schreiben, nämlich den Inhalt knapp, präzise und adressatenbezogen zu formulieren, werden Sie im Folgenden Schritt für Schritt lernen.

Kompetenzen

- ✓ Die Intention des Autors ermitteln
- ✓ Die eigene Position erfassen
- ✓ Die sprachlichen Besonderheiten und ihre Wirkung untersuchen
- ✓ Diagramme analysieren
- ✓ Informationen visualisieren
- ✓ Kreative Medienprodukte erstellen

Methoden und Arbeitstechniken

- ✓ Vergleiche anstellen
- ✓ Präsentieren
- ✓ Eine Umfrage erstellen
- ✓ Debatten führen
- ✓ Gruppenarbeit

Medienangebote auswerten

Der folgende Zeitungsartikel ist auf Spiegel Online erschienen.

Quelle 1

Politiker auf Snapchat: Auf einen Chat mit dem Präsidenten

Snapchat ist schnell, unmittelbar und gerade bei jungen Menschen beliebt. Auch Politiker wollen etwas von der digital erzeugten Nähe abhaben und mischen sich unter die Nutzer.

von Teresa Sickert

Wie gut passen Politik und Emojis zusammen? Die meisten Leute würden wahrscheinlich antworten: gar nicht. Zu steif und seriös kommen Politiker und politische Institutionen daher, als dass sie die niedlichen kleinen Piktogramme aus den Smartphonemessengern benutzen würden. Das ist in den meisten Fällen wahr. Das heißt aber nicht, dass sich Politiker es entgehen lassen würden, auch auf neuen digitalen Wegen um die Gunst ihrer jungen Wähler zu werben.

Eine App, die sich für derlei Versuche offenbar besonders gut anbietet aus Politikersicht: das gehypte Snapchat, Hort der Jungen und der Coolness, bekannt für bunte Emojis und abenteuerliche Filter. Bei Snapchat erbrechen die Nutzer bunte Regenbogen und montieren sich lustige Hundeöhrchen oder Einhörner auf den Kopf.

Mittlerweile mischen auch Politiker ihre Posts unter solche Snaps – so werden die Beiträge bei Snapchat genannt. [...] Die Politik nutzt Snapchat dabei in einer ähnlichen Weise wie schon andere soziale Netzwerke zuvor: um sich lässig und weniger zugeknöpft zu präsentieren und Freunden des Accounts auch mal einen Blick hinter die Kulissen zu geben. Man will die jungen, potenziellen Wähler da abholen, wo sie sind.

Pseudoprivater Chat mit Politikern

Im Gegensatz zu Twitter- oder den auf Hochglanz polierten Instagram-Konten wirken die Snapchat-Geschichten aber noch mal authentischer. Gerade das Unperfekte der Videos macht sie so anziehend. Man fühlt sich dabei. Obama und sein Gefolge sind wie Freunde, die ihre Urlaubsgeschichten posten. [...]

Die Geschichten werden bei Snapchat nicht in einer klassischen Timeline, sondern eher wie Nachrichten in einem Messenger dargestellt. Wer sie öffnet, kann sich die Story anschauen. Dadurch entsteht ein pseudoprivater Chat. So stellt Snapchat eine größere Nähe her als andere Netzwerke.

Das zeigt sich zum Beispiel beim Snapchat-Account des Weißen Hauses. Man wird dort in verwackelten Videoschnipseln über Details aus dem Alltag des amerikanischen Präsidenten informiert: Mal wird der Orangensaft in der Präsidentenmaschine gezeigt, dann die Flügel der Air Force 1 über den Wolken, Obama beim Aussteigen aus dem Flugzeug, beim Händeschütteln. Auf den Bildern tummeln sich außerdem verirrte Emojis: eine US-Flagge, offene Hände, Smileys.

Das Europaparlament verfolgt bei Snapchat – anders als die Amerikaner – eher einen Bildungsauftrag. Europapolitik ist für viele Bürger immer noch schwer greifbar, weiß man offenbar auch dort. Deshalb gibt es viele Infografiken und kurze Videos, gemischt mit Texten und Emojis. Sie erklären, wie das Parlament gewählt wird, wie viele Mitglieder es hat oder welche Entscheidungen hier getroffen werden.

Wer nicht regelmäßig Inhalte liefert, verschwindet

Über 6 000 Nutzer haben den Account immerhin schon abonniert. Das Parlament sendet nicht nur Inhalte, sondern hat mit Snapchat einen weiteren Kanal, auf dem Bürger es kontaktieren. Jeden Tag erreichen das Parlament auch Nachrichten, Videos und Fragen von Nutzern. Nach eigenen Angaben beantworten es fast alle.

Für die Politik dürfte eine Eigenschaft von Snapchat eine besondere Herausforderung sein: Alles geht verdammt schnell. Geschichten sind schnell produziert, konsumiert und auch wieder verschwunden. Nach 24 Stunden haben sich die Inhalte überlebt, sie werden nicht gespeichert. Es gibt keine Chronik der Aktivitäten, auf der man sich als Anbieter von Inhal-

Medienangebote auswerten

ten ausruhen könnte. Um präsent zu sein, muss man regelmäßig liefern. Dass sich ein Politiker also nur halbherzig auf Snapchat einlässt, lässt das Netzwerk erst gar nicht zu.

(www.spiegel.de; 23. 02. 2016)

Dieser Artikel beschäftigt sich mit dem Phänomen Snapchat.

Quelle 2

Das Phänomen Snapchat
Warum der Hype bald vorbei sein könnte

von Lisa Oenning

[...] Für ein Foto braucht es nur wenige Klicks. Ein Klick auf den weißen Geist: Das Profil öffnet sich, die Smartphone-Kamera ist automatisch aktiviert. Ein weiterer Klick auf einen runden Button in der Menüleiste: Das Smartphone schießt das Foto. Noch ein Klick: Der Nutzer bestimmt, wie lange das Bild sichtbar ist. Der finale Klick: Die Aufnahme erscheint in der eigenen Live Story, in der Freunde und Bekannte das Bild solange sehen, bis es sich selbst auflöst.

Dass es scheinbar nach spätestens 24 Stunden keinerlei Beweise mehr für das Foto gibt, macht die App mit dem weißen Geist vor allem für die junge Generation attraktiv: Denn vorbei sind die Zeiten, in denen sie bei Instagram und Facebook nach dem optimalen Selbstportrait lechzen. Der Druck, das perfekte Selfie zu posten, fällt bei Snapchat weg. Deshalb nutzen vor allem in den USA immer mehr Jugendliche den Bilderdienst [...].

Nutzerzahlen der bekanntesten sozialen Medien

- Xing: 10 Millionen aktive Nutzer hat das Karriereprotal Xing monatlich. [...]
- LinkedIn hat deutlich mehr aktive User: 100 Millionen Menschen nutzen das Karriereportal im Monat.
- Pinterest: Auch das soziale Bildernetzwerk Pinterest kommt auf 100 Millionen registrierte, aktive Nutzer.
- Snapchat: Noch weit vor Pinterest, LinkedIn und Xing liegt Snapchat, der kostenlose Instant-Messaging-Dienst zur Verbreitung von Bildern und Videos. 200 Millionen Menschen nutzen Snapchat im Monat.
- Twitter: Den Nachrichtendienst Twitter nutzen jeden Monat 320 Millionen Menschen.
- Instagram: Der Online-Dienst zum Teilen von Fotos und Videos – Instagram – registriert 400 Millionen aktive Nutzer im Monat.
- WhatsApp: Der erfolgreichste Instant-Messaging Dienst ist WhatsApp mit 1 000 Millionen Nutzern pro Monat.
- Facebook: Das soziale Netzwerk Facebook kann jedoch keines der anderen sozialen Netzwerke toppen: 1 600 Millionen User nutzen das Portal jeden Monat aktiv.

Und auch in Deutschland tauschen sich immer mehr Jugendliche über die Foto-Schnipsel-App aus. Für ihren Youth Insight Panel hat die Bauer Media Group fast 700 Jugendliche zwischen zehn und 19 Jahren zu ihrer Social-Media-Nutzung befragt und kommt zu dem Ergebnis: Snapchat ist bei dieser Zielgruppe mittlerweile beliebter als Facebook. Während im vergangenen Jahr noch 17 Prozent der Mädchen und Jungen angaben, den Foto-Dienst zu nutzen, sind es heute 35 Prozent. Auf Facebook sind laut Umfrage 32 Prozent der Jugendlichen aktiv.

[...] „Snapchat hat sich eine Berechtigung auf dem Markt erarbeitet, indem der Dienst seinen Usern einen geschützten und exklusiven Raum bietet", sagt der Branchen-Kenner Wafa Moussavi-Amin. Exklusiv deshalb, weil die jungen Nutzer dort noch weitestgehend unter sich sind: Laut GlobalWebIndex war Mitte des vergangenen Jahres mehr als jeder zwei-

Medienangebote auswerten

te Nutzer zwischen 16 und 24 Jahre alt. Nur 15 Prozent der Befragten waren älter als 35 Jahre. […]

Vor diesen Hürden steht Snapchat

Snapchats Gegenwart sieht rosig aus. Damit der Dienst aber auch in Zukunft bestehen kann, muss der Hype um den weißen Geist irgendwann Gewinn einbringen. […]

Snapchats Nutzerpotential ist schnell erschöpft

Dass sich hauptsächlich Jugendliche auf Snapchat bewegen, ist eine Medaille mit zwei Kehrseiten: Einerseits verbreitet sich die App über Freundeskreise und Schulen rasant – und lockt immer mehr Jugendliche auf die Plattform.

Andererseits bleibt laut Moussavi-Amin die ältere Generation fern, die der Dienst eigentlich bräuchte, um seinen Wachstumskurs auf lange Sicht fortzusetzen. Das liegt seiner Meinung nach daran, dass es bei Snapchat keinen klaren Aufbau gibt, sondern das Tool aufgrund der Aktualität über eine dynamische Menüführung verfügt. „Dieser Aufbau schließt ältere Nutzer automatisch aus, weil sie Snapchat intuitiv bedienen müssen", sagt Moussavi-Amin. […]

(www.wiwo.de, 25.04.2016)

Diagramme können Vergleiche und Veränderungen darstellen.

Quelle 3

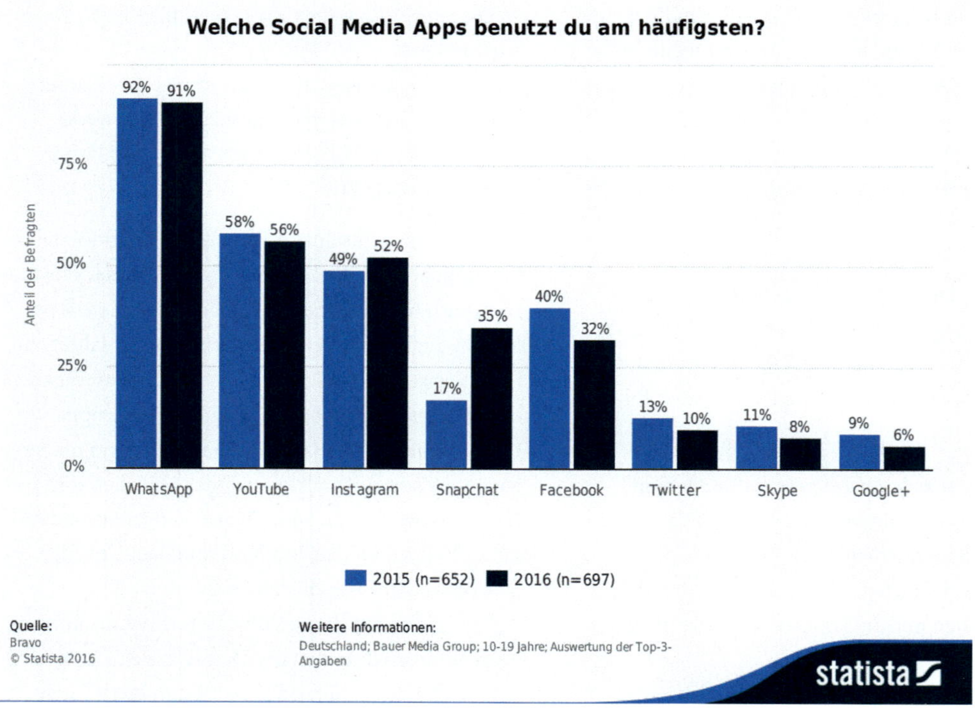

1 Fassen Sie den Inhalt der ersten beiden Quellen jeweils in eigenen Worten zusammen.

2 Erläutern Sie die inhaltlichen Unterschiede der beiden Texte.

3 Veranschaulichen Sie die in Quelle 2 genannten Daten zur Nutzung der sozialen Netzwerke in einem Balkendiagramm und präsentieren Sie Ihre Ergebnisse der Klasse.

Einen Flyer erstellen

4 Untersuchen Sie das Diagramm (Quelle 3).

a) Geben Sie die wesentlichen Aussagen wieder.

b) Beurteilen Sie die Datengrundlage des Diagramms.

5 Führen Sie in Ihrer Klasse oder Ihrem Freundeskreis eine Umfrage mit obiger Fragestellung (Quelle 3) durch.

a) Stellen Sie Ihre Ergebnisse in einem Balkendiagramm dar.

b) Vergleichen Sie Ihre Ergebnisse mit denen der Grafik.

ARBEITSTECHNIK Materialien gezielt bearbeiten

Um relevante Informationen für einen informierenden Text zu finden, müssen Materialien aus verschiedenen Quellen im Hinblick auf die Aufgabenstellung durchsucht werden. Hierbei müssen Sie exzerpieren. Das bedeutet, einen Text auszugsweise wiederzugeben. Sie können zwei Methoden anwenden:

- Lassen Sie unwichtige Textstellen weg. Formulieren Sie Stichworte und kurze Sätze.
- Verdichten Sie ausführlich dargelegte Informationen, um den Text übersichtlicher zu gestalten (beispielsweise: einfache Sätze anstatt Schachtelsätze verwenden).

6 Ermitteln Sie die jeweilige Kernaussage der Quellen 1 und 2.

7 Untersuchen Sie die sprachliche Gestaltung der beiden Texte hinsichtlich Sprachebene, Wortschatz, Satzbau und rhetorischer Mittel. Berücksichtigen Sie dabei auch den Adressatenkreis.

8 Was halten Sie davon, dass Politiker Snapchat nutzen?

Verfassen Sie einen Leserbrief an die Autorin von Quelle 1, in dem Sie kritisch zu ihren Ausführungen Stellung beziehen.

BASISWISSEN Materialgestütztes Schreiben

Immer wieder brauchen Sie Arbeitstechniken, die es Ihnen ermöglichen, Informationen aus Textquellen zu entnehmen und daraus einen informierenden Text zu verfassen. Dabei müssen sowohl die Zielgruppe als auch der Anlass sowie die formalen und sprachlichen Vorgaben einer Textsorte berücksichtigt werden. Sie müssen die Informationen aus den verschiedenen Materialien filtern, können natürlich aber auch eigenes Vorwissen einbringen. Hierfür sollen die wichtigsten Aspekte – im Hinblick auf die Aufgabenstellung – notiert und geordnet werden. Es bietet sich an, zuerst eine Gliederung für das geforderte Textprodukt zu erstellen, um dann die relevanten Informationen aus den Materialien entsprechend zuordnen zu können.

9 Erstellen Sie einen Flyer, der sich mit den verschiedenen Arten von sozialen Netzwerken und deren Nutzung befasst. Zeigen Sie auch die positiven und negativen Seiten dieser Netzwerke auf. Der Umfang sollte mindestens eine Seite sein.

a) Erstellen Sie eine Gliederung und notieren Sie zu jedem Gliederungspunkt die passenden Inhalte in Stichworten.

b) Formulieren Sie eine passende Überschrift für Ihren Flyer.

Einen Flyer erstellen

c) Verfassen Sie eine Einleitung, in der Sie Thema, Schreibanlass, Funktion des Textes und Ausgangslage nennen. Leiten Sie mit einem passenden Zitat oder der Fragestellung in den Hauptteil über.
d) Schreiben Sie den Hauptteil des Informationsblatts auf ein gesondertes Blatt Papier. Orientieren Sie sich dabei an den Stichworten aus Ihrer Gliederung und am Basiswissen unten.
e) Verfassen Sie einen Schluss, in dem Sie ein Fazit ziehen oder die Informationen noch einmal prägnant zusammenfassen.

BASISWISSEN | **Informierendes Schreiben**

Informierendes Schreiben bedeutet, Sachverhalte schriftlich wiederzugeben. Ein informierender Text ist sachlich und damit meinungsneutral, das heißt, der Leser soll informiert, aber nicht beeinflusst werden. Es geht darum, eine Information weiterzugeben, einen Sachverhalt darzulegen oder Verknüpfungen aufzuzeigen. Dabei sind Vorgaben zu beachten. Ihr Text soll klar strukturiert sein (Einleitung, Hauptteil und Schluss) und damit gut nachvollziehbar. Oft ist die Struktur durch die Aufgabenstellung vorgegeben. Arbeiten Sie mit Absätzen (neuer Aspekt – neuer Absatz). Wenn durch die Aufgabenstellung nicht anders vorgegeben, ziehen Sie im Schluss ein Fazit oder fassen Ihre Informationen prägnant zusammen. Der Schreibstil soll klar, verständlich und der Zielgruppe angemessen sein. Unnötige Fremdwörter und Schachtelsätze sind zu vermeiden, ebenso wertende Adjektive. Fremdmeinungen (zitiert oder paraphrasiert) müssen gekennzeichnet werden.

10 Führen Sie unter Einbeziehung aller Materialien eine Debatte über die Zukunft der sozialen Netzwerke.

Mit uns in die digitalen Arbeitswelten: Recherchieren Sie die Haltung einer politischen Partei Ihrer Wahl zum Thema. Erstellen Sie einen Flyer, mit dem Sie ausführlich über deren Inhalte, Argumentationsweisen und Intention informieren.

FAZIT

14.1
Medienangebote auswerten
- Inhalte zusammenfassen
- Daten veranschaulichen
- Aus Diagrammen Daten entnehmen und beurteilen
- Autorabsicht ermitteln
- Sprachliche Gestaltung untersuchen
- Informationen gliedern

14.2
Einen Flyer erstellen
- Stellung beziehen
- Gliederung erstellen
- Sachlich formulieren
- Informationen strukturieren
- Adressatenbezogen formulieren

Kapitel 15

Kommunikation analysieren

15.1 Kommunikation nach Watzlawick analysieren

15.2 Kommunikation anhand der Sprechakttheorie analysieren

15.3 Eine Rede vorbereiten und halten

In diesem Kapitel lernen Sie verschiedene Kommunikationsmodelle kennen, die Ihnen dabei helfen, Kommunikationssituationen zu beurteilen und sich in unterschiedlichen Kommunikationssituationen angemessen zu verhalten. Mit der Rede erlernen Sie eine besondere Kommunikationsform und üben, in dieser monologischen Gesprächsform verbal und nonverbal angemessen zu überzeugen.

Kompetenzen

- ✓ Wirkung sprachlicher Mittel in Texten analysieren und beurteilen
- ✓ In unterschiedlichen Kommunikationssituationen angemessen agieren
- ✓ Kommunikative Strategien anwenden
- ✓ Anspruchsvolle Themen angemessen präsentieren
- ✓ Sprachhandeln auf der Basis theoretischer Kommunikationsmodelle reflektieren

Methoden und Arbeitstechniken

- ✓ Mindmap
- ✓ Rollenspiel
- ✓ Stichwortzettel erstellen

Kommunikation nach Watzlawick analysieren

Um zwischenmenschliche Kommunikation verstehen und erklären zu können, haben die Kommunikationswissenschaftler Paul Watzlawick, Janet Beavin und Don Jackson 1967 die Grundeigenschaften der Kommunikation (Axiome) definiert, die auch heute noch Gültigkeit besitzen.

PRAGMATISCHE[1] AXIOME – EIN DEFINITIONSVERSUCH

2.2 Die Unmöglichkeit, nicht zu kommunizieren

[…] Verhalten hat vor allem eine Eigenschaft, die so grundlegend ist, dass sie oft übersehen wird: Verhalten hat kein Gegenteil, oder um dieselbe Tatsache noch simpler auszudrücken: Man kann sich nicht *nicht* verhalten. Wenn man also akzeptiert, dass alles Verhalten in einer zwischenpersönlichen Situation Mitteilungscharakter hat, d. h. Kommunikation ist, so folgt daraus, dass man, wie immer man es auch versuchen mag, nicht nicht kommunizieren kann. Handeln oder Nichthandeln, Worte oder Schweigen haben alle Mitteilungscharakter: Sie beeinflussen andere, und diese anderen können ihrerseits nicht *nicht* auf diese Kommunikation reagieren und kommunizieren damit selbst. […]

Aus oben Gesagtem ergibt sich ein metakommunikatives[2] Axiom: *Man kann nicht* nicht *kommunizieren.*

2.3 Die Inhalts- und Beziehungsaspekte der Kommunikation

[…] Wenn man untersucht, *was* jede Mitteilung enthält, so erweist sich ihr Inhalt vor allem als Information. Dabei ist es gleichgültig, ob diese Information wahr oder falsch, gültig oder ungültig oder unentscheidbar ist. Gleichzeitig enthält jede Mitteilung einen weiteren Aspekt, der viel weniger augenfällig, doch ebenso wichtig ist – nämlich einen Hinweis darauf, wie ihr Sender sie vom Empfänger verstanden haben möchte. Sie definiert also, wie der Sender die Beziehung zwischen sich und dem Empfänger sieht, und ist in diesem Sinn seine persönliche Stellungnahme zum anderen. […]

Vorläufig wollen wir das oben Gesagte zu einem weiteren Axiom […] zusammenfassen: *Jede Kommunikation hat einen Inhalts- und einen Beziehungsaspekt, derart, dass letzterer den ersteren bestimmt und daher eine Metakommunikation ist.* […]

2.6 Symmetrische[3] und komplementäre[4] Interaktionen

[…] Im ersten Fall ist das Verhalten der beiden Partner sozusagen spiegelbildlich und ihre Interaktion daher *symmetrisch.* […] Im zweiten Fall dagegen ergänzt das Verhalten des einen Partners das des anderen, wodurch sich eine grundsätzlich andere Art von verhaltensmäßiger Gestalt ergibt, die *komplementär* ist. […] In der komplementären Beziehung gibt es zwei verschiedene Positionen: Ein Partner nimmt die sogenannte superiore[5], primäre Stellung ein, der andere die entsprechende inferiore[6], sekundäre. […] Komplementäre Beziehungen beruhen auf gesellschaftlichen oder kulturellen Kontexten (wie z. B. im Fall von Mutter und Kind, Lehrer und Schüler). […]
Zwischenmenschliche Kommunikationsabläufe sind entweder symmetrisch oder komplementär, je nachdem, ob die Beziehung zwischen den Partnern auf Gleichheit oder Unterschiedlichkeit beruht.

(Paul Watzlawick, Janet H. Beavin, Don D. Jackson: „Menschliche Kommunikation. Formen, Störungen, Paradoxien")

1 pragmatisch = anwendungsbezogen, handlungsbezogen
2 Metakommunikation = Kommunikation über Kommunikation
3 symmetrisch = ebenmäßig, spiegelbildlich
4 komplementär = ergänzend, wechselseitig
5 superior = vorrangig, überlegen
6 inferior = untergeordnet, unterlegen

Kommunikation nach Watzlawick analysieren

1 Untersuchen Sie die dargestellten Axiome hinsichtlich ihrer Bedeutung für Ihr eigenes Kommunikationsverhalten.

a) Erläutern Sie die Aussage „Man kann nicht *nicht* kommunizieren“ auch mithilfe von Beispielen.

b) Fassen Sie die zwei weiteren Grundbedingungen (Axiom 2.3 und 2.6) für menschliche Kommunikation mit eigenen Worten zusammen.

2 Lesen Sie die Aussage in der Sprechblase mehrmals mit unterschiedlicher Intonation und analysieren Sie sie im Hinblick auf den Inhalts- und Beziehungsaspekt.

a) Nennen Sie Beispiele für Gesprächssituationen, die symmetrisch angelegt sind.

b) Nennen Sie Beispiele für Gesprächssituationen, die komplementär angelegt sind.

3 Formulieren Sie zu den Situationen 1 und 2 je einen Dialog.

Situation 1, symmetrisch

Kollege A und Kollege B

Kollege A wünscht sich eine dringende Übersetzung von Kollegen B. Dieser müsste dafür Überstunden machen.

Situation 2, komplementär

Vorgesetzter A und Mitarbeiter B

Vorgesetzter A wünscht sich eine dringende Übersetzung von Mitarbeiter B. Dieser müsste dafür Überstunden machen.

4 Üben Sie die Dialoge zu zweit ein. Achten Sie dabei auf Wortwahl, Mimik, Körperhaltung. Spielen Sie sie anschließend im Plenum vor und werten Sie sie aus.

5 Diskutieren Sie, inwiefern die Theorie von Watzlawick geeignet ist, Kommunikationsprobleme zu lösen.

a) Erarbeiten Sie je zwei eigene Beispiele zu symmetrischen und komplementären Dialogen und prüfen Sie, inwiefern die Theorie zur Problemlösung hilfreich ist.

b) Vergleichen Sie Ihre Beispiele mit denen anderer Schüler.

c) Stellen Sie die Vor- und Nachteile, die sich aus einer Analyse anhand der Theorie ergeben, tabellarisch zusammen.

d) Wo sehen Sie Chancen der Theorie, wo Grenzen? Diskutieren Sie in der Gruppe.

Kommunikation nach Watzlawick analysieren

Situation

Eine Versicherungsangestellte legt den Hörer auf. Sie ist zufrieden, hat sie doch gerade ein Kundenberatungsgespräch erfolgreich abgeschlossen. In diesem Augenblick betritt ein Kunde schnell das Büro und sagt mit erhobener Stimme: „Ich habe immer noch dieses Problem!" Es handelt sich um einen Kunden, mit dem die Angestellte schon vormittags telefoniert und der ihr seine Probleme geschildert hat. Die Kundenberaterin erinnert sich, dass sie eine Problemlösung in Aussicht gestellt und einen Rückruf versprochen hatte. Zuvor wollte sie aber noch die Akten sichten, wozu sie bisher nicht gekommen ist.

6 Untersuchen Sie die Kommunikationssituation mithilfe folgender Fragestellungen:

a) Welche verbalen und nonverbalen Signale nimmt die Versicherungsangestellte wahr?

b) Welche nicht wahrnehmbaren Faktoren („Eisberg") beeinflussen die Situation?

c) Wie könnte die Kundenberaterin in dieser Situation reagieren, um eine Eskalation des Konflikts zu vermeiden?

Paul Watzlawick hat das auf Sigmund Freud zurückgehende Eisbergmodell aufgegriffen, um Kommunikationsprozesse darzustellen.

BASISWISSEN – Eisbergtheorie

Die Eisbergtheorie besagt, dass die Bewertung einer Kommunikationssituation nur zu einem sehr geringen Teil von den Faktoren abhängig ist, die oberflächlich bemerkbar sind und die aktuelle kommunikative Handlung beeinflussen.

Nicht wahrnehmbare Faktoren sind beispielsweise:

- Stimmungen und Befindlichkeiten
- die persönlichen Erfahrungen der Gesprächsteilnehmer, welche in diese Situation hineingetragen werden
- das Weltwissen, über das die Beteiligten verfügen
- die Vorgeschichte dieser Kommunikationssituation
- das Selbstkonzept der Kommunikationspartner

Eisbergmodell nach Sigmund Freud
– Nur die Spitze des Eisberges ist sichtbar! –

Kommunikation anhand der Sprechakttheorie analysieren

Die Philosophen und Sprachtheoretiker John L. Austin und John Searle betrachteten Kommunikation in einem umfassenderen Zusammenhang. Aufgrund ihrer Theorien begreift man Kommunikation nicht mehr als bloßen Austausch von Wörtern, sondern als Sprechakte: als sprachliche Äußerungen, mit denen man handelt oder jemanden zum Handeln bringt.

BASISWISSEN Sprechakttheorie

Die Grundannahme der Sprechakttheorie ist, dass zu jeder sprachlichen Kommunikation sprachliche Akte gehören und Sprecher immer eine Handlung vollziehen, wenn sie einen Satz äußern. Sagt jemand beispielsweise „Es zieht“, dann kann es sein, dass auf Grund dieser sprachlichen Handlung jemand anderes im Raum das Fenster schließt. Mit der sprachlichen Äußerung wurde also eine Handlung bewirkt. Mit Äußerungen kann man etwas Wahres oder Falsches behaupten, fragen, antworten, befehlen, bitten, auffordern oder drohen.

Es gibt auch bestimmte Arten von Äußerungen, mit denen unmittelbar eine Handlung vollzogen wird, zum Beispiel: „Ich erkläre euch zu Mann und Frau“, „Ich verurteile Sie zu fünf Jahren Freiheitsstrafe ohne Bewährung“.

Für den Philosophen R. Searle (1969) sind Sprechakte die Grundeinheiten der sprachlichen Kommunikation. Er unterscheidet (in Anlehnung an Austin) vier Teilakte, aus denen ein Sprechakt typischerweise besteht (Tabelle unten).

Nach der Sprechakttheorie können Sätze nicht nur wahr oder falsch sein, sondern auch gelingen oder misslingen. Dies ist dann der Fall, wenn ihre illokutive Rolle, ihre kommunikative Funktion, nicht ersichtlich ist oder verstanden wird. Beispiel: In der Schule steht ein Schild: „Nicht rauchen!“ Diese Äußerung muss als Aufforderung/Befehl verstanden werden, damit der Sprechakt auch gelingt.

Sprechakt: „Peter raucht“

	Akt der Äußerung (Äußerungsakt)	Propositionaler Akt	Illokutionärer Akt	Perlokutionärer Akt
Erklärung	**Artikulation** von Wörtern/eines Satzes	**Aussage über die Welt:** Handlung, mit der vom Sprecher auf einen Gegenstand Bezug genommen wird	**Handlungstyp der Äußerung:** **Funktion** der Sprachhandlung wie Behaupten, Erfragen, Warnen, Raten, Befehlen, Versprechen ...	**Konsequenzen** und **Wirkungen** der Sprachhandlung beim Adressaten: **intendierte Reaktion** des Hörers wie ein Überzeugen, Umstimmen, Einschüchtern, Erschrecken ...
Beispiel	die Aussprache von Peter raucht [pe:tɚ rauʊχt])	Bezug auf Peter und die Zuschreibung der Eigenschaft des Rauchens	Behauptung, dass Peter raucht	Adressat glaubt, dass Peter raucht
Bewertung	Die Aussprache und Artikulation kann grammatisch und lautlich angemessen oder nicht angemessen sein.	Die Aussage über die Welt kann wahr oder falsch sein.	geglückt oder nicht geglückt	Wirkung/Reaktion wird erzielt oder wird nicht erzielt (erfolgreich sein oder nicht erfolgreich sein)

Kommunikation anhand der Sprechakttheorie analysieren

1 Klären Sie alle Fremdwörter des Basiswissens und der Tabelle mithilfe eines Wörterbuchs.

2 Fassen Sie die wesentlichen Aussagen des Basiswissens strukturiert (beispielsweise in Form einer Mindmap) zusammen und tragen Sie diese in einem Kurzvortrag vor.

3 Analysieren Sie die folgenden sprachlichen Äußerungen im Hinblick darauf, ob durch die jeweiligen Sprechakte unmittelbar eine Handlung vollzogen wird:

a) „Gib mir das Buch."
b) „Ich verspreche dir, nicht mehr zu spät zu kommen."
c) „Willst du mit ins Kino?"
d) „Ich fordere Sie auf, das Schwätzen in Zukunft zu unterlassen."

4 Analysieren Sie den Sprechakt „Deine neue Frisur ist schön" anhand der vier Teilakte.

5 Analysieren Sie die Bedeutung des illokutiven Aktes in folgenden Situationen:

a) Ein Freund hat sich gerade nach meinem Befinden erkundigt. Ich antworte: „Ich bin müde."
b) Jemand, dem ich lieber aus dem Weg gehe, fragt mich, ob ich tanzen gehen möchte. Ich antworte: „Ich bin müde."
c) Mein Freund und ich sehen uns ein Fußballspiel im Fernsehen an. Ich sage: „Ich bin müde."

6 Analysieren Sie die Bedeutung des perlokutionären Aktes in folgenden Situationen:

a) „Ich werde gleich sauer!"
b) „Ganz toll gemacht!"
c) „Mach das besser nicht!"
d) „Bitte hör auf damit!"

7 Erläutern Sie, wann es nach der Sprechakttheorie zu Kommunikationsproblemen kommt. Nehmen Sie auch Bezug auf den folgenden Cartoon.

Kommunikation anhand der Sprechakttheorie analysieren

Anhand der Sprechakttheorie können nicht nur Einzelaussagen, sondern auch Gespräche und deren Verlauf sowie Gründe für den Erfolg oder Misserfolg der Kommunikation analysiert werden. Um den Text von Lukas Bärfuss besser einordnen zu können, folgen hier ein paar Vorbemerkungen: Peter Korach, der mit Agnes verheiratet ist, hat durch einen Gentest herausgefunden, dass er nicht der biologische Vater ihres kleinen Sohnes ist. Dies hat ihn emotional stark aufgewühlt. Er besucht deshalb seinen eigenen Vater (Simon Korach), um die Situation mit ihm zu besprechen. Simon Korach gelingt es zunächst, seinen Sohn wieder zu beruhigen.
Peter hat auch vor einiger Zeit die Zahnbürste seines eigenen Vaters, Simon Korach, gestohlen, um feststellen zu lassen, ob Simon Korach sein biologischer Vater ist. Helle ist Simon Korachs Ehefrau und die Mutter von Peter.

Lukas Bärfuss: Die Probe (2007, Auszug)

PETER Ich muss nach Hause, ich muss zu meiner Familie.

SIMON Peter, mein Junge. Lass dich umarmen. Du verdammter Idiot. Vaterschaftstest. Liebe Güte. Du machst dein Schicksal abhängig von den allermodernsten Methoden der Wissenschaft und benimmst dich anschließend wie ein Neanderthaler. Liebe Güte.

PETER Dumm, nicht wahr.

SIMON Sehr dumm. Sehr, sehr dumm.

PETER Würde ein Simon Korach nie tun, wie.

SIMON Bestimmt nicht.

PETER Unter keinen Umständen.

SIMON Unter keinen.

PETER Auch wenn du Zweifel hättest.

SIMON Was für Zweifel.

PETER Ob Mama dich betrogen hat.

SIMON Aber das hat sie doch, Peter, das hat sie doch.

PETER Und es war dir egal.

SIMON Es hat mir natürlich nicht gefallen. Ich habe mich ein paar Tage nicht blicken lassen, habe mir einen schönen Alois in den Kopf getrunken, bin nach Hause, und Schwamm drüber.

PETER Das glaube ich nicht.

SIMON Sie ist nicht mein Besitz. Ich habe sie nicht gekauft, nicht ersteigert, nicht gewonnen.

PETER Das ist ein guter Punkt. Aber ich denke da ganz anders. Ich bin überhaupt ganz anders als du. Findest du das nicht seltsam. Gibt es irgendeine Ähnlichkeit zwischen uns.

SIMON Das lässt dich nicht los, wie.

PETER Die Ohren vielleicht. Der Haarstrich. Ist das zufällig.

SIMON Was weiß ich. Ist doch egal. Was hast du da.

PETER Das. Nichts. Ein Wisch. Ein paar Zahlen. Vollkommen nebensächlich. Wie putzt es sich eigentlich mit der neuen Zahnbürste.

SIMON Wie.

PETER Bisschen weich, vielleicht. Ich dachte, in deinem Alter braucht das Zahnfleisch Schonung.

SIMON Das war nicht Franzeck[1]. Warum hast du.

PETER Welche Macht heute in einer gebrauchten Zahnbürste liegt, einem Kaugummi, einem ausgerissenen Haar. Pass auf deine Hautschuppen auf, Papa, lass keine Kippen liegen, spuck nicht auf den Boden, in allem liegt das Geheimnis deiner Herkunft, und wer weiß, welcher Schurke sich für die Treue deiner Frau interessiert und dich mit der Wahrheit erpressen könnte.

Kommunikation anhand der Sprechakttheorie analysieren

SIMON Du bist krank.

PETER Magst du lesen. Magst du lesen, wer ich bin. Ob ich den Namen Korach zu recht beschmutze. Ob Helle dich belügt. Ob sie dich all die Jahre übers Ohr gehauen hat. Steht alles hier.

SIMON Peter. Es reicht. Du hast genug zerstört.

PETER Was sehe ich. In diesen Augen. Angst vielleicht. Zweifel. Warum nur. Du bist ein mutiger Mann. Hast eine ehrliche Frau. Was hast du von diesem Papier zu fürchten.

SIMON Nichts. Es würde nichts ändern.

PETER Gut. Setz dich. Ich lese dir jetzt das Ergebnis vor.

SIMON Nein.

PETER Bist du bereit.

SIMON Ich will es nicht hören.

PETER Sehr geehrter Herr Korach. Gerne teilen wir Ihnen heute das Ergebnis unseres genetischen Vaterschaftstest mit.

SIMON Hör auf.

PETER Beide Proben enthielten genügend relevantes Material.

SIMON Lass das.

PETER Wir dürfen Ihnen mitteilen, dass.

SIMON Ruhe.

PETER Papa. Du schreist. Bist blass.

SIMON Du kleiner Mistkerl. Du wirst hier bestimmt nicht Schicksal spielen.

PETER Simon Korach, du bist dir nicht sicher.

SIMON Natürlich bin ich sicher. Denk, was du willst. Bring mir das heiße Wasser.

PETER Gut. Meinetwegen. Lassen wir das.

SIMON Was tust du.

PETER Ich verbrenne das Ergebnis.

SIMON Nein.

PETER Wir wollen doch nicht, dass dieses Papier in falsche Hände gerät.

SIMON Lass das. Nicht. Ich.

PETER Zu spät. Jetzt wirst du es nie erfahren. Außer, du machst eine neue Probe. Und weißt du was: Du wirst sie machen, eines Tages, wenn dich der Zweifel nicht mehr schlafen lässt. Ist ers, bin ichs, hat sie. Dann wirst du ein Heftpflaster aus dem Müll graben, mir heimlich im Schlaf eine Locke aus dem Schopf schneiden.

SIMON Niemals.

PETER Braver Mann. Braver Simon Korach.

SIMON In meiner Wohnung spielst du mit dem Feuer. Machst hier den großen Diabolo. Das beeindruckt mich. Bravo. Ich habe Angst, Peter, große Angst. Was hast du für Probleme. Los. Gieß endlich Wasser ein. Das reicht. Das reicht, sage ich, hör auf, stopp, das ist heiß, heiß, heiß. Meine Füße. Du hast meine Füße verbrannt. Elender. Dreckskerl. Du. Wasser, kaltes Wasser. Du. Du. Bist nicht mein Sohn. Du bist kein Korach. Ich will dich nicht mehr sehen. Nie mehr. Geh zurück zu deiner Bastardfamilie. Raus. Raus mit dir. Helle. Helle. Hilfe.

HELLE Wer schreit.

SIMON Helle. Meine Füße. Er hat meine Füße verbrüht.

HELLE Wer.

Kommunikation anhand der Sprechakttheorie analysieren

SIMON Dein Sohn. Er dreht durch. Bring Wasser. Schnell. Wasser. Kalt.
HELLE Geh ins Bad.
SIMON Ich kann nicht gehen.
HELLE Was ist passiert.
SIMON Er hat mir meine Füße verbrüht.
HELLE Peter. Peter. Wo ist er. Du hast ihn weggejagt. In seinem Zustand.
SIMON In seinem Zustand. Und mein Zustand.
HELLE Er ist verwirrt.
SIMON Er ist gefährlich.
HELLE Er ist dein Sohn.
SIMON Rechtfertigt das alles. Schau dir das an.
HELLE Ein bisschen gerötet, Simon, ich muss dich bitten.
SIMON Das ist eine Verbrennung zweiten Grades, Helle, und das an den Füßen. […]. Ich muss zu einem Arzt.
HELLE Unsinn. Ein bisschen Salbe, ein Verband und Schluss.
SIMON Und wie soll ich jetzt mein Fußbad nehmen.
HELLE Darauf wirst du wohl ein paar Tage verzichten können.
SIMON Nein, kann ich nicht. Dieser Mensch. Was ist mit ihm los. Was haben wir falsch gemacht, Helle, sag mir das.
HELLE Du hättest ihn nicht wegschicken dürfen.
SIMON Es reicht jetzt. Zuerst Agnes, die hier rumschreit, bis oben voll, und dann Peter, der seinen eigenen Vater angreift und verletzt.
HELLE Sie sind jung.
SIMON Warum nimmst du sie in Schutz. Warum bist du nicht auf meiner Seite.
HELLE Da ist jemand an der Tür. Peter.
SIMON Das Bürschchen betritt mein Haus nicht noch einmal! Und wenn ich ihn auf die Straße prügeln muss. Raus. Raus. Raus.

1 Bis jetzt glaubte Simon, sein persönlicher Assistent Franzeck hätte die Zahnbürste ausgetauscht.

1 Benennen Sie die Absichten, die die Gesprächspartner verfolgen. Wie ändern sich diese Absichten im Laufe des Gesprächs?

2 Arbeiten Sie die maßgeblichen Sprechakte heraus, die die Gesprächsstrategie von Simon und Peter kennzeichnen.

3 Gliedern Sie den Gesprächsverlauf zwischen Simon und Peter. Strukturieren Sie hierzu den Dialog sinnvoll, indem Sie Wende- und Höhepunkte identifizieren, und berücksichtigen Sie hierzu auch Ihre Kenntnisse über die Kommunikationsmodelle nach Schulz von Thun und Watzlawick.

4 Erläutern Sie, warum die Kommunikation zwischen Simon und Peter scheitert.

★ **5** Verfassen Sie mithilfe der Ergebnisse aus den Aufgaben 3 und 4 eine vollständige Gesprächsanalyse.

Eine Rede vorbereiten und halten

Eine Rede aufbauen

„Eine gute Rede hat einen guten Anfang und ein gutes Ende – und beides sollte möglichst dicht beieinander liegen.“

(Mark Twain)

Wer überzeugend und gut reden sowie argumentieren kann, strahlt nicht nur Selbstvertrauen aus. Ihm werden oft auch Sicherheit im Umgang mit Menschen und Führungseigenschaften attestiert. Rhetorische Fertigkeiten sind auch für Referate von grundlegender Bedeutung.

Rede eines Abiturienten auf der Abiturfeier

Liebe Abiturientinnen und Abiturienten, liebe Eltern, Verwandte und Freunde, sehr geehrte Lehrerinnen und Lehrer, liebe Mitschülerinnen und Mitschüler,

vorab eine kleine Entwarnung: Diese Rede soll keine Abrechnung für Lehrer werden – Ich will auch niemanden anschauen! Also schnell zurück zur Rede:

Wäre heut ein ganz normaler Schultag, so würde die Rede damit beginnen, alle Anwesenden einzeln aufzurufen und die Anwesenheit festzustellen: 15 Prozent von Ihnen wären heute krank.

10 Prozent würden in einer viertel Stunde hereinstürmen, weil sie verschlafen hätten. 15 Prozent würden sich mit ihrem Sitznachbarn unterhalten. 20 Prozent würden versuchen, unauffällig unter dem Tisch Nachrichten auf dem Handy zu verschicken. 10 Prozent würden noch schnell die Hausaufgaben abschreiben. 30 Prozent von Ihnen würden mir tatsächlich aufmerksam zuhören. Aufgrund des besonderen Anlasses kann ich jedoch mit 100 Prozent Aufmerksamkeit rechnen und mir das alles sparen.

Mahatma Gandhi sagte einmal: „Stärke stammt nicht aus physischem Vermögen. Sie kommt aus einem unbezwingbaren Willen.“ Auch wir haben mit unserem unbezwingbaren Willen Stärke gezeigt und das geschafft, was wir erreichen wollten, nämlich das Abitur. Ich finde, wir alle können stolz darauf sein, denn es ist nicht leicht, noch mal neu anzufangen. Mit einem starken Willen, aber auch vielen Zweifeln kamen wir vor zwei Jahren beziehungsweise einem Jahr an die Fachoberschule oder Berufsoberschule, um einen für uns noch völlig unbekannten Weg einzuschlagen. Dieser Weg bedeutete für uns und für unser Umfeld sowohl beruflich als auch privat eine große Veränderung. Ich erinnere nur beispielhaft an durchgepaukte schlaflose Nächte und vernachlässigte Freundschaften. Ich denke aber auch, dass jede Hürde, die wir gemeistert haben, uns stärker gemacht hat und uns zu denen werden ließ, die wir heute sind. Wir haben etwas Großes geleistet, von dem viele vor einem Jahr noch befürchtet haben, dass es nicht möglich ist. Doch auch dank unserer Familie, Freunde, aber auch Lehrer konnten wir die Ziellinie erreichen. Gerade angesichts der aktuellen Entwicklungen sollte einem bewusst sein, dass es nicht selbstverständlich ist, dass man so gute und breite Bildungsangebote wie in Deutschland hat. An dieser Stelle möchte ich mich im Namen aller meiner Mitschüler bei unseren Lehrerinnen und Lehrern für die konstruktive und angenehme Atmosphäre bedanken. Auch dies sorgte dafür, dass der ein oder andere die Schule in positiver Erinnerung behalten wird.

Mit dem Abitur in der Tasche stehen uns nun alle Möglichkeiten offen. Es bleibt zu hoffen, dass wir auch in den nächsten Levels, die wir bestreiten, so gute und um unser Leben besorgte Professoren, Ausbilder und später Arbeitgeber an unserer Seite wissen können.

Wir haben es geschafft! Bald zerfällt unser Puzzle und jedes Teil schlägt seine eigene Richtung ein. Die einen beginnen gleich das schon lange angestrebte Studium, die anderen nehmen sich eine Auszeit, verreisen oder machen ein Freiwilliges Soziales Jahr. Doch ich hoffe sehr, dass wir alle unsere gemeinsame Zeit an dieser Schule in guter Erinnerung behalten und uns eines Tages einmal wiedersehen. Vielleicht kann unser Puzzle dann wieder zusammengesetzt werden.

Eine Rede aufbauen

1 **Erläutern Sie die Aussage Mark Twains und beurteilen Sie den Anfang und das Ende der vorliegenden Rede unter diesem Aspekt.**

2 **Analysieren Sie die Abiturrede.**

a) Ermitteln Sie alle in der Rede vorkommenden sprachlichen Mittel, Redewendungen und Bilder und erläutern Sie deren Wirkung auf die Zuhörer.

b) Überlegen Sie, welches Ziel mit der Verwendung von Bildern verfolgt wird.

c) Beurteilen Sie den sprachlichen Ausdruck des Redners insgesamt.

d) Üben Sie den Vortrag des Redeauszugs. Beachten Sie dabei Ihre nonverbale Ausdrucksweise.

e) Tragen Sie sich gegenseitig den Auszug aus der Rede vor und geben Sie sich Feedback bezüglich der nonverbalen Kommunikation.

3 **Entwerfen Sie selbst eine Rede.**

a) Formulieren Sie mithilfe der Arbeitstechnik zur vorliegenden Abiturrede alternative Einleitungen und vergleichen Sie deren Wirkung und Eignung.

b) Formulieren Sie selbst den Hauptteil einer Abiturrede aus.

ARBEITSTECHNIK – Eine Rede vorbereiten und gliedern

Vorbereitung

Ideensammlung (inventio): Sammlung der wesentlichen Gedanken, Informationen und Argumente
Materialordnung und -gliederung (dispositio): bewusste Anordnung des ausgewählten Materials
Sprachgestaltung (elocutio): Ausformulierung der Rede: schriftlich, mündlich und als Stichwortzettel
Einprägen (memoria): Text anhand der Textvorlagen und Stichwörter gut einüben
Probesprechen/Üben (actio): Lautstärke, Betonung, Pausentechnik sowie Gestik, Mimik und Haltung üben

Gliederungsmöglichkeiten einer Rede (je nach Ziel, Publikum, Anlass unterschiedlich)

Möglichkeit 1:
1. Gestern: Erinnerung an Vergangenheit
2. Heute: Beschreibung der Gegenwart
3. Morgen: Aufzeigen der Zukunft

Möglichkeit 2:
1. Heute: Beschreibung der Gegenwart
2. Gestern: Erinnerung an Vergangenheit
3. Morgen: Aufzeigen der Zukunft

Möglichkeit 3:
1. Ist-Zustand aufzeigen
2. Soll-Zustand aufzeigen
3. Weg vom Ist- zum Soll-Zustand darlegen

Möglichkeit 4:
1. Darlegung des Sachverhalts
2. Beweisführung und Argumentation mit Beispielen

Einen Stichwortzettel erstellen

Reden können auf verschiedene Weise vorgetragen werden: Das Ablesen einer vollständig ausgearbeiteten Rede (vorbereitete Rede) bringt die Nachteile mit sich, dass wenig Blickkontakt zum Publikum möglich ist, der Redner steif und unnatürlich wirkt und keine spontanen Reaktionen möglich sind. Die völlig frei gehaltene Rede (Stegreifrede) birgt den Nachteil, dass der Redner sich verzettelt, die Rede unstrukturiert und unverständlich wird oder wesentliche Punkte nicht erwähnt werden. Die Verwendung eines Stichwortzettels ist daher eine geeignete Methode, eine Rede gut strukturiert und dennoch weitgehend frei zu halten.
Der bekannte deutsche Humorist Loriot hat in der Rolle eines Vampirs mithilfe des folgenden Stichwortzettels eine Rede gehalten:

VAMPYRE
→ Minderheit in der Gesellschaft
→ leiden Not in Vergessenheit geraten

Was wird für Vampyre getan?
→ nichts
→ Verfolgun
Behinderung
Ablehnung

Grund
benötigt 2 bis 3 Liter Blut
täglich = Überlebensration

Folgen heute
viele sind **depressiv** + **geschwächt**
Ernährungsschäden
Jugendliche Vampyre betroffen
2000 bettlägerig

Maßnahmen
Spenden
Sachspenden – Blut – Särge – Decken
Geldspenden
→

1 Halten Sie mithilfe des Stichwortzettels eine Rede zum Thema „Vampire in unserer Stadt". Achten Sie dabei auch auf angemessene Sprache und Körpersprache.

2 Analysieren Sie den Stichwortzettel.

a) Listen Sie die Themen auf, die Loriot in seiner Rede aufgreift.
b) Bewerten Sie die Struktur und die Übersichtlichkeit des Stichwortzettels.
c) Beurteilen Sie, ob und inwieweit Ihnen der Stichwortzettel bei Ihrer Stegreifrede von Nutzen war.

Einen Stichwortzettel erstellen

Loriot: Der Vampyr (1971)

Meine Damen und Herren!
Haben Sie sich schon einmal Gedanken darüber gemacht, dass es in unserem Wohlstandsstaat eine Not leidende Bevölkerungsgruppe gibt, an der sogar die Reformpläne einer sozialistischen Regierung vorübergegangen sind?
Der Vampyr gehört in der Bundesrepublik zu einer Minderheit. Als Wähler ist er somit uninteressant. Noch vor wenigen Jahren in aller Munde, ist er heute nahezu in Vergessenheit geraten. Was wird für alternde oder unverschuldet in Not geratene Vampyre getan? Nichts!
Im Gegenteil: Wir werden unter Missachtung des Grundgesetzes in der freien Ausübung unserer Lebensgewohnheiten vorsätzlich behindert. Es sind Fälle bekannt, in denen unbescholtene Vampyre öffentlicher Verfolgung ausgesetzt wurden, weil sie nächtlichen Straßenpassanten, in netter Form, Blut entnommen hatten. Ein gesunder Vampyr benötigt pro Nacht ein bis zwei Liter frisches Damen- oder Herrenblut. Dafür verzichtet er aber auch auf Teigwaren, Obst, Käse und Gemüse.
Durch die ablehnende Haltung der Bevölkerung greifen schwere Depressionen und Ernährungsschäden gerade unter jugendlichen Vampyren in erschreckendem Maße um sich. Allein in Rheinland-Pfalz waren im Jahre 1970 mehr als 2000 Vampyre zwei- bis dreihundert Jahre bettlägerig.
Was ist das für ein Staat, der in jedem Jahr Milliarden für die Rüstung ausgibt und keinen Tropfen Blut für seine Vampyre übrig hat? Da stimmt doch was nicht!
Es ist kurz vor 12. Wir wenden uns an die Öffentlichkeit. Wer spendet Blut, Särge, warme Decken und Zahnersatz? Wer nimmt junge Vampyre in den Ferien auf? Wer schnell hilft, hilft doppelt. Geldspenden erbeten auf Postscheckkonto Baden-Baden 22648. [R]

3 Vergleichen Sie die von Loriot gehaltene Rede mit dem Stichwortzettel. Untersuchen Sie, welche Aspekte auf dem Stichwortzettel in die Rede übernommen wurden.

Loriot: Sollen Hunde fernsehen? (1967, Auszug)

Es häufen sich die Fälle, in denen Hunde nach mehrstündigem abendlichem Fernsehen schlecht einschlafen, schwer träumen oder tagelang stottern. Hier liegen zweifellos ernst zu nehmende seelische Störungen vor, an denen man nicht achtlos vorübergehen darf. Die Programme der Fernsehanstalten sind in der Regel besser geeignet für mittelgroße, langhaarige Hunde als für kleine, kurzhaarige. Dicke Hunde wiederum neigen erfahrungsgemäß zu politischen und allgemeinbildenden Beiträgen, während dünne sich mehr von Unterhaltungssendungen angesprochen fühlen. [...]
Abzuraten ist ferner von der Anschaffung eines Zweitgerätes für den Hundeplatz. Das Tier vereinsamt und spricht im Schlaf. Auch politische Sendungen sind oft ungeeignet. Ein Düsseldorfer Bernhardiner litt nach der Übertragung einer Bundestagssitzung zwei Wochen unter Schwindel und Schluckauf.
Zusammenfassend kann gesagt werden: Kleine dicke oder große lange Hunde und kleine dünne, langhaarige oder dicke, kurzhaarige sollten nicht nach 21 Uhr, langohrige dicke, kurzohrige dünne und Hunde zwischen zwei und acht Jahren nur unter ärztlicher Aufsicht fernsehen. [R]

4 Entwerfen Sie mithilfe der Arbeitstechnik einen Stichwortzettel zur Rede „Sollen Hunde fernsehen?".

Einen Stichwortzettel erstellen

ARBEITSTECHNIK | Einen Stichwortzettel erstellen

Um einen Stichwortzettel zu erstellen, können Sie sich auf folgende Ratschläge stützen:

- Postkartengroße Karten benutzen (keine A4-Blätter)
- Keine strahlend weißen Karten benutzen, pastellfarbene fallen weniger auf
- Wörter und Zeichnungen selbst schreiben und zeichnen
- Große Schrift/große Zeichen verwenden (Tipp: Filzstift benutzen)
- Übersichtliche Darstellung/Farben benutzen
- Konkrete bildhafte Beispiele dürfen nicht fehlen
- ▸ Auftritt mit den Kärtchen üben, aber nie auswendig lernen: Jede Formulierung ist eine „Erstgeburt" – Denken/Sprechen/Denken ...

Herr Präsident, liebe Kolleginnen und Kollegen ...: Entwerfen Sie im Stile Loriots eine kurze Bundestagsrede zu einem aktuellen politischen Anlass.

a) Entwerfen Sie mithilfe der Arbeitstechnik einen Stichwortzettel.
b) Halten Sie die Rede.

FAZIT

15.1
Kommunikation nach Watzlawick analysieren

- Axiome der Kommunikation kennen
  - *Unmöglichkeit, nicht zu kommunizieren*
  - *Inhalts- und Beziehungsaspekt trennen*
  - *Symmetrische und komplementäre Interaktionen unterscheiden*
- Eisbergmodell kennen und anwenden

15.2
Kommunikation anhand der Sprechakttheorie analysieren

- Handlungsvollzug durch sprachliche Äußerung erkennen
- Aussage, Funktion und Wirkung einer Äußerung bestimmen

15.3
Eine Rede vorbereiten und halten

- Anfang und Ende gestalten
- Mittelteil entwerfen
- Gliederung einhalten
- Stichwortzettel erstellen
- Frei sprechen

Kapitel 16

Zu pragmatischen Texten Stellung nehmen

16.1
Sachtexte analysieren und dazu Stellung nehmen

16.2
Schaubilder und Diagramme analysieren und dazu Stellung nehmen

16.3
Prüfungsvorbereitung

Die Stellungnahme zu einem Text erarbeiten Sie wie folgt: Sie fassen zunächst den Text zusammen, um die Gedankenführung des Autors nachzuvollziehen. Die Intention des Autors erschließen Sie zudem anhand der Analyse der auffälligsten sprachlichen Mittel. Dann überprüfen Sie die Argumentation auf Nachvollziehbarkeit und ergänzen sie um weitere Aspekte. Unter Einbeziehung anderer Materialien, wie Schaubilder oder Diagramme, kommen Sie zu einer begründeten Stellungnahme.

Kompetenzen

- ✓ Einen Text strukturiert wiedergeben
- ✓ Die Intention des Autors erfassen
- ✓ Zur Position des Autors Stellung nehmen
- ✓ Die Sprache der Textvorlage untersuchen
- ✓ Schaubilder und Diagramme analysieren und verwerten

Methoden und Arbeitstechniken

- ✓ Cluster
- ✓ Mindmap
- ✓ Diagramme und Schaubilder analysieren

Sachtexte analysieren und dazu Stellung nehmen

In meinungsbetonenden Zeitungstexten lassen sich sowohl Informationen als auch Argumentationsstrukturen, die den Leser beeinflussen, finden.
Der folgende Artikel stammt aus der auflagenstärksten Berliner Tageszeitung.

Mindestens haltbar bis: Nicht länger haltbar

Ernährungsminister Christian Schmidt möchte das Mindesthaltbarkeitsdatum abschaffen. Was treibt ihn an, was bedeutet das Verfallsdatum, was stört Verbraucherschützer?

von Heike Jahberg

Jeder Bundesbürger wirft im Durchschnitt 81,6 Kilogramm Lebensmittel weg und das jedes Jahr. Jedes achte Lebensmittel, das Verbraucher kaufen, landet im Müll – manchmal noch originalverpackt. Zwei volle Einkaufswagen im Wert von 235 Euro kippen die Deutschen so jährlich in die Tonne, obwohl ein Großteil der Nahrungsmittel (65 Prozent) noch gut hätte verzehrt werden können. Das hat eine Studie des Bundesernährungsministeriums aus dem Jahr 2012 ergeben. Geändert hat sich seitdem nicht viel. Zwar hat das Ministerium inzwischen eine App („Zu gut für die Tonne") entwickelt, die Verbrauchern Tipps für einen sinnvollen Einkauf und eine vernünftige Resteverwertung gibt. [...] „Wir werfen [aber] massenweise gute Lebensmittel weg, weil die Hersteller zu große Sicherheitspuffer eingebaut haben", ärgert sich der Minister. Als größten Feind im Kampf gegen die Verschwendung hat Schmidt nun einen alten Bekannten ausgemacht: das Mindesthaltbarkeitsdatum (MHD).

Was sagt das Mindesthaltbarkeitsdatum?
Das Mindesthaltbarkeitsdatum ist ein Gütesiegel. Es sagt, wie lange ein Lebensmittel bei richtiger Lagerung seine Farbe, seinen Geruch, die Konsistenz und den Geschmack behält. Die Hersteller legen das MHD nach eigenem Ermessen fest. Mit der Zeitangabe sichern sie sich gegen Regressansprüche ab, falls ein Produkt irgendwann nicht mehr ganz so schön aussieht oder der Quark an der Oberfläche Wasser ansetzt. Über die Frage, ob man ein Lebensmittel noch essen kann, sagt das MHD aber gar nichts aus. Verpackte Nudeln aus Hartweizen haben oft ein MHD von zwei bis drei Jahren, können aber bei trockener Lagerung noch Jahre später verzehrt werden. Und auch Jogurt kann man beispielsweise noch bis zu zwei Monate nach Ablauf des MHD löffeln, wenn die Packung intakt ist.

Was will der Minister?
Das MHD gibt es seit mehr als 30 Jahren. Es ist für den Großteil der Nahrungsmittel gesetzlich vorgeschrieben und zwar in der Lebensmittelkennzeichnungsverordnung. Schmidt will das MHD nun aber abschaffen, weil viele Verbraucher irrtümlich davon ausgehen, dass sie Lebensmittel nach dessen Ablauf nicht mehr anrühren sollten. Nach einer neuen Studie des Ministeriums ist der Ablauf des MHD mit einem Anteil von 43 Prozent einer der Hauptgründe, warum Menschen Essen wegwerfen. „Auf die Verpackungen von Milch und Schinken soll ein echtes Verfallsdatum gedruckt werden, nach dem diese Produkte tatsächlich nicht mehr genießbar wären", fordert der Minister stattdessen. Ein solches Verfallsdatum gibt es heute schon für leicht verderbliche Lebensmittel wie Hackfleisch. Und Verbraucherschützer raten, dieses Datum durchaus ernst zu nehmen. Denn anders als beim MHD können nach dem Verfalls- oder Verbrauchsdatum („zu verbrauchen bis") Bakterien im Fleisch oder Fisch den Konsumenten krank machen. Zudem schweben dem Minister in Zukunft intelligente Verpackungen vor, etwa elektronische Chips in Jogurtbe-

Sachtexte analysieren und dazu Stellung nehmen

chern, die auf einer Farbskala von Grün bis Rot zeigen sollen, wie es um die Verzehrbarkeit steht. Ähnliches gibt es heute schon bei Fleisch. Sticker auf der Schutzfolie sollen anzeigen, ob der Verderb der Ware droht. Nach Meinung des Ministeriums sind solche modernen Warnsysteme der Weg der Zukunft. Mit zehn Millionen Euro fördert Schmidt daher ein Forschungsprojekt über intelligente Verpackungen, das in drei Jahren Resultate liefern soll.

Was sagen Verbraucherschützer?
Verbraucherschützer sind jedoch skeptisch: „Die von Minister Schmidt vorgeschlagenen Chips sind noch in der Forschung“, sagte die Lebensmittelexpertin des Bundesverbands der Verbraucherzentralen, Sophie Herr, dem Tagesspiegel. „Man weiß nicht, wie zuverlässig sie sind und welche Kosten entstehen.“ Zudem würde nur wieder neuer Elektroschrott entstehen. [...]

Würde die Abschaffung des MHD die Lebensmittelverschwendung beenden?
Nein, sagen Verbraucherschützer, Händler und die Grünen. Denn die meisten Lebensmittel, die im Müll landen, sind frisches Brot, Obst und Gemüse. Für diese gibt es aber gar kein MHD. [...] Die Abschaffung des MHD „greift als Lösungsansatz zu kurz“, meint auch Verbraucherschützerin Herr. Im Gegenteil: „Das MHD durch ein Verfallsdatum zu ersetzen, ist keine gute Lösung“, kritisiert sie. „Das MHD bezieht sich auf die Frage, ob ein Lebensmittel noch alle Qualitätseigenschaften hat, das Verfallsdatum beschreibt, bis wann das Produkt sicher und unschädlich für die Gesundheit ist.“ Der Unterschied müsse deutlicher kommuniziert werden. [...]
Die Lebensmittelwirtschaft kann sich zwar weitere Ausnahmen vom MHD auf europäischer Ebene vorstellen, hält die Angabe des MHD aber für grundsätzlich sinnvoll. Das MHD sei für die Verbraucher „eine wichtige Aussage“, meint der Bund für Lebensmittelrecht und Lebensmittelkunde, der Spitzenverband der deutschen Lebensmittelwirtschaft. „Entscheidend sind für den Verbraucher aussagekräftige Informationen zum Umgang mit Lebensmitteln und deren Lagerung“, heißt es in einem am Dienstag veröffentlichten Statement.

Was macht der Handel?
Rückt das Mindesthaltbarkeitsdatum näher, verkaufen viele Läden die Produkte billiger. [...] Obwohl es ihn immer wieder zum Räumen der Regale zwingt, will der Handel das Mindesthaltbarkeitsdatum beibehalten. „Die Angabe, verbunden mit der Information zu den richtigen Aufbewahrungsbedingungen, ist eine wichtige Hilfe für Verbraucher, um einschätzen zu können, ob ein Lebensmittel noch genießbar ist oder nicht“, meint Christian Böttcher vom Bundesverband des Deutschen Lebensmitteleinzelhandels. Das gelte vor allem für Ware im Kühlregal. Das MHD dort, wie von Schmidt vorgeschlagen, durch ein Verfallsdatum zu ersetzen, hält der Handelsverband für keine gute Idee. „Milch und Schinken tragen heute mit gutem Grund ein MHD, da sie ein geringeres Verderbsrisiko haben als frisches Hackfleisch“, gibt der Verbandssprecher zu bedenken. Nur bei lange haltbaren Produkten wie Kaffee, Nudeln oder Konservenessen kann sich auch der Handel einen Abschied vom MHD vorstellen.

Was will die EU-Kommission?
Genau das. Schon im Jahr 2014 verständigten sich die EU-Agrarminister darauf, die Liste der Ausnahmen vom MHD zu erweitern, etwa um Nudeln, Mehl, Reis oder Kaffee. Das soll die Lebensmittelverschwendung eindämmen. Eine entsprechende EU-Richtlinie ist in Arbeit. Schmidt rechnet mit einem Entwurf in wenigen Monaten.

(Der Tagesspiegel, 30. 03. 2016)

1 Analysieren Sie den Text.

a) Schreiben Sie mithilfe der Strukturskizze auf Seite 212 eine Zusammenfassung des Textes. Achten Sie dabei auf die korrekte Verwendung des Konjunktivs.

b) Notieren Sie stichpunktartig inhaltliche Aspekte, die zum besseren Verständnis des Textes noch deutlicher hervorgehoben werden müssten.

Sachtexte analysieren und dazu Stellung nehmen

Strukturskizze

Einleitung	Das Wegwerfverhalten der Deutschen bezüglich der Lebensmittel ist beunruhigend. Erste Initiativen sollen Konsumenten Tipps für einen sinnvollen Einkauf geben. Aber auch die Abschaffung des Mindesthaltbarkeitsdatums wird diskutiert.
Behauptung	Das Mindesthaltbarkeitsdatum sagt nichts darüber aus, ob ein Produkt noch gegessen werden kann.
Begründung	• Mindesthaltbarkeitsdatum = Gütesiegel, das Hersteller nach eigenem Ermessen festlegen • Einige Lebensmittel können bei fachgerechter Lagerung noch Jahre nach Ablauf des Mindesthaltbarkeitsdatums gegessen werden.
Folgen	• Politiker wollen das MHD abschaffen, da es ein Hauptgrund dafür ist, dass Menschen Essen wegwerfen. • Verbraucherschützer stehen einer möglichen Abschaffung skeptisch gegenüber, da viele weggeworfene Lebensmittel gar kein MHD haben.
Ergebnis	Die EU-Kommission will die Liste der Ausnahmen vom Mindesthaltbarkeitsdatum erweitern.

BASISWISSEN – Den Konjunktiv korrekt verwenden

Um die Meinung des Autors oder Aussagen von Experten wiederzugeben, sollte der Konjunktiv verwendet werden. Dabei wird in der Regel der Konjunktiv I verwendet:

Textpassage	*„Die von Minister Schmidt vorgeschlagenen Chips sind noch in der Forschung", sagte die Lebensmittelexpertin des Bundesverbands der Verbraucherzentralen, Sophie Herr, dem Tagesspiegel. „Man weiß nicht, wie zuverlässig sie sind und welche Kosten entstehen."*
Wiedergabe mithilfe des Konjunktivs I	Die Lebensmittelexpertin Sophie Herr erklärt, dass Lebensmittelchips noch in der Forschung **seien** und niemand **wisse**, wie zuverlässig und teuer diese **seien**.

Der Konjunktiv I wird abgeleitet vom Infinitiv des Verbs. An den Verbstamm werden die Personalendungen des Konjunktivs angehängt.

Lässt sich der Konjunktiv I im Textzusammenhang nicht vom Indikativ Präsens unterscheiden, sollte alternativ der Konjunktiv II oder eine Umschreibung mit „würde" verwendet werden:

Textpassage	*„Die Hersteller **legen** das MHD nach eigenem Ermessen **fest**."*
Konjunktiv I	Die Verfasserin erklärt, die Hersteller **legen** das MHD nach eigenem Ermessen **fest**.

Sachtexte analysieren und dazu Stellung nehmen

Alternative	**Konjunktiv II:** Die Verfasserin erklärt, die Hersteller **legten** das MHD nach eigenem Ermessen **fest**. **Umschreibung mit „würde“:** Die Verfasserin erklärt, die Hersteller **würden** das MHD nach eigenem Ermessen **festlegen**.

2 Untersuchen Sie den Text auf mögliche Strategien zur Beeinflussung des Lesers.

a) Erläutern Sie, welche Funktion die Überschrift „Mindestens haltbar bis: Nicht länger haltbar“ einnimmt und warum sie eine Strategie zur Beeinflussung des Lesers darstellt.

b) Sammeln Sie Beispiele aus dem Text, die eine Beeinflussung des Lesers zum Ziel haben, und notieren Sie diese stichpunktartig. Reflektieren Sie dazu Strategien zur Beeinflussung der Leser.

Ein Schüler hat zum Bericht von Heike Jahberg folgenden Beginn einer Sprachanalyse geschrieben:

Achtung, Fehler!

Schülerbeispiel

Der Autorin geht es vor allem darum, die Leserinnen und Leser über die aktuelle Debatte um die Abschaffung des Mindesthaltbarkeitsdatums, welches von einigen Politikern für die hohe Zahl weggeworfener Lebensmittel verantwortlich gemacht wird, zu informieren.

Dabei ist ihr vor allem daran gelegen, beide Seiten der Diskussion aufzuzeigen, wodurch sich die Rezipienten eine eigene Meinung bilden können. Hierfür bezieht sie sich auf die Aussagen verschiedener Betroffener, wie zum Beispiel den Ernährungsminister Schmidt (Z. 14 ff.), aber auch auf Verbraucherschützer (Z. 70 ff.), Vertreter anderer Parteien (Z. 80 ff.) oder den Handel (Z. 105 ff.). Jahberg nimmt hier prinzipiell keine Position ein, sondern gibt neutral die Argumente und Gegenargumente von Vertretern und Gegnern der Abschaffung des Gütesiegels wieder. Hierdurch erreicht sie, dass sich der Leser unvoreingenommen ein Bild der aktuellen Situation machen kann.

Dies gelingt ihr auch dadurch, dass sie zuerst die Kerninformationen zum Thema Mindesthaltbarkeitsdatum aufzeigt. In einem zunächst parataktischen Stil macht sie deutlich, was überhaupt das Mindesthaltbarkeitsdatum ist, wer es festlegt und welche Lebensmittelgruppen es umfasst (Z. 20 ff.). Damit zeigt sie auch den Lesern ohne Vorwissen auf, welche Funktionen und Grenzen von der Festlegung eines Datums für den Verzehr von Speisen ausgehen, wodurch er direkt in die danach folgende Debatte hineinversetzt wird und sich eine eigene Meinung bilden kann.

3 Untersuchen Sie den vorgegebenen Beginn der Schülerlösung daraufhin, wie die Intention der Autorin des Artikels sprachlich umgesetzt wird.

4 Führen Sie die Sprachanalyse fort. Binden Sie dabei auch Ihre Überlegungen zur Überschrift mit ein und beachten Sie, welche Wirkung durch das Anführen von statistischem Material erzielt wird.

BASISWISSEN — Darstellung und Intention von Sachtexten

Um Sachtexte zu verstehen und zu beschreiben, ist es nötig, zwischen zwei Kategorien zu unterscheiden:

- Wie wird ein Sachverhalt dargestellt (Darstellungsweise/Modus)?
- Was will der Verfasser damit bewirken (Wirkungsabsicht/Intention)? (↗ siehe Tabelle nächste Seite)

Sachtexte analysieren und dazu Stellung nehmen

Darstellungsweise	Wirkungsabsicht	Sprache, Stil	Sachtextarten
erzählend/narrativ	unterhalten	farbig, detailreich	populärwissenschaftliche Texte
beschreibend/ deskriptiv	informieren/berichten	nüchtern/sachlich	Nachrichten, Berichte, Lexikonbeiträge
argumentativ	überzeugen	objektiv	Pro-Kontra-Darstellungen
		subjektiv	Kommentare, Leserbriefe, Glossen
	appellieren		Reden, Werbung

Zur Aufgabenstellung: „Nehmen Sie kritisch Stellung zu der Frage, ob das Mindesthaltbarkeitsdatum abgeschafft werden sollte", hat eine Schülerin folgenden Text geschrieben.

Achtung, Fehler!

Schülerbeispiel

Die Angabe eines Mindesthaltbarkeitsdatums ist für den Konsumenten in vielerlei Hinsicht eine wichtige Orientierung. Ohne ein Mindesthaltbarkeitsdatum würde vielen Konsumenten, aber auch Zwischenhändlern eine wichtige Orientierungshilfe beim Einkauf fehlen. Denn derjenige, der einen Artikel, der verfallen kann, kauft – egal ob für den eigenen Verzehr oder für den Weiterverkauf –, weiß oft nur anhand des Mindesthaltbarkeitsdatums, wie lange die entsprechende Speise noch aufgehoben werden kann. Würde es diese Angabe auf den Produkten nicht mehr geben, könnte auch kaum noch nachvollzogen werden können, wann die Ware in den Handel gelangt sein könnte. Doch nicht nur das könnte zum Problem werden, sondern auch, dass vor allem kühl gelagerte Produkte in den Regalen oder später in den Kühlschränken der Menschen vergessen und dadurch ungenießbare Speisen verzehrt würden. Denn wenn niemand mehr in der Lage ist, regelmäßig Kühlregale oder Kühlschränke anhand eines Datums auf den Artikeln zu sortieren, kann dementsprechend wenig beziehungsweise gar nicht nachvollzogen werden, ob jenes Produkt in den Müll gehört oder gegessen werden kann.
So würde es sicher der Mutter einer vierköpfigen Familie, die alle zwei Tage den Familieneinkauf vornimmt, schwerfallen, zu unterscheiden, welchen Joghurt sie zu welchem Zeitpunkt für die Kinder gekauft hat und welcher folglich noch genießbar ist beziehungsweise welchen sie besser entsorgen sollte. Da sie sicherlich die Gesundheit der Kinder nicht gefährden will, würde sie mehr Joghurts als notwendig entsorgen, was wiederum nicht zu einer Verringerung der Lebensmittelverschwendung führen würde.
Es ist also nicht sinnvoll, das Mindesthaltbarkeitsdatum abzuschaffen und damit Konsumenten und Zwischenhändlern jegliche Orientierungshilfe zu nehmen.

5 Untersuchen Sie das Schülerbeispiel.

a) Arbeiten Sie heraus, wie dieses Argument aufgebaut ist. Notieren Sie sich Ihre Ergebnisse stichpunktartig.

b) Die Schülerin hat beim Verfassen des Arguments nicht ordentlich gearbeitet. Halten Sie fest, welche Aussagen der Textvorlage entnommen wurden und dementsprechend hätten gekennzeichnet werden müssen.

c) Sammeln Sie weitere Argumente, die gegen die Abschaffung des Gütesiegels sprechen, und erstellen Sie eine Mindmap.

Schaubilder und Diagramme analysieren und dazu Stellung nehmen

Nicht nur Sachtexte können Informationen zu einem bestimmtem Sachverhalt enthalten, sondern auch Schaubilder, Diagramme und Statistiken. Diese werden häufig im Zusammenhang mit Sachtexten veröffentlicht. Sie können die Informationen, die sie enthalten, in Ihre Argumentation miteinbeziehen.
Die Europäische Kommission hat anlässlich der immensen Lebensmittelverschwendung eine Befragung durchgeführt, deren zentrale Ergebnisse in den nachfolgenden Schaubildern und Statistiken festgehalten sind.

Quelle 1

Schaubilder und Diagramme analysieren und dazu Stellung nehmen

Quelle 2

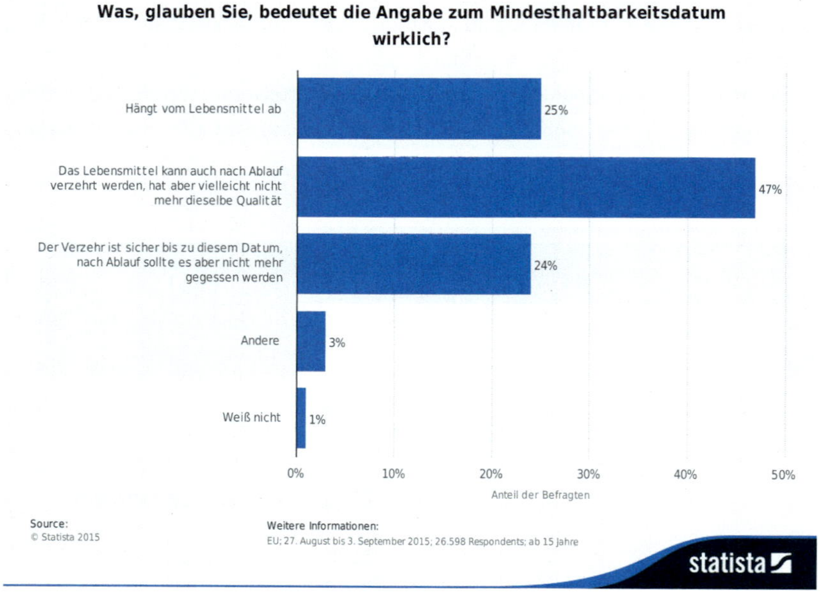

Quelle 3

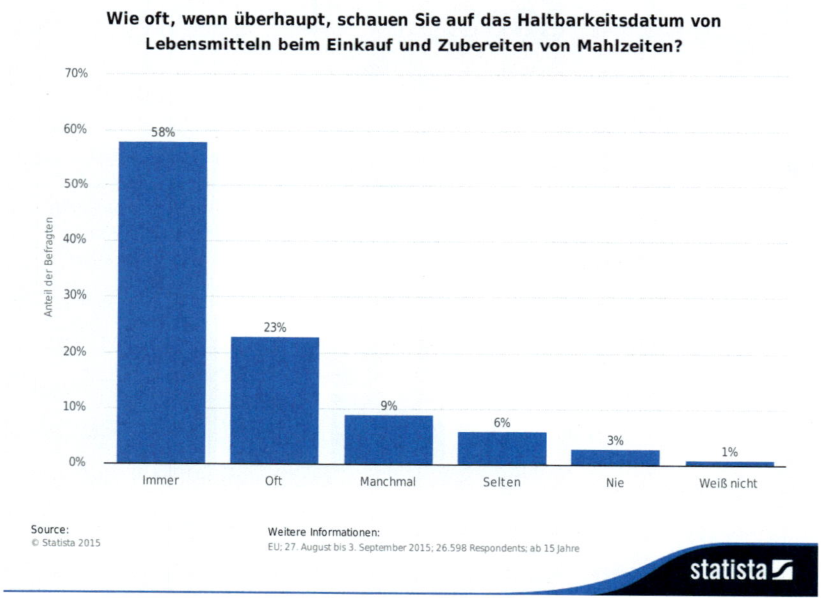

1 Untersuchen Sie die vorliegenden Statistiken und Schaubilder (Quellen 1–3).

a) Skizzieren Sie, welche Arten von Schaubildern es gibt (↗ Kapitel 3).

b) Beschreiben Sie, um welche Formen es sich bei den vorliegenden Schaubildern handelt. Begründen Sie Ihre Aussage.

c) Analysieren und beurteilen Sie die Schaubilder.

d) Halten Sie entscheidende Aussagen der Schaubilder stichpunktartig fest.

e) Sammeln Sie mithilfe der Statistiken Argumente, die für oder gegen die Abschaffung des Mindesthaltbarkeitsdatums sprechen. Legen Sie für Ihre Sammlung eine Tabelle an, in der Sie die verschiedenen Punkte eintragen.

Schaubilder und Diagramme analysieren und dazu Stellung nehmen

2 **Formulieren Sie mithilfe Ihrer Vorüberlegungen jeweils ein Pro- und ein Kontra-Argument aus.**

3 **Verfassen Sie eine Synthese.**

a) Überlegen Sie sich, wie sinnvoll der Vorschlag ist, sogenannte „intelligente Verpackungen“ (Z. 67) als Alternative für das Mindesthaltbarkeitsdatum einzuführen. Machen Sie sich dazu Notizen.

b) Verfassen Sie auf der Grundlage Ihrer Vorüberlegungen eine Synthese nach folgendem Schema:
- Zusammenfassen beider Positionen
- Untermauerung der eigenen Position
- Lösungs- oder Kompromissvorschlag

4 **Überarbeiten Sie abschließend Ihre Ausarbeitungen mithilfe der folgenden Arbeitstechnik.**

ARBEITSTECHNIK – Den eigenen Text sprachlich überarbeiten

Wenn Sie mit der Ausformulierung Ihrer Stellungnahme fertig sind, ist es wichtig, dass Sie Ihren Text noch einmal kritisch überarbeiten. Folgende Fragen können Ihnen dabei helfen:
- Habe ich abwechslungsreiche Formulierungen verwendet?
- Habe ich mich angemessen ausgedrückt?
- Habe ich auf grammatikalische Richtigkeit geachtet?
- Habe ich mich an eine korrekte Rechtschreibung und Zeichensetzung gehalten?
- Habe ich alle Textstellen, die dem Text entnommen wurden, gekennzeichnet und dabei auf eine korrekte Zitierweise geachtet?

Nie wieder Bananen – nur noch regionale Lebensmittel: **Führen Sie eine Podiumsdiskussion zum Thema.**

a) Recherchieren Sie zu den unterschiedlichen Rollen und Positionen und bereiten Sie sich inhaltlich, argumentativ und sprachlich auf Ihre Rolle vor.

b) Führen Sie die Podiumsdiskussion durch.

c) Werten Sie im Anschluss die Diskussion gemeinsam aus.

FAZIT

16.1
Sachtexte analysieren und dazu Stellung nehmen
- Einen Text strukturiert wiedergeben
- Die Sprache der Textvorlage untersuchen
- Die Intention des Autors erfassen
- Zur Position des Autors Stellung nehmen

16.2
Schaubilder und Diagramme analysieren und dazu Stellung nehmen
- Pragmatische Texte analysieren
- Pragmatische Texte bewerten

16.3
Prüfungsvorbereitung

Prüfungsvorbereitung

In Prüfungen kann es sein, dass Sie mehrere Quellen analysieren müssen, um eine Stellungnahme zu verfassen. Der Automobilverband FIA hat im Jahre 2016 eine Umfrage zum Thema „Vernetzung des Autos“ gestartet. Die Ergebnisse lassen sich in folgendem Schaubild erkennen.

Quelle 1

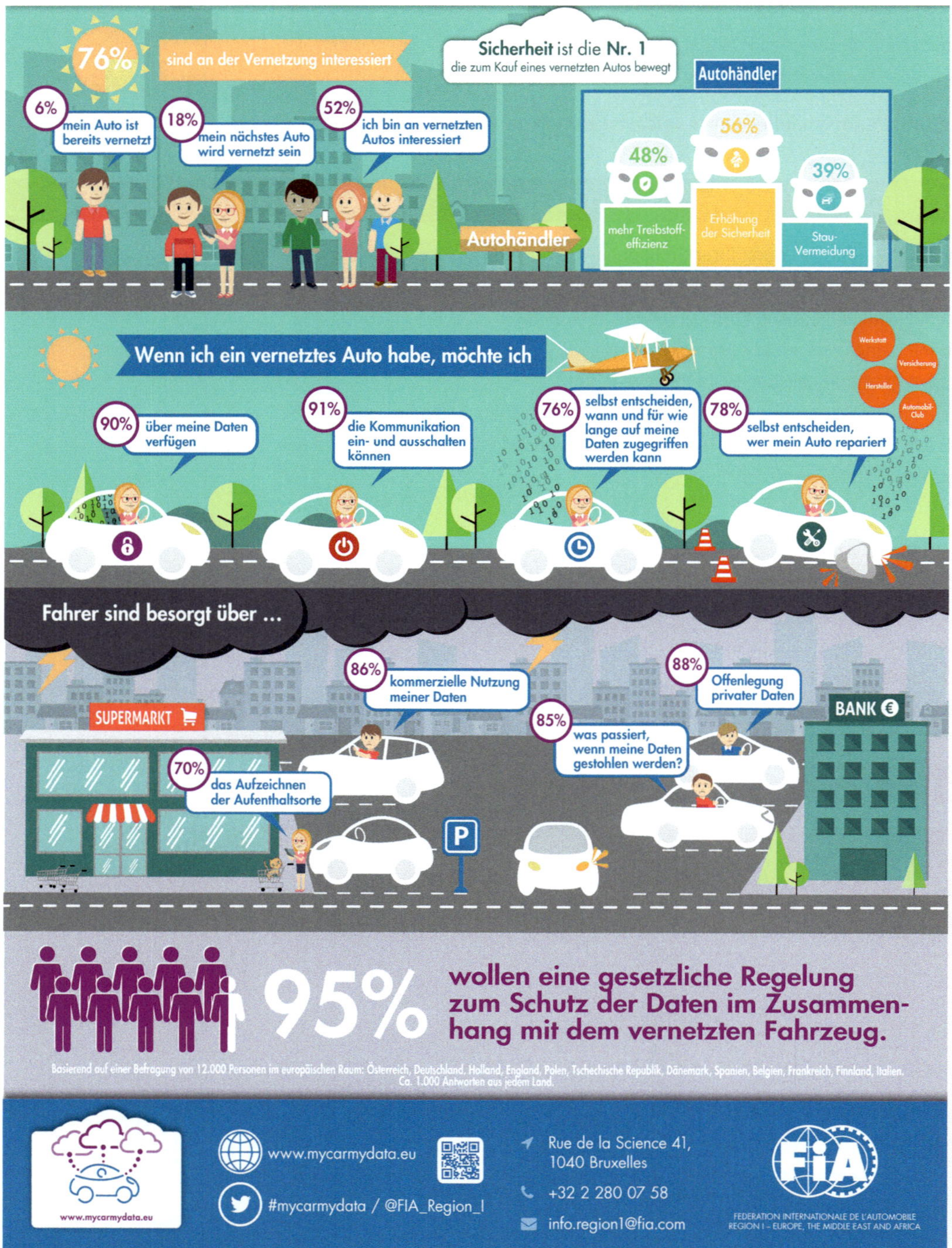

Prüfungsvorbereitung

Der folgende Artikel stammt aus der Wochenzeitung „Die Zeit", für die Adrian Lobe als freier Journalist schreibt.

Quelle 2

Freude am Spionieren

Künftig kann das Auto den Fahrer auf Alkohol und Drogen testen.

von Adrian Lobe

Das Auto stand einst für Aufbruch, Fortschritt und Freiheit. Familien, die im Wirtschaftswunder der 1960er Jahre genug Gespartes hatten, fuhren mit dem VW-Käfer über die Alpen nach Italien [...]. Das Auto wurde zum Symbol für Wohlstand und für Individualität.
An der „Freude am Fahren", dem Antrieb der Mobilitätsgesellschaft, ändern bis heute auch kilometerlange Staus nichts [...]. Das Auto ist Statement, Vehikel für Genuss und Selbstverwirklichung.
Genug der Romantik: Autos sind schließlich auch rollende Computer, in denen durchschnittlich 100 Millionen Zeilen Programmiercodes stecken. [...]
Mit der nächsten Stufe der Digitalisierung werden Autofahrer ihre Freiheit nun endgültig los. In immer mehr Fahrzeuge ist ein Unfalldatenspeicher [...] eingebaut, eine Art Blackbox, die Beschleunigungs- und Bremsdaten speichert und automatisch auswertet. Motto: „Sag mir, wie du fährst, und ich sage dir, was du zahlst." Ein Unfalldatenspeicher registriert unablässig Daten und errechnet nach jeder Strecke einen Punktwert (Score). [...]. Die [...] Versicherung prämiert jeden Monat den „besten Fahrer" und belohnt ihn mit einem kostenfreien Versicherungsschutz [...]. Und was passiert mit den vielen Daten? [...] „Die in Ihrem Auto einzubauende Telematikbox übermittelt während der Fahrt in einem Zeittakt von 20 Sekunden Informationen über die Bewegung Ihres Autos (Fahrtdaten). Ist die Zündung ausgeschaltet, werden einmal pro Stunde die Standortdaten an das Hosting Center der Telefónica Digital Instance Servers (IS) in London übermittelt."
In den Erklärungen ist etwas nebulös von zwei getrennten „Datenkreisen" die Rede. Zwar wird betont, dass das deutsche Datenschutzrecht gelte. Doch was die von Telefónica beauftragten Subunternehmen [...] mit den Daten genau machen, ist unklar. [...]
Versicherungen können mit der Technologie in Echtzeit überwachen, wer wann wohin fährt, wer wie häufig beschleunigt oder bremst, und daraus berechnen, wer einen besonders riskanten Fahrstil pflegt. [...] Besitzer [...] können eine App herunterladen, die den Fahrer benachrichtigt, wenn er zu schnell beschleunigt oder bremst. Wer die Warnhinweise befolgt, bekommt bis zu 30 Prozent Rabatt auf seine Kfz-Versicherung.
Die Digitalisierung der Autoindustrie, einer der großen Megatrends der Branche, ist auch eine Überwachungsindustrie. [...]
Ingenieure [...] tüfteln an einem Scheinwerferstrahl, den Fahrer mit ihren Augen lenken und dosieren können. Mithilfe einer Kamera wird die Blickrichtung des Fahrers erfasst, diese Informationen werden dann in Datenbefehle transformiert, die die Stellmotoren der Licht-Projektoren blitzschnell ausrichten. [...]. Diese Eye-Tracking-Technologie ist unter Datenschützern umstritten, weil sie potenziell auch andere Informationen aus der Iris (etwa Krankheiten oder Drogenabhängigkeit) herauslesen kann.
Es gibt sozusagen eine innere und äußere Logik der Überwachung. Denn auch außerhalb des Automobils sind uns die Datensammler auf der Spur – etwa durch automatisierte Kennzeichenerfassung. Die bayerische Polizei scannt jeden Monat acht Millionen Nummernschilder. An der Autobahn sind Kameras installiert, die mit einem nicht sichtbaren Infrarotblitz das Kennzeichen jedes durchfahrenden Autos registrieren. In den USA, wo die automatisierte Kennzeichenerfassung mittlerweile fast flächendeckend zum Einsatz kommt, haben sich verschiedene Erfassungsfirmen darauf spezialisiert, Nummernschilder zu scannen und diese mit Datenbanken abzugleichen, in denen Autofahrer registriert sind, die ihre Raten nicht rechtzeitig bezahlt haben. [...] Die Datenschützer [...] kritisierten, dass die aggregierten Daten sehr persönliche

Prüfungsvorbereitung

Informationen offenbaren können. Kirchgänge, Arztbesuche und die Schlafenszeit. [...] Hersteller nutzen die neuen Möglichkeiten, wo es geht. Der ADAC hat in einer Auftragsarbeit für den Welt-Autoverband FIA [...] untersucht, welche Daten im Fahrzeug gespeichert und nach außen gesendet werden. Der 13-seitige Ergebnisbericht ist alarmierend: Vom Fahrzeugschlüssel bis zum Fernlichtassistenten werden Daten erfasst und [...] übermittelt. Die Daten sind für den Besitzer in den meisten Fällen nicht einsehbar oder auslesbar. [...]
Und selbst die Autofahrer helfen bereitwillig mit beim Datensammeln. Das Geschäft mit Kameras, die sich Fahrer hinter die Frontscheibe klemmen, boomt. Diese Dashcams filmen fortlaufend den Verkehr und sollen im Zweifel als Beweismittel nach Unfällen herhalten. [...]

(Die Zeit, 03.03.2016)

1 Untersuchen Sie die verschiedenen Positionen zum Thema „Vernetzung des Autos“, die sich aus dem Schaubild ergeben. Halten Sie Ihre Ergebnisse in Form eines Clusters fest.

2 Fassen Sie Aufbau und Inhalt des Textes zusammen.

3 Untersuchen Sie die Intentionen des Autors und zeigen Sie, wie er diese sprachlich umsetzt.

4 Nehmen Sie unter Einbeziehung Ihrer Vorarbeit zu beiden Quellen Stellung zu der Frage, ob eine steigende Digitalisierung im Bereich des Automobils begrüßenswert ist.

CHECKLISTE – Textgebundene Stellungnahme

Einen Text analysieren und eine Stellungnahme vorbereiten

- ☑ Haben Sie die Art der Stellungnahme korrekt analysiert?
- ☑ Worum geht es und was ist strittig?
- ☑ Gibt es Schlüsselbegriffe?
- ☑ Ist die Argumentation stimmig und überzeugend?
- ☑ Was sind die Intentionen des Autors?
- ☑ Wie werden Thesen und Antithesen begründet und belegt?
- ☑ Haben Sie die rhetorischen Mittel markiert und ausgewertet?

Einen Text strukturiert wiedergeben

- ☑ Haben Sie den Gedankengang des Textes durch eine Übersicht in Stichworten veranschaulicht?
- ☑ Welche Argumentationsstruktur enthält der Text?
- ☑ Haben Sie Kommentare in Ihrer Zusammenfassung vermieden?

Eine Stellungnahme schreiben

- ☑ Sind die Argumente haltbar?
- ☑ Ist die Begründung so zwingend, dass sie überzeugt?
- ☑ Ist die Argumentation insgesamt stimmig?
- ☑ Haben Sie neben den Argumenten, die der Text liefert, weitere wichtige Aspekte genannt?

Kapitel 17

Literarische Texte erschließen und deuten

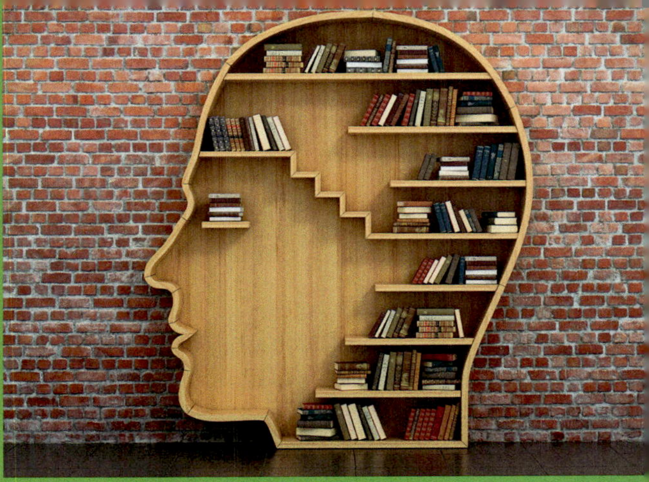

17.1
Eine literarische Erörterung schreiben

17.2
Einen Text interpretieren und aktualisieren

17.3
Eine Leseempfehlung und einen Flyer verfassen

17.4
Prüfungsvorbereitung

In diesem Kapitel lernen Sie, eine literarische Erörterung zu schreiben. Diese Aufgabenstellung kann Ihnen später auch im Fachreferat oder in der Seminararbeit begegnen. Eine andere Form, sich mit Texten auseinanderzusetzen, ist die Aktualisierung als Form des gestaltenden Interpretierens. Eine Leseempfehlung und einen Flyer auf der Grundlage von sowohl literarischen als auch pragmatischen Texten zu verfassen, ist ein weiterer Aufgabenbereich, den Sie in diesem Kapitel üben.

Kompetenzen

- ✓ Literarische Texte erschließen und deuten
- ✓ Texte gestaltend verändern
- ✓ Selbstständig Texte zu vorgegebenen Anlässen verfassen
- ✓ Materialien bearbeiten

Methoden und Arbeitstechniken

- ✓ Zitieren
- ✓ Dossier anlegen
- ✓ Material auswählen

Eine literarische Erörterung schreiben

Die Schreibform „Literarische Erörterung" verlangt eine Untersuchung literarischer Texte unter bestimmten Fragestellungen. Dabei ist eine geordnete Form notwendig, die durch eine logisch aufgebaute Gliederung erreicht wird. Das Material ist der literarische Text. Sie sichten und ordnen unter bestimmten Gesichtspunkten und ziehen Belege für Ihre Aussagen heran.
In der folgenden Kurzgeschichte von Gabriele Wohmann steht eine junge Frau mit Statusproblemen im Mittelpunkt.

Gabriele Wohmann: Der ganz normale Wahnsinn (1996, Auszug)

Holen Sie mich um 17 Uhr 15 am Quai Lopez, Ecke Leinpfad ab. Nummer 35, das falunrote Haus mit den weißen Pilastern. Bei den drei Hemlock-Kiefern. Ich komme dann raus, Sie brauchen nicht einmal zu klingeln.

Das wars, was ich ihm angegeben hatte. Er war ein netter Mann, kein Supermann, aber mir gefiel er, und ich hatte Lust, ihn wiederzusehen, vielleicht hauptsächlich, weil er dazu Lust hatte, und zwar ganz schön deutlich. So was soll ja anstecken.

Holen Sie mich Sie-wissen-schon-wo ab. Damit fing alles bestens an, jedenfalls dachte ichs mir damals so, und ich hoffte, es würde auch bestens weitergehen. Daran, wie es ausginge, dachte ich nicht, Zukunftspläne mache ich schon lange keine mehr. Und es war mein Fehler. Mein alter Fehler ist eine Verführung zum Spiel, es ist eine leichte Drehung, so kommts mir vor, könnte sein in meinem Kopf, etwas dreht sich plötzlich ganz schnell wie ein Kreisel, und mir wird wohl und lebendig dabei zumute, und schon entsteht etwas Leichtsinniges. Mein Alltag ist sonst nicht besonders, wissen Sie.

Ich sollte die ganze Geschichte erzählen [...]. Es war mein Fehler, daß ich die Adresse zum Abholen gab, ohne nähere Erklärung, die Adresse ist ja in Ordnung, und daß ich um 17 Uhr 15 aus dem Haus käme, damit ist auch alles in Ordnung. Sie werden das noch verstehen, das mit meinem Fehler. Aber verrückt, immer noch denke ich: Es ist seine Schuld. Er heißt Herr Winterberg, und wir fanden es gleich so komisch, daß ich mit dem Nachnamen Sommer heiße, wir fanden, es habe eine Bedeutung, und er redete irgendwas Schönes von einem höheren Plan und so zwei gehörten zusammen, aber das war später, mir gefiel es verdammt gut, ihm auch, sonst hätte ers ja wohl nicht gesagt. Jetzt mag ich ihn nicht mehr, und es ist seine Schuld, obwohl ich den Fehler gemacht habe. Sie verstehen mich natürlich immer noch nicht. Lonny sagt auch oft: Redest du unzusammenhängend, oh Mann, Billa! Lonny arbeitet bei der Queen in der Praxis [...]. Seit wann wir per Queen von ihr reden und warum, weiß ich nicht mehr. Also folgendes: Ich ging damals auf meinem gewohnten Rundweg mit dem todschicken Hund spazieren. Ich bin ziemlich stolz neben einem solchen Hund, obwohl ich ihn nicht besonders mag, er mich auch nicht, nehme ich mal an, [...] er ist derartig reinrassig und ein Afghane, einer von den ganz ausgefallenen mit dunkelbraunem Fell, auch über die Augen hängt das Fell, so daß er mich gar nicht richtig sehen kann, und er geht tänzelnd, sehr zivilisiert. Mischlinge mögen einen oder sie mögen einen nicht, diese kleinen Hunde sind ehrlich, man weiß, woran man bei ihnen ist, aber mit dem affektierten Afghanen ging ich natürlich lieber auf der Uferpromenade spazieren, mit ihm stellt man etwas vor, und ich war so angezogen wie alle hier aus dem Snobquartier, nicht die Pelzmantel- und Colliereleganz, sondern diese abgewetzte bei den Jeans, drüber aber eine Jacke, für die ich sehr viel Geld ausgegeben habe.

Herrn Winterbergs Hund konnte dem Afghanen nicht das Wasser reichen, aber wie Hunde sind, sie beschnuppern sich, und ich genierte mich ein bißchen für den blöden hochnäsigen Afghanen, der seinen ganzen Stolz am Hintern von dem kleinen Kläffer vergaß, und ich genierte

Eine literarische Erörterung schreiben

mich vor Herrn Winterberg, der das alles aber natürlich fand oder auch nicht mitbekam was weiß ich, ich könnte auch sagen: Er hatte nur Augen für mich.

Von jetzt an mach ichs kürzer. Wir sind immer öfter zusammengetroffen, schließlich haben sich unsere Wege dann nicht mehr gekreuzt, sondern wir sind dieselbe Strecke gelaufen. Um halb vier spätestens muß ich zurück sein. Eines Tages hat Herrn Winterberg der tägliche Spaziergang nicht mehr genügt. Wir sollten mal ohne Tiergesellschaft zusammensein: So ungefähr seine Worte. Sein schiefes Lächeln ging mir auf einmal durch und durch. Ein bißchen größer hätte er ja sein können, habe ich gedacht, aber dick ist er nicht, nicht sehr. Und ein bißchen dick, sagen wir: stattlich, das habe ich gern. Und ich sagte ihm also, wo er mich abholen sollte. Er hat die Augenbrauen hochgezogen, denn schließlich hatte ich eine der feinsten Adressen der ganzen Stadt angegeben. Trau ich mich dahin? Bringen Sie besser einen Bodyguard mit, habe ich gesagt, und wir lachten, und ich sah ihm an, daß er mich und sich von nun an richtig bewunderte. Ich wohnte in dieser riesigen Villa, und er durfte mich dort abholen.

Gut, und dann sind wir ziemlich oft von dort aus losgegangen. Ich stand immer schon bereit, er brauchte nicht erst zu klingeln. Das muß ihm imponiert haben: meine Pünktlichkeit. Worüber ich mich freute, denn ich kenne ja auch den Trick, einen Mann warten zu lassen, es macht dich wichtiger, es macht dein Erscheinen immer dringender, und du stehst da wie jemand, der es fast vergessen hat, daß er verabredet ist und dem plötzlich einfallt: Ah, da war doch noch was. Aber schön, Herrn Winterberg ließ ich nicht warten, das konnte ich nicht, ich erklärs noch warum, ich sage vorerst: Mein Zeitplan erfordert es, daß ich Termine genau einhalte. Er lobte ganz erstaunt: Die meisten Mädchen lassen einen warten. Pünktliche Frauen kann man mit der Lupe suchen. […] Ich erzählte Herrn Winterberg, um neun Uhr abends müsse ich spätestens zurück sein bei meinen Lehrbüchern, ich sei nicht mehr allzu weit von meinem Magister-Examen entfernt und so weiter … Ich kenne mich ganz gut aus, kriege viel mit von Ute, die Germanistik studiert. Bin ziemlich im Streß, leider. Das war keine Lüge. Weiter im Text. Herr Winterberg wollte mit mir ausgehen. Zu Fuß ists weit bis in die Stadt, also hat er mich in seinem ziemlich winzigen Auto abgeholt, irgendso einem Japaner, Suzuki oder so was, ich verstehe nicht viel von Autos, er aber, und ich weiß noch, daß unsere ganze erste Unterhaltung im „Akropolis" sich um Autos drehte, Autos müssen eine Botschaft vermitteln, sie müssen eine Aussage haben, und er erklärte mir, was damit gemeint sei. Später mal fragte er, was ja nicht ausbleiben konnte beim Wagenpark vor der Garage der Nr. 35, Quai Lopez, ob wir nicht einmal den Daimler oder den neuen Honda benutzen könnten. Ah, ich finds so viel amüsanter in Ihrem kleinen Japs, hatte ich da gerufen, und man sitzt auch dichter zusammen drangehängt, hätte ich vielleicht nicht tun sollen, aber wir hatten uns beide einen angetrunken, nicht richtig, nur bis zu einer angenehmen Beduselung, und deshalb kams auch hervorragend bei ihm an. Er dachte sicher: Diese Mädchen aus reichem Haus haben ihre Marotten. Manchmal kam ich in knifflige Situationen. Zum Beispiel wollte er mich natürlich nach Haus zurückbringen. Das wäre noch nicht das Schlimmste gewesen, aber er erwies sich als ein echter Kavalier, bestand drauf abzuwarten, bis ich im Haus wäre. Aber zum Glück bin ich erfinderisch, auch Lonny schüttelt immer den Kopf, wenn ich sie mit einem meiner Einfälle überrasche. Ich sagte also, das gäbe Ärger, meine Eltern sähen nicht gern, wenn sein Suzuki oder Mazda vor der Villa parkte und ich raus käme, aber sie wüßten von mir, daß ich gern einen Abendbummel durch die Wohngegend machte, um über meine Arbeit nachzudenken und so weiter und so fort, also gab er nach und setzte mich an der Stelle vom Leinpfad ab, wo man die Ecke zum Quai Lopez sieht und

Eine literarische Erörterung schreiben

die wundervollen hohen Hemlock-Kiefern, das sind kanadische Bäume [...]. Und dann wars heikel, als er mich nach dem Thema meiner Arbeit fragte.

Keiner kann von mir sagen, daß ich nicht schnell bin, aber davon später. Und einmal bin ich aus einem Restaurant wieder raus. Ich stand schon mitten im Raum, einen Schritt hinter Herrn Winterberg, längst Hermann übrigens und ich Billa. Er nennt sich so im Spaß: Hermann der Etrusker. Als wir mit dem Du-Sagen und den Vornamen anfingen, machte er eine kleine Verbeugung und sagte: Hermann der Etrusker. Er hat eine sehr gute Allgemeinbildung. Er ist ja auch schon etwas älter, einundvierzig, was mir nur recht ist nach dem ganzen Ärger mit Alf, wirklich, von diesen unreifen Jungen habe ich gründlich die Nase voll, und deshalb gehen wir auch niemals in Diskotheken. Hermann der Etrusker hat mal vorgeschlagen, wir sollten es doch tun, er wäre neugierig drauf, aber ich kenne diese Jungen, sie können ganz schön gemein sein, und sie würden ihn wahrscheinlich auslachen. Doch zurück zu dem Restaurant, aus dem ich wieder raus bin, mein Etrusker hinter mir her ... Ich machte kehrt, obwohl ich schon mitten im Lokal war, denn ich hatte an einem Tisch die Queen erkannt mit zwei anderen Frauen und einem Herrn, [...] und ich wäre jetzt jedem andern gern begegnet mit meinem stattlichen, nicht wirklich dicken Hermann, nur selbstverständlich nicht ihr, der Queen und ihrem Anhang. Hermann was vorzuschwindeln ist immer furchtbar leicht gewesen. Und so hab ich ihm draußen was daher geflunkert, mir wärs nicht gut und ich glaubte, ich bekäme meine Tage. Männer haben Sinn für so was, es spitzt sie an, sie erinnern sich: Ach ja, die armen Frauen, sie sind schwach. Es macht sie ritterlich, und uns Frauen umgibt ein Geheimnis. Mit Lonny habe ich damals regelmäßig über alles geredet, sowieso, aber in der Geschichte telephonierten wir sogar abends noch, auch wenn wir uns am Tag schon unterhalten hatten. Du, Billa, das geht auf die Dauer nicht gut. Lonny ist neugierig, trotzdem fing sie zu warnen an. Sie ist eine Schwarzseherin und ich spürte erst recht, wenn sie mir mit ihrer Vorsichtigkeit kam, diese kleine interessante Drehung im Kopf und machte weiter mit Hermann, der übrigens ein bißchen altmodisch ist in bezug auf Sex und so was, abgeküßt haben wir uns schon seit einer längeren Nacht im „Metro". Meistens hat er geredet. Ich habe ihm gern zugehört, obwohl ... was er sagte, fand ich oft ein bißchen langweilig. Viel über die marode Wirtschaft im Osten, er ist Wirtschaftsprüfer und hat seine eigenen Vorstellungen, ich glaube über Industriekerne und Standorte und Sanierungsprogramme. Und über Autos und daß Autos ohne Aussage keine Marktchancen haben. Außerdem interessiert er sich für Geschichte und sogar auch für Kunst, und jetzt komme ich darauf zurück, daß er mich nach dem Thema meiner Examensarbeit gefragt hat. Und jetzt sehen Sie mal, wie schnell ich reagiere. Sofort fiel mir Ute ein, ich bin über sie bestens informiert, ich sagte: Das Thema ist „Der ganz normale Wahnsinn im Werk von Cannotta". Canetti, sagte er ganz freundlich, er dachte wohl, ich hätte mich bloß versprochen, und ich hatte ja auch schon ein paar Gimlets intus. Trotzdem, mir war einen Moment lang richtig schwindlig geworden. Canetti klar. Wolltest mich wohl testen, fragte Hermann. Erraten, sagte ich. Da hatten wirs wieder: seine Allgemeinbildung. Blöderweise liest er viel, wenn auch zum Glück mehr Bücher über Geschichte.

Was wollte ich eigentlich mit ihm? Ich kam aus diesem schicken herrlichen Palais mit seinen Pilastern und dem weißangestrichenen Gartenzaun, der bogenförmig zwischen den steinernen Säulen, die ihn halten, um das riesige Grundstück herum verläuft, und er war nur der kleine Fahrer eines Fleischklopsautos. Also was? Erwartete ich, er würde sich verwandeln, als ein verkappter Ölbaron zu erkennen geben, so wie ich mich verwandeln würde – also, „Pretty Woman" sahen wir auch in einem Kino, das Wiederholungen bringt, gemeinsam, vielleicht deshalb dieser Gedanken-

Eine literarische Erörterung schreiben

gang. Was er sich von mir erwartete, habe ich mich nie gefragt, komisch, ich meine, was er dachte, sich davon versprach, mit mir herumzumachen, bei der gesellschaftlichen Schlucht zwischen uns.

Einmal war ich gemein und schickte meinen süßen einzigen wahren Liebling weg, meinen kleinen Fabi. Über diese schauderhafte Erinnerung würde ich lieber nicht reden. Ich tu es nur, weil es wohl besser ist, die Sache vollständig zu schildern. Fabi erschien total unerwartet in der Villa und das auch noch weniger als eine Stunde vor meiner Abholverabredung mit Hermann Winterberg, und er wollte, was er ja grundsätzlich darf, im wundervollen pflanzen-wuchernden grünen Garten spielen, aber ich fuhr ihn an, wirklich gräßlich gemein, und sagte: Wo kommst du überhaupt her? Um diese Zeit? Warum bist du nicht bei der Omama? Außerdem ist das dein verdammtes Vierteljahr beim Pappa.

Oh Graus, ich sehe ihn noch immer abziehen, und das Bild seiner kleinen rundlichen Gestalt und das gekippte blaue Kreuz von den Trägern seines Sommeroveralls kommt mir, wenn ich einschlafen will, bis heute noch in die Quere, als schiebe es sich unter meine geschlossenen Augenlider, einfach verheerend, er hatte seine Jockeymütze auf dem Kopf, er ist sehr stolz auf diese Mütze aus pinkfarbenem Acryl, und ich sehe es immer wieder, wie er sie kurz abnimmt, er geht und geht den Leinpfad runter, und sich am Kopf kratzt, so hat ers bei Männern beobachtet, und sicher wollte er mir gegenüber gleichgültig tun, als lasse ihn meine Abfuhr kalt. Hermann Winterberg ist schuld, dieser Etrusker, wenn auch hundertmal stimmt, daß alles mit meinem Fehler anfing. Ich habe nicht vor, alles wieder ins Reine zu bringen. Ich wüßte auch gar nicht wie. Ich komme mir so reingelegt vor.

Es war ein Donnerstag, um es zum Ende zu bringen, ein ganz gewöhnlicher Donnerstag. Nur sehr heiß, über dreißig Grad heiß. Sonst ein Donnerstag wie jeder andere, als es gegen vier Uhr klingelte. Ich war im Bad zwar fertig, aber ich vertiefte mich noch in ein paar kosmetische Neuerwerbungen, also konnte ich nicht gleich an die Haustür, als es klingelte. Ute war vor mir da. Ute in ihrer hochwichtigen geheiligten häuslichen Klausur für die Examensarbeit, deswegen macht sie nicht wie sonst irgendwelche Auslandsreisen, aber dauernd erwartet und empfängt sie ihren Freund. Nun gut, beziehungsweise schlecht. Sie wars, die öffnete. [...] Ich achtete nicht weiter drauf, was Ute sagte, doch dann hörte ich meinen Namen. Billa? Ja, sie ist hier. Daraufhin eindeutig Hermanns Stimme, und mir sackten die Knie ab, ich wurde überall weich, und im Kopf drehte es sich, aber das war nicht der schöne Kreisel, es war nicht wie sonst. [...]

Ja, sagte Ute mit ihrer etwas hochgestochenen Art zu sprechen, Billa stimmt, aber Sommer, das sind wir. Na, macht schon weiter, schneller schneller, nicht so lahm, ein bißchen flott, dalli dalli, gings mir durch den Kopf, und dann sagte Ute wieder was und mein Japsfleischklopschauffeur lachte. Und sie ist wirklich nett, Billa. Sie putzt bei uns, sagte Ute freundlich. B i l l a? Billa! Lieber Himmel, die konnten lang nach mir rufen. R

BASISWISSEN — Lineare und dialektische Themen unterscheiden

Die Formulierungen „Stellen Sie dar ...“ / Zeigen Sie auf ...“ / „Welche Ursachen und Auswirkungen hat ...?“ sind Beispiele für Themenstellungen, die eine **linear-steigernde Bearbeitung** erfordern. Sie werten bei diesem Aufgabentyp nicht, sondern Sie analysieren.

„Beurteilen Sie ...“ / „Nehmen Sie kritisch Stellung ...“ / „Ist das Verhalten der Figur nachvollziehbar?“ sind Beispiele für Themenstellungen, die eine **dialektische Bearbeitung** erfordern. Hier ist immer auch eine Synthese gefordert, da eine Bewertung verlangt wird.

Eine literarische Erörterung schreiben

1 Analysieren Sie, anhand welcher Merkmale man den Text „Der ganz normale Wahnsinn“ von Gabriele Wohmann der Textsorte Kurzgeschichte zuordnen kann.

Hilfe: Formen Sie die Informationen aus der folgenden Tabelle in eine folgerichtige Gliederung um.

Merkmale Kurzgeschichte	Gabriele Wohmann: Der ganz normale Wahnsinn
• unvermittelter Beginn	• unvermittelter Beginn, jedoch nach und nach Erklärungen
• knappe Darstellung	• Länge im Original circa zehn Seiten, also kein ganz kurzer Text
• Darstellung eines entscheidenden Lebensausschnitts	• Beschreibung einer durch Lüge gefährdeten Liebesbeziehung • Thematisierung von Unterlegenheit
• Zielführung in Richtung unausweichlicher Schluss	• Aufdeckung von Täuschung und Lüge • Vorverweise auf schlechten Ausgang
• Pointe am Ende	• Billa als Putzfrau statt als Tochter aus vornehmem Haus
• offenes Ende	• Abbrechen der Geschichte im Moment der Aufdeckung
• Perspektive des Außenseiters	• Billa als Dienstmädchen, Randfigur
• einfache Sprache	• schnoddrig-lebensnahe Sprache
• typisierte Figuren	• einerseits Individualisierung (Namen, spezielle Charaktereigenschaften) • andererseits Aussage über mangelndes Selbstwertgefühl, das ein weit verbreitetes Lebensgefühl zeigt

2 Erläutern Sie, inwiefern sich die Hauptfigur Billa problematisch verhält. Legen Sie anhand von Belegen aus dem Text dar, welche Ursachen und welche Folgen dieses Verhalten haben könnte.

a) Lesen Sie dazu zuerst die Schülerbeispiele.

b) Ergänzen Sie danach die unvollständige Gliederung im Nominalstil.

Schülerbeispiel

Achtung, Fehler!

a) So hat Billa aus fehlendem Selbstbewusstsein, Leichtsinn und fehlender Weitsicht wohl folgenschwere Fehler begangen. Billa bleibt beschämt zurück, sie sieht das Unglück seinen Lauf nehmen, sie hat keinerlei Möglichkeit, einzugreifen, als ihr ganzes Lügengebäude auffliegt. Das geschieht ja nicht durch Bösartigkeit, in aller Unschuld sagt Ute, die Tochter des Hauses, ganz „freundlich“ (Z. 155), dass Billa bei der Familie putze. Billa schämt sich sehr, man könne lange nach ihr rufen, und auch für den Leser klärt sich nun auf, was er vorher, durch geschickte Vorverweise gelenkt, allerdings schon geahnt hat.

b) Auch wird klar, dass es eigentlich sehr schade ist, denn Hermann Winterberg ist ein netter Mensch, der Billa etwas bedeutet. Es erscheint nun leider wahrscheinlich, dass Billa durch ihr Verhalten diese Beziehung zerstört hat, denn für Hermann Winterberg wird dieser Vertrauensbruch auch problematisch sein. Es ist kaum möglich, dass er sich nicht getäuscht und hintergangen fühlt, und ob man mit einem Menschen eine Liebesbeziehung eingehen will, der einen ohne Not so belügt, erscheint doch fraglich. Vielleicht fühlt sich Hermann Winterberg auch gedemütigt, auf jeden Fall wird er sehr

Eine literarische Erörterung schreiben

irritiert sein, und man kann vermuten, dass es mit den beiden nun nichts mehr wird, eine Folge, die allein Billa zu verantworten hat.

c) Die Geschichte ist trotz des lockeren Tons eine traurige Geschichte, weil sie beschreibt, wie sehr Menschen von Status- und Prestigedenken abhängig sind, welch große Angst sie haben, das, was sie sind, würde nicht genügen, um anzukommen oder geliebt zu werden. In Billas Fall ist es besonders schade, dass sie sich diese Liebesbeziehung praktisch verdorben hat, denn sie hatte ja bisher nicht allzu viel Glück in dieser Hinsicht gehabt. Vielleicht gibt es ja doch noch eine zweite Chance, möglich wäre dies aber nur durch jetzt rückhaltlose Ehrlichkeit Billas Hermann Winterberg gegenüber einerseits und durch seine Großmut andererseits. Im Text gibt es ja einige Hinweise auf sein freundliches und großzügiges Wesen, auch scheint er wirklich an Billa interessiert zu sein. Außerdem ist er älter und verbucht vielleicht Billas Verhalten unter der Rubrik „jugendlicher Leichtsinn".

Unvollständige Gliederung im Nominalstil

A Mangelndes Selbstwertgefühl der Hauptfigur als zentrales Thema
B Billas Verhalten: Problematik, Ursachen, Folgen
I Problematik des Verhaltens
1 Lügen und Unaufrichtigkeit gegenüber Hermann Winterberg
2 Hässliches Verhalten dem Kind gegenüber
3 Treulosigkeit sich selbst gegenüber
4 Sinnlosigkeit der Täuschung
II Ursachen
1 Leichtsinn und Langeweile
2 Wunsch nach einem anderen Leben
3 Unterlegenheitsgefühle, Selbstwertprobleme ...

3 **Schreiben Sie unter Einbeziehung Ihrer Ergebnisse aus Aufgabe 2 eine literarische Erörterung.**

ARBEITSTECHNIK – Eine literarische Erörterung schreiben

Eine literarische Erörterung beschäftigt sich speziell mit einer Problemstellung der Literatur. Es müssen also literaturgeschichtliche oder gattungstheoretische Fragen erörtert werden.
Die Voraussetzung zum Erstellen einer literarischen Erörterung ist eine genaue Textkenntnis: Sie müssen sich über Inhalt, Figuren, Hauptmotive, sprachliche Gestaltung und die formale Struktur klar sein. Ebenso müssen Sie in der Lage sein, den Text in seinen jeweiligen Epochenhintergrund einzuordnen.
Machen Sie sich erst einen Schreibplan und beachten Sie auch folgende Hinweise beim Schreiben Ihrer Erörterung:

- Analysieren Sie das Thema sorgfältig nach Struktur und Inhalt.
- Formulieren Sie konsequent im Nominalstil (Stichpunkte) oder Verbalstil (vollständige Sätze).
- Halten Sie die einmal gewählte Gliederungsweise (traditionell oder numerisch) durch.
- Belegen Sie Ihre Aussagen mit wörtlichen oder sinngemäßen Zitaten (↗ Kapitel 23).

Einen Text interpretieren und aktualisieren

Häufig bereitet das Verständnis literarischer Texte aus vergangenen Epochen Schwierigkeiten. Einen Zugang bietet das gestaltende Interpretieren mit der Form der Aktualisierung.
Goethes „Werther" ist ein Briefroman, der bei seinem Erscheinen erhebliches Aufsehen erregt hat und bis heute das Beispiel für unglückliche Liebe schlechthin bildet. In den folgenden Auszügen schreibt Werther seinem Freund Wilhelm über seine Bekanntschaft mit Lotte.

BASISWISSEN **Briefroman**

Briefromane bestehen aus fingierten Briefen eines oder mehrerer Verfasser. In den Briefen werden die einzelnen Charaktere mit ihren Einstellungen und Verhaltensweisen für den Leser sehr deutlich herausgearbeitet. Individuelle Emotionen wie Freude oder Kummer können hier in besonderer Weise thematisiert werden.

Johann Wolfgang Goethe: Die Leiden des jungen Werthers (1774/1787, Auszug)

Am 16. Junius.

Warum ich dir nicht schreibe? – Fragst du das und bist doch der Gelehrten einer. Du solltest raten, dass ich mich wohl befinde, und zwar – Kurz und gut, ich habe eine Bekanntschaft gemacht, die mein Herz näher angeht. Ich habe – ich weiß nicht.

Dir in der Ordnung zu erzählen, wie's zugegangen ist, dass ich eines der liebenswürdigsten Geschöpfe habe kennen lernen, wird schwer halten. Ich bin vergnügt und also kein guter Historienschreiber.

Einen Engel! – Pfui! Das sagt jeder von der Seinigen, nicht wahr? Und doch bin ich nicht imstande, dir zu sagen, wie sie vollkommen ist, warum sie vollkommen ist; genug, sie hat allen meinen Sinn gefangen genommen.

So viel Einfalt bei so viel Verstand, so viele Güte bei so viel Festigkeit, und die Ruhe der Seele bei dem wahren Leben und der Tätigkeit.

Das ist alles garstiges Gewäsch, was ich da von ihr sage, leidige Abstraktionen, die nicht einen Zug ihres Selbst ausdrücken. Ein andermal – nein, nicht ein andermal, jetzt gleich will ich dir's erzählen. Tu ich's jetzt nicht, so geschäh es niemals. Denn, unter uns, seit ich angefangen habe zu schreiben, war ich schon dreimal im Begriffe, die Feder niederzulegen, mein Pferd satteln zu lassen und hinauszureiten. Und doch schwur ich mir heute früh, nicht hinauszureiten, und gehe doch alle Augenblicke ans Fenster, zu sehen, wie hoch die Sonne noch steht. —

Ich hab's nicht überwinden können, ich musste zu ihr hinaus. Da bin ich wieder, Wilhelm, will mein Butterbrot zu Nacht essen und dir schreiben. Welch eine Wonne das für meine Seele ist, sie in dem Kreise der lieben muntern Kinder, ihrer acht Geschwister, zu sehen! —

[Er berichtet Wilhelm davon, wie freundlich und mütterlich Lotte mit ihren Geschwistern umgegangen sei, wie gut sie ihm mit einem weißen Kleid mit hellroten Schleifen gefallen habe, und wie er danach mit Lotte und deren Begleiterinnen zu einer Gesellschaft gefahren sei.]

Wir hatten uns kaum [in der Kutsche] zurechtgesetzt, die Frauenzimmer sich bewillkommnet, wechselweise über den Anzug, vorzüglich über die Hüte, ihre Anmerkungen gemacht und die Gesellschaft, die man erwartete, gehörig durchgezogen, als Lotte den Kutscher halten und ihre Brüder herabsteigen ließ, die noch einmal ihre Hand zu küssen begehrten, das denn der älteste mit

Einen Text interpretieren und aktualisieren

aller Zärtlichkeit, die dem Alter von fünfzehn Jahren eigen sein kann, der andere mit viel Heftigkeit und Leichtsinn tat. Sie ließ die Kleinen noch einmal grüßen, und wir fuhren weiter. […]

Ich fand so viel Charakter in allem, was sie sagte, ich sah mit jedem Wort neue Reize, neue Strahlen des Geistes aus ihren Gesichtszügen hervorbrechen, die sich nach und nach vergnügt zu entfalten schienen, weil sie an mir fühlte, dass ich sie verstand. […]

Das Gespräch fiel aufs Vergnügen am Tanze. – Wenn diese Leidenschaft ein Fehler ist, sagte Lotte, so gestehe ich Ihnen gern, ich weiß mir nichts übers Tanzen. Und wenn ich was im Kopfe habe und mir auf meinem verstimmten Klavier einen Contretanz vortrommle, so ist alles wieder gut.

Wie ich mich unter dem Gespräche in den schwarzen Augen weidete! Wie die lebendigen Lippen und die frischen muntern Wangen meine ganze Seele anzogen! Wie ich, in den herrlichen Sinn ihrer Rede ganz versunken, oft gar nicht die Worte hörte, mit denen sie sich ausdrückte! – Davon hast du eine Vorstellung, weil du mich kennst. Kurz, ich stieg aus dem Wagen wie ein Träumender, als wir vor dem Lusthause stille hielten, und war so in Träumen rings in der dämmernden Welt verloren, dass ich auf die Musik kaum achtete, die uns von dem erleuchteten Saale herunter entgegenschallte.

1 **Ordnen Sie den Textauszug einer Epoche der Literaturgeschichte zu (↗ Kapitel 20).**

2 **Übertragen Sie die Briefstelle in die Sprache unserer Zeit.**

a) Führen Sie dafür die hier begonnene Vokabelliste in Ihrem Heft fort.
ich weiß nicht – keine Ahnung
garstiges Gewäsch – Quatsch, Unsinn
nicht überwinden können – nicht aushalten
wie ein Träumender – wie im Traum …

b) Analysieren Sie den Gemütszustand des Briefschreibers und die Art seiner Selbstdarstellung. Berücksichtigen Sie dabei auch die Entstehungszeit des Textes.

c) Formulieren Sie nun den Brief so, wie man ihn heute schreiben würde.

ARBEITSTECHNIK – Einen Text „aktualisieren“

- Fühlen Sie sich in die Figur, Situation, Stimmung, Absicht ein.
- Erfassen Sie alle wichtigen inhaltlichen Aussagen.
- Übertragen Sie den Text in die Sprache unserer Zeit, behalten Sie die einmal gewählte Stilebene bei und vermeiden Sie übertriebene und unpassende Ausdrücke.
- Achten Sie auf Vergleichbarkeit und innere Stimmigkeit.
- Passen Sie das Geschriebene an veränderte Lebensumstände und geänderte Verhältnisse an.

Eine Leseempfehlung und einen Flyer verfassen

Der Aufgabentyp „Materialgestütztes Schreiben“ kann sowohl pragmatische als auch literarische Texte oder eine Mischung aus unterschiedlichen Textsorten als Grundlage haben. Das Schreibprodukt ist beispielsweise unter Verwendung pragmatischer Texte ein Lexikonartikel über eine Epoche oder einen Autor. Leseempfehlungen oder Werbeflyer zu produzieren, kann ebenfalls ein Ziel des materialgestützten Schreibens sein.

Der deutsche Ich-Erzähler im Teil 1 der Romantrilogie „Alle Toten fliegen hoch“ verbringt ein Austauschjahr in Amerika.

Quelle 1: Romanauszug

Joachim Meyerhoff: Alle Toten fliegen hoch. Amerika (2013, Auszug)

Fünfte Stunde: English Grammar. Da der Charme meines anfänglich belächelten Satzbauwirrwarrs ganz offensichtlich verflogen war und mich meine grammatikalischen Kapriolen zunehmend störten, hatte ich mich zu diesem Kurs durchgerungen. Ich rechnete mit dem Schlimmsten. Doch als Miss Murphy die Klasse betrat, gab es einen Knall und meine Sorgen waren atomisiert. Vom ersten Augenblick an wurde sie meine Lieblingslehrerin und English Grammar mein Lieblingsunterrichtsfach. Miss Murphy war schlichtweg der Hammer. Um die fünfzig, etwas rundlich, kurze graue Haare. Sie trug weit geschnittene Hosenanzüge in grellen Farben, Gürtel mit hufeisengroßen Schnallen und dazu Budapester Herrenschuhe. An den Handgelenken, beidseitig, jeweils einen breiten Goldarmreif und um den Hals eine Kette mit wechselnden Anhängern. Machart: mexikanisch, aztekisch, indianisch. Sie redete uns nie mit unseren Vornamen an. Immer nur mit Mr. und Miss plus Nachnamen. Ihre Unterrichtsstunden waren grandiose Showeinlagen, pointiert, lustig, präzise: einfach brillant.

Sie sprach mit solcher Leidenschaft, flog mit solcher Hingabe durch ihre Wortkaskaden – ihre Stimme konnte alles, vom tiefen, eindringlichen Bass bis zu den zwitschernden Höhen –, dass es mir mehrmals so vorkam, als wäre sie kurz davor, loszusingen. Sie ging durch die Reihen, nahm alles und jeden wahr, jonglierte mit unseren Antworten und warf sie nur minimal verändert, aber doch veredelt zurück. Dagegen waren die Lehrer in meiner Heimatstadt uninspirierte, radebrechende Langweiler. Nie wieder habe ich so leicht gelernt wie bei Miss Murphy. Nie wieder habe ich es erlebt, dass, wenn die Schulklingel die Stunde beendete, ein kollektives „Ohh“ ertönte. Sie stieß die Tür des Klassenzimmers mit Aplomb auf, rauschte hinein, Kaffeetasse in der Hand, und begann schon beim Türschließen mit dem Unterricht. Wenn sie Fragen stellte und man nicht zügig genug antwortete, sagte sie Dinge wie „Please, Mr. Vaughan, hurry up, I have to ask some other questions before I retire“ oder, zu einer gelungenen Antwort: „If your answer would be a necklace, I would wear it all day.“ Ohne den Tonfall zu ändern, flocht sie Anmerkungen zu uns Schülern in ihre Ausführungen ein: „You know, the subjunctive is a very tricky but effective – nice new shirt, Miss Houston, looks beautiful – grammatical construction.“ Sie war so lustig. Beim Reden brach sie die Kreide in drei Teile und jonglierte damit, oder sie strich mir über meinen rasierten Schädel und bezeichnete mich als süßen deutschen Maulwurf: „cute German mole“. Noch beim Hinausgehen gab sie letzte Anweisungen: „Tomorrow we will start with chapter four. Ladies and – oh look what an interesting cloud out there – gentlemen, thank you very much for your attention. Mr. Gaddis, you get a little lost over there. Next lesson – first row. Have a nice day!“ Tür zu. Die Klasse hielt nach diesen Stunden stets kurz inne, bevor der übliche Lärm einsetzte. Das war Unterricht, von dem ich nicht geahnt hatte, dass es ihn tatsächlich geben könne, den ich mir aber immer gewünscht hatte. Konzentration war da keine Frage der permanenten Selbstermahnung, sondern schlichtweg ein Zustand der Neugierde, um bloß nichts zu verpassen.

Eine Leseempfehlung und einen Flyer verfassen

In „Junges Licht" geht es um eine Familie im Ruhrgebiet der 1960er-Jahren. Erzähler ist der zwölfjährige Julian, der vom Leben mit seiner kleinen Schwester und den Eltern berichtet.

Quelle 2: Romanauszug

Ralf Rothmann: Junges Licht (2004, Auszug)

Vor zwei Tagen hatte ich keine Hausaufgaben gemacht, was gewöhnlich streng bestraft wurde: Man musste die Finger vorstrecken, und Dey, der Lehrer, hob den Arm und ließ sein Lineal daraufklatschen. Es war aus Holz, mit einer Metallkante, und die Zahl der Schläge wurde vorher angekündigt; für jedes Zurückzucken gab es einen zusätzlichen. Die Schmerzen waren so unglaublich, dass den Hartgesottensten die Tränen kamen.

Dey, der krumme Dey, wie wir ihn nannten, hatte mich zur Tafel gerufen, um mir Aufgaben zu diktieren. Zwar hatten sich vorher andere gemeldet, doch meistens schüttelte er den Kopf. „Erst die mit der Rechenschwäche." Und während ich auf die Zahlen starrte und Papier von der Kreide pulte, hörte ich hinter mir das Schnippen der Eifrigen, für die das alles überhaupt kein Problem war; je länger meine Ratlosigkeit dauerte, desto lauter wurde es. Ich zog die Schultern hoch, schloss die Augen, nagte an der Lippe, doch Dey erlöste mich nicht. Er wartete. Mit kreidigen Fingern wischte ich mir den Schweiß von der Schläfe, und endlich seufzte er sein übliches „Hoffnungslos …" und zog mich am Ohr durch den Raum. Er klappte mein Buch auf und zeigte mir, welche Aufgaben ich für die nächste Stunde zu lösen hatte.

Lange saß ich dann am Wohnzimmertisch. „Bestimme den Mittelpunktswinkel …" Ich zeichnete Girlanden an den Heftrand. „Dividiere die Quersumme durch den Quotienten von …" Ich ritzte mit dem Daumen Muster in den Stift. Das Holz roch so, wie ich mir den Libanon vorstellte, und ich ritt auf meinem weißen Araber durch die Zedernwälder. „Wenn in einem Steinbruch täglich sieben Kubikmeter Granit abgebaut werden und sich das spezifische Gewicht des Steins zu seinem Tonnenpreis derart verhält, daß in sechs Arbeitstagen …" Ich beugte mich über den Tisch, legte den Kopf auf die gekreuzten Arme und schlief ein.

Doch meine Mutter weckte mich. „Was gibt das denn? Bist du fertig?"

Ich nickte, schlug mein Heft zu, brachte die Tasche ins Kinderzimmer. Dann blätterte ich in alten Prinz-Eisenherz-Heften, die auf meinem Bett lagen, suchte die Stelle mit dem Riesen Oron. Ich mochte ihn sehr. Er sah gruselig aus, voller Wülste und Beulen. Dabei war er gutmütig. […]

Meine Mutter war mit Sophie im Garten, Wäsche aufhängen, und ich ging ins Bad, schloß ab und pinkelte. Dann öffnete ich den Spiegelschrank, die Seite, auf der die Sachen meines Vaters standen […]. Der Rasierapparat war leicht angerostet, das Päckchen Klingen aber neu. Ich zog eine heraus, wickelte sie vorsichtig aus dem Wachspapier und setzte mich auf den Rand der Wanne.

Unten hörte ich Sophie, ihr vergnügtes Lachen, fast ein Quietschen, dann die Mundharmonika des kleinen Schulz, und mit einer Ecke der Klinge ritzte ich mir den Handballen an, ganz leicht nur, doch schon das tat weh. Auch Oron, die Pfeilspitze eines Schergen im Bein, hatte sich einmal selbst operiert und dabei kaum mit der Wimper gezuckt. Ich atmete mit weit geöffnetem Mund in schnellen Stößen und fuhr wieder und wieder über die Haut, bis der Anschliff der Klinge im Fleisch verschwand. Nun rötete sich der Strich. Er war gut vier Zentimeter lang, aber das Blut lief noch nicht mal über den Rand, und ich biss die Zähne zusammen und drückte fester auf, millimeterweise. Doch zitterte ich bereits am ganzen Körper, begann zu furzen, und der Schweiß brach mir aus. Schließlich verkrampften sich meine Finger so, daß ich aufhören mußte.

Ich spülte die Hand unterm Wasserhahn ab und betrachtete den Ballen. Ein übler Kratzer, aber keine Wunde, und ich ging in die Küche, nahm ein Streichholz aus der Schachtel und rieb so lange mit dem Schwefelkopf darin herum, bis mir das Wasser in die Augen schoss. Dann verpflasterte ich die Hand, wischte den Boden im Bad mit

Eine Leseempfehlung und einen Flyer verfassen

Klopapier auf und sagte meiner Mutter, daß ich gestürzt war. Nachts, vor dem Einschlafen, fühlte ich ein leises Pochen unter dem Verband.

Doch Fieber hatte ich am nächsten Morgen nicht … In der Schule zog der krumme Dey die Vorhänge zu, die grelle Sonne tauchte das Zimmer in ein orangefarbenes Licht, und er ging von Tisch zu Tisch, überprüfte die Hausarbeiten und machte hier und da eine Notiz. Ich war der einzige, der sein Heft nicht aufgeschlagen hatte, und Godtschewski, mein Nachbar, stieß mich an. Doch ich hielt es geschlossen.

Dey hatte gerade Tszimanek auf dem Kieker, kramte das Lineal aus der Tasche, drückte es ihm vor die Brust. „Mathematik ist gar nicht so schlimm. Sie kann sogar Spaß machen. Denn sie ist nicht nur da, um Gewinne und Verluste zu berechnen, sie schärft auch unser logisches Empfinden." Er drehte an seinen Schläfenhaaren. „Glaubst du das?"

Tszimanek fletschte die Zähne, und wieder stieß mein Nachbar mich an, wies auf das Heft. „Was ist?" flüsterte er, und ich hielt die Hand so, daß er das Pflaster sah.

„Konnte nicht schreiben." Ich knibbelte eine Ecke los. „Hab mich verletzt."

Vorsichtig zog ich es ab. Der Ballen war rot angeschwollen, und die Wunde hatte eine Kruste aus geronnenem Blut, die sie breiter erscheinen ließ, als sie war. An den Rändern quoll etwas Eiter hervor, und ich hielt die Finger leicht gekrümmt, als wären auch die Sehnen schon entzündet.

Godtschewski machte große Augen, blies die Backen auf. Schüttelte den Kopf. „Aber du bist doch Rechtshänder." Er grinste, und auch ich verzog den Mund; doch stockte mir der Atem. Ich fühlte eine jähe Hitzewelle im Gesicht, und dann wurde mir flau, und ich nahm nichts mehr wahr von dem Zischen und Flüstern ringsum, dem Blättern in Büchern. Ich starrte meine Hände an, als gehörten sie nicht zu mir. Die Klinge mit links zu fassen, um mir damit in die Schreibhand zu schneiden – daran hatte ich überhaupt nicht gedacht, nicht eine Sekunde lang, und ich klebte das Pflaster unter die Bank und sah mich um. Dey stand zwei Reihen hinter mir.

Ich reckte den Arm hoch, schnippte mit den Fingern. Er hob den Kopf. An seinem Schlips war Kreide; er hatte graue Haare in der Nase. „Und?"

„Darf ich austreten?" Meine Stimme klang zittrig. „Mir ist schlecht."

Er griff in die Brusttasche seines Sakkos, zog eine randlose Brille hervor. Jetzt schienen seine Augen zu funkeln, und nachdem er mich gemustert hatte, blickte er rasch einmal auf mein Heft. „Dann geh aufs Klo. Aber in zwei Minuten bist du wieder hier."

Die Flure waren menschenleer, und im Treppenhaus hallte das Klatschen meiner Sohlen auf dem Boden wie hoch über mir. Das glatte Holz des Geländers war angenehm kühl. Ich wollte nicht über den Schulhof gehen, wo die ganze Klasse mich sehen konnte, und rannte unter dem Vordach der Turnhalle zum Tor […].

Ich lief in das Wäldchen am Siedlungsrand, einer jungen, auf Schutt- und Schotterhalden angelegten Pflanzung, und auch hier war niemand um die Zeit.

Quelle 3: Klappentext des Buches

Klappentext zu „Junges Licht"

Ein Sommermorgen, das leichte, noch ungläubige Erwachen am ersten Tag der Ferien. Während die Mutter und die kleine Schwester nach Norddeutschland ans Meer fahren, muss der zwölfjährige Julian Collien mit dem Vater allein zu Hause bleiben – das Geld reicht nicht für einen gemeinsamen Urlaub. Julian vertreibt sich die Langeweile der

Eine Leseempfehlung und einen Flyer verfassen

endlosen Tage im „Tierclub“ und in den Weizenfeldern am Rand der Kohlehalden. In den einsamen Stunden, während der Vater Nachtschicht hat, sieht er sich den Zudringlichkeiten des Hausbesitzers ausgesetzt und erlebt gleichzeitig die erste erotische Faszination für Marusha, das Nachbarsmädchen, dessen Zimmer an den Balkon der Familie grenzt. Aber nicht nur Julian ist von der Frühreifen angezogen, auch sein Vater scheint es zu sein.

Quelle 4: Filmkritik

Kohle, Stahl, Arbeit, Aufschwung

„Abhauen gibt's nicht.“ Der packende Film „Junges Licht“ zeigt den betonierten Alltag im Ruhrgebiet der Wirtschaftswunderjahre.

von Christoph Schröder

Der Balkon ist die zentrale Bühne: Schaut man nach vorne, hat man das ganze Wirtschaftswunder vor Augen. Fabriken, Schlote, der Himmel voll von Dampf und Rauch. Kohle, Stahl, Arbeit, Aufschwung. Links die Tür, die in die Küche der Wohnung führt. Da stehen Herd und Waschmaschine. Da sitzt die Mutter in der Kittelschürze am Tisch und raucht. Dort setzt es Prügel mit dem Kochlöffel, aus nichtigen Anlässen. […]

Das sind die drei Komponenten, die in Adolf Winkelmanns Film *Junges Licht* aufeinandertreffen: die Ruhrgebietsmalocherwelt der sechziger Jahre, die interfamiliären Friktionen, Abhängigkeiten und Befreiungsversuche. Und eine mal mehr, mal weniger untergründige erotische Spannung. Inmitten von alldem befindet sich Julian Collien (Oscar Brose), zwölf Jahre alt; ein Heranwachsender im Zwischenreich zwischen Sehen und Verstehen. Einer, der das Pech hat, dort zu sein, wo er eigentlich nicht hingehört. Dem aber die Auswege versperrt sind. […]

(www.zeit.de, 11. 05. 2016)

Quelle 5: Filmplakat

Eine Leseempfehlung und einen Flyer verfassen

Eine Zeitung druckt regelmäßig Leseempfehlungen für junge Leser, die von Schülern geschrieben werden. Die Jungredakteure schreiben zu ihrer Buchempfehlung eine kurze Einführung und eine Begründung ihrer Buchauswahl. Als thematischer Hintergrund wurde für diese Ausgabe Lernen und Schule gewählt.

Achtung, Fehler!

Schülerbeispiel

Einführung

Schule und Lernen sind ja wichtige Bestandteile jeder Kindheit und Jugend. Es gibt eine allgemeine Schulpflicht, viele Kinder und Jugendliche haben zusätzlich Sport- oder Musikstunden und die Hausaufgabe am Nachmittag gehört auch dazu.

Im Rahmen der monatlichen Leseempfehlung dieser Zeitung soll meine Auswahl von Texten das spiegeln, was man im richtigen Leben als Kind und Jugendlicher in der Schule erleben kann. Ich möchte Texte vorstellen, die Lernerfahrungen unterschiedlich darstellen, und ich gehe davon aus, dass nicht nur ich eine gewisse Bandbreite von guten, aber auch mehr oder weniger schwierigen Erfahrungen mit Schule und Lernen gemacht habe, sondern dass das auch die Leserinnen und Leser dieser Seite kennen.

Meine Texte sind zwei Romanen entnommen, der Text aus Joachim Meyerhoffs Buch „Alle Toten fliegen hoch. Amerika“ spiegelt Erfahrungen des Ich-Erzählers als Austauschschüler in einer amerikanischen Schule, in Ralf Rothmanns „Junges Licht“ geht es um einen Schüler im Ruhrpott der sechziger Jahre.

Leseempfehlung 1

In Joachim Meyerhoffs „Amerika“ beschreibt ein jugendlicher, vielleicht etwas naiver, aber genau beobachtender Ich-Erzähler u. a. seine Englischlehrerin, die für ihn einfach „der Hammer“ ist und ihn rundum überzeugt. Selbst ihr etwas exotisches Outfit wird als faszinierend beschrieben, viele Originalzitate (in Englisch) vermitteln einen Eindruck der Lebendigkeit ihres Unterrichts, in dem es nicht nur um Wissensvermittlung, sondern auch um Zuwendung und Empathie geht. Der Text wirkt fast atemlos vor Begeisterung, mit wörtlicher Rede, Aufzählungen und eingestreuten Kurzsätzen. Der Austauschschüler hat Glück, wie er Lernen hier erlebt. Miss Murphy scheint etwas ganz Besonderes zu sein. Sie macht jede Stunde zu einem Erlebnis.

Es gibt solche Lehrer, zwar wenige, aber doch immer wieder Menschen, die durch Fachkenntnis und soziale Kompetenz auffallen und auf deren Stunden man sich freut. Das sind Genies, aber auch bei ihnen gibt es Alltag, und vielleicht ist der Ich-Erzähler ja in der Rückerinnerung auch etwas nostalgisch, denn ob wirklich immer so ein Feuerwerk abgebrannt werden kann, erscheint mir fraglich. Sicher hat Miss Murphy, wie sie uns hier entgegentritt, idealisierte Züge.

Ich hatte in meiner Schulzeit vielleicht keine so geniale Lehrerin, aber doch auch vergnügliche Stunden, Stunden ohne gähnende Langeweile, Wertschätzung durch Lehrer und Zuwendung von ihnen statt Desinteresse und Abwertung erlebt.

Der Text schildert also insgesamt das Optimum, so sollte und wollte man Schule, Lehrer, Lernen erleben.

1 Lesen Sie die Quellen 1–5 und die Schülerbeispiele (Einführung und Leseempfehlung 1).

2 Analysieren Sie die Vorgehensweise in den beiden obigen Schülertexten.

3 Schreiben Sie eine Leseempfehlung für Quelle 2, „Junges Licht“ von Ralf Rothmann. Starten Sie folgendermaßen:

Ralf Rothmanns Text beschreibt eine Kindheitsszene, der man den Titel „Schulangst“ geben könnte. Die Hauptfigur versucht schmerzhaft, aber erfolglos, eine Strafe zu vermeiden. Das Ganze ist eingebettet in ein Kindheitsstimmungsbild aus Sommer, häuslichem Alltag und Flucht in Fantasiewelten.

Eine Leseempfehlung und einen Flyer verfassen

Einen Schrecken, wie ihn dieser Lehrer hier ausstrahlt, habe ich selbst so nicht erlebt, aber eine Schulzeit ohne Angst eben auch nicht. So gab es schon Anklänge an …

4 Entwerfen Sie den Text für einen Flyer zu einer Schulvorführung des Films „Junges Licht" von Adolf Winkelmann nach dem Roman von Ralf Rothmann.

★ **5** Legen Sie ein Dossier (↗ Kapitel 24) zu Joachim Meyerhoff und „Alle Toten fliegen hoch. Amerika" an. Schreiben Sie zu den gefundenen Materialien einen Lexikoneintrag über Meyerhoff und den Roman.

ARBEITSTECHNIK – Texte über Literatur anlassorientiert und materialgestützt verfassen

Die Themenstellungen/Anlässe bei dieser Art Aufgabe sind vielfältig und individuell (beispielsweise eine Rede anlässlich einer Ausstellungseröffnung, ein Flyer zu einer Veranstaltung, eine Anmoderation für Hörtexte …). Notwendig ist das souveräne Verfügen über Textsorten, wie Inhaltsangabe, Argumentation, Interpretation, in nicht mehr streng vorgeschriebener Struktur. Manchmal verlangt die Aufgabe auch Mischformen.

- Verschaffen Sie sich zunächst Klarheit über den Anlass und darüber, was er erfordert: Verschiedene Anlässe verlangen unterschiedliche Herangehensweisen, das Material bestimmt den Umgang damit.
- Analysieren Sie den Arbeitsauftrag genau: Es gibt rein sachlich zu bearbeitende Aufgabenstellungen, beispielsweise die Erstellung eines Flyers zu einer Ausstellung. Es kann auch ein persönlicher Bezug gefordert sein, beispielsweise die Interpretation und Einordnung bestimmter Texte.
- Schreiben Sie nicht einfach ab: Das Material dient zur Information über Fakten und Meinungen oder auch als Anstoß zur Auseinandersetzung, man kann sich auf den Text berufen oder davon abrücken.

Notwendig ist jedoch durchweg auch die eigene Umsetzung, es geht um Auswertung und Kompilation (Zusammenstellung) und immer auch um die Ergänzung um anlassbezogene und persönliche Ausführungen.

FAZIT

17.1
Eine literarische Erörterung schreiben
- Thema des Textes analysieren
- Struktur des Textes erarbeiten
- Gliederung gleichartig formulieren

17. 2
Einen Text interpretieren und aktualisieren
- Im Hinblick auf die Entstehungszeit erschließen und deuten
- In die Sprache unserer Zeit übertragen

17.3
Eine Leseempfehlung und einen Flyer verfassen
- Arbeitsauftrag analysieren
- Anlass aufgreifen und erläutern
- Material sinnvoll verwenden

17.4
Prüfungsvorbereitung

Prüfungsvorbereitung

In einer Prüfung kann Ihnen ein Romanauszug vorgelegt werden, den Sie dann analysieren und interpretieren sollen. Textgrundlage für die folgende Prüfungsvorbereitung ist der Auszug aus Peter Stamms Erzählung „Wir fliegen“ ↗ in Kapitel 12 auf den Seiten 150–152.

1 Lesen Sie den Textauszug „Wir fliegen“.

2 Fassen Sie den Inhalt des Auszugs in seinem wesentlichen Verlauf knapp zusammen.

3 Analysieren Sie die erzähltechnischen Mittel. Beziehen Sie dabei die Aussagen des Rezensenten K. M. Gauss ein: „[Peter Stamms] Prosasammlungen, lakonisch und unprätentiös erzählt, in verhaltenem Ton, von minimalistischer Erzählökonomie und schnörkellosem Stil, fügen sich zu einer Enzyklopädie des Scheiterns [...].“ (K. M. Gauss in: DIE ZEIT, 21. 05. 2008)

4 „Was das Scheitern anbelangt, das leise Scheitern im Alltag, dem kein heftiges Aufbegehren vorangeht und kein dramatisches Leiden folgt, darin ist [...] Peter Stamm ein literarischer Meister.“ (K.M. Gauss in: DIE ZEIT, 21. 05. 2008)
Erörtern Sie, inwieweit die Aussage des Rezensenten auf die Erzählung „Wir fliegen“ zutrifft.

CHECKLISTE – Erzählungen analysieren und interpretieren

Vorbereitung der Interpretation

- ☑ Enthält die Aufgabenstellung neben den allgemeinen Aufforderungen zur Textinterpretation noch besonders zu beachtende Aspekte?
- ☑ Haben Sie beim Lesen des Textes die zentralen Aussagen markiert und in Stichpunkten Auffälligkeiten der Sprache festgehalten?
- ☑ Haben Sie ein adäquates Gliederungssystem verwendet?

Einleitung

- ☑ Haben Sie Ihre Interpretation mit einem Basissatz begonnen?

Hauptteil

- ☑ Haben Sie den Inhalt knapp wiedergegeben?
- ☑ Haben Sie den Hauptteil sorgfältig aufgebaut und die Beantwortung der einzelnen Fragen gut miteinander verbunden?
- ☑ Haben Sie bei der Analyse der erzähltechnischen Mittel auf die Darbietungsformen des Erzählens und die Zeitgestaltung geachtet?

Schluss

- ☑ Haben Sie abschließend noch einmal alles knapp zusammengefasst?
- ☑ Haben Sie einen Bogen zu Ihrer Einleitung hergestellt?

Bevor Sie abgeben

- ☑ Haben Sie auf die korrekte Zitierweise geachtet?
- ☑ Haben Sie Ihre Interpretation im Hinblick auf die Gliederung, den sprachlichen Ausdruck sowie auf Rechtschreibung, Grammatik und Zeichensetzung kontrolliert und korrigiert?

Kapitel 18

Lyrische Texte erschließen und vergleichen

18.1 Gedichte analysieren und interpretieren

18.2 Gedichte miteinander vergleichen

18.3 Prüfungsvorbereitung

Nachdem Sie bereits grundlegende Begriffe der Lyrik kennengelernt haben, beschäftigen Sie sich in diesem Kapitel explizit mit Inhalt, Sprache und Form von Gedichten und erfahren, wie Gedichte interpretiert und verglichen werden.

Kompetenzen

- ✓ Leseeindrücke sammeln
- ✓ Inhalte zusammenfassen
- ✓ Sprachliche Mittel herausarbeiten
- ✓ Inhalt und Form analysieren
- ✓ Informationen sammeln
- ✓ Inhalte vergleichen

Methoden und Arbeitstechniken

- ✓ Brainstorming
- ✓ Cluster
- ✓ Szenisches Darstellen

Gedichte analysieren und interpretieren

Die Interpretation von Gedichten unterscheidet sich kaum von der Interpretation anderer literarischer Texte. Zunächst werden die ersten Eindrücke beschrieben und der Inhalt knapp in eigenen Worten wiedergegeben. Anschließend werden die sprachliche Gestaltung und der formale Aufbau untersucht.

Gottfried Benn: Reisen (1950)

Meinen Sie Zürich zum Beispiel
sei eine tiefere Stadt,
wo man Wunder und Weihen
immer als Inhalt hat?

Meinen Sie, aus Habana
weiß und hibiskusrot,
bräche ein ewiges Manna
für Ihre Wüstennot?

Bahnhofstraßen und Ruen,
Boulevards, Lidos, Laan –
selbst auf den Fifth Avenuen
fällt Sie die Leere an –

ach, vergeblich das Fahren!
Spät erst erfahren Sie sich:
bleiben und stille bewahren
das sich umgrenzende Ich.

1 Fassen Sie den Inhalt des Gedichts kurz zusammen und gehen Sie dabei auf den Aufbau ein.

2 Arbeiten Sie die das Gedicht prägenden sprachlichen Mittel heraus. Welche Wirkung wird mit ihnen erzielt?

Ulla Hahn: Bildlich gesprochen (1981)

Wär ich ein Baum ich wüchse
dir in die hohle Hand
und wärst du das Meer ich baute
dir weiße Burgen aus Sand.

Wärst du eine Blume ich grübe
dich mit allen Wurzeln aus
wär ich ein Feuer ich legte
in sanfte Asche dein Haus.

Wär ich eine Nixe ich saugte
dich auf den Grund hinab
und wärst du ein Stern ich knallte
dich vom Himmel ab.

3 Notieren Sie Ihren ersten Leseeindruck. Wie wirkt das Gedicht auf Sie? Welche Grundstimmung vermittelt es?

4 Analysieren Sie Form und Sprache des Gedichts.

Gedichte analysieren und interpretieren

Der expressionistische Autor Jakob van Hoddis (1887–1942) entwirft in seinem Gedicht „Weltende" ein Untergangsszenario:

Jakob van Hoddis: Weltende (1911)

Dem Bürger fliegt vom spitzen Kopf der Hut,
In allen Lüften hallt es wie Geschrei.
Dachdecker stürzen ab und gehen entzwei
Und an den Küsten – liest man – steigt die Flut.

Der Sturm ist da, die wilden Meere hupfen
An Land, um dicke Dämme zu zerdrücken.
Die meisten Menschen haben einen Schnupfen.
Die Eisenbahnen fallen von den Brücken.

5 Sammeln Sie Ihre ersten Leseeindrücke mithilfe eines Clusters.

6 Erörtern Sie, inwiefern das Gedicht auf die damalige Zeit (↗ Kapitel 20, Expressionismus) Bezug nimmt.

BASISWISSEN — Leitfragen für eine Gedichtanalyse

Fragen an ein Gedicht:

Titel/Thema/Zeitbezug
- Was bedeutet der Titel?
- Welchen Bezug hat der Titel zur Thematik?
- Gibt es historische Bezüge zur Entstehungszeit des Gedichts?

Äußeres Geschehen und innere Vorgänge
- Was wird beschrieben: ein Ereignis, Eindrücke oder Empfindungen?

Sprachliche Bilder/Symbole/Chiffren
- Was bedeuten die Bilder?
- Welchen Bereichen/Wortfeldern entstammen sie?

Klangeffekte
- Herrschen helle oder dunkle Vokale vor?
- Gibt es weiblich oder männlich klingende Kadenzen?

Lyrisches Ich
- Wer spricht?
- Was erfahren wir über das lyrische Ich?
- An wen wendet es sich?

Strophe und Verse
- Wie ist die äußere Form gestaltet?
- Wie viele Strophen und Verse gibt es?
- Welches Reimschema liegt vor?
- Gibt es Enjambements (= Zeilensprünge)?

Metrum
- Welches Versmaß liegt vor?

Stilmittel
- Werden Stilmittel wie Alliteration oder Anapher eingesetzt?

Satzbau
- Welcher Satzbautyp herrscht vor?
- Sind die Sätze vollständig?
- Wie sind sie aufgebaut?

Inhalt und Form
- Inwiefern wird die Aussage durch die Form unterstützt?

Zur praktischen Umsetzung ein Tipp:
Schreiben Sie die Fragen zur Gedichtinterpretation auf Karteikarten und setzen Sie diese als Prüfungsvorbereitung immer wieder ein.
Notieren Sie bei jedem Gedicht, das Sie untersuchen, auf der Rückseite der Karteikarten Ihre Beobachtungen. Diese lassen sich am Ende leicht zu einem strukturierten Gesamttext zusammenfügen.

Gedichte analysieren und interpretieren

Ein immer wieder aufgegriffenes Thema moderner Lyrik ist die Großstadt mit all ihren Begleiterscheinungen.

Kurt Tucholsky:
Augen in der Großstadt (1930)

Wenn du zur Arbeit gehst
am frühen Morgen,
wenn du am Bahnhof stehst
mit deinen Sorgen:
da zeigt die Stadt
dir asphaltglatt
im Menschentrichter
Millionen Gesichter:
Zwei fremde Augen, ein kurzer Blick,
die Braue, Pupillen, die Lider –
Was war das? Vielleicht dein Lebensglück …
vorbei, verweht, nie wieder.

Du gehst dein Leben lang
auf tausend Straßen;
du siehst auf deinem Gang,
die dich vergaßen.
Ein Auge winkt,
die Seele klingt;
du hasts gefunden,
nur für Sekunden …
Zwei fremde Augen, ein kurzer Blick,
die Braue, Pupillen, die Lider –
Was war das? Kein Mensch dreht die Zeit zurück …
vorbei, verweht, nie wieder.

Du mußt auf deinem Gang
durch Städte wandern;
siehst einen Pulsschlag lang
den fremden Andern.
Es kann ein Feind sein,
es kann ein Freund sein
es kann im Kampfe dein
Genosse sein.
Es sieht hinüber
und zieht vorüber …
Zwei fremde Augen, ein kurzer Blick,
die Braue, Pupillen, die Lider –
Was war das? Von der großen Menschheit ein Stück!
Vorbei, verweht, nie wieder. [R]

1 Fassen Sie den Inhalt des Gedichts kurz zusammen.

2 Erläutern Sie den Aufbau und die Form des Gedichts.

3 Untersuchen Sie die sprachlichen Mittel und deren Funktion.

4 Erörtern Sie an geeigneten Beispielen die Aktualität des Gedichts.

Gedichte analysieren und interpretieren

In diesem in einem Kriegsgefangenenlager geschriebenen Gedicht wird der Versuch deutlich, Orientierung zu gewinnen.

Günter Eich: Inventur (1947)

Dies ist meine Mütze,
dies ist mein Mantel,
hier mein Rasierzeug
im Beutel aus Leinen.

Konservenbüchse:
Mein Teller, mein Becher,
ich hab in das Weißblech
den Namen geritzt.

Geritzt hier mit diesem
kostbaren Nagel,
den vor begehrlichen
Augen ich berge.

Im Brotbeutel sind
ein Paar wollene Socken
und einiges, was ich
niemand verrate,

so dient er als Kissen
nachts meinem Kopf.
Die Pappe hier liegt
zwischen mir und der Erde.

Die Bleistiftmine
lieb ich am meisten:
Tags schreibt sie mir Verse,
die nachts ich erdacht.

Dies ist mein Notizbuch,
dies meine Zeltbahn,
dies ist mein Handtuch,
dies ist mein Zwirn.

1 Fassen Sie in einem Satz den Inhalt des Gedichts zusammen.

2 Beschreiben Sie die Situation des lyrischen Ichs.

3 Arbeiten Sie heraus, wo Inhalt und Darstellungsweise übereinstimmen und wo Diskrepanzen vorliegen.

4 Setzen Sie sich nun gestalterisch mit dem Gedicht auseinander.

a) Gestalten Sie die einzelnen Strophen als szenische Monologe und führen Sie sie der Klasse vor. Verwenden Sie hierfür auch passende Requisiten.
b) Stellen Sie die Strophen in einem Standbild dar.
c) Beschreiben Sie die Wirkung der szenischen Umsetzung.

5 Recherchieren Sie in Gruppenarbeit im Internet Zeitzeugenberichte zum Leben in Kriegsgefangenenlagern und versuchen Sie, die Folgen für die Zeit nach der Gefangenschaft zu eruieren. Stellen Sie Ihre Ergebnisse in der Klasse vor.

Gedichte analysieren und interpretieren

In der Lyrik nach 1945 gibt es eine Richtung, die sich mit Sprachexperimenten beschäftigt: Das auf den ersten Blick vielleicht Unsinnige folgt doch einem berechnenden Kalkül, indem das zunächst Selbstverständliche parodistisch infrage gestellt wird. Auch die grafische Gestaltung der Wörter ist ein typisches Merkmal dieser konkreten Poesie.

Ernst Jandl: reise (1966)

nach
nach
nach
nach
nach
nach
nach
nach
nach
nach
nach bayayayayayayayayayayayayayayayayayayayayern
nach
nach
nach
nach
nach
nach
nach
nach
nach
nach

1 Beschreiben Sie die optische Gestaltung des Textes und erklären Sie deren Wirkung.

2 Stellen Sie Thesen dazu auf, was der Verfasser ausdrücken will.

3 Recherchieren Sie im Internet weitere Texte dieser Art und stellen Sie diese in der Klasse vor.

★ 4 Erstellen Sie selbst ein Gedicht, das der konkreten Poesie zugeordnet werden kann. Lassen Sie anschließend einen Mitschüler die Botschaft Ihres Textes herausarbeiten.

BASISWISSEN – Inhalt, Form und Sprache eines Gedichts analysieren

Die **Inhaltsanalyse** eines Gedichts arbeitet das Handeln, das Erleben oder die Gedanken des lyrischen Ichs heraus und bringt sie in einen Deutungszusammenhang. Da Gedichte oft einen geringen Textumfang haben, ist auch der Stellenwert, den kleine Textelemente aufweisen, zu beachten. Bei einem mehrstrophigen Gedicht kann es sinnvoll sein, den Inhalt strophenweise zu beschreiben, da dadurch der gedankliche Aufbau verdeutlicht werden kann.

Die **Formanalyse** sollte die Anzahl der Strophen und Verse erwähnen, das Gedicht auf Reimschemata untersuchen und das Metrum ermitteln. Auch die Kadenzen sollten berücksichtigt werden. Natürlich gibt es auch Gedichte, die

Gedichte analysieren und interpretieren

auf formale Gestaltungsmittel teilweise oder ganz verzichten. In diesem Fall reduziert sich die Formanalyse auf die vorhandenen Auffälligkeiten.

Die Untersuchung der verwendeten sprachlichen Mittel und die Beschreibung ihrer Wirkung ist Aufgabe der **Sprachanalyse.** Sie greift auf die Ergebnisse der Formanalyse zurück, wenn sie für die Interpretation aufschlussreich sind.

Den Schluss bildet eine abschließende Beurteilung des Gedichts. Hierbei können Sie an Ihre Leseerfahrungen anknüpfen, sich zum Thema, zu Inhalt und Form, zur Sprache oder auch zur Aktualität äußern.

Liebe als zeitlos existenzielle Erfahrung wird auch in der modernen Lyrik thematisiert. Da sich die Dichter nicht mehr auf ein gültiges und verbindliches Wertesystem berufen wollen und können und für sie das Lebens- und Weltverständnis brüchig geworden ist, haben auch Gefühle keine Verlässlichkeit mehr. Ihrem Schmerz über die Ungesichertheit von Bindungen, ihrem Verlorensein und ihrer Unruhe setzten die Autoren in ihren Gedichten oft ein striktes, architektonisch strenges Strukturmuster entgegen. Aus diesem Grund ist bei diesen Gedichten die Beschäftigung mit der formalen Gestaltung besonders wichtig.
Ingeborg Bachmann (1926–1973) war eine österreichische Schriftstellerin und Lyrikerin. Das folgende Gedicht stammt aus ihrem gleichnamigen Lyrikband.

Ingeborg Bachmann: Die gestundete Zeit (1952)

Es kommen härtere Tage.
Die auf Widerruf gestundete Zeit
Wird sichtbar am Horizont.
Bald musst du den Schuh schnüren
Und die Hunde zurückjagen in die Marschhöfe.
Denn die Eingeweide der Fische
Sind kalt geworden im Wind.
Ärmlich brennt das Licht der Lupinen.
Dein Blick spurt im Nebel:
Die auf Widerruf gestundete Zeit
Wird sichtbar am Horizont.

Drüben versinkt dir die Geliebte im Sand,
er steigt um ihr wehendes Haar,
er fällt ihr ins Wort,
er befiehlt ihr zu schweigen,
er findet sie sterblich
und willig dem Abschied
nach jeder Umarmung.
Sieh dich nicht um.
Schnür deinen Schuh.
Jag die Hunde zurück.
Wirf die Fische ins Meer.
Lösch die Lupinen!

Es kommen härtere Tage.

1 Notieren Sie erste Leseeindrücke und fassen Sie anschließend den Inhalt des Gedichts zusammen.

2 Analysieren Sie die Form.

a) Beschreiben Sie die Anzahl und die Länge der einzelnen Strophen und Verse und erläutern Sie deren Bedeutung und Wirkung.
b) Listen Sie die Enjambements auf und erklären Sie deren Bedeutung für den Inhalt.
c) Gehen Sie auf die Funktion der Interpunktion ein.
d) Untersuchen Sie Reim und Rhythmus und zeigen Sie die Auswirkung auf die Stimmung im Gedicht auf.
e) Betrachten Sie den ersten und den letzten Vers und stellen Sie die Bedeutung für den Aufbau und den Inhalt des Gedichts dar.
f) Verfassen Sie eine Inhaltswiedergabe, die auch die Deutung beinhaltet, und eine Sprachanalyse.

Gedichte analysieren und interpretieren

Viele Dichter zweifelten und zweifeln an der Verwertbarkeit der überkommenen Sprache, um ihre Visionen und Empfindungen auszudrücken. Sie bedien(t)en sich daher einer „neuen", verrätselten und geheimnisvollen Bildersprache mit ungewohnten Metaphern, Symbolen und Chiffren (↗ Kapitel 9).

Stefan George: Die Spange (1891)

Ich wollte sie aus kühlem eisen
Und wie ein glatter fester streif
Doch war im schacht auf allen gleisen
So kein metall zum gusse reif.

Nun aber soll sie also sein:
Wie eine große fremde dolde
Geformt aus feuerrotem golde
Und reichem blitzendem gestein.

Paul Scheerbart: Groglied (1899)

In meinen Adern brennt der stramme Grog;
Pompöser Kohl durchrast mein Eingeweide.
Die kalte Nase steckt im Weltgehirn;
Die heißen Hengste führ ich auf die Weide.
Jetzt, Erdenbürger: Leide! Leide! Leide!

Georg Heym: Der Gott der Stadt (1911)

Auf einem Häuserblocke sitzt er breit.
Die Winde lagern schwarz um seine Stirn.
Er schaut voll Wut, wo fern in Einsamkeit
Die letzten Häuser in das Land verirrn.

Vom Abend glänzt der rote Bauch dem Baal,
Die großen Städte knien um ihn her.
Der Kirchenglocken ungeheure Zahl
Wogt auf zu ihm aus schwarzer Türme Meer.

Wie Korybanten[1]-Tanz dröhnt die Musik
Der Millionen durch die Straßen laut.
Der Schlote Rauch, die Wolken der Fabrik
Ziehn auf zu ihm, wie Duft von Weihrauch blaut.

Das Wetter schwelt in seinen Augenbrauen.
Der dunkle Abend wird in Nacht betäubt.
Die Stürme flattern, die wie Geier schauen
Von seinem Haupthaar, das im Zorne sträubt.

Er streckt ins Dunkel seine Fleischerfaust.
Er schüttelt sie. Ein Meer von Feuer jagt
Durch eine Straße. Und der Glutqualm braust
Und frisst sie auf, bis spät der Morgen tagt.

1 Naturdämonen der griechischen Mythologie

1 Geben Sie für jedes Gedicht in einem Satz den Inhalt wieder.

2 Erläutern Sie, wo in den Gedichten die chiffrehafte Sprache erkennbar ist und was damit ausgedrückt werden soll.

3 Untersuchen Sie den formalen Aufbau und setzen Sie Ihre Ergebnisse in Bezug zum Inhalt.

★ **4** Diskutieren Sie, ob der Gebrauch der Alltagssprache angemessen ist, um Empfindungen auszudrücken.

Gedichte miteinander vergleichen

Eine weitere Möglichkeit, sich mit Gedichten zu beschäftigen, ist der Vergleich zweier Gedichte. Hierzu werden zunächst die Gedichte für sich nach Inhalt, Sprache und Form untersucht und dann werden die Gemeinsamkeiten und Unterschiede herausgearbeitet.

Theodor Storm: Die Stadt (1851)

Am grauen Strand, am grauen Meer
Und seitab liegt die Stadt;
Der Nebel drückt die Dächer schwer,
Und durch die Stille braust das Meer
Eintönig um die Stadt.

Es rauscht kein Wald, es schlägt im Mai
Kein Vogel ohn Unterlass;
Die Wandergans mit hartem Schrei
Nur fliegt in Herbstesnacht vorbei,
Am Strande weht das Gras.

Doch hängt mein Herz an dir,
Du graue Stadt am Meer;
Der Jugend Zauber für und für
Ruht lächelnd doch auf dir, auf dir,
Du graue Stadt am Meer.

Georg Trakl: Die schöne Stadt (1910)

Alte Plätze sonnig schweigen.
Tief in Blau und Gold versponnen
Traumhaft hasten sanfte Nonnen
Unter schwüler Buchen Schweigen.

Aus den braun erhellten Kirchen
Schaun des Todes reine Bilder,
Großer Fürsten schöne Schilder.
Kronen schimmern in den Kirchen.

Rösser tauchen aus dem Brunnen.
Blütenkrallen drohn aus Bäumen.
Knaben spielen wirr von Träumen
Abends leise dort am Brunnen.

Mädchen stehen an den Toren,
Schauen scheu ins farbige Leben.
Ihre feuchten Lippen beben
Und sie warten an den Toren.

Zitternd flattern Glockenklänge,
Marschtakt hallt und Wacherufen.
Fremde lauschen auf den Stufen.
Hoch im Blau sind Orgelklänge.

Helle Instrumente singen.
Durch der Gärten Blätterrahmen
Schwirrt das Lachen schöner Damen.
Leise junge Mütter singen.

Heimlich haucht an blumigen Fenstern
Duft von Weihrauch, Teer und Flieder.
Silbern flimmern müde Lider
Durch die Blumen an den Fenstern.

Gedichte miteinander vergleichen

1 Analysieren Sie die beiden Gedichte jeweils einzeln nach Inhalt, Form und Sprache.

2 Untersuchen Sie Gemeinsamkeiten und Unterschiede (Thematik, formale und sprachliche Mittel, Epochenbezug). Notieren Sie diese beispielsweise in Tabellenform.

Vergleichsaspekt	Storm: Die Stadt	Trakl: Die schöne Stadt
Strophengliederung und Verse	...	...
Reimschema, Metrum	...	...
Thema	...	...
Sprachliche Besonderheiten	...	...
Epochenbezug		
...		

Sprache und Stil

Folgende Formulierungen können Ihnen beim Gedichtvergleich helfen:

- *Die Texte weisen einige/zahlreiche Gemeinsamkeiten auf. In beiden steht das Thema ... im Mittelpunkt ... auf Parallelen gibt es ...*
- *Es gibt jedoch deutliche Unterschiede im Hinblick auf ... Während in dem Gedicht ..., wird in dem Gedicht ... besonders mit den Mitteln ... gearbeitet. ... Im Gegensatz dazu ...*
- *Im Ergebnis des Textvergleichs lässt sich sagen, ... Ich persönlich finde das Gedicht ...*

Marie Luise Kaschnitz: Hochsommer (1965)

Im Erntemonde, wenn die Halme bleichen,
Verstummt der Vögel Sang. Die Erde ruht.
Es wächst die grüne Decke auf dem Teich,
Erstickt die Flut.

Der Brunnenschale Wasser geht zur Neige,
Der Efeu streckt die kleine Totenhand.
Im Garten schlingen Ranken sich und Zweige
Zu finstrer Wand.

Die roten Beeren schimmern aus der Laube,
Es tritt der Fremde in den Garten ein,
Zerreißt die leuchtende Johannistraube
Wie Blut und Wein.

Es dämmert in den Schluchten matter Wärme
Auf faulem Teich ein Regenbogenglanz,
Bei Schilf und Lattich heben Fliegenschwärme
Sich hoch im Tanz.

Die Zeit ist kurz. Die Liebenden umgreifen
Sich jäh in wilden Ängsten, dumpf und blind.
Nah ist der Herbst. Die Frucht will reifen,
Es ruht der Wind.

Gedichte miteinander vergleichen

Michael Buselmeier: Sommermittag (1980)

Jetzt werden Ping-Pong-Tische
ins Freie gezogen
weiße Gartenmöbel
auf den Rasen gesetzt
Knirschender Kies
ein blau-rot gestreifter
Sonnenschirm
die Blätter der Birke
sieden im Wind
Unterm Efeu
Modergeruch
Wie sich das Gras
über den Kindergräbern wellt
Warme Sandsteinmauer
Kirschen, dicht
über meinem Kopf
ein Zeppelin

Ohne Brille kann ich
die Reklamebänder
nicht lesen
aber HEIMAT steht drauf
da bin ich sicher.

3 Beschäftigen Sie sich mit den beiden Sommergedichten.

a) Geben Sie den Inhalt der Gedichte wieder.

b) Untersuchen Sie jeweils den formalen Aufbau und die sprachliche Gestaltung.

c) Vergleichen Sie die beiden Gedichte hinsichtlich Thematik, Form und Sprache.

Achtung, Fehler!

Schülerbeispiel

Die Überschrift „Hochsommer" klingt, wenn man die Aussagen des Gedichts betrachtet, zunächst erstaunlich. Denn in ihm werden antithetische Eindrücke geschildert, die eher zu einem Herbstgedicht passen. So sind seine prägenden Metaphern Bilder des Reifens und Vergehens und beschwören dadurch die Flüchtigkeit und Vergänglichkeit allen Lebens. Bereits in der ersten Strophe ist vom „Erntenmonde" die Rede, eine Umschreibung für die Zeit der Ernte, eine Assoziation, die an die herbstliche Jahreszeit und an das Reifwerden der Früchte erinnert, was die letzte Strophe dann auch direkt benennt. Dadurch wird der Hochsommer zum Vorboten des nahenden Herbstes und die Aussagen spiegeln die Ambivalenz dieser Jahreszeit wider, zum einen das Helle und Leuchtende, zum anderen das Dunkle und Bedrohliche. Dieses die Gegensätzlichkeit betonende Motiv zieht sich durch das gesamte Gedicht und bestimmt die melancholische Stimmung in jeder einzelnen Strophe.

So werden in der ersten Strophe dem „Erntemonde" Bilder entgegengesetzt, die negative Bedeutung haben, nämlich das Verstummen der Vögel – eine bedrohliche Vorstellung, wird doch mit Vögeln in der Regel fröhlicher Gesang, also ein heiteres Bild, verbunden. Und auch die „grüne Decke auf den Teichen" wird nicht mit pulsierendem grünen Leben in Zusammenhang gebracht, sondern mit dem Ersticken der Flut, einer Metapher der Lebensfeindlichkeit, denn die Flut, also dynamische Bewegung, wird hier erstickt und ausgelöscht. Besonders wird die Atmosphäre durch die Gegenüberstellung der beiden Verben „wächst" und „erstickt" geprägt, Wachstum und Sterben bedingen sich also, wodurch das Schwermütige der Stimmung nochmals hervorgehoben wird.

Auch die zweite Strophe nimmt diese Gemütsverfassung wieder auf: ...

Gedichte miteinander vergleichen

4 Arbeiten Sie heraus, wie die Sprachanalyse aufgebaut ist.

5 Setzen Sie die Sprachanalyse fort und gehen Sie bei der Untersuchung der Strophen 3 bis 5 vor allem auf die gedankliche Verbindung von Lebendigkeit und Vergänglichkeit ein.

6 Erstellen Sie mithilfe der folgenden sprachlichen Auffälligkeiten eine Sprachanalyse des Gedichts „Sommermittag" von Michael Buselmeier.

a) Beispiele, die den sommerlichen Alltag bestimmen: „Ping-Pong-Tische" (V. 1), „weiße Gartenmöbel" (V. 3), „ein blau-rot gestreifter Sonnenschirm" (V. 6/7) und andere
b) Umgangssprachliche Formulierung: „HEIMAT steht drauf" (V. 21)
c) Versalien des Wortes „HEIMAT" (V. 21)
d) Ellipsen (V. 10 f., 14 ff.)
e) Metaphern: „die Blätter der Birke / sieden im Wind" (V. 8 f.); „Wie sich das Gras / über den Kindergräbern wellt" (V. 12 f.)
f) Alliterationen: „Ping-Pong-Tische" (V. 1), „Knirschender Kies" (V. 5), „Blätter der Birke" (V. 8)

Ihre Sprache in einer Analyse sollte immer neutral gehalten werden, das gilt auch für Gedichtanalysen. Denn es ist nicht Ihre subjektive Meinung oder eine Bewertung des Inhalts gefragt. Vielmehr sollen Sie untersuchen und deuten (ggf. auch mit der Sprache eines anderen Gedichts vergleichen), mit welchen sprachlichen und stilistischen Mitteln der Dichter gearbeitet hat.

7 Formulieren Sie die folgenden Sätze so um, dass sie neutraler wirken:
Das Thema ist von vorgestern.
Die Metaphern versteht kein Mensch.
Das ist alles zu oberflächlich.
Das Gedicht ist langweilig.
Mit dem Gedicht kann ich nichts anfangen.
Die Vergleiche sind an den Haaren herbeigezogen.

FAZIT

18.1
Gedichte analysieren und interpretieren
- Inhalt wiedergeben
- Form analysieren
- Sprache untersuchen
- Sich gestalterisch mit Gedichten auseinandersetzen
- Die Aktualität von Texten erörtern

18.2
Gedichte miteinander vergleichen
- Gemeinsamkeiten und Unterschiede herausarbeiten
- Aufbau einer Sprachanalyse erkennen
- Eine Sprachanalyse verfassen

18.3
Prüfungsvorbereitung

Prüfungsvorbereitung

Die folgenden Gedichte mit Aufgaben könnten Ihnen in einer Prüfung vorgelegt werden.

Johann Wolfgang Goethe: Willkommen und Abschied (1789)

Es schlug mein Herz, geschwind zu Pferde!
Es war getan fast eh gedacht.
Der Abend wiegte schon die Erde,
Und an den Bergen hing die Nacht;
Schon stand im Nebelkleid die Eiche,
Ein aufgetürmter Riese, da,
Wo Finsternis aus dem Gesträuche
Mit hundert schwarzen Augen sah.

Der Mond von einem Wolkenhügel
Sah kläglich aus dem Duft hervor,
Die Winde schwangen leise Flügel,
Umsausten schauerlich mein Ohr;
Die Nacht schuf tausend Ungeheuer,
Doch frisch und fröhlich war mein Mut:
In meinen Adern welches Feuer!
In meinem Herzen welche Glut!

Dich sah ich, und die milde Freude
Floss von dem süßen Blick auf mich;
Ganz war mein Herz an deiner Seite
Und jeder Atemzug für dich.
Ein rosenfarbnes Frühlingswetter
Umgab das liebliche Gesicht,
Und Zärtlichkeit für mich – ihr Götter!
Ich hofft es, ich verdient es nicht!

Doch ach, schon mit der Morgensonne
Verengt der Abschied mir das Herz:
In deinen Küssen welche Wonne!
In deinem Auge welcher Schmerz!
Ich ging, du standst und sahst zur Erden
Und sahst mir nach mit nassem Blick:
Und doch, welch Glück, geliebt zu werden!
Und lieben, Götter, welch ein Glück!

Bertolt Brecht: Erinnerung an die Marie A. (1920)

1
An jenem Tag im blauen Mond September
Still unter einem jungen Pflaumenbaum
Da hielt ich sie, die stille bleiche Liebe
In meinem Arm wie einen holden Traum.
Und über uns im schönen Sommerhimmel
War eine Wolke, die ich lange sah
Sie war sehr weiß und ungeheuer oben
Und als ich aufsah, war sie nimmer da.

2
Seit jenem Tag sind viele, viele Monde
Geschwommen still hinunter und vorbei.
Die Pflaumenbäume sind wohl abgehauen
Und fragst du mich, was mit der Liebe sei?
So sag ich dir: ich kann mich nicht erinnern
Und doch, gewiß, ich weiß schon, was du meinst
Doch ihr Gesicht, das weiß ich wirklich nimmer
Ich weiß nur mehr: ich küßte es dereinst.

3
Und auch den Kuß, ich hätt ihn längst vergessen
Wenn nicht die Wolke da gewesen wär
Die weiß ich noch und werd ich immer wissen
Sie war sehr weiß und kam von oben her.
Die Pflaumenbäume blühn vielleicht noch immer
Und jene Frau hat jetzt vielleicht das siebte Kind
Doch jene Wolke blühte nur Minuten
Und als ich aufsah, schwand sie schon im Wind. R

1 Erschließen Sie die beiden Gedichte nach Inhalt, Form und Sprache.

2 Ziehen Sie anschließend einen Vergleich zwischen den beiden Texten, indem Sie die Unterschiede und Gemeinsamkeiten herausarbeiten.

Prüfungsvorbereitung

3 Recherchieren Sie im Internet nach der ursprünglichen Fassung von Goethes Gedicht.

a) Vergleichen Sie die beiden Fassungen und nennen Sie die Unterschiede.
b) Stellen Sie Vermutungen an, warum die Veränderungen vorgenommen wurden.
c) Recherchieren Sie nach den Gründen für die Überarbeitung des Gedichts.

4 Recherchieren Sie, aus welchen Epochen die beiden Gedichte stammen.

a) Fassen Sie Ihre Ergebnisse zu der jeweiligen Epoche zusammen und stellen Sie diese in der Klasse vor.
b) Suchen Sie die epochentypischen Merkmale in den jeweiligen Gedichten und erläutern Sie diese.

5 Übertragen Sie das Gedicht „Willkommen und Abschied" in heutiges Deutsch.

6 Der Interpret Klaus Weimar spricht am Ende seiner Interpretation 1982 über Goethes Gedicht von einem „Skandal".

a) Überlegen Sie, warum Weimar zu einem solchen Urteil kommt.
b) Nehmen Sie kritisch zu Weimars Aussage Stellung.

7 Verfassen Sie selbst ein Gedicht, das inhaltlich zu den beiden anderen passt.

CHECKLISTE – Eine Gedichtinterpretation schreiben

Vorbereitung des Aufsatzes

☑ Haben Sie die Aufgabenstellung auf besondere Aspekte der Interpretation hin geprüft?

Einleitung

☑ Wurden Autor, Titel und Erscheinungsjahr (eventuell der Erscheinungsort) genannt?

☑ Wurden das Thema formuliert und eine Interpretationshypothese aufgestellt?

Hauptteil

☑ Haben Sie den Inhalt wiedergegeben und dabei die Zusammenfassung mit der Deutung verknüpft?

☑ Haben Sie die Ergebnisse Ihrer Sprachanalyse gedeutet: Sprachbilder, rhetorische Figuren, Sprachvarietäten, andere Auffälligkeiten?

☑ Haben Sie die Ergebnisse der Formanalyse gedeutet: Anordnung der Verse und Strophen, Reim, Metrum, Kadenzen?

☑ Haben Sie Ihre Interpretationshypothese überprüft und begründet sowie treffende Zitate angeführt?

☑ Wurden im Falle eines Gedichtvergleichs Gemeinsamkeiten und Unterschiede herausgearbeitet?

Schluss

☑ Haben Sie eine abschließende Beurteilung des Gedichts vorgenommen, bei der Sie an eigene Leseerfahrungen anknüpfen, sich zu Thema, Inhalt und Form, zur Sprache oder zur Aktualität äußern?

Textüberarbeitung

☑ Haben Sie Gliederung, Ausdruck, Rechtschreibung und Grammatik korrigiert?

Kapitel 19

Sich mit digitalen Medien auseinandersetzen

19.1
Medienangebote beurteilen

19.2
Ein Informationsblatt erstellen

Jugendliche nutzen nicht nur immer mehr Medien, auch die Rolle des Nutzers wandelt sich. Während die herkömmlichen Medien (beispielsweise Fernsehen, gedruckte Zeitungen) passiv genutzt wurden, beteiligen sich die Nutzer bei den modernen Medien (beispielsweise soziale Netzwerke, Online-Zeitungen) selbst an der Medienproduktion. Eine kritische Nutzung der Medien ist ein wichtiges Mittel, um sich zu präsentieren und die Selbstdarstellung des digitalen Ichs zu steuern. In diesem Kapitel werden Sie sich mit diesem Begriff auseinandersetzen.

Kompetenzen

- ✓ Inhalte erfassen
- ✓ Vergleiche anstellen
- ✓ Internetrecherche durchführen
- ✓ Studienergebnisse mit persönlicher Ansicht vergleichen
- ✓ Informationsblatt erstellen
- ✓ Textprodukt überarbeiten

Methoden und Arbeitstechniken

- ✓ Sammeln von Informationen
- ✓ Exzerpieren
- ✓ Brainstorming
- ✓ Schreibkonferenz
- ✓ Umfragen durchführen

Medienangebote beurteilen

Sibylle Bergs Kolumne läuft unter dem Titel S.P.O.N. – Fragen Sie Frau Sibylle und erscheint regelmäßig auf Spiegel Online.

Quelle 1

S. P. O. N. – Fragen Sie Frau Sibylle: Wer auffällt, ist out

Eine Kolumne von Sibylle Berg

Warum sehen wir in den sozialen Medien eigentlich alle gleich aus? Über den Wahn, sich online ständig selbst zu vermarkten.

Madison Beer. Noch nie gehört. Aber sie von mir sicher auch nicht. Madison habe ich irgendwo im Internet gefunden. Madison singt. Ganz ok, kann man machen, kann man mögen, interessanter aber ist ihre Webpage. So muss das. Ziemlich ALLE Social Media Kanäle nutzen, um klarzumachen: Ich bin hier. Ich singe. Ich tanze. Ich schreibe. Stelle dar. Oder mache irgendeinen anderen Scheiß, den 700 000 gerade in dieser Sekunde auch machen. Die Verzweiflung ist greifbar. Oder hat sich zu Wahn entwickelt. So viele entäußern sich, als würden sie ansonsten nicht existieren. Wow, sie hat eine Million Instagram-Follower – heißt es anerkennend in den vor sich hin dümpelnden Printmedien. Von einer Millionen Leser träumen die.

Eine Millionen Follower sehen sich Tausende Fotos an, die alle gleich aussehen. Das Gesicht, der Körper im Gym, der Körper nebst Gesicht und niedlichem Hund, der Körper im Kleid. Millionen machen dieselben Bilder. Die globalisierte Welt ist ein gnadenloser Menschengleichmacher. Es gibt Selfie-Tutorials, und Selfie Make-up, um sein Gesicht so zu fotografieren, dass es aussieht wie die Gesichter aller. Und der Körper, und der Hund. Auffallen ist out. Anders sein eine Schwäche. Sich stark fühlen in der Uninformiertheit. Wer auffällt wird gefressen, wir wollen nicht auffallen. Wir wollen zu Gruppen gehören, großen, starken Gruppen, die einander behüten.

Sind wir weiblich, sind wir in Pro oder Kontra So-called-Sexy-Gruppen, als junge Männer in Pro-oder-Kontra-Muskelgruppen. Ken und Barbie gewinnen. Bei den homosexuellen Männern überwiegt der Jungbär, bei den Frauen der Kurzhaarschnitt. Millionenfach. Als gäbe es Menschen nur in sechs Geschmacksrichtungen. Kontinentübergreifende Vereinheitlichung der Schönheitsideale. Der Rest ist Müll. Die zu Dicken, zu Dünnen, die mit den abstehenden Ohren – Mann, lass die doch machen.

Es ist ein Fluch, Angehörige der Brücken-Generation zu sein. Die vor und nach Social Media. Immer zu wissen, wie es früher war, auch nicht besser, immer zu wissen wie unglaublich praktisch soziale Medien sind, und wie unglaublich dämlich zugleich. Sich zu fragen, wie es eigentlich um das Wissen bestellt ist, wenn Wissen für die meisten Wikipedia bedeutet, die als Wissen Zeitungen in Fußnoten auflistet, die wiederum von Wikipedia abschreiben. Nichts gegen die Presse, aber dass dort nicht ausschließlich Wissenschaftler beschäftigt sind, sondern eher oft unterbezahlte, gestresste Mitarbeiter, hat sich doch eigentlich in das Weltwissen eingegraben. Oder eben nicht. Denn das kommt ja von Wiki.

Ist die Demokratisierung der Intelligenz gleichbedeutend damit, dass Abstriche gemacht werden müssen? Wenn fünfzig Prozent der Wachzeit zur Selbstvermarktung verwendet werden, bleibt nicht mehr viel Zeit um zu lernen. Spricht für Wiki. Wenn die Menschen sich andauernd knipsen, können sie keinen Blödsinn machen. Spricht für Social Media. Verblödete, gutaussehende Weltbevölkerung, die sich in Form hält, vegan lebt, nicht wählen geht und andauernd „Awesome!“ schreiend mit den Händen wedelt. Geht klar. Gibt Schlimmeres.

(www.spiegel.de, 09. 04. 2016)

Medienangebote beurteilen

Der folgende Artikel ist auf **jetzt**, einem Onlinemagazin der Süddeutschen Zeitung, erschienen.

Quelle 2

Scroll bitte in deine Facebook-Vergangenheit

Ist zwar peinlich, aber gut für ein souveränes Leben.

von Kristin Höller

[…] Wie das eben so ist in einer neuen Stadt: Ich habe ein paar Facebookfreunde mehr. Wie man das eben so macht nach ein paar Bier in der Kneipe oder ein paar Mal essen gehen in der Mensa. Manche davon werden womöglich echte Freunde. Freunde, mit denen man irgendwann brunchen geht oder an die Ostsee fährt, wer weiß. Aber vorerst: nette, fremde Menschen. Und hier fängt schon das Problem an.

Nach zwei Portionen fettiger Nudeln weiß man im Grunde immer noch wahnsinnig wenig übereinander. Und wenn dann die Anfrage aufpoppt, bei Facebook oder sonstwo, dann schaut man sich eben das Profil an. Und klickt, weil man ja sonst nichts zur Hand hat, auch mal zurück ins Jahr 2011. […]

Könnte man natürlich auch löschen, den ganzen Quatsch. Aber das wäre auch irgendwie merkwürdig. Es ist ja nicht so, dass man sich wirklich richtig schämt für sein altes Leben. Es ist nur schwierig, den neuen Freunden begreiflich zu machen, dass man das alte Leben, das da zu sehen ist, vielleicht ein Stück weit hinter sich lassen möchte. […]

Wegziehen und wenigstens ein bisschen jemand anderes werden, das war vor zehn Jahren bestimmt noch leicht. Heute aber steht hinter allem ein mediales Backup, eine Schablone unseres alten Lebens, die uns und andere immer alles mit früher vergleichen lässt.[…]

Das kann dann schon mal einengen, das Gefühl, dass ein richtiger, sauberer Neuanfang eigentlich gar nicht möglich ist. Nicht mal in einer neuen Stadt. Die alte Timeline zieht ja mit um. Nach Ausbrechen und Reset fühlt sich das jedenfalls oft nicht an. […]

Unsere Chroniken halten uns viele Jahre vor, wie wir mal waren. Und das – hier kommt jetzt der entscheidende Dreh – hält uns eben von etwas ab, zu dem wir leider sehr oft neigen: Wir polieren unsere Jugend auf. Mal nur für uns, mal im Kneipengespräch. Die Geschichten des früher Erlebten werden spannender, als sie wirklich waren. Das ist nicht mal böse gemeint. Aber es führt dazu, dass man leicht vergisst, dass man nicht schon immer in Berlin Mitte gewohnt hat und nicht immer so cool und souverän war, wie man sich fühlt. […]

Es ist schön, wenn man da ab und zu dran erinnert wird. Weil es dazu gehört. Weil es gut ist, zu wissen, dass man nicht immer nur Mate getrunken hat, sondern auch mal Cola-Korn. Ist ja halb so schlimm, dass man mal auf einer Tequila-Tuesday-Party war. Oder dass man in der Projektwoche in der elften Klasse echt scheiße aussah. Und es hat schließlich auch etwas Rührendes an sich, wenn man mal das eigene Profil durchschaut und auf ein knapp fünf Jahre altes "Jaaaaa, miese Facharbeit endlich fertig" stößt.

Man vergisst nicht, wo man herkommt und wer man war, bevor man erwachsen wurde. Wenn man weiß, wie es früher war, erlebt man die Dinge, wie sie jetzt sind, viel bewusster.

Ja, das ist ein Aufruf! Einfach mal zurückscrollen, soweit es geht und einfach ein bisschen was lesen. Auch die Kommentare. Und die Verlinkungen erst! Im eigenen Profil, in fremden Profilen. Auch, wenn man erst zweimal zusammen in der Mensa war, egal. Es war dann ja doch bei allen ähnlich, irgendwie. Einfach nochmal zurückdenken an Projektwochen und empfindsame Teenager-Seelen. Mitunter ziemlich peinlich, auf jeden Fall. Aber: Sich seine digitale Vergangenheit ab und zu nochmal anzuschauen, ist der Garant für absolute, souveräne Realness.

(www.jetzt.de, 09.04.2016)

Medienangebote beurteilen

Focus Online berichtet über die Ergebnisse der aktuellen SINUS-Jugendstudie, die vom Markt- und Sozialforschungsinstitut SINUS durchgeführt wurde.

Quelle 3

SINUS-Jugendstudie 2016 Glücklich im Mainstream: So ticken Jugendliche wirklich

Was ist jungen Menschen wichtig, und was macht sie glücklich? Eine groß angelegte Studie des SINUS-Instituts hat 14- bis 17-Jährige befragt und unter anderem herausgefunden: Werte sind wichtiger als Religion. Jugendliche mit Migrationshintergrund distanzieren sich von religiösem Fundamentalismus.

von Sabine Menkens

[...] Anecken, revoluzzen, aufbegehren – den Jugendlichen von heute scheint das nicht mehr wichtig zu sein. Die aktuelle Studie „Wie ticken Jugendliche 2016" zeigt: Die 14- bis 17-Jährigen wollen vor allem „sein wie alle". Große Subkulturen, die sich abgrenzen und provozieren wollen gibt es kaum mehr, heißt es in der heute in Berlin vorgestellten Untersuchung. „Mainstream" sei für die meisten Jugendlichen kein Schimpfwort mehr, sondern eher Teil des Selbstverständnisses. „Viele wollen mehr noch als vor wenigen Jahren so sein ‚wie alle'", heißt es in der Pressemitteilung des Markt- und Sozialforschungsinstituts SINUS.

Jugendliche halten gemeinsame Werte hoch

Dafür sind die 14- bis 17-Jährigen auch bereit, sich stark anzupassen und Leistungstugenden zu akzeptieren. Dieser „Neo-Konventionalismus" gelte gleichermaßen für Jugendliche mit und ohne Migrationshintergrund. Dieser Kuschelkurs überraschte die Forscher. Rebellion war vorgestern: Teenager in Deutschland suchen den engen Schulterschluss mit der Elterngeneration.

Für soziale Absicherung nähmen Teenager eine noch größere Nähe zur Welt der Erwachsenen in Kauf als die „Generation Golf" vor ihnen, interpretiert Jugendforscher Klaus Hurrelmann das Ergebnis. „Das geht schon in Richtung Überanpassung."[...]

Die neue Sehnsucht der Teenager

[...] Forscher werten den ungewöhnlichen Kuschelkurs der Jugendlichen, den es so seit der Nachkriegszeit nicht mehr gab, nicht als Bequemlichkeit. Sie deuten die spürbare Sehnsucht nach Halt und Geborgenheit vielmehr als eine Reaktion auf Wirtschaftskrisen, Terrorgefahr und eine unübersichtlichere, globalisierte Welt.

Für die Jugendlichen von heute sind außerdem gemeinsame Werte von Freiheit, Aufklärung und Toleranz wichtig, um das „gute Leben" in diesem Land zu garantieren.

Das wünschen sich die Digital Natives

Wer heute zwischen 14 und 17 Jahren alt ist, gilt als „Digital Native", weil er in der digitalen, vernetzten Welt aufwächst. Dennoch ist der Studie zufolge „der Höhepunkt der digitalen Durchdringung des eigenen Alltags erreicht". Die Jugendlichen sind nicht mehr bedingungslos fasziniert.

Aus diesem Grund wünschen sich die Befragten, dass sie mehr Hilfestellung bekommen, damit sie lernen sich im Netz frei und gleichzeitig sicher bewegen zu können. „Chancengerechtigkeit in der digitalen Welt misst sich nicht mehr an der technischen Ausstattung", sagt Heike Kahl, Deutsche Kinder- und Jugendstiftung (DKJS). „Entscheidend wird für junge Menschen sein, ob sie die digitalen Möglichkeiten zielgerichtet zur Entfaltung ihrer Potenziale nutzen und selbst zu aktiven und kreativen Gestaltern ihrer Welt werden können – online wie offline."

(www.focus.de, 26.04.2016)

1 Lesen Sie die Quellen 1, 2 und 3.

a) Formulieren Sie für jeden Text eine Kernaussage.

b) Untersuchen Sie den jeweiligen Aufbau der Artikel.

Medienangebote beurteilen

2 Vergleichen Sie die Texte.

a) Notieren Sie die inhaltlichen Gemeinsamkeiten und Unterschiede.
b) Untersuchen Sie die sprachliche Gestaltung hinsichtlich Satzbau und rhetorischer Mittel.
c) Vergleichen Sie die Autorabsicht der einzelnen Artikel.

3 Beurteilen Sie die Ergebnisse der SINUS-Studie.

a) Notieren Sie die Ergebnisse, die Ihrem Eindruck von der heutigen Jugend entsprechen.
b) Schreiben Sie nun die Ergebnisse auf, die Sie überraschen, und begründen Sie Ihre Meinung.
c) Führen Sie zu den obigen überraschenden Ergebnissen eine Umfrage in Ihrer Klasse durch.

4 Betrachten Sie den Cartoon.

a) Beschreiben Sie den Cartoon und analysieren Sie die Aussageabsicht.
b) Betrachten Sie die beiden Personen und überlegen Sie, welche Gruppe der Zeichner ansprechen möchte.
c) Nennen und begründen Sie einen Erscheinungsort für die Abbildung.
d) Nehmen Sie zur Aussageabsicht des Cartoons Stellung, indem Sie erläutern, ob Sie dem Zeichner zustimmen oder nicht.
e) Schreiben Sie ausgehend von der Abbildung einen Dialog zwischen den beiden Personen.

Ein Informationsblatt erstellen

1 Bei Menschen, die sich viel in sozialen Netzwerken aufhalten und dort Bilder, Filme und Texte veröffentlichen, wird von einem „digitalen Ich" gesprochen.

a) Versuchen Sie zunächst anhand eines Brainstormings diesen Begriff auf der Basis der Materialien und Ihrer eigenen Erfahrungen zu erklären. Setzen Sie sich dabei auch mit dem Begriff „virtuelle Realität" auseinander.

b) Erweitern Sie nun Ihr Ergebnis mithilfe einer Internetrecherche zu diesem Begriff.

2 Ihre Schule plant für Eltern, die Lehrkräfte und alle Schüler Ihrer Schule eine Infoveranstaltung zum Thema „Jugendliche in sozialen Netzwerken". Sie sollen hierfür ein Informationsblatt über das „digitale Ich" erstellen. Hierbei müssen Sie vor allem die positiven und die negativen Aspekte dieses Phänomens herausstellen.

a) Erstellen Sie eine Gliederung und notieren Sie zu jedem Gliederungspunkt die passenden Inhalte in Stichworten.

b) Finden Sie eine passende Überschrift für Ihr Informationsblatt.

c) Verfassen Sie zunächst eine Einleitung, in der Sie Thema, Schreibanlass, Funktion des Textes und Ausgangslage nennen.

d) Formulieren sie nun den Hauptteil aus. Achten Sie hierbei auf eine passende Überleitung von der Einleitung zum Hauptteil und berücksichtigen Sie alle Aspekte der Gliederung.

e) Verfassen Sie einen Schluss, in dem Sie ein Fazit ziehen oder die Informationen noch einmal kurz und prägnant zusammenfassen.

f) Überarbeiten Sie Ihren Aufsatz im Rahmen einer Schreibkonferenz. Tauschen Sie hierfür Ihr Informationsblatt mit einem Mitschüler aus und bewerten Sie sein Produkt, indem Sie Verbesserungsvorschläge machen. Dann überarbeiten Sie auf der Basis der Vorschläge Ihres Mitschülers das Informationsblatt.

FAZIT

19.1
Medienangebote beurteilen

- Inhalte zusammenfassen
- Textaufbau untersuchen
- Inhaltliche Unterschiede erkennen
- Sprachliche Gestaltung untersuchen
- Autorintention vergleichen
- Begriffe klären

19.2
Ein Informationsblatt erstellen

- Informationen aus dem Internet sammeln
- Informationsmaterial erstellen
- Material gliedern
- Textprodukte erstellen
- Textprodukte bewerten
- Eigene Medienprodukte verbessern

Kapitel 20

Einblick in die Epochen der Literaturgeschichte

Mittelalterliche Literatur
um 750–1520

Reformationszeit
1520–1600

Barock
1600–1700

Aufklärung
1685–1781

Sturm und Drang
1770–1780

Weimarer Klassik
1786–1805

Romantik
1795–1835

Junges Deutschland/Vormärz
1815–1848

Bürgerlicher Realismus
1848–1890

Naturalismus
circa 1880–1900

Literatur der Jahrhundertwende
1890–1918

Expressionismus
circa 1910–1925

Weimarer Republik bis zum Ende des Dritten Reiches
1918–1945

Exilliteratur
1933–1945

Gegenwartsliteratur
seit 1945

Auf den folgenden Seiten erfahren Sie Näheres über die größten Dichter Deutschlands, die Weltruhm erlangt haben und deren Werke in unzählige Sprachen übersetzt worden sind. Sie lernen die Zeit, in der sie geschrieben haben, und ihre größten „Klassiker" kennen. „Klassiker" sind diese Werke vor allem deshalb, weil sie die bis heute großen Themen wie Liebe, Eifersucht, Hass und Angst ebenso gestaltet wie Epochenbegriffe definiert haben.

Kompetenzen

- ✓ Strömungen und Epochen der deutschen Literatur kennenlernen
- ✓ Sich mit politischen und sozialen Kontexten auseinandersetzen
- ✓ Aneignung von Hintergrundwissen durch Heranziehen von Materialien
- ✓ Anwendung von Elementen der Textgestaltung

Methoden und Arbeitstechniken

- ✓ Bildanalyse
- ✓ Internetrecherche

20

Epochen der Literaturgeschichte
von 750 bis 1835

um 750–1520 [1]
Mittelalterliche Literatur

1600–1700 [3]
Barock

1770–1780 [5]
Sturm und Drang

1795–1835 [7]
Romantik

1520–1600 [2]
Reformationszeit

1685–1781 [4]
Aufklärung

1786–1805 [6]
Weimarer Klassik

Epochen der Literaturgeschichte

von 1815 bis heute

1815–1848 [8]
Junges Deutschland/Vormärz

circa 1880–1900 [10]
Naturalismus

circa 1910–1925 [12]
Expressionismus

1933–1945 [14]
Exilliteratur

1848–1890 [9]
Bürgerlicher Realismus

1890–1918 [11]
Literatur der Jahrhundertwende

1918–1945 [13]
Weimarer Republik bis zum Ende des Dritten Reiches

seit 1945 [15]
Gegenwartsliteratur

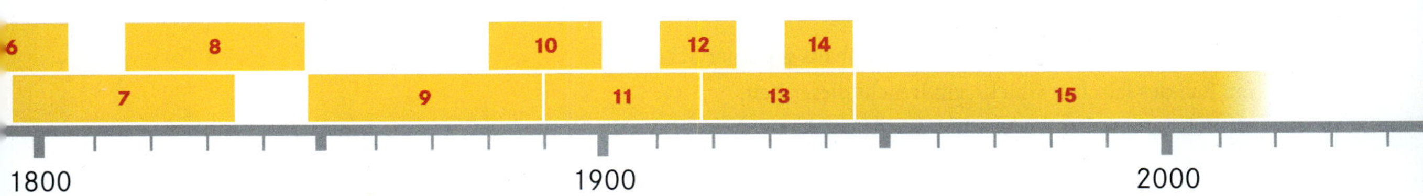

Barock (1600–1700)

Juriaen van Streeck: Vanitasstillleben, um 1670

Juriaen van Streeck (geboren 1632, gestorben 1687 in Amsterdam) war ein bedeutender niederländischer Maler des „Goldenen Zeitalters", einer wirtschaftlichen, künstlerischen und kulturellen Blütezeit des noch jungen Staates, der sich im 17. Jahrhundert zur Weltmacht und führenden Handelsnation entwickelte sowie Kunst und Wissenschaft förderte. Van Streecks allegorische Stillleben zeigen das für jene Zeit typische Vanitas-Motiv, seine Gemälde sind bildlicher Ausdruck des Lebensgefühls des Barock.

1 Beschreiben Sie das Bild so genau wie möglich. Ziehen Sie aus der Darstellung Schlüsse auf das Selbstverständnis, die Sorgen und Wünsche der Menschen in der Barockzeit und ihre Einstellung zur Ordnung sowie zu Leben und Tod.

Andreas Gryphius

Andreas Gryphius' (geboren 1616 in Glogau/Schlesien, gestorben 1664 in Glogau) Kindheit war geprägt von dem frühen Tod seiner Eltern und den Eindrücken des Dreißigjährigen Krieges. 1631 besuchte er das Gymnasium in Görlitz, zog 1632 nach Fraustadt und zwei Jahre später nach Danzig. 1638 begann er sein Sprachenstudium im niederländischen Leiden (Gryphius beherrschte circa zehn Sprachen). Er war einer der bedeutendsten Lyriker des Barock und wurde besonders durch seine Sonette bekannt. Sein literarisches Werk ist geprägt von einem tiefen Pessimismus, der vor allem in seinen geistlichen Liedern zum Ausdruck kommt.

Menschliches Elende (1637)

Was sind wir Menschen doch! Ein Wohnhaus grimmer Schmerzen,
Ein Ball des falschen Glücks, ein Irrlicht dieser Zeit,
Ein Schauplatz aller Angst und Widerwärtigkeit,
Ein bald verschmelzter Schnee und abgebrannte Kerzen.

Barock (1600–1700)

Dies Leben fleucht darvon wie ein Geschwätz und Scherzen.
Die vor uns abgelegt des schwachen Leibes Kleid
Und in das Totenbuch der großen Sterblichkeit
Längst eingeschrieben sind, sind uns aus Sinn und Herzen.

Gleich wie ein eitel Traum leicht aus der Acht hinfällt
Und wie ein Strom verfleußt, den keine Macht aufhält,
So muss auch unser Nam, Lob, Ehr und Ruhm verschwinden.

Was itzund Atem holt, fällt unversehns dahin,
Was nach uns kommt, wird auch der Tod ins Grab hinziehn.
So werden wir verjagt gleich wie ein Rauch von Winden.

2 Fassen Sie die Hauptaussage des Gedichts in einem Satz zusammen.

3 Analysieren Sie das Gedicht im Hinblick auf Form und Metrum (↗ Kapitel 5). Erläutern Sie, warum Gryphius gerade diese Gedicht- und Versform verwendet hat.

4 Überlegen Sie, welche Konsequenzen die barocke Auffassung vom Wesen und Leben des Menschen für die Lebensgestaltung der Menschen der damaligen Zeit gehabt haben könnte.

Hans Jakob Christoffel von Grimmelshausen

Hans Jakob Christoffel von Grimmelshausen (geboren 1621 in Gelnhausen/Hessen, gestorben 1676 in Renchen/Schwarzwald) wurde im Alter von 13 Jahren in den Wirren des Dreißigjährigen Krieges entführt und gelangte auf Umwegen in den Schwarzwald, wo er bis zu seinem Tod blieb. Er brachte sich sein Wissen selbst bei und schrieb den ersten deutschen Prosaroman von Weltgeltung: „Der abenteuerliche Simplicissimus Teutsch", einen abenteuerlichen, derb-drastischen und von hintergründigem Humor zeugenden Zeitroman, in den eigene Erlebnisse Einzug fanden. Grimmelshausen bediente sich einer direkten, urwüchsigen Sprache und vermittelte mit der Zeit- und Menschenschilderung eine auch kulturhistorisch wertvolle Darstellung.

Im Zentrum der Geschichte steht das Leben eines Jungen, des Ich-Erzählers. Als der Hof seiner Eltern während des Dreißigjährigen Krieges von plündernden Soldaten überfallen wird, muss er mit ansehen, wie seine Angehörigen gefoltert werden. Er flüchtet und begegnet im Wald einem Eremiten, bei dem er zwei Jahre lebt. Dieser nennt ihn Simplicius, den „Einfältigen", und bringt ihm Lesen und Schreiben bei. Nach dem Tod des Eremiten möchte Simplicius bei einem Dorfpfarrer einen Rat einholen und wird erneut Zeuge von Plünderung und Mord.

Der abenteuerliche Simplicissimus Teutsch (1669, Auszug)

Zu solchem End machte ich mich seinem Dorf zu; und als ich hinkam, fande ich's in voller Flamm stehen, dann es eben eine Partei Reuter[1] ausgeplündert, angezündet, teils Bauern niedergemacht, viel verjagt und etliche gefangen hatten, darunter auch der Pfarrer selbst war. Ach Gott! wie ist das menschliche Leben so viel Mühe und Widerwärtigkeit! Kaum hat ein Unglück aufgehört, so stecken wir schon wieder in einem andern. Mich verwundert nicht, dass der heidnische Philosophus Timon[2] zu Athen viel Galgen aufrichtete, daran sich die Menschen selber aufknüpfen und so ihrem elenden Leben [...] ein Ende machen sollten. Die Reuter waren eben wegfertig und führten den Pfarrer an einem Strick daher. Unterschiedliche schrien: „Schieße den Schelmen nieder!" Andere aber wollten Geld von ihm haben.

Er aber hub die Händ auf und bat um des Jüngsten Gericht willen um Verschonung und christliche Barmherzigkeit; aber umsonst; denn einer ritte ihn über den Haufen [...].

1 Reuter: Reiter
2 Timon von Athen: ein Philosoph des 5. Jahrhunderts v. Chr., der wegen seiner Menschenverachtung berüchtigt geworden ist

5 Beschreiben Sie die Wirkung des Textauszugs. Erläutern Sie, mit welchen sprachlichen Mitteln diese erreicht wird.

BASISWISSEN Barock

Der Begriff „Barock" (der oder das) lässt sich zurückführen auf den portugiesischen Begriff „barocco", was „unregelmäßige, schiefe Perle" bedeutet. Zunächst wurde die Bezeichnung „barock" abwertend im Sinn von „absonderlich", „schwülstig" verwendet, im 20. Jahrhundert etablierte sich die Bezeichnung als Epochenbegriff.

Der Barock war die **Kunst der Gegenreformation** (Reaktion der katholischen Kirche auf die Reformation durch Martin Luther) und des **Absolutismus** (Regierung eines Alleinherrschers, der unbeschränkte Macht ausübt), denn die wichtigsten Kunstförderer waren in dieser Zeit Kirche und Aristokratie. Sie strebten nach Selbstdarstellung, was sich in **Größe und Pathos** der Kunstwerke in Malerei, Musik, Architektur und auch in der Literatur widerspiegelte. Typisch für diese Zeit sind Prachtbauten (beispielsweise Schloss Versailles oder Schloss Nymphenburg in München), eine üppige Mode (beispielsweise Perücken) oder aufwendige Theaterinszenierungen. Dieser Lebensgier stand ein **pessimistisches Weltbild** gegenüber, das besonders zurückzuführen ist auf die Gräuel während des Dreißigjährigen Krieges (1618–1648). Er führte zur Verödung ganzer Landstriche und zur Zerstörung von Städten. Ein Drittel der Bevölkerung fiel ihm zum Opfer.

Die Barockliteratur stand durch diese Erfahrungen im Spannungsfeld von **Lebensfreude und Todesbangen** ebenso wie von **Weltgenuss und Jenseitssehnsucht.** So verwundert es nicht, dass die konträren, aus der römischen Philosophie stammenden Motive „Carpe diem" („Nutze den Tag!") und „Memento mori" („Gedenke des Todes!"), aber auch der „Vanitas-Gedanke" (alles Irdische ist nichtig, vergeblich und vergänglich) in der barocken Literatur variantenreich verarbeitet wurden.

Zu den wichtigsten Zielen der Dichter im 17. Jahrhundert gehörte die **Entwicklung einer deutschen Literatursprache.** Da Dichtung zur Zeit des Barock als **erlernbare Kunst** und nicht als kreativer Schaffensprozess galt, entstanden zahlreiche **Poetiken** (Poetik = Lehre von der Dichtkunst), in denen die literarischen Formen sowie ihre Themen und Stoffe normativ festgelegt wurden (normative Poetik). Das wichtigste theoretische Werk zur Poetik verfasste der Dichter und Literaturtheoretiker Martin Opitz mit seinem „Buch von der Deutschen Poeterey" (1624), in dem er Regeln für die neue deutsche Kunstdichtung und Verssprache festlegte. Folglich wurde die deutsche Sprache als Kommunikationsmittel, neben Latein, immer bedeutender.

Aufklärung (1685–1781)

Daniel Chodowiecki: Aufklärung (Landschaft mit Sonnenuntergang), Radierung, 1791

Daniel Nikolaus Chodowiecki (geboren 1726 in Danzig, gestorben 1801 in Berlin) war der populärste deutsche Kupferstecher, Grafiker und Illustrator des 18. Jahrhunderts. Er hatte polnische und hugenottische Vorfahren. Weltberühmt sind seine Kupferstiche, unter anderem zu Goethes „Die Leiden des jungen Werthers“. Für den Französischen Dom in Berlin entwarf er in 14 Zeichnungen den bauplastischen Figurenschmuck. Er hinterließ über 4 000 Zeichnungen und mehr als 2 000 Radierungen. Letztere entstanden in seiner Werkstatt, die bedeutende Kupferstecher, Radierer und Miniaturmaler vereinigte. Als Mitglied der Königlich-Preußischen Akademie der Künste nahm er maßgeblichen Einfluss auf das künstlerische Leben seiner Zeit.

1 Sammeln Sie Begriffe, die Sie mit dem Wort „Aufklärung“ verbinden.

2 Beschreiben Sie das Bild. Stellen Sie einen Zusammenhang zur Epoche der Aufklärung her und berücksichtigen Sie Ihre in Aufgabe 1 gesammelten Begriffe.

Immanuel Kant

Kant (geboren 1724 in Königsberg, gestorben 1804 in Königsberg) wurde nach verschiedenen Hauslehrertätigkeiten und zahlreichen Veröffentlichungen zu naturwissenschaftlichen und philosophischen Themen von der Universität Königsberg im Alter von 46 Jahren zum ordentlichen Professor ernannt. Früh schon schloss sich Kant den Ideen der Aufklärung an und wurde einer ihrer wichtigsten Wortführer, was sich in seinen philosophischen Werken widerspiegelt, deren Ideen von zahlreichen Literaten der Aufklärung aufgegriffen wurden.

Beantwortung der Frage: Was ist Aufklärung? (1784, Auszug)

Aufklärung ist der Ausgang des Menschen aus seiner selbst verschuldeten Unmündigkeit. Unmündigkeit ist das Unvermögen, sich seines Verstandes ohne Leitung eines anderen zu bedienen. Selbst verschuldet ist diese Unmündigkeit, wenn die Ursache derselben nicht am Mangel des Verstandes, sondern der Entschließung und des Mutes liegt, sich seiner ohne Leitung eines anderen zu bedie-

Aufklärung (1685–1781)

nen. Sapere aude! Habe Mut, dich deines eigenen Verstandes zu bedienen! ist also der Wahlspruch der Aufklärung.
Faulheit und Feigheit sind die Ursachen, warum ein so großer Teil der Menschen, nachdem sie die Natur längst von fremder Leitung freigesprochen [...], dennoch gerne zeitlebens unmündig bleiben; und warum es anderen so leicht wird, sich zu deren Vormündern aufzuwerfen. Es ist so bequem, unmündig zu sein. Habe ich ein Buch, das für mich Verstand hat, einen Seelsorger, der für mich Gewissen hat, einen Arzt, der für mich die Diät beurteilt, so brauche ich mich ja selbst nicht zu bemühen. Ich habe nicht nötig zu denken, wenn ich nur bezahlen kann; andere werden das verdrießliche Geschäft schon für mich übernehmen.

3 Erläutern Sie mit eigenen Worten, was Kant unter „Aufklärung" versteht.

4 Diskutieren Sie Kants Definition von „Aufklärung".

Gotthold Ephraim Lessing

Lessing (geboren 1729 in Kamenz/Sachsen, gestorben 1781 in Braunschweig) versuchte sich als freischaffender Journalist, Kritiker und Dramatiker, konnte davon aber kaum leben. Seine Hochzeit mit Eva König musste warten, bis er, bereits 47 Jahre alt, eine feste Anstellung als Bibliothekar erhalten hatte. Ein Jahr nach der Hochzeit starb sein Kind kurz nach der Geburt und einige Tage darauf auch seine Frau. Er selbst verstarb drei Jahre später. Sein Werk war geprägt vom Glauben an Freiheit, Toleranz und Humanität.
Der Prinz von Guastalla begehrt das bürgerliche Mädchen Emilia Galotti und will sie zu seiner Mätresse machen. Er lässt ihren Bräutigam ermorden und lockt sie in sein Lustschloss. Dort trifft sie auf ihren Vater Odoardo. Sie erfährt, dass ihr Bräutigam tot ist und sie, angeblich zu ihrem eigenen Schutz, zur Familie Grimaldi gebracht werden soll, wo sie dem Prinzen ausgeliefert wäre.

Emilia Galotti (1772, Auszug)

5. Aufzug, 7. Auftritt

ODOARDO [...] Denke nur: Unter dem Vorwande einer gerichtlichen Untersuchung – o des höllischen Gaukelspieles! – reißt er dich aus unsern Armen und bringt dich zur Grimaldi.

EMILIA Reißt mich? Bringt mich? – Will mich reißen, will mich bringen: will! will! – Als ob wir, wir keinen Willen hätten, mein Vater!

ODOARDO Ich ward auch so wütend, dass ich schon nach diesem Dolche griff [...].

EMILIA Um des Himmels willen nicht, mein Vater! – Dieses Leben ist alles, was die Lasterhaften haben. –
Mir, mein Vater, mir geben Sie diesen Dolch. [...]

ODOARDO Was? Dahin wäre es gekommen? Nicht doch; nicht doch! Besinne dich. – Auch du hast nur ein Leben zu verlieren.

EMILIA Und nur eine Unschuld!

ODOARDO Die über alle Gewalt erhaben ist. –

EMILIA Aber nicht über alle Verführung. – Gewalt! Gewalt! Wer kann der Gewalt nicht trotzen?

Aufklärung (1685–1781)

Was Gewalt heißt, ist nichts: Verführung ist die wahre Gewalt. – Ich habe Blut, mein Vater, so jugendliches, so warmes Blut als eine. Auch meine Sinne sind Sinne. Ich stehe für nichts. Ich bin für nichts gut. Ich kenne das Haus der Grimaldi. Es ist das Haus der Freude. [...] Geben Sie mir, mein Vater, geben Sie mir diesen Dolch. [...]

ODOARDO Und wenn du ihn kenntest, diesen Dolch! –

EMILIA Wenn ich ihn auch nicht kenne! – Ein unbekannter Freund ist auch ein Freund. – Geben Sie mir ihn, mein Vater, geben Sie mir ihn.

ODOARDO Wenn ich dir ihn nun gebe – da! *Gibt ihr ihn.*

EMILIA Und da! *Im Begriffe, sich damit zu durchstoßen, reißt der Vater ihr ihn wieder aus der Hand.* [...] Ehedem wohl gab es einen Vater, der seine Tochter von der Schande zu retten, ihr den ersten, den besten Stahl in das Herz senkte – ihr zum zweiten Male das Leben gab. Aber alle solche Taten sind von ehedem! Solcher Väter gibt es keinen mehr!

ODOARDO Doch, meine Tochter, doch! *Indem er sie durchsticht.* – Gott, was hab ich getan! [...]

EMILIA Eine Rose gebrochen, ehe der Sturm sie entblättert. – Lassen Sie mich sie küssen, diese väterliche Hand.

5 **Fassen Sie den Inhalt der Szene kurz zusammen. Erklären Sie, warum Emilia sterben will, und erläutern Sie die Motive Odoardos, Emilia zu töten.**

6 **Arbeiten Sie heraus, welche Rückschlüsse sich auf die Gesellschaft des 18. Jahrhunderts ziehen lassen.**

7 **Prüfen Sie, welche Gedanken in Lessings Drama der Aufklärung verpflichtet sind.**

BASISWISSEN **Aufklärung**

Der Begriff „Aufklärung" ist die Bezeichnung für eine geistesgeschichtliche Epoche, die sich Ende des 17. Jahrhunderts in ganz Europa und Nordamerika ausbreitete und bis weit ins 18. Jahrhundert hineinwirkte.

Es war eine **Zeit des Umbruchs,** in der sich das mittelalterliche Weltbild aufzulösen begann. Die bürgerlichen Gelehrten vertrauten dem Gedanken der **„Vernunft"** des Menschen, dem nicht das „Handeln" – der blinde Gehorsam –, sondern das „Nachdenken" vorausgehen sollte. Der Mensch sollte selbst über sein Leben bestimmen. Dieses Gedankengut bewirkte, dass sich immer mehr Menschen **gegen die gesellschaftlichen Abhängigkeiten** von Adel und Kirche wehrten und in politischen Fragen **mehr Freiheiten und Mitbestimmung** forderten.

Es entstanden **literarische Werke,** die Adel und Kirche **kritisierten.** Weil Kritik an der Obrigkeit zu dieser Zeit unter Strafe stand, versuchten die Autoren, sie zu verdecken. Als besonders geeignet erwies sich die Fabel, denn mithilfe von Tiergeschichten konnte menschliches Verhalten maskiert und entlarvt werden. Die **Fabel** war auch wegen ihres lehrhaften Charakters beliebt, denn die **„Aufklärer"** wollten mit ihren Texten **belehren.** Um eine möglichst breite Leserschaft anzusprechen, verwendeten viele Autoren eine verständliche, natürliche Sprache.

Die **wichtigste Gattung** der Aufklärung war das **Drama.** Die bedeutendste literarische Neuerung dieser Zeit stellte das von Lessing begründete **bürgerliche Trauerspiel** dar, das die Ständeklausel (Tragödie = Personen höheren Standes; Komödie = Personen niederen Standes) aufhob. Das **Bürgertum** rückte ins **Zentrum der Handlung** und es wurden Konflikte zwischen Adel und Bürgertum thematisiert. Wichtige Vertreter der Aufklärung sind Gotthold Ephraim Lessing, Immanuel Kant, Christian Fürchtegott Gellert und Johann Christoph Gottsched.

Sturm und Drang (1770–1780)

Johann Heinrich Füssli: Die drei Eidgenossen beim Schwur auf dem Rütli, Zeichnung, 1779

Johann Heinrich Füssli (geboren 1741 in Zürich, gestorben 1825 in der Nähe von London), von Beruf evangelisch-reformierter Geistlicher, wurde zunächst bekannt durch die Übersetzung Shakespeare'scher Dramen. Nach London gekommen, wechselte er von der Literatur zur Malerei. Während seines mehrjährigen Aufenthalts in Rom (1770–1779) studierte er die Kunst der Antike und die Werke Michelangelos. Bei seiner Rückkehr nach London war er bereits ein international bekannter Maler, wurde nach einigen Jahren Mitglied der Royal Academy of Arts und später ihr Direktor. Zentrales Thema seiner Werke ist der Mensch mit seinen Ängsten und Hoffnungen, seinen Träumen und Visionen, oft dargestellt an Figuren der antiken und germanischen Sagenwelt.

1 Notieren Sie, was Ihnen spontan zum Begriff „Sturm und Drang“ einfällt.

2 Beschreiben Sie das Bild und seinen Aufbau.

3 Erläutern Sie den Symbolgehalt des Bildes.

4 Überlegen Sie, was den drei jungen Männern durch den Kopf gehen könnte. Stellen Sie die Szene in der Klasse nach.

Johann Wolfgang Goethe

Johann Wolfgang Goethe (geboren 1749 in Frankfurt am Main, gestorben 1832 in Weimar) begann im Alter von 16 Jahren ein Jurastudium in Leipzig, wo er gleichzeitig poetische Vorlesungen besuchte. Mit 21 Jahren setzte Goethe nach einer kurzen Unterbrechung sein Jurastudium in Straßburg fort. 1775 holte ihn der junge Erbprinz Karl August von Sachsen nach Weimar. Hier nahm Goethe am kulturellen Leben teil und übte in seiner Funktion als Jurist eine Vielzahl von Ämtern aus. In diesen Funktionen war er bis zu seinem Tod 1832 in Weimar tätig. Seine bekanntesten Werke entstanden in der Zeit, die man als „Weimarer Klassik“ bezeichnet. Der junge Goethe war jedoch auch ein herausragender Vertreter des „Sturm und Drang“. Heute gilt er als der bedeutendste deutsche Schriftsteller.

Werther verliebt sich in die bereits verlobte Lotte. Als er jedoch erkennt, dass es zu keiner Verbindung mit ihr kommen kann, nimmt er an einem anderen Ort eine Stelle an. Standesdünkel zwingen ihn jedoch, diese Stelle wieder aufzugeben. Er kehrt zu der inzwischen verheirateten Lotte zurück. Aus Verzweiflung erschießt er sich. Der Roman besteht aus Briefen Werthers an seinen Freund Wilhelm. Den Brief vom 4. Mai schreibt Werther kurz nach seinem Umzug aufs Land, den Brief vom 30. August, kurz bevor er von Lotte wegzieht.

Sturm und Drang (1770–1780)

Die Leiden des jungen Werthers (1774/1787, Auszug)

Am 4. Mai 1771

Wie froh bin ich, dass ich weg bin! Bester Freund, was ist das Herz des Menschen! Dich zu verlassen, den ich so liebe, von dem ich unzertrennlich war, und froh zu sein! Ich weiß, du verzeihst mir's. Waren nicht meine übrigen Verbindungen recht ausgesucht vom Schicksal, um ein Herz wie das meine zu ängstigen? [...] Gewiss, du hast recht, Bester, der Schmerzen wären minder unter den Menschen, wenn sie nicht – Gott weiß, warum sie so gemacht sind! – mit so viel Emsigkeit der Einbildungskraft sich beschäftigten, die Erinnerungen des vergangenen Übels zurückzurufen, eher als eine gleichgültige Gegenwart zu ertragen. [...]

Übrigens befinde ich mich hier gar wohl. Die Einsamkeit ist meinem Herzen köstlicher Balsam in dieser paradiesischen Gegend, und diese Jahreszeit der Jugend wärmt mit aller Fülle mein oft schauderndes Herz. Jeder Baum, jede Hecke ist ein Strauß von Blüten, und man möchte zum Maienkäfer werden, um in dem Meer von Wohlgerüchen herumschweben und alle seine Nahrung darin finden zu können.

Die Stadt selbst ist unangenehm, dagegen ringsumher eine unaussprechliche Schönheit der Natur. Das bewog den verstorbenen Grafen von M., einen Garten auf einem der Hügel anzulegen, die mit der schönsten Mannigfaltigkeit sich kreuzen und die lieblichsten Täler bilden. Der Garten ist einfach, und man fühlt gleich bei dem Eintritte, dass nicht ein wissenschaftlicher Gärtner, sondern ein fühlendes Herz den Plan gezeichnet, das seiner selbst hier genießen wollte. [...]

Am 30. August

Unglücklicher! Bist du nicht ein Tor? Betriegst du dich nicht selbst? Was soll diese tobende, endlose Leidenschaft? Ich habe kein Gebet mehr als an sie; meiner Einbildungskraft erscheint keine andere Gestalt als die ihrige, und alles in der Welt um mich her sehe ich nur im Verhältnisse mit ihr. Und das macht mir denn so manche glückliche Stunde – bis ich mich wieder von ihr losreißen muss! Ach Wilhelm! Wozu mich mein Herz oft drängt! – wenn ich bei ihr gesessen bin, zwei, drei Stunden, und mich an ihrer Gestalt, an ihrem Betragen, an dem himmlischen Ausdruck ihrer Worte geweidet habe, und nun nach und nach alle meine Sinne aufgespannt werden, mir es düster vor den Augen wird, ich kaum noch höre, und es mich an die Gurgel fasst wie ein Meuchelmörder, dann mein Herz in wilden Schlägen den bedrängten Sinnen Luft zu machen sucht und ihre Verwirrung nur vermehrt – Wilhelm, ich weiß oft nicht, ob ich auf der Welt bin! Und – wenn nicht manchmal die Wehmut das Übergewicht nimmt und Lotte mir den elenden Trost erlaubt, auf ihrer Hand meine Beklemmung auszuweinen – so muss ich fort, muss hinaus, und schweife dann weit im Felde umher; einen jähen Berg zu klettern ist dann meine Freude, [...] durch die Hecken, die mich verletzen, durch die Dornen, die mich zerreißen! Da wird mir's etwas besser! Etwas! [...] O Wilhelm! Die einsame Wohnung einer Zelle, das härene Gewand und der Stachelgürtel wären Labsale, nach denen meine Seele schmachtet. Adieu! Ich sehe dieses Elendes kein Ende als das Grab.

Sturm und Drang (1770–1780)

5 Beschreiben Sie das Gefühl, dem in den beiden Briefen jeweils Ausdruck verliehen wird. Wie spiegelt sich dieses Gefühl in der Schilderung der Natur wider?

6 Die Figur des „Werther“ ist idealtypisch für die Epoche des Sturm und Drang. Belegen Sie diese Aussage mithilfe des Basiswissens.

BASISWISSEN Sturm und Drang

Die Bezeichnung „Sturm und Drang“ ist auf das gleichnamige Drama (1776) von Friedrich Maximilian von Klinger zurückzuführen. Die literarische Jugend, von der die Bewegung ausging, wehrte sich gegen ein Leben, das von der Vernunft bestimmt war. **Anstelle des Verstands (Aufklärung) zählte nun das Gefühl.** Einen besonderen Einfluss auf die Vertreter des Sturm und Drang übte der französische Philosoph Jean-Jacques Rousseau (1712–1778) aus, der in seinen Schriften die **Hinwendung** zu der und die **Verbundenheit** des Menschen **mit der Natur** forderte – ein Gedanke, der nicht nur das Vernunftdenken der Aufklärung infrage stellte, sondern auch Raum für gesellschaftliche Veränderungen schuf (beispielsweise als Folge der Französischen Revolution 1789).

Die jungen Autoren des „Sturm und Drang“ verband der Wunsch, sich von der Tradition, dem Kleinbürgertum und der Bevormundung durch absolutistische Herrscher und den Adel zu lösen und die Literatur zu revolutionieren. Ihre **Leitbegriffe** waren **Leidenschaft, Natur und Gefühl,** ihr Ziel eine sittliche, politische und künstlerische Freiheit. Sie verehrten Shakespeare und die antike Gestalt Prometheus als ideale Vertreter des Genies – das **„Genie“** begriffen sie als einen **selbstständigen, individuellen, leidenschaftlichen Menschen,** in dem sich die kreative Kraft der Natur äußert. Die Autoren plädierten für schöpferische Eigenständigkeit, auf Regeln und Konventionen basierende Dichtung lehnten sie ab. Sie provozierten, warfen Altbekanntes über Bord und probierten in der Literatur Neues aus.

Die Dichter des Sturm und Drang ließen dem Gefühl in ihren Werken freien Lauf. Sie **experimentierten mit Sprache;** so fand beispielsweise die Umgangssprache Einzug in die Literatur. Wo in der Lyrik zuvor strenge Versmaße und Reimschemata Pflicht waren, verwendeten die Dichter nun **freie Rhythmen ohne feste Reime.** Es entstanden vollkommen **neue literarische Gattungen,** wie zum Beispiel die **Erlebnislyrik,** die es ermöglichte, eigene, erlebte Gefühle unmittelbar auszusprechen. Auch die **Kunstballade,** die genutzt wurde, um zeitkritische Themen zu behandeln, und der **Briefroman,** der in der deutschen Sprache mit Goethes „Die Leiden des jungen Werthers“ einen vorläufigen Höhepunkt erlebte, waren Neuerungen der künstlerischen Schaffenskraft dieser Zeit. Die bevorzugte Gattung jedoch war das **Drama;** thematisiert wurden die Standesunterschiede zwischen Adel und Bürgertum, soziale Missstände, aber auch Familien- und Generationenprobleme. Wichtige Vertreter des Sturm und Drang sind neben Johann Wolfgang Goethe und Friedrich Schiller beispielsweise Jakob Michael Reinhold Lenz und Christian Friedrich Daniel Schubart.

Weimarer Klassik (1786–1805)

Weimars goldene Tage. Gemälde von Theobald Reinhold Freiherr von Oer, 1860. Schiller vor Herzoginmutter Amalie, dem Herzogspaar Karl August und Luise, Goethe, Wieland, Herder, Musäus, den Gebrüdern Humboldt und anderen

1 Beschreiben Sie das Gemälde. Informieren Sie sich dazu auch über die in der Bildlegende genannten Persönlichkeiten.

2 Das Gemälde entstand etwa ein halbes Jahrhundert nach dem Ende der eigentlichen „Klassik". Erläutern Sie, inwieweit der Künstler die Epoche bewusst als Höhepunkt des Jahrhunderts darstellt. Recherchieren Sie ggf. zum Thema „Weimarer Musenhof".

3 Stellen Sie sich vor, dass Sie selbst zu dieser Veranstaltung geladen waren, und berichten Sie einem Freund in einem Brief Ihre Eindrücke.

Weimarer Klassik (1786–1805)

Johann Wolfgang Goethe

In Taurien ist Iphigenie eine angesehene Priesterin. Sie wird von König Thoas umworben, der die brutalen Menschenopfer abgeschafft hat. Da sie Thoas nicht heiraten will, soll Iphigenie den Gefangenen Orest und dessen Freund Pylades opfern, die das Diana-Bildnis aus Taurien stehlen wollten. Iphigenie und Orest entdecken, dass sie Geschwister sind, und Orest weiht sie in seinen Fluchtplan ein. Thoas erfährt durch Iphigenie von dem Plan und lässt, ergriffen von Iphigenies Vertrauen in ihn als humanen Herrscher, alle drei gehen. Iphigenies Klage-Monolog über Heimatverlust und Leben in der Fremde zu Beginn des Dramas endet mit einer Bitte an die Göttin Diana.

Iphigenie auf Tauris (1787, Auszug)

1. Aufzug, 1. Auftritt

IPHIGENIE Heraus in eure Schatten, rege Wipfel
Des alten, heil'gen, dicht belaubten Haines,
Wie in der Göttin stilles Heiligtum,
Tret' ich noch jetzt mit schauderndem Gefühl,
Als wenn ich sie zum ersten Mal beträte,
Und es gewöhnt sich nicht mein Geist hierher.
So manches Jahr bewahrt mich hier verborgen
Ein hoher Wille, dem ich mich ergebe;
Doch immer bin ich, wie im ersten, fremd.
Denn ach, mich trennt das Meer von den Geliebten,
Und an dem Ufer steh' ich lange Tage,
Das Land der Griechen mit der Seele suchend;
Und gegen meine Seufzer bringt die Welle
Nur dumpfe Töne brausend mir herüber.
Weh dem, der fern von Eltern und Geschwistern
Ein einsam Leben führt! Ihm zehrt der Gram
Das nächste Glück vor seinen Lippen weg,
Ihm schwärmen abwärts immer die Gedanken
Nach seines Vaters Hallen, wo die Sonne
Zuerst den Himmel vor ihm aufschloss, wo
Sich Mitgeborne spielend fest und fester
Mit sanften Banden aneinanderknüpften.
Ich rechte mit den Göttern nicht; allein
Der Frauen Zustand ist beklagenswert.
Zu Haus' und in dem Kriege herrscht der Mann,
Und in der Fremde weiß er sich zu helfen.
Ihn freuet der Besitz; ihn krönt der Sieg;
Ein ehrenvoller Tod ist ihm bereitet.
Wie eng gebunden ist des Weibes Glück!
Schon einem rauen Gatten zu gehorchen
Ist Pflicht und Trost; wie elend, wenn sie gar
Ein feindlich Schicksal in die Ferne treibt!
So hält mich Thoas hier, ein edler Mann,
In ernsten, heil'gen Sklavenbanden fest.
O wie beschämt gesteh' ich, dass ich dir
Mit stillem Widerwillen diene, Göttin,
Dir, meiner Retterin! Mein Leben sollte
Zu freiem Dienste dir gewidmet sein.
Auch hab' ich stets auf dich gehofft und hoffe
Noch jetzt auf dich, Diana, die du mich,
Des größten Königes verstoßne Tochter,
In deinen heil'gen, sanften Arm genommen.
Ja, Tochter Zeus', wenn du den hohen Mann,
Den du, die Tochter fordernd, ängstigtest;
Wenn du den göttergleichen Agamemnon,
Der dir sein Liebstes zum Altare brachte,
Von Trojas umgewandten Mauern rühmlich
Nach seinem Vaterland zurückbegleitet,
Die Gattin ihm, Elektren und den Sohn,
Die schönen Schätze, wohl erhalten hast;
So gib auch mich den Meinen endlich wieder,
Und rette mich, die du vom Tod' errettet,
Auch von dem Leben hier, dem zweiten Tode!

4 Erarbeiten Sie den Text durch gestaltende Vortragsversuche.

5 Untersuchen Sie mithilfe des BW Weimarer Klassik, welche Merkmale dieser Epoche sich in diesem Auszug finden lassen.

Weimarer Klassik (1786–1805)

Friedrich Schiller

Friedrich Schiller (geboren 1759 in Marbach am Neckar, gestorben 1805 in Weimar) musste auf Befehl des württembergischen Herzogs bereits mit 14 Jahren eine Militärschule besuchen. Mit 16 Jahren begann er ein Jurastudium, studierte dann Medizin und erwarb im Alter von 21 Jahren seinen Doktortitel. Nebenbei befasste sich Schiller mit den Werken Shakespeares und den Dramen des Sturm und Drang. 1781 beendete er die Arbeit an seinem Theaterstück „Die Räuber“, das ihm großes Ansehen, aber auch den Unmut seines Landesherrn einbrachte. 1782 floh Schiller und lebte zeitweise unter anderem in Mannheim, Leipzig und Dresden. Ab 1794 standen Schiller und Goethe in regem Briefwechsel. Ihr Dialog begründete die deutsche Klassik. Ende des Jahres 1799 zog Schiller mit seiner Familie nach Weimar. Schwer krank starb er dort im Jahre 1805.

Der Antritt des neuen Jahrhunderts (1800)

Edler Freund! Wo öffnet sich dem Frieden,
Wo der Freiheit sich ein Zufluchtsort?
Das Jahrhundert ist im Sturm geschieden,
Und das neue öffnet sich mit Mord.

Und das Band der Länder ist gehoben,
Und die alten Formen stürzen ein;
Nicht das Weltmeer hemmt des Krieges Toben,
Nicht der Nilgott und der alte Rhein.

Zwo gewaltge Nationen ringen
Um der Welt alleinigen Besitz;
Aller Länder Freiheit zu verschlingen,
Schwingen sie den Dreizack und den Blitz.

Gold muss ihnen jede Landschaft wägen,
Und wie Brennus in der rohen Zeit
Legt der Franke seinen ehrnen Degen
In die Waage der Gerechtigkeit.

Seine Handelsflotten streckt der Brite
Gierig wie Polypenarme aus,
Und das Reich der freien Amphitrite[1]
Will er schließen wie sein eignes Haus.

Zu des Südpols nie erblickten Sternen
Dringt sein rastlos ungehemmter Lauf,
Alle Inseln spürt er, alle fernen
Küsten – nur das Paradies nicht auf.

1 Amphitrite:
Gemahlin des Poseidon und Königin des Meeres

The plum pudding in danger. Kupferstich von James Gillray (1757–1815), 1805.

William Pitt der Jüngere (geboren 1759 in Hayes, Kent, gestorben 1806 in Putney bei London; links) wurde von König Georg III. im Alter von 24 Jahren zum jüngsten Premierminister der britischen Geschichte ernannt. Im Unterhaus setzte sich Pitt 1792 vehement für die Abschaffung des Sklavenhandels ein. Den demokratischen Ideen der Französischen Revolution steuerte er energisch entgegen, was den Konvent in Paris dazu veranlasste, Pitt zum „Feind des Menschengeschlechts“ zu erklären.
Sein Gegenüber, Napoleon I., setzte den Ausschreitungen der Revolution ein Ende, schwang sich zum Kaiser der Franzosen auf und überzog Europa mit Krieg. Nach der Schlacht bei Trafalgar 1805 löste England Spanien als führende Seemacht ab. So stellt die Karikatur den Versuch der beiden mächtigsten Männer der damaligen Zeit dar, sich die Herrschaft über die Welt - dargestellt als Plumpudding - zu teilen.

Weimarer Klassik (1786–1805)

Ach umsonst auf allen Länderkarten
Spähst du nach dem seligen Gebiet,
Wo der Freiheit ewig grüner Garten,
Wo der Menschheit schöne Jugend blüht.

Endlos liegt die Welt vor deinen Blicken,
Und die Schifffahrt selbst ermisst sie kaum,
Doch auf ihrem unermessnen Rücken
Ist für zehen Glückliche nicht Raum.

In des Herzens heilig stille Räume
Musst du fliehen aus des Lebens Drang,
Freiheit ist nur in dem Reich der Träume,
Und das Schöne blüht nur im Gesang.

6 Untersuchen Sie die äußere Form des Gedichts und erläutern Sie, in welchem Zusammenhang sie zum Inhalt steht.

7 Schiller hat sein Gedicht unter dem Eindruck der damaligen weltpolitischen Lage geschrieben. Recherchieren Sie diese unter Einbeziehung der Informationen aus diesem Kapitel und informieren Sie die Klasse in einem Kurzvortrag.

8 Überlegen Sie, ob sich zwischen der von Schiller geschilderten Lage und der heutigen Situation Parallelen ziehen lassen.

BASISWISSEN Weimarer Klassik

Als „klassisch“ bezeichnet man im Allgemeinen Werke, die als **vorbildlich und mustergültig** gelten. Die „Weimarer Klassik“, die ihr Zentrum in Weimar hatte und deren bedeutendste Vertreter Johann Wolfgang Goethe und Friedrich Schiller sind, gilt als „vorbildliche“ Epoche. Zeitlich begrenzt wurde die „Weimarer Klassik“ durch Goethes Reise nach Italien (1786–1788) und Schillers Tod (1805).

Die „Weimarer Klassik“ fiel in eine **Zeit gesellschaftlicher Umbrüche und politischer Instabilität.** Das gewaltsame Ende der Französischen Revolution und der europaweite Kampf des Bürgertums gegen die Ständegesellschaft veranlassten die Dichter, sich in ihren Werken in eine Idealwelt zurückzuziehen. Die gereiften Schriftsteller wandten sich vom gefühlsbetonten Sturm und Drang ab, überbordende Gefühle erfuhren Mäßigung. An ihre Stelle trat eine **Erhöhung von Menschheitsidealen.** Die neuen **Leitgedanken** waren **Humanität und Harmonie:** Die Dichter strebten nach Anerkennung des Einzelnen in seiner Individualität und Andersartigkeit sowie nach Achtung fremder Nationen und Kulturen; ein harmonisches Miteinander konnte ihrer Ansicht nach nur durch die **„ästhetische“ Erziehung mittels Kunst und Literatur** erreicht werden, welche die religiös-moralische Erziehung ablösen sollte. Die griechische Antike diente den Dichtern als ideales Vorbild und so verarbeiteten sie – insbesondere Goethe – antike Stoffe; aber auch andere europäische Stoffe erregten ihr Interesse und fanden Eingang in ihre Werke.

Als „klassisch“ wird diese Epoche aber nicht nur wegen ihrer Inhalte, sondern auch wegen ihrer **vorbildhaften Sprachgestaltung** bezeichnet. Die Dichter vermieden (nun wieder) Umgangssprache und Dialekt und verwendeten in den Dramen eine gebundene Sprache. Ihnen gelang es, die deutsche Sprache auf hohem Niveau zu vereinheitlichen und damit maßgeblich den Sprachgebrauch breiter Bevölkerungsschichten im Laufe des 19. Jahrhunderts zu beeinflussen.

Romantik (1795–1835)

Caspar David Friedrich:
Die Lebensstufen
(Strandszene in Wiek), um 1834

1 Beschreiben Sie das Bild. Gehen Sie dabei auf seinen Aufbau, das Thema und das Motiv ein.

2 Mit seinem Malstil prägte Caspar David Friedrich die romantische Kunstepoche. Arbeiten Sie das typisch „Romantische“ in der Darstellung heraus. Recherchieren Sie ggf. dazu im Internet.

Joseph von Eichendorff

Joseph von Eichendorff (geboren 1788 auf Schloss Lubowitz bei Ratibor, gestorben 1857 in Neiße, beides in Polen) stammte aus einer katholischen Adelsfamilie. Er studierte Jura und veröffentlichte mit zwanzig Jahren seine ersten Gedichte. 1813 bis 1815 nahm er als preußischer Soldat an den Befreiungskriegen gegen Napoleon teil. Da seine Familie verschuldet war, trat er 1817 in den von ihm ungeliebten Beamtendienst ein. Er schrieb neben seinem Beruf. Viele seiner Gedichte wurden von bekannten Komponisten (beispielsweise Schumann) vertont.

Der Morgen (1815/1826)

Fliegt der erste Morgenstrahl
Durch das stille Nebeltal,
Rauscht erwachend Wald und Hügel:
Wer da fliegen kann, nimmt Flügel!

Und sein Hütlein in die Luft
Wirft der Mensch vor Lust und ruft:
Hat Gesang doch auch noch Schwingen,
Nun, so will ich fröhlich singen!

Hinaus, o Mensch, weit in die Welt,
Bangt dir das Herz in krankem Mut;
Nichts ist so trüb in Nacht gestellt,
Der Morgen leicht machts wieder gut.

Romantik (1795–1835)

3 Untersuchen Sie das Gedicht nach Form und Inhalt.

4 Vergleichen Sie die Aussage des Gedichts mit dem Thema des Gemäldes.

5 Erklären Sie mithilfe des Basiswissens, warum es sich bei Eichendorffs Gedicht um einen typisch „romantischen“ Text handelt.

E. T. A. Hoffmann

Der vielseitig begabte Ernst Theodor Amadeus Hoffmann (geboren 1776 in Königsberg, gestorben 1822 in Berlin) studierte Jura und arbeitete einige Jahre als Jurist. Nachdem er seine Stelle verloren hatte, musste er seinen Lebensunterhalt mit verschiedenen Tätigkeiten verdienen. So war er unter anderem als Komponist und Musikdirektor tätig. In dieser Zeit entstanden seine ersten bedeutenden literarischen Werke. 1816 wurde er erneut in den Staatsdienst berufen und war finanziell abgesichert; bis zu seinem Tod war dies seine literarisch produktivste Phase.

Die Erzählung „Der Sandmann“ ist die Geschichte des Studenten Nathanael, der davon überzeugt ist, von einer dunklen Macht beeinflusst zu werden. Er verfällt der Liebe zu Olimpia, einem Automaten, und schließlich dem Wahnsinn. Am Ende begeht Nathanael Selbstmord. Zu Beginn der Erzählung findet sich ein Brief, in dem Nathanael seinem Bruder Lothar von einer unheimlichen Begegnung berichtet.

Der Sandmann (1816, Auszug)

Gewiss seid Ihr alle voll Unruhe, dass ich so lange – lange nicht geschrieben. Mutter zürnt wohl, und Clara mag glauben, ich lebe hier in Saus und Braus und vergesse mein holdes Engelsbild, so tief mir in Herz und Sinn eingeprägt, ganz und gar. – Dem ist aber nicht so; täglich und stündlich gedenke ich Eurer aller […]. – Ach wie vermochte ich denn Euch zu schreiben, in der zerrissenen Stimmung des Geistes, die mir bisher alle Gedanken verstörte! – Etwas Entsetzliches ist in mein Leben getreten! – Dunkle Ahnungen eines grässlichen mir drohenden Geschicks breiten sich wie schwarze Wolkenschatten über mich aus, undurchdringlich jedem freundlichen Sonnenstrahl. – Nun soll ich Dir sagen, was mir widerfuhr. Ich muss es, das sehe ich ein, aber nur es denkend, lacht es wie toll aus mir heraus. – Ach mein herzlieber Lothar!, wie fange ich es denn an, Dich nur einigermaßen empfinden zu lassen, dass das, was mir vor einigen Tagen geschah, denn wirklich mein Leben so feindlich zerstören konnte! Wärst Du nur hier, so könntest Du selbst schauen; aber jetzt hältst Du mich gewiss für einen aberwitzigen Geisterseher. – Kurz und gut, das Entsetzliche, was mir geschah, dessen tödlichen Eindruck zu vermeiden ich mich vergebens bemühe, besteht in nichts anderm, als dass vor einigen Tagen, nämlich am 30. Oktober mittags um 12 Uhr, ein Wetterglashändler[1] in meine Stube trat und mir seine Ware anbot. Ich kaufte nichts und drohte, ihn die Treppe herabzuwerfen, worauf er aber von selbst fortging.

Du ahnest, dass nur ganz eigne, tief in mein Leben eingreifende Beziehungen diesem Vorfall Bedeutung geben können, ja, dass wohl die Person jenes unglückseligen Krämers gar feindlich auf mich wirken muss. So ist es in der Tat. Mit aller Kraft fasse ich mich zusammen, um ruhig und geduldig Dir aus meiner frühern Jugendzeit so viel zu erzählen, dass Deinem regen Sinn alles klar und deutlich in leuchtenden Bildern aufgehen wird. Indem ich anfangen will, höre ich Dich lachen

Romantik (1795–1835)

und Clara sagen: „Das sind ja rechte Kindereien!“ – Lacht, ich bitte Euch, lacht mich recht herzlich aus! – Ich bitt Euch sehr!, – Aber Gott im Himmel!, die Haare sträuben sich mir und es ist, als flehe ich Euch an, mich auszulachen, in wahnsinniger Verzweiflung, wie Franz Moor den Daniel[2]. –

1 Wetterglashändler: Person, die mit Thermometern und Barometern handelt
2 Bezug zu Schillers Drama „Die Räuber“

6 **Beschreiben Sie mit eigenen Worten die psychische Befindlichkeit Nathanaels. Berücksichtigen Sie dabei auch die sprachliche Gestaltung des Auszugs.**

BASISWISSEN **Romantik**

Der Begriff „Romantik“ ist zurückzuführen auf das Wort „Roman“ (romanhaft, fantastisch, abenteuerlich). Die Romantik ist zu verstehen als **Abkehr vom Vernunftdenken der Spätaufklärung,** aber auch von der Formenwelt und dem Weltverständnis der Klassik.

Die Zeit der Romantik ist geprägt von den Revolutions- und den napoleonischen Kriegen, ab 1815 (Wiener Kongress) von der Rückkehr zum Absolutismus und der einsetzenden Industrialisierung. Die Romantiker wendeten sich gegen die arbeitsteilige Spezialisierung, die dem Menschen ihrer Ansicht nach seine ursprüngliche „Ganzheit“ raubte. Die Romantiker sahen diese Veränderung der Welt zwiespältig. Sie flohen in die **„heile“ Welt der Literatur,** die es ihnen ermöglichte, ihre Idealwelt darzustellen. Bei der Gestaltung literarischer Werke vertraten die Romantiker die Einstellung, der **Dichter habe absolute Freiheit.** Mystische, fantastische und märchenhafte Themen fanden Einzug in die Literatur; es entstand die Gattung des **Kunstmärchens,** in dem Fantasie und Realität vereint wurden. Der Begeisterung für überliefertes Volksgut ist es zu verdanken, dass viele Sammlungen volkstümlicher Märchen, Lieder ... entstanden (beispielsweise Brüder Grimm).

Die Literatur der Romantik zeichnet sich durch die Entdeckung der Subjektivität aus und durch die Vereinigung von **Gegensätzen, die bisher als unvereinbar galten** (Geist und Natur, Endlichkeit und Unendlichkeit, Vergangenheit und Gegenwart). Ziel des Dichters war es, im **Einklang mit dem Universum** zu existieren. Die Romantiker bevorzugten neben dem Roman die **Lyrik,** die es ihnen erlaubte, Gefühle auszudrücken. Zur Zeit der Romantik entstanden in einigen Städten Freundes- oder Gesprächskreise, sogenannte **Salons.** Diese wurden oft von Frauen geführt, wie zum Beispiel der Salon der Rahel Varnhagen in Berlin.

Die Romantik lässt sich in drei Phasen aufteilen, die auch jeweils wechselnde literarische Zentren hatte:

- **Frühromantik oder Jenaer Romantik (ca. 1796 – 1804)**
  Hauptvertreter: die Brüder August Wilhelm und Friedrich Schlegel, Novalis, Ludwig Tieck u. a.
- **Hochromantik oder Heidelberger Romantik (ca. 1805 – 1818)**
  Hauptvertreter: Joseph v. Eichendorff, Achim v. Arnim, Clemens Brentano, Wilhelm u. Jakob Grimm u. a.
- **Spätromantik oder Berliner Romantik (ca. 1818 – 1835)**
  Hauptvertreter: Ludwig Tieck, E. T. A. Hoffmann, Eduard Mörike, Bettina v. Arnim und Friedrich de la Motte Fouqué, Ludwig Uhland u. a.

Ähnlich wie der Barock zeigt auch die Romantik ambivalente Züge: Der **Lebenslust und Lebensfreude,** dem Gefühl der unbeschwerten Jugend und der Sehnsucht nach Weite und Ferne (bei Eichendorff) stehen ein Rückzug von der als elend empfundenen Welt und eine **tiefe Todessehnsucht** (bei Novalis) gegenüber. Im politisch-gesellschaftlichen Bereich wird anknüpfend an die Verherrlichung des Mittelalters eine Überbetonung des Nationalgefühls deutlich, die nationalistische Züge in sich trägt.

Junges Deutschland/Vormärz (1815–1848)

Die deutsche Presse nach den Karlsbader Beschlüssen, Karikatur

1 Analysieren Sie die Karikatur und erläutern Sie, welchen Hindernissen und Problemen die Schriftsteller der Zeit zwischen 1815 und 1848 ausgesetzt waren.

2 Überlegen Sie, welche Folgen sich daraus für die Literatur ergaben.

Georg Büchner

Georg Büchner (geboren 1813 in Goddelau/Hessen, gestorben 1837 in Zürich) wurde nur 23 Jahre alt. Er zeigte in seinem literarischen Werk die dunklen und schockierenden Seiten des Lebens. Er beteiligte sich aktiv an den politischen Auseinandersetzungen seiner Zeit. Mit seiner politischen Flugschrift „Der Hessische Landbote" von 1834 sagte er der Obrigkeit den Kampf an. Er musste, da steckbrieflich gesucht, nach Straßburg fliehen. In Zürich erhielt er schließlich eine Stelle als Privatdozent für vergleichende Anatomie.
Woyzeck, die Hauptfigur in Büchners gleichnamigem Dramenfragment, ist ein einfacher Soldat, der als Laufbursche für seinen Hauptmann arbeitet. Woyzeck wird ausgenutzt und gedemütigt. Als seine Geliebte Marie ihn betrügt, tötet er sie in seiner Verzweiflung. Büchners Vorlage war der Fall des aus dem Militärdienst entlassenen arbeitslosen Soldaten Johann Christian Woyzeck, der 1821 in Leipzig in einem Zustand psychischer Erkrankung seine Geliebte erstochen hatte.

Woyzeck (1836, Auszug)

Doktor Was erleb' ich, Woyzeck? Ein Mann von Wort!
Woyzeck Was denn, Herr Doktor?
Doktor Ich hab's gesehn, Woyzeck; er hat auf die Straß gepisst, an die Wand gepisst, wie ein Hund. – Und doch drei Groschen täglich und die Kost! Woyzeck, das ist schlecht; die Welt wird schlecht, sehr schlecht!
Woyzeck Aber, Herr Doktor, wenn einem die Natur kommt.

DOKTOR Die Natur kommt, die Natur kommt! Die Natur! Hab ich nicht nachgewiesen, dass der Musculus constrictor vesicae dem Willen unterworfen ist? Die Natur! Woyzeck, der Mensch ist frei, in dem Menschen verklärt sich die Individualität zur Freiheit. – Den Harn nicht halten können! *Schüttelt den Kopf, legt die Hände auf den Rücken und geht auf und ab.* Hat Er schon seine Erbsen gegessen, Woyzeck? Nichts als Erbsen[1], cruciferae, merk Er sich's! Es gibt eine Revolution in der Wissenschaft, ich sprenge sie in die Luft. Harnstoff 0,10, salzsaures Ammonium, Hyperoxydul – Woyzeck, muss Er nicht wieder pissen? Geh Er einmal hinein und probier Er's!

WOYZECK Ich kann nit, Herr Doktor.

DOKTOR *mit Affekt* Aber an die Wand pissen! Ich hab's schriftlich, den Akkord in der Hand! – Ich hab's gesehen, mit diesen Augen gesehen; ich steckt' grade die Nase zum Fenster hinaus und ließ die Sonnenstrahlen hineinfallen, um das Niesen zu beobachten. – Tritt auf ihn los: Nein, Woyzeck, ich ärgre mich nicht; Ärger ist ungesund, ist unwissenschaftlich. Ich bin ruhig, ganz ruhig; mein Puls hat seine gewöhnlichen sechzig, und ich sag's Ihm mit der größten Kaltblütigkeit. Behüte, wer wird sich über einen Menschen ärgern, ein' Mensch! Wenn es noch ein Proteus[2] wäre, der einem krepiert! Aber, Woyzeck, Er hätte nicht an die Wand pissen sollen –

WOYZECK Sehn Sie, Herr Doktor, manchmal hat einer so 'en Charakter, so 'ne Struktur. – Aber mit der Natur ist's was anders, sehn Sie; mit der Natur *er kracht mit den Fingern,* das is so was, wie soll ich sagen, zum Beispiel …

DOKTOR Woyzeck, Er philosophiert wieder.

WOYZECK *vertraulich* Herr Doktor, haben Sie schon was von der doppelten Natur gesehn? Wenn die Sonn in Mittag steht und es ist, als ging' die Welt in Feuer auf, hat schon eine fürchterliche Stimme zu mir geredt!

DOKTOR Woyzeck, Er hat eine Aberratio[3].

WOYZECK *legt den Finger auf die Nase* Die Schwämme, Herr Doktor, da, da steckt's. Haben Sie schon gesehn, in was für Figuren die Schwämme auf dem Boden wachsen? Wer das lesen könnt!

DOKTOR Woyzeck, Er hat die schönste Aberratio mentalis partialis[4], die zweite Spezies, sehr schön ausgeprägt. Woyzeck, Er kriegt Zulage! Zweite Spezies: fixe Idee mit allgemein vernünftigem Zustand. – Er tut noch alles wie sonst? Rasiert seinen Hauptmann?

WOYZECK Jawohl.

DOKTOR Isst seine Erbsen?

WOYZECK Immer ordentlich, Herr Doktor. Das Geld für die Menage kriegt meine Frau.

DOKTOR Tut seinen Dienst?

WOYZECK Jawohl.

DOKTOR Er ist ein interessanter Kasus. Subjekt Woyzeck, Er kriegt Zulage, halt Er sich brav. Zeig Er seinen Puls. Ja.

1 Zu Büchners Zeit gab es häufig ernährungsphysiologische Versuche am Menschen, die beispielsweise klären sollten, wann ein Mensch bei zu einseitiger Nahrung krank wird und welche billigere Ersatznahrung es für Fleisch gibt. Dies war vor allem für die Verpflegung von Armeen von Interesse.
2 Proteus: hier: Lurch (als Versuchstier)
3 Aberratio: hier: Wahnvorstellung
4 Aberratio mentalis partialis: teilweise Geistesgestörtheit

Junges Deutschland/Vormärz (1815–1848)

3 Geben Sie den Inhalt der Szene kurz wieder.

4 Arbeiten Sie heraus, welche Ziele der Arzt verfolgt und welchen Standpunkt Woyzeck in diesem Gespräch vertritt.

5 Bauen Sie in der Klasse ein Standbild, in dem das Verhältnis zwischen dem Doktor und Woyzeck deutlich wird.

Georg Herwegh: Wer ist frei? (1841)

Der ist allein ein freier Mann,
Und seiner sei gedacht,
Der sie sich selbst verdienen kann,
Die Freiheit in der Schlacht,
Der mit der eignen Klinge
Sie holt herbei,
Der Mann ist's, den ich singe,
Der Mann ist frei!

O wehe, wer dem Franken[1] traut!
Und ihn zu froh begrüßt;
Er bringt uns immer unsre Braut,
Wenn er sie satt geküßt.
Noch gibt's in unsern Reihen
Pulver und Blei –
Drum lasst uns selber freien,
So sind wir frei!

Die Freiheit wohnt am Don und Belt,
Sie trinkt aus unsrem Rhein,
Die Freiheit schläft im Wüstenzelt
Und glänzt im Sternenschein;
Doch muss man um sie werben,
Wo's immer sei,
Doch muss man für sie sterben,
Dann wird man frei!

Noch hat der Deutsche eine Hand
Und eine starke Wehr,
Gibt keinen Schritt vom Vaterland
Selbst für die Freiheit her;
Und die mit uns erheben
Solch Feldgeschrei,
Die sollen alle leben,
Denn sie sind frei!

Viel tausend Funken, eine Glut,
Viel Herzen und ein Schlag,
So harren wir gar wohlgemut
Bis an den Jüngsten Tag;
Die Einheit muss verschlingen
Die böse Zwei,
Dann soll es donnernd klingen:
Deutschland ist frei!

1 Franken: Franzosen

6 Analysieren Sie das Gedicht und erarbeiten Sie dessen politische Aussage.

7 Begründen Sie mithilfe des Basiswissens, warum es sich bei Herweghs „Wer ist frei?“ um ein typisches Gedicht aus der Zeit des Vormärz handelt.

8 Erläutern Sie die Gefahren, die mit Herweghs Formulierung „Die Freiheit wohnt am Don und Belt, / Sie trinkt aus unsrem Rhein, / Die Freiheit schläft im Wüstenzelt“ verbunden sind.

Junges Deutschland / Vormärz (1815–1848)

Heinrich Heine: Die schlesischen Weber (1844)

Im düstern Auge keine Träne,
Sie sitzen am Webstuhl und fletschen die Zähne:
Altdeutschland, wir weben dein Leichentuch,
Wir weben hinein den dreifachen Fluch –
Wir weben, wir weben!

Ein Fluch dem Gotte, zu dem wir gebeten,
In Winterkälte und Hungersnöten;
Wir haben vergebens gehofft und geharrt,
Er hat uns geäfft und gefoppt und genarrt –
Wir weben, wir weben!

Ein Fluch dem König, dem König der Reichen,
Den unser Elend nicht konnte erweichen,
Der den letzten Groschen von uns erpresst
Und uns wie Hunde erschießen lässt –
Wir weben, wir weben!

Ein Fluch dem falschen Vaterlande,
Wo nur gedeihen Schmach und Schande,
Wo jede Blume früh geknickt
Und Fäulnis und Moder den Wurm erquickt –
Wir weben, wir weben!

Das Schiffchen fliegt, der Webstuhl kracht,
Wir weben emsig Tag und Nacht –
Altdeutschland, wir weben dein Leichentuch,
Wir weben hinein den dreifachen Fluch,
Wir weben, wir weben!

9 Analysieren Sie das Gedicht. Recherchieren Sie im Internet zur damaligen politischen Lage und ordnen Sie das Gedicht in den historisch-politischen Zusammenhang ein.

BASISWISSEN — Junges Deutschland / Vormärz

Nach dem politischen Niedergang Napoleons wurde auf dem Wiener Kongress (1814/15) eine Neuordnung Europas beschlossen mit dem Ziel, flächendeckend die Monarchie wieder einzuführen. Anstatt den Bürgern mehr Rechte einzuräumen, wie von den Fürsten im Krieg gegen Napoleon zugesichert, verschärfte man die Pressezensur, entließ liberal eingestellte Lehrkräfte an Universitäten, verhaftete Studenten national gesinnter Studentenvereinigungen und erließ ein Schreibverbot gegen antimonarchische Schriftsteller. Grundlage für die **Unterdrückung aller liberalen und nationalen Bestrebungen** waren die 1819 verabschiedeten Karlsbader Beschlüsse.

Aus dieser Unterdrückung heraus entstand zwischen 1815 und der Märzrevolution 1848 eine **Bewegung von oppositionellen Schriftstellern.** Sie setzten sich für die Einheit Deutschlands, die Aufhebung der Pressezensur, das Respektieren der Grundrechte aller Menschen, eine gerechte Verteilung der materiellen Güter, aber auch für die Rechte der Frauen ein. Neben **essayistischen und journalistischen Texten** bevorzugten die jungen Schriftsteller des Vormärz die Gattung **Lyrik.** Viele dieser Autoren mussten aus Deutschland fliehen und ins Exil gehen. Einer davon war Heinrich Heine (1797–1856), der 1831 ins Exil nach Paris ging. Andere wichtige Schriftsteller dieser Zeit waren Georg Büchner, Georg Herwegh und Hermann Ferdinand Freiligrath.

Die nationale Begeisterung des Vormärz warf aber bereits die Schatten eines hemmungslosen Nationalismus und eines irrationalen Antisemitismus voraus.

Bürgerlicher Realismus (1848–1890)

Hans Thoma (1839–1924):
Die Mutter des Künstlers
im Stübchen, 1871

Thomas Vater war Müller und Holzarbeiter im Schwarzwald.

Begonnene Lehren als Lithograf, Anstreicher und Uhrenschildmaler brach er ab, bevor er 1859 von der Großherzoglichen Kunstschule in Karlsruhe aufgenommen wurde, die ihn 1899 zum Professor berief. Er lebte in Paris, München, der damaligen Kunsthauptstadt Deutschlands, und in Frankfurt am Main.

Eine Ausstellung im Münchner Kunstverein 1890 machte ihn allgemein in Deutschland bekannt. Zu seinen besten Werken zählen seine Landschaftsbilder (Schwarzwald, Oberrheinebene und Taunus), die Porträts seiner Freunde und Angehörigen und seine Selbstporträts.

1 Beschreiben Sie das Bild möglichst genau.

2 Theodor Fontane schrieb: „Der Realismus in der Kunst ist so alt als die Kunst selbst, ja noch mehr: Er ist die Kunst." – Zeigen Sie, inwieweit diese Aussage auf das Bild von Hans Thoma zutrifft.

Theodor Fontane

Im Alter von 30 Jahren gab Theodor Fontane (geboren 1819 in Neuruppin bei Berlin, gestorben 1898 in Berlin) seinen Beruf als Apotheker auf und schlug eine journalistische Laufbahn ein. Zwölf Jahre später wechselte er erneut seinen Beruf und wurde Theaterkritiker für die „Vossische Zeitung". Mit fast 60 Jahren entschloss er sich, Schriftsteller zu werden. Besonders seine realistischen Gesellschaftsromane zogen viel Aufmerksamkeit auf sich, denn Fontane behandelte damals tabuisierte Themen, beispielsweise in „Irrungen, Wirrungen" (unstandesgemäße Liebe) oder „Effi Briest" (Ehebruch), und stieß damit bei vielen Zeitgenossen auf Ablehnung. Meistens standen Frauen im Mittelpunkt seiner Romane. Als angesehener Mann starb Fontane 1898.

Bürgerlicher Realismus (1848–1890)

Die junge und lebenslustige Effi Briest wird mit dem 20 Jahre älteren Baron von Innstetten verheiratet. Die Heirat mit dem gefühlskalten Landrat ermöglicht ihr den gesellschaftlichen Aufstieg, doch Effi ängstigt sich in dem neuen Zuhause, fühlt sich vernachlässigt und einsam. Sie beginnt eine Affäre mit Crampas. Einige Jahre später findet Innstetten dessen Liebesbriefe und erschießt ihn im Duell. Effi, geschieden und gesellschaftlich isoliert, lebt getrennt von ihrem Kind in Berlin. Erst todkrank kehrt sie auf das Gut ihrer Eltern zurück und stirbt dort.

Effi Briest (1896, Auszug)

„Pardon, Wüllersdorf", empfing ihn Innstetten, „dass ich Sie gebeten habe, noch gleich heute bei mir vorzusprechen. Ich störe niemand gern in seiner Abendruhe, am wenigsten einen geplagten Ministerialrat. Es ging aber nicht anders. Ich bitte Sie, machen Sie sich's bequem. Und hier eine Zigarre."

Wüllersdorf setzte sich. Innstetten ging wieder auf und ab und wäre bei der ihn verzehrenden Unruhe gern in Bewegung geblieben, sah aber, dass das nicht gehe. So nahm er denn auch seinerseits eine Zigarre, setzte sich Wüllersdorf gegenüber und versuchte ruhig zu sein. „Es ist", begann er, „um zweier Dinge willen, dass ich Sie habe bitten lassen: erst, um eine Forderung zu überbringen, und zweitens, um hinterher, in der Sache selbst, mein Sekundant zu sein; das eine ist nicht angenehm und das andere noch weniger. Und nun Ihre Antwort."

„Sie wissen, Innstetten, Sie haben über mich zu verfügen. Aber eh ich die Sache kenne, verzeihen Sie mir die naive Vorfrage: Muss es sein? [...] Aber nun sagen Sie, was ist es?"

„Es handelt sich um einen Galan meiner Frau, der zugleich mein Freund war oder doch beinah."

Wüllersdorf sah Innstetten an. „Innstetten, das ist nicht möglich."

„Es ist mehr als möglich, es ist gewiss. Lesen Sie."

Wüllersdorf flog drüber hin. „Die sind an Ihre Frau gerichtet?"

„Ja. Ich fand sie heut in ihrem Nähtisch."

„Und wer hat sie geschrieben?"

„Major Crampas." [...]

„Liegt also sechs Jahre zurück oder noch ein halb Jahr länger."

„Ja."

Wüllersdorf schwieg.

Nach einer Weile sagte Innstetten: „Es sieht fast so aus, Wüllersdorf, als ob die sechs oder sieben Jahre einen Eindruck auf Sie machten. Es gibt eine Verjährungstheorie, natürlich, aber ich weiß doch nicht, ob wir hier einen Fall haben, diese Theorie gelten zu lassen."

„Ich weiß es auch nicht", sagte Wüllersdorf. „Und ich bekenne Ihnen offen, um diese Frage scheint sich hier alles zu drehen." [...]

„Es steht so, dass ich unendlich unglücklich bin; ich bin gekränkt, schändlich hintergangen, aber trotzdem, ich bin ohne jedes Gefühl von Hass oder gar von Durst nach Rache. Und wenn ich mich frage, warum nicht, so kann ich zunächst nichts anderes finden als die Jahre. Man spricht immer von unsühnbarer Schuld; vor Gott ist es gewiss falsch, aber vor den Menschen auch. Ich hätte nie geglaubt, dass die Zeit, rein als Zeit, so wirken könne. Und dann als Zweites: Ich liebe meine Frau, ja, seltsam zu sagen, ich liebe sie noch, und so furchtbar ich alles finde, was geschehen, ich bin so sehr im Bann ihrer Liebenswürdigkeit, eines ihr eigenen heiteren Charmes, dass ich mich, mir selbst zum Trotz, in meinem letzten Herzenswinkel zum Verzeihen geneigt fühle."

Bürgerlicher Realismus (1848–1890)

Wüllersdorf nickte. „Kann ganz folgen, Innstetten, würde mir vielleicht ebenso gehen. Aber wenn Sie so zu der Sache stehen und mir sagen: ‚Ich liebe diese Frau so sehr, dass ich ihr alles verzeihen kann', und wenn wir dann das andere hinzunehmen, dass alles weit, weit zurückliegt, wie ein Geschehnis auf einem andern Stern [...], wozu die ganze Geschichte?"

„Weil es trotzdem sein muss. Ich habe mir's hin und her überlegt. Man ist nicht bloß ein einzelner Mensch, man gehört einem Ganzen an, und auf das Ganze haben wir beständig Rücksicht zu nehmen, wir sind durchaus abhängig von ihm. [...] Man braucht nicht glücklich zu sein, am allerwenigsten hat man einen Anspruch darauf, und den, der einem das Glück genommen hat, den braucht man nicht notwendig aus der Welt zu schaffen. Man kann ihn, wenn man weltabgewandt weiterexistieren will, auch laufen lassen. Aber im Zusammenleben mit den Menschen hat sich ein Etwas gebildet, das nun mal da ist und nach dessen Paragrafen wir uns gewöhnt haben, alles zu beurteilen, die andern und uns selbst. Und dagegen zu verstoßen geht nicht; die Gesellschaft verachtet uns, und zuletzt tun wir es selbst und können es nicht aushalten und jagen uns die Kugel durch den Kopf. [...] Also noch einmal, nichts von Hass oder dergleichen, und um eines Glückes willen, das mir genommen wurde, mag ich nicht Blut an den Händen haben; aber jenes, wenn Sie wollen, uns tyrannisierende Gesellschafts-Etwas, das fragt nicht nach Charme und nicht nach Liebe und nicht nach Verjährung. Ich habe keine Wahl. Ich muss."

3 Fassen Sie den Textauszug kurz zusammen.

4 Beschreiben Sie den Konflikt Innstettens und erläutern Sie dessen Begründung für seine Entscheidung.

5 Diskutieren Sie die Entscheidung Innstettens.

6 Erarbeiten Sie mithilfe des Basiswissens typische Merkmale der Epoche des Realismus, die sich im Text widerspiegeln.

BASISWISSEN Bürgerlicher Realismus

Mitte des 19. Jahrhunderts strebten zahlreiche **Dichter aus dem Bürgertum** danach, in ihren Werken die **reale Welt** zu zeigen. Dieser Anspruch der **wirklichkeitsgetreuen Darstellung der Dinge** gab der Epoche ihren Namen. Zeitlich wurde der Realismus von der Märzrevolution 1848 und dem Naturalismus (ab 1880) begrenzt. Beide Strömungen, Realismus und Naturalismus existierten eine Zeit lang nebeneinander.

Die Dichter des Realismus wendeten sich von den politischen Zielen des Vormärz ab. Zu enttäuschend war für sie die politische Realität nach der niedergeschlagenen Revolution 1848. Auch die Ideale der Romantik lehnten sie ab. In die Zeit des Realismus fielen **tief greifende gesellschaftliche und wirtschaftliche Veränderungen.** Die zunehmende Industrialisierung führte zur Verelendung der stetig wachsenden Stadtbevölkerung, aber auch zu einem Aufstieg des wirtschaftlich erfolgreichen Bürgertums. In der Mitte des 19. Jahrhunderts wuchs der **Glaube an die Allmacht der Naturwissenschaften.** Wichtige wissenschaftliche Entdeckungen und Theorien sowie technische Erfindungen fielen in diese Zeit.

Naturalismus (circa 1880–1900)

Anders Zorn: Unser täglich Brot, Aquarell, 1886

1 Beschreiben Sie das Bild.

2 Entwerfen Sie mithilfe der Begriffe „Fotografie“, „Objektivität“ und „Vorbild der Natur“ ein Programm naturalistischer Künstler. Beziehen Sie sich dabei auf das Bild von Anders Zorn.

Gerhart Hauptmann

Der vielseitig interessierte Gerhart Hauptmann (geboren 1862 in Obersalzbrunn, gestorben 1946 in Agnetendorf, beides Niederschlesien) hatte zunächst in der Schule und beruflich (er versuchte sich beispielsweise als Landwirt und Bildhauer) wenig Erfolg und litt unter latenten Geldsorgen. Die Hochzeit mit seiner ersten Frau 1885 machte ihn finanziell unabhängig und daher konnte sich Hauptmann dem Schreiben widmen. In den folgenden Jahren schuf er jene Werke, mit denen er international Ruhm erlangte, die ihn jedoch auch immer wieder in Konflikt mit der Obrigkeit brachten. Als 1933 die Nationalsozialisten an die Macht kamen, blieb Hauptmann in Deutschland. 1944 war er Zeuge des Bombenangriffs auf Dresden. Von diesem Schock erholte er sich bis zu seinem Tod 1946 nicht mehr.
Die Handlung des Dramas „Der Biberpelz“ spielt Ende der 1880er-Jahre in der Nähe von Berlin. Frau Wolff, eine tüchtige Waschfrau, begeht kleinere Diebstähle, um den sozialen Aufstieg ihrer Familie zu beschleunigen. Eines Tages stiehlt sie den Biberpelz von Herrn Krüger. Dieser erstattet Anzeige, die jedoch kaum Beachtung findet. Nach einer erneuten Anzeige Krügers muss sich Frau Wolff rechtfertigen, entgeht jedoch aufgrund ihrer Schlauheit dem Verdacht des Diebstahls. Zu Beginn des Stückes trifft Frau Wolff auf ihre 17-jährige Tochter Leontine, die als Dienstmädchen bei den Krügers arbeitet.

Naturalismus (circa 1880–1900)

Der Biberpelz (1892/1893, Auszug)

FRAU WOLFF *unsichtbar von außen* Adelheid! Adelheid! *Stille; dann wird von der andern Seite ans Fenster gepocht.* Wirschte gleich uffmachen!

LEONTINE *im Schlaf* Nein, nein, ick lass mir nich schinden!

FRAU WOLFF Mach uff, Mädel, sonste komm' ich durchs Fenster. *Sie trommelt [...] ans Fenster.*

LEONTINE *aufwachend* Ach, du bist's, Mama! Ick komme ja schon! *Sie schließt auf.*

FRAU WOLFF *ohne einen Sack, welchen sie auf der Schulter trägt, abzulegen* Was willst'n du hier?

LEONTINE *verschlafen* 'n Abend, Mama! [...]

FRAU WOLFF Was willste denn nu zu Hause, Mädel?

LEONTINE *läppisch maulend* Ich soll woll man jar nich mehr bei euch komm?

FRAU WOLFF Na, sei bloß so gutt und tu dich a bissel. Das hab ich zu gerne. *Sie lässt den Sack von der Schulter fallen.* Du weeßt woll noch gar nich, wie spät dass's schonn is? Mach bloß, dasste fortkommst zu deiner Herrschaft. [...]

LEONTINE *weinerlich, trotzig* Ick jeh nich mehr bei die Leute, Mama!

FRAU WOLFF *erstaunt* Du gehst nich ... *Ironisch* Ach wo, das ist ja was ganz Neues.

LEONTINE Na brauch ick mir immer lassen schinden?

FRAU WOLFF *war bemüht, ein Stück Rehwild aus dem Sack hervorzuziehen* I, schinden tun se dich also bei Kriegers? Nee, so a armes Kind aber ooch! Mit so was komm mer ock uffgezogen! A Frauenzimmer wie a Dragoner ...! Nanu fass an, dort unten a Sack! Du kannst dich woll gar nich tälscher anstellen? Bei mir haste damit kee Glicke nich! 's Faulenzen lernste bei mir erscht recht nich! *Beide hängen den Rehbock am Türpfosten auf.* Nu sag' ich dersch aber zum letzten Male ...

LEONTINE Ick jeh nich mehr bei die Leute hin. Denn jeh ick lieber in't Wasser, Mama!

FRAU WOLFF Na, dasste ock bloß keen'n Schnuppen krigst. [...] Da ruff mich ock, heerschte! Ich wer der an Schupps geben, dasste ooch ja und fliegst nich daneben.

LEONTINE *schreit heftig* Na, brauch ick mir das woll jefallen zu lassen, det ick abens muss Holz rinräumen zwee Meter?

FRAU WOLFF *tut erstaunt* Nee, 's is woll nich meeglich! Holz sollste reinschleppen! Nee, ieber die Leute aber ooch!

LEONTINE ... un zwanzich Daler uffs ganze Jahr? [...] Un nich ma satt Kartoffel und Häring?!

FRAU WOLFF Da red erscht nich lange, tummes Mädel. Da hast a Schlissel, geh, schneid d'r Brot ab. Un wenn de satt bist, scheer dich, verstanden?! 's Flaummus steht in der oberschten Reihe.

LEONTINE [...] Die Juste von Schulzens kriejt vierzig Daler un ...

FRAU WOLFF Renn du bloß mit'n Kopp durch de Wand! Du wirscht bei da Leuten nich ewig bleiben. Du bist ni vermit't fir ewige Zeiten. Meinswegen zieh du zum erschten April. So lange bleibste an Ort und Stelle! 's Weihnachtsgeschenk in der Tasche, gelt, nu mechste fortloofen? [...] Ich geh' bei da Leuten aus und ein. Das wer ich woll uff mir sitzen lassen!

LEONTINE Det bissken Lumpe, det ick da anhabe?

FRAU WOLFF 's baare Geld vergisste woll ganz?

LEONTINE Jawoll doch! Janze Märker sechse!

FRAU WOLFF I, Geld is Geld! Das lass du gutt sein!

LEONTINE Na, wenn ick aber kann mehr verdien'n!? [...] Ick jeh nach Berlin und nähe Mäntel. Stechowns Emilie jeht ooch seit'n Neujahr!

Naturalismus (circa 1880–1900)

FRAU WOLFF Komm du m'r bloß mit der Schlumpe gezogen! Die soll m'r ock unter de Finger loofen! Dem Balge will ich a Talglicht uffstecken! Das wär so a Awasemang fer dich, gelt? Mit a Kerl'n de Nächte verschwiemeln. Nee, Mädel, wenn ich bloß da dran denke: Ich hau dich, dasste schonn gar nich mehr uffstehst. – Nu kommt Papa, jetzt nimm dich in Obacht!

3 Fassen Sie den Textauszug kurz zusammen und beschreiben Sie die Lebensumstände der Familie Wolff.

4 Übertragen Sie die Zeilen 1 bis 21 ins Hochdeutsche und vergleichen Sie Ihre Fassung mit dem Original. Erläutern Sie, welche Funktion der Dialekt in diesem Stück hat.

5 Vergleichen Sie mithilfe des Basiswissens den Realismus mit dem Naturalismus.

BASISWISSEN Naturalismus

Die sich dem Naturalismus verbunden fühlenden Schriftsteller wollten die **Wirklichkeit ungeschönt** in ihre literarischen Werke übertragen. Die Grundlage dafür bildete die **genaue Beobachtung der Natur.** Damit standen die Naturalisten im Gegensatz zu der verklärenden Wirklichkeitsdarstellung der Realisten.

Das Leben des ausgehenden 19. Jahrhunderts war geprägt vom Wachstum der Großstädte, der Beschleunigung des Lebens und den immer mehr an Bedeutung gewinnenden Naturwissenschaften. Dem Fortschrittsoptimismus stand die Kritik am Verlust überlieferter Werte entgegen. Mittelpunkt naturalistischer Darstellungen waren die einfachen Leute: die leidenden Armen, die Geknechteten - sie repräsentierten die Schattenseiten der Industrialisierung und Technisierung. Durch die **Fokussierung auf gesellschaftliche Missstände** und das soziale Elend (Mietskasernen, Elendsviertel, Ausbeutung der Fabrikarbeiter) ergriffen die Naturalisten für die armen Leute Partei. Sie bildeten schonungslos das Hässliche und Schockierende, das moralische wie materielle Elend ab.

Die Naturalisten revolutionierten nicht nur die Themen ihrer literarischen Werke, sondern auch deren Sprache. Sie verwendeten in ihren Dramen beispielsweise **Jargon und Dialekt.** Neben Gerhart Hauptmann sind wichtige Vertreter des Naturalismus beispielsweise Arno Holz, Johannes Schlaf, Wilhelm Bölsche und Hermann Sudermann.

Expressionismus (circa 1910–1925)

Otto Dix (1891–1969): Der Krieg, Triptychon, 1929/32

1 Betrachten Sie das Triptychon und beschreiben Sie die Wirkung. Verwenden Sie möglichst aussagekräftige Adjektive und/oder Substantive.

Alfred Döblin

Als promovierter Mediziner praktizierte Alfred Döblin (geboren 1878 in Stettin, gestorben 1957 in Emmendingen bei Freiburg) von 1911 an als Nervenarzt in Berlin. Er war außerdem als Schriftsteller tätig und Mitbegründer der Zeitschrift „Der Sturm". Nach der Machtergreifung Hitlers emigrierte er 1933 nach Paris und 1940 in die USA. 1945 kehrte Döblin nach Deutschland zurück und wurde Mitbegründer der Mainzer Akademie und Herausgeber einer Literaturzeitschrift. 1953 ging er, enttäuscht vom Nachkriegsdeutschland, nach Paris. 1956 kehrte er schwer krank nach Deutschland zurück und starb 1957 in der Psychiatrie in Emmendingen.
Döblins Roman „Berlin Alexanderplatz" handelt von Franz Biberkopf, der wegen Totschlags im Gefängnis Berlin-Tegel eine Haftstrafe verbüßt hat und versucht, nach seiner Entlassung ein anständiges Leben zu führen. Er zieht durch Berlin und gerät immer wieder in den Strudel von Verbrechen, Gewalt und Mord, bis er schließlich nach dem Besuch einer Heilanstalt den rechten Weg findet.

Berlin Alexanderplatz (1929, Auszug)

Mit der 41 in die Stadt

Er stand vor dem Tor des Tegeler Gefängnisses und war frei. Gestern hatte er noch hinten auf den Ackern Kartoffeln geharkt mit den andern, in Sträflingskleidung […]. Der Aufseher am Tor spazierte einige Male an ihm vorbei, zeigte ihm seine Bahn, er ging nicht. Der schreckliche Augenblick war gekommen (schrecklich, Franze, warum schrecklich?), die vier Jahre waren um. […] Man setzte ihn wieder aus. Drin saßen die andern, tischlerten, lackierten, sortierten, klebten, hat-

Expressionismus (circa 1910–1925)

ten noch zwei Jahre, fünf Jahre. Er stand an der Haltestelle. Die Strafe beginnt. Er schüttelte sich, schluckte. Er trat sich auf den Fuß. Dann nahm er einen Anlauf und saß in der Elektrischen. Mitten unter den Leuten. Los. Das war zuerst, als wenn man beim Zahnarzt sitzt, der eine Wurzel mit der Zange gepackt hat [...].

Lebhafte Straßen tauchten auf, die Seestraße, Leute stiegen ein und aus. In ihm schrie es entsetzt: Achtung, Achtung, es geht los. Seine Nasenspitze vereiste, über seine Backe schwirrte es. „Zwölf-Uhr-Mittagszeitung", „BZ", „Die neue Illustrierte", „Die Funkstunde neu", „Noch jemand zugestiegen?" Die Schupos haben jetzt blaue Uniformen. Er stieg unbeachtet wieder aus dem Wagen, war unter Menschen. Was war denn? Nichts. Haltung, ausgehungertes Schwein, reiß dich zusammen, kriegst meine Faust zu riechen. Gewimmel, welch Gewimmel. Wie sich das bewegte. Mein Brägen hat wohl kein Schmalz mehr, der ist wohl ganz ausgetrocknet. Was war das alles. Schuhgeschäfte, Hutgeschäfte, Glühlampen, Destillen. [...] Man mischt sich unter die andern, da vergeht alles, dann merkst du nichts, Kerl. Figuren standen in den Schaufenstern in Anzügen, Mänteln, mit Röcken, mit Strümpfen und Schuhen. Draußen bewegte sich alles, aber – dahinter – war nichts! Es – lebte – nicht! Es hatte fröhliche Gesichter, es lachte, wartete auf der Schutzinsel gegenüber Aschinger zu zweit oder zu dritt, rauchte Zigaretten, blätterte in Zeitungen. So stand das da wie die Laternen – und – wurde immer starrer.

2 Beschreiben Sie die Wirkung, die dieser Romanauszug auf Sie hat. Erläutern Sie die erzähltechnischen Mittel (↗ Kapitel 9).

3 Zeigen Sie auf, welche inhaltlichen und sprachlichen Merkmale darauf hindeuten, dass es sich um ein typisch expressionistisches Werk handelt. Nehmen Sie dazu das Basiswissen zu Hilfe.

BASISWISSEN **Expressionismus**

Der Begriff „Expressionismus" (lat. „ex" = aus; „premere" = drücken) bedeutet **„Ausdruckskunst"** und bezeichnet eine literarische Strömung in der Zeit von etwa 1910 bis 1925.

Die Expressionisten wollten **neue, revolutionäre Ausdrucksformen** schaffen und wandten sich gegen bestehende Normen und Konventionen. Das Leben in der Großstadt und die Verkümmerung des Menschen (körperlicher und psychischer Verfall, Verelendung) inspirierten die Expressionisten. Sie lehnten die Nachahmung der Natur, wie die Naturalisten sie anstrebten, ab. Ihre Werke drückten **innerlich gesehene Wahrheiten und Erlebnisse** aus. Der Erste Weltkrieg (1914–1918), eine bis dahin noch nie erlebte Welle der Vernichtung von Menschen, wurde ebenfalls Gegenstand der expressionistischen Kunst. Viele Expressionisten begrüßten den Krieg, da sie Sehnsucht nach dem Neuen Menschen hatten, der so entstehen würde. Neben **schockierenden Inhalten** zeichneten auch **freie Sprachexperimente** die expressionistischen Werke aus. In rauschhaften, explosiven Sprachfantasien durchbrachen sie das Realistische, sie lösten grammatische Strukturen auf und zerstörten damit die „normale" Raum-Zeit-Vorstellung, auch Wortneuschöpfungen und eine auffällige Farbsymbolik kennzeichnen ihre Werke.

Es entstanden Werke, die heute noch Geltung haben und deren Einfluss seither spürbar ist. Auch auf Schöpfungen bekannter Autoren späterer Zeit hat der Expressionismus Einfluss genommen. Wichtige Vertreter des literarischen Expressionismus sind neben Alfred Döblin und Gottfried Benn beispielsweise Georg Trakl, Jakob van Hoddis (eigentlich: Hans Davidsohn), Georg Heym und Franz Kafka.

Exilliteratur (1933–1945)

„Durch Licht zur Nacht. Also sprach Dr. Goebbels: Lasst uns aufs neue Brände entfachen, auf dass die Verblendeten nicht erwachen!“ – Titelblatt der „Arbeiter Illustrierten Zeitung“ (AIZ), 1933; Fotocollage von John Heartfield

Hatte die 1921 gegründete kommunistische Wochenzeitung „Sowjetrussland im Bild“ zunächst die revolutionären Ereignisse und die Probleme der noch jungen Sowjetunion im Blick, wandte sie sich noch in den 1920er Jahren unter dem Titel „Sichel und Hammer“ den Nöten des deutschen Proletariats, vornehmlich des Fabrikarbeiters, zu.

Am 30. November 1924 erschien die sozialistische Illustrierte im Großformat unter dem neuen Titel „Arbeiter Illustrierte Zeitung“: Neben aktuellen Berichten und Reportagen enthielt sie Erzählungen und Gedichte von berühmten Schriftstellern wie Anna Seghers, Erich Kästner und Kurt Tucholsky. Bis zur Machtübernahme durch die NSDAP erreichte die AIZ eine Auflage von einer halben Million – beachtlich, wenn man bedenkt, dass sich viele Arbeiter keine eigene Zeitung leisten konnten und daher jedes Exemplar von mehreren Menschen gelesen wurde. Zwischen 1933 und 1938 erschien die AIZ im Exil in Prag.

1 Beschreiben Sie das Titelblatt der AIZ und deuten Sie die Collage.

2 Überlegen Sie, welche Folgen die Bücherverbrennung für die Literaten und den Literaturbetrieb in Deutschland hatte.

Anna Seghers

Anna Seghers, eigentlich Netty Reiling (geboren 1900 in Mainz, gestorben 1983 in Ostberlin), war das einzige Kind eines wohlhabenden jüdischen Antiquitätenhändlers. Nach dem Abitur 1920 studierte sie Geschichte und Kunstgeschichte in Köln und Heidelberg. Die Erzählung „Grubetsch“, eine ihrer ersten Publikationen, veröffentlichte sie 1927 unter dem Pseudonym Seghers. 1928 trat sie der KPD bei. Nach der Machtübernahme der Nationalsozialisten musste Anna Seghers ins Ausland fliehen und machte den Kampf gegen den Nationalsozialismus zu ihrem zentralen literarischen Thema. Nach dem Krieg siedelte sie in die DDR um, wo sie 1983 starb.
Der Roman „Transit“ schildert die Situation mehrerer vor dem Nationalsozialismus geflüchteter Personen, die sich im Sommer 1940 am Rande Europas in der südfranzösischen Hafenstadt Marseille sammeln, um nach Übersee ins Exil zu entkommen. Der Ich-Erzähler, auf der Flucht aus einem deutschen Konzentrationslager, in Frankreich abermals interniert und nochmals geflohen, soll einen Koffer überbringen. Er erfährt jedoch vom Selbstmord des Empfängers, eines aus Nazi-

Exilliteratur (1933–1945)

deutschland geflohenen Schriftstellers, und nimmt – zunächst ungewollt – dessen Identität an. Er trifft auf die ehemalige Frau des toten Schriftstellers Weidel, die ihren Mann „im Stich gelassen" hat wie so viele Menschen in den schwierigen Zeiten, mit einem anderen Mann abreisen will und doch immer auf Weidels Ankunft wartet. Der Roman zeigt die Absurdität der Verhältnisse, mit denen die Flüchtlinge in der damaligen Zeit umgehen mussten.

Transit (1948, Auszug)

Wie die meisten Menschen in diesen Tagen hatten wir das kindische Ziel, über die Loire zu kommen. Wir vermieden die große Straße, wir liefen über die Felder. Wir kamen durch verlassene Dörfer, in denen die ungemolkenen Kühe brüllten. Wir suchten etwas zum Beißen, aber alles war ausgefressen, vom Stachelbeerstrauch bis zur Scheune. Wir wollten trinken, die Wasserleitungen waren durchschnitten. Wir hörten jetzt keine Schüsse mehr, der Dorftrottel, der allein zurückgeblieben war, konnte uns keine Auskunft geben. Da wurde uns beiden bang. Diese Abgestorbenheit war ja beklemmender als die Bombardements auf den Docks. Schließlich stießen wir auf die Pariser Straße. Wir waren wirklich noch längst nicht die letzten. Aus den nördlichen Dörfern ergoss sich noch immer ein stummer Strom von Flüchtlingen. Erntewagen, hoch wie ein Bauernhaus, mit den Möbeln beladen und mit den Geflügelkäfigen, mit den Kindern und mit den Urahnen, mit den Ziegen und Kälbern, Camions[1] mit einem Nonnenkloster, ein kleines Mädchen, das seine Mutter auf einem Karren mitzottelte, Autos, in denen hübsche steife Weiber saßen in ihren geretteten Pelzen, aber die Autos waren von Kühen gezogen, denn es gab keine Tankstellen mehr, Frauen, die sterbende Kinder mitschleppten, sogar tote.

Damals durchfuhr mich zum ersten Mal der Gedanke, warum diese Menschen eigentlich flüchteten. Vor den Deutschen? – Die waren ja motorisiert. Vor dem Tod? Der würde sie ohne Zweifel auch unterwegs einholen. […]
Ich schlug mich wieder quer durch die Felder. Ich kam vor ein großes, abseitiges, noch immer bewohntes Bauernhaus. Ich bat um Essen und Trinken, zu meiner großen Verwunderung richtete mir die Frau einen Teller Suppe, Wein und Brot auf dem Gartentisch. Dabei erzählte sie, nach langem Familienzwist hätten auch sie gerade beschlossen, abzuziehen. Alles sei schon gepackt, man brauche jetzt nur noch aufzuladen. […]
Jetzt hielten zwei [Motorradfahrer] hinter dem Zaun, jeder hatte zwei Leute im Beisitz, und sie trugen die grüngrauen Uniformen. Einer sagte so laut auf Deutsch, dass ich es hören konnte: „Himmel, Arsch und Zwirn, jetzt ist auch der neue Riemen kaputt!" Die Deutschen waren schon da! Sie hatten mich überholt! Ich weiß nicht, was ich mir unter der Ankunft der Deutschen vorgestellt hatte: Donner und Erdbeben. Es geschah aber zunächst gar nichts anderes als die Anfahrt von zwei Motorrädern hinter dem Gartenzaun. Die Wirkung war ebenso groß, vielleicht noch größer. Ich saß gelähmt. Mein Hemd war im Nu trätschnass. Was ich selbst bei der Flucht aus dem ersten Lager nicht gespürt hatte, selbst beim Ausladen unter den Fliegern nicht, das spürte ich jetzt. Zum ersten Mal in meinem Leben spürte ich Todesangst.
Haben Sie bitte Geduld mit mir! Ich werde bald auf die Hauptsache kommen. Sie verstehen vielleicht. Einmal muss man ja jemand alles der Reihe nach erzählen. Ich kann mir heute selbst nicht mehr erklären, warum ich mich dermaßen fürchtete. Entdeckt zu werden? An die Wand gestellt? Auf den Docks hätte ich ebenso sang- und klanglos verschwinden können. Nach Deutschland

zurückgeschickt zu werden? Langsam zu Tode gequält? Das hatte mir auch geblüht, als ich über den Rhein geschwommen war. Ich hatte außerdem immer gern auf der Kante gelebt, war immer daheim, wo es brenzlich roch. Und wie ich nachdachte, wovor ich mich eigentlich maßlos fürchtete, fürchtete ich mich schon etwas weniger.
Ich tat zugleich das Vernünftigste und das Einfältigste: Ich blieb sitzen. [...] Inzwischen war eine ganze Kolonne auf dem Grasplatz hinter dem Zaun vorgefahren. Sie kamen nicht einmal in den Garten. Sie fuhren nach drei Minuten weiter. Zum ersten Mal seit vier Jahren hörte ich wieder deutsche Befehle. O, wie sie knarrten! Es hätte nicht viel gefehlt, ich selbst wäre aufgesprungen und hätte stramm gestanden. Ich hörte später, dieselbe Motorradkolonne hätte die Flüchtlingsstraße abgeschnitten, auf der ich vorhin gekommen war. All die Ordnung, all die Befehle hätten das furchtbarste Durcheinander bewirkt, Blut, Schreie von Müttern, die Auflösung unserer Weltordnung. Doch surrte im Unterton dieser Befehle etwas gemein Klares, niederträchtig Aufrichtiges: Gebt nur nicht an! Wenn eure Welt schon zu Grunde gehen muss, wenn ihr sie schon nicht verteidigt habt, wenn ihr [schon] zulasst, dass man sie auflöst, dann keine Flausen, dann schleunigst, dann überlasst das Kommando uns!
Ich aber wurde plötzlich ganz ruhig. Da sitze ich nun, dachte ich, und die Deutschen ziehen an mir vorbei und besetzen Frankreich.

1 Camions: Lastwagen

3 Geben Sie die Situation mit eigenen Worten wieder.

4 Erläutern Sie, mit welchen sprachlichen Mitteln es der Verfasserin gelingt, die Flüchtlingssituation so anschaulich darzustellen.

5 Arbeiten Sie heraus, wodurch die Angst der Bevölkerung und vor allem der Flüchtlinge vor den deutschen Soldaten deutlich wird.

Rose Ausländer: Einsamkeit (1976)

Wahrgeworden
die Weissagung der Zigeunerin
Dein Land wird
dich verlassen
du wirst verlieren
Menschen und Schlaf
wirst reden
mit geschlossenen Lippen
zu fremden Lippen
Lieben wird dich
die Einsamkeit
wird dich umarmen

Exilliteratur (1933–1945)

Bertolt Brecht: Gedanken über die Dauer des Exils (1939)

I

Schlage keinen Nagel in die Wand
Wirf den Rock auf den Stuhl.
Warum vorsorgen für vier Tage?
Du kehrst morgen zurück.
Laß den kleinen Baum ohne Wasser.
Wozu noch einen Baum pflanzen?
Bevor er so hoch wie eine Stufe ist
Gehst du fort von hier.
Zieh die Mütze ins Gesicht, wenn Leute vorbeigehn!
Wozu in fremden Grammatiken blättern?
Die Nachricht, die dich heimruft
Ist in bekannter Sprache geschrieben.
So wie der Kalk vom Gebälk blättert
(Tue nichts dagegen!)
Wird der Zaun der Gewalt zermorschen
Der an der Grenze aufgerichtet ist
Gegen die Gerechtigkeit.

II

Sieh den Nagel in der Wand, den du eingeschlagen hast:
Wann, glaubst du, wirst du zurückkehren?
Willst du wissen, was du im Innersten glaubst?
Tag um Tag
Arbeitest du an der Befreiung
Sitzend in der Kammer schreibst du.
Willst du wissen, was du von deiner Arbeit hältst?
Sieh den kleinen Kastanienbaum im Eck des Hofes
Zu dem du die Kanne voll Wasser schlepptest!

6 Beschreiben Sie die Stimmung, die von den Gedichten ausgeht.

7 Erläutern Sie die Lebensumstände, in denen sich das lyrische Ich jeweils befindet.

BASISWISSEN Exilliteratur

Mit der Machtübernahme der Nationalsozialisten am 30. Januar 1933 veränderte sich nicht nur das politische Leben, sondern auch das Leben der Künstler und Schriftsteller in Deutschland. Am 10. Mai 1933 fand auf dem Vorplatz der Berliner Universität eine öffentliche **Bücherverbrennung** statt. Betroffen waren vor allem Autoren und Schriftsteller jüdischer Herkunft, mit anderen politischen Überzeugungen, aber auch Autoren, die mit Literatur experimentierten und in den Augen der Nationalsozialisten „entartet" waren. Da während der Weimarer Republik (1919–1933) zahlreiche unterschiedliche schriftstellerische Richtungen entstanden waren, wurde sehr schnell deutlich, dass diese im „Dritten Reich" in Deutschland keinen Platz mehr hatten. Die Künstler wurden durch die neuen Machthaber gnadenlos verfolgt. So blieben ihnen nur zwei Möglichkeiten: Einige Autoren blieben in Deutschland, zogen sich zurück und gingen in die sogenannte **„innere Emigration"**, das heißt, sie arrangierten sich mit dem System, wählten unpolitische Themen für ihre literarischen Werke oder schrieben gar nicht mehr.

Für die meisten Autoren jedoch wurde die Situation von 1933 an so unerträglich, dass sie ihre **Heimat aufgaben** und das Land verließen. Die neuen Lebensbedingungen wurden ganz besonders intensiv in Form zahlreicher **Gedichte** aufgearbeitet. Die Autoren der Exilliteratur verfolgten kein einheitliches Programm, ihre politischen Ansichten waren sehr unterschiedlich. Allen gemeinsam war die Ablehnung des Nationalsozialismus. Wichtige Vertreter der Exilliteratur sind beispielsweise die Brüder Thomas und Heinrich Mann, Bertolt Brecht, Anna Seghers, Erich Fried, Kurt Tucholsky und Nelly Sachs.

Literatur nach 1945

Wolfgang Mattheuer:
Zwiespalt, DDR, 1980–1982

Wolfgang Mattheuer (geboren 1927 in Reichenbach/Vogtland, gestorben 2004 in Leipzig) war einer der bedeutendsten Maler und Bildhauer der DDR. Seine herausragenden Werke umfassen Zeichnungen, Druckgrafiken (vor allem Holzschnitte), Gemälde und Plastiken. Er war bis 1974 Professor an der Hochschule für Grafik und Buchkunst in Leipzig, wandte sich von der staatlich verordneten Stilrichtung des „sozialistischen Realismus“ ab und begründete die „Leipziger Schule“. 1978 wurde er Mitglied der Akademie der Künste der DDR. 1988 trat er aus der SED aus und beteiligte sich 1989 an den Montagsdemonstrationen in Leipzig.

In seinen oft sozialkritischen Werken bearbeitete Mattheuer Konflikte und Zwänge in Politik und Gesellschaft, aber auch Grenzerfahrungen des Menschen, seine Zerrissenheit und seine Verantwortung. Unter dem Titel „Zwiespalt“ erschien neben dem hier abgedruckten Gemälde (Öl auf Leinwand) auch ein Holzschnitt.

1 Beschreiben Sie das Gemälde.

2 Interpretieren Sie den „Zwiespalt“ in dem Gemälde in Bezug auf das geteilte Deutschland.

3 Stellen Sie sich vor, die beiden Personen würden sich unterhalten. Überlegen Sie, über welche Themen sie sprechen könnten. Verfassen Sie in Partnerarbeit einen Dialog.

Literatur nach 1945

Wolfgang Borchert

Wolfgang Borchert (geboren 1921 in Hamburg, gestorben 1947 in Basel) schrieb bereits als Jugendlicher Gedichte. Nach einer kurzen Schauspielausbildung wurde er 1941 zum Kriegsdienst eingezogen. An der Ostfront mehrfach verwundet, litt er häufig an Infektionen, an deren Folgen er bereits 1947 verstarb. Wegen Kritik am Regime des Nationalsozialismus und sogenannter Wehrkraftzersetzung wurde Borchert mehrere Male inhaftiert. Trotz seines kurzen Lebens hinterließ er zahlreiche Gedichte und Kurzgeschichten sowie das Heimkehrerdrama „Draußen vor der Tür", das ihn erst nach seinem Tod bekannt machte.
Der folgende Text ist ein Beispiel für die sogenannte Trümmerliteratur. Viele Schriftsteller sahen in der unmittelbaren Nachkriegszeit ihre Aufgabe darin, die Folgen, vor allem die seelischen, zu bilanzieren, welche die Trümmer des Nationalsozialismus hinterlassen hatten: zerstörte Städte, auseinandergerissene Familien, furchtbare Schicksale von Flüchtlingen und Heimkehrern.

Die Küchenuhr (1947)

Sie sahen ihn schon von Weitem auf sich zukommen, denn er fiel auf. Er hatte ein ganz altes Gesicht, aber wie er ging, daran sah man, dass er erst zwanzig war. Er setzte sich mit seinem alten Gesicht zu ihnen auf die Bank. Und dann zeigte er ihnen, was er in der Hand trug.
Das war unsere Küchenuhr, sagte er und sah sie alle der Reihe nach an, die auf der Bank in der Sonne saßen. Ja, ich habe sie noch gefunden. Sie ist übrig geblieben.
Er hielt eine runde tellerweiße Küchenuhr vor sich hin und tupfte mit dem Finger die blau gemalten Zahlen ab.
Sie hat weiter keinen Wert, meinte er entschuldigend, das weiß ich auch. Und sie ist auch nicht so besonders schön. Sie ist nur wie ein Teller, so mit weißem Lack. Aber die blauen Zahlen sehen doch ganz hübsch aus, finde ich. Die Zeiger sind natürlich nur aus Blech. Und nun gehen sie auch nicht mehr. Nein. Innerlich ist sie kaputt, das steht fest. Aber sie sieht noch aus wie immer. Auch wenn sie jetzt nicht mehr geht.
Er machte mit der Fingerspitze einen vorsichtigen Kreis auf dem Rand der Telleruhr entlang.
Und er sagte leise: Und sie ist übrig geblieben.
Die auf der Bank in der Sonne saßen, sahen ihn nicht an. Einer sah auf seine Schuhe, und die Frau sah in ihren Kinderwagen. Dann sagte jemand:
Sie haben wohl alles verloren?
Ja, ja, sagte er freudig, denken Sie, aber auch alles! Nur sie hier, sie ist übrig. Und er hob die Uhr wieder hoch, als ob die anderen sie noch nicht kannten.
Aber sie geht doch nicht mehr, sagte die Frau.
Nein, nein, das nicht. Kaputt ist sie, das weiß ich wohl. Aber sonst ist sie doch noch ganz wie immer: weiß und blau. Und wieder zeigte er ihnen seine Uhr. Und was das Schönste ist, fuhr er aufgeregt fort, das habe ich Ihnen ja noch überhaupt nicht erzählt. Das Schönste kommt nämlich noch: Denken Sie mal, sie ist um halb drei stehen geblieben. Ausgerechnet um halb drei, denken Sie mal.
Dann wurde Ihr Haus sicher um halb drei getroffen, sagte der Mann und schob wichtig die Unterlippe vor. Das habe ich schon oft gehört. Wenn die Bombe runtergeht, bleiben die Uhren stehen. Das kommt von dem Druck.

Er sah seine Uhr an und schüttelte überlegen den Kopf. Nein, lieber Herr, nein, da irren Sie sich. Das hat mit den Bomben nichts zu tun. Sie müssen nicht immer von den Bomben reden. Nein. Um halb drei war ganz etwas anderes, das wissen Sie nur nicht. Das ist nämlich der Witz, dass sie gerade um halb drei stehen geblieben ist. Und nicht um viertel nach vier oder um sieben. Um halb drei kam ich nämlich immer nach Hause. Nachts, meine ich. Fast immer um halb drei. Das ist ja gerade der Witz.

Er sah die anderen an, aber die hatten ihre Augen von ihm weggenommen. Er fand sie nicht. Da nickte er seiner Uhr zu. Dann hatte ich natürlich Hunger, nicht wahr? Und ich ging immer gleich in die Küche. Da war es dann fast immer halb drei. Und dann, dann kam nämlich meine Mutter. Ich konnte noch so leise die Tür aufmachen, sie hat mich immer gehört. Und wenn ich in der dunklen Küche etwas zu essen suchte, ging plötzlich das Licht an. Dann stand sie da in ihrer Wolljacke und mit einem roten Schal um. Und barfuß. Immer barfuß. Und dabei war unsere Küche gekachelt. Und sie machte ihre Augen ganz klein, weil ihr das Licht so hell war. Denn sie hatte ja schon geschlafen. Es war ja Nacht.

So spät wieder, sagte sie dann. Mehr sagte sie nie. Nur: So spät wieder. Und dann machte sie mir das Abendbrot warm und sah zu, wie ich aß. Dabei scheuerte sie immer die Füße aneinander, weil die Kacheln so kalt waren. Schuhe zog sie nachts nie an. Und sie saß so lange bei mir, bis ich satt war. Und dann hörte ich sie noch die Teller wegsetzen, wenn ich in meinem Zimmer schon das Licht ausgemacht hatte. Jede Nacht war es so. Und meistens immer um halb drei. Das war ganz selbstverständlich, fand ich, dass sie mir nachts um halb drei in der Küche das Essen machte. Ich fand das ganz selbstverständlich. Sie tat das ja immer. Und sie hat nie mehr gesagt als: So spät wieder. Aber das sagte sie jedes Mal. Und ich dachte, das könnte nie aufhören. Es war mir so selbstverständlich. Das alles. Es war doch immer so gewesen.

Einen Atemzug lang war es ganz still auf der Bank. Dann sagte er leise: Und jetzt? Er sah die anderen an. Aber er fand sie nicht. Da sagte er der Uhr leise ins weißblaue runde Gesicht: Jetzt, jetzt weiß ich, dass es das Paradies war. Das richtige Paradies.

Auf der Bank war es ganz still. Dann fragte die Frau: Und Ihre Familie?

Er lächelte sie verlegen an: Ach, Sie meinen meine Eltern? Ja, die sind auch mit weg. Alles ist weg. Alles, stellen Sie sich vor. Alles weg.

Er lächelte verlegen von einem zum anderen. Aber sie sahen ihn nicht an.

Da hob er wieder die Uhr hoch, und er lachte. Er lachte: Nur sie hier. Sie ist übrig. Und das Schönste ist ja, dass sie ausgerechnet um halb drei stehen geblieben ist. Ausgerechnet um halb drei. Dann sagte er nichts mehr. Aber er hatte ein ganz altes Gesicht. Und der Mann, der neben ihm saß, sah auf seine Schuhe. Aber er sah seine Schuhe nicht. Er dachte immerzu an das Wort Paradies.

4 Fassen Sie den Inhalt der Kurzgeschichte knapp zusammen.

5 Erläutern Sie, welche Bedeutung es für den Protagonisten hat, dass die Uhr um „halb drei“ stehen geblieben ist.

6 Stellen Sie die Szene auf der Bank nach.

Literatur nach 1945

Christa Wolf

Christa Wolf (geboren 1929 in Landsberg, Warthe, DDR, gestorben 2011 in Berlin) erlebte ihren Durchbruch als freie Schriftstellerin mit ihrer Erzählung „Der geteilte Himmel" (1963). Die Liebesgeschichte zwischen der Studentin Rita Seidel und dem Chemiker Manfred Herrfurth ist im DDR-Alltag angesiedelt. Manfred kann sich in seiner Arbeit nicht verwirklichen und geht in den Westen. Rita entscheidet sich, ihm nicht zu folgen. Kurz darauf wird die Mauer gebaut.
Der Text liefert einen Einblick in den DDR-Alltag der frühen 1960er-Jahre und zeigt auf, welche Folgen die deutsch-deutsche Teilung für die Menschen hatte. Erzählt wird die Geschichte auf zwei Zeitebenen: Rita befindet sich nach einem Betriebsunfall in einem Krankenhaus. Ihr Leben mit Manfred wird rückblickend geschildert.

Der geteilte Himmel (1963, Auszug)

Erstes Kapitel

In jenen letzten Augusttagen des Jahres 1961 erwacht in einem kleinen Krankenhauszimmer das Mädchen Rita Seidel. Sie hat nicht geschlafen, sie war ohnmächtig. Wie sie die Augen aufschlägt, ist es Abend, und die saubere weiße Wand, auf die sie zuerst sieht, ist nur noch wenig hell. Hier ist sie zum erstenmal, aber sie weiß gleich wieder, was mit ihr, heute und vorher, geschehen ist. Sie kommt von weit her. Sie hat undeutlich ein Gefühl von großer Weite, auch Tiefe. Aber man steigt rasend schnell aus der unendlichen Finsternis in die sehr begrenzte Helligkeit. Ach ja, die Stadt. Enger noch: das Werk, die Montagehalle. Jener Punkt auf den Schienen, wo ich umkippte. Also hat irgendeiner die beiden Waggons noch angehalten, die da von rechts und links auf mich zukamen. Die zielten genau auf mich. Das war das Letzte. [...] Aber der Arzt braucht nicht zu fragen, er weiß ja alles, es steht auf dem Unfallblatt. Diese Rita Seidel, eine Studentin, arbeitet nur während der Ferien im Betrieb. Sie ist manches nicht gewohnt, zum Beispiel die Hitze in den Waggons nicht [...].
„Der Schock", sagt der Arzt und verschreibt Beruhigungsspritzen. Nach Tagen allerdings, als Rita immer noch nicht erträgt, daß man sie anspricht, wird er unsicher. Er denkt, wie gerne er den Kerl unter die Finger kriegen möchte, der dieses hübsche und empfindsame Mädchen so weit gebracht hat. Für ihn steht fest, daß nur Liebe ein junges Ding so krank machen kann. Ritas Mutter, von ihrem Dorf herbeigerufen und hilflos vor dem fremden Zustand der Tochter, kann keine Auskunft geben. „Das Lernen", sagt sie. „Ich hab mir gleich gedacht, sie hält es nicht aus." Ein Mann? Nicht daß sie wüßte. Der frühere, ein Chemiedoktor, ist doch schon ein halbes Jahr weg. Weg? fragt der Arzt. Nun ja: Abgehauen, Sie verstehen.
Das Mädchen Rita bekommt Blumen: Astern, Dahlien, Gladiolen – bunte Tupfer im bleichen Krankenhaustag. Niemand darf zu ihr, bis sich eines Abends ein Mann mit einem Rosenstrauß nicht abweisen läßt. [...] Der Arzt erfährt, daß dies der junge Betriebsleiter vom Waggonwerk war, und nennt sich selber einen Trottel. Er aber wird das Gefühl nicht los, daß dieser junge Mann mehr von der Patientin Rita Seidel weiß als die Mutter, als er selbst, der Arzt, und als jeder einzelne Besucher, die nun zahlreich kommen [...]. Es kann für ausgeschlossen gelten, daß die Patientin einsam gewesen ist.
Die da zur ihr kommen, haben sie alle gern. Sie sprechen behutsam mit ihr und tasten mit Blicken ihr Gesicht ab, das blaß und müde, aber nicht mehr trostlos ist. Sie weint jetzt seltener, meistens

abends. Sie wird der Tränen Herr werden und, weil es ihr fernliegt, ihr Leid zu hätscheln, auch der Verzweiflung.

Sie sagt niemandem, daß sie Angst hat, die Augen zuzumachen. Sie sieht immer noch die beiden Waggons, grün und schwarz und sehr groß. Wenn die angeschoben sind, laufen sie auf den Schienen weiter, das ist ein Gesetz, dazu sind sie gemacht. Sie funktionieren. Und wo sie sich treffen werden, da liegt sie. Da liege ich.

Dann weint sie wieder.

Sanatorium, sagt der Arzt. Sie will nichts erzählen. Soll sie sich ausweinen, soll sie zur Ruhe kommen, soll Gras über alles wachsen. Sie könnte mit der Bahn fahren, so weit ist sie schon wieder, aber der Betrieb schickt ein Auto.

Ehe sie abfährt, bedankt sie sich beim Arzt und bei den Schwestern. Alle sind ihr wohlgesinnt, und wenn sie nichts erzählen will, ist das ihre Sache. Alles Gute.

Ihre Geschichte ist banal, denkt sie, in manchem auch beschämend. Übrigens liegt sie hinter ihr. Was noch zu bewältigen wäre, ist dieses aufdringliche Gefühl: Die zielen genau auf mich. R

7 Fassen Sie das erste Kapitel der Erzählung zusammen. Was erfahren Sie über Rita Seidel?

8 Recherchieren Sie Informationen zum August 1961 und werten Sie Ihre Ergebnisse in der Klasse aus.

9 Begründen Sie, warum Christa Wolf diesen Titel gewählt haben könnte.

Durs Grünbein

Durs Grünbein (geboren 1962 in Dresden) arbeitete als freier Mitarbeiter für verschiedene Zeitschriften und lebt heute als freier Schriftsteller, Übersetzer und Essayist in Berlin. Zwei Jahre vor der Wende siedelte er in die Bundesrepublik um und unternahm nach 1989 Reisen durch Europa, nach Südostasien und in die Vereinigten Staaten. Sein Entdecker Heiner Müller empfahl Grünbein dem Suhrkamp Verlag.

Kosmopolit (1999)

Von meiner weitesten Reise zurück, anderentags
Wird mir klar, ich verstehe vom Reisen nichts.
Im Flugzeug eingesperrt, stundenlang, unbeweglich,
Unter mir Wolken, die aussehen wie Wüsten,
Wüsten, die aussehen wie Meere, und Meere,
Den Schneewehen gleich, durch die man streift
Beim Erwachen aus der Narkose, sehe ich ein,
Was es heißt, über die Längengrade zu irren.

Dem Körper ist Zeit gestohlen, den Augen Ruhe.
Das genaue Wort verliert seinen Ort. Der Schwindel
Fliegt auf mit dem Tausch von Jenseits und Hier

In verschiedenen Religionen, mehreren Sprachen.
Überall sind die Rollfelder gleich grau und gleich
Hell die Krankenzimmer. Dort im Transitraum,
wo die Leerzeit umsonst bei Bewusstsein hält,
Wird ein Sprichwort wahr aus den Bars von Atlantis.

Reisen ist ein Vorgeschmack auf die Hölle.

10 Führen Sie aus, welche Erkenntnisse das lyrische Ich gewinnt. Recherchieren Sie im Internet den historischen Kontext der DDR und erörtern Sie, inwiefern dieser im Gedicht zum Tragen kommt.

Rolf Hochhuth

Rolf Hochhuth (geboren 1931 in Eschwege), zunächst Lektor, lebt als freier Schriftsteller in Riehen bei Basel. Er zählt zu den Hauptvertretern des Dokumentartheaters und entwickelte sich aber in den 1960er-Jahren zu einem der umstrittensten Dramatiker. Hochhuth setzte sich in zahlreichen Theaterstücken mit der NS-Vergangenheit und mit aktuellen politischen und sozialen Fragen auseinander. Sein erstes Schauspiel, „Der Stellvertreter. Ein christliches Trauerspiel", diskutiert die Frage einer Mitschuld der katholischen Kirche und des Papstes an der nationalsozialistischen Judenverfolgung. Zu einem Skandal geriet das Stück „McKinsey kommt", das 2003 uraufgeführt wurde; in ihm soll Hochhuth in einer Textpassage Verständnis für einen Mordaufruf gegen den Vorstandsvorsitzenden der Deutschen Bank, Josef Ackermann, angedeutet haben. Mit seiner Einschätzung des britischen Historikers und Holocaust-Leugners David Irving als „fabelhaften Pionier der Zeitgeschichte" stieß Hochhuth 2005 erneut auf Ablehnung.

McKinsey kommt (2003, Auszug)

Dritter Akt

Global Player beim Medientraining

London – mit einem grandiosen Blick bei hellster Sonne auf Westminster mit Big Ben im soundsovielten Stock eines berühmt-schönen Geschäftshauses. Das Arbeitszimmer des Präsidenten eines der nur noch vier oder fünf Tabakkonzerne dieser Welt, denen alle übrigen längst ebenso gehören wie alle Raucher auf Erden …

PRÄSIDENT *an seinem Schreibtisch, während Brown[1] abseits steht und aus dem Fenster guckt.* Das weiß ich auch! Aber so wenig unsere Bude die Flurbereinigung durch McKinsey in die Welt gesetzt hat, so wenig können wir's uns leisten, nicht mitzuspielen. Unser Sozialplan federt immerhin anständig ab, die wir rausschmeißen!

BROWN Was mit Geld abzumachen ist, war nie 's Problem. Doch wer so in der Gewinnzone liegt, darf Mitarbeiter nicht wegschmeißen.

PRÄSIDENT *überhört das ungerührt.* Du und ich, wir werden dafür bezahlt, den Laden so auf Trab zu halten, daß er noch Marktanteile erobert – nicht zuletzt um 87 000 Mitarbeitern den Job zu sichern. Wenn du heute nicht mal die nur 9 Prozent verabschieden willst, könnten's nächstes

Jahr 12 Prozent sein! Willst du nicht helfen zu rationalisieren, laß ich McKinsey kommen. Die Kirche bleibt im Dorf! Aber der Sachzwang auch!

BROWN Wir unterliegen keinem Sachzwang. Bleibe dabei, wo von der Bilanz her kein Grund vorliegt, darf man niemanden „verabschieden", wie du rausschmeißen schönredest. [...]

PRÄSIDENT Und Synergien? Globaler Wettbewerb? Sind dir das Fremdworte? Es gibt keine Alternative. Kündigen wir an, nur 8000 rauszusetzen, jubiliert die Börse. Müssen mindestens 15 Prozent Schritt machen!

BROWN Bin nicht nur für die Börse da!

PRÄSIDENT Loyalität bist du auch der Firma schuldig, die uns beide Millionen verdienen läßt.

BROWN Unsere Leute – die sind für mich der Konzern, nicht die Aktionäre.

PRÄSIDENT Hast Recht, aber kein Recht, deinen sozialen Impetus auf Kosten des Konzerns durchzusetzen.

BROWN *lacht* Wehret den Anfängen. Ohne mich!

GRÄFIN[2] *lautlos eingetreten, sagt deutlich, aber leise vor Respekt auf ihre Uhr guckend.* Herr Präsident, Ihr Flieger!

PRÄSIDENT *gereizt, aber nicht unfreundlich, schickt sie weg.* Der wartet. Jack, lauf mir nicht weg, jetzt, wo ich gezwungen bin, die Drecksarbeit zu machen. Und die wir zwei zusammen bestimmt humaner durchziehen als voriges Jahr die zwei Chemie-Riesen in der Schweiz: Kannst du mir verraten, warum dort wegen der Fusionen sich ausgerechnet aus den Chefetagen drei umgebracht haben? – nur 5000 entlassen –

BROWN Weil Hochgestellte schon gar keinen neuen Job mehr kriegen! Und woher willst du wissen, ob da nicht auch mehrere der anderen 5000 sich im Wald erhängt oder in der Garage vergast haben? Toll, daß über die drei prominenten Selbstmörder keine Zeitung ein Wort verloren hat!

PRÄSIDENT Selbstmorde haben den Imitationseffekt. Wir haben uns bisher McKinsey nicht ins Haus geholt, weil ich mit dir 9 Prozent loswerden kann, aber allein mache ich's nicht. Gehst du, hole ich McKinsey.

BROWN *der schon geraume Zeit am Tisch Platz genommen hatte, steht schroff auf, sagt ironisch.* Auch 9 Prozent sind zu viel, wenn unnötig! Ich steige aus.

PRÄSIDENT *ironisch* Jack, wie lange kenne ich dich, spiel dich doch nicht auf als der große Philanthrop. Du läßt mich sitzen, weil du dich selbständig machen willst und immerhin 40 Millionen mitnimmst! Und damit kannst du allerdings deinen eigenen Laden aufmachen. *Streckt ihm ostentativ die Hand hin, Brown hat die Türe schon geöffnet, geht nach Handschlag ab.*

PRÄSIDENT *auch aufgestanden, als wolle er ihn zur Tür bringen; während Brown diese schon öffnet, tritt die Gräfin wieder ein.* Ist das wirklich dein Ernst, daß wir uns nicht mehr in der Firma sehen, sondern nur mittwochs beim Golf? Überschlaf's noch mal.

GRÄFIN Herr Präsident, darf ich den Medienberater wieder reinbitten?

PRÄSIDENT *in Gedanken noch bei Brown, vielleicht sogar bei den Selbstmördern, nickt nur, während die Gräfin die Taste des Videorecorders drückt und der Medienberater wieder eintritt. Stimme und Bild des Präsidenten aus dem Recorder, er redet „Watte".* Wir wissen nur zu gut, meine Damen und Herren, um die Sorgen anläßlich jeder Fusion; wenn es kleine Firmen sind, die sich in einen Weltkonzern integrieren: ein durchaus freiwilliger Beitritt der so altehrwürdigen Parisienne- und Select-Hersteller zu unserer Londoner British-American Tobacco. Wir vereinigen sie gemeinsam mit Freunden in Südafrika. Die älteste Zigarettenfabrik der Schweiz mit der ältesten afrikanischen, die seit Generationen – auch dies ein Garant der Verläßlichkeit – der rhodesischen Familie Rupert gehört! Welche Konzernleitung könnte so töricht sein, die seit einem Jahrhundert eingeführte Parisienne, die Zigarette der Schweiz, einer Fusion zu opfern? *Er hat das nur gesagt, weil er ablenken will von der Tatsache, daß die Arbeitskräfte durchaus verschwinden werden.* Und ist das nicht auch eine große Beruhigung, daß die zwei Schweizer Zigaretten, die noch voriges Jahr nur einen Marktanteil in der Schweiz von 25,6 Prozent erzielten, jetzt krisenfest werden? Wir geben ja als bisher zweitgrößter Tabakkonzern weltweit in 80 Fabriken 70 000 Leuten Arbeit! Und produzieren mit jährlich 900 Milliarden Zigaretten – schon jetzt! – 16 Prozent des Weltmarktbedarfs.

Seine Stimme denunziert ihn in seiner Selbstgefälligkeit. Die gefilmte Rede ist zu Ende. Pflichtschuldiges Lächeln der Umstehenden.

MEDIENBERATER *Mitte dreißig, einst radikal als linker Student, jetzt ebenso radikal als Reaktionär, peinlich elegant, kokettes Tüchelchen am Rock.* Ausgezeichnet, wie Sie, Herr Präsident, Ihre Verkaufszahl um 100 Milliarden herunterspielten, weil 1 000 Milliarden, die Sie ja in Wahrheit längst verkaufen, weniger überzeugen als 900 Milliarden.

GRÄFIN *kirchenstill, noch sekundenlang, seit ihr Präsident auf dem Monitor schweigt; sie hat einen Notizblock und silbernen Kugelschreiber in den Händen; sehr elegant ist sie angezogen und schwer bestückt mit altem Familiengold; sie weiß, daß sie nie mit Kritik – stets mit Lob – beginnen muß.* Sehr überzeugend, Herr Präsident, wie Sie als erster überhaupt endlich auch den Schweizern einmal sagen, daß Globalisierung sogar vor ihnen nicht haltmacht. Dennoch, Herr Präsident: Müssen Sie überhaupt nach Zürich gehen und an die große Glocke hängen, daß eine ganze Gemeinde, die von dieser Fabrik gelebt hat, arbeitslos werden wird, weil wir die Produktion nach Portugal verlegen?

PRÄSIDENT *ungehalten, aber im Ton nicht unfreundlich.* Gräfin! Was sollen Zigaretten künftig kosten, wenn wir die weiterhin von Schweizern machen lassen, statt zu Dritte-Welt-Löhnen!

MEDIENBERATER Die Gräfin bezweifelt ja in keiner Weise, daß niemand die Schweizer mehr bezahlen kann! Die Gräfin fragt nur: Müssen Sie in die Höhle des Löwen, um ihm mitzuteilen, daß Sie sich sein Fell an die Wand hängen? *Er lacht beflissen.*

PRÄSIDENT Sind Schweizer – Löwen?

MEDIENBERATER Keine Löwen, doch wie auch körperlich Kleine, folglich auch Kleinstaatler, höchst argwöhnisch, ob man sie ernst genug nimmt! Kaufen nicht Sie als Londoner die Zigarettenfabrik, kaufte sie ein Schweizer, um sie wegzufusionieren oder auszulagern nach China, weil die Chinesen noch mit einem Franken Stundenlohn abzufüttern sind: Die NZZ[3] würde sogar helfen, das zu begründen ... *Er lacht und ergänzt.* Sogar, daß die Schweizer ihre Nationalflagge jetzt von Chinesinnen nähen lassen, hat die NZZ wie alles, was Geld spart oder einbringt, nicht beanstandet! [...]

PRÄSIDENT Kennt jemand diese Zeitung?

GRÄFIN Nicht in London – doch in der Schweiz, die einzige in der Chemie-Stadt Basel. Ein gewisser Hubacher klagt uns an, seit vierzig Jahren der führende Sozialdemokrat und Kolumnist, gefährlich, weil nicht radikal, ihn daher auch Bürgerliche lesen! ... der schreibt, hier, Herr Präsident ...

PRÄSIDENT *gibt ihr das Blatt zurück, das sie ihm hinhielt; guckt es nicht einmal an.* Ein Hund, der auf die Straße scheißt, macht noch keinen Gestank. R

1 Jack Brown ist der Stellvertreter des Präsidenten.
2 Gräfin ist die persönliche Referentin des Präsidenten.
3 Neue Zürcher Zeitung

Literatur nach 1945

11 Fassen Sie den Inhalt des Dramenauszugs zusammen.

12 Charakterisieren Sie den Präsidenten. Gehen Sie auch auf sein Sprachverhalten ein.

13 „Hast [...] kein Recht, deinen sozialen Impetus auf Kosten des Konzerns durchzusetzen.“ (Z. 20 f.) Nehmen Sie Stellung zu dieser Aussage des Präsidenten.

★ 14 Erläutern Sie die Aktualität des Textes anhand eines selbst gewählten Beispiels.

BASISWISSEN Literatur nach 1945

In dem zerstörten und in Besatzungszonen aufgeteilten Deutschland gab es nach dem Ende des Zweiten Weltkriegs in allen Bereichen des Lebens einen Neuanfang. Die Teilung Deutschlands führte dazu, dass sich in beiden Teilen **eigenständige literarische Strömungen** entwickelten.

Die westdeutsche Literatur zwischen 1945 und 1975 war eng mit der Gründung der **Gruppe 47** verknüpft. Aus der Gruppe 47 gingen Autoren wie Günter Grass, Heinrich Böll und Siegfried Lenz, aber auch die wichtigsten Vertreter der Schweiz, Max Frisch und Friedrich Dürrenmatt, sowie aus Österreich, Ingeborg Bachmann und Thomas Bernhard, hervor. Zentrales Thema der Literatur war es, das **Nazi-Regime** und seine Folgen in diesen drei deutschsprachigen Staaten kritisch **aufzuarbeiten.**

Die DDR-Literatur thematisierte zwischen 1949 und 1989 neben der **Auseinandersetzung mit dem Faschismus** den Aufbau des Sozialismus als Staatsform. Im Sinne des sozialistischen Realismus sollte der **„Bitterfelder Weg“** – benannt nach dem Tagungsort der ersten Konferenz 1959 – zur „Verherrlichung“ des sozialistischen Menschen in der DDR beitragen. Die Kulturschaffenden waren demnach verpflichtet, die Wirklichkeit in Übereinstimmung mit den Zielen des Sozialismus darzustellen. Somit war der sozialistische Realismus in den Dienst der Erziehung des Menschen zu einer sozialistischen Persönlichkeit gestellt. Herausragende Vertreter der DDR-Literatur sind unter anderem Johannes R. Becher, Christa Wolf und Anna Seghers. Viele der renommierten Autoren, beispielsweise Günter Kunert, Reiner Kunze und Sarah Kirsch, verließen die DDR, um in der Bundesrepublik ohne Zensur ihrem Beruf nachgehen zu können. Der Liedermacher Wolf Biermann wurde aufgrund politischer Kontroversen aus der DDR ausgebürgert.

Zwischen 1975 und der Wiedervereinigung dominierten zwei literarische Strömungen. Zum einen setzten sich sowohl west- als auch ostdeutsche Autoren zunehmend kritisch mit dem geteilten Deutschland auseinander. Zu nennen sind hier u. a. Martin Walser und Volker Braun. Zum anderen kam in den 1980er-Jahren der Begriff **„Postmoderne“** auf. Kennzeichnend für diese Literatur ist das Spiel mit traditionellen Erzählmustern und Motiven, wie beispielsweise in dem Roman „Das Parfum“ von Patrick Süskind.

Die Literatur nach der Wiedervereinigung 1990 zeichnet sich durch große Vielfalt aus. Eine einheitliche literarische Strömung ist in der neuesten deutschen Literatur nicht feststellbar. Als auffälligstes Merkmal kann angeführt werden, dass die großen Verlage vermehrt auf junge literarische Nachwuchstalente setzen und in den letzten Jahren zahlreiche gefeierte junge Autoren hervorgebracht haben: Arno Orzessek, Joachim Zelter, Judith Herrmann, Annette Pehnt, Daniel Kehlmann ... Auch international erwarben sich diese Schriftsteller Ansehen.

15 Fassen Sie zusammen, inwiefern es problematisch ist, allgemein von einer „literarischen Epoche“ zu sprechen.

Kapitel 21

Richtig schreiben

21.1
Fehlerquelle:
Grammatik

21.2
Fehlerquelle:
Zeichensetzung

21.3
Fehlerquelle:
Rechtschreibung
und Ausdruck

Sprachliche Richtigkeit und Ausdrucksfähigkeit sind auch nach der Schule noch wichtig für Alltag, Studium und Beruf. Dieses Kapitel vermittelt Ihnen grundlegende Kenntnisse zu ausgewählten Fehlerquellen in Grammatik, Zeichensetzung und Rechtschreibung. Es hilft Ihnen dabei, Ihre Texte formal richtig und darüber hinaus stilistisch angemessen zu verfassen.

Kompetenzen

- ✓ Exemplarische Regeln der Grammatik, Rechtschreibung, Zeichensetzung kennen und anwenden
- ✓ Fehlersensibilität entwickeln
- ✓ Stilistisch stimmig formulieren
- ✓ Sprachgebrauch reflektieren

Methoden und Arbeitstechniken

- ✓ Wörterbuch benutzen
- ✓ Karteikarten anlegen
- ✓ Fehlertexte untersuchen
- ✓ Wörterlisten anlegen

Fehlerquelle: Grammatik

Direkte und indirekte Rede

Einige Aufsatzformen und bestimmte Schriftstücke im Berufsalltag verlangen die korrekte Verwendung der indirekten Rede.

In dem Textauszug aus dem Roman „Die Vermessung der Welt" von Daniel Kehlmann geht es u. a. um die Überfahrt des Geografen Alexander von Humboldt vom spanischen Festland zu den Tropen.

Daniel Kehlmann: Die Vermessung der Welt (2005, Auszug)

Bis zum Morgen stand er [Humboldt] neben dem Kapitän und beobachtete ihn beim Navigieren. Dann holte er seinen eigenen Sextanten hervor. Gegen Mittag begann er den Kopf zu schütteln. Nachmittags um vier legte er sein Gerät beiseite und fragte den Kapitän, wieso er so unexakt arbeite.

Er mache das seit dreißig Jahren, sagte der Kapitän.

Bei allem Respekt, sagte Humboldt, das erstaune ihn.

Man tue das doch nicht für die Mathematik, sagte der Kapitän, man wolle übers Meer. Man fahre so ungefähr den Breitengrad entlang, und irgendwann sei man da.

Aber wie könne man leben, fragte Humboldt, reizbar geworden im Kampf gegen die Übelkeit, wenn einem Genauigkeit nichts bedeute?

Bestens könne man das, sagte der Kapitän. Dies sei übrigens ein freies Schiff. Falls jemandem etwas nicht passe, dürfe er jederzeit von Bord.

Hier wurde der Dialog zwischen Humboldt und dem Kapitän in die direkte Rede übertragen.

Achtung, Fehler!

Schülerbeispiel

Nachmittags um vier legte er sein Gerät beiseite und fragte den Kapitän: „Wieso arbeiten Sie so unexakt?"
„Ich mache das seit dreißig Jahren", sagte der Kapitän.
„Bei allem Respekt", sagte Humboldt, „das erstaunt mich."
„Man tut das doch nicht für die Mathematik", sagte der Kapitän, „man will übers Meer. Man fährt so ungefähr den Breitengrad entlang, und irgendwann ist man da."
„Aber wie kann man leben", fragte Humboldt, reizbar geworden im Kampf gegen die Übelkeit, „wenn einem Genauigkeit nichts bedeutet?"
„Bestens kann man das", sagte der Kapitän. „Dies ist übrigens ein freies Schiff. Falls jemandem etwas nicht passt, darf er jederzeit von Bord."

1 Untersuchen Sie die Verwendung und Bildung der indirekten Rede.

a) Vergleichen Sie die beiden Dialoge in Bezug auf die Wirkung beim Leser.

b) Begründen Sie, warum der Autor für die Figurenrede die indirekte Rede gewählt hat.

Direkte und indirekte Rede

In dem Roman „Wäldchestag“ von Andreas Maier geht es um den Eigenbrötler Sebastian Adomeit, über dessen Vermögen wilde Gerüchte kursieren und der eines Tages tot aufgefunden wird. Der folgende Textauszug gibt ein Gespräch zwischen Adomeit und seiner Schwiegertochter kurz vor seinem Tod wieder.

Andreas Maier: Wäldchestag (2000, Auszug)

Er solle sich nicht so haben, Fenchelsuppe sei gesund, Fenchelsuppe sei sogar gerade für ihn sehr förderlich. Es fördere seine Gesundheit, gerade ihm als Altem tue sie gut. Sie habe sich eigens eine Broschüre bei der Krankenkasse geholt, so, da sehe er, so kümmere sie sich um ihn. Die Krankenkasse mache jetzt sehr viel, was das Informieren angehe, sie betreibe Aufklärung [...]. Das sei ihm völlig gleichgültig, habe Adomeit gesagt, das sei alles Blödsinn. Das kenne man, so sei es doch schon sein ganzes Leben über gewesen. Gestern Lindenblütentee, heute Fenchelsuppe, morgen womöglich Urintherapie. Das helfe alles und nichts. Er sei gesund. Er sei lediglich alt. Sie solle erst einmal so alt werden wie er. Er könne, habe die Schwiegertochter gesagt, aber wirklich auf kein einziges Argument hören. Die von der Kasse [...] seien Spezialisten. Es seien Wissenschaftler, er solle wenigstens einmal diese Broschüre lesen.

2 Übertragen Sie das Gespräch zwischen Schwiegertochter und Schwiegervater von der indirekten in die direkte Rede.

BASISWISSEN – Indirekte Rede II

Durch die indirekte Rede gibt ein Sprecher die Aussagen eines Dritten wieder. Dabei wird in erster Linie der Konjunktiv I verwendet. Der Konjunktiv I wird mit dem Stamm des Verbs (Infinitiv ohne *-en*), dem Vokal **e** und der passenden Personalendung gebildet:

Indikativ Präsens	Konjunktiv I
ich geh-e	*ich geh-**e***
du geh-st	*du geh-**est***
er/sie geh-t	*er/sie geh-**e***
wir geh-en	*wir geh-**en***
ihr geh-t	*ihr geh-**et***
sie geh-en	*sie geh-**en***

Für das Verb *sein* gilt eine Sonderform:

Indikativ Präsens	Konjunktiv I
ich bin	*ich sei*
du bist	*du sei(e)st*
er/sie ist	*er/sie sei*
wir sind	*wir seien*
ihr seid	*ihr sei(e)t*
sie sind	*sie seien*

Beim Wechsel von der direkten zur indirekten Rede verändert sich oft das Personalpronomen beziehungsweise das Possessivpronomen, zum Beispiel: *ich* ▸ *er/sie; mein* ▸ *sein/ihr.*

Direkte und indirekte Rede

Im folgenden Artikel werden Meinungen zum Thema Rechtschreibung sowohl in der direkten als auch in der indirekten Rede wiedergegeben.

Generation lässig

von Johann Osel

Jeder Satz des Experten dröhnt wie ein Donnerschlag, so versetzt ihn die Entwicklung in Rage. […] Alles sei schludrig und knapp formuliert. „Falls einem Narren irgendeine neue orthographische Ungeheuerlichkeit einfällt, die einen Buchstaben erspart, so schreibt er sie sofort hin." Und die Schuld daran? Haben nur die neuen Medien. Die Jugend lese ja stets das Neueste und denke, es handele sich um korrektes Deutsch […].

Die Tirade stammt von Arthur Schopenhauer, und mit den neuen Medien meinte der Philosoph die Massenpresse, wie sie im 19. Jahrhundert entstand. Hätte Schopenhauer […] eine Ahnung davon gehabt, wie heute in abermals neuen Medien wie Facebook oder Whats-app fröhlich Privatrechtschreibungen gepflegt werden – der Schrecken hätte ihn schneller ins Grab gebracht, als es im Jahr 1860 eine Lungenentzündung vermochte.

Ist es ein wiederkehrendes Phänomen, dass über den Verfall der Sprache geklagt wird? Oder kann es tatsächlich sein, dass korrekte Schreibung immer weniger zählt, dass gute Orthografie nicht mehr als Konsens der Gesellschaft gilt? […] Viel geredet, ja gestritten bis aufs Blut, wurde über die neue deutsche Rechtschreibung[1].

[…] Spricht man mit Friedrich Denk[2], so kann er noch immer ausführlich über den Eingriff des Staates zetern. Er sagt aber: „[Die] jahrzehntelange Verwirrung […] haben wir vorhergesehen. Das viel größere Problem haben wir damals nicht erkannt – das aufkommende Internet, die Computer, an denen vor allem die Jungen ihre Zeit verplempern, statt Bücher oder Zeitungen zu lesen." […]

Doch ist es wirklich so schlimm? […] Peter Schlobinski ist ein Pionier bei der Analyse der Sprache im Netz […]. Bittet man ihn per E-Mail um ein Interview, sagt er blitzschnell zu, sparsam, in einem Satz, etwas unvollständig – „bin erreichbar heute unter …" Die Form folge oft der Schnelligkeit, sagt der Sprachwissenschaftler, es gelte eben, rasch zu reagieren, vielleicht auf dem Smartphone mit Mini-Tasten, in der Straßenbahn. „Phänomene der Chat-Sprache gleichen einem mündlichen Zuruf, es geht um Sprachökonomie." Das aber hängt vom Publikum ab: Kinder seien in der Lage „das Standardregister zu ziehen, wenn es angebracht ist", etwa in der Schule. […]

„Unsere Kinder sind keine Rechtschreib-Chaoten", sagt Hans Brügelmann, Erziehungswissenschaftler und Referent im Grundschulverband. […] Es könne schon sein, dass Rechtschreibung zum Teil schlechter werde. „Schüler schreiben aber immer nur so, wie die Gesellschaft es erwartet." Vor Jahrzehnten sei Akkuratesse im Alltag bedeutsamer gewesen, heute bitte kaum ein Chef die Sekretärin zum Diktat. Man hat Schreibprogramme, verlässt sich auf die Autokorrektur-Funktion […]

Das Verhältnis zur Rechtschreibung ist anders geworden […]. Anders, das muss nicht unbedingt schlechter bedeuten. […] Wenn es um Ernstes geht – Geld und Liebe – wird die Rechtschreibung durchaus geachtet. […]

(Süddeutsche Zeitung, 01.08.2015)

1 1996 wurde die Rechtschreibung im deutschsprachigen Raum vereinfacht. Nach einer Überarbeitung des Regelwerks wurde die neue Rechtschreibung im Jahr 2006 bundesweit an deutschen Schulen eingeführt.

2 Friedrich Denk: einer der bekanntesten Kritiker der Rechtschreibreform

3 Erklären Sie, warum Johann Osel in seinem Artikel die Expertenmeinungen teils in direkter und teils in indirekter Rede wiedergibt.

Direkte und indirekte Rede

4 Wo wird im Text „Generation lässig" indirekte Rede verwendet? Schreiben Sie alle Verben, die im Konjunktiv I stehen, heraus. Setzen Sie die Verben in den Indikativ.

5 Formulieren Sie die wörtlich zitierten Aussagen in die indirekte Rede um.

Lesen Sie, worauf angehende Ingenieure bei der Bewerbung achten sollten.

„Wer arrogant wirkt, macht sich unbeliebt"

Interview: Jan Guldner

[…] ZEIT CAMPUS Klappt der Berufseinstieg auch, wenn jemand schlechte Noten hat?

[ANJA] ROBERT Das kommt darauf an, was sonst im Lebenslauf steht. Nur studiert zu haben, ist nie gut. Ein Maschinenbauer mit einem Praktikum im Ausland und einem Studentenjob bei einem renommierten Professor braucht sicher nicht den besten Abschluss, um einen guten Job zu bekommen. Trotzdem sollte man die Note natürlich nicht ganz aus den Augen verlieren. Schwierig wird es, wenn jemand lange studiert hat, ein schlechtes Zeugnis bekommt und weder Auslandsaufenthalte noch Forschungsprojekte oder Praktika vorweisen kann.

ZEIT CAMPUS Also ist der Lebenslauf auch bei begehrten Fachkräften wichtig?

ROBERT Obwohl Informatiker und Ingenieure leichter einen Job finden als andere Absolventen, machen sich freiwilliges Engagement oder wissenschaftliche Mitarbeit an der Uni immer gut. Gerade wenn jemand ein paar Semester länger studiert hat. […]

ZEIT CAMPUS Braucht man sich dann bei der Bewerbung überhaupt Mühe zu geben?

ROBERT […] Eine Bewerbung ist immer der erste Arbeitseindruck. Wie sorgfältig jemand seine Bewerbung gestaltet, zeigt, wie ernst er sie nimmt. Viele Bewerber haben eine tolle Ausbildung, und die Unternehmen sind auf sie angewiesen. Aber es wird nicht nur ein Experte gesucht, sondern auch ein Mensch, mit dem man acht Stunden am Tag im Büro verbringen muss. Und nur weil jemand besonders gut programmiert, darf er nicht gleich die ganze Teamdynamik zertrümmern. […]

(www.zeit.de, 26.07.2015)

6 Geben Sie die Aussagen von Anja Robert in indirekter Rede wieder.

BASISWISSEN **Konjunktiv: Ersatzformen**

Sind die Formen des Indikativs und des Konjunktivs I identisch, steht der Satz im Konjunktiv II. Dabei wird der Konjunktiv II vom Indikativ Präteritum des Verbs abgeleitet (oft mit Umlaut, das heißt dann Wechsel von *a, o, u, au* zu *ä, ö, ü, äu*).

Sie sagen: „Wir fahren jetzt zur Arbeit."

~~*Sie sagen, sie fahren jetzt zur Arbeit.*~~

Sie sagen, sie führen jetzt zur Arbeit.

Wenn der Konjunktiv II mit den Formen des Indikativ Präteritum identisch ist oder zu ungebräuchlich erscheint, kann der betreffende Satz auch mit einer Form von *würde* formuliert werden: *Sie sagen, sie würden jetzt zur Arbeit fahren.*

Satzglieder

Beim Schreiben oder Überarbeiten von Texten ist es wichtig, die Satzglieder zu kennen, denn nur so können Sie sie in einem Satz umstellen oder auch austauschen, um abwechslungsreich und stilsicher zu formulieren.

BASISWISSEN **Subjekt, Prädikat, Objekt, Adverbial**

In der Regel unterscheidet man vier Arten von Satzgliedern: Subjekt, Prädikat, Objekt und Adverbial.

Ein Subjekt (Satzgegenstand) gibt es in fast jedem Satz. Es bezeichnet oft den Verursacher, aber auch den Empfänger einer Handlung. Das Subjekt steht im Nominativ und stimmt in Person und Numerus mit dem Prädikat überein. **Beispiele:** *Die Polizei verhaftet**e** den Dieb. Die Polizisten verhaftet**en** den Dieb.*

Ein Prädikat (Satzaussage) enthält immer eine finite Verbform und bezieht sich auf Handlungen, Vorgänge und Zustände. Ein Prädikat kann einteilig oder mehrteilig sein. Bei echt reflexiven Verben wird das Reflexivpronomen als Teil des Prädikats verstanden.

Beispiele: *Die Polizei **verhaftet** den Dieb. Die Polizei **hat** den Bürgern **geholfen.** Sie **gaben sich** Mühe.*

Das Prädikat fordert häufig ein **Objekt.** Man unterscheidet im Deutschen Genitiv-, Dativ-, Akkusativ- und Präpositionalobjekte.

Mithilfe der Frageprobe kann man ermitteln, welche Art des Objekts vorliegt.

Genitivobjekt	*Wessen?*	***Wessen** wurde er angeklagt?* *Er wurde **des Diebstahls** angeklagt.*
Dativobjekt	*Wem?*	***Wem** hilft die Polizei?* *Die Polizei hilft **den Bürgern.***
Akkusativobjekt	*Wen? oder Was?*	***Wen** verhaftet die Polizei?* *Sie verhaftet **den Dieb.***
Präpositionalobjekt	*Worüber? Worauf? Wofür?* ...	***Wofür** bedankten sich die Bürger?* *Sie bedankten sich **für die Hilfe.***

Ein Adverbial (adverbiale Bestimmung oder Umstandsbestimmung) liefert zusätzliche Informationen über Ort, Zeit, Grund und die Art und Weise eines Geschehens.

Bei der Bestimmung von Adverbialen hilft die Frageprobe. Hier einige Beispiele:

Lokaladverbiale	*Wo?*	***Wo** verhaftete die Polizei den Dieb?* *Die Polizei verhaftete ihn **in seiner Wohnung.***
Temporaladverbiale	*Wann? Wie lange?* *Bis/Seit wann?*	***Wann** verhaftete die Polizei den Dieb?* *Die Polizei verhaftete ihn **am Abend.***
Kausaladverbiale	*Warum?*	***Warum** hat die Polizei ihn nicht früher verhaftet?* *Die Polizei hat ihn **mangels Beweisen** nicht früher verhaftet.*
Modaladverbiale	*Wie?*	***Wie** hat der Dieb auf die Verhaftung reagiert?* *Der Dieb hat **bestürzt** auf seine Verhaftung reagiert.*

Satzglieder

1 **Bestimmen Sie die Satzglieder der folgenden Sätze.**
(1) Luisa kaufte sich im Sportladen ein Trikot **für das Fußballspiel.** (2) Ihr Freund spielte **seit Jahren** in einer Fußballmannschaft. (3) Sie hatte **Geld** von ihrer Oma bekommen. (4) Sie hatte **ihrer Oma** beim Einkauf geholfen. (5) Das Fußballspiel fand **am Samstag** bei der gegnerischen Mannschaft statt. (6) Es regnete **an diesem Tag.** (7) Das Spiel fand **trotz des Regens** statt. (8) Luisa feuerte die Mannschaft **in ihrem Trikot** an. (9) Nach dem Spiel umarmte Luisa **ihren Freund**.

2 **Satzglieder können an den Satzanfang gestellt werden, um sie hervorzuheben (Inversion). Stellen Sie die Sätze von Aufgabe 1 so um, dass die hervorgehobenen Wörter betont werden.**
Beispiel: *Für das Fußballspiel kaufte sich Luisa im Sportladen ein Trikot.*

Beim Schreiben von Texten können Sie Attribute verwenden, um Satzglieder näher zu bestimmen und zu erweitern. Auf diese Weise können Sie Ihre Texte inhaltlich präzisieren.

BASISWISSEN Das Attribut als Satzgliedteil

Attribute (Beifügungen) sind Teile von Satzgliedern, keine eigenständigen Satzglieder. Sie stehen vor oder hinter ihren Bezugswörtern, auch wenn man den Satz umstellt. Attribute können Sie mit der Frage „Was für eine/einer/ein ...?“ ermitteln. Sie kommen unter anderem vor als:

Adjektivattribut	*Der **clevere** Azubi arbeitet fleißig. (Adjektiv)* *Der **leitende** Angestellte ist nett. (adjektivisch gebrauchtes Partizip)*
Genitivattribut	*Der Chef **des Autohauses** stellt Azubis ein. (Substantiv im Genitiv)*
Präpositionales Attribut	*Die Freude **über den Ausbildungsvertrag** war riesig.*
Infinitivattribut	*Seine Freiräume **zu entscheiden** sind begrenzt.*
Apposition	*Kai, **der andere Azubi,** arbeitet in meiner Abteilung.*
Adverbien	*Der Azubi **hier** arbeitet gut im Team.*
Pronomen	*Wir sind alle zufrieden in **unserer** Firma.*
Numerale	*Der Chef ist **drei** Wochen verreist.*

3 **Bestimmen Sie in den folgenden Sätzen die Satzglieder. Benennen Sie die Attribute.**
(1) Herr Mayer, ein neuer Lehrer, unternahm am vergangenen Freitag mit der Klasse 12 einen Ausflug nach München. (2) Die Klasse wollte die neue Ausstellung des Technikmuseums besuchen. (3) Die 20 Schüler betrachteten die außergewöhnlichen Kunstwerke in den Vitrinen. (4) Die Begeisterung über die Ausstellung wurde jedoch getrübt. (5) Ein Schüler der Klasse hatte seine Geldbörse verloren. (6) Die Chance, sie wiederzufinden, war gering. (7) Außerdem beschuldigte der Schaffner die müde Klasse auf dem Nachhauseweg des Schwarzfahrens.

4 **Ergänzen Sie die Sätze aus Aufgabe 1 durch passende Attribute.**
Beispiel: *(1) Luisa kaufte sich im **teuren** Sportladen ein **neues** Trikot für das Fußballspiel **ihres Freundes.***

Satzglieder

Das Umstellen von Satzgliedern verleiht einem Text mehr Abwechslung.

Zwei Schüler	beobachteten	einen Mann	gestern Nacht.
Er	trug	einen Rucksack.	
Er	hielt		vor einem Juwelier.
Er	schaute		in alle Richtungen.
Er	öffnete	die Ladentür.	
Die Schüler	informierten	die Polizei.	
Der Dieb	stahl	mehrere Colliers.	
Die Polizei	stellte	ihn	vor Ort.

5 Bestimmen Sie die Satzglieder der obigen Sätze.

6 Aus welchem Grund wirkt die Meldung stilistisch mangelhaft?

7 Schreiben Sie eine Zeitungsmeldung. Variieren Sie die Satzgliedfolge, um die stilistische Qualität des Textes zu verbessern. Ergänzen Sie auch Konjunktionen und textstrukturierende Wörter.

Satzglieder können auch in Form von Nebensätzen verwendet werden.

Spielregeln für Konferenzen

1. Im Gespräch mit anderen sollten Sie Killerphrasen vermeiden.

1. Während Sie mit anderen sprechen, sollten Sie Killerphrasen vermeiden.

2. Pünktlichkeit sollte selbstverständlich sein.

2. …

3. Sachlichkeit trägt zu einer entspannten Arbeitsatmosphäre bei.

3. …

4. Mit einer guten Vorbereitung gelingt die Konferenz.

4. …

5. Störungen sollten vermieden werden.

5. …

6. Achten Sie bei der Präsentation auf Übersichtlichkeit.

6. …

8 Formen Sie die Sätze nach dem obigen Beispiel 1 um. Welche stilistischen Unterschiede stellen Sie fest?

Satzglieder

Das Anschreiben ist ein wichtiger Teil der Bewerbungsmappe: Anhand dieses Briefes verschafft sich der zukünftige Arbeitgeber einen ersten Eindruck vom Bewerber. Daher sollte er verständlich und ansprechend formuliert sein. Eine gute Kenntnis der Funktion von Satzgliedern kann Ihnen bei der Überarbeitung von Anschreiben helfen.

Achtung, Fehler!

Schülerbeispiel

Sehr geehrte Frau Kraft,

mein Interesse haben Ihre Stellenanzeige auf Ausbildung.de und die dort beschriebenen Tätigkeits- und Lernbereiche geweckt. Ich bewerbe mich hiermit in Ihrem Unternehmen um ein duales Studium Accounting und Controlling.

Bei einem führenden Sportartikelhersteller eine fundierte kaufmännische Ausbildung zu erhalten und gleichzeitig ein Studium der Wirtschaftswissenschaften an der Fachhochschule absolvieren zu können, finde ich äußerst erstrebenswert und herausfordernd. Als optimalen Grundstein erachte ich die Verbindung für meinen zukünftigen beruflichen Werdegang von Praxisnähe und wissenschaftlicher Qualifikation.

Die Berufliche Oberschule XY besuche ich derzeit in München, die ich im Juni 20xx mit der allgemeinen Fachhochschulreife voraussichtlich abschließen werde. Ein kaufmännisches Praktikum im Rahmen meiner schulischen Ausbildung habe ich bereits absolviert und konnte dort in verschiedenen Bereichen erste Erfahrungen in der Betriebswirtschaftslehre sammeln. Besonders interessieren mich das internationale Rechnungswesen und das internationale Steuerrecht seitdem.

Aufgrund meines zweisprachigen Elternhauses spreche ich fließend Englisch. Ich könnte mir gut vorstellen, tätig zu sein auch für Ihr Unternehmen im Ausland.

Dass ich besonders teamorientiert und kontaktfreudig bin, habe ich unter Beweis stellen können bei einem Austauschprojekt unserer Schule.

Ich freue mich darauf, Ihnen für das duale Studium meine Motivation näherbringen zu können in einem persönlichen Gespräch.

Mit freundlichen Grüßen

Max Schnell

9 Korrigieren Sie das Bewerbungsanschreiben. Nehmen Sie das Basiswissen zu Hilfe.

a) Bestimmen Sie die Satzglieder.

b) Wo stimmt die Satzgliedfolge nicht? Stellen Sie – wo nötig – die Sätze um, sodass diese verständlich werden.

c) Untersuchen Sie, an welcher Stelle der von Ihnen veränderten Satzgliedfolgen das Verb steht. Gibt es Unterschiede zwischen Haupt- und Nebensätzen?

d) Untersuchen Sie, an welchen Stellen die fehlerhafte Satzgliedfolge den Inhalt des Textes verfälscht.

e) Finden Sie im Text Attribute und ihre Bezugswörter. Verschieben Sie die Attribute mit ihren Bezugswörtern in den Sätzen.

Satzgefüge

Durch die Verwendung verschiedener Nebensätze kann die Bedeutung einer Aussage unterschiedlich akzentuiert werden:

- **Als liberale Nachrichtenmedien die Kandidatin angriffen,** wurde ihnen von den konservativen Gegenmedien tendenziöse Berichterstattung vorgeworfen.
- **Weil liberale Nachrichtenmedien die Kandidatin angriffen,** wurde ihnen von den konservativen Gegenmedien tendenziöse Berichterstattung vorgeworfen.
- **Wenn liberale Nachrichtenmedien die Kandidatin angreifen,** wird ihnen von den konservativen Gegenmedien tendenziöse Berichterstattung vorgeworfen.
- **Obwohl liberale Nachrichtenmedien die Kandidatin nicht angriffen,** wurde ihnen von den konservativen Gegenmedien tendenziöse Berichterstattung vorgeworfen.
- Liberale Nachrichtenmedien griffen die Kandidatin an, **sodass ihnen von den konservativen Gegenmedien tendenziöse Berichterstattung vorgeworfen wurde.**
- Liberale Nachrichtenmedien griffen die Kandidatin an, **indem sie Details aus deren Privatleben offenlegten.**

1 Untersuchen Sie die Funktion von Adverbialsätzen.

a) Erläutern Sie die unterschiedlichen Satzaussagen, die mithilfe der jeweiligen Nebensätze gemacht werden.

b) Wie fragen Sie nach den jeweiligen Nebensätzen?

2 Ergänzen Sie die folgenden Satzaussagen jeweils durch Nebensätze wie im Beispiel oben. Bei manchen Konjunktionen müssen Sie die Satzaussagen abwandeln.

(1) *In vielen Familien müssen beide Elternteile arbeiten.*

(2) *Die Ganztagsschulen werden bundesweit ausgebaut.*

Verwendet man die falschen Konjunktionen, schleichen sich logische Fehler ein, wie folgende Meldungen im Newsticker zeigen.

Achtung, Fehler!

Obwohl die Wirtschaftsdaten schlecht sind, schauen die Wirtschaftsweisen pessimistisch in die Zukunft. +++ Die OPEC kündigt an, ihre Fördermenge zu drosseln, weil der Ölpreis steigt. +++ Die EU-Kommission hat ihre Konjunkturerwartungen nach unten geschraubt, obwohl die Turbulenzen auf den internationalen Finanzmärkten anhalten. +++ Die Finanzkrise hält die Börse weiter im Griff, weil das Ende der Krise in Sicht ist. +++ Titel des Chemie-Spezialisten profitieren vom Boom in der Solarindustrie, indem Analysten mit Kursgewinnen rechnen. +++ Rohöl hat sich in diesem Jahr massiv verteuert, wo der Ölpreis gleich in den ersten Handelstagen des Jahres die Marke von 100 Dollar nach oben durchbrach.

3 Lesen Sie die Meldungen gründlich und ersetzen Sie die falschen Konjunktionen durch die passenden.

Satzgefüge

Wirbelstürme am Mittelmeer? Bei einer Klimaerwärmung halten Forscher dieses Szenario für möglich.

In den Tropen beziehen die Stürme ihre Energie aus erhitztem Meerwasser. Die feuchtwarme Luft steigt auf. Wolken bilden sich. Die Erddrehung zwingt die aufsteigenden Wolken in eine Kreisbewegung. Das Zentrum dieses Wirbels saugt immer mehr Luft an. Die Luftmassen wirbeln mit mehr als 200 Kilometern pro Stunde. Das Mittelmeer ist noch zu kühl. Dort konnten lange keine Hurrikane entstehen. Das Klima erwärmt sich zusehends. In Südeuropa und Nordafrika könnten Hurrikane aufziehen. Tausende Küstenstädte und Ferienregionen wären bedroht.

4 **Verbessern Sie den Stil und die Verständlichkeit des Textes, indem Sie verschiedene Aussagen durch die Verwendung von Adverbialsätzen miteinander verknüpfen.**

BASISWISSEN Satzgefüge I

Satzgefüge bestehen aus mindestens einem **Hauptsatz** und einem **Nebensatz.** Ein Nebensatz weist folgende Merkmale auf: Er beinhaltet ein Subjekt, der finite Teil des Prädikats steht am Ende, Konjunktionen (bei Adverbialsätzen) beziehungsweise Relativpronomen (bei Relativ- und Attributsätzen, z. B. Der Mann, **der laut lachte,** sprang auf.) leiten ihn ein und er ist immer vom Hauptsatz abhängig. Nebensätze werden mit Komma abgetrennt.

Beim Verfassen von Texten ist es wichtig, sich sprachlich differenziert auszudrücken. Mit Satzgefügen kann man Sinnzusammenhänge präzisieren: Der Nebensatz führt eine Aussage aus dem Hauptsatz genauer aus. Dabei ist auf die Zeitform der Verben im Nebensatz besonders zu achten, denn hier zeigt sich die zeitliche Relation zum Hauptsatz (z. B. Hauptsatz im Präteritum, Nebensatz im Plusquamperfekt: *Er fuhr los, nachdem er gepackt hatte.*).

Adverbialsatz

Temporal Zeit: *als, bevor, ehe, bis, nachdem, seitdem, sobald, solange, sooft, während, wenn ...*

Konzessiv Einräumung: *obgleich, obwohl, obschon, obzwar, trotzdem, wiewohl, wenn - auch, so - auch ...*

Lokal Ort: *wo, wohin, woher ...*

Final Zweck/Ziel: *dass, damit, auf dass*

Konditional Bedingung: *wenn, falls, im Falle dass, vorausgesetzt dass ...*

Kausal Grund/Ursache: *weil, da, zumal*

Konsekutiv Folge: *dass, als dass, sodass (häufig mit so, solch, zu, allzu im übergeordneten Satz)*

Modal Art und Weise: *indem, als, als ob, als wenn, wenn, außer dass, dadurch dass, ohne dass ...*

Man unterscheidet grundsätzlich zwischen Satzgefüge (Hypotaxe) und Satzreihe (Parataxe).

Satzgefüge

In einem Bewerbungsgespräch können Sie nicht nur mit richtigen, sondern auch mit stilistisch guten Antworten punkten.

Wieso glauben Sie, die richtige Person für diese Stelle zu sein?
sehr gutes Abschlusszeugnis – persönliches Ziel: gute Ausbildung (kausal, final)

Was hat Ihre Berufswahl beeinflusst?
Praktikum in diesem Bereich – Neigung und Eignung für diesen Beruf (konsekutiv)

Welcher Arbeitsbereich gefällt Ihnen besonders?
alle Bereiche interessant – besonderes Interesse an Entwicklung (konzessiv)

Sind Sie ortsgebunden?
bei fester Anstellung – Umzug denkbar (konditional)

5 Formulieren Sie die möglichen Antworten unter Verwendung der in Klammern angegebenen Nebensatzarten aus.

Auch für ein erfolgreiches Verhandlungsergebnis kann der souveräne Umgang mit Adverbialsätzen hilfreich sein.

Situation

Sie verhandeln mit Ihrem Vermieter über die Rückzahlung Ihrer Kaution und von Ihnen zu leistende Reparaturarbeiten. Vor einer gerichtlichen Auseinandersetzung haben Sie keine Angst, da Ihre Rechtsschutzversicherung alle Kosten übernimmt. Dennoch möchten Sie lieber eine gütliche Einigung, um ein langes Gerichtsverfahren zu vermeiden. Sie sind bereit, kleine Kompromisse zu machen. Ihrem Vermieter gegenüber verdeutlichen Sie aber zunächst, dass Sie nicht verhandlungsbereit sind. Nun liegt es bei ihm, Ihnen akzeptable Vorschläge zu unterbreiten.

6 Formulieren Sie den Gesprächsverlauf und verwenden Sie dabei möglichst viele Satzgefüge mit Adverbialsätzen. Tauschen Sie Ihre Ergebnisse aus und vergleichen Sie die Wirksamkeit dieser sprachlichen Mittel.

BASISWISSEN **Satzgefüge II**

Von **finalen Adverbialsätzen** unterscheidet man die **Objekt- bzw. Subjektsätze,** die ebenfalls mit *dass* oder *damit* eingeleitet werden. Es handelt sich um notwendige Nebensätze, die meist nach Verben des Begehrens stehen. Im Gegensatz zu finalen Adverbialsätzen können diese nicht weggelassen werden.
Beispiel: *Ich möchte, dass du aufräumst.*

Der dass-Satz kann dabei das Subjekt *(Es ist gut, dass du kommst.)* oder das Objekt *(Ich wünsche mir, dass es regnet.)* sein.

Sogenannte **Infinitivkonstruktionen** können ebenfalls die Funktion eines Nebensatzes haben und werden dann mit Komma abgetrennt. Infinitivkonstruktionen können mit *um, ohne, außer, statt* oder *als* eingeleitet werden.
Beispiele: *Ich hasse es, für alle zu kochen. Ohne zu zögern, sprang sie hinterher.*

Fehlerquelle: Zeichensetzung

Kommasetzung vor „das“ oder „dass“

Durch die Kommasetzung können sich unterschiedliche Aussagen eines Satzes ergeben. Deshalb lohnt es sich, gerade hierauf beim Schreiben besonders zu achten. Für die richtige Kommasetzung müssen Sie nicht nur die Kommaregeln kennen, sondern Sie brauchen auch grammatisches Wissen, um diese Regeln anwenden zu können.

(1) ___ Kolumbus Amerika entdeckt hat ___ weiß heute jedes Kind.

(2) Nur Kolumbus selbst hat zu Lebzeiten nie erfahren ___ er auf seinen Reisen nach Westen einen neuen Kontinent gefunden hat.

(3) Er glaubte bis zu seinem Tode ___ dieses Land auf ___ er in Richtung Westen stieß Indien sein müsse.

(4) Ruhm und Reichtum blieben ihm versagt so ___ er völlig verarmt starb.

(5) Woher kommt aber der Name Amerika? Die Ehre der Benennung wurde Amerigo Vespucci zuteil.

(6) Er gelangte nämlich auf seinen Entdeckungsreisen nach Südamerika. Eigentlich war es ___ heutige Venezuela ___ seine Reisebegleiter nach ihm benannten: Amerika.

(7) Heute ist bekannt ___ etwa 31 Jahre später ein holländischer Geograf in seiner neuen Weltkarte die gesamte westliche Hemisphäre als „Amerika“ bezeichnete.

1 Übertragen Sie den Text in Ihr Heft. Schreiben Sie „das“ oder „dass“ in die Lücken und setzen Sie die fehlenden Kommas ein.

BASISWISSEN **das oder dass**

Mit der Ersatzprobe können Sie feststellen, ob Sie *das* oder *dass* verwenden müssen.

Das **Relativpronomen** *das* kann durch *welches* ersetzt werden.

Ich lese das Buch, ***das*** *du mir geschenkt hast.*
Ich lese das Buch, ***welches*** *du mir geschenkt hast.*

Das Gremium, ***das*** *bis in die späten Abendstunden getagt hat, verkündet heute seine Entscheidung.*
Das Gremium, ***welches*** *bis in die späten Abendstunden getagt hat, verkündet heute seine Entscheidung.*

Der Nebensatz ist ein Relativsatz, das Relativpronomen *das* bezieht sich auf *das Buch*.

Die **Konjunktion** *dass* kann **nicht** durch *welches* ersetzt werden.

Ich glaube, ***dass*** *dir das Buch gefallen wird.*
~~*Ich glaube, welches dir das Buch gefallen wird.*~~

Ich glaube, ***dass*** *das Gremium eine vernünftige Entscheidung treffen wird.*
~~*Ich glaube, welches das Gremium eine vernünftige Entscheidung treffen wird.*~~

Kommasetzung

Der folgende Text informiert über das Volk der Maya.

Achtung, Fehler!

(1) Es war ein Riesenreich das sie bevölkerten denn es reichte von Mexiko über Honduras bis nach Guatemala.
(2) Die Rede ist von den Mayas den Herrschern des Regenwaldes.
(3) Es gab kein Volk im antiken Amerika das so hoch entwickelt war wie dieses.
(4) Davon zeugen imposante Pyramiden eine voll ausgebildete Schrift Observatorien und eine gut entwickelte Landwirtschaft.
(5) Die Maya-Kultur erlebte etwa um 600 n. Chr. ihren Höhepunkt als sich Metropolen mit Zehntausenden Einwohnern entwickelten.
(6) Die Bauern ernährten mit Mais der sehr reichlich geerntet wurde die Oberen und einen wohlhabenden Mittelstand.
(7) Die Könige die als gottgleiche Wesen verehrt wurden regierten die Städte.
(8) Aber irgendwann scheint das Volk das Vertrauen in diese Herrscher verloren zu haben denn die Mayas verließen mehr und mehr die Städte um auf dem Land zu überleben.
(9) Eine Vielzahl unbekannter Faktoren Wissenschaftler vermuten verheerende Dürren Überbevölkerung oder Kleinkriege muss zu dem Verfall geführt haben der nach 950 n. Chr. nicht mehr aufgehalten werden konnte.
(10) Es entstanden viele Kleinstaaten aber kein Staat war stark genug um Ordnung zu schaffen wie einst die Mayas.
(11) Die Herrscher verschanzten sich hinter immer größerem Luxus und das hungernde Volk zog sich in die Berge zurück sodass die Städte mehr und mehr zerfielen.
(12) Sie wurden vom Tropenwald überwuchert gerieten für Jahrhunderte in Vergessenheit und wurden erst im Laufe des 19. Jahrhunderts wiederentdeckt.

2 **Schreiben Sie den Text in Ihr Heft, setzen Sie alle fehlenden Kommas und begründen Sie Ihre Entscheidungen mit den Regeln des Basiswissens.**

BASISWISSEN Kommasetzung

Die häufigsten Kommafehler können Sie schon vermeiden, wenn Sie nur folgende Regeln kennen und beachten:

Kommas

- stehen bei Aufzählungen.
- stehen bei entgegensetzenden oder einschränkenden Konjunktionen, z. B. *aber, sondern, doch, jedoch, obwohl.*
- trennen Haupt- und Nebensatz. Eingeschobene Nebensätze werden von Kommas eingeschlossen.
- müssen bei Infinitivkonstruktionen (bestehend aus einem Infinitiv mit „zu" und mindestens einem weiteren Wort) meistens gesetzt werden. Ausnahmen sind beispielsweise Infinitivgruppen, die von einem Hilfsverb oder von *brauchen, pflegen* oder *scheinen* abhängig sind.

Kein Komma

- steht, wenn gleichrangige Teilsätze, Wortgruppen oder Wörter verbunden werden, z. B. mit *und, oder, sowie, beziehungsweise.* Dies gilt auch für Ausdrücke wie *entweder … oder, sowohl … als auch, weder … noch.*
- steht bei Vergleichen mit *wie* oder *als,* wenn nur Wörter oder Wortgruppen in den Vergleich einbezogen sind, also durch *wie* oder *als* kein Nebensatz eingeleitet wird.

Fehlerquelle: Rechtschreibung und Ausdruck

Die s-Schreibung

Damit Ihre Texte von den Lesern verstanden und ernst genommen werden, ist es wichtig, korrekt zu schreiben. Das gilt für Texte, die Sie im Rahmen des Schulalltags schreiben, beispielsweise Aufsätze oder Praktikumsberichte, aber auch für Bewerbungen und andere Geschäftsbriefe.
Einige Bereiche der Rechtschreibung sind besonders fehlerträchtig. Auf den folgenden Seiten können Sie diese noch einmal trainieren.

BASISWISSEN — Die s-Schreibung

Bei der s-Schreibung unterscheidet man zwischen stimmhaftem und stimmlosem s-Laut:

- Wörter mit stimmhaftem s-Laut werden mit einem einfachen *s* geschrieben, z. B. *Na**s**e, Mei**s**e, Rie**s**e.*
- Die Schreibung von Wörtern mit stimmlosem s-Laut ist wie folgt geregelt:
  - Steht vor dem stimmlosen s-Laut ein kurzer Vokal, wird ss geschrieben, z. B. *Me**ss**e, Flu**ss**, Ka**ss**e.*
  - Steht vor dem stimmlosen s-Laut ein langer Vokal oder ein Diphthong (Doppellaut wie z. B. *ei* oder *au*), wird häufig *ß* geschrieben, z. B. *Gru**ß**, Gro**ß**vater, Gie**ß**kanne; schwei**ß**en, drau**ß**en.*

Achtung, einige Wörter werden mit einem einfachen s geschrieben, obwohl ein langer Vokal oder Diphthong vor dem s-Laut steht. Bei ihnen hört man den stimmhaften s-Laut nur im Plural, z. B. *Glas – Gläser, Haus – Häuser.*

1 Ergänzen Sie weitere Wörter nach folgenden Mustern:
-**eis**-: r**eis**en, Kr**eis** ...
-**üss**-: m**üss**en, N**üss**e ...
-**aß**-: M**aß**, fr**aß** ...

Bei einigen Verbformen ändert sich beim Wechsel der Zeitformen der Stammvokal und entsprechend auch der s-Laut. Das müssen Sie beachten, wenn Sie Verben konjugieren.

Infinitiv	3. Person Singular Präsens	3. Person Singular Präteritum	3. Person Plural Perfekt
beschließen	er beschließt	sie beschloss	sie haben beschlossen

2 Übernehmen Sie die Tabelle in Ihr Heft, notieren Sie die richtigen Verbformen der folgenden Verben in die entsprechenden Spalten und erklären Sie mithilfe des Basiswissens, weshalb sich der s-Laut verändert.
zerreißen • gießen • schmeißen • genießen • vergessen

3 Schreiben Sie den Lückentext ab und ergänzen Sie die richtigen s-Laute (s, ss oder ß).

Praktikum in einer Gie_erei

Der erste Tag meines Praktikums in der Gie_erei „Müller-Gu_“ begann um sieben Uhr. Am Vormittag half ich bei der Überwachung der Verflü_igung von Gu_ei_en. Dabei hatte ich Gelegenheit zu sehen, wie Lufteinschlü_e entfernt werden. Die hei_e, flü_ige Ma_e wurde dann automatisch zur Gie_station befördert. Am Nachmittag kontrollierte ich die Gu_teile, ob keine Ri_e, Ga_bla_en oder Hohlräume entstanden waren. Das ist wichtig, denn alles mu_ genau pa_en. Anschlie_end bearbeitete ich die gego_enen Teile.

Getrennt- und Zusammenschreibung

Informieren Sie sich über die wichtigsten Regeln der Getrennt- und Zusammenschreibung.

BASISWISSEN Getrennt- und Zusammenschreibung

Getrennt schreibt man in der Regel:	
Wortgruppen mit dem Verb ***sein***	*froh sein, zusammen sein*
die meisten Wortgruppen aus **Verb + Verb** und **Partizip + Verb**	*arbeiten gehen, getrennt schreiben*
die meisten Wortgruppen aus **Nomen + Verb**	*Auto fahren, Praktikum absolvieren*
Wortgruppen aus **Adjektiv + Verb,** wenn die Verbindungen wörtlich verstanden werden	*falsch machen, geheim halten, gesund werden*
Wortgruppen aus **Adverb + Verb,** wenn der Hauptakzent auf dem Verb liegt	*dabei stehen, zusammen gehen, miteinander reden*
Zusammen schreibt man unter anderem:	
Zusammensetzungen aus **Nomen + Adjektiv/Partizip,** wenn die Verbindung für eine Wortgruppe steht, von der ein Artikel oder eine Präposition eingespart wird	*lebensfremd (dem Leben fremd), angsterfüllt (von Angst erfüllt)*
Zusammensetzungen aus **Adjektiv + Adjektiv,** wenn der erste Teil die Bedeutung des Wortes verstärkt oder abschwächt	*hellblau, lauwarm*
Verbindungen aus **Adjektiv + Verb,** die man nur im übertragenen Sinn verstehen kann	*falschspielen (betrügen), klarmachen (etwas verdeutlichen)*
Verbindungen aus **Adverb + Verb,** wenn der Hauptakzent nicht auf dem Verb liegt	*hierbleiben, sich querstellen, rückwärtsgehen, vorwärtslaufen*
Verbindungen aus **Präposition + Verb,** wenn der Hauptakzent nicht auf dem Verb liegt	*zwischenlagern, durcharbeiten, entlanglaufen*
trennbar zusammengesetzte Verben, deren erster Bestandteil kaum noch als Nomen erkennbar ist	*leidtun, teilnehmen, standhalten, kopfstehen, nottun*

1 Schreiben Sie die folgenden Sätze in der richtigen Schreibung in Ihr Heft.
(1) Mein Vater erzählt mir oft von seiner super/schweren Kindheit. (2) Der Unterricht habe damals viel zeitiger statt/gefunden als heute. (3) Außerdem seien die Kinder noch angst/erfüllt zur Schule gegangen. (4) Er meint, die Schüler mussten von früh bis spät durch/arbeiten. (5) Und wenn jemand etwas falsch/machte, sei er schwer/bestraft worden. (6) Er meint, er habe keine Freizeit gehabt, denn nach der Schule musste er Klavier/spielen und aufräumen/helfen. (7) Mein Vater hat natürlich bei seinen Erzählungen klar/machen, dass er sich damals gegen alles und jeden quer/gestellt hat. (8) Meine Oma hat mir erzählt, er habe ständig mit seinen Freunden zusammen/gehockt und Streiche ausgeheckt. (9) Sie meinte, mein Vater könne froh/sein, dass er so brave Kinder hat.

Groß- und Kleinschreibung

Nomen bezeichnen Personen, Lebewesen, Gegenstände und abstrakte Begriffe. Etwa 60 Prozent aller deutschen Wörter sind Nomen; sie bilden damit die am häufigsten auftretende Wortart und sie werden immer großgeschrieben.

BASISWISSEN **Das Nomen (Substantiv)**

Das Nomen (Plural Nomen oder Nomina) wird immer großgeschrieben. Es wird bestimmt durch **Genus** (grammatisches Geschlecht), **Numerus** (grammatische Zahl) und **Kasus** (grammatischer Fall).

Das **Genus** (Plural Genera) eines Nomens erkennt man an dem Artikel:

- **Femininum** – z. B. *die/eine Nase;* **Maskulinum** – z. B. *der/ein Baum;* **Neutrum** – z. B. *das/ein Haus*

Nomen (Substantive) haben in der Regel einen **Numerus** (Plural Numeri):

- **Singular** – z. B. *die Nase, der Baum, das Haus;* **Plural** – z. B. *die Nasen, die Bäume, die Häuser*

In der deutschen Sprache gibt es vier **Kasus** (Singular Kasus), die man durch Fragen ermitteln kann:

- **Nominativ** – Wer? oder Was? z. B.: *Wer hat ein Handy gefunden? –* ***Der Junge*** *hat es gefunden.*
- **Genitiv** – Wessen? z. B.: *Wessen Handy hat er gefunden? – Er hat das Handy* ***des Lehrers*** *gefunden.*
- **Dativ** – Wem? z. B.: *Wem gehört das Handy? – Es gehört* ***dem Lehrer.***
- **Akkusativ** – Wen? oder Was? z. B.: *Wen hat der Lehrer belohnt? – Er hat* ***den Jungen*** *belohnt.*

Viele junge Leute wünschen sich eine eigene Wohnung. Doch es ist gar nicht so leicht, ein geeignetes Domizil zu finden. Bei der einen Wohnung ist der Mietpreis zu hoch, bei einer anderen gibt es nur einen Kohleofen und die nächste Wohnung befindet sich im sechsten Stock in einem Haus ohne Fahrstuhl.
Hat man dann endlich etwas gefunden, gehen die Strapazen erst richtig los. Es müssen ein Umzugsauto und Helfer organisiert werden. Die Anmeldung der Strom- und ggf. Gas-, Telefon- und Internetversorgung muss rechtzeitig erledigt werden. Die neue Adresse muss der Krankenkasse, der Bank, den Versicherungen, dem Handyanbieter, dem Einwohnermeldeamt, dem Arbeitgeber und bzw. oder der Schule mitgeteilt werden. Die Nerven liegen schließlich blank. Doch alle Kosten und Mühen sind dann spätestens bei einer Einweihungsparty vergessen.

1 Schreiben Sie die Nomen (Substantive) aus dem Text heraus. Bestimmen Sie deren Genus, Numerus und Kasus.

Das Schreiben eines Briefes ist für viele Jugendliche ein Problem. Die Kommunikation unter den Jugendlichen findet meistens unter Verwendung ihrer Mobiltelefone statt. Für ältere Leute ist die Handhabung eines Mobiltelefons oft mit Schwierigkeiten behaftet. Schon die Inbetriebnahme ist für sie ein Hindernis.

2 Der kurze Text ist im Nominalstil verfasst. Wie wirken diese Sätze auf Sie? Schreiben Sie die Sätze um, indem Sie einige Nomen (Substantive) durch andere Wörter ersetzen.
Beispiel: *Einen Brief zu schreiben ist für viele Jugendliche problematisch.*

Groß- und Kleinschreibung

Mit Adjektiven drückt man aus, wie jemand oder etwas ist, wie etwas vor sich geht oder geschieht. Mit den passenden Adjektiven kann man in einem Text Anschaulichkeit vermitteln. Adjektive werden kleingeschrieben.

BASISWISSEN **Das Adjektiv**

Die meisten Adjektive lassen sich – wie Nomen – nach **Kasus, Numerus** und **Genus** verändern.

- z. B. *die neue Hose, die neuen Pullover, des neuen Hemdes*

Adjektive können – bis auf einige Ausnahmen wie *tot* – gesteigert werden. Das nennt man Komparation.

- **Positiv (Grundstufe):** *Toni ist jung.* **Komparativ:** *Anne ist jünger als Toni.* **Superlativ:** *Ben ist am jüngsten.*

Ausnahmen: Bei einigen Adjektiven wird für die Bildung des Komparativs und des Superlativs ein anderer Wortstamm als für die Grundstufe gebraucht, z. B. *viel – mehr – am meisten; gut – besser – am besten.*

Einige Schüler haben sich im Rahmen eines Schreibwettbewerbs Geschichten ausgedacht.

Achtung, Fehler!

(A) *Für mein Date mit Daniel hatte ich mir meine neue Hose angezogen und mir einen neuen Haarschnitt verpassen lassen. Ich sah gut aus und drehte mich vor der Scheibe des neuen Comicbuchladens, vor dem wir uns treffen wollten. Daniel war cool und sah gut aus. Er hatte ein neues Auto und einen guten Job. Doch leider wusste er nur zu gut, dass er gut aussah …*

1 Welche Adjektive würden Sie in Textauszug A ersetzen? Schreiben Sie den Auszug um.

2 Lesen Sie Ihren Text mit und ohne die Adjektive. Beschreiben Sie die unterschiedliche Wirkung.

Achtung, Fehler!

(B) *Alle sahen hinab in das Dunkle erdloch, in dem der Sarg langsam verschwand.*
Über die Wangen der trauernden liefen dicke Tränen, ein lautes schluchzen war zu hören.
Tim trug noch immer die Schlinge um seinen Arm, ein Großes pflaster prangte auf seiner Stirn.
„Warum nur hat sich Alex auf dieses Waghalsige Wettrennen eingelassen?“, dachte er verzweifelt …

3 Untersuchen Sie den Textauszug B und benennen Sie Adjektive und Nomen. Übertragen Sie den Text in Ihr Heft und berichtigen Sie die Schreibweise.

Achtung, Fehler!

(C) *Er sah aufgeregt und beunruhigt aus. Eigentlich war er bei Überwachungseinsätzen ruhig und ausgeglichen, doch heute war er durcheinander und verwirrt. Er rieb sich seine müden, erschöpften Augen und schaute in die dunkle Nacht hinaus. Heute musste er diese gewissen- und rücksichtslosen Diebe erwischen! Plötzlich hörte er ein seltsames, fremdes Geräusch …*

4 Untersuchen Sie den Textauszug C und benennen Sie die Adjektive. Was fällt Ihnen hier auf?

Großschreibung nominalisierter Wörter

25 Prozent der Rechtschreibfehler sind auf unzureichende Kenntnisse in der Groß- und Kleinschreibung zurückzuführen. Dabei ist die Grundregel sehr einfach: Nomen schreibt man groß, alle anderen Wortarten klein. Doch wenn Verben, Adjektive et cetera im Satz als Nomen gebraucht werden, spricht man von Nominalisierungen und die nominalisierten Wörter werden großgeschrieben.

BASISWISSEN **Nominalisierungen**

Nominalisierte Wörter lassen sich oft an einem der folgenden Merkmale erkennen:

a) an einem vorausgehenden **Artikel:**
z. B. ***der*** *Alte,* ***das*** *Öffnen,* ***eine*** *Drei (würfeln),* ***das*** *Auf und Ab*

b) an einer vorausgehenden **Präposition,** die oft mit einem **Artikel** verschmolzen ist:
z. B. ***beim*** *Einkaufen,* ***ins*** *Grüne,* ***vom*** *Lachen*

c) an einem vorangestellten **Pronomen, Zahlwort, Adjektiv** oder **Partizip:**
z. B. ***sein*** *Lachen,* ***drei*** *Heranwachsende,* ***fröhliches*** *Miteinander,* ***gemäßigtes*** *Klatschen*

Manchmal fehlen diese Signalwörter. Schreiben Sie groß, wenn Sie Signalwörter/Begleiter ergänzen können, z. B. *(Das) Aufwachen macht keinen Spaß.*

Hausordnung

Lärm: […] Das Spielen von Instrumenten ist während der Mittagsruhe (13.00 bis 15.00 Uhr) und zwischen 19.00 Uhr und 8.00 Uhr grundsätzlich untersagt. […]

Kinder: […] Das Reinigen des Spielplatzes und Sandkastens nebst Umgebung gehört zu den Aufgaben der Eltern, deren Kinder dort spielen. […]

Sicherheit: […] Das Grillen mit Holzkohle ist auf den Balkonen grundsätzlich nicht gestattet. Zum Grillen steht eine geeignete Fläche unweit des Gebäudes zur Verfügung. Das Lagern von feuergefährlichen, leicht entzündbaren sowie Geruch verursachenden Stoffen im Keller oder auf dem Dachspeicher ist untersagt. […]

Reinigung: […] Beim Gießen von Blumen ist darauf zu achten, dass das Wasser nicht an der Hauswand herunterläuft und auf die Fenster und Balkone anderer Mieter tropft.

Lüften: Die Wohnung ist auch in der kalten Jahreszeit ausreichend zu lüften. Dies erfolgt durch möglichst kurzfristiges, aber ausreichendes Öffnen der Fenster. […]

Fahrzeuge: Das Abstellen von motorisierten Fahrzeugen auf dem Hof, den Gehwegen und den Grünflächen ist nicht gestattet. […] Beim Befahren der Garageneinfahrten und Parkplätze ist grundsätzlich Schrittgeschwindigkeit einzuhalten. Das Abstellen von Fahrrädern ist grundsätzlich nur auf den dafür vorgesehenen Flächen und im Fahrradkeller gestattet.

1 Finden Sie in dem Text Nominalisierungen und schreiben Sie diese mit Begleiter heraus.

2 Bilden Sie Nominalisierungen aus folgenden Pronomen, Zahlwörtern, Adjektiven, Präpositionen und Partizipien. Formulieren Sie Sätze unter Verwendung der Nominalisierungen.
ich • zwei • sieben • blau • kreativ • für (und) wider • arbeitend • ausgestoßen

Groß- und Kleinschreibung von Tageszeiten und Wochentagen

„Am Montag komme ich später" und „Ich komme montags immer später" – für die korrekte Schreibung von Tageszeiten und Wochentagen muss man sich die folgenden Regeln einprägen:

BASISWISSEN **Groß- und Kleinschreibung von Tageszeiten und Wochentagen**

Tageszeiten und Wochentage werden großgeschrieben, wenn sie Nomen sind. Man erkennt sie an den Begleitern:

vorangehender Artikel	*der Montag, ein Freitag, eines Abends*
vorangehende Präposition (oft mit Artikel)	*bei Tage, am Freitag*
vorangestelltes Pronomen, Zahlwort, Adjektiv, Partizip	*jeden Montag, vier Freitage, letzten Samstag*

Tageszeiten und Wochentage werden als Adverbien kleingeschrieben, z. B. *montags, mittags, heute.*

Zusammengesetzte Tageszeiten und Wochentage schreibt man groß, wenn sie Nomen sind, und klein, wenn sie Adverbien sind, z. B. *am Montagabend, mittwochmorgens.*

Bei kombinierten Tageszeitangaben schreibt man die Nomen groß und die Adverbien klein, z. B. *gestern Abend.*

Achtung, Fehler!

Hallo Timm,

sorry, dass ich erst h/Heute schreibe, aber ich hatte g/Gestern a/Abend keine Lust mehr. Mein g/Gestriger s/Samstag war anstrengend! Am m/Morgen bin ich zeitig aufgestanden; ich gehe jetzt nämlich s/Samstagsmorgens mit meiner kleinen Schwester schwimmen. Gegen m/Mittag habe ich mich mit Luisa getroffen. Sie hat sich letzten f/Freitag einen Roller gekauft. Wir sind den ganzen n/Nachmittag durch die Stadt gefahren. Hast du kommenden d/Dienstagabend Zeit, ins Kino zu gehen? Bis bald, Jessica

1 Schreiben Sie den Text in der richtigen Groß- und Kleinschreibung in Ihr Heft.

Auch alle anderen Adverbien werden klein geschrieben.

BASISWISSEN **Das Adverb**

Adverbien (Umstandswörter, die anders als Adjektive in ihrer Form nicht verändert werden, d. h., sie werden nicht dekliniert und nicht gesteigert; sie werden z. T. von Adjektiven abgeleitet, haben dann aber keine Endung) charakterisieren oft Verben, aber auch Nomen oder Adjektive näher (z. B. **schnell** schreiben, die Pflanze **da, ziemlich** schlechte Karten). Adverbien können auch ganze Sätze näher bestimmen (z. B. Es regnet **dummerweise.**). Nach ihrer Bedeutung kann man sie unterscheiden in **lokale** (z. B. *hier, dort, fort*), **temporale** (z. B. *jetzt, heute, oft, bald, nie*), **modale** (z. B. *gern, sehr, umsonst, schön*) und **kausale** (z. B. *deshalb, darum, folglich*) Adverbien.

2 Bestimmen Sie alle Adverbien in den folgenden Sätzen.

(1) Der junge Mann dort sieht sehr angespannt aus. (2) In der Schule hat er sehr viel Stress. (3) Zugleich muss er zu Hause arbeiten. (4) Er hat deswegen in dieser Woche wenig geschlafen. (5) Er hat auch kaum gegessen. (6) Ich hoffe für ihn, dass die Situation bald besser wird.

Fremdwörter

Um die Sehnsucht mancher Großstädter nach dem Landleben geht es im folgenden Text.

Warum liegt denn hier Stroh?

von Eva Biringer

[...] Elfeinhalb Monate im Jahr starrt der Stadtmensch im Büro auf die Alm seines Desktophintergrunds. Kühe auf blühenden Wiesen beruhigen das aufgebrachte Gemüt und versüßen die Vorfreude auf jenen Ort, wo der Geplagte zwei Wochen im Jahr zu sich selbst findet: auf das Land.

Am Tag der Abreise lädt er den Kofferraum seines SUVs voll mit den Buchempfehlungen seines Lieblingsfeuilletons und Haltbarem aus dem Biosupermarkt. Zwar sitzt er auf dem Land sozusagen an der Bio-Quelle, aber nur theoretisch. Das Rote-Bete-Hummus hat er vergangenes Jahr vergeblich gesucht. Auf dem Land gibt es Natur, aber kein Alnatura. Auch keine überregionalen Zeitungen [...]. Es riecht ein wenig streng. Die Langsamkeit des Internets sucht ihresgleichen, der Handyempfang ist schlecht. Beste Voraussetzungen für den *Digital Detox.*

Seit dem 19. Jahrhundert meint die „Sommerfrische" sowohl die temporäre Stadtflucht als auch ihren Zielort. Das Wörterbuch der Gebrüder Grimm umschreibt den Begriff mit einem „erholungsaufenthalt der städter auf dem lande zur sommerzeit" oder einer „wohnung auf dem lande, die man im sommer bezieht". Damals vordergründig aus pragmatischen Motiven, um der prekären hygienischen Situation in den aufgeheizten Städten zu entfliehen. [...]

Sigmund Freud schwärmte von der „entzückenden Einsamkeit" des Südtiroler Eisacktals: „Berg, Wald, Blumen, Wasser, Schlösser, Klöster und keine Menschen ... das Abendessen hat dann sehr geschmeckt." Auch der moderne Großstädter freut sich über seinen gesunden Appetit. Er lobt den unverdorbenen Geschmack des Rohmilchkäses und überhört dabei das Laktoseintoleranz-bedingte Bauchgrummeln. [...]

Selten ist der Mensch derart auf sich zurückgeworfen wie an Orten mit weniger als zwanzig Einwohnern pro Quadratkilometer. [...] Keine Third-Wave-Coffee-Shops und Späteinkäufe, keine Dönerbuden und Parkplatzprobleme. Statt Ersatzschienenverkehr gar kein Verkehr. Kein narkotisierender Klangteppich aus Polizeisirenen, schimpfenden Obdachlosen, auf Krawall gebürsteten Verkehrsteilnehmern. Kein Carsharing. [...]

Die komplizierte Dorfsoziologie bleibt ihm verschlossen, das Wer-mit-wem, der Klatsch zwischen Metzgerei Behrendt und Gaby's Haarsalon. In ehrlichen Momenten wünscht er sich in die Anonymität der Großstadt zurück. [...]

So wie der Protagonist in Kafkas Erzählfragment *Hochzeitsvorbereitungen auf dem Lande.* Schon dessen Zugfahrt in die Provinz ist ein Desaster, es regnet, die Mitreisenden schüren seine misanthropischen Tendenzen. [...]

Endlich am Ziel, will Kafkas Protagonist am liebsten gleich wieder nach Hause, wo er im Stammlokal sein Lieblingsgericht bekäme, „rechts hinter dem Teller die Zeitung, links die Lampe, hier wird man mir eine unheimlich fette Speise geben – man weiß nicht, dass ich einen schwachen Magen habe".

Der laktoseintolerante Stadtbewohner weiß, dass er einen schwachen Magen hat. Er weiß, dass ihm die abgasfreie Luft nicht bekommt, weil er sich dann selbst riechen muss. Dass die Stille genauso wenig auszuhalten ist wie der bei Sonnenaufgang krähende Gockel. Leider vergisst er das in den elfeinhalb Monaten Landabstinenz. [...]

(www.zeit.de, 02. 08. 2015)

1 Untersuchen Sie die Schreibung von Fremdwörtern im Text.

a) Schreiben Sie alle Fremdwörter heraus.

b) Klären Sie die Bedeutung der Ihnen unbekannten Wörter mithilfe eines Wörterbuchs.

c) Erstellen Sie Karteikarten mit den Ihnen unbekannten Begriffen und dazugehörigen Worterklärungen.

★ d) Lässt sich ein Zusammenhang zwischen Herkunft und Schreibweise feststellen?

Fremdwörter

Ein Student erläutert den Begriff „Digital Detox“.

Achtung, Fehler!

Wenn die Autorin von „Digital Detox“ spricht, dann meint sie damit die bewusste Entscheidung für eine Phase der konsekutiven Nichtbenutzung aller digitalen Medien. Viele Menschen fühlen sich durch die permannente Erreichbarkeit unter Druck gesetzt oder haben das Gefühl, die intensive Nutzung von sozialen Netzwerken und Internet stehle ihnen die Zeit. Digital Detox bietet die Possibilität, sich ohne Außenkontakte, quasie wie ein Eremmit, zurückzuziehen und sich auf sich selbst zu besinnen. Die Intension dabei ist die Reparation, also die Wiederherstellung, der Leistungsfähigkeit. Vor allem Menschen, die beruflich sehr eingespannt sind und viel Verantwortung tragen, haben dadurch die Möglichkeit, sich wieder auf das Wesentliche zu fokusieren.

2 Beurteilen Sie die Auswahl und Schreibung der Fremdwörter. Korrigieren Sie, falls nötig.

Auch im folgenden Text geht es um Urlaub.

Tourismus mit Zukunft

Auf ihrer Suche nach neuen Zielgruppen ist die Tourismusbranche auf die sogenannten best ager gestoßen. Den (1) ______ auf die über 50-Jährigen zu legen, entpuppt sich als (2) ______ Geschäft, denn in diesem Alter sind viele finanziell (3) ______ als in jüngeren Jahren. Diese Altersgruppe gilt als (4) ______, gesundheitsbewusst, aber auch anspruchsvoll und vielseitig interessiert. Kulturreisen und Wellness- beziehungsweise Sportangebote stehen hoch im Kurs, ebenso (5) ______ Exkursionen.

Ein weiterer Trend, nicht nur für die Zielgruppe der über 50-Jährigen, ist der sanfte Tourismus. Der Umweltschutz und die Rücksichtnahme auf die Besonderheiten der Urlaubsregion sind hierbei ganz zentral. Das beginnt schon bei der Wahl der (6) ______. Hotels, die mit Nachhaltigkeit werben und (7) ______ arbeiten, stehen hoch im Kurs.

Viele Menschen finden Entspannung und Erholung in der Natur. Urlaubsregionen reagieren darauf, indem sie in den Naturschutz (8) ______. Andere (9) ______ hier sogar die Touristen und bieten spezielle Projekte an, bei denen die Reisenden selbst etwas für die Umwelt vor Ort tun können, beispielsweise Bäume pflanzen oder Bachläufe (10) ______.

3 Schreiben Sie den Text ab und vervollständigen Sie ihn durch die folgenden Fremdwörter an den passenden Stellen. Bilden Sie gegebenenfalls die richtige Form.

integrieren • lukrativ • Destination • renaturieren • liquide • vital • Fokus • ressourcenschonend • kulinarisch • investieren

Fremdwörter

BASISWISSEN Schreibung von Fremdwörtern

Viele Wörter im alltäglichen Sprachgebrauch sind fremden Sprachen entnommen. Man erkennt sie an der Aussprache und an der Schreibung (z. B. Endung *-ion* bzw. *-ieren*), die größtenteils nach den Regeln der Ursprungssprache übernommen werden.

ph, rh, th

Diese Buchstabenfolgen treten häufig bei Fremdwörtern aus dem Griechischen (Altgriechischen) auf: *Phonetik, Rhythmus, Thema.*

Eingedeutschte Schreibweisen

Die Schreibweise von eingedeutschten Fremdwörtern wird dem Deutschen angepasst: *Photographie – Fotografie.*

Sie sollten sich für eine Schreibweise entscheiden, falls eine Kann-Regelung vorliegt, und diese innerhalb Ihres Textes beibehalten.

Fremdwörter aus Fachsprachen

Für solche Fremdwörter gibt es keine deutschen Schreibweisen. Sie werden aus dem Original übernommen und behalten dementsprechend auch ihre Originalschreibweise z. B. *Design.*

4 **Legen Sie eine Tabelle an und sammeln Sie Fremdwörter aus Ihrem Alltag, die die Endung -ion oder -ieren aufweisen oder die Buchstabenfolgen ph, rh, th.**

-ion (Nomen/ Substantiv)	-ieren (Verb)	Wörter mit ph	Wörter mit rh	Wörter mit th
Simulation ...	simulieren ...	...	...	...

5 **Sammeln Sie Beispiele für Fremdwörter aus Fachsprachen, für die es keine deutschen Schreibweisen gibt.**

6 **Üben Sie die Schreibung und Verwendung von Fremdwörtern.**

a) Suchen Sie sich zunächst in Einzelarbeit aus einem Fremdwörterbuch acht Fremdwörter heraus und verfassen Sie mit diesen einen kurzen Text zu einem bestimmten Thema (z. B. Medizin, Tourismus, Technik oder Ähnliches). Verstecken Sie in diesem Text absichtlich fünf Fehler.

b) Tauschen Sie nun mit Ihrem Arbeitspartner Ihre Texte aus und versuchen Sie so schnell wie möglich dessen fünf Fehler zu finden. Nehmen Sie hier ebenfalls das Fremdwörterbuch zu Hilfe.

c) Lassen Sie sich von Ihrem Arbeitspartner Rückmeldung über das Ergebnis Ihrer Fehlersuche geben.

Fremdwörter

Viele Fremdwörter werden in ihrer Schreibweise dem Deutschen angepasst. Man spricht von eingedeutschten Schreibweisen.

Achtung, Fehler!

Avocado – Avokado
Biographie – Biografie
Bouquet – Bukett
Bulldozer – Bulldoser
Chicoree – Schikoree
Collier – Kollier
Cord – Kord
Choreograph – Choreograf
Charisma – Karisma
decodieren – dekodieren
Delphin – Delfin
Frotté – Frottee
Gelee – Schelee
Geograph – Geograf
Himalaya – Himalaja
Justitiar – Justiziar
Katastrophe – Katastrofe
Metapher – Metafer
Paragraph – Paragraf
Paralyse – Paralüse
Photokopie – Fotokopie
potentiell – potenziell
Sketch – Sketsch
stenographieren – stenografieren

7 **Untersuchen Sie die eingedeutschten Schreibweisen der oben aufgeführten Fremdwörter.**

a) Prüfen Sie mithilfe eines Wörterbuchs, ob die angegebenen eingedeutschten Schreibweisen erlaubt sind.

b) Schreiben Sie die Wortpaare, bei denen beide Schreibweisen möglich sind, in Ihr Heft.

c) Markieren Sie die Buchstaben, die sich geändert haben.

d) Sammeln Sie weitere Beispiele für Fremdwörter, die sowohl in ihrer ursprünglichen als auch ihrer eingedeutschten Schreibweise verwendet werden können.

FAZIT

21.1
Fehlerquelle: Grammatik
- Direkte/indirekte Rede
- Satzglieder
- Satzgefüge

21.2
Fehlerquelle: Zeichensetzung
- Kommasetzung vor das/dass
- Kommasetzung

21.3
Fehlerquelle: Rechtschreibung und Ausdruck
- s-Schreibung
- Getrennt- und Zusammenschreibung
- Groß- und Klein-schreibung
- Großschreibung nominalisierter Wörter
- Groß- und Kleinschreibung von Tageszeiten und Wochentagen
- Fremdwörter

Kapitel 22

Texte überarbeiten

22.1
In zwei Schritten zur Textüberarbeitung

22.2
Einen Aufsatz gezielt nach verschiedenen Kriterien überarbeiten

Schreiben ist ein Prozess, der nicht nur das Produzieren von Texten, sondern auch die Reflexion über das Geschriebene und das Überarbeiten einschließt. Bei der Überarbeitung eines Textes kontrollieren, reflektieren und optimieren Sie das Geschriebene. Das folgende Kapitel bietet Ihnen eine Hilfestellung, wie Sie in mehreren Schritten eigene Texte überarbeiten können.

Kompetenzen

- ✓ Kritisch zu eigenen und fremden Texten Stellung nehmen
- ✓ Strategien zur Überprüfung anwenden
- ✓ Den eigenen Text auf Lesbarkeit prüfen
- ✓ Einen Text auf Rechtschreibung, Grammatik, Zeichensetzung und Ausdruck überprüfen

Methoden und Arbeitstechniken

- ✓ Schreibkonferenz
- ✓ Portfolio

In zwei Schritten zur Textüberarbeitung

Verschiedenartige Fehler erkennen

Im Unterricht wurde die Kalendergeschichte „Der Augsburger Kreidekreis“ von Bertolt Brecht besprochen. Zu Ihrer Information folgt eine kurze Zusammenfassung der Geschichte:

Zusammenfassung der Kalendergeschichte „Der Augsburger Kreidekreis“ von Bertolt Brecht

„Der Augsburger Kreidekreis“ ist eine Kalendergeschichte, die 1940 von Bertolt Brecht verfasst wurde. Im Mittelpunkt steht die Auseinandersetzung um ein Kind und die Frage, wer dessen rechtmäßige Mutter ist.

Die Handlung spielt zur Zeit des Dreißigjährigen Krieges in und um die Stadt Augsburg. Katholische Soldaten fallen in die Stadt ein, morden und plündern. Sie erschlagen auch den Protestanten und Gerbereibesitzer Zingli. Seine Frau, die mit dem einzigen Kind fliehen sollte, hält sich zu lange mit dem Packen ihrer Kleider und ihres Schmucks auf und lässt das Kind zurück. Anna, die Magd, versteckt sich zunächst und versucht, Frau Zingli zu finden, um ihr die Nachricht vom Überleben ihres Kindes mitzuteilen. Ihre Suche bleibt erfolglos.

Anna flüchtet mit dem Kind zu ihrem Bruder auf einen großen Bauernhof. Ihrer Schwägerin gegenüber gibt sie das Kind als ihr eigenes aus. Als diese immer misstrauischer wird, erfindet Anna eine Ehe. Als sich die Situation zuspitzt, geht Anna fern vom Hof eine Ehe mit einem scheinbar todkranken Kleinbauern (Häusler) ein.

Doch ihr Mann wird gesund. Er holt sie und das Kind zu sich. Nach einem Fluchtversuch fügt sich Anna in ihr Schicksal. Für das Kind ist so gesorgt.

Nach Kriegsende kehrt Frau Zingli zurück und nimmt in Annas Abwesenheit das Kind zu sich. Anna wendet sich an das Gericht. Der Richter will die Mutterschaft durch eine Prüfung beweisen. Er lässt das Kind in einen Kreidekreis stellen, die beiden Frauen sollen gleichzeitig versuchen, es zu sich zu ziehen. Diejenige, deren Liebe am stärksten ist, werde die nötige Kraft haben, das Kind auf ihre Seite zu ziehen, so der Richter. Frau Zingli schafft es, mit einem einzigen heftigen Ruck das Kind aus dem Kreis zu sich zu ziehen. Anna hat das Kind aus Angst, es könne ihm etwas geschehen, wenn es in zwei Richtungen gezogen wird, losgelassen.

Dennoch verlässt Anna, die vermeintliche Verliererin, den Prozess als Siegerin. Sie hat durch ihr Loslassen bewiesen, dass sie dem Kind nicht wehtun kann und damit die wahre Mutter ist.

Folgende Aufgaben waren zu bearbeiten: Geben Sie kurz die wesentlichen Aussagen der Geschichte wieder. Charakterisieren Sie die beiden weiblichen Hauptfiguren. Eine dazu angefertigte Schülerarbeit wurde zweimal überarbeitet. In der ersten Überarbeitung wurden Fehler in den Bereichen Inhalt und Aufbau markiert. Bei einer zweiten Überarbeitung wurde auf Fehler in Rechtschreibung, Zeichensetzung, Grammatik und Ausdruck/Stil hingewiesen.

Achtung, Fehler!

Schülerbeispiel	*erste Überarbeitung*	*zweite Überarbeitung*
In der Kalendergeschichte „Der Augsburger Kreidekreis“ von Bertolt Brecht geht es um Protestanten und Soldaten in der freien Reichsstadt Augsburg zur Zeit des Dreißigjährigen Krieges.	*Inhalt: Einleitungssatz*	
Herr Zingli, Besitzer einer großen Gerberei versteckt sich vor den Soldaten, die ihn jedoch finden und töten. Seine Frau, die noch mit dem packen ihres Schmucks, Kleider und sonstiger Dinge beschäftigt ist, kann gerade noch die Flucht ergreifen. Ihr kleines Kind lässt sie zurück.		*Zeichensetzung* *Recht-schreibung/ Grammatik*

Verschiedenartige Fehler erkennen

Die Magd versteckt sich zunächst vor den Soldaten. Sie bleibt unentdeckt.		*Ausdruck*
Sie ist sich der Gefahr bewusst. Sie nimmt dennoch das Kind der Protestanten-	*Inhalt:*	
familie an sich, das ebenfalls wie durch ein Wunder nicht entdeckt worden ist.	*Versuch, die*	
Die Magd ist damit die einzigste, die sich um das Kind kümmert, und bringt es	*Mutter zu fin-*	*G/R*
in das Dorf Großsaitingen zu ihrem Bruder.	*den, fehlt*	
Anna nimmt alles auf sich, um für das Baby zu sorgen, heiratet sogar einen tot-	*Inhalt: Wer ist*	*R*
kranken Mann, das ja nicht jemand auf die Idee kommt, ihr zu sagen, sie sei eine	*Anna?*	*R/A*
Mutter ohne Vater.	*Logik*	
Wider Erwarten erscheint der Häusler gesund auf dem Bauernhof und holt seine	*Inhalt: Wer ist*	
Frau Anna und das Kind zu sich. Diese hält das Leben mit ihm nicht aus und	*der Häusler?*	
flüchtet mit dem Kind. Als sie sich den Fuß in einem Straßengraben verstaucht	*Inhalt: unnötig*	
und nicht mehr weiterkann, wird sie von ihrem „Mann“ geholt und zurückge-		*A*
bracht. Sie fügt sich, da dem Kind so am besten geholfen ist.		
Als eines Tages Frau Zingli kommt und das Kind zurückholt, ist Anna verzweifelt		
und wendet sich an das Gericht in Augsburg. Der Richter will mit einer Kreispro-		
be die rechte Mutter ausfindig machen. Dies bedeutet, dass sich das Kind in die		
Mitte eines Kreidekreises stellt und beide Frauen daran ziehen soll. Die rechte		*G*
Mutter, so meint der Richter, wird es schaffen, das Kind auf ihre Seite zu ziehen.		*G*
Anna gewinnt, obwohl sie die Probe nicht besteht.	*Inhalt: Warum*	
Frau Zingli ist keine fürsorgliche Mutter, da sie lieber packt, anstatt mit ihrem	*gewinnt Anna?*	
Baby zu verschwinden. Sie denkt nur an ihren Besitz.	*Bruch /*	*A (umgangs-*
Die Magd hingegen ist nicht so wohlhabend wie Frau Zingli. Aber im Gegensatz	*Überleitung*	*sprachlich)*
zu Frau Zingli ist sie mutig. Zwar zögert sie erst, das Kind mitzunehmen, aber	*Zusammen-*	*A (Wortwieder-*
dann nimmt sie es mit und rettet es so schließlich vor den Soldaten. Anna läuft	*hang*	*holung)*
Gefahr, erwischt zu werden, dennoch ging sie durch das Getümmel der feiernden		*G*
Soldaten, um der Mutter des Kindes von der Rettung des Babys zu berichten.		
Aber vergebens, diese bleibt unauffindbar und so ist Anna mit dem Kind allein.		
Im Gegensatz zu Frau Zingli ist Anna eine warmherzige Frau, die viel Zuneigung		
zu dem Kind zeigt und bereit ist, sich für dieses zu opfern. Sie gibt sich als die ei-	*Logik*	
gene Mutter des Kindes aus. Das verdeutlicht auch, wie sehr Anna das Kind liebt	*Inhalt: zu wenig*	
und es eben behalten will. Sie ist wirklich die Mutter des Kindes, da Frau Zingli	*Inhalt: Wieder-*	*A (Füllwort)*
von Anfang an nur an ihren Besitz gedacht hat. Dem Richter war dies auch klar.	*holung*	*G*
Er ahnte zwar, das Frau Zingli die biologische Mutter ist, aber es dieser Frau eh		*G/R/A (Füllwort)*
nur um sich selbst und ihren Ruf geht. Ihm war auch klar, dass das Kind bei der	*Allg.:*	*G*
Magd mit viel Liebe aufwachsen wird. Vielleicht wird es ein Umfeld haben, das	*Charakterisie-*	
nicht so wohlhabend ist, aber eine Mutter, die ihm alles geben wird, was sie hat.	*rung kommt*	
Es war gut, das der Richter Frau Z. und der Magd solch eine Aufgabe gegeben	*zu kurz*	*R/A*
hat. So sieht man, wer das Beste für das Kind will. (S. 336, Z. 17–19)		*Z/Zitat am Ende*

1 Setzen Sie sich mit dem Aufsatz und den Überarbeitungshinweisen auseinander.

a) Betrachten Sie die Hinweise der ersten Überarbeitung. Verbessern Sie die fehlerhaften Textstellen.

b) Bearbeiten Sie die Hinweise der zweiten Überarbeitung. Korrigieren Sie die Fehler des Schülers.

c) Welchen Tipp würden Sie dem Autor des Aufsatzes im Bereich der Rechtschreibung geben?

2 Schreiben Sie den Aufsatz neu. Überprüfen Sie ganz besonders die inhaltlich geänderten Stellen auf Rechtschreibung, Grammatik, Zeichensetzung und Ausdruck.

Verschiedenartige Fehler erkennen

ARBEITSTECHNIK **Einen Aufsatz überarbeiten**

Während des Schreibens nehmen Sie an Ihrem Text Verbesserungen vor. Nach dem Schreiben sollten Sie ihn gezielt überarbeiten. Planen Sie Zeit ein. Überarbeiten Sie Ihren Text möglichst in einem zeitlichen Abstand, beispielsweise wie folgt:

1. Schritt der Überarbeitung: Beachten Sie zunächst vor allem den Inhalt und den Aufbau des Aufsatzes. Folgende Fragen sollten Sie beantworten:

☑ Haben Sie die Anforderungen der Schreibaufgabe richtig erkannt?

☑ Haben Sie das Thema treffend und umfassend bearbeitet?

☑ Haben Sie Ihren Aufsatz gut gegliedert (Einleitung, Hauptteil, Schluss)?

Je nach Aufgabenstellung des Aufsatzes kann es sinnvoll sein, eine Checkliste zum Inhalt zu erarbeiten (siehe Checklisten in den Prüfungskapiteln).

2. Schritt der Überarbeitung: Setzen Sie sich nun mit den Bereichen Rechtschreibung, Zeichensetzung und Grammatik auseinander und überprüfen Sie den Text hinsichtlich sprachlicher Richtigkeit und angemessener Wortwahl.

Bei der Überarbeitung eines Aufsatzes sind **Checklisten** hilfreich. Für die Bereiche Rechtschreibung, Grammatik, Zeichensetzung, Ausdruck/Stil und äußere Form ist die nachfolgende Checkliste geeignet:

☑ Haben Sie auf Umgangssprache, nicht standardisierte Abkürzungen und Füllwörter verzichtet?

☑ Haben Sie abwechslungsreich und präzise formuliert und Wiederholungen vermieden?

☑ Haben Sie Ihre Sätze sinnvoll und grammatikalisch richtig verknüpft?

☑ Haben Sie Ihre Arbeit auf Rechtschreibfehler überprüft, die Sie häufig machen?

☑ Haben Sie die Wörter nachgeschlagen, bei deren Rechtschreibung Sie unsicher waren?

☑ Haben Sie die Regeln der Zeichensetzung beachtet?

☑ Haben Sie Ihre Arbeit auf Flüchtigkeitsfehler überprüft?

☑ Ist die äußere Form Ihres Aufsatzes ansprechend und Ihre Schrift gut lesbar?

3. Schritt der Überarbeitung: Abschließend überprüfen Sie den Text noch einmal auf seine Nachvollziehbarkeit. Sie achten auf die Abfolge der Informationen und den Gesamteindruck des Aufsatzes. Sie können auch Freunde um eine Einschätzung bitten.

Diese Fragen helfen Ihnen dabei:

☑ Haben Sie die Abfolge der Informationen (Thesen, Argumente, Analyseergebnisse) logisch aufgebaut?

☑ Haben Sie nachvollziehbare Schlussfolgerungen formuliert?

☑ Haben Sie an den gegebenen Stellen auf den Originaltext verwiesen?

☑ Haben Sie den Aufsatz insgesamt inhaltlich vollständig und stilistisch einheitlich geschrieben?

Je nach Aufsatzart müssen die Checklisten entsprechend erweitert werden.

3 Erstellen Sie eine Checkliste, anhand derer Sie den Inhalt eines Aufsatzes überprüfen können, wenn Sie eine Inhaltsangabe und eine Figurencharakteristik schreiben sollen.

Einen Aufsatz gezielt nach verschiedenen Kriterien überarbeiten

Einleitung, Hauptteil und Schluss überarbeiten

Bei der Überarbeitung eines Aufsatzes ist es sinnvoll, gezielt die einzelnen Bestandteile nach inhaltlichen und sprachlichen Kriterien zu betrachten. Die folgenden einleitenden Sätze sind verschiedenen Schülerarbeiten zum Thema „Der Augsburger Kreidekreis" von Bertolt Brecht (↗ Aufgabenstellung S. 326) entnommen.

Achtung, Fehler!

- *Die Kalendergeschichte vom Augsburger Kreidekreis wurde 1953 geschrieben. Der Verfasser war ein berühmter Dichter.*
- *In dem Text „Augsburger Kreidekreis" von B. Brecht geht es um eine Protestantenfamilie, die zur Zeit des Dreißigjährigen Krieges eine schwere Zeit durchmacht.*
- *In der Kalendergeschichte von Bertolt Brecht geht es um ein Protestantenkind, das zwischen der biologischen und der Leihmutter hin und her gerissen wird.*
- *Der Augsburger Kreidekreis spielt in Augsburg.*
- *Der Verfasser Bertolt Brecht (1898–1956) war ein berühmter Dichter. Seine Geschichte handelt vom Dreißigjährigen Krieg, der von 1618 bis 1648 andauerte. Es war ein militärischer Krieg, es gab Spannungen zwischen der katholischen und der protestantischen Kirche.*

1 Beurteilen Sie die einleitenden Sätze in Bezug auf ihre inhaltliche Richtigkeit und Aussagekraft.

a) Überarbeiten Sie die Sätze. (Es empfiehlt sich, am Computer zu arbeiten.)

b) Begründen Sie Ihre Überarbeitung. Notieren Sie Stichpunkte.
Beispiel: *Die Kalendergeschichte vom Augsburger Kreidekreis wurde 1953 geschrieben. (Titel ungenau wiedergegeben, Jahreszahl falsch) – richtig: Die Kalendergeschichte „Der Augsburger Kreidekreis" wurde 1940 geschrieben. ...*

2 Formulieren Sie zusammenfassend Tipps für die Gestaltung einer Einleitung.

Die folgenden Sätze sind dem Hauptteil verschiedener Schülerarbeiten entnommen. Sie enthalten grammatikalische und Satzverknüpfungsfehler und sind stilistisch zu überarbeiten.

Achtung, Fehler!

- *Eines Tages kommt eine Rotte Soldaten und stürmen die Häuser.*
- *In „Der Augsburger Kreidekreis" geht es um eine protestantische Familie, die verfolgt werden, ihr Baby zurücklassen und fliehen.*
- *Anna hat die Verantwortung über das Kind genommen.*
- *Als sie im Kreis dem Kind seine Hand hält, lässt sie diese los, weil sie dem Kind nicht wehtun will.*
- *Sie hat ihr Kind allein gelassen, da wo es sehr gefährlich war.*
- *Anna geht für das Kind eine ungewollte Ehe ein und heiratet mit einem alten Mann.*
- *Am Ende hat Anna bei der Aufgabe, wo man sich entscheiden soll, wer die wahre Mutter ist, das Kind der Frau Zingli überlassen.*
- *Der Richter meint, Anna ist die bessere Mutter.*
- *Frau Zingli denkt nur an sich. Sie liebt ihren Schmuck. Sie ist nicht reif, Mutter zu sein. Sie ist ehrlos, weil sie sogar ihr Kind verleugnet.*
- *Frau Zingli kümmert sich mehr um ihren Besitz anstatt um ihr Kind. Als die Protestanten ihr Haus stürmen, lässt Frau Zingli es im Stich.*
- *Frau Zingli lässt ihr eigen Fleisch und Blut im Stich, ihr Mann ist gestorben.*

Einleitung, Hauptteil und Schluss überarbeiten

- *Die Frau vom Bruder ist die Besitzerin vom Bauernhof.*
- *Die Schwägerin will mehr über Annas Mann wissen. Sie heiratete einen Häusler.*
- *Auf S. 321, Z. 14 ff.*[1] *ist deutlich erkennbar, dass Frau Zingli mehr Wert auf ihre Sachen legt als auf ihr Kind. Ebenso sieht man auf S. 322 (Z. 24/25), dass sie ihr Kind verleugnet.*

1 Die Zitate beziehen sich auf die folgende Ausgabe: Bertolt Brecht. Gesammelte Werke in 20 Bänden. Gesammelte Werke 2. Prosa 1. In Zusammenarbeit mit Elisabeth Hauptmann. Frankfurt am Main: Suhrkamp Verlag 1967.

3 **Setzen Sie sich mit den fehlerhaften Sätzen im obigen Kasten auseinander. Arbeiten Sie in Dreiergruppen in einer Schreibkonferenz.**

a) Lesen Sie sich Satz für Satz gegenseitig vor.
b) Benennen Sie die jeweiligen Fehler in den Sätzen.
c) Erörtern Sie, wie Sie die Sätze verbessern können.
d) Notieren Sie Ihre Ergebnisse.

4 **Präsentieren Sie die überarbeiteten Sätze im Plenum.**

5 **Bewerten Sie abschließend die vorgetragenen Satzvarianten und wählen Sie die aus Ihrer Sicht beste aus. Nutzen Sie dabei auch folgende Kriterien:**
inhaltlich richtig • präzise • klar • enthält nichts Unwesentliches • gut verknüpft • grammatikalisch richtig • richtig zitiert • stilistisch korrekt • klare Bezüge

Sätze	beste Variante	Grund
Satz 1 *Eines Tages kommt eine Rotte Soldaten und stürmen die Häuser.*	**Variante 3** Eines Tages kommen Soldaten und stürmen die Häuser.	grammatikalisch richtig
Satz 8 *Frau Zingli denkt nur an sich.* ***Sie*** *liebt ihren Schmuck.* ***Sie*** *ist nicht reif, Mutter zu sein.* ***Sie*** *ist ehrlos, weil sie sogar ihr Kind verleugnet.*	…	gut verknüpft, abwechslungsreiche Satzanfänge
…	…	…

6 **Formulieren Sie Tipps für die Gestaltung eines Aufsatzes.**

7 **Überarbeiten Sie den Schluss der vorliegenden Schülerarbeit (ab Z. 39) in mehreren Schritten und dokumentieren Sie alle Ihre Überlegungen dazu in einem Portfolio (↗ Kapitel 24).**

a) Notieren Sie zunächst, welche Inhalte Sie in Ihrem Schlussteil vermitteln wollen.
b) Schreiben Sie den Schlussteil neu. Arbeiten Sie am Computer.

8 **Formulieren Sie Tipps für die Gestaltung eines Schlussteils.**

Die Überarbeitungsschritte anwenden

Eine Schülerin hat zu der folgenden Aufgabe einen fehlerhaften Aufsatz geschrieben.

Schülerbeispiel

Achtung, Fehler!

Aufgabe: **Was braucht der Mensch, um glücklich zu sein? Erörtern Sie diese Frage.**

Glück wird als die höchste Erfüllung menschlicher Wünsche unterstellt. Wir alle streben danach. Was Glück und Glücklichsein ist, kann jeder Mensch nur sich selbst beantworten. Spontan fallen einem aber dazu gleich eine Vielzahl von Punkten ein: Es soll einem gut gehen, man will sich wohl fühlen, Spaß haben, angenehmes erleben, erfolgreich und reich sein. Dem Chef die Arbeit hinschmeißen und sich mehr gönnen können als andere – davon haben schon viele geträumt. Macht Demokratie zufrieden? Wächst das Glück mit steigendem Wohlstand? Erfüllen die Ehe die Menschen? Machen Kinder glücklich? Sind Menschen in Deutschland glücklicher als Menschen in anderen Ländern? Der amerikanische Ökonom Easterlin hat 1974 durch eine empirische Studie herausgefunden, dass das absolute Einkommen nicht ausschlaggebend ist für die Lebenszufriedenheit. Auch Kinder machen erst wirklich glücklich, wenn sie aus dem Haus sind.

Auch die Ehe macht nicht wirklich glücklich. Viele Ehepaare sind 10 Jahre nach der Eheschließung unglücklicher als 10 Jahre davor, belegen statistische Erhebungen. Das klingt nicht nach einem glücklichen Leben und spricht nicht für Kinder oder die Ehe als Glücksgaranten. Freunde? Ich persönlich bin zu dem Ergebnis gekommen das mich ein warmer Platz zum schlafen, gutes Essen und unter Freunden zu sein am glücklichsten macht. Mein Tag würde dann so ablaufen: irgendwann aufstehen, die Zeit draußen verbringen, was auch immer. Am Abend treffe ich mich mit meinen Freunden. Der Abend verläuft harmonisch, mit vielen Gesprächen usw. Vertrauen, gegenseitige Achtung sind keine Fremdwörter mehr. Wahres Glück kann man nämlich nicht kaufen. Ein weiterer wesentlicher Aspekt für ein glückliches Dasein ist das körperliche Wohlbefinden. Denn für diejenigen, die von einer Krankheit gezeichnet ist oder sich um einen kranken Familienangehörigen sorgt, relativiert sich vieles. Wir nehmen Gesundheit meist als gegeben hin. Wir bemerken erst dann, wenn sie uns fehlt, wie wesentlich sie ist. Wir sollten uns folglich täglich bewusst machen, das wir dankbar sein können, wenn wir von Krankheiten verschont bleiben. Auch ein Leben in Sicherheit und Freiheit halten wir oft für selbstverständlich und bemerken kaum, wie wichtig es ist, um zufrieden und glücklich sein zu können. Sicherheit der politischen Verhältnisse sowie die Garantie von Grundrechten sind wichtige Kriterien, da sie uns die Möglichkeit geben unser Leben zu gestalten und nach den persönlichen Neigungen und Stärken für sinnvolle Ziele einzutreten.

Was der einzelne für sein Glück braucht, ändert sich im Laufe des Lebens und ist für jeden anderster. Für den älteren Menschen steht eher der Gesundheitsaspekt im Vordergrund, ein junger Mensch will fun haben.

Festzuhalten bleibt, dass Glück kulturspezifisch sehr unterschiedlich gesehen wird. Der eine braucht eine Handvoll Geld, der andere einen Abend mit Freunden (siehe oben). Diese Frage wird jedenfalls oft gestellt und beantworten kann man sie nicht wirklich.

1 **Überarbeiten Sie den fehlerhaften Aufsatz. Arbeiten Sie am Computer.**

a) Analysieren Sie zunächst die Aufgabe und überlegen Sie, welche Anforderungen bei dieser Aufsatzart berücksichtigt werden müssen.

b) Lesen Sie den Aufsatz einmal im Ganzen, bevor Sie mit der Überarbeitung beginnen.

c) Legen Sie eine Tabelle an, in der Sie für jeden Überarbeitungsschritt Fehlerhaftes aus dem Aufsatz notieren. Denken Sie an die Kategorien Ausdruck, Grammatik und Rechtschreibung.

d) Überarbeiten Sie alle Teile des Aufsatzes entsprechend der Arbeitstechnik.

Den Schreibprozess reflektieren

2 Reflektieren Sie zu Hause Ihren Schreibprozess. Gehen Sie dabei so vor:

- Setzen Sie am nächsten Tag Ihre Version des Aufsatzes am Computer in eine andere Schriftart, die Sie sonst nicht benutzen. Betrachten Sie die „neue" Variante und analysieren Sie, ob und wie sich Ihre Perspektive ändert. Notieren Sie Ihre Überlegungen.
- Überarbeiten Sie diese neue Variante. Achten Sie vor allem auf den Aufbau und den Inhalt. Die Korrekturzeichen unten helfen Ihnen dabei.
- Setzen Sie am Tag darauf diese Version wieder in eine andere Schriftart und überarbeiten Sie sie erneut mithilfe der Checklisten.
- Analysieren Sie ein paar Tage später noch einmal diese Variante. Überarbeiten und optimieren Sie sie erneut. (Wenn Sie wollen, können Sie diesen Prozess noch ein paar Tage fortsetzen.)
- Vergleichen Sie die erste mit der letzten Version. Lesen Sie Ihre schriftlich festgehaltenen Überlegungen und reflektieren Sie Ihren gesamten Schreibprozess.
- Überlegen Sie, was Sie aus diesem Verfahren für weitere Schreibprozesse nutzen können, und legen Sie eine Checkliste an.

Korrekturzeichen (bei Überarbeitung Ihres Aufsatzes anhand eines Computerausdrucks)

	Hier fehlen Teile des Satzes, die am Seitenrand ergänzt werden	Hier fehlen des Satzes. Teile
	Ein Wort oder Teil des Satzes ist falsch. Es wird am Seitenrand berichtigt.	Ein ~~Word~~ ist falsch. Wort
	Ein Wort oder Teil des Satzes wird entfernt.	Ein Wort oder Teil des Satzes wird entfernt.
	Zwischen Wörtern oder Sätzen fehlt die Leerstelle. Diese müssen dann eingefügt werden.	Zwischen Wörtern oder Sätzen fehltdie Leerstelle.
	Zwischen Wörtern oder Sätzen sind zu große Leerstellen. Hier muss der Abstand verringert werden.	Zwischen Wörtern und Sätzen sind zu große Leerstellen.

FAZIT

22.1
In zwei Schritten zur Textüberarbeitung

- 1. Überarbeitung: Inhalt und Aufbau überprüfen
- 2. Überarbeitung: Rechtschreibung, Zeichensetzung, Grammatik sowie Ausdruck und Stil überprüfen

22.2
Einen Aufsatz gezielt nach verschiedenen Kriterien überarbeiten

- Einleitung, Hauptteil und Schluss nach inhaltlichen und sprachlichen Kriterien überarbeiten

Kapitel 23

Fächer-übergreifende Methoden

23.1
Fachreferat und Seminararbeit

23.2
In Projekten arbeiten

Vorträge zu halten und in Projekten zu arbeiten, sind Anforderungen, die heute in vielen Berufen zum Alltag gehören. Unabhängig von Thema oder Fachrichtung brauchen Sie hierfür bestimmte Fähigkeiten und Fertigkeiten. Während Ihrer schulischen Ausbildung erwerben Sie fächerübergreifend diese Schlüsselqualifikationen.
In diesem Kapitel erwerben Sie die Kompetenzen, die Sie für die Erarbeitung eines Fachreferats und das Abfassen einer Seminararbeit benötigen. Sie lernen außerdem das Vorgehen bei Projektarbeiten kennen und erhalten einen Überblick über weitere Arbeitstechniken im schulischen Alltag.

Kompetenzen

- ✓ Ein Thema für ein Referat oder eine schriftliche Arbeit eingrenzen
- ✓ Informationen beschaffen und bewerten
- ✓ Texten Informationen entnehmen
- ✓ Ein Thema strukturieren
- ✓ Zitieren und Bibliografieren
- ✓ Visualisieren und Präsentieren
- ✓ Projekte strukturieren und durchführen

Methoden und Arbeitstechniken

- ✓ Brainstorming
- ✓ Exzerpieren
- ✓ Mindmap
- ✓ Strukturbild
- ✓ Moderationstechniken

Fachreferat und Seminararbeit

Das Thema eingrenzen

„Nur wer sein Ziel kennt, findet den Weg.“ (Laozi, chinesischer Philosoph, 6. Jahrhundert v. Chr.) – Haben Sie ein Thema für einen Vortrag oder eine Seminararbeit erhalten beziehungsweise gewählt, sollten Sie sich zunächst mit der genauen Arbeitsanweisung sowie den Besonderheiten der Zielgruppe beschäftigen.

Situation 1: Sie sollen in einem Kurzvortrag vor einer 9. Klasse der Realschule Ihre Ausbildungsrichtung an der Beruflichen Oberschule vorstellen.

Situation 2: Sie sollen vor Ihrer Klasse ein Fachreferat im Fach Deutsch zu folgendem Thema halten: „Nachrichtensendungen privater und öffentlicher Sender im Vergleich – dargestellt an selbst gewählten Beispielen“.

Situation 3: Sie sollen eine Seminararbeit zu folgendem Thema verfassen: „Die filmische Darstellung der zentralen Emotionen der Hauptfiguren in *Die Entdeckung der Currywurst*“.

Die Ergebnisse der Seminararbeit werden Sie am Tag der offenen Tür Ihrer Schule präsentieren.

1 Untersuchen Sie in Partnerarbeit die Arbeitsanweisung der jeweils vorgegebenen Situation.
  a) Beurteilen Sie zusammen mit Ihrem Arbeitspartner das Anforderungsprofil.
  b) Überlegen Sie, ob sich aus der Aufgabenstellung Schlüsse auf konkrete Inhalte oder auf die Struktur der Präsentation/der Seminararbeit ziehen lassen.

2 Vergleichen Sie die drei obigen Arbeitsanweisungen hinsichtlich der jeweiligen Zielgruppe (beispielsweise hinsichtlich der Vorkenntnisse, Erwartungen, Interessen).

3 Erarbeiten Sie Kriterien, wie Ihr Vortrag hinsichtlich Aufbau, Sprache und Veranschaulichung der Inhalte gestaltet sein muss, um die Zielgruppe zu erreichen.

BASISWISSEN Fachreferat und Seminararbeit

Das **Fachreferat** zählt in der 12. Jahrgangsstufe zu den mündlichen Leistungsnachweisen. Es kann in einem Pflichtfach mit Ausnahme der Fächer Sport, Musik, Kunsterziehung und Darstellung gehalten werden und besteht aus einer etwa zwanzigminütigen Präsentation.
Das Fachreferat bietet den Schülern die Möglichkeit, sich mit einem fachlichen Thema vertieft auseinanderzusetzen und erste Erfahrungen mit wissenschaftlichen Arbeitstechniken zu sammeln: Für das Fachreferat werden geeignete Informationen zusammengetragen und verarbeitet. Die Ergebnisse werden angemessen visualisiert und präsentiert.

Die **Seminararbeit** wird in der 13. Jahrgangsstufe zu einem fachbezogenen oder auch fächerübergreifenden Thema angefertigt. Sie ist eine eigenständige Hausarbeit und wird im Zeugnis der Hochschulreife gesondert ausgewiesen.
Mit der Seminararbeit weisen die Schüler nach, dass sie wissenschaftlich arbeiten können. Sie dient als Vorbereitung auf das Studium und berücksichtigt die dort gestellten Anforderungen an Inhalt, Form und Sprache. Dem Verfasser der Seminararbeit steht bei der Erarbeitung eine betreuende Lehrkraft zur Seite. Die Ergebnisse der Seminararbeit können präsentiert werden (Dauer der Präsentation: bis zu 45 Minuten).

Informationen beschaffen

Ein wichtiger Schritt bei der Erarbeitung eines Referats oder einer wissenschaftlichen Arbeit ist die Suche nach Informationen. Es gibt eine Vielzahl von Veröffentlichungen, denen Sie Informationen entnehmen können, sie unterscheiden sich aber hinsichtlich ihrer Qualität manchmal beträchtlich. Daher sollten Sie genau prüfen, welche Informationen Sie nutzen wollen.

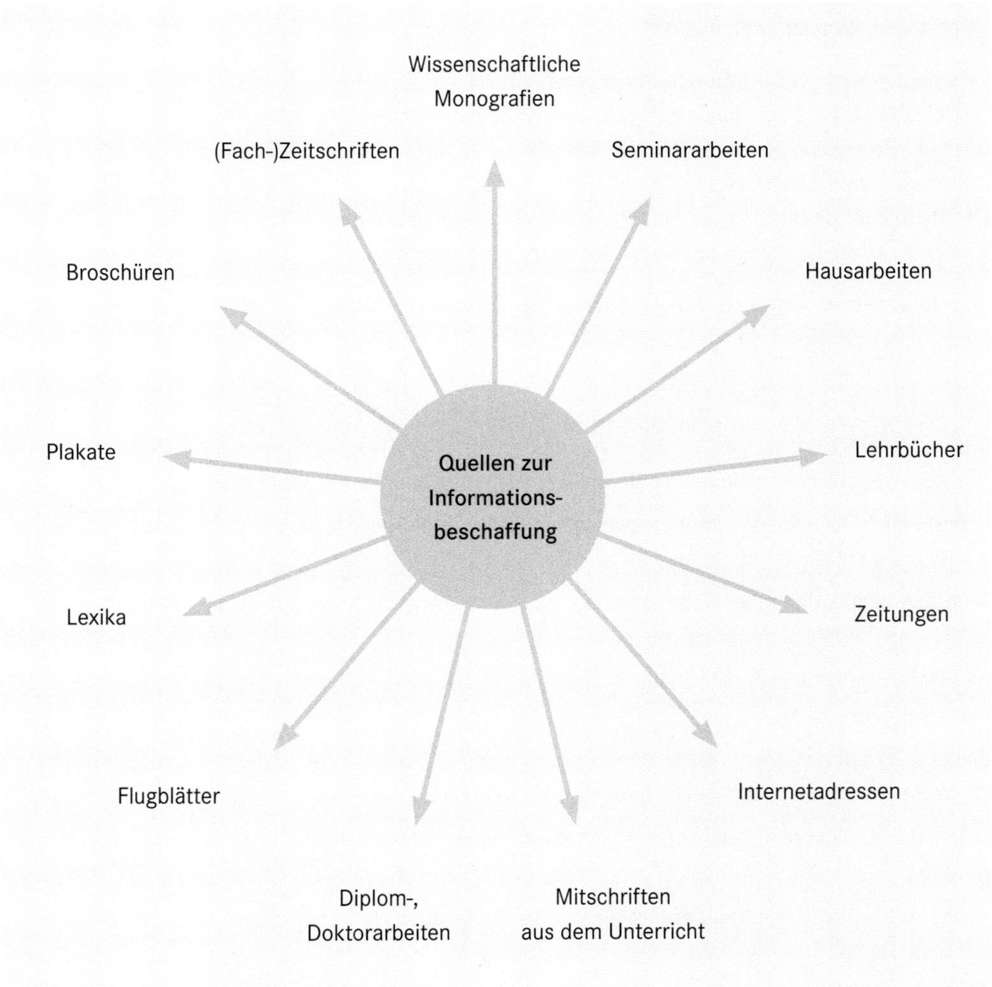

1 „Unbewiesene Behauptungen sind nicht Zeichen kritischen Denkens, sondern ungenauen Arbeitens.“ *(M. Karmasin, R. Ribing: „Die Gestaltung wissenschaftlicher Arbeiten“)*

Klären Sie in Partnerarbeit die Bedeutung dieser Aussage.

2 Beurteilen Sie in Partnerarbeit, welche der im Schaubild angegebenen Materialien als Informationsgrundlage für ein Referat/eine Seminararbeit sinnvoll beziehungsweise wenig sinnvoll sind. Begründen Sie jeweils Ihre Meinung.

Informationen im Internet suchen und bewerten

Das Internet ist das Medium, das als Erstes und wahrscheinlich auch am häufigsten zur Informationsrecherche genutzt wird. Gutes von Schlechtem zu unterscheiden und in der Fülle der Ergebnisse das für die persönliche Fragestellung Passende zu finden ist gar nicht so leicht.
Beispiel:
Sie sollen einen Kurzvortrag mit folgender Aufgabenstellung vorbereiten: „Der Einfluss der Werbung auf die Bedürfnisbefriedigung als Motor menschlichen Handelns".

1 Bereiten Sie die Suche nach Informationen im Internet vor.
a) Notieren Sie zunächst Stichwörter, die Ihnen zu Ihrem Thema spontan einfallen (Brainstorming).
b) Finden Sie mithilfe der Thesaurus-Funktion möglichst viele Synonyme und verwandte Wörter zu den Begriffen „Werbung" und „Bedürfnis".
c) Ordnen Sie Ihre Begriffsauswahl nach Ober- und Unterbegriffen entsprechend Ihrer Aufgabenstellung. Sie können Ihr Ergebnis auch in Form einer Mindmap visualisieren.

2 Starten Sie eine Internetrecherche zur Aufgabenstellung. Orientieren Sie sich an der Arbeitstechnik.

ARBEITSTECHNIK – Informationen mithilfe des Internets beschaffen

Formulieren Sie konkrete Stichwortkombinationen (beispielsweise Werbung + Bedürfnisbefriedigung).

Nutzen Sie verfeinerte Suchmöglichkeiten der Suchmaschinen („erweiterte Suche"), um die Vielfalt der Ergebnisse einzuschränken. Hier die wichtigsten Hilfen:

- Ein Plus (+) verknüpft die Begriffe miteinander, sodass nur die Seiten angezeigt werden, die beide Begriffe enthalten.
- Ein Minus (–) schließt Begriffe aus; damit können Doppeldeutigkeiten vermieden werden (beispielsweise Werbeverhalten – Biologie – Tiere).
- Anführungszeichen verbinden mehrere Wörter zu einer Wortgruppe (beispielsweise „Der Einfluss der Werbung"); es werden nur die Seiten angezeigt, die genau diese Wortfolge enthalten.
- Definitionen können gezielt mit dem Befehl define:[Stichwort ohne Leerzeichen] gesucht werden (beispielsweise define:Manipulation).
- Eine höhere Trefferwahrscheinlichkeit aussagekräftiger Seiten bringt auch die Suche in der URL mit dem Befehl inurl:[Stichwort ohne Leerzeichen] (beispielsweise inurl:werbung).
- Sie können die Suche auf deutschsprachige Seiten begrenzen.

Suchen Sie mit verschiedenen Suchmaschinen. Stützen Sie Ihre Aussagen immer auf mehrere Quellen, vergleichen Sie die Informationen.

Suchen Sie auch auf den Seiten offizieller Verbände oder Unternehmen. Diese haben oft gute Link-Sammlungen.

Sehen Sie sich nicht nur die ersten zehn Treffer an. Auch nicht so hochrangige Treffer können Ihnen weiterhelfen.

Bewerten Sie die Qualität der Suchergebnisse kritisch und bedenken Sie, dass beispielsweise Unternehmen/Verbände eigene Interessen verfolgen und die Informationen auf ihren Seiten folglich nicht immer ausgewogen sind.

Geben Sie Ihre Quellen korrekt an.

Informationen im Internet suchen und bewerten

Sie geben zu Ihrer Aufgabenstellung den Begriff „Werbung" und die Begriffskombination „Werbung + Bedürfnisbefriedigung" in eine Suchmaschine ein und erhalten folgende Einträge:

beduerfn
Werbung und Enttäuschung. Die Wirtschaft stellt den Menschen Güter zur **Bedürfnisbefriedigung** zur Verfügung. In der heutigen Wirtschaft sind erheblich mehr ...
www.kommundsieh.de/beduerfn.htm - 25 k - Im Cache - Ähnliche Seiten

[PDF] Snacks mit Power
Dateiformat: PDF/Adobe Acrobat - HTML-Version
Sie realisieren, dass **Werbung** auch auf ihr eigenes Konsumverhalten Auswirkungen hat. Die Kinder lernen, dass **Werbung Bedürfnisbefriedigung** verspricht, um ...
www.gothaer.de/media/gothaer_o/pdf/ernaehrungskampagne/1_Konzept_Snacks_mit_Power.pdf - Ähnliche Seiten

[PDF] Ohne Moos nix los
Dateiformat: PDF/Adobe Acrobat - HTML-Version
Konsum-Verhalten: Einfluss von **Werbung, Bedürfnisbefriedigung** („Ich will Genuss sofort"). Was brauchen wir wirklich (z. B. Sekundär-, Primärbedürfnisse)? ...
www.sowi-online.de/methoden/dokumente/bohrplan.pdf - Ähnliche Seiten

Diplomarbeiten 24 - Modelle des Glücks: Eine vergleichende Analyse ...
3.1 **Werbung** und Wirtschaft ... 36 3.2 Werbekommunikation im Lichte der Gesellschaft ... 37 3.3 Erzeugen von Aufmerksamkeit ... 39 4 **Bedürfnisbefriedigung** ...
www.diplomarbeiten24.de/vorschau/40881.html - Ähnliche Seiten

Hausarbeiten.de: Sozialphilosophie der Werbung - Seminararbeit
Wenn **Werbung** die Entwicklung und den Lebensstandard fördern würde und nur zur Information und **Bedürfnisbefriedigung** diente, wären Einrichtungen zum ...
www.hausarbeiten.de/faecher/hausarbeit/sox/8599.html - Ähnliche Seiten

22beduerfnis
Yin-Yang-Prinzip: **Bedürfnisbefriedigung** setzt Unbehagen voraus; ein Schlaraffenland ist also logisch unmöglich! Beispiel: **Werbung** einer Brauerei mit einem ...
www.kecos.de/script/22beduerfnis.htm - 11 k - Im Cache - Ähnliche Seiten

3 Erläutern Sie das Suchergebnis im Hinblick auf folgende Fragestellungen:

a) Welche konkreten Hinweise auf Informationen zu Ihrem Thema erhalten Sie?
b) Auf welche Urheber der Dokumente können Sie schließen?
c) Welche Möglichkeiten kennen Sie, die Anzahl der Treffer zu verringern und gleichzeitig die Qualität der Ergebnisse zu erhöhen?
d) Welche Informationen sind in den Einträgen enthalten? Was bedeuten [PDF] und HTML?

Informationen im Internet suchen und bewerten

4 Entscheiden Sie sich für den nächsten Schritt Ihrer Recherche. Welchen Eintrag würden Sie mit Blick auf die Aufgabenstellung zuerst öffnen, welcher ist dafür wahrscheinlich ungeeignet? Legen Sie eine Reihenfolge fest und begründen Sie diese.

Wie bei allen anderen Quellen auch (zum Beispiel Nachrichten, Büchern, Zeitungen, mündlichen Darstellungen) müssen die online erhaltenen Informationen kritisch geprüft werden. Eindeutige Aussagen über die Qualität der Ergebnisse lassen sich nur treffen, wenn Sie über genügend Fachwissen verfügen. Wollen Sie sich dieses aber erst aneignen, ist es recht schwer, die Qualität der gefundenen Informationen zu bewerten.
Die folgenden Kriterien können die Beurteilung erleichtern:

ARBEITSTECHNIK – Die Qualität einer Internetseite bewerten

Zur Beurteilung einer Internetseite oder eines Dokuments sollten Sie sich folgende Fragen beantworten:

- Wie aktuell ist die Seite?
- Wer hat die Informationen veröffentlicht (private Anbieter oder öffentliche Herausgeber)? Sind die Herausgeber glaubwürdig? Haben die Herausgeber politische, kommerzielle oder andere Interessen? Hinweise dazu können die URL oder das Impressum, das aus gesetzlichen Gründen nicht fehlen darf (Name, Postanschrift, E-Mail-Adresse), geben.
  Tipp: Recherchieren Sie noch einmal gesondert, mit welchem Autor Sie es zu tun haben. Welchen Beruf übt dieser aus? Kann man davon ausgehen, dass der Autor über Fachwissen verfügt?
- Sind die Informationen seriös aufbereitet? Wie ist die Seite aufgemacht? Seriös: sachlich, informativ, ohne schmückendes Beiwerk (z. B. ohne viele Animationen), Gütesiegel sind vorhanden
  Unseriös: reißerisch, (viele) Pop-ups, (viel) Werbung
- Werden die Informationen auf anderen Seiten oder in (Schul-)Büchern bestätigt?

5 Während Ihrer Recherche zum Thema Werbung können Sie auch den Begriff „win-win" gefunden haben. Definieren Sie den Begriff und bewerten Sie dabei verschiedene Suchergebnisse.

a) Stellen Sie zunächst Vermutungen an, was dieser Begriff bedeuten könnte.
b) Geben Sie den Begriff in eine Suchmaschine ein. Erläutern Sie, warum einige Suchergebnisse Ihnen hilfreicher erschienen sind als andere.
c) Geben Sie den Begriff in eine Suchmaschine ein und nutzen Sie die „erweiterte Suche". Welchen Befehl verwenden Sie?
d) Vergleichen und bewerten Sie die verschiedenen Suchergebnisse.

6 Recherchieren Sie im Netz: Was ist die „Robinsonliste"?

a) Beschreiben Sie, wie Sie bei der Suche vorgegangen sind.
b) Erläutern Sie Ihre Suchergebnisse: Welche Informationen haben Sie aus welchen Bereichen erhalten? Welche Funktion erfüllt die „Robinsonliste"?

Informationen in Bibliotheken beschaffen

Manchmal führt die Internetrecherche zu Buchempfehlungen, die bei der Informationsbeschaffung nützlicher sein können als so mancher Internetartikel. Aber nicht jedes Buch muss man kaufen. Viele lassen sich in öffentlichen Bibliotheken ausleihen. Die Kataloge der Bibliotheken sind heute auch über das Internet einzusehen. Der öffentliche Online-Katalog heißt OPAC (vom Englischen Open Public Access Catalogue). Man kann also auch von zu Hause aus recherchieren.
Bei der Suche in diesem Katalog gelten die gleichen Grundregeln wie für die Suche mithilfe einer Suchmaschine: Je konkreter die Stichworte, desto erfolgreicher ist das Ergebnis. Auch hier sollten Sie die „erweiterte Suchfunktion“ nutzen.

Auszug aus der Trefferliste bei der Eingabe der Begriffskombination „Werbung + Marketing“. Es werden 1 059 Treffer angezeigt. Dabei dürften nicht alle Ergebnisse relevant sein.

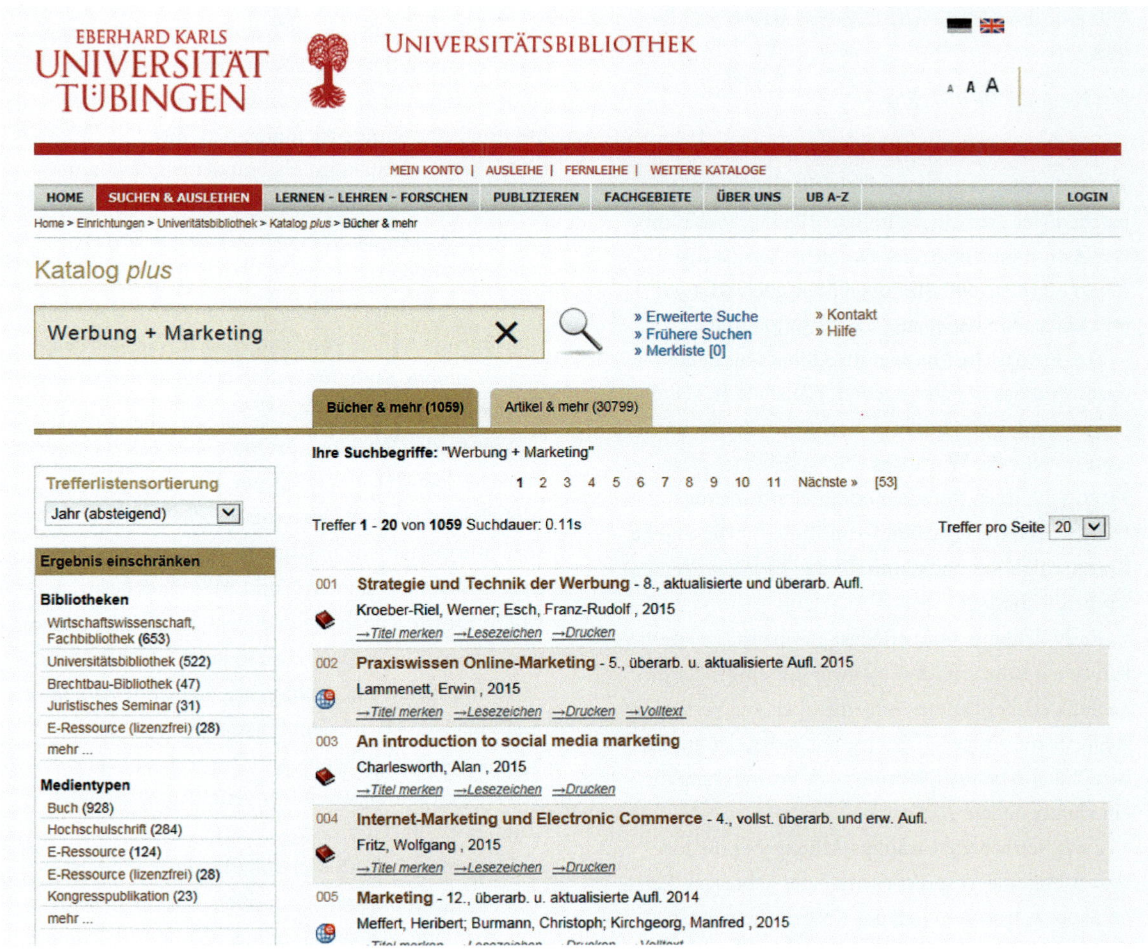

1 Sammeln Sie Informationen über die nächstgelegene öffentliche Bibliothek im Internet.

a) Wo befindet sich in Ihrer Umgebung eine öffentliche Bibliothek?

b) Wann hat Ihre Bibliothek geöffnet? Welche Kosten entstehen bei der Buchausleihe?

2 Recherchieren Sie mithilfe des Online-Katalogs Ihrer Bibliothek nach geeigneten Materialien zum Thema „Werbung im Internet“.

Exzerpieren – Texten Informationen entnehmen

Sie sollen ein Referat zum Thema „Die Entwicklung des Handys“ halten. Sie werden sich zunächst auf die Suche nach geeigneten Texten (beispielsweise im Internet, in den Printmedien, in Büchern) begeben und diesen Informationen entnehmen.

Entwicklung des Handys: Vom Knochen zum Smartphone

DORTMUND Was 1983 mit einem unhandlichen Modell für rund 3 995 US-Dollar begann, ist heute aus unserem Alltag kaum mehr wegzudenken. Inzwischen sind weltweit rund sechs Milliarden Handys im Einsatz. Eine Zeitreise durch 30 Jahre mobile Telekommunikation.

von Fee Anabelle Riebeling

„Das ist ein kleiner Schritt für den Menschen, aber ein riesiger Sprung für die Menschheit.“ Diese Worte machen Neil Armstrong im Jahr 1969 weltberühmt. Der Astronaut hat soeben als erster Mensch den Mond betreten. 600 Millionen Menschen schauen und hören ihm dabei zu. […]

Der historische Moment im All hallt bis heute nach. Und das in nahezu jedem Haushalt. In Hand-, Jacken- und auch Hosentaschen. Denn die Technologie, welche die Worte des US-Amerikaner zwar verrauscht, doch trotzdem erfolgreich zur Erde transportier[t]e, legte den Grundstein für die mobile Kommunikation und damit für das Zeitalter der totalen Erreichbarkeit.

Rudy Krolopp, Industriedesigner beim US-amerikanischen Konzern Motorola war derjenige, der die Technik schließlich der Allgemeinheit zur Verfügung stellte. Seine einfache Überlegung: Jeder, der ein Festnetz-Telefon benutzt, könnte auch Verwendung für ein Handy haben. […]

Zwar betrachtete Krolopps Arbeitgeber die Idee vom mobilen Fernsprecher mit einer gehörigen Portion Skepsis, trotzdem ließ der Konzern seinen Chefdesigner und Entwickler Martin Cooper gewähren. Nach nur sechs Wochen lag der erste funktionstüchtige Entwurf vor. So besagt es zumindest die Firmenlegende.

Tatsächlich dokumentiert ist hingegen, dass das Konzept zunächst zehn Jahre in einer Firmenschublade schlummerte und das Produkt erst 1983 in den Vereinigten Staaten auf den Markt kam.

Rund 100 Millionen US-Dollar hatte seine Entwicklung gekostet. Über den horrenden Einführungspreis von 3 995 US-Dollar, damals umgerechnet rund 5.000 D-Mark, sollten die Ausgaben wieder reingeholt werden. Aber das „DynaTAC 8000X“ blieb hinter den Erwartungen zurück. Kein Wunder, denn mit seinen 794 Gramm und 33 Zentimetern Höhe war es alles andere als handlich. Ein Monstrum, mit dem man maximal eine Stunde telefonieren konnte.

Immerhin: Man konnte schon damals die Nummern all seiner Freunde speichern, allerdings nicht mehr als 30. Das damals noch zweizeilige Display reichte aber zumindest für die Darstellung von Name, Vorwahl und der eigentlichen Rufnummer. Der schleppende Aufbau von Sendemasten, die überhaupt erst die mobile Kommunikation ermöglichen, tat sein Übriges. […]

Von alledem bekamen die Menschen hierzulande zunächst jedoch kaum etwas mit. Denn bis das erste Mobiltelefon auch in Deutschland erhältlich war, sollte es noch weitere neun Jahre dauern. Erst im Sommer 1992 kam es auf den Markt. Wer eines besitzen wollte, musste jedoch tief in die Tasche greifen. Denn das „International 3200“ kostete stolze 3.000 D-Mark.

Technisch auf einem ähnlichen Stand wie Krolopps Erstling, ließ sich mit dem Nachfolgemodell immerhin zwei Stunden telefonieren. Dies, obwohl es deutlich an Gewicht verloren: Der neue „Knochen“ wog „nur“ noch 500 Gramm.

Der erste Schritt in Richtung ständiger Erreichbarkeit war gemacht. Fortan forschten und entwickelten Unternehmen weltweit an immer kleineren, leichteren und leistungsfähigeren Geräten. Bis heute übertrumpfen sich die Modelle mit immer neuen, bahnbrechenden Features – dies sehr zur Freude der Nutzer.

Exzerpieren – Texten Informationen entnehmen

Feierten die im Jahr 1992 noch die erste SMS, können sie seit 1998 mit ihrem Mobiltelefon auch Radio empfangen und seit 1999 sogar Fotos schießen, sie abspeichern und auf den Computer laden. [...] Die Beispiele zeigen, dass heute nichts mehr unmöglich scheint. Ganz im Gegenteil: Die neuste Generation lässt keine Benutzerwünsche mehr offen. [...]

Das moderne Mobiltelefon hat mit dem „Knochen" von einst kaum noch etwas gemein. Das schlägt sich auch in den Verkaufszahlen nieder. So sind weltweit derzeit rund sechs Milliarden Handys im Einsatz. Dabei sollen gemäß einer Studie des Marktforschungsunternehmens International Data Corporation (IDC) [im] Jahr [2013] erstmals mehr Smartphones als einfache Geräte über den Ladentisch gehen. Insgesamt würden knapp 960 Millionen internetfähige Telefone verkauft; ein Anstieg um fast ein Drittel gegenüber dem Vorjahr.

Doch Rudy Krolopps Erfindung hat nicht nur Fans. So befürchten Skeptiker, die vom Handy ausgehenden Strahlen, hochfrequente elektromagnetische Felder, könnten gesundheitsschädlich sein und sogar Gehirntumore hervorrufen. Deswegen starteten im Jahr 2000 Wissenschaftler aus acht europäischen Ländern eine bislang einmalige Langzeituntersuchung. [...]

Zehn Jahre später stellten sie das Ergebnis ihrer Forschung vor, doch die Meinungen dazu gehen bis heute auseinander. Denn: Zwar geht gemäß Studie von einer durchschnittlichen Handynutzung keine Gefahr aus, doch im Hinblick auf Vieltelefonierer sind die Resultate unklar. Wie die rund sechs Milliarden Handynutzer weltweit mit dieser vagen Auskunft umgehen, bleibt ihnen selbst überlassen. [...]

(www.ruhrnachrichten.de, 05. 09. 2013)

Eine Möglichkeit der Informationsgewinnung aus Texten ist das Exzerpieren. Es gibt Ihnen die Möglichkeit, zielgerichtet auf Informationen zurückgreifen zu können, ohne den Text noch einmal lesen zu müssen. Hierfür werden zunächst die zentralen Textstellen markiert und anschließend die wichtigsten Inhalte herausgearbeitet.

1 Überlegen Sie, warum im Text relativ wenige Textstellen markiert sind.

2 Exzerpieren Sie aus dem Text Informationen zu den markierten Jahreszahlen. Orientieren Sie sich an der folgenden Arbeitstechnik.

ARBEITSTECHNIK **Exzerpieren**

Exzerpieren (von lat. excerpere: auswählen) bedeutet, einen Text auszugsweise wiederzugeben. Hierbei konzentriert man sich vor allem auf die Aussagen des Textes, die für die eigene Aufgabe / das eigene Thema wichtig sind. Spätestens bei der Erstellung einer Seminararbeit, bei der man ja auf verschiedene, auch längere Textgrundlagen zurückgreifen muss, wird es wichtig, den Überblick zu behalten.

Vorgehen: Ein Exzerpt wird vor allem bei längeren Texten während des Lesens angefertigt. Hierzu achtet man auf den Aufbau des Textes und seine zentralen Aussagen. Diese fasst man zusammen, indem man:

- unwichtige Textstellen weglässt und
- ausführlich dargelegte Informationen verdichtet (beispielsweise Stichwörter und kurze Aussagesätze formuliert).

Es ist bei der Erstellung des Exzerpts unbedingt nötig, sinngemäße und wörtliche Zitate aus dem Originaltext bereits zu markieren und die Fundstellen zu notieren (Zeilennummer, wenn nur eine Textgrundlage vorliegt, Autor und Titel des Textes sowie Seitenzahl, wenn auf verschiedene Textgrundlagen Bezug genommen wird).

Eine Mindmap anlegen

Neben dem Exzerpieren eignen sich für das Zusammenfassen von Informationen aus Sachtexten auch Visualisierungstechniken wie die Mindmap („Gedankenlandkarte"). Dabei ordnen Sie den Schlüssel- bzw. Oberbegriffen Detailinformationen in Form von Unterbegriffen zu.
Eine Schülerin hat Informationen aus dem Text „Vom Knochen zum Smartphone" in einer Mindmap visualisiert.

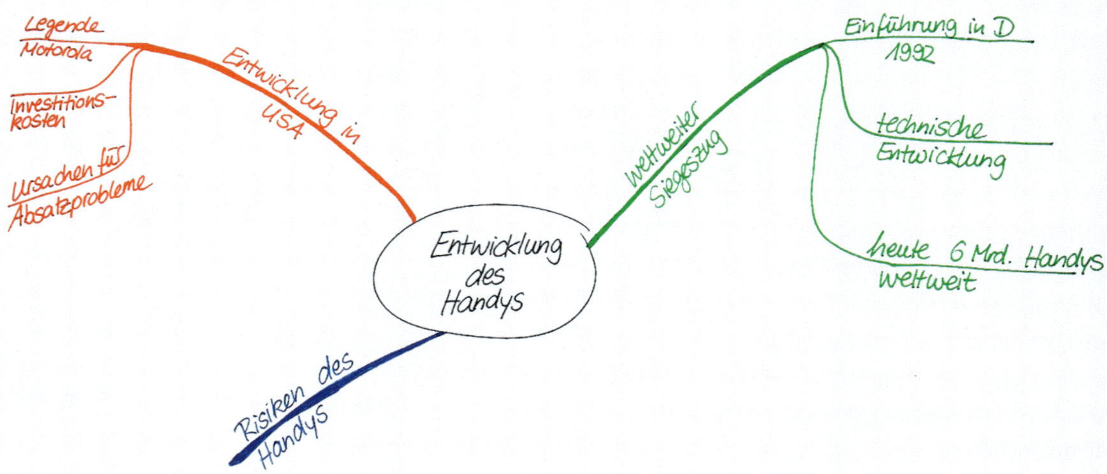

1 Vergleichen Sie den Textinhalt mit der Mindmap. Sind alle wichtigen Textinhalte berücksichtigt?

2 Ergänzen und verbessern Sie die Mindmap.

3 Vergleichen Sie Ihre Mindmap von Aufgabe 2 mit Ihrem Exzerpt von der vorigen Seite. Überlegen Sie, welche Vor- und Nachteile das Zusammenfassen eines Sachtextes mithilfe einer Mindmap haben kann.

ARBEITSTECHNIK **Eine Mindmap anlegen**

Orientieren Sie sich an folgenden Arbeitsschritten:

- Schreiben Sie das zentrale Thema in die Mitte Ihres Blattes und kreisen Sie es ein.
- Ordnen Sie um das Thema herum Hauptäste an, auf denen Sie die Hauptaspekte (Schlüsselbegriffe) stichwortartig festhalten. Richten Sie für jeden neuen Aspekt einen neuen Ast ein.
- Zur weiteren Differenzierung können Sie weitere Nebenäste anlegen, auf denen weitere Teilaspekte (Unterbegriffe) eines Gedankens notiert werden können.
- Sie können Begriffe durch Symbole oder Bilder ergänzen.

Ein Strukturbild gestalten

Sie können den Inhalt eines Sachtextes auch in Form eines Strukturbilds darstellen. Ein Strukturbild lässt Ihnen bei der Visualisierung der in einem Text thematisierten Sachverhalte, Ereignisse oder Handlungen mehr Freiraum als eine Mindmap und eignet sich gut zur Präsentation während eines Referats. Aber auch beim Gestalten des Strukturbilds müssen Sie sich zuvor intensiv mit dem Inhalt des Textes auseinandersetzen.
Ein Schüler hat zu den Informationen des Textes „Entwicklung des Handys" ein Strukturbild gestaltet:

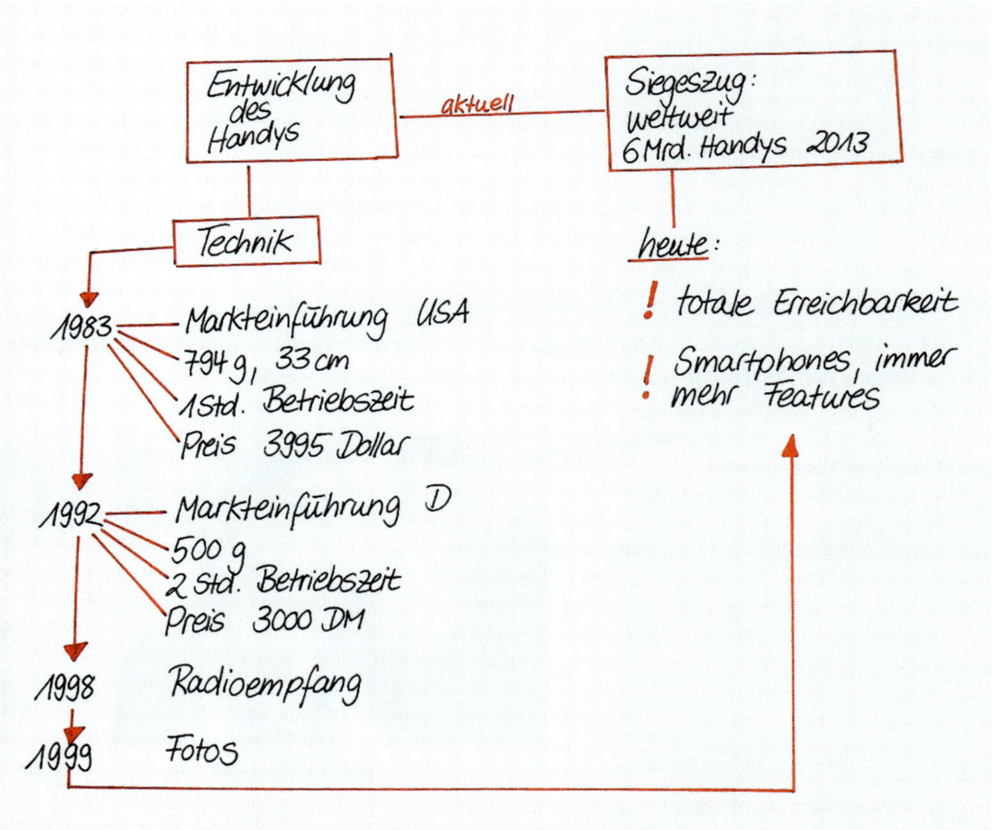

1 Vergleichen Sie das Strukturbild mit Ihrem Exzerpt. Welche Aspekte werden in dem Strukturbild besonders hervorgehoben?

2 Ergänzen und verbessern Sie das Strukturbild.

3 Vergleichen Sie Ihr Strukturbild mit Ihrer Mindmap. Fassen Sie zusammen, welche Vor- und Nachteile das Wiedergeben eines Sachtextes mithilfe eines Strukturbilds haben kann.

Ein Thema strukturieren

Während Ihrer Materialsuche und -auswertung werden Sie einige unterschiedliche Informationen finden und bearbeiten, die Sie nun zu einem sinnvollen Ganzen, nämlich einem Vortrag oder einer Seminararbeit, zusammenfügen müssen.
Grundsätzlich wird ein Vortrag (Kurzreferat, Fachreferat, Präsentation) nach einem einfachen Schema aufgebaut, das Ihnen schon aus Aufsätzen bekannt ist:
Einleitung – Hauptteil – Schluss.

1 Stellen Sie sich vor, Sie sollen einen kurzen, werbewirksamen Vortrag über die Einrichtung halten, in der Sie gerade Ihr Praktikum machen.

a) Überlegen Sie, welche Inhalte für Einleitung, Hauptteil und Schluss sinnvoll wären.

b) Ordnen Sie Ihre Ideen mithilfe einer Mindmap.

2 Erläutern Sie die Absichten, die Sie als Referent in den einzelnen Abschnitten jeweils verfolgen.

Wie ein Vortrag folgt auch eine Seminararbeit dem einfachen Schema Einleitung – Hauptteil – Schluss.
Im Hauptteil einer Seminararbeit zum Thema „Filmanalyse: Die filmische Darstellung der zentralen Emotionen der Hauptfiguren in *Die Entdeckung der Currywurst*" können folgende Punkte bearbeitet werden:

Achtung, Fehler!

Filmanalyse (unvollständige Ideenliste)

- *Inhaltszusammenfassung*
- *Akustische Gestaltung zur Darstellung der zentralen Gefühlslagen*
- *Musik*
- *Freude, Angst und Verzweiflung bei Lena Brücker*
- *Handlung des Films*
- *Optische Gestaltung zur Darstellung der zentralen Gefühlslagen*
- *Geräuscheffekte*
- *Vorstellung ausgewählter Szenen*
- *Angst und Wut bei Hermann Bremer*
- *Farben*
- *Stille*
- *Beleuchtung*
- *Die zentralen Emotionen und deren Einfluss auf das Verhalten der Hauptfiguren*
- *Kameratechnik*

Ein Thema strukturieren

BASISWISSEN Filmanalyse

Filmanalysen können unter verschiedenen Gesichtspunkten durchgeführt werden. Entscheidend für die Bearbeitung ist immer der Bearbeitungsauftrag.

- **Inhaltsanalyse** (Inhalt beschreiben, Szenen [Sequenzen] beschreiben, Fragestellungen herausarbeiten, Genre wählen, Zielgruppe definieren)
- **Figurenanalyse** (Filmfiguren vorstellen, Auftreten und Erscheinungsbild beschreiben, Ausdrucksformen beachten, Sprache analysieren)
- **Normen- und Werteanalyse** (vermittelte Werte und Normen erarbeiten, Einsatz von Symbolen beschreiben, Intention des Künstlers herausarbeiten)
- **Bauanalyse** (Bild, Ton und Schnitt analysieren)

3 Erweitern Sie in Partnerarbeit die Liste auf S. 344 um weitere Gesichtpunkte.

4 Überlegen Sie in Partnerarbeit eine sinnvolle Struktur für den Hauptteil der Seminararbeit.

5 Sammeln Sie in Partnerarbeit Ideen für eine Einleitung und den Schlussteil.

BASISWISSEN Bestandteile einer Seminararbeit

Auch die Seminararbeit enthält einen Textteil, der nach dem einfachen Schema Einleitung – Hauptteil – Schluss aufgebaut ist. Die Bestandteile einer Seminararbeit im Einzelnen sind:

- **Deckblatt:** Schule mit Angabe der Schulart (FOS oder BOS), Schuljahr, Thema, Name des Verfassers, betreuende Lehrkraft, Abgabetermin
- **Inhaltsverzeichnis**
- Ggf. **Vorwort**
- **Textteil**
  I. Einleitung: Entwicklung der Fragestellung und Überblick über die Struktur der Seminararbeit
  II. Hauptteil mit untergliedernden Zwischenüberschriften
  Besonders der Hauptteil muss gut durchdacht sein und einen roten Faden erkennen lassen, das heißt, Ihre Gedanken sollen logisch aufeinander aufbauen. Oft bietet es sich an, zunächst Begriffe zu klären und die aktuellen Forschungsergebnisse darzulegen. Davon ausgehend können anschließend eigene Ergebnisse eingebracht werden.
  III. Schlussteil: Zusammenfassung der Ergebnisse, Aufwerfen neuer Fragen
- **Quellen- und Literaturverzeichnis**
- Ggf. **Anhang** mit themenspezifischen Dokumentationen, angefertigten Gegenständen, Objekten auf Datenträgern, verwendeten Internetseiten, Ton- und Videoaufnahmen, Materialien, Tabellen, Grafiken, Karten und so weiter
- **Erklärung** über die selbstständige Anfertigung der Arbeit

Korrekt zitieren und bibliografieren

Was ist ein Plagiat? Gibt es eine Definition? Plagiat ist geistiger Diebstahl. Schuldig macht sich, wer sich als Autor eines fremden Textes ausgibt und fremde Gedankengänge oder Argumente als die eigenen verkauft. […]
Was ist, wenn ich ein Argument übernehme, aber umformuliere? Auch das ist schon ein Plagiat: Nicht nur wortgetreue Kopien einzelner Textauszüge zählen dazu, sondern auch Umformulierungen, Übersetzungen, Nacherzählungen sowie die bloße Übernahme von Argumenten.

Katharina Wagner: Was ist ein Plagiat (gekürzt). Aus: Zeit online, 01.12.2009, www.zeit.de/campus/2010/01/studieren-tatort-uni-interview

Es ist unbedingt nötig, dass Sie als Verfasser von Fachreferaten oder Seminararbeiten übernommene Textpassagen und Gedanken kenntlich machen und die genaue Quelle angeben. In Ihrer Ausarbeitung geschieht dies mithilfe eines kurzen Quellenverweises (zum Beispiel als Fußnote); vollständige Angaben zur verwendeten Literatur werden ins Literaturverzeichnis (auch Bibliografie) am Ende der Arbeit aufgenommen.

Die Form des Quellenverweises und auch des Literaturverzeichnisses ist nicht einheitlich geregelt und kann je nach Fachrichtung oder betreuender Lehrkraft variieren. Die in diesem Kapitel gemachten Vorschläge dienen zur ersten Orientierung. Beachten Sie auch im Kapitel 24 *Methoden und Arbeitstechniken* den Eintrag *Zitieren, Quellenangaben machen, bibliografieren* auf Seite 374 f.

Franz Kafka: Kleine Fabel (1931)

„Ach“, sagte die Maus, „die Welt wird enger mit jedem Tag. Zuerst war sie so breit, dass ich Angst hatte, ich lief weiter und war glücklich, dass ich endlich rechts und links in der Ferne Mauern sah, aber diese langen Mauern eilen so schnell aufeinander zu, dass ich schon im letzten Zimmer bin, und dort im Winkel steht die Falle, in die ich laufe.“ – „Du musst nur die Laufrichtung ändern“, sagte die Katze und fraß sie.

In einer Textinterpretation wurden folgende Zitate eingebaut (↗ S. 374 f.).

Achtung, Fehler!

Schülerbeispiel

Der Rat der Katze „Du musst nur die Laufrichtung ändern“ (Z. 4 f.) veranschaulicht die Ausweglosigkeit des menschlichen Lebens. Der Angst, in einer richtungslosen Weite unterzugehen, zum Beispiel im Hinblick auf den beruflichen Weg, auf Partnerbeziehungen, folgt die Angst, dann aus der vorgeschriebenen Bahn nicht mehr ausbrechen zu können. Dies veranschaulicht die Klage der Maus: […] aber die langen Mauern eilen so schnell aufeinander zu, dass ich schon im letzten Zimmer bin […]. (Z. 3) Die Katze rät ihr, die Richtung zu ändern: „„Du musst nur die Laufrichtung ändern‘, sagte die Katze und fraß sie.“ In Analogie zum Scheitern oder sogar zum Tod: „[…] steht dort im Winkel die Falle, in die ich laufe.“ (Z. 4)

1 Korrigieren Sie das Beispiel.

Korrekt zitieren und bibliografieren

Zum Thema „Wissenschaftliches Arbeiten – was ist das?“ hat ein Schüler folgende Textgrundlage verwendet:

6 2 Was ist Wissenschaft? *

Form vorgehen: strukturiert und systematisch, nach vorgegebenen Qualitätskriterien und einem selbst erstellten Ablaufplan.

Diese Aussagen erlauben folgende Definition:

Definition

Wissenschaftliches Arbeiten ist planvoll geordnetes Vorgehen mit dem Ziel, neue Erkenntnisse und neues Wissen zu gewinnen sowie Praxisprobleme zu lösen. Dies kann ohne oder mit konkreten Verwertungsabsichten geschehen, im eigenen Fachgebiet oder interdisziplinär. Zur wissenschaftlichen Arbeit gehört es, an das weltweit gesammelte und wissenschaftlich erworbene Wissen anzuknüpfen, vorhandene Wissensbestände zu analysieren und zu überprüfen und sich über den aktuellen Stand der wissenschaftlichen Diskussion im eigenen Sachgebiet kundig zu machen. Wissenschaftliches Arbeiten ist zugleich ein kommunikativer Prozess. Die eigenständig und im Austausch mit anderen gewonnenen Erkenntnisse sowie die systematisch und kreativ entwickelten Lösungen werden veröffentlicht und müssen für andere nachvollziehbar, überprüfbar und nutzbar sein. Damit dies gelingt, gibt es wissenschaftliche Methoden und international anerkannte Qualitätskriterien für gutes wissenschaftliches Arbeiten. Jeder, der eine wissenschaftliche Arbeit anfertigt, muss sich daran orientieren und kann auf diese Weise die Qualität seiner Arbeit für sich und andere sichern und dazu beitragen, den Wissensschatz der Welt zu erweitern.

Zum wissenschaftlichen Arbeiten gehört demnach

- der Zugriff auf einen bereits vorhandenen Wissensschatz, die Verknüpfung von eigenem und fremden Wissen und die Suche nach neuen Erkenntnissen, !
- eine Auseinandersetzung mit dem gewonnenen Material in einem analytischen und kreativen Prozess sowie
- die Entwicklung von Arbeitsprodukten, deren Präsentation und Veröffentlichung in nachvollziehbarer und verständlicher Form.

Literaturangabe:

Autoren: Helmut Balzert, Christian Schäfer, Marion Schröder, Uwe Kern

Titel: Wissenschaftliches Arbeiten

Untertitel: Wissenschaft, Quellen, Artefakte, Organisation, Präsentation

Verlag: W3L GmbH

Ort: Herdecke/Witten

Erscheinungsjahr: 2008

Achtung, Fehler!

Auszug aus dem Schülerbeispiel

... Grundlage einer wissenschaftlichen Arbeit ist die Beschäftigung mit bereits bestehenden, möglichst aktuellen Erkenntnissen.[1] *Sie verfolgt das „Ziel, […] neues Wissen zu gewinnen sowie Praxisprobleme zu lösen“.*[2]

1 Vgl. Balzert, Schäfer, Schröder, Kern, 2008, S. 6
2 Balzert u. a., 2008, S. 6

2 **Untersuchen Sie die Quellenangaben in den Fußnoten.**

a) Notieren Sie, welche Bestandteile für eine Quellenangabe nötig sind. Achten Sie auf den Unterschied zwischen sinngemäßem und wörtlichem Zitat.

b) Stellen Sie fest, wie die Quelle angegeben wird, wenn sie von mehr als einem Autor verfasst worden ist.

Korrekt zitieren und bibliografieren

Bibliografieren (↗ S. 374 f.)

Eine Bibliografie ist ein Literaturverzeichnis, das heißt eine Liste von Büchern und Schriften in alphabetischer Reihenfolge, die für das Verfassen eines Referats oder einer Seminararbeit verwendet wurden. Dem folgenden Schema können Sie eine mögliche Aufteilung einer Bibliografie (mit einer einheitlichen Zitierweise) entnehmen. Beispiele finden Sie auf Seite 375.

Art der Literatur	Notwendige Angaben
Fachbuch	Name, Vorname: Titel des Werks. Untertitel des Werks. Ort: Verlag Jahr, Auflage Bei bis zu drei Autoren werden alle genannt: Name, Vorname / Name, Vorname / Name, Vorname: ... Bei mehr als drei Autoren wird nur der erste genannt; der Zusatz „u. a." verdeutlicht, dass weitere Autoren beteiligt sind: Name, Vorname u. a.: ...
Fachbuch mit Herausgeber	Name, Vorname: Titel des Werks. Untertitel des Werks. Hg./Hrsg. v. Vorname Name. Ort: Verlag Jahr, Auflage
Zeitung/Zeitschrift	Name des Verfassers, Vorname: Titel des Aufsatzes. In: Titel der Zeitung/Zeitschrift, Band oder Jahrgang. Ort: Verlag Jahr. Seitenzahlen des Aufsatzes
Sammelwerk	Name des Verfassers, Vorname: Titel des Aufsatzes. In: Name des Herausgebers, Vorname (Hg./Hrsg.): Titel des Sammelwerks. Ggf. Bandzahl. Ort: Verlag Jahr. Seitenzahlen des Aufsatzes
Internet	Name des Verfassers/des für die Website Verantwortlichen, Vorname: Dateititel, Angabe der vollständigen Webadresse mit allen Links, Datum des Abrufs

Auszug aus dem Literaturverzeichnis der Schülerarbeit

Achtung, Fehler!

Schülerbeispiel

Niederhauser, Jürg: Die schriftliche Arbeit – kurz gefasst. Eine Anleitung zum Schreiben von Arbeiten in Schule und Studium. Mannheim, Duden 2006, 4., neu bearbeitete und aktualisierte Auflage.

Bischoff, Enrico: http://www.arbeitschreiben.de/, 18.06.2010. Leitfaden für das Schreiben einer wissenschaftlichen Arbeit.

Matthias Karmasin/Rainer Ribing: Die Gestaltung wissenschaftlicher Arbeiten. Ein Leitfaden für Seminararbeiten, Bachelor-, Master- und Magisterarbeiten, Diplomarbeiten und Dissertationen. 4., aktualisierte Auflage. Wien 2009, Facultas.

3 Verbessern Sie die Literaturangaben in dem Schülerbeispiel nach dem oben gezeigten Schema.

Informationen visualisieren und präsentieren

Zum Thema „Die Novelle" hat ein Schüler folgendes Thesenpapier erstellt:

Achtung, Fehler!

Schülerbeispiel

Die Novelle

Abgrenzung zur Kurzgeschichte
Begriff: abgeleitet von den amerikanischen Short Storys
Merkmale:

- *Kurz*
- *Prosa*
- *Besonderes Ereignis im Mittelpunkt, oft sehr knapp beschrieben*
- *Unmittelbarer Einstieg*
  Beispiel: Die Küchenuhr von Wolfgang Borchert
- *Inhalt*

Begriff: von lat. novus = neu
Merkmale:

- *Mittlere Länge*
- *Prosa*
- *Konzentration auf ein Ereignis (einsträngig), das real vorstellbar ist*
- *Einfach aufgebaute Geschichte, oft mit Symbolcharakter*
- *Oft Rahmenerzählung*
  Beispiel: Die Schachnovelle von Stefan Zweig
- *Inhalt*

1 Recherchieren Sie im Internet nach Informationen zur Novelle.

2 Beurteilen Sie das Thesenpapier auf der Grundlage Ihrer Rechercheergebnisse. Nehmen Sie dazu auch das Basiswissen Thesenpapier zur Hilfe.

3 Beurteilen Sie die optische Aufmachung des Thesenpapiers. Machen Sie ggf. Verbesserungsvorschläge.

4 Besprechen Sie mit Ihren Partner, mit welchen Medien die Inhalte des Thesenpapiers im Vortrag noch unterstützt werden können.

5 Sammeln Sie gemeinsam mit Ihrem Partner Vorschläge, wie Sie die Zuhörer in Ihren Vortrag einbinden könnten.

Informationen visualisieren und präsentieren

BASISWISSEN Thesenpapier

Ein „Thesenpapier“ (auch „Handout“ oder „Paper“ genannt) dient während eines Vortrags als Orientierungshilfe für die Zuhörer. Es fasst die wichtigsten Aussagen des Referenten zusammen und bildet häufig die Grundlage für eine anschließende Diskussion. Da es parallel zum Vortrag gelesen wird, sollte es besonders übersichtlich gestaltet sein.

Aufbau:

- in der Regel eine DIN-A4-Seite
- Schriftgrad mindestens 11 pt (Der Schriftgrad, also die Größe der einzelnen Buchstaben einer Druckschrift wird in typografischen Punkten - abgekürzt pt - angegeben.)
- Kopfzeile mit Angaben zum Vortragenden, zum Fach, Fachlehrer, Thema der Unterrichtsreihe, Thema des Vortrags, Datum
- kurze inhaltliche Erläuterung des Themas und Einordnung in einen Gesamtzusammenhang
- Thesen
- eventuell persönliches Fazit
- Literaturhinweise beziehungsweise -angaben

Inhalt:

Die Thesen verdeutlichen die Argumentation des Vortragenden oder zum Beispiel des Autors, über dessen Werk referiert wird. Jede These ist Teil einer Argumentationskette. Sie übernimmt die Funktion einer Ausgangsbehauptung, die mündlich begründet und erläutert wird.

Reihenfolge der Thesen:

- Es empfiehlt sich, die Thesen in der Reihenfolge des Vortrags aufzulisten, damit sich die Zuhörer daran orientieren können.
- Unter dramaturgischen Gesichtspunkten kann man die wichtigste These an den Anfang stellen (Durchbruchstrategie) und durch weitere Thesen und Argumente untermauern oder man platziert sie als Höhepunkt an das Ende des Vortrags (dramatisierende Reihe).

Sprache:

Kurze, verständliche Sätze erleichtern das Zuhören.

Diagramme gestalten

Sie wollen Sachverhalte zu verschiedenen Themen visualisieren und suchen dafür die jeweils zweckmäßigste Form. Folgende Themen sind Ihnen vorgegeben:

- Sitzverteilung nach einer Wahl
- Kursentwicklung des Euro
- Geburtenentwicklung in einem Land Ihrer Wahl
- Funktionsträger eines Vereins
- Altersstruktur Ihrer Mitschülerinnen und Mitschüler
- Vergleich der Notendurchschnitte von Klassenarbeiten im Fach Deutsch der letzten beiden Jahre

Informationen visualisieren und präsentieren

1 Wählen Sie zu jedem Thema eine geeignete Visualisierung.

a) Notieren Sie jeweils einen geeigneten Diagrammtyp. Begründen Sie Ihre Wahl.

b) Gestalten Sie für eines der Themen ein Diagramm. Nutzen Sie einen Diagrammassistenten.

2 Überlegen Sie, wie sich die folgenden drei Texte sinnvoll visualisieren lassen.

a) Gestalten Sie mithilfe der im Text enthaltenen Informationen geeignete Diagramme.

b) Formulieren Sie eine treffende Überschrift.

In der sogenannten JIM-Studie werden seit 1998 jedes Jahr Jugendliche im Alter zwischen 12 und 19 Jahren zu ihrem Medienkonsumverhalten befragt.

Text 1

Neben der Betrachtung der Nutzungshäufigkeit ist die subjektive Wichtigkeit der Medien ein weiterer Indikator für deren Stellenwert im Alltag der Jugendlichen. Bei dieser Frage konnten die 12- bis 19-Jährigen zu acht vorgegebenen Medientätigkeiten auf einer vierstufigen Skala („ist mir sehr wichtig“, „wichtig“, „weniger wichtig“ oder „gar nicht wichtig“) angeben, wie wichtig ihnen diese jeweils sind, unabhängig vom technischen Verbreitungsweg.

Bei der Betrachtung der beiden positiven Skalenpunkte („sehr wichtig“ / „wichtig“) kommt dem Internet (90 %), dem Hören von Musik (87 %) und dem Handy (86 %) die größte Bedeutung zu. Für die Hälfte der Jugendlichen haben Radio (51 %) und Bücher (50 %) einen zentralen Stellenwert. Ebenso sind Fernsehen (46 %) und digitale Spiele (44 %) für knapp jeden Zweiten von besonderer Alltagsrelevanz. Die Tageszeitung (31 %) ist für etwa jeden dritten Jugendlichen (sehr) wichtig. […]

Die subjektive Wichtigkeit nimmt bei vier Medienkategorien mit steigendem Alter der Jugendlichen zu. Am deutlichsten zeigt sich dies bei der Tageszeitung (12–13 Jahre: 20 %, 18–19 Jahre: 41 %), zudem auch bei Internet (12–13 Jahre: 84 %, 18–19 Jahre: 94 %), Musik (12–13 Jahre: 78 %, 18–19 Jahre: 92 %) und Handy (12–13 Jahre: 79 %, 18–19 Jahre: 89 %). Bei den übrigen vier Medienkategorien lässt sich kein Zusammenhang zwischen Alter und subjektiver Wichtigkeit feststellen.

(JIM-Studie 2015)

Text 2

Fast drei Viertel der Internet-Nutzer sind auch Stand 2015 zumindest selten in einer Online-Community aktiv. Jungen (74 %) und Mädchen (72 %) liegen hier nahezu gleichauf, im Altersverlauf steigt der Anteil Aktiver deutlich an (12–13 Jahre: 50 %, 14–15 Jahre: 68 %, 16–17 Jahre: 82 %, 18–19 Jahre: 89 %). […] Im Altersverlauf wird der ritualisierte Austausch von Texten, Gedanken, Fotos oder Videos innerhalb einer Gruppe immer wichtiger. So nutzt bei den zwölf- bis 13-jährigen Internet-Nutzern knapp ein Drittel regelmäßig Communities. Bei den 14- bis 15-Jährigen steigt dieser Anteil auf gut die Hälfte, bei den 16- bis 17-Jährigen auf zwei Drittel und bei den Volljährigen auf vier Fünftel an.

(JIM-Studie 2015)

Informationen visualisieren und präsentieren

Text 3

Zu den am häufigsten ausgeübten Tätigkeiten innerhalb der Community zählt das Verschicken von Nachrichten (täglich/mehrmals pro Woche: 85 %). Es folgen mit Abstand das Chatten innerhalb der Community (65 %) und das sogenannte „liken" (64 %), mit dem die Nutzer zum Ausdruck bringen, dass ihnen eine Nachricht, eine Meinung, ein Bild oder Video in einem sozialen Netzwerk gefällt. Weniger häufig wird in den Profilen anderer Nutzer gestöbert (44 %) oder Einträge von Dritten kommentiert (28 %). Das Spielen innerhalb der Community (27 %) ist ebenso bedeutsam wie die Suche nach neuen Kontakten (26 %). Vergleichsweise selten werden Links – also Verweise auf andere Internetseiten – verbreitet (17 %) oder Fotos bzw. Videos eingestellt. Das kontinuierliche Posten der eigenen Befindlichkeit (7 %) oder das Hinterlassen von Nachrichten auf den Profilen der Freunde (5 %) ist nur für eine Minderheit relevant. […]
Zu den unbedeutenden Tätigkeiten, die innerhalb der Community entsprechend nie ausgeübt werden, zählt vor allem das Berichten über den eigenen Status Quo – 55 Prozent haben noch nie einen Post geschrieben, in dem sie beschreiben, was sie gerade tun. Auch spielen 48 Prozent nie innerhalb der Community, 45 Prozent haben noch nie etwas auf die Pinnwand anderer geschrieben. Mit 27 Prozent hat ein Viertel der Community-Nutzer noch nie Fotos oder Videos eingestellt, 37 Prozent haben noch nie einen Link gepostet.

(JIM-Studie 2015)

Oftmals liegen Ihnen Daten in Tabellenform vor.

Entwicklung der Onlinenutzung in Deutschland 1997 bis 2015

Personen ab 14 Jahren

	zumindest gelegentlich genutzt											Täglich genutzt		
	1997	2000	2003	2006	2009	2010	2011	2012	2013	2014	2015	2013	2014	2015
in %	6,5	28,6	53,5	59,5	67,1	69,4	73,3	75,9	77,2	79,1	79,5	57,0	58,3	63,1
in Mio.	4,1	18,3	34,4	38,6	43,5	49,0	51,7	53,4	54,2	55,6	56,1	40,0	41,0	44,5
Zuwachs gegenüber Vorjahr in %	–	64	22	3	2	13*	6	4	2	2	0,9	–	3,0	8,5

Basis: bis 2009: Deutsche ab 14 Jahren in Deutschland (2009: n = 1 806; 2006: n = 1 820; 2003: n = 1 955; 2000: n = 3 514; 1997: n = 15 431). Ab 2010: Deutsch sprechende Bevölkerung ab 14 Jahren (2015: n = 1 800; 2014: n = 1 814; 2013: n = 1 800; 2012: n = 1 800; 2011: n = 1 800; 2010: n = 1 804).

* Wechsel der Grundgesamtheit (Zuwachs bei „Deutschen ab 14 Jahren": 1 %).

Quelle: ARD-Onlinestudie 1997, ARD/ZDF-Onlinestudien 1998–2015

Informationen visualisieren und präsentieren

Onlinenutzung täglich* 2015 – nach Tätigkeiten in Minuten

	Gesamt	Frauen	Männer	14–29 J.	30–39 J.	40–49 J.	50–59 J.	ab 60 J.
Kommunikation im Internet, also Facebook, WhatsApp, oder Social-Media-Angebote nutzen, chatten oder E-Mails schreiben oder lesen	42	37	48	98	68	31	30	9
Informationssuche, also recherchieren im Internet, z.B. bei Google oder Wikipedia	28	20	37	44	47	30	28	8
Mediennutzung im Internet, also Videos und Fernsehsendungen schauen, Radio, Audios oder Musik hören, Nachrichten im Internet lesen	27	13	42	76	22	23	17	5
Transaktionen, also nach Produkten im Internet stöbern, online shoppen, Onlinebanking	12	9	15	11	17	16	13	6
Spielen im Internet	16	15	18	43	14	13	9	4

* Gefragt wurde nach „gestriger" Nutzung.
Basis: Deutschspr. Bevölkerung ab 14 Jahren (n = 1 800).

Quelle: ARD/ZDF-Onlinestudie 2015

3 **Setzen Sie sich mit den Daten in den beiden Tabellen auseinander.**

a) Wie wirkt die tabellarische Darstellung der Informationen auf Sie?

b) Fassen Sie die Aussagen der jeweiligen Darstellung in einigen Sätzen zusammen.

4 **Arbeiten Sie in Gruppen. Wählen Sie aus den vorliegenden Tabellen einen Themenschwerpunkt.**

a) Erörtern Sie verschiedene Möglichkeiten, die jeweiligen Informationen wiederzugeben.

b) Visualisieren Sie die Informationen.

Informationen visualisieren und präsentieren

Medien einsetzen

**Der richtige Einsatz geeigneter Medien trägt entscheidend zum Gelingen Ihres Vortrags bei.
Eine Umfrage unter Lehrkräften, welche Fehler bei der Mediennutzung in Präsentationen am häufigsten von den Schülern gemacht werden, ergab folgendes Bild:**

- Die Folien sind mit Inhalten oder Bildern überladen.
- Die Schrift ist zu klein und kaum lesbar.
- Die Schrift ist zu dick oder zu dünn.
- Die Schrift und der Hintergrund sind in einer ähnlichen Farbe gestaltet, es fehlt der Kontrast.
- Der Zuschauer kann aufgrund vieler Farben Wichtiges kaum erkennen.
- Der Referent dreht sich beim Sprechen zur Projektionsfläche.
- Der Referent verdeckt die Sicht auf die Projektionsfläche.
- Der Beamer beziehungsweise Projektor funktioniert nicht.
- Es werden Folien, längere Videosequenzen oder Plakate gezeigt, aber nicht weiter erläutert.
- Die Folien werden zu kurz gezeigt.

1 **Besprechen Sie mit Ihrem Arbeitspartner, welche Medien in den auf Seite 334 genannten Situationen geeignet wären. Begründen Sie Ihre Entscheidung.**

2 **Legen Sie mithilfe des Basiswissens eine Mindmap zum Thema „Die richtige Nutzung von Medien bei Präsentationen“ an. Greifen Sie auch auf eigene Erfahrungen mit Präsentationen zurück.**

3 **Lassen Sie besonders gelungene Präsentationen, die Sie selbst gehalten oder aber gehört beziehungsweise gesehen haben, Revue passieren.**

a) Welche Medien wurden hier eingesetzt?

b) Warum empfanden Sie den Medieneinsatz als gelungen?

BASISWISSEN **Nutzung von Medien**

Eingesetzte Medien sollen Ihre Redebeiträge nicht ersetzen oder wiederholen, sondern unterstützen, indem sie

- Zusammenhänge verdeutlichen,
- strukturieren,
- den Erklärungsaufwand verkürzen und/oder
- Aufmerksamkeit erregen,
- bildhaft erklären,
- Assoziationen hervorrufen.

Dabei ist ihr Einsatz kein Selbstzweck. Durch die Kombination von Wort- und Bildsprache werden beide Gehirnhälften (Intuition/Gefühl und Ratio/Logik) des Menschen angesprochen, sodass man sich besser an Sachverhalte erinnern kann. Während eines Vortrags nimmt die Aufmerksamkeit der Zuhörer ab. Durch die Visualisierung werden Impulse gesetzt und die Aufmerksamkeit wird erneut geweckt.

Dabei unterscheidet man die formale Gestaltung und die dafür eingesetzten Medien. Informationen können durch Texte, Abbildungen, Tabellen, Diagramme, Animationen und/oder Videoclips unterstützt werden. Overheadprojektor (OHP), Computer und Beamer, Flipchart, Metaplanwand beziehungsweise Pinnwand und/oder Tafel dienen dann der Präsentation der Informationen. Aufgrund räumlicher und technischer Gegebenheiten sind nicht immer alle Medien einsetzbar.

Für eine längere Präsentation bietet sich der Einsatz mehrerer Medien an, beispielsweise eines Flipcharts für die Visualisierung des Ablaufs (roter Faden), einer Metaplanwand für Publikumsbeiträge oder -fragen, eines OHP oder

Informationen visualisieren und präsentieren

Beamers für den eigentlichen Vortrag. Achten Sie aber darauf, welche Medien passen und dass Sie nicht zu viele unterschiedliche nutzen.

Als Faustregel für die Zeitplanung beim Einsatz von Folien (OHP oder Präsentationssoftware) gilt, dass etwa drei bis vier Minuten Redezeit pro Folie einzuplanen sind. Bei einem 15-minütigen Vortrag sollten daher nicht mehr als drei bis fünf Folien (3 × 4 Minuten und zusätzlich 3 Minuten für die Einleitung und den Schluss) eingesetzt werden.

BASISWISSEN Vor- und Nachteile verschiedener Medien

Medien	Vorteile	Nachteile	TN[1]	Tipps
Tafel	Tafelbilder können während des Vortrags entwickelt werden; sind durch Abwischen leicht veränderbar; flexibel	Inhalte müssen während des Vortrags geschrieben werden; eine leserliche Handschrift ist Voraussetzung.	ca. 30 TN	nicht während des Schreibens gegen die Tafel sprechen
Plakat	gut vorzubereiten und zu transportieren	Die Herstellung ist zeitaufwendig.	ca. 10 TN	Dunkle Hintergründe benötigen eine größere Schrift.
OHP/ Folien	leicht transportierbar; können zu Hause vorbereitet werden; billig; können leicht ergänzt werden; es muss nichts angeschrieben werden. Bei Zeitmangel können Sie einzelne Folien weglassen.	Raum muss abdunkelbar und Projektionsfläche muss vorhanden sein; TN konzentrieren sich auf die Folie und nicht auf Sie.	je nach Leinwandgröße bis zu 150 TN	bei mehreren Folien: durchnummerieren (erleichtert die Übersicht); Rand lassen und nur im Hochformat beschriften; nur ein Thema pro Folie
Flipchart	Blätter sind gut zu transportieren; man kann ein Thema entwickeln; die Blätter später auch an Pinnwand hängen.	sperrig; nicht überall vorhanden; saubere Handschrift ist erforderlich; nur für Stichpunkte beziehungsweise kurze Sätze geeignet	bis ca. 30 TN, wegen Lesbarkeit	nur bei leserlicher Handschrift verwenden; Druckbuchstaben mit Groß- und Kleinbuchstaben verwenden; Farben sparsam einsetzen
Laptop mit Beamer/ Multimedia	wirkt professionell; Reihenfolge ist variabel; viele Gestaltungsmöglichkeiten (Film, Ton, Animation); gut vorzubereiten	Raum muss abdunkelbar und Projektionsfläche muss vorhanden sein; technisch aufwendig; Präsentationssoftware wird oft eingesetzt, daher Gewöhnungseffekt bei TN	je nach Leinwandgröße bis zu 150 TN	max. 1 024 × 768 px Auflösung für die Abbildungen wählen (wg. Bildqualität Beamer); da techn. Pannen möglich sind, nicht nur auf dieses Medium verlassen
Metaplan/ Pinnwand	flexibel; sehr übersichtlich; Möglichkeit, Karten neu zu ordnen; gut bei aktiver Publikumsbeteiligung zum Clustern	braucht Zeit; kann leicht unordentlich wirken; vorgefertigte Karten (Wolken etc.) sind teuer	ca. 35 TN	dünne Fäden für Fluchtlinien ziehen, die das akkurate Anbringen erleichtern

1 TN = Teilnehmer

Präsentieren mit digitalen Programmen

Viele digitale Präsentationsprogramme sind seitenorientierte Programme.
Wichtige Vorteile digitaler Präsentationsprogramme:

- Sie ermöglichen durch das digitale Medium ein effizientes Arbeiten und gegebenenfalls das Ändern von Texten.
- Sie ermöglichen mit vergleichsweise geringem Aufwand einen recht professionellen Auftritt.
- Die Einbindung von Layout, Bild, Ton und Animationen spricht unterschiedliche Sinne an.

Kritisiert wird an Präsentationsprogrammen vor allem, dass sie als Selbstzweck genutzt werden, bei dem der Inhalt in den Hintergrund tritt. Die Präsentation eines Projekts mit digitalen Präsentationsprogrammen erfordert demnach eine Fokussierung auf wesentliche Aspekte und zwingt zu einer logisch sinnvollen Zusammenstellung der Ergebnisse. Daher müssen einige wichtige Regeln beachtet werden, um eine überzeugende Präsentation zu erstellen.

BASISWISSEN | Regeln zum Erstellen einer digitalen Präsentation

- Gestalten Sie eigene, schlichte Vorlagen für Ihre Präsentation (die vom Programm bereitgestellten Vorlagen sind für die meisten Themen unangemessen).
- Reduzieren Sie die Anzahl der Aussagen auf einer Folie; sie sollten auf einen Blick erfasst werden können. Mehr als sieben Aussagen sind zu viel.
- Achten Sie auf einen ausreichenden Rand und großzügige Zeilenabstände.
- Auf Textfolien sollten maximal zehn Zeilen, in der Zeile höchstens zehn Wörter stehen. Mehr als zehn Folien sind für die meisten Präsentationen unangemessen.
- Arbeiten Sie mit einer gut lesbaren Schriftart, wechseln Sie die Schriftgröße nicht zu häufig und setzen Sie Hervorhebungen sparsam ein.
- Wählen Sie den richtigen Schriftgrad: für Bildunterschriften 20 pt, 24 pt für den Fließtext, 28 pt fett für Zwischenüberschriften und 32 pt fett für die Hauptüberschrift.
- Setzen Sie Farben bewusst ein; sie dienen der Hervorhebung, Unterscheidung und Gliederung.
- Beschränken Sie Visualisierungen auf zentrale Aussagen.
- Vermeiden Sie technische Spielereien (wie Überblendungen, sich drehende Schrift) und reduzieren Sie Animationen. Im Zentrum soll der Inhalt stehen.

Die folgende Präsentationsfolie ist aus einem schulischen Projekt über Friedrich Schiller entstanden:

1 Beurteilen Sie die Folie.

2 Erstellen Sie eine eigene digitale Präsentation zum Thema „Wege zu einer aussagekräftigen digitalen Präsentation“.

In Projekten arbeiten

Ein Projekt strukturieren

Auch wenn Sie gern sofort inhaltlich in Ihr Projekt einsteigen wollen, ist eine sorgfältige Planung und Kontrolle für den Erfolg Ihres Projekts unverzichtbar. Das eigentliche Projektmanagement ist in der Regel Aufgabe des Projektleiters oder eines Leitungsteams. Die folgenden Arbeitsschritte haben sich in Projekten bewährt:

I Das Projekt definieren
- Ein Thema finden
- Die Projektrahmenbedingungen formulieren
- Die Projektorganisation planen

II Das Projekt planen
- Aufgaben in Arbeitspakete bündeln
- Einen Projektstrukturplan aufstellen
- Einen Projektablaufplan erstellen
- Meilensteine definieren
- Zuständigkeiten regeln

III Das Projekt durchführen
- Projektcontrolling, z. B. durch Zwischenberichte der Teams
- Fortlaufende Projektdokumentation

IV Das Projekt abschließen
- Projektpräsentation
- Projektabschlussbericht
- Projektevaluation

Jedes Projektmanagement hat eine inhaltliche, eine personelle und eine zeitliche Dimension. Auf der inhaltlichen Ebene überlegen Sie, welche Teilaufgaben oder Arbeitsschritte nötig sind, um das gesetzte Ziel zu erreichen. Dazu eignen sich Kreativitätstechniken wie Brainstorming, Brainwriting, Kartenabfrage oder Mindmapping. Aufgaben, die zusammengehören, werden gebündelt. Zu jedem gebündelten Arbeitspaket, beispielsweise „Pressearbeit“, lassen sich konkrete Handlungsanweisungen oder Teilschritte formulieren, beispielsweise einen Presseverteiler erstellen, Kontakte zu örtlichen Presseorganen herstellen oder Pressetexte entwerfen.

1 Strukturieren Sie Ihr Projekt inhaltlich.

a) Sammeln Sie mit einer Kreativitätstechnik Ihrer Wahl, z. B. der Kartenabfrage, alle Ideen und Überlegungen, die den Mitgliedern Ihrer Projektgruppe einfallen.
Tipp: Wichtig ist, dass zunächst kein Vorschlag kommentiert oder bewertet wird.

b) Ordnen Sie die Ergebnisse hinsichtlich ihrer Bedeutung für das Thema.
Tipp: Dazu können Sie jedem Teilnehmer drei Klebepunkte geben, mit denen er seine Wahl trifft.

c) Ordnen und bündeln Sie alle Vorschläge zu Arbeitspaketen, die Sie durchnummerieren.

d) Stellen Sie fest, welche Arbeiten aufeinander aufbauen und welche Arbeiten zeitaufwendig sind.

e) Listen Sie auf, welche organisatorischen Voraussetzungen für einzelne Arbeitspakete notwendig sind und welche Materialien Sie benötigen.

Auf der personellen Ebene geht es um die Bildung von Teams, die unterschiedliche Anforderungen bewältigen und möglichst viele Aufgabenbereiche abdecken können. Jedes Team ist für ein oder mehrere Arbeitspakete verantwortlich; die Zuständigkeiten sollten in einem Protokoll festgehalten werden. Jedes Team ernennt einen Teamleiter und/oder -sprecher.

Ein Projekt strukturieren

2 Bilden Sie Teams. Ordnen Sie den Teams die Arbeitspakete aus Aufgabe 1 zu.

Auf der zeitlichen Ebene überlegen Sie, in welcher Reihenfolge die Arbeitsschritte erledigt werden sollen. Dafür erstellen Sie einen Projektstrukturplan nach folgendem Schema:

Schema

Projektstrukturplan		
I Vorbereitungs- und Sammelphase	II Planungsphase	III Durchführungsphase
Arbeitspaket 1: ...	**Arbeitspaket x: ...**	**Arbeitspaket y: ...**

Die konkrete Zeitplanung wird in einem Projektablaufplan festgehalten.

Schema

Projektablaufplan (Auszug)

	Termin	22. KW	23. KW	24. KW	25. KW	26. KW	27. KW	28. KW	**Verantwortliches Team**	**erledigt**
Arbeitspaket	**Beginn**									
1 – Zeitungen anschreiben	02.06.								Hannes	

Als Meilensteine trägt man Termine ein, die für alle Projektteilnehmer und für den weiteren Ablauf wichtig sind.

Schema

Meilensteindiagramm

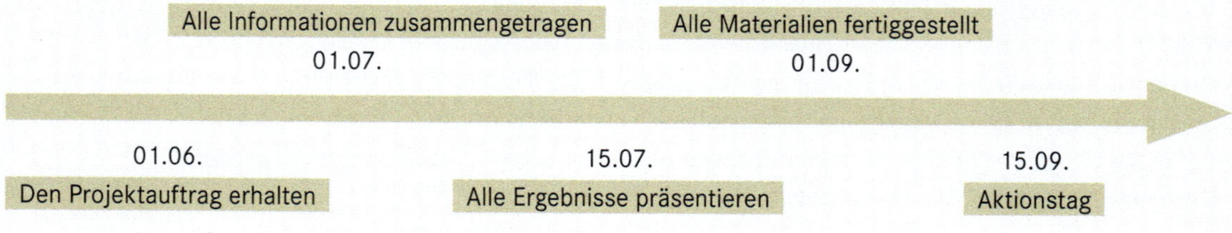

3 **Planen Sie den zeitlichen Ablauf Ihres Projekts.**

a) Erstellen Sie einen Projektstrukturplan.
b) Erstellen Sie am Computer einen vollständigen Ablaufplan für die Dauer des Projekts.
c) Übertragen Sie den Ablaufplan auf eine Wandzeitung.
d) Einigen Sie sich auf drei bis vier Meilensteine, die für den Erfolg Ihres Projekts wichtig sind.

Arbeiten im Team: Moderationstechnik

Projektarbeit bietet auf der einen Seite ein großes Maß an Freiheiten und Entscheidungsmöglichkeiten und fördert dadurch die Entwicklung von Selbstständigkeit und Teamfähigkeit, auf der anderen Seite können langwierige Entscheidungsprozesse und Unstimmigkeiten innerhalb einer Gruppe den Abschluss und Erfolg einer Arbeit gefährden. Auf den folgenden Seiten lernen Sie Arbeitsmethoden kennen, mit deren Hilfe Ideen und Vorschläge einer Gruppe geordnet und kriterienorientierte Entscheidungen getroffen werden können.

ARBEITSTECHNIK **Moderationstechnik**

Diese Methode eignet sich, um Ideen oder Probleme zu sammeln, zu strukturieren oder zu visualisieren.

1. Eine Schülerin oder ein Schüler übernimmt die Rolle des Moderators: Als methodischer Helfer unterstützt der Moderator eine Gruppe dabei, selbstverantwortlich zu handeln: Er fragt nach, fasst Äußerungen einer Gruppe zusammen, bringt die Dinge auf den Punkt, ohne selbst die Vorschläge Einzelner zu bewerten oder seine eigene Meinung zu äußern. Ihm sollte ein Assistent zur Seite stehen, der das Schreiben oder Visualisieren übernimmt.
2. Ablauf:
   - Besorgen Sie Stellwände, die mit Packpapier bespannt sind, Karten in verschiedenen Größen und Formen, Filzstifte in verschiedenen Farben, Nadeln, Klebestifte und Klebepunkte.
   - Der Moderator schreibt zu Beginn eine Frage oder ein Thema in die Mitte der Stellwand.
   - Die Mitglieder der Gruppe äußern der Reihe nach Ideen, Aspekte oder Meinungen, die der Assistent als Stichworte auf Karten notiert und an die Stellwand hängt.
   - Lesen Sie die Karten nach Abschluss der Ideensammlung vor und gruppieren Sie sie nach inhaltlicher Zusammengehörigkeit – das nennt man etwas **clustern.** Hängen Sie Karten, die nicht zugeordnet werden können, an die Seite.
   - Suchen Sie für jede Gruppierung Oberbegriffe und schreiben Sie sie auf zum Beispiel ovale Karten.
   - Ordnen Sie die einzelnen Gruppen dann weiter, beispielsweise nach ihrer Bedeutung für das Thema, nach zeitlichen Gesichtspunkten, nach arbeitstechnischen Gesichtspunkten (aufwendig/einfach, realistisch/utopisch, mehr/weniger personalintensiv).

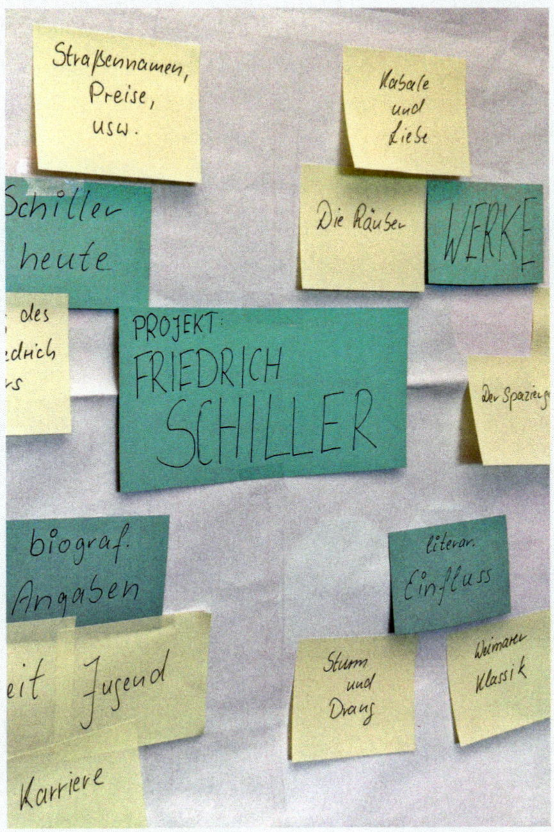

Das gewichtete PMI

Methoden der Entscheidungsfindung können Ihnen inhaltliche Entscheidungen nicht ersparen. Sie helfen Ihnen aber, diese transparent und damit nachvollziehbar zu machen. Das ist für die Evaluation Ihrer Arbeit am Ende des Projekts hilfreich, denn Sie können zurückverfolgen, warum Sie bestimmte Entscheidungen getroffen haben. Wollen Sie nur eine einzelne Frage klären und eine klare Antwort erhalten, bietet sich die Methode des gewichteten PMI („Plus-Minus-Interesting“) an.

ARBEITSTECHNIK **PMI – Plus-Minus-Interesting**

- Sammeln Sie alleine, z. B. mithilfe der Brainstorming-Methode, oder in der Gruppe, z. B. durch Zuruf, möglichst viele negative und positive Aspekte einer anstehenden Entscheidung.
- Tragen Sie die gesammelten Aspekte in eine Tabelle ein (siehe Schema unten).
- Ordnen Sie die Aspekte, die weder eindeutig positiv noch negativ zu beurteilen sind, der Kategorie „Interessant“ zu.
- Gewichten Sie die Aspekte, indem Sie jeden Aspekt nach seiner Wichtigkeit für das Gelingen des Projekts bewerten. Wählen Sie eine 6 für sehr wichtig und eine 1 für absolut unwichtig.
- Zählen Sie die Punkte in jeder Kategorie zusammen und ermitteln Sie den Durchschnitt.
- Ziehen Sie den Durchschnittswert der Minuspunkte von dem der Pluspunkte ab. Wenn Sie ein Ergebnis größer als null erhalten, lautet die Antwort „ja“, ist das Ergebnis kleiner als null, lautet die Antwort „nein“. Ein Unentschieden ergibt sich bei dem Ergebnis null.

Im Rahmen ihrer Projektarbeit überlegen einige Schülerinnen und Schüler, ob sie als Schlusspräsentation einen Film drehen sollen. Zur Entscheidungsfindung haben sie die folgende Tabelle nach der PMI-Methode angelegt:

Schema

Pluspunkte (+)	Gew.	Minuspunkte (–)	Gew.	Interessant
Lässt sich gut zeigen	4	Schüler haben das noch nie gemacht	6	
Bleibt lange erhalten	5	Produktion ist sehr aufwändig	5	
Herstellung macht Spaß	3	Viel Material nötig (Kameras etc.)	5	
Viele können mitmachen	4			
Durchschnitt	**4**	**Durchschnitt**	**5,33**	

1 Untersuchen Sie die oben begonnene Tabelle und ergänzen Sie weitere Aspekte.

2 Überlegen Sie, welche Aspekte interessant sein könnten, aber weder eindeutig positiv noch eindeutig negativ zu bewerten sind.

3 Beurteilen Sie auf der Basis der (von Ihnen) vervollständigten Tabelle, ob die Schüler den Film drehen sollten oder eher nicht.

Die bewertete Entscheidungsmatrix

Für eine Vielzahl von Problemen oder Aufgaben gibt es alternative Lösungswege. Entsprechend schwer ist es, sich nach eindeutigen und nachvollziehbaren Kriterien für einen Weg zu entscheiden. Mit der Methode „bewertete Entscheidungsmatrix" können Sie unterschiedliche Lösungswege miteinander vergleichen sowie Vor- und Nachteile der einzelnen Möglichkeiten abwägen. Am Ende erhält man ein klares Votum für einen bestimmten Weg.

ARBEITSTECHNIK **Entscheidungsmatrix**

- Notieren Sie alle Lösungswege, die Ihnen zu Ihrem Problem oder Ihrer Aufgabe einfallen.
- Listen Sie dann alle Kriterien auf, die für Ihre Entscheidung von Bedeutung sein sollen. Beachten Sie dabei, dass die Kriterien positiv formuliert werden (also: je mehr davon, desto besser, z. B. Spaßfaktor Publikum?).
- Erstellen Sie anschließend eine Matrix (siehe Schema):
  - Teilen Sie die Zahl 100 durch die Anzahl der Kriterien. Das Ergebnis zeigt Ihnen, zu wie viel Prozent jedes Kriterium berücksichtigt wird, wenn alle Kriterien gleich gewichtet wären.
  - Vergleichen Sie anschließend die einzelnen Kriterien hinsichtlich ihrer Bedeutsamkeit und verändern Sie bei Bedarf die Prozentzahlen. Wichtig ist, dass die Summe immer 100 % ergibt.
  - Verteilen Sie Noten: eine 6, wenn das Kriterium besonders erfüllt ist, eine 1, wenn es kaum erfüllt ist.
  - Sie erhalten eine gewichtete Note, wenn Sie die Note mit der Bewertung multiplizieren und durch 100 teilen.
  - Die Summen aller gewichteten Noten zeigen, welcher Lösungsweg bevorzugt werden sollte.

Einige Schüler haben zu der Frage „Wie soll das Ergebnis des Projekts präsentiert werden?" eine bewertete Entscheidungsmatrix angefertigt.

Schema

Lösungswege		**Film**		**Ausstellung**		**Broschüre**	
Kriterien	**Bewertung**	Note	Gewichtete Note	Note	Gewichtete Note	Note	Gewichtete Note
Zeitaufwand überschaubar?	25 %	1	0,25	5	1,25		
Öffentlichkeitswirksam?	20 %	6	1,20	3	0,60		
Kosten gering?	15 %	3	0,45	5	0,75		
Spaßfaktor Herstellung hoch?	20 %	5	1,00	3	0,60		
Spaßfaktor Publikum?	20 %	5	1,00	4	0,80		
Summe	**100 %**		**3,9**		**4,0**		

1 Bewerten und gewichten Sie die Kriterien für den Lösungsweg „Broschüre".

Projektabschlussbericht und Projektbewertung

Im Zentrum eines gelungenen Projekts stehen selbstständige, kreative und selbst organisierte Teamarbeit, ein möglichst fächerübergreifendes Thema und die Schulung der Dokumentations- und Präsentationsfähigkeit. Zum Abschluss eines Projekts gehören neben der Präsentation auch eine Dokumentation des Projekts in Form eines Projektabschlussberichts und eine Bewertung.

Der Projektabschlussbericht belegt Umfang und Qualität der geleisteten Arbeit. Er enthält:

1. Deckblatt
2. Inhaltsverzeichnis
3. Einleitung (Projektthema, -beschreibung und -ziel, Aufgabe des Teams)
4. Hauptteil (Beschreibung der Aufgaben und Arbeitspakete, des Projektablaufs, Darstellung und Bewertung der Ergebnisse)
5. Schluss (Bewertung der Arbeit, Ausblick, Ideen für zukünftige Arbeiten)
6. Anhang (wichtige Dokumente, z. B. Protokolle, evtl. Literaturverzeichnis)

Vor der Beurteilung der Projektergebnisse durch die Unterrichtenden sollte eine zusammenfassende Selbstbeurteilung durch die Projektgruppe stattfinden. Dazu werden Teamarbeit und Ergebnisse bewertet.

Bewertungskriterien können sein:

1. Bewertung der Dokumentation:
   A Vollständigkeit B Sorgfalt C Gestaltung
2. Bewertung des Produkts/der Präsentation:
   A Inhalt B Sorgfalt C Gestaltung
3. Bewertung des Arbeitsverhaltens:
   A Teamfähigkeit B Arbeitseinsatz C Ideen

FAZIT

23.1
Fachreferat und Seminararbeit

- Die richtigen Informationsquellen finden
- Informationen aus den ausgewählten Quellen entnehmen und aufbereiten
- Einen Vortrag oder eine schriftliche Arbeit erstellen

23.2
In Projekten arbeiten

- Ein Projekt inhaltlich, personell und zeitlich strukturieren
- In der Projektgruppe Entscheidungen treffen
- Ein Projekt abschließen und bewerten

Kapitel 24

Methoden und Arbeitstechniken

Assoziogramm (↗ Ideen- und Stoffsammlungen anlegen)

Beschreiben

In vielen beruflichen wie auch privaten Situationen ist es nötig, bestimmte Vorgänge oder Gegebenheiten präzise und sachlogisch zu beschreiben. Die Beschreibung ist unabhängig von der eigenen Person (z. B. Stimmungslage, Interessen etc.) anzufertigen, d. h. möglichst objektiv zu gestalten. Sie soll genau die reale Gegebenheit wiedergeben.

Aufbau: Die Beschreibung erfasst zunächst die Rahmenbedingungen eines Vorgangs oder einer Gegebenheit. Sind etwa Arbeitsvorgänge zu beschreiben, so stellt man zunächst dar, wie der Arbeitsplatz beschaffen sein sollte oder welche Materialien benötigt werden. Möchte man beispielsweise das Verhalten von Personen in einer Gruppe beschreiben, hält man zunächst fest, wo und wann sich die Gruppe zusammenfindet und zu welchem Zweck.

Im weiteren Verlauf der Beschreibung werden die Beobachtungen möglichst genau und in der richtigen Reihenfolge wiedergegeben. Ein Dritter muss aufgrund der Beschreibung in der Lage sein, die Schritte des Vorgangs bzw. die Details einer Gegebenheit nachvollziehen zu können.

Den Abschluss einer Beschreibung bildet eine Darstellung der Wirkungszusammenhänge. Hier wird erfasst, welche Details eines Vorgangs oder einer Gegebenheit aufeinander einwirken bzw. in Zusammenhang miteinander stehen. Beschreibt man beispielsweise das Verhalten von Personen in Gruppen, so könnte an dieser Stelle auf den Zusammenhang zwischen dem Verhalten der einzelnen Person in der Gruppe (z. B. aufgrund von Desinteresse oder hoher Motivation) und dem Arbeitsergebnis eingegangen werden. Bei der Beschreibung von Organigrammen (= Schaubild zum Aufbau einer Organisation, in dem Abteilungen oder verantwortliche Personen sowie deren Aufgaben und Kommunikationsbeziehungen untereinander aufgeführt sind) könnte man beispielsweise auf das Zusammenwirken der einzelnen Personen oder Abteilungen bei bestimmten Entscheidungsprozessen eingehen.

Sprache und Stil: Sprache und Stil der Beschreibung sind sachlich, nüchtern und nicht wertend. Umgangssprache gehört nicht in eine Beschreibung. Die Formulierungen sind im Präsens gehalten, bei Vorzeitigkeit wird das Perfekt verwendet.

Blitzlicht (↗ Moderationstechniken)

Methoden und Arbeitstechniken

Brainstorming (↗ Moderationstechniken)

Cluster

Die Schülerin/der Schüler schreibt ein Thema in die Mitte eines leeren Blatts und zieht einen Kreis um das Wort oder die Phrase. Anschließend werden spontane Gedanken dazu darum herumgruppiert und mit Strichen verbunden, wenn sie thematisch zusammenhängen. Ein Cluster ist weniger stark strukturiert als eine Mindmap und dient nicht dazu, eine Gliederungsstruktur festzuhalten, sondern Assoziationsketten zu notieren.

Diagonales Lesen (↗ Lesetechniken)

Dokumentation des Textverständnisses

Um Gelesenes weiterzuverarbeiten, ist es wichtig, gezielt unterschiedliche Methoden der Dokumentation des Textverständnisses anwenden zu können:

- Schlüsselwörter unterstreichen
- Randkommentare verfassen
- Sinnzusammenhänge und Argumentationsschritte kennzeichnen
- Exzerpte schreiben
- Stichpunktartige Zusammenfassungen schreiben
- Basissätze formulieren
- Gliederungen aufzeigen
- Personenkonstellationen aufzeichnen

Bei Grafiken und Statistiken sollte man die wichtigsten Informationen ebenfalls verschriftlichen.

Dossier anlegen

Ein Dossier (franz.: Aktendeckel) ist eine Sammlung von Dokumenten zu einem Thema oder Vorgang. Dossiers finden in der Politik Verwendung, um aus Akten Sachthemen aufzubereiten und einem festgelegten Personenkreis zugänglich zu machen. Der Begriff spielt auch in der Publizistik eine Rolle. So veröffentlichen Tageszeitungen und Wochenzeitschriften – häufig in Zusammenhang mit ihrem Online-Auftritt – Dossiers zu aktuellen Themen. Diese beinhalten Artikel, Hintergrundberichte, Interviews, Fotos und vieles mehr. Im Unterricht bietet ein Dossier eine gute Möglichkeit, viele Facetten eines Themas aufzugreifen.

Wichtig ist, dass alle gesammelten Materialien be- und verarbeitet werden, sodass etwas Eigenes daraus entsteht. Entscheidend ist also nicht die Menge des Materials, sondern inwiefern aus dem Material ein neues Produkt entsteht.

Materialrecherche: Neben allen Arten von Texten, wie z. B. Berichten/Hintergrundberichten, Interviews, Kommentaren, chronologischen Aufstellungen oder literarischen Texten, kommen bei der Materialrecherche auch Bildmaterial (Grafiken, Diagramme, Statistiken) sowie Audio- und Videosequenzen in Betracht.

Methoden und Arbeitstechniken

Auswahl/Relevanz des Materials: Durch die Möglichkeiten des Internets kann man heute zu jedem beliebigen Thema unendlich viele Informationen finden. War vor einigen Jahren das Auffinden von Informationen der Schwerpunkt einer solchen Recherche, so besteht heute die eigentliche Leistung eher darin, aus der Informationsfülle nach Relevanz (z. B. für ein Thema) auszuwählen und zu überprüfen. Die folgenden Leitfragen helfen bei der Beurteilung von Internetquellen:

- Was ist wichtig?
- Was ist exemplarisch?
- Wie ist die Qualität der Quellen zu beurteilen?

Blickwinkel/Facetten: In der Politik, wo unterschiedliche Interessengruppen eine Rolle spielen, ist ein Dossier inhaltlich gelungen, wenn in ihm möglichst viele Blickwinkel auf ein Thema enthalten sind. Das Prinzip gilt aber auch im Deutschunterricht, wo in einem Dossier z. B. zum Thema „Schiller“ unterschiedliche Sichtweisen auf den Dichter vereinigt sein sollten. Neben Texten des Dichters können hier auch Aussagen von Zeitgenossen und Bewertungen aus heutiger Sicht eine Rolle spielen.

Exzerpieren / Texte zusammenfassen

Wenn man einen Text auf eine bestimmte Fragestellung hin untersucht, kann man die relevanten Textstellen exzerpieren, d. h., man gibt den Text auszugsweise in kurzen Sätzen und/oder Stichpunkten wieder. Dabei kann es sich um wörtliche oder paraphrasierende (sinngemäße) Textauszüge handeln.

Ein Exzerpt hat den Vorteil, dass nur die Textpassagen notiert werden, die für das eigene Thema von Bedeutung sind. So kann man später auf wichtige Informationen zurückgreifen, ohne den Text nochmals zu lesen. Außerdem haftet ein „abgespeckter“ und selbst verfasster Text besser im Gedächtnis.

Ein Exzerpt kann bei entsprechender Berücksichtigung der einschlägigen Zitierregeln in Teilen in andere Texte übernommen werden.

Man kann zwei **Methoden** anwenden:

1. Texte kürzen: Textstellen, die für das eigene Thema nicht wichtig sind, werden weggelassen.
2. Texte verdichten: Ausführlich dargelegte Informationen werden so zusammengefasst, dass der Text übersichtlicher wird.

Vorgehen: Man unterteilt den zu bearbeitenden Text in Sinnabschnitte und formuliert die Kernaussage des jeweiligen Abschnitts. Definitionen, Schlüsselwörter und wichtige Thesen zitiert man wörtlich (Zitate müssen als solche kenntlich gemacht werden). Beispiele und ausführliche Argumentationen werden stichwortartig zusammengefasst.

Tipp: Man teilt den oberen Teil einer DIN-A5-Karteikarte in zwei Hälften. Auf der linken Seite werden alle Angaben zu Autor und Werk, auf der rechten Seite wird die dem Exzerpt zugrunde liegende Fragestellung notiert. Darunter wird das Exzerpt aufgeschrieben.

Filmanalyse

Die Sprache des Films ist ein komplexes Arrangement unterschiedlicher Komponenten wie Darsteller, Kulissen oder Musik. All das wird von der Kamera festgehalten. Im Film entsteht Handlung aus vielen Einzelbildern, die mit Hilfe von Kameraeinstellungen, Perspektiven und Schnitt verbunden werden. Auch der Ton spielt eine wichtige Rolle.

Methoden und Arbeitstechniken

Eine Filmanalyse beinhaltet mehrere Schwerpunkte. Zunächst wird entlang der einzelnen Sequenzen (Szenen) der **Inhalt** beschrieben. So kann der Film einem Genre zugeordnet werden. Bei der **Figurenanalyse** werden besonders die Kleidung und Sprache der Figuren, aber auch die ihnen zugeordnete Musik oder Tonfolge beachtet. Die **Normen- und Werteanalyse** stellt dar, welche Ziele die Figuren verfolgen. Dabei wird untersucht, welche Absicht sich hinter der Darstellungsweise der Regie verbirgt. Die historischen und gesellschaftlichen Bedingungen müssen ebenfalls berücksichtigt werden. Bei der **Bauanalyse** werden Bild, Ton und Schnitt untersucht. Die Wirkung und Funktion einzelner Elemente werden herausgestellt.

Folgende Begriffe stehen zur Beschreibung von Bild, Ton und Schnitt zur Verfügung:

- **Filmische Einheiten:** Einzelbild, Einstellung, Sequenz (Szene), Akt
- **Kameraeinstellungen:** Panorama/Weit, Totale, Halbtotale, Nahaufnahme, Großaufnahme
- **Kameraperspektiven:** Normalansicht, Vogelperspektive, Froschperspektive
- **Kamerabewegungen:** Kamerafahrt, Handkamera, Schwenk, Begleitschwenk
- **Bildkomposition:** Raumaufteilung, Licht- und Farbgebungen, Tricks
- **Erzählhaltung des Films:** allwissende Kamera, subjektive Kamera, neutrale Kamera
- **Schnitt und Montage:** Zeitraffung, Zeitdehnung, Zeitdeckung; Einstellungslängen, Übergänge (Blende)
- **Ton:** Sprache, Geräusche, Musik, On-Ton, Off-Ton

Eine Filmanalyse richtet sich, wie auch die Analyse von Texten, nach der jeweiligen Untersuchungsfrage und beinhaltet meistens folgende Arbeitsschritte:

1. Arbeitsschritt: formale Analyse
2. Arbeitsschritt: inhaltliche Analyse
3. Arbeitsschritt: Interpretation
4. Arbeitsschritt: Aussageabsicht
5. Arbeitsschritt: Fazit

Fortlaufendes Lesen (↗ Lesetechniken)

Fünfsatz

Mit dem sogenannten Fünfsatz können Diskussionsbeiträge zielgerichtet gegliedert und einprägsam gestaltet werden. Man spricht vom Fünfsatz, weil es in fünf aufeinanderfolgenden Denkschritten (fünf Sätzen) möglich wird, kurz, logisch und gegliedert zu argumentieren. Es gibt verschiedene Arten von Fünfsätzen, die sich jedoch immer wie folgt zusammensetzen:

1. Schritt: Die Aufmerksamkeit der Gesprächspartner wird auf den Diskussionsbeitrag gelenkt oder eine Verknüpfung mit anderen Meinungen/Vorrednern wird hergestellt.

2.–4. Schritt: Hier folgt die eigentliche Beweisführung, z. B. durch die Gegenüberstellung der Vor- und Nachteile bzw. der Pro- und Kontra-Argumente, welche die Grundlage für das eigene Urteil bilden.

5. Schritt: Der Kerngedanke wird in einem Ziel oder Zwecksatz zugespitzt und einprägsam zusammengefasst.

Methoden und Arbeitstechniken

Für einen Redebeitrag in einer Diskussion kann der Fünfsatz folgendermaßen aussehen:

1 Eigenen Beitrag in die Diskussion einordnen/an Vorredner anknüpfen

2 Eigenen Standpunkt formulieren

3 Argument vorbringen

4 Begründung/Veranschaulichung

5 Fazit – Appell – Forderung

5-Schritt-Lesetechnik (↗ Lesetechniken)

Gruppenpuzzle

Diese kooperative Lernform ermöglicht eine gezielte Bearbeitung einer Aufgabe in mehreren Schritten. Die Aufgabenstellung kann der Informationserarbeitung dienen, sie ist aber auch sinnvoll bei Recherchen oder Experimenten. In einer doppelten Gruppenstruktur (Stammgruppe und Expertengruppe) werden wiederholt Informationen gesammelt und getauscht.

Ablauf

1. Phase: Stammgruppe

- Erstinformation erarbeiten (mehrere Minuten Lesen des Materials in Einzelarbeit)
- Untersuchungsfrage/Problemstellung (Frage(n) analysieren, evtl. Schlüsselwörter markieren)

2. Phase: Expertengruppen

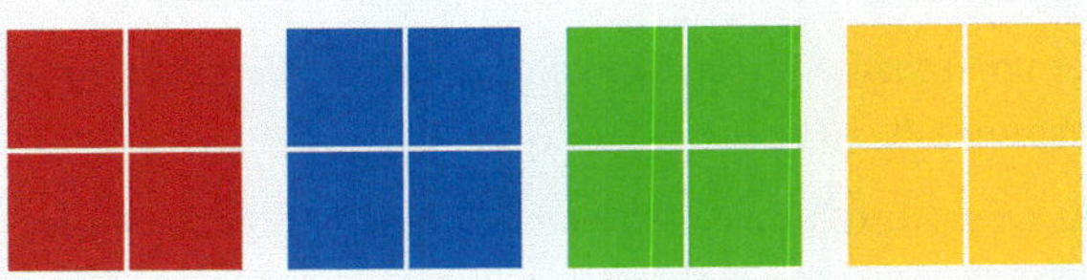

- Aus jeder einzelnen Gruppe treffen die Experten zusammen, klären ihren Wissensstand sowie Begriffe ab und tauschen Informationen aus.
- Zusammen bearbeiten sie ihr spezifisches Thema anhand der vorher durchgelesenen Texte/Materialien.

3. Phase: zurück in den Stammgruppen

- Jeder Experte informiert in seiner Stammgruppe über die Ergebnisse aus der jeweiligen Expertengruppe.
- Gemeinsam bearbeiten sie die gestellte(n) Aufgabe(n) und erarbeiten ein präsentierbares Ergebnis.

Methoden und Arbeitstechniken

Ideen- und Stoffsammlungen anlegen

Um erste Ideen- und Stoffsammlungen anzulegen, eignen sich neben der Mindmap und dem Cluster auch andere grafische Visualisierungsmethoden:

Bei einem **Assoziogramm** ordnet man einem vorgegebenen Oberbegriff verschiedene Ideen, Begriffe etc. (Assoziationen) zu, ohne diese zu strukturieren. Diese Methode hilft, Vorwissen zu einem Thema zu aktivieren. Ein Assoziogramm eignet sich z. B. bei der Vorbereitung einer Interpretation.

Mit einem **Strukturbild** kann man die in einem Text thematisierten Sachverhalte, Ereignisse etc. darstellen; Bildelemente können eingefügt werden.

Intensives Lesen (↗ Lesetechniken)

Internetrecherche (↗ Kapitel 23)

Karteikarten anlegen

Diese Methode eignet sich gut, um Fachbegriffe oder Fremdwörter zu lernen. Die Schülerin/der Schüler schreibt den jeweiligen Begriff auf die Vorderseite einer Karteikarte und die Erklärung auf die Rückseite. Für jeden Begriff/jedes Fremdwort wird eine separate Karteikarte angelegt. Die Karten werden in einem Karteikasten oder einer Box mit mehreren hintereinander angeordneten Fächern gesammelt. Alle neuen Karteikarten stehen im vordersten Fach. Je nach Wissensstand wandern die Karten weiter: Konnte man die Begriffe korrekt erklären, rücken die Karten ins hintere Fach. Die übrigen Karten bleiben so lange im ersten Fach, bis die Schülerin/der Schüler die korrekte Bedeutung benennen kann. Ziel dieser Methode ist die systematische Wiederholung und Sicherung des Lernstoffs.

Lesetechniken

In Beruf und Alltag muss man oft den Inhalt umfangreicher und schwieriger Texte verstehen und wiedergeben können. Es gibt verschiedene Techniken, die das Lesen erleichtern, z. B.:

5-Schritt-Lesetechnik: Wenn man sich Informationen aus einem Text für eine Klassenarbeit oder Prüfung merken oder diese in ein Referat einbauen möchte, kann man die Informationen mithilfe der 5-Schritt-Lesetechnik in eigene Worte fassen:

1. *Überfliegen:* Man überfliegt den Text zuerst grob und achtet dabei auf Titel, Untertitel, Hervorhebungen, Inhaltsverzeichnis, Autor oder Autorin. So erhält man einen Eindruck von Aufbau und Inhalt des Textes und findet heraus, welche Abschnitte für den eigenen Zweck relevant sind.
2. *Fragen:* Beim ersten Lesen entstandene Fragen werden formuliert. Dies können reine Verständnisfragen sein, sie können sich aber auch auf alle Unklarheiten des Textes beziehen. Gut geeignet sind die W-Fragen.
3. *Lesen:* Der Text wird gründlich gelesen und dabei wird versucht, auf die zuvor formulierten Fragen Antworten zu finden. Wichtige Textstellen können markiert, unbekannte Wörter in einem Wörterbuch nachgeschlagen werden. Schwierige Passagen sollten mehrmals gelesen werden.
4. *Schreiben:* Schlüsselbegriffe und die wichtigsten Gedanken des Textes werden notiert. Komplizierte Sätze, die wichtig für das Verständnis des Textes sind, können in eigene Worte gefasst werden (Exzerpieren).
5. *Wiederholen:* Der Inhalt des Textes wird anhand der Notizen wiedergegeben, Fehlendes wird ergänzt.

Methoden und Arbeitstechniken

Zielorientierte Lesetechniken

Wenn man liest, hat man unterschiedliche Ziele, z. B. sucht man in einem Text nach Details oder man möchte sich einen Gesamtüberblick verschaffen. Je nach Leseabsicht kann man zwischen folgenden Lesetechniken wählen:

Lesetechnik	Vorgehen	Ziel
Punktuelles/ selektives Lesen	Der Text wird nach speziellen Begriffen durchsucht, dabei orientiert man sich an den Überschriften und liest nur relevante Abschnitte gründlich.	Es sollen Detailinformationen gefunden werden.
Diagonales Lesen	Der Text wird überflogen, dabei werden einzelne Passagen, hervorgehobene Textstellen und Überschriften gelesen, Sprünge beim Lesen sind sinnvoll.	Man möchte sich einen Überblick über den Text verschaffen und eine Entscheidung über die weitere Beschäftigung mit dem Text treffen.
Fortlaufendes Lesen	Der Text wird gründlich gelesen, wichtige Stellen werden markiert, Notizen werden gemacht.	Man möchte sich umfassend informieren.
Intensives Lesen	Der Text wird gründlich gelesen. Man konzentriert sich auf die Lösung einer vorgegebenen Aufgabe. Dazu werden Notizen gemacht, es wird markiert und unterstrichen.	Man möchte den gesamten Text vollständig erfassen, um sich ein Urteil über Autoren und Absicht bilden zu können.

Mindmap

Textinhalte können mithilfe grafischer Elemente dargestellt und zusammengefasst werden. Neben Diagrammen eignen sich dafür besonders Mindmaps:

Mithilfe einer Mindmap können Schlüssel- bzw. Oberbegriffen Detailinformationen in Form von Unterbegriffen zugeordnet werden. Das zentrale Thema wird in die Mitte eines Blattes geschrieben und eingekreist. Um das Thema herum werden Hauptäste angeordnet, auf denen die Hauptgedanken (Schlüsselbegriffe) stichwortartig festgehalten werden. Für jeden neuen Aspekt wird ein weiterer Ast eingerichtet. Zur weiteren Differenzierung werden Nebenäste angelegt, auf denen weitere Teilaspekte (Unterbegriffe) notiert werden. Mit Symbolen oder Bildern kann man die Begriffe ergänzen.

Diese Techniken helfen, in einer Gruppe Probleme zu sammeln, zu strukturieren oder zu visualisieren. Eine Schülerin oder ein Schüler übernimmt die Rolle der Moderatorin/des Moderators, die/der die Arbeit einer Gruppe begleitet, strukturiert, organisiert und zusammenfasst. Zu den Aufgaben des Moderators gehören:

- die Organisation des Einstiegs in ein Thema oder ein Projekt,
- die Kontrolle der Einhaltung von Zeiten und Regeln,
- die Förderung der Bereitschaft zur Mitarbeit durch geeignete Anregungen,
- die Bewahrung des Überblicks über den Arbeitsfortschritt,
- das Zusammenfassen und Visualisieren der Ergebnisse durch geeignete Methoden.

Methoden und Arbeitstechniken

Moderationstechniken

Blitzlicht: In einem Blitzlicht äußert sich jeder Teilnehmer zu seiner aktuellen Stimmungslage. Es gibt keine Diskussionen während des Blitzlichts. Die Moderatorin/der Moderator kann ein Blitzlicht nutzen, um z. B. latent vorhandenen Unmut, der die Arbeit beeinträchtigt, ins Bewusstsein aller zu rücken.

Brainstorming: Beim Brainstorming geht es darum, in kurzer Zeit möglichst viele Ideen/Lösungsvorschläge zu einem Thema zu sammeln.
Ablauf: Die Gruppenmitglieder äußern nacheinander Ideen zu einem Stichwort, ohne dass diese bewertet werden. Die Äußerungen werden von zuvor ausgewählten Mitschülern an der Tafel, auf Folien etc. notiert. Erst nach Abschluss des Brainstormings wird die Sammlung strukturiert und bewertet.

Kartenabfrage: Diese Methode eignet sich, um zu Beginn einer Diskussion, Unterrichtsreihe oder Projektplanung Vorkenntnisse, Erwartungen oder Lösungsansätze von den Teilnehmern abzufragen.
Ablauf: Die Teilnehmer notieren ihre Ideen auf vorbereitete Karten. Es genügen Stichworte. Erste Strukturierungsmöglichkeiten ergeben sich durch unterschiedlich farbige Karten (doppelte Kartenabfrage).
Beispiel: Bei der Planung des Tagesablaufs stehen rote Karten für die Frage: „Was sollten wir heute auf jeden Fall schaffen?“, gelbe Karten für Aussagen zu: „Das hat Zeit bis morgen.“

Themengewichtung: Gibt es unterschiedliche Auffassungen zur Auswahl und Bewertung gesammelter Ideen, können die Teilnehmer mithilfe von Klebepunkten eine Gewichtung der Lösungen/Vorschläge vornehmen.

Achten Sie darauf, Ihre Moderation mit unterschiedlichen **Visualisierungstechniken** zu unterstützen: Auf Flipcharts können Aussagen der Teilnehmer festgehalten und Ergebnisse notiert werden. Nichts geht verloren. Auch Moderations- bzw. Metaplanwände eignen sich. Auf ihnen arbeitet man mit unterschiedlichen Formen von Karten und mit Linien, die Zusammenhänge verdeutlichen (Präsentationsmedien).

Portfolio

In der Kunst und in anderen kreativen Bereichen beinhaltet ein Portfolio die Auswahl besonderer Arbeiten und Leistungen eines Menschen (Arbeitsmappe).

An diese Verwendung des Begriffs knüpft auch der schulische Einsatz von Portfolios an. Im Deutschunterricht ist ein Portfolio eine Sammlung von Texten einer Schülerin oder eines Schülers, die über einen längeren Zeitraum entstanden ist, an Unterrichtsinhalte anknüpft und neben den Schreibprodukten auch eine Reflexion über deren Entstehung enthält.

Unterscheidung: Grundsätzlich unterscheidet man zwischen einem *Kursportfolio* (auch *Portfolio im Einzelunterricht* genannt) und einem *Portfolio als Bildungsmappe.* Bei Ersterem werden anhand ausgewählter Arbeiten die Entwicklung und die Ergebnisse eines Unterrichtsvorhabens dargestellt, reflektiert und bewertet. Dagegen ist das *Portfolio als Bildungsmappe oder Bildungsdokumentation* längerfristig angelegt und fachübergreifend.

Im Deutschunterricht kann man ein Portfolio beispielsweise anlegen, um ein erweitertes Textsortenspektrum einzuüben oder um die verschiedenen Stufen der Entstehung und Überarbeitung von selbstständig verfassten Texten zu dokumentieren. Auch ein Praktikumsportfolio oder ein Portfolio in Form einer Epochen-, Autoren- oder Werkporträtmappe sind möglich.

Vorbedingungen: Portfolioarbeit braucht gemeinsam erarbeitete Vorgaben. Dabei müssen die Anforderungen für alle Beteiligten transparent sein. Dies gilt vor allem für Vorgaben bezüglich Umfang, Zeit und Bewertungsmaßstäben.

Methoden und Arbeitstechniken

Reflexion: Portfolioarbeit wird immer von den Schülern reflektiert. Dabei können folgende Fragestellungen im Vordergrund stehen:

- Warum habe ich diesen Leistungsnachweis für das Portfolio ausgewählt?
- Was ist an dieser Arbeit gelungen?
- Was zeigt er von mir und meiner Arbeit?
- Was habe ich anhand dieses Leistungsnachweises gelernt?

Präsentation eines Portfolios: Portfolioarbeiten sollen wahrgenommen werden. Deshalb ist es sinnvoll, sich über mögliche Präsentationsformen und -gelegenheiten vor Beginn des Vorhabens Gedanken zu machen.

Präsentieren

Präsentieren kann man mit vielen Medien, u. a. mit:

1 Flipchart

- Vorteile: ist einfach zu handhaben und zu transportieren
- Nachteile: Flipchartblock ist teuer/nicht geeignet für große Räume (auf hinteren Plätzen nicht zu sehen)
- Tipps: dicken Filzer verwenden/Druckbuchstaben verwenden

2 Laptop mit Beamer

- Vorteile: ist transportierbar, DVDs und MP3-Musikformat sind abspielbar, eigene Aufnahmen können gezeigt werden, Grafiken, Abbildungen, Bilder usw. können professionell und schnell gestaltet werden, digitale Präsentationsprogramme sind sinnvoll einsetzbar
- Nachteile: gute Software- und Hardwarekenntnisse sind erforderlich, der Präsentierende gerät in den Hintergrund, eine zu große Bilderflut kann zu Reizüberflutung führen, es kann monoton wirken
- Tipps: andere Medien einbauen, z. B. Flipchart, max. 15 Minuten präsentieren, ausreichend Redepausen machen

3 Metaplanwand und Karten

- Vorteile: Metaplankarten sind flexibel einsetzbar (verschieben und neu anordnen), Übersicht wird gewährleistet durch unterschiedliche Formate/Formen/Farben der Karten, Clustern (Haufenbildung nach Sinnzusammenhängen) und die Bildung von Oberbegriffen ist leicht, Teilnehmer werden aktiv beteiligt
- Nachteile: Moderationsregeln (Moderationstechniken) müssen beherrscht werden, der Umgang mit Karten und Wand erfordert Routine
- Tipps: nur ein Aspekt auf eine Karte/nur Stichworte notieren, höchstens drei Zeilen pro Karte/Druckbuchstaben schreiben, Kartenfragen sorgfältig und zielführend formulieren

4 Overheadprojektor und Folien

- Vorteile: sind gut transportierbar und verschiebbar, Folien können vorbereitet werden
- Nachteile: weiße Projektionsfläche muss vorhanden sein, Sonnenlicht kann blenden, zu viele Folien/zu schneller Folienwechsel können verwirren, Folien sind häufig überladen
- Tipps: nicht mit der Wand sprechen oder im Licht stehen, nicht hinter dem OHP verschanzen, bei längeren Pausen abschalten, Folien durchnummerieren, Zeigehilfen verwenden, Blickkontakt zum Publikum suchen

5 Wandtafel

- Vorteile: ist einfach zu handhaben/bietet große Schreibfläche, Veränderung ist durch Abwischen jederzeit möglich
- Nachteile: gleichzeitiges Sprechen und Schreiben ist schwierig, große Gefahr mit der Tafel zu sprechen, Tafelbilder können nicht gesichert werden
- Tipps: auf gut lesbare Schrift und auf Raumaufteilung achten, kontrastierende Kreidefarben benutzen

Punktuelles/selektives Lesen (↗ Lesetechniken)

Rollenspiel (↗ Szenisches Darstellen)

Schreibkonferenz

Eine Schreibkonferenz ist ein Beratungsgespräch, das sich mit einem Textentwurf beschäftigt. Die Verfasserin / der Verfasser eines Textes benötigt eine bis maximal drei Personen, die den Text lesen und ihn prüfen.

Möglicher Ablauf einer Schreibkonferenz:

1. Der Text wird vorgelesen.
2. Alle äußern sich spontan zum Inhalt, ggf. werden im Anschluss Fragen dazu gestellt.
3. Gemeinsam gehen alle den Text durch und besprechen sprachliche wie inhaltliche Aspekte. Die Verfasserin / der Verfasser markiert Stellen, die sie/er ändern will, und notiert Vorschläge.
4. Der Text wird in Bezug auf die Rechtschreibung überprüft.
5. Anschließend überarbeitet die Verfasserin/der Verfasser den Text inhaltlich, sprachlich und orthografisch.

Strukturbild (↗ Ideen- und Stoffsammlungen anlegen)

Szenisches Darstellen/Rollenspiel

Unterschiedliche Möglichkeiten des szenischen Darstellens dienen der Interpretation von Texten aller Art.

Das **Rollenspiel** ermöglicht durch den Rollentausch, auf spielerische Art eine Situation nachzuempfinden und in dieser als eine fremde Person zu agieren, um Handlungsabläufe und Verhaltensweisen besser nachvollziehen zu können. Rollenspiele können folglich auch als Trainingseinheiten genutzt werden (z. B. im Falle von Bewerbungen, zur Aufarbeitung von Konflikten, zum Erlernen von Gesprächsstrategien etc.). Damit sich die Teilnehmerinnen und Teilnehmer besser in ihre Rollen einfinden, kann mit Rollenkarten gearbeitet werden.

Nach Beendigung des Spiels ist es erforderlich, dass die Teilnehmerinnen und Teilnehmer aus ihren Rollen entlassen werden, um z. B. im Rollenspiel ausgetragene Konflikte nicht in die Wirklichkeit zu übertragen. Die Reflexion der Ereignisse des Rollenspiels kann im freien Gespräch der Rollenspielteilnehmer und des Auditoriums erfolgen. Die Auswertung kann jedoch auch auf der Grundlage von Beobachtungsbogen geschehen, die z. B. durch die Zuschauerinnen und Zuschauer erstellt werden.

Standbilder bauen: So lassen sich die Beziehungen zwischen Figuren visualisieren.

Szenische Präsentationen: Während des Sprechens sollte auch auf Mimik, Gestik und Haltung geachtet werden.

Methoden und Arbeitstechniken

Rezitationtechniken ausprobieren: Variationen in Modulation, Lautstärke und Sprechtempo ermöglichen neue Zugänge zu einzelnen Figuren oder Szenen.

Rollenbiografie schreiben: Zu einer Figurencharakteristik kann in der Ich-Form eine Rollenbiografie erstellt werden, um so die Komplexität einer Figur zu erfassen.

Texte überarbeiten (↗ Kapitel 22)

Texte zusammenfassen (↗ Exzerpieren)

Think-Pair-Share

Think-Pair-Share (denken, teilen, austauschen) ermöglicht auf einfache Weise kooperatives Lernen.

Phase 1: Think – Jeder arbeitet für sich allein: setzt sich mit der Aufgabenstellung auseinander, entwickelt Lösungswege etc.

Phase 2: Pair – Die Ergebnisse werden in Partner- oder Gruppenarbeit besprochen und vertieft.

Phase 3: Share – Die Ergebnisse aus Phase 2 werden im Plenum vorgestellt und im Austausch mit anderen Gruppen weiter vertieft.

Umfrage

Die Umfrage ist eine Methode, um zu einer bestimmten Fragestellung Informationen über Menschen zu sammeln.

Zielgruppe bestimmen: Bevor eine Umfrage zu einem Thema durchgeführt werden kann, muss zunächst der Personenkreis bestimmt werden, der befragt werden soll. Man kann entweder einen repräsentativen Personenkreis befragen oder nach dem Zufallsprinzip auswählen, wen man befragt.

Repräsentativumfrage: Hier wird eine überschaubare Anzahl von Personen befragt, die in ihrer Zusammensetzung (Alter, Berufsstand, Geschlecht, Interessen etc.) ein möglichst genaues Abbild der Zielgruppe darstellen. Die Ergebnisse der Befragung werden auf die Gesamtgruppe hochgerechnet.

Auswahl nach dem Zufallsprinzip: Eine Befragung nach dem Zufallsprinzip ist wesentlich einfacher durchzuführen, die Fehlerquote ist aber auch erheblich höher als bei einer Repräsentativumfrage.

Die Erhebungsmethode bestimmen: Die geeignete Erhebungsmethode hängt von den eigenen organisatorischen und zeitlichen Möglichkeiten ab. Man kann:

- Fragebögen verteilen oder verschicken,
- eine Telefonumfrage starten,
- geeignete Personen in einem Interview befragen,
- einen Fragebogen ins Internet stellen.

Fragen formulieren: Grundsätzlich sollten alle Fragen standardisiert sein, d. h. in der Reihenfolge und Wortwahl immer gleich sein. Es empfiehlt sich, Fragen möglichst eindeutig, präzise und leicht verständlich zu formulieren und mit einfachen Fragen („Eisbrechern") zu starten. Je nach Zielstellung kann zwischen offenen und geschlossenen Fragen gewählt werden.

Methoden und Arbeitstechniken

Geschlossene Fragen: Bei geschlossenen Fragen muss der Befragte zwischen zwei Alternativantworten auswählen (Ja/Nein, Richtig/Falsch oder A/B). Es können auch mehrere Antworten zur Auswahl gestellt werden wie bei einer Multiple-Choice-Frage. Als Sonderform kann man die Skalenfrage verwenden, bei der die Umfrageteilnehmer durch Ankreuzen auf einer Skala eine These bewerten.

Offene Fragen: Bei offenen Fragen können die Teilnehmer/-innen die Antworten frei formulieren. Vermeiden sollte man Suggestivfragen (dabei werden dem Befragten die Antworten in den Mund gelegt, z. B. „Sind Sie auch der Meinung, dass ...?“). Geschlossene Fragen lassen sich leichter auswerten als offene Fragen, da bei offenen Fragen ein Vergleich der Antworten oft schwierig ist.

Validität und Reliabilität einer Umfrage: Die Ergebnisse einer Umfrage sollten dem Anspruch an Validität und Reliabilität genügen. Valide oder gültig sind die Ergebnisse, wenn die Fragen eindeutige Antworten liefern und Fehldeutungen unmöglich sind. Reliabel oder zuverlässig sind die Forschungsergebnisse, wenn die Antworten der Gruppe der Befragten möglichst repräsentativ die Ansichten der Zielgruppe wiedergeben, d. h., wenn die Fehlerquote sehr gering ist.

Präsentation der Umfrage: Für die Präsentation oder Visualisierung von Ergebnissen eignen sich Schaubilder und Diagramme.

Zitieren, Quellenangaben machen, bibliografieren

Mit Zitaten verweist man in textbasierten Aufsätzen und wissenschaftlichen Arbeiten auf bestimmte, wichtige Textstellen. In argumentativen Texten werden so die eigenen Behauptungen belegt. In Erörterungen stützen gut gewählte Zitate die Beweisführung. Auch in Auseinandersetzung mit literarischen Texten belegt man mit Zitaten die Gedankenführung des eigenen Interpretationsansatzes oder nennt Beispiele im Rahmen einer Sprachanalyse.

Wörtliches Zitieren

- Wörtliche Zitate sollten nicht zu lang sein. Verwenden Sie sie nur, wenn Sie eine wichtige Aussage belegen.
- Wörtliche Zitate sind kein Ersatz für Ihre eigenen Gedankengänge, sie untermauern diese nur.
- Für alle Zitate sind Quellenangaben mit Seitenangabe in runden Klammern direkt hinter dem Zitat (oder bei Seminararbeiten auch als Fußnoten) nötig.
- Wörtliche Zitate dürfen im Wortlaut nicht verändert werden. Sie können gekürzt werden. Dann ist die Kürzung durch drei Punkte in eckigen Klammern zu kennzeichnen: [...].
- Zitate, die in den eigenen Satzbau eingepasst werden, müssen grammatikalisch angepasst werden. Diese Veränderungen müssen in eckigen Klammern kenntlich gemacht werden.
- Kürzere wörtliche Zitate werden in den laufenden Text eingebaut und mit doppelten Anführungszeichen versehen.
- Längere wörtliche Zitate stehen ohne Anführungszeichen in einem eigenen Abschnitt, der eingerückt werden sollte.
- Wenn die Textstelle bereits eine direkte Rede mit Anführungszeichen enthält, so erscheint diese im Zitat mit einfachen Anführungszeichen.

Sinngemäßes (indirektes) Zitieren

- Bei sinngemäßen Zitaten (Paraphrasen) dürfen Sie frei formulieren, ohne jedoch den Sinn zu verfälschen.
- Verwenden Sie dabei die indirekte Rede und formulieren Sie im Konjunktiv.

Methoden und Arbeitstechniken

- Zur Kenntlichmachung des fremden Gedankens formulieren Sie einen Einleitungssatz, der sich auf den Autor/ Text bezieht (z. B. Der Autor meint, dass ...).
- Auch sinngemäße Zitate brauchen eine Quellenangabe. Diese beginnt mit „vgl." und ist in runden Klammern direkt hinter dem Zitat (oder bei Seminararbeiten auch als Fußnoten) anzubringen.

Quellenangaben machen

- Quellenangaben stehen nach einem Zitat, am Ende eines Gedankenganges oder am Abschnittsende.
- Alle Quellenangaben in einem Text / einer Seminararbeit sollten einheitlich gestaltet sein. Das gilt sowohl für mögliche Kurzangaben im laufenden Text als auch für die ausführliche Quellenangabe im Literaturverzeichnis.
- Anhand der Quellenangaben muss die genaue Fundstelle im zugrunde liegenden Text klar zu identifizieren sein.
- Kurzangaben bestehen aus dem Namen des Autors bzw. der Autoren, dem Erscheinungsjahr und einer Seitenangabe. Anhand der Kurzangaben müssen die vollständigen bibliografischen Angaben im Literaturverzeichnis zu finden sein. **Beispiel:** *Geißner, 1981, S. 129.*

Bibliografieren – Quellen vollständig angeben

Im Literaturverzeichnis müssen alle verwendeten Quellen vollständig angegeben werden. Oft ist es üblich, nach Quellentypen (z. B. Primärliteratur – Sekundärliteratur, Fachbuch, Fachbuch mit Herausgeber, Zeitschriftenartikel, Zeitungstext, Internetquelle) zu sortieren und innerhalb dieser alphabetisch zu ordnen. Auch für Literaturverzeichnisse gibt es keine einheitlichen Regelungen, wichtig ist, dass eine einmal gewählte Systematik eingehalten wird.

Fachbuch: Name, Vorname: Titel des Werks. Untertitel des Werks. Ort: Verlag Jahr, Auflage.
Bei bis zu drei Autoren werden alle genannt: Name, Vorname / Name, Vorname / Name, Vorname: ...
Bei mehr als drei Autoren wird nur der erste genannt; der Zusatz „u. a." verdeutlicht, dass weitere Autoren beteiligt sind: Name, Vorname u. a.: ...
Beispiel: *Geißner, Hellmut: Sprechwissenschaft. Theorie der mündlichen Kommunikation. Frankfurt am Main: Scriptor 1981, 1. Auflage.*

Fachbuch mit Herausgeber: Name, Vorname: Titel des Werks. Untertitel des Werks. Hrsg. v. Vorname Name. Ort: Verlag Jahr, Auflage.
Beispiel: *Watzlawick, Paul: Menschliche Kommunikation. Formen, Störungen, Paradoxien. Hrsg. v. Paul Watzlawick, Janet H. Beavin, Don D. Jackson. Bern: Verlag Hans Huber 2007, 11. Auflage.*

Zeitschrift: Name des Verfassers, Vorname: Titel des Aufsatzes. Aus: Name der Zeitschrift. Jahrgang, Erscheinungsjahr, Heftnummer, Seitenangabe.
Beispiel: *Schörkhuber, Wolfgang: Film im Deutschunterricht – Literaturtransporteur, Filmanalyse oder was? Aus: Information zur Deutschdidaktik – Zeitschrift für den Unterricht in Wissenschaft und Schule. Jahrgang 27, 2003, Heft 4, S. 8–16.*

Zeitung: Name des Verfassers, Vorname: Titel des Aufsatzes. Aus: Name der Zeitung. Erscheinungsdatum des Artikels, Seitenangabe.
Beispiel: *Jahberg, Heike: Mindestens haltbar bis: Nicht länger haltbar. Aus: Der Tagesspiegel. 30. 03. 2016, S. 7.*

Internet: Name des Verfassers/des für die Website Verantwortlichen, Vorname: Dateititel, Angabe der vollständigen Webadresse mit allen Links [Datum des Abrufs].
Beispiel: *Fischer, Anja: Tablet-Computer hilft im Unterricht. Aus: Augsburger Allgemeine online, 04. 04. 2016, http://www.augsburger-allgemeine.de/schwabmuenchen/Tablet-Computer-hilft-im-Unterricht-id37393267.html [01. 09. 2016].*

Methoden und Arbeitstechniken

Übersicht Arbeitstechniken (Kap. 1 – Kap. 23)

Methoden und Arbeitstechniken

Übersicht Basiswissen

Methoden und Arbeitstechniken

Kapitel 25

Arbeitsanweisungen und Operatoren verstehen

Was sind Operatoren?

Operatoren sind Verben, die Ihnen Arbeitsanweisungen vermitteln. Sie sind wesentlicher Bestandteil jeder Aufgabenstellung, denn sie benennen die Handlungsschritte, die zur Lösung von Aufgaben notwendig sind.

Die Anforderungen einer Aufgabe, die durch die Formulierung der Arbeitsanweisungen deutlich werden, verlangen von Ihnen unterschiedliche Fähigkeiten und Vorkenntnisse. Sie müssen sich bei jeder Aufgabenstellung fragen: Welche Fertigkeiten werden von mir verlangt? Welche Tätigkeiten auf welchem Anforderungsniveau werden von mir erwartet? Welche Vorkenntnisse brauche ich?

Entsprechend den unterschiedlich komplex zu erbringenden Leistungen lassen sich die Operatoren verschiedenen **Anforderungsbereichen** zuordnen.

Die wichtigsten Operatoren, die Sie im Buch, in Lernstandskontrollen und in Prüfungsaufgaben finden können, wurden in die folgenden tabellarischen Übersichten aufgenommen.

Anforderungsbereich I

Beispiel: *beschreiben*

Anforderungsbereich II

Beispiel: *analysieren*

(*analysieren* bedeutet: Sie müssen erklären, vergleichen, einordnen ...)

Anforderungsbereich III

Beispiel: *beurteilen*

(*beurteilen* bedeutet: Sie müssen bewerten, Stellung nehmen ...)

Arbeitsanweisungen und Operatoren verstehen

Anforderungsbereich I

Dieser Bereich umfasst das Wiedergeben, Beschreiben und Darstellen von Sachverhalten. Die von Ihnen erwarteten Tätigkeiten beziehen sich auf ein gegebenes Material (beispielsweise Text, Situation, Grafik) oder auf Sachverhalte in einem abgegrenzten Lernzusammenhang.

Verb	Anforderung (erwartete Tätigkeit)	Beispielaufgabe im Buch
nennen aufschreiben/heraus-schreiben notieren	Sie tragen die wesentlichen Informationen (Kernaussagen) eines Textes oder eines Sachverhalts zusammen (Sie zählen sie auf), ohne dass Sie diese kommentieren.	S. 34, 1; S. 74, 4; S. 238, 3; S. 266, 1
beschreiben	Sie stellen vorgegebene Situationen, Texte, grafische Darstellungen, Personen, Vorgänge, Sachverhalte sachlich genau dar, ohne sie schon zu bewerten.	S. 12, 1; S. 64, 1; S. 241, 2; S. 275, 6
wiedergeben (meist gekoppelt mit) zusammenfassen	Sie formulieren den Inhalt eines Textes mit eigenen Worten. Sie verknappen Inhalte, Aussagen, Zusammenhänge auf das Wesentliche und geben dies strukturiert in wenigen Sätzen wieder.	S. 46, 1; S. 55, 1; S. 64, 2; S. 152, 2
darstellen/vorstellen	Sie formulieren Ergebnisse, zum Beispiel einer Informationsrecherche, einer Befragung, einer Diskussion, einer Gruppenarbeit, zusammenfassend oder unter einer bestimmten Fragestellung.	S. 19, 2; S. 60, 1; S. 80, 4; S. 122, 2; S. 242, 3

Anforderungsbereich II

Dieser Bereich umfasst das selbstständige Anwenden und Übertragen von Kenntnissen und Fertigkeiten auf neue Materialien und Situationen. Von Ihnen werden Tätigkeiten wie das Auswählen, Bearbeiten, Ordnen, Vergleichen, Analysieren oder das Erklären von Sachverhalten und Zusammenhängen erwartet. Besonders kommt es darauf an, diese Kenntnisse und Fertigkeiten selbstständig auf neue Fragestellungen bzw. unbekannte Texte oder Situationen zu übertragen.

Verb	Anforderung (erwartete Tätigkeit)	Beispielaufgabe im Buch
erschließen	Unter Berücksichtigung von vorgegebenen Gesichtspunkten erarbeiten Sie sich den Sinngehalt oder die Problemstellung eines Textes oder Textteils.	S. 19, 1; S. 49, 3; S. 249, 1
deuten	Sie entschlüsseln sprachliche Bilder (zum Beispiel Metapher, Vergleich, Personifikation), Textteile, Texte in ihrer übertragenen Bedeutung und beschreiben diese.	S. 68, 6; S. 288, 1

Arbeitsanweisungen und Operatoren verstehen

Verb	Anforderung (erwartete Tätigkeit)	Beispielaufgabe im Buch
charakterisieren	Sie erfassen die wesentlichen Merkmale, Eigenschaften, Erscheinungsformen von Personen, Sachverhalten, Vorgängen, Zuständen und beschreiben diese.	S. 55, 2; S. 74, 2; S. 177, 6; S. 185, 2; S. 188, 2; S. 300, 12
auswerten	Sie führen die wichtigsten Ergebnisse beispielsweise aus einzelnen Berichten oder Recherchen zu einer Gesamtaussage zusammen oder Sie werten die Ergebnisse vor dem Hintergrund eines Problems oder hinsichtlich einer bestimmten Fragestellung aus.	S. 100, 2d; S. 296, 8
erklären	Sie stellen Sachverhalte, Aussagen, Hintergründe, Einsichten auf der Grundlage von bereits vorhandenen Kenntnissen dar.	S. 64, 6; S. 102, 1a; S. 180, 2b; S. 242, 1; S. 304, 3
erläutern, herausarbeiten	Eine Erläuterung gleicht der Erklärung, Sie formulieren jedoch anschaulicher durch das Hinzufügen von Beispielen und zusätzlichen Informationen.	S. 20, 1; S. 60, 4; S. 85, 1a; S. 108, 1; S. 153, 2; S. 177, 3; S. 180, 2; S. 192, 2; S. 264, 3
vergleichen	Sie stellen beispielsweise Texte, Textaussagen, Problemstellungen, sprachliche Mittel nach vorgegebenen Gesichtspunkten gegenüber und beschreiben Unterschiede oder Übereinstimmungen.	S. 54, 1; S. 66, 3; S. 205, 3a; S. 207, 3; S. 247, 3c; S. 255, 2; S. 274, 4; S. 285, 5; S. 302, 1a; S. 338, 3d
ordnen/zuordnen	Sie fügen Formulierungen, Aussagen, Texte aufgrund übereinstimmender Merkmale und gegebenenfalls nach einer Rangfolge zusammen.	S. 12, 2; S. 47, 2; S. 68, 3; S. 69, 4; S. 141, 5; S. 229, 1; S. 279, 9
einordnen	Sie stellen auf der Grundlage einer vorgegebenen Betrachtung Sachverhalte, Aussagen, Problemstellungen oder Texte in einen Zusammenhang (wie einen Textauszug in den Gesamtzusammenhang eines Textes).	S. 241, 5; S. 263, 2
untersuchen/ analysieren	Sie erfassen den Inhalt und die Form von Texten oder anderen Materialien (wie Schaubilder) nach vorgegebenen oder selbst gewählten Gesichtspunkten, beispielsweise Kernaussagen, Aufbau, sprachliche Besonderheiten, Figurenkonstellationen, Erzählperspektive, Reimschemata und andere, beschreiben und deuten diese. Sie arbeiten den Wechselbezug von Inhalt und Form (besonders bei literarischen Texten) heraus.	S. 45, 3; S. 78, 2; S. 85, 2; S. 90, 1; S. 123, 1; S. 177, 5; S. 200, 3; S. 211, 1; S. 226, 1; S. 261, 3; S. 270, 5

Arbeitsanweisungen und Operatoren verstehen

Anforderungsbereich III

Dieser Bereich umfasst das Beurteilen und Bewerten sowie das selbstständige Problemlösen auf der Grundlage des angeeigneten Wissens. Von Ihnen wird erwartet, dass Sie sich mit einem Thema, einer Problemstellung oder einem literarischen Text auseinandersetzen, verschiedene Positionen diskutieren, bewerten, dazu begründet Stellung nehmen, Lösungswege vorschlagen und Ihr Vorgehen sowie das anderer kritisch reflektieren.

Verb	Anforderung (erwartete Tätigkeit)	Beispielaufgabe im Buch
beurteilen	Sie formulieren selbstständig auf der Grundlage von vorhandenen Kenntnissen eine sachliche, vorurteilsfreie Position zu einem Sachverhalt, einer Aussage, einer Problemstellung, einem Text.	S. 106, 2e; S. 109, 5; S. 127, 4; S. 140, 2; S. 152, 6a; S. 193, 4; S. 206, 2c; S. 255, 3; S. 335, 2; S. 349, 2; S. 356, 1; S. 360, 3
bewerten	Die Bewertung erfordert zunächst die Beurteilung von Sachverhalten, Problemstellungen usw. Diese Beurteilung ergänzen Sie allerdings durch Ihre persönliche Sichtweise auf der Grundlage Ihrer Wertmaßstäbe, die Sie dabei offenlegen.	S. 102, 1c; S. 109, 4; S. 114, 3c; S. 138, 3; S. 206, 2b; S. 338, 3d; S. 361, 1
begründen	Sie stellen einen Zusammenhang zwischen Ursachen und Folgen oder Wirkungen her. Sie untermauern eine Aussage, Meinung, Position, These durch Sach- und Fachkenntnisse, also mit nachvollziehbaren Argumenten (mit Beispielen, Belegen).	S. 42, 2; S. 64, 7; S. 65, 11; S. 111, 1; S. 122, 4b; S. 255, 3b; S. 278, 7; S. 296, 9
sich auseinandersetzen mit	Sie befassen sich ausführlich mit einer Behauptung oder einer Problemstellung, bedenken unterschiedliche Aspekte des Problems, der Ursachen, der Folgen. Sie bauen auf dieser Grundlage eine schlüssige Argumentation auf.	S. 29, 2; S. 96, 1; S. 126, 4; S. 170, 4; S. 241, 4; S. 327, 1; S. 353, 3; S. 256, 5a
erörtern	Sie betrachten oder diskutieren eine Aussage, These (Behauptung) oder eine Problemstellung von verschiedenen Seiten. Dabei wird durch eine Abfolge von Für-und-wider- oder Sowohl-als-auch-Argumenten die Stichhaltigkeit der Argumentation beurteilt, bewertet und zu einer eigenen Stellungnahme beziehungsweise zu Lösungsvorschlägen geführt. Grundlage für das Erörtern sind Tätigkeiten wie sich auseinandersetzen, begründen, beurteilen, bewerten.	S. 122, 5; S. 240, 4;

Arbeitsanweisungen und Operatoren verstehen

Verb	Anforderung (erwartete Tätigkeit)	Beispielaufgabe im Buch
Stellung nehmen	Sie beurteilen und bewerten eine Problemstellung oder Behauptung und positionieren sich dazu mit überzeugenden Argumenten. Anders als bei der Erörterung müssen Sie nicht auf alle gegnerischen Positionen eingehen, wenngleich das Entschärfen dieser Standpunkte Ihre eigene Position stärken kann.	S. 33, 13; S. 220, 4; S. 250, 4b; S. 255, 4d; S. 300, 13
interpretieren	Auf der Basis einer umfassenden Analyse und Bewertung eines Textes oder anderer Materialien deuten Sie Sinnzusammenhänge und erläutern die Gesamtaussage eines Textes in einer begründeten Stellungnahme. Je nach Aufgabenstellung können Sie sich dabei auf den Text beschränken oder Informationen zum Autor und/oder zum geschichtlichen Hintergrund einbeziehen. Grundlage für das Interpretieren sind Tätigkeiten wie erschließen, untersuchen/analysieren, charakterisieren, vergleichen, bewerten, begründen.	S. 238–244; S. 292, 2;
entwerfen	Sie legen auf der Grundlage einer Arbeitsvorgabe wesentliche Punkte und Arbeitsschritte fest, beispielsweise für das Schreiben eines Textes.	S. 109, 8; S. 205, 3; S. 207, 4; S. 208, 5; S. 234, 5; S. 249, 2; S. 251, 5; S. 283, 2;
erstellen/gestalten/verfassen	Sie fertigen unter Beachtung von Vorgaben einen Text (zum Beispiel Leserbrief, Dialog, Bewerbungsschreiben, Interpretation) oder eine Arbeitsvorlage an.	S. 87, 2e; S. 94, 4; S. 96, 3; S. 120, 1; S. 150, 1; S. 193, 9; S. 242, 4; S. 356, 2
gestaltend interpretieren	In den allermeisten Fällen dürfte als Grundlage ein Text dienen, dann wird erwartet, dass Sie die Besonderheiten der Vorlage erfassen und in Ihrer Textproduktion berücksichtigen.	S. 72–76; S. 161–164; S. 228–229

Filmverzeichnis zur verwendeten Literatur

Literarischer Text	Verfilmung/-en	Kap.	LBST
Brecht, Bertolt: *Leben des Galilei.* Aus: B.B., Gesammelte Werke 3. Stücke 3. Frankfurt am Main: Suhrkamp 1967.	*Das Leben des Galilei* (BRD 1962) Fernsehfilm – Regie/Drehbuch: Egon Monk – Darsteller: Ernst Schröder, Hartmut Reck, Angelika Hurwicz	13.1	LBST 1
Döblin, Alfred: *Berlin Alexanderplatz.* Berlin: Rütten & Loening 1978.	*Berlin Alexanderplatz* (BRD 1979/1989) Mini-Fernsehserie, 14 Teile – Regie/Drehbuch: Rainer Werner Fassbinder – Darsteller: Günter Lamprecht, Hanna Schygulla, Barbara Sukowa *Fassbinders Berlin Alexanderplatz. Ein Megafilm und seine Geschichte* (D 2007) Dokumentarfilm – Regie: Juliane Maria Lorenz	20	Zusatzm.
Dürrenmatt, Friedrich: *Die Physiker.* Zürich: Diogenes Verlag 1986.	*Die Physiker* (BRD 1964) Fernsehfilm – Regie: Fritz Umgelter – Drehbuch: Friedrich Dürrenmatt – Darsteller: Therese Giehse, Gustav Knuth, Kurt Ehrhardt	13.1	LBST 1
Fontane, Theodor: *Effi Briest.* Aus: T. F., Werke in fünf Bänden. Bd. 4. Ausgew. u. eingeleitet v. Hans-Heinrich Reuter. Hg. v. d. Nationalen Forschungs- und Gedenkstätten der klassischen deutschen Literatur in Weimar. Berlin/Weimar: Aufbau Verlag 1964.	*Fontane Effi Briest* (BRD 1974) – Regie/Drehbuch: Rainer Werner Fassbinder – Darsteller: Hanna Schygulla, Wolfgang Schenck, Karlheinz Böhm *Effi Briest* (D 2009) – Regie: Hermine Huntgeburth – Drehbuch: Volker Einrauch – Darsteller: Julia Jentsch, Sebastian Koch, Mišel Matičević	20	Zusatzm.
Goethe, Johann Wolfgang: *Die Leiden des jungen Werthers.* Aus: J.W.G., Werke. Hamburger Ausgabe in 14 Bänden. Bd. 6: Romane und Novellen I. München: C.H.Beck, 14. Aufl. 1996.	*Die Leiden des jungen Werthers* (DDR 1976) – Regie/Drehbuch: Egon Günther – Darsteller: Hans-Jürgen Wolf, Katharina Thalbach, Hilmar Baumann *Werther* (D 2008) Fernsehfilm – Regie/Drehbuch: Uwe Janson – Darsteller: Stefan Konarske, Hannah Herzsprung *Goethe!* (D 2010) – Regie/Drehbuch: Philipp Stölzl – Darsteller: Alexander Fehling, Miriam Stein, Moritz Bleibtreu	17.2 20	LBST 2 Zusatzm.
Grimmelshausen, Hans Jakob Christoffel von: *Der abenteuerliche Simplicissimus Teutsch.* Berlin/Weimar: Aufbau Verlag, 5. Aufl. 1988.	*Des Christoffel von Grimmelshausen abenteuerlicher Simplizissimus* (A/BRD 1975) Fernsehfilm – Regie: Fritz Ungelter – Drehbuch: Leopold Ahlsen – Darsteller: Matthias Habich, Christian Quadflieg, Herbert Stass	20	Zusatzm.

Filmverzeichnis zur verwendeten Literatur

Literarischer Text	Verfilmung/-en	Kap.	LBST
Kehlmann, Daniel: *Die Vermessung der Welt.* Reinbek: Rowohlt TB Verlag 2008.	*Die Vermessung der Welt* (D/A 2012) 3D-Film – Regie: Detlev Buck – Drehbuch: Daniel Kehlmann, Detlev Buck, Daniel Nocke – Darsteller: Florian David Fitz, Albrecht Schuch, Jérémy Kapone	21.1	Zusatzm.
Kehlmann, Daniel: *Stimmen.* Aus: D.K., Ruhm. Hamburg: Rowohlt Verlag 2009.	*Ruhm* (D 2012) – Regie/Drehbuch: Isabel Kleefeld – Darsteller: Senta Berger, Heino Ferch, Julia Koschitz	12.1	LBST 1
Lessing, Gotthold Ephraim: *Emilia Galotti.* Aus: G.E.L.: Werke und Briefe in zwölf Bänden. Bd. 7: Werke 1770–1773. Hg. v. Klaus Bohnen, Frankfurt am Main: Deutscher Klassiker Verlag 2000.	*Emilia* (D 2005) – Regie/Drehbuch: Henrik Pfeifer – Darsteller: Felix Lampe, Ivonne Schönherr, Pascal Ulli	20	Zusatzm.
Rothmann, Ralf: *Junges Licht.* Frankfurt am Main: Suhrkamp 2004.	*Junges Licht* (D 2016) – Regie: Adolf Winkelmann – Drehbuch: Till Beckmann, Nils Beckmann, Adolf Winkelmann – Darsteller: Oscar Brose, Charly Hübner, Lina Beckmann	17.3	LBST 2
Schiller, Friedrich: *Maria Stuart.* Aus: F.S., Werke und Briefe. Bd. 1. Frankfurt am Main: Deutscher Klassiker Verlag 1992.	*Maria Stuart, Königin von Schottland* Originaltitel: Mary, Queen Of Scots (UK 1972) – Regie: Charles Jarrott – Drehbuch: John Hale – Darsteller: Vanessa Redgrave, Glenda Jackson, Patrick McGoohan *Mary* (Schweiz 2013) – Regie/Drehbuch: Thomas Imbach – Darsteller: Camille Rutherford, Roxane Duran, Joana Preiss	13.1	LBST 1
Tabori, George: *Mein Kampf.* Berlin: © Verlag Klaus Wagenbach 1987.	*Mein Kampf* (D 2009) – Regie: Urs Odermatt – Drehbuch: Martin Lehwald, Urs Odermatt – Darsteller: Tom Schilling, Götz George, Wolf Bachofner	13.2	LBST 1
Timm, Uwe: *Die Entdeckung der Currywurst.* München: dtv 2011.	*Die Entdeckung der Currywurst* (D 2008) – Regie/Drehbuch: Ulla Wagner – Darsteller: Barbara Sukowa, Alexander Khuon, Wolfgang Böck	5.1 23.1	BBST Zusatzm.
Wolf, Christa: *Der geteilte Himmel.* Berlin/Weimar: Aufbau Verlag 1975.	*Der geteilte Himmel* (DDR 1964) – Regie: Konrad Wolf – Drehbuch: Christa Wolf, Gerhard Wolf, Konrad Wolf u.a. – Darsteller: Renate Blume, Eberhard Esche, Hans Hardt-Hardtloff	20	Zusatzm.

Textsortenverzeichnis

Textsortenverzeichnis

Textquellenverzeichnis

Ausländer, Rose: *Einsamkeit, S. 290.* Aus: R. A., Gesammelte Gedichte. Köln: Literarischer Verlag Braun 1977.

Bachmann, Ingeborg: *Die gestundete Zeit, S. 242.* Aus: I. B., Werke I. München: Piper 1978, S. 37.

Balzert, Helmut: *Wissenschaftliches Arbeiten, S. 347.* Aus: Wissenschaftliches Arbeiten. Wissenschaft, Quellen, Artefakte, Organisation, Präsentation. Hg. v. Helmut Balzert, Christian Schäfer, Marion Schröder, Uwe Kern. Herdecke/Witten: W3L GmbH 2008, S. 6.

Bärfuss, Lukas: *Die Probe* (Auszug), *S. 201 ff.* Aus: L. B., Alices Reise in die Schweiz. Die Probe. Amygdala. Stücke. Göttingen: Wallstein Verlag 2007, S. 63 ff.

Bartens, Werner: *Darf's ein bisschen mehr sein?* (gekürzt), *S. 117 f.* Aus: Süddeutsche Zeitung, 27./28.02.2016.

Bartsch, Kurt: *Chausseestraße 125, S. 66.* Aus: K. B., Zugluft. Gedichte – Sprüche – Parodien. Berlin: Aufbau Verlag 1968.

Baum, Antonia: *Ich wuchs auf einem Schrottplatz auf, wo ich lernte, mich von Radkappen und Stoßstangen zu ernähren* (Auszug), *S. 165 f.* Hamburg: Hoffmann und Campe 2015, S. 22 ff.

Benn, Gottfried: *Reisen, S. 238.* Aus: G. B., Sämtliche Gedichte. Stuttgart: Klett-Cotta, 4. Aufl. 2002, S. 307.

Berg, Sibylle: *S. P. O. N. – Fragen Sie Frau Sibylle: Wer auffällt, ist out, S. 252.* Aus: Spiegel online, 09.04.2016, http://www.spiegel.de/kultur/gesellschaft/social-media-und-selbstoptimierung-wer-auffaellt-ist-out-kolumne-a-1085964.html [01.09.2016].

Biringer, Eva: *Warum liegt denn hier Stroh?* (gekürzt), *S. 321.* Aus: Zeit online, 02.08.2015, http://www.zeit.de/reisen/2015-07/land-reise-essay-abwesenheitsnotizen [01.09.2016].

Bohsem, Guido: *Nicht sehr raffiniert* (gekürzt), *S. 45.* Aus: Süddeutsche Zeitung, 31.03.2016; Durch dick und dicker (gekürzt), S. 47f. Aus: ebd.

Böll, Heinrich: *So ein Rummel* (gekürzt), *S. 57ff.* Aus: H. B., Erzählungen. 2. Auflage. Opladen: Verlag Friedrich Middelhauve, 2. Auflage 1958, S. 180 ff.

Borbonus, René: *Schluss mit dem Fachchinesisch: Vertrauen braucht Klarheit* (gekürzt), *S. 88.* Aus: http://www.business-punk.com/2016/02/schluss-mit-dem-fachchinesisch-vertrauen-braucht-klarheit/ [01.09.2016].

Borchert, Wolfgang: *Die Küchenuhr, S. 293 f.* Aus: W. B., Das Gesamtwerk. Hg. v. Michael Töteberg unter Mitarbeit von Irmgard Schindler. Reinbek: Rowohlt 2007.

Brecht, Bertolt: *Der Radwechsel, S. 64.* Aus: Werke, Bd. 11: Gedichte 2. Sammlungen 1938–1956. Hg. v. Werner Hecht u. a., bearb. v. Jan und Gabriele Knopf. Frankfurt am Main: Suhrkamp 1988, S. 310; *Was ist mit dem epischen Theater gewonnen?, S. 169.* Aus: B. B., Schriften zum Theater 3. 1933–1947. Frankfurt am Main: Suhrkamp 1963; *Über eine nichtaristotelische Dramatik* (Auszug), *S. 178.* Aus: ebd., S. 99; *Leben des Galilei* (Auszug), *S. 178 ff.* Aus: B. B., Gesammelte Werke 3. Stücke 3. Frankfurt am Main: Suhrkamp 1967; *Erinnerung an die Marie A., S. 249.* Aus: B. B., Gesammelte Werke in 20 Bänden. Bd. 8. Frankfurt am Main: Suhrkamp 1967, S. 232; *Gedanken über die Dauer des Exils, S. 291.* Aus: B. B., Svendborger Gedichte. In: B. B., Gesammelte Werke. Bd. 9: Gedichte 2. Hg. in Zusammenarbeit mit Elisabeth Hauptmann. Frankfurt am Main: Suhrkamp 1967, S. 719 f.

Breithaupt, Fritz: *Ein Lehrer für mich alleine* (gekürzt), *S. 136f.* Aus: Die Zeit, 28.01.2016.

Büchner, Georg: *Woyzeck* (Auszug), *S. 276f.* Aus: G. B., Werke und Briefe. Nach der historisch-kritischen Ausgabe von Werner R. Lehmann. München/Wien: Carl Hanser 1980, S. 159 ff.

Buchsteiner, Rasmus: *Johanna Wanka: „Wir brauchen mehr Mobilität von Auszubildenden“* (gekürzt), *S. 97.* Aus: Passauer Neue Presse online, 23.06.2016, http://www.pnp.de/nachrichten/politik/2120643_Johanna-Wanka-Wir-brauchen-mehr-Mobilitaet-von-Auszubildenden.html [01.09.2016].

Buselmeier, Michael: *Sommermittag, S. 247.* Aus: M. B., Die Rückkehr der Schwäne. Heidelberg: Verlag Das Wunderhorn 1980.

Döblin, Alfred: *Berlin Alexanderplatz* (Auszug), *S. 286 f.* Berlin: Rütten & Loening 1978, S. 9 f.

Dürrenmatt, Friedrich: *Uns kommt nur noch die Komödie bei* (gekürzt), *S. 169 f.* Aus: F. D., Theater-Schriften und Reden. Zürich: Diogenes Verlag 1985; *Die Physiker* (Auszug), *S. 181 ff.* Zürich: Diogenes Verlag 1986.

Eich, Günter: *Inventur, S. 241.* Aus: G. E., Gesammelte Werke. Die Gedichte. Frankfurt am Main: Suhrkamp 1991, S. 35 f.

Eichendorff, Joseph von: *Der Morgen, S. 273.* Aus: J. v. E., Werke, Hg. v. Manfred Häckel, Weimar: Volksverlag 1955, S. 168.

Fischer, Anja: *Tablet-Computer hilft im Unterricht* (gekürzt), *S. 81.* Aus: Augsburger Allgemeine online, 04.04.2016, http://www.augsburger-allgemeine.de/schwabmuenchen/Tablet-Computer-hilft-im-Unterricht-id37393267.html [01.09.2016].

Fontane, Theodor: *Effi Briest* (Auszug), *S. 281 f.* Aus: T. F., Werk in 5 Bänden. Bd. 4. Ausgew. u. eingeleitet v. Hans-Heinrich Reuter. Hg. v. d. Nationalen Forschungs- und Gedenkstätten der

Textquellenverzeichnis

klassischen deutschen Literatur in Weimar. Berlin/Weimar: Aufbau Verlag 1964, S. 249 ff.

Geißner, Hellmut: *Sprechwissenschaft. Theorie der mündlichen Kommunikation* (gekürzt), *S. 11.* Frankfurt am Main: Scriptor 1981, S. 129.

George, Stefan: *Die Spange, S. 244.* Aus: S. G., Hymnen, Pilgerfahrten, Algabal. Gesamt-Ausgabe der Werke, Bd. 2, Berlin: Verlag Georg Bondi 1928, S. 82 f.

Gilray, James: *Karikatur: The Plum pudding in danger (1805), S. 271.* Quint & Lox / akg-images.

Goethe, Johann Wolfgang: *Gefunden, S. 65.* Aus: J. W. G., Sämtliche Werke, Bd. 2: Die Gedichte 1800–1832. Hg. v. Karl Eibl. Frankfurt am Main: Deutscher Klassiker Verlag 2010, S. 45; *Die Leiden des jungen Werthers* (Auszüge), *S. 228, 267.* Aus: J. W. G., Werke. Hamburger Ausgabe in 14 Bänden. Bd. 6: Romane und Novellen I. München: C. H. Beck, 14. Aufl. 1996, S. 7 f., 19f., 55; *Willkommen und Abschied, S. 249.* Aus: J. W. G., Werke. Hamburger Ausgabe in 14 Bänden. Bd. 1. Gedichte und Epen I. Durchges. u. komm. v. Erich Trunz. München: C. H. Beck 1981, S. 28 f.; *Iphigenie auf Tauris* (Auszug), *S. 270.* Aus: J. W. G., Sämtliche Werke. Briefe, Tagebücher und Gespräche. Bd. 5: Dramen 1776–1790. Unter Mitarbeit von Peter Huber hg. v. Dieter Borchmeyer. Frankfurt am Main: Deutsche Klassiker Verlag 1988, S. 555 f.

Goitein, Rahel: *Abiturrede* (gekürzt), *S. 125.* Stadtarchiv Karlsruhe/© Rahel Straus (geb. Goitein, 1893)/ Privatbesitz.

Grass, Günter: *Der Butt* (Auszug), *S. 54.* Darmstadt: Luchterhand 1977, S. 219.

Grimmelshausen, Hans Jakob Christoffel von: *Der abenteuerliche Simplicissimus Teutsch* (Auszug), *S. 261 f.* Berlin/Weimar: Aufbau Verlag, 5. Aufl. 1988, S. 37 f.

Grünbein, Durs: *Kosmopolit, S. 296 f.* Aus: D. G., Nach den Satiren. Gedichte. Frankfurt am Main: Suhrkamp 1999.

Gryphius, Andreas: *Menschliche Elende, S. 260f.* Aus: Echtermeyer: Deutsche Gedichte. Von den Anfängen bis zur Gegenwart. Hg. v. Elisabeth K. Paefgen und Peter Geist. Berlin: Cornelsen 2005, S. 101 f.

Guldner, Jan: *„Wer arrogant wirkt, macht sich unbeliebt“* (gekürzt), *S. 305.* Aus: Zeit online, 26.07.2015, http://www.zeit.de/campus/2015/s1/arbeitsmarkt-ingenieur-branche [01.09.2016].

Hahn, Ulla: *Mit Haut und Haar, S. 64.* Aus: U. H., Herz über Kopf. Stuttgart: DVA 1981; *Bildlich gesprochen, S. 238.* Aus: U. H., Liebesgedichte. Stuttgart: DVA 1993, S. 22.

Hartmann, Kathrin: *Grüne Märchen* (gekürzt), *S. 110 f.* Aus: Süddeutsche Zeitung, 29.08.2014.

Hauptmann, Gerhart: *Der Biberpelz* (Auszug), *S. 284 f.* Aus: G. H., Ausgewählte Werke. Berlin/Weimar: Aufbau Verlag 1962, S. 7 ff.

Heine, Heinrich: *Die schlesischen Weber, S. 279.* Aus: H. H., Historisch-kritische Gesamtausgabe der Werke. Hg. v. M. Windfuhr. Bd. 2.Hamburg: Hoffmann und Campe 1973, S. 14.

Herwegh, Georg: *Wer ist frei?, S. 278.* Aus: G. H., Werke in drei Teilen. Hg. v. Hermann Tadel. Berlin: Bong & Co. 1909, S. 25.

Heym, Georg: *Der Gott der Stadt, S. 244.* Aus: G. H., Dichtungen und Schriften. Gesamtausgabe. Lyrik Bd. 1. Hg. v. Karl Ludwig Schneider. Hamburg: Ellermann 1964, S. 192.

Hochhuth, Rolf: *McKinsey kommt* (Auszug), *S. 297 ff.* Aus: R. H., McKinsey kommt. Moliéres Tartuffe. Zwei Theaterstücke. München: dtv 2009, S. 35 ff.

Hoddis, Jakob van: *Weltende, S. 239.* Aus: J. v. H., Dichtungen und Briefe. Hg. v. Regina Nörtemann. Zürich: Arche 1987, S. 15.

Hoffmann, Ernst Theodor Amadeus: *Der Sandmann* (gekürzt), *S. 274 f.* Aus: E. T. A. H., Märchen und Erzählungen. Nachwort v. Gerhard Seidel. Berlin/ Weimar: Aufbau Verlag 1980, S. 131 f.

Hofmannsthal, Hugo von: *Ballade des äußeren Lebens, S. 68.* Aus: H. v. H., Gedichte, Dramen 1. 1891–1898. Frankfurt am Main: Fischer 1979, S. 23.

Hölderlin, Friedrich: *Menschenbeifall, S. 69.* Aus: F. H., Sämtliche Werke. Hg. v. Jochen Schmidt. Frankfurt am Main: Insel 1999, S. 200.

Höller, Kristin: *Scroll bitte in deine Facebook-Vergangenheit* (gekürzt), *S. 253.* Aus: jetzt, 09.04.2016, http://www.jetzt.de/meine-theorie/die-eigene-digitale-vergangenheit-auf-facebook [01.09.2016].

Jahberg, Heike: *Mindestens haltbar bis: Nicht länger haltbar* (gekürzt), *S. 210 f.* Aus: Der Tagesspiegel, 30.03.2016.

Jandl, Ernst: *reise, S. 242.* Aus: Konkrete Poesie. Hg. v. Eugen Gomringer. Stuttgart: Reclam 1972, S. 87.

Jonas, Bruno: *Irrealis* (Auszug), *S. 90.* Aus: B. J., Es soll nie wieder vorkommen. Goldmann Verlag 1999.

Jung, Hans-Martin: *Ideen statt Keule* (gekürzt), *S. 23.* Aus: Süddeutsche Zeitung, 27.11.2015.

Kafka, Franz: *Kleine Fabel, S. 56, 346.* Aus: F. K., Gesammelte Werke. Hg. v. Max Brod. Frankfurt am Main: Fischer Taschenbuch Verlag 1983, S. 91.

Kant, Immanuel: *Beantwortung der Frage: Was ist Aufklärung?* (Auszug), *S. 263 f.* Aus: I. K., Was ist Aufklärung? Thesen und Definitionen. Hg. v. Ehrhard Bahr. Stuttgart: Reclam 1974, S. 9 f.

Textquellenverzeichnis

Kaschnitz, Marie Luise: *Hochsommer, S. 246.* Aus: M. L. K., Überallnie. Ausgewählte Gedichte 1928–1965. Berlin: Claassen 1998, S. 22.

Kästner, Erich: *Über das Verbrennen von Büchern* (gekürzt), *S. 121 f.* Aus: E. K., Werke, Bd. 6: Splitter und Balken. Publizistik. Hg. v. Hans Sarkowicz und Franz Josef Görtz. München /Wien: Carl Hanser 1998, S. 638 ff.; *Inferno im Hotel* (gekürzt), *S. 157 ff.* Aus: E. K., Drei Männer im Schnee. Roman. Zürich: Atrium Verlag 2010, S. 231 ff.

Kehlmann, Daniel: *Stimmen* (gekürzt), *S. 153 f.* Aus: D. K., Ruhm. Hamburg: Rowohlt Verlag 2009, S. 7 ff.; *Rosalie geht sterben* (gekürzt), *S. 154 f.* Aus: ebd., S. 51 ff.; *Die Vermessung der Welt* (Auszug), *S. 302.* Reinbek: Rowohlt TB Verlag 2008, S. 45.

Lessing, Gotthold Ephraim: *Emilia Galotti* (Auszug), *S. 264 f.* Aus: G. E. L., Werke und Briefe in zwölf Bänden. Bd. 7: Werke 1770–1773. Hg. v. Klaus Bohnen. Frankfurt am Main: Deutscher Klassiker Verlag 2000, S. 368 ff.

Lobe, Adrian: *Freude am Spionieren* (gekürzt), *S. 219 f.* Aus: Zeit online, 17. 03. 2016, http://www.zeit.de/2016/11/digitalisierung-autos-daten-ueberwachung-versicherungen [01. 09. 2016].

Lobo, Sascha: *Hilferuf an die mindestens durchschnittlich Begabten* (gekürzt), *S. 112 f.* Aus: Spiegel online, 20. 01. 2016, http://www.spiegel.de/netzwelt/web/lobo-kolumne-hilferuf-an-die-mindestens-durchschnittlich-begabten-a-1072955.html [01. 09. 2016].

Loriot: *Der Vampyr* (gekürzt), *S. 206 f.* Aus: L., Gesammelte Prosa. Hg. v. Daniel Keel. Zürich: Diogenes Verlag 2006; *Sollen Hunde fernsehen?* (gekürzt), *S. 207.* Aus: ebd.

Maier, Andreas: *Wäldchestag* (Auszug), *S. 303.* Frankfurt am Main: Suhrkamp 2002, S. 11.

Menkens, Sabine: *SINUS-Jugendstudie 2016. Glücklich im Mainstream: So ticken Jugendliche wirklich* (gekürzt), *S. 254.* Aus: Focus online, 26. 04. 2016, http://www.focus.de/familie/pubertaet/sinus-jugendstudie-2016-angepasst-und-tolerant-so-ticken-jugendliche-wirklich_id_5469108.html [01. 09. 2016].

Meyerhoff, Joachim: *Alle Toten fliegen hoch. Amerika* (Auszug), *S. 230.* Köln: Verlag Kiepenheuer & Witsch 2011. S. 258 f.

Nimz, Ulrike: *Ergebnis der Shell-Jugendstudie: Krawatte statt Krawall* (gekürzt), *S. 21 f.* Aus: Süddeutsche Zeitung, 14. 10. 2015.

Obama, Barack: *Rede zur Verleihung des Friedensnobelpreises* (gekürzt), S. 132 ff. Aus: Die Welt online, 10. 12. 2009, http://www.welt.de/politik/ausland/article5490579/Seine-Rede-zum-Friedensnobelpreis-im-Wortlaut.html [09. 06. 2017], Übersetzt von Daniel Böhmer, Wieland Freund, Karen Merkel und Clemens Wergin.

Oenning, Lisa: *Das Phänomen Snapchat* (gekürzt), *S. 191 f.* Aus: Wirtschaftswoche online, 25. 04. 2016, http://www.wiwo.de/technologie/digitale-welt/das-phaenomen-snapchat-warum-der-hype-bald-vorbei-sein-koennte-/13454562.html [01. 09. 2016].

Osel, Johann: *Generation lässig* (gekürzt), *S. 304.* Aus: Süddeutsche Zeitung online, 01. 08. 2015, http://www.sueddeutsche.de/bildung/zehn-jahre-rechtschreibreform-generationlaessig-1.2590762 [01. 09. 2016].

Potente, Franka: *Kitamakura* (gekürzt), *S. 72 ff.* Aus: F. P., Zehn. Stories. München/Zürich: Piper 2010, S. 153 ff.

Preuß, Roland: *Abschied und Willkommen* (gekürzt), *S. 147 f.* Aus: Süddeutsche Zeitung, 11. 03. 2015.

Riebeling, Fee Anabelle: *Vom Knochen zum Smartphone* (gekürzt), *S. 340.* Aus: Ruhrnachrichten online, 05. 09. 2013, http://www.ruhrnachrichten.de/nachrichten/topnews/Entwicklung-des-Handys-Vom-Knochen-zum-Smartphone;art333,2116141 [01. 09. 2016].

Rilke, Rainer Maria: *Der Panther, S. 70.* Aus: R. M. R., Werke, Bd. 1: Gedichte 1895–1910. Hg. v. Manfred Engel. Frankfurt am Main: Insel 1996, S. 106.

Rothmann, Ralf: *Junges Licht* (Auszug), *S. 231 f.* Suhrkamp: Frankfurt am Main 2004, S. 15 ff., Klappentext auf dem Bucheinband.

Scheerbart, Paul: *Groglied, S. 244.* Aus: P. S., Gesammelte Werke Bd. 9. Hg. v. Thomas Börk u. a. Bellheim: Edition Phantasia 1994, S. 42.

Schiller, Friedrich: *Die Schaubühne als eine moralische Anstalt betrachtet* (Auszug), *S. 168.* Aus: F. S., Was kann eine gute stehende Bühne eigentlich bewirken? In: Sämtliche Werke. Bd. 5. Hg. v. Gerhard Fricke und Herbert G. Göpfert. München: Carl Hanser 1960; *Maria Stuart* (Auszug), *S. 171 ff.* Aus: F. S., Werke und Briefe. Bd. 1. Frankfurt am Main: Deutscher Klassiker Verlag 1992; *Der Antritt des neuen Jahrhunderts, S. 271 f.* Aus: F. S., Werke in zehn Bänden. Berliner Ausgabe, hg. v. H.-G. Thalheim u. a. Bd. 1. Berlin/Weimar: Aufbau Verlag, 1980, S. 497 f.

Schloemann, Johan: *Vom Wert der Freundschaft* (gekürzt), *S. 142f.* Aus: Süddeutsche Zeitung, 9./10. 04. 2016.

Schröder, Christoph: *Kohle, Stahl, Arbeit, Aufschwung* (gekürzt), *S. 233.* Aus: Zeit online, 11. 05. 2016, http://www.zeit.de/kultur/film/2016-05/junges-licht-film-rothmann-charly-huebner [01. 09. 2016].

Textquellenverzeichnis

Schulz von Thun, Friedemann: *I. Die Anatomie einer Nachricht* (gekürzt), *S. 84.* Aus: F. S. v. T., Miteinander reden 1. Störungen und Klärungen. Allgemeine Psychologie der Kommunikation. Reinbek: Rowohlt o. J., S. 25 ff.; *Kommunikationsquadrat, S. 85.* © Prof. Schulz von Thun.

Seghers, Anna: *Transit* (Auszug), *S. 289f.* Berlin: Aufbau Verlag 2001, S. 9 ff.

Sickert, Teresa: *Politiker auf Snapchat, S. 190 f.* Aus: Spiegel online, 23. 02. 2016, http://www.spiegel.de/netzwelt/netzpolitik/social-media-app-politiker-bei-snapchat-a-1078115.html [01. 09. 2016].

Stamm, Peter: *Wir fliegen* (gekürzt), *S. 150 ff.* Frankfurt am Main: Fischer Taschenbuchverlag 2008, S. 87 ff.

Storm, Theodor: *Die Stadt, S. 245.* Aus: T. S., Sämtliche Werke. Bd. 1. Berlin/Weimar: Aufbau Verlag 1982, S. 112.

Suter, Martin: *Eigenbild - Fremdbild* (gekürzt), *S. 86.* Aus: M. S., Das Bonusgeheimnis und andere Geschichten aus der Buissness Class. Zürich: Diogenes Verlag 2009, S. 106 ff.

Tabori, George: *Mein Kampf* (Auszug), *S. 186 f.* Berlin: © Verlag Klaus Wagenbach 1987.

Timm, Uwe: *Die Entdeckung der Currywurst* (Auszug), *S. 61 f.* München: dtv 2011, S. 15 ff.

Trakl, Georg: *Die schöne Stadt, S. 245.* Aus: G. T., Gedichte. Frankfurt am Main: Suhrkamp 1994.

Trottenberg, Ulrich: *Algorithmen lieben lernen* (gekürzt), *S. 18.* Aus: Süddeutsche Zeitung, 30. 01. 2016.

Tucholsky, Kurt: *Ratschläge für einen schlechten Redner* (gekürzt), *S. 120.* Aus: K. T., Gesammelte Werke. Bd. 3: 1929–1935. Hg. v. Mary Gerold-Tucholsky und Fritz J. Raddatz. Frankfurt am Main: Zweitausendeins 2005, S. 600 f.; *Augen der Großstadt, S. 240.* Aus: K. T., Gedichte. Hg.v. Mary Gerold-Tucholsky. Reinbeck bei Hamburg: Rowohlt 1983, S. 689.

Wagner, Katharina: *Was ist ein Plagiat* (gekürzt), *S. 346.* Aus: Zeit online, 01. 12. 2009, http://www.zeit.de/campus/2010/01/studieren-tatort-uni-interview [01. 09. 2016].

Watzlawick, Paul: *Menschliche Kommunikation. Formen, Störungen, Paradoxien* (gekürzt), *S. 196.* Aus: Menschliche Kommunikation. Formen, Störungen, Paradoxien. Hg. v. Paul Watzlawick, Janet H. Beavin, Don D. Jackson. Bern: Verlag Hans Huber, 11. Aufl. 2007, S. 50 ff.

Weisbrod, Lars: *Ego, achtsam gekaut* (gekürzt), *S. 43 f.* Aus: Die Zeit, 04. 02. 2016.

Wells, Benedict: *Spinner* (Auszug), *S. 12.* Zürich: Diogenes Verlag 2009, S. 164.

Wohmann, Gabriele: *Der ganz normale Wahnsinn* (gekürzt), *S. 222 ff.* Aus: G. W., Wäre wunderbar. Am liebsten sofort. Liebesgeschichten. München: Piper 1995, S. 200 ff.

Wolf, Christa: *Der geteilte Himmel* (Auszug), *S. 295 f.* Berlin/Weimar: Aufbau Verlag 1975, S. 8 ff.

Wolitzer, Meg: *Die Interessanten* (Auszug), *S. 161 f.* Köln: DuMont 2014, S. 280 ff.

Wondratschek, Wolf: *Mittagspause* (gekürzt), *S. 60.* Aus: W. W., Früher begann der Tag mit einer Schusswunde. München: Hanser 1969.

Yousafzai, Malala: *Ein Kind, ein Lehrer, ein Buch, ein Stift können die Welt verändern* (gekürzt), *S. 128 f.* Aus: Mitschrift der Rede von Malala Yousafzai am 12. 07. 2013, Vereinte Nationen in New York (deutsche Übersetzung), http://www.kindernetz.de/infonetz/politik/frauenrechte/-/id=286214/property=download/nid=271614/6djvc8/SWRKindernetz-Rede-Malala.pdf [01. 09. 2016].

Zak, Martin: *Cartoon: Smartphone, S. 256.* Bildnummer 90487 / © dieKLEINERT.de / Martin Zak.

Zippert, Hans: *Würden Sie an einer Tortengrafik teilnehmen?* (gekürzt), *S. 29.* Aus: H. Z., So funktioniert Deutschland. München/Wien: Sanssouci im Carl Hanser Verlag 2004, S. 123.

Unbekannte und ungenannte Verfasser

Cartoon: Grillen, S. 200. Toonpool / © Schön Blöd.

Chat: Dialekt im Vorstellungsgespräch (Originalbeitrag), *S. 92.*

Das Schreiben eines Briefes ... (Originalbeitrag), *S. 317.*

Deutschland online, S. 34. ARD/ZDF-Onlinestudie 2015 / Globus.

Dialektkarte Bayern, S. 91. Aus: https://sprachatlas.bayerische-landesbibliothek-online.de/ [01. 09. 2016].

Dialog im Chat (Originalbeitrag), *S. 14.*

Diskussion „Mich nervt, dass immer ...“ (Originalbeitrag), *S. 99.*

Diskussionsbeitrag „Ich bin als Schülersprecherin ...“ (Originalbeitrag), *S. 99.*

Eisbergmodell nach Sigmund Freud, S. 198. Aus: https://www.berufsstrategie.de/bewerbung-karriere-soft-skills/kommunikationsmodelle-eisberg-modell.php [01. 09. 2016].

E-Mail (Originalbeitrag), *S. 320.*

Entwicklung der Onlinenutzung in Deutschland, S. 352. Aus: ARD-Onlinestudie 1997, ARD/ZDF-Onlinestudien 1998-2015, http://www.ard-zdf-onlinestudie.de/index.php?id=530 [01. 09. 2016].

Es war ein Riesenreich ... (Originalbeitrag), S. 314.

Fast alle Schüler nehmen ihr Handy mit in die Schule (gekürzt), *S. 28.* Aus: https://www.bitkom.org/Presse/Presseinformation/Fast-alle-Schueler-nehmen-ihr-Handy-mit-in-die-Schule.html [01. 09. 2016].

Textquellenverzeichnis

Fast ein Drittel des Musikumsatzes ist digital, S. 40. Bundesverband Musikindustrie / Statista.

Film ab!, S. 37. Filmförderungsanstalt / Globus.

Film ab: Danke, Göthe! (Originalbeitrag), *S. 39.*

Hausordnung (gekürzt und verändert), *S. 319.* Aus: Deutscher Mieterbund online, http://www.mieterbund.de/fileadmin/user_upload/hausordnung.pdf [01.09.2016].

Hier druckt der Drucker nicht mehr (gekürzt), *S. 79.* Aus: Tagesspiegel online, 28.03.2016, http://www.tagesspiegel.de/medien/hier-druckt-der-drucker-nicht-mehr-the-independent-nur-noch-im-internet/13372506.html [01.09.2016].

In den Tropen ... (Originalbeitrag), *S. 311.*

In Deutschland gibt es ... (gekürzt), *S. 13.* Aus: Was erwartet die Wirtschaft von den Schulabgängerinnen und Schulabgängern? Ausgabe 1, 07/2011. Hg. v. IHK, NRW, S. 2.

Internetkriminalität, S. 31. BKA / Bitkom / dpa Picture-Alliance.

JIM-Studie 2014 (Auszug), *S.30.* Aus: JIM 2014 – Jugend, Information, Multimedia. Basisstudie zum Medienumgang 12- bis 19-Jähriger in Deutschland. Hg. v. Medienpädagogischer Forschungsverbund Südwest. Stuttgart 2014, S. 15.

JIM-Studie 2015 (Auszüge), *S. 29, 30, 351, 352.* Aus: JIM 2015 – Jugend, Information, Multimedia. Basisstudie zum Medienumgang 12- bis 19-Jähriger in Deutschland. Hg. v. Medienpädagogischer Forschungsverbund Südwest. Stuttgart 2015, S. 11, 14 f., 46, 37 f.

Karikatur: Die Deutsche Presse nach den Karlsbader Beschlüssen, S. 276. ullstein – Archiv Gerstenberg / action press.

„Kommst Du Auto?" – Kurzdeutsch breitet sich weiter aus (gekürzt), *S. 93.* Aus: Süddeutsche Zeitung online, 12.02.2016, http://www.sueddeutsche.de/news/leben/familie-kommst-du-auto—kurzdeutsch-breitet-sich-weiter-aus-dpa.urn-newsml-dpa-com-20090101-160212-99-666908 [01.09.2016].

Lammkeule (Originalbeitrag), *S. 54.*

Lexikon Dialekt (Originalbeitrag), *S. 92.*

Mediennutzung im Tagesverlauf, S. 31. Aus: http://touchpoints.vuma.de/#/tagesablauf/ [01.09.2016].

Onlinenutzung täglich 2015, S. 353. Aus: ARD/ZDF-Onlinestudie 2015, http://www.ard-zdf-onlinestudie.de/index.php?id=532 [01.09.2016].

Quellen der Lebensmittelverschwendung in Europa, S. 215. Aus: Umweltbundesamt online, 12.01.2015, http://www.umweltbundesamt.de/themen/lebensmittelabfaelle-vermeiden-wir-zeigen-wie-es [01.09.2016].

Rede eines Abiturienten auf der Abiturfeier (Originalbeitrag), *S. 204.*

Rede eines Abiturienten der heutigen Zeit (Originalbeitrag), *S. 125.*

Sind Jugendliche schlecht auf eine Ausbildung vorbreitet? (Originalbeitrag), *S. 102.*

Stadtplan Landshut, S. 20. © Stadt Landshut – Baureferat.

Top-Freizeitaktivitäten, S. 78. Stiftung für Zukunftsfragen, Gesellschaft für Konsumforschung/Globus.

Tourismus mit Zukunft (Originalbeitrag), *S. 322.*

Vernetzte Autos, S. 219. Aus: ADAC e.V., Pressemeldungen, 10.02.2016, https://presse.adac.de/meldungen/technik/europaeer-wollen-datenhoheit-ueber-ihre-fahrzeuge.html [01.09.2016].

Viele junge Leute wünschen sich ... (Originalbeitrag), *S. 317.*

Vorstellungsgespräche 1 und 2 (Originalbeiträge), *S. 10.*

Was, glauben Sie, bedeutet die Angabe zum Mindesthaltbarkeitsdatum wirklich?, S. 216. Europäische Kommission / Statista.

Welche Social Media App benutzt du am häufigsten?, S. 192. Bauer Media Group, Bravo / Statista.

Wie oft, wenn überhaupt, schauen Sie auf das Haltbarkeitsdatum?, S. 216. Europäische Kommission / Statista.

Bildquellenverzeichnis

Titelbild: Shutterstock/Topseller
S. 9 Fotolia/ pathdoc;
S. 12 Diogenes Verlag AG, Zürich;
S. 16 *Emoticons* Shutterstock/“flower travelin‘ man“;
S. 16 *Emoji Pizza* Shutterstock/Aratehortua;
S. 16 *Emoji Wolke* Shutterstock/Aratehortua;
S. 17 Fotolia/svort;
S. 27 Fotolia/hofred;
S. 41 Fotolia/hriana;
S. 44 Shutterstock/Brian A Jackson;
S. 53 Fotolia/sveta;
S. 55 akg-images/Jean de La Fontaine/Paris, Privatsammlung;
S. 56 Shutterstock/artsmela;
S. 57 Münchner Stadtmuseum, Sammlung Puppentheater/Schaustellerei;
S. 61 Carlsen Verlag/© Isabel Kreitz;
S. 64 akg-images/Edward Hopper/New York, Whitney Museum of American Art;
S. 66 akg-images/Herbert Sandberg/ddrbildarchiv.de;
S. 68 Interfoto/Vincent van Gogh/Granger, NYC;
S. 70 Fotolia/Banana Republic;
S. 77 Shutterstock/Jane Kelly;
S. 83 doc-stock health & wellness/F1online;
S. 86 Fotolia/Dan Race;
S. 90 dpa Picture-Alliance/Sven Simon;
S. 95 Shutterstock/Botond Horvath;
S. 104 ddp images/dapd;
S. 107 Shutterstock/Jacob Lund;
S. 109 Deutsches Rotes Kreuz;
S. 110 Shutterstock/vitalez;
S. 119 action press/Kyodo Newsaction press;
S. 121 akg-images;
S. 122 action press/Everett Collection;
S. 132 dpa Picture Alliance/Scanpix NTB;
S. 135 Fotolia/lassedesignen;
S. 149 Fotolia/sveta;
S. 161 dpa/Picture-Alliance/ Gerhard Deuts;
S. 167 Fotolia/reichdernatur;
S. 168 akg-images/L. Simanowitz/Marbach, Schiller-Nationalmuseum;
S. 171 li. akg-images/Clouet-Schule/London, Victoria-Albert-Museum;
S. 171 re. akg-images/Nicholas Hillard/IMAGNO;
S. 172 akg-images/ Alexander von Liezen-Mayer;
S. 178 akg-images/Abraham Pisarek/Bildarchiv Pisarek;
S. 181 fotolia/jemastock;
S. 189 Fotolia/Maksim Kabakou;
S. 195 Fotolia/K.P. Adler;
S. 206 Interfoto/Wilhelm W. Reinke;
S. 209 Shutterstock/Billion Photos;
S. 221 Fotolia/sveta;
S. 233 Weltkino;
S. 237 Shutterstock/Mascha Tace;
S. 238 akg-images/Edward Hopper/Des Moines Art Center;
S. 240 akg-images/George Grosz/Erich Lessing;
S. 241 dpa/Picture-Alliance/RIA Nowosti;
S. 245 Shutterstock/Igor Marx;
S. 246 akg-images/René Magritte/De Agostini Picture Lib.;
S. 247 Fotolia/Jan Engel;
S. 251 Fotolia/Graphicroyalty;
S. 257 Fotolia/KorayErsin;
S. 258 o.li. akg-images/Juriaen van Streeck/Moskau, Staatl. Puschkin-Museum;
S. 258 o.Mi. akg-images/Johann Heinrich Füssli/André Held;
S. 258 o.re. akg-images/Caspar David Friedrich/Leipzig, Museum Bild. Künste;
S. 258 u.li. akg-images/Daniel Chodowiecki;
S. 258 u. re. akg-images/Theobald Reinhold Freiherr von Oer/Berlin, Schloss Bellevue;
S. 259 o. li. action press/ullstein-Archiv Gerstenberg;
S. 259 o. re VG Bild-Kunst/© Otto Dix;
S. 259 Mi.li. akg-images/Anders Zorn/Stockholm, Nationalmuseum;
S. 259 Mi. re. VG Bild-Kunst/© John Heartfield (1933);
S. 259 u. li. akg-images/Hans Thoma/Winterthur, Stiftung Oskar Reinhart;
S. 259 u. re. VG Bild-Kunst/© Wolfgang Mattheuer;
S. 260 akg-images/Juriaen van Streeck/Moskau, Staatl. Museum Bild. Künste;
S. 263 akg-images/Daniel Chodowiecki;
S. 266 akg-images/Johann Heinrich Füssli/André Held;
S. 269 akg-images/Theobald Reinhold Freiherr von Oer/Berlin, Schloss Bellevue;
S. 273 akg-images/Caspar David Friedrich/Leipzig, Museum Bild. Künste;
S. 280 akg-images/Hans Thoma/Winterthur, Stiftung Oskar Reinhart;
S. 283 akg-images/Anders Zorn/Stockholm, Nationalmuseum;
S. 286 VG Bild-Kunst/© Otto Dix;
S. 288 VG Bild-Kunst/© John Heartfield (1933);
S. 292 VG Bild-Kunst/© Wolfgang Mattheuer;
S. 301 dpa/Picture-Alliance/dpa Themendienst;
S. 302 Rowohlt Verlag GmbH, Reinbek;
S. 303 Suhrkamp Verlag, Berlin;
S. 308 Fotolia/Syda Productions;
S. 313 akg-images/S. del Piombo/New York, Metropolian Museum of Art;
S. 325 Shutterstock/angkrit;
S. 333 Fotolia/photofranz56;
S. 339 Eberhard Karls Universität Tübingen, Universitätsbibliothek;
S. 344 Interfoto/MNG Collection;
S. 349 © 2913 Anaconda Verlag GmbH, Köln;
S. 363 Shutterstock/EQRoy;
S. 383 Fotolia/andrea87pn

Sachwortverzeichnis

Sachwortverzeichnis

Sachwortverzeichnis

Sachwortverzeichnis

Sachwortverzeichnis

Dieses Lehrwerk wurde erarbeitet auf der Grundlage der Ausgabe von Margarete Brand, Sigrun English, Kathrin Freilinger, Christian Hofrichter, Marie-Luise Kraus, Pamela Kretschmer, Victoria Metzner, Carolin Pusch, Holger Schmidt, Jutta Weber.

Projektleitung: Uta Kural
Redaktion: Julia Baum; Meiken Endruweit / Textetage
Gesamtgestaltung / technische Umsetzung: LemmeDESIGN, Berlin

www.cornelsen.de

Dieses Werk berücksichtigt die Regeln der reformierten Rechtschreibung und Zeichensetzung.
Bei den mit Ⓡ gekennzeichneten Texten haben die Rechteinhaber einer Anpassung widersprochen.

1. Auflage, 1. Druck 2017
Alle Drucke dieser Auflage sind inhaltlich unverändert und können im Unterricht nebeneinander verwendet werden.

hn Media Mohndruck, Gütersloh

-451417-1 (Schülerbuch)
151419-5 (E-Book)

t aus nachhaltig
n und kontrollierten

Dieses Lehrwerk wurde erarbeitet auf der Grundlage der Ausgabe von Margarete Brand, Sigrun English, Kathrin Freilinger, Christian Hofrichter, Marie-Luise Kraus, Pamela Kretschmer, Victoria Metzner, Carolin Pusch, Holger Schmidt, Jutta Weber.

Projektleitung: Uta Kural
Redaktion: Julia Baum; Meiken Endruweit / Textetage
Gesamtgestaltung / technische Umsetzung: LemmeDESIGN, Berlin

www.cornelsen.de

Dieses Werk berücksichtigt die Regeln der reformierten Rechtschreibung und Zeichensetzung.
Bei den mit Ⓡ gekennzeichneten Texten haben die Rechteinhaber einer Anpassung widersprochen.

1. Auflage, 1. Druck 2017
Alle Drucke dieser Auflage sind inhaltlich unverändert und können im Unterricht nebeneinander verwendet werden.

Druck: Mohn Media Mohndruck, Gütersloh

ISBN 978-3-06-451417-1 (Schülerbuch)
ISBN 978-3-06-451419-5 (E-Book)

PEFC
PEFC/04-31-1033

PEFC zertifiziert
Dieses Produkt stammt aus nachhaltig bewirtschafteten Wäldern und kontrollierten Quellen.
www.pefc.de